독자의 1초를
아껴주는 정성을
만나보세요!

세상이 아무리 바쁘게 돌아가더라도 책까지 아무렇게나 빨리 만들 수는 없습니다.

인스턴트 식품 같은 책보다 오래 익힌 술이나 장맛이 밴 책을 만들고 싶습니다.

땀 흘리며 일하는 당신을 위해 한 권 한 권 마음을 다해 만들겠습니다.

마지막 페이지에서 만날 새로운 당신을 위해 더 나은 길을 준비하겠습니다.

길벗IT 도서 열람 서비스

도서 일부 또는 전체 콘텐츠를 확인하고 읽어볼 수 있습니다.
길벗만의 차별화된 독자 서비스를 만나보세요.

더북(TheBook) ▶ https://thebook.io

더북은 (주)도서출판 길벗에서 제공하는 IT 도서 열람 서비스입니다.

Authorized translation from the English language edition, entitled The Art and Science of UX Design by Anthony Conta, published by Pearson Education, Inc., Copyright © 2024 Pearson Education, Inc.

All rights reserved. No part of this book may be reproduced or transmitted in any form or by any means, electronic or mechanical, including photocopying, recording, or by any information storage and retrieval system, without permission from Pearson Education, Inc.

Korean edition published by Gilbut Publishing, Copyright © 2025 Gilbut Publishing.
Korean translation rights arranged with Pearson Education, Inc. through Agency One, Seoul, Korea.

이 책의 한국어판 저작권은 에이전시 원을 통해 저작권자와의 독점 계약으로 (주)도서출판 길벗에 있습니다.
신 저작권법에 의하여 한국 내에서 보호를 받는 저작물이므로 무단전재와 무단복제를 금합니다.

UX 교과서
The Art and Science of UX Design

초판 발행 · 2025년 10월 14일

지은이 · 앤서니 콘타
옮긴이 · 이미령
발행인 · 이종원
발행처 · (주)도서출판 길벗
출판사 등록일 · 1990년 12월 24일
주소 · 서울시 마포구 월드컵로 10길 56(서교동)
대표 전화 · 02)332-0931 | **팩스** · 02)323-0586
홈페이지 · www.gilbut.co.kr | **이메일** · gilbut@gilbut.co.kr

기획 및 책임편집 · 이다빈(dabinlee@gilbut.co.kr) | **편집** · 이다빈 | **표지·디자인** · 스튜디오 브릭 | **제작** · 이준호, 손일순, 이진혁
마케팅 · 임태호, 전선하, 박민영, 서현정, 박성용 | **유통혁신** · 한준희 | **영업관리** · 김명자 | **독자지원** · 윤정아

교정교열 · 강민철 | **전산편집** · 박진희 | **CTP 출력 및 인쇄** · 정민문화사 | **제본** · 정민문화사

- 이 책은 저작권법의 보호를 받는 저작물로 이 책에 실린 모든 내용, 디자인, 이미지, 편집 구성은 허락 없이 복제하거나 다른 매체에 옮겨 실을 수 없습니다.
- 인공지능(AI) 기술 또는 시스템을 훈련하기 위해 이 책의 전체 내용은 물론 일부 문장도 사용하는 것을 금지합니다.
- 잘못 만든 책은 구입한 서점에서 바꿔 드립니다.

ISBN 979-11-407-1608-1 93000 (길벗 도서번호 080404)

정가 33,000원

독자의 1초를 아껴 주는 정성 길벗출판사

(주)도서출판 길벗 IT단행본&교재, 성인어학, 교과서, 수험서, 경제경영, 교양, 자녀교육, 취미실용 www.gilbut.co.kr
길벗스쿨 국어학습, 수학학습, 주니어어학, 어린이단행본, 학습단행본 www.gilbutschool.co.kr

UX 교과서

THE ART AND SCIENCE OF UX DESIGN

옐샤니 쿠타 지음
이미령 옮김

열정, 포용, 기쁨으로 가르침을 주셨던
어머니 크리스티나 콘타를 애정을 담아 기리며.

- 앤서니 콘타(ANTHONY CONTA)

지은이 소개

앤서니 콘타의 디자인 여정은 네 살 무렵 한 학생의 부주의로 시작되었다. 콘타의 어머니인 크리스티나는 뉴욕의 한 K-12(유치원부터 고등학교까지 운영하는 학교) 학교의 보건 교사였다. 어느 날 한 학생이 보건실에 휴대용 게임기인 게임 기어를 두고 갔다. 한 달 동안 어머니는 보건실에 오는 모든 학생에게 그 게임기의 주인인지 물었지만 아무도 자기 것이라고 하지 않았다. 그래서 어머니는 그 게임기를 아들에게 건넸고 그렇게 그의 앞에 새로운 세상의 문이 열렸다.

그날 이후 앤서니에게는 게임 기어를 비롯한 많은 비디오 게임을 플레이하며 경험한 세계를 디자인하고 싶다는 꿈이 생겼다. 하지만 대학생이 된 그는 그러한 경험을 코드로 구현하는 것이 예상보다 훨씬 더 어렵다는 것을 알게 되었고 코드보다는 사람의 행동을 이해하는 데 집중하기로 했다.

앤서니는 빙엄턴 대학교에서 계량 경제학과 수학으로 학사 학위를, 금융 경제학으로 석사 학위를 취득했다. 그의 첫 직장은 로펌이었고 시장 부문의 경제를 분석하여 불법적인 반경쟁 행위를 밝히는 업무를 담당했다. 2년 후 컨설팅 회사로 이직하여 비슷한 업무를 이어갔다.

소송 업무에 진절머리가 난 앤서니는 자신이 사랑하던 분야, 게임으로 다시 방향을 틀었다. 그는 당시 여자친구였던 (현재는 아내인) 캐리와 게임 회사를 차리고 보드게임을 제작했다. 두 사람은 기획부터 완성까지 전 과정을 함께했다. 아이디어를 구상하고 프로토타입을 만들고 킥스타터 플랫폼을 통해 크라우드펀딩을 받아서 마텔 같은 대형 게임 퍼블리셔와 함께 게임을 출시했다.

결국 디지털 교육과 엔터테인먼트 분야로 전향하여 니켈로디언에서 〈블루스 클루스〉, 〈버블버블 언어친구들〉, 〈수학 특공대 우미주미〉 등의 인터랙티브 TV 프로그램 제작에 참여했다. 그리고 바로 이곳에서 사용자 경험 디자인이라는 개념을 접하며 관심을 갖게 되었다.

제너럴 어셈블리(General Assembly)가 주관하는 3개월간 집중적으로 진행되는 부트캠프 형식의 UX 수료 프로그램에 참여해서 같은 목표를 지닌 동료 실무자들을 만나고 이들과 함께 성장하며 UX에 대한 지식과 애정을 더욱 깊이 다져갔다.

이후 앤서니는 카플란, 푸드 네트워크, 비메오, 아마존 등 여러 회사에서 근무하며 자신의 역량을 더욱 발전시켰고 이 책을 쓰는 현재는 아마존 뮤직에서 수백만 명의 고객들의 디지털 경험을 디자인하고 있다.

앤서니는 여전히 시간이 날 때마다 후배 양성에 힘쓰고 있다. 미디엄에 글을 쓰고 여러 대학에서 강의하며 다양한 서비스를 통해 멘토링을 한다.

그를 만날 수 있는 곳은 많으니 그를 마주치면 언제든 편하게 인사를 건네도 좋다!

들어가며

예술이란

> 창의력, 상상력, 기술을 사용하여 작품을 만들고 색을 입히고 조각하여 감정을 불러일으키거나 그 아름다움을 감상하게 하는 것이다.

그리고 과학이란

> 체계와 구조를 기반으로 물리적 세계의 지식을 탐구하고 이를 통해 이론을 검토하고 시험하며 증명하는 것이다.

예술은 창의력과 상상력을 바탕으로 사람들이 감상할 수 있는 작품을 만들어낸다. 과학은 체계와 구조, 실험을 통해 이론을 검증하고 증거를 토대로 타당성을 확보한다. 그렇다면 두 영역은 어떤 관계를 맺고 있을까?

겉보기에 예술과 과학은 전혀 접점이 없어 보인다. 하나는 창의성을 발휘해 감성적인 작품을 만들어내고, 다른 하나는 절차와 과정을 따라 과학적 결론을 도출하기 때문이다. 그렇다면 이처럼 다른 두 영역은 과연 어떻게 만날 수 있을까?

사실 이 둘이 완전히 융합되어 하나로 합쳐지는 것은 아니다. 오히려 각자의 고유한 속성을 지닌 채 서로 영향을 주고받으며, 예술의 창의성과 과학의 구조가 모두 요구되는 다양한 산업에 동력을 제공한다.

사용자 경험(User Experience, UX)도 그중 하나다. UX는 우리의 상상력을 바탕으로 사람들의 마음을 움직이고 일상의 문제를 해결하는 경험을 창조한다. 동시에 이론을 제시하고 검증하는 실험을 수행하며, 증거와 데이터를 근거로 솔루션의 타당성을 입증한다.

만약 오로지 예술만으로 사용자 경험을 만든다면 어떨까? 아름다운 결과물이 나올 수는 있지만 그것이 제대로 작동할지는 알 수 없다. 성공 여부를 어떻게 정의할 수 있을까? 그리고 실제 사용자에게 도움이 되는지는 어떻게 확인할 수 있을까?

반대로 과학만으로 사용자 경험을 만든다면 기능적으로 완성된 결과물을 얻을 수는 있다. 하지만 사람들이 거기에 매력을 느낄까? 그 경험이 감성을 울리고 상상력을 자극할 수 있을까? 경험 자체는 존재하겠지만, 사람들이 정말로 사용하고 싶어 할까?

결국 우리에게는 예술과 과학 모두 필요하다. 새로운 가능성을 탐색하고, 사람들이 사용하고 싶어 할 만큼 매력적인 경험을 만들기 위해서는 예술이 필요하다. 아이디어를 검증하고 그 유용성과 성공 여부를 측정하기 위해서는 과학이 필요하다. 예술과 과학을 함께 활용해야만 감성을 자극하는 강렬한 사용자 경험을 창조할 수 있고, 동시에 그것이 실제로 사용자들의 문제를 해결하는지도 검증할 수 있다.

지은이의 말

이 책은 예술과 과학이라는 개념이 UX 디자인에 어떻게 적용되는지 깊이 탐구하며, 탁월한 사용자 경험을 만들어가는 길을 모색한다.

2장부터 7장까지는 공감, 정의, 아이디어 도출, 프로토타입 제작, 테스트, 구현에 이르는 디자인 싱킹 프로세스의 여섯 단계를 차례로 살펴본다. 단계마다 앞선 과정을 기반으로 발전하며, 이를 통해 우리가 누구를 위해 디자인하는지 이해하고 다양한 아이디어를 탐색하며, 최종적으로 디자인 솔루션을 구체화해 실현할 수 있다. 각 장에는 연습 문제가 포함되어 있어 독자가 직접 기법을 연습하고, 자신만의 엔드 투 엔드 디자인 싱킹 프로젝트를 수행할 수 있도록 구성했다. 8장에서는 디자인 싱킹 이후의 과정을 다룬다. 앞서 진행한 작업을 토대로 사례 연구를 작성하고 포트폴리오를 구성하는 방법을 설명한다. 이어서 피드백을 주고받는 방법을 다룬 뒤, 마지막으로 협업 방식과 디자인 업계에서의 실제 업무 환경에 대해 이야기한다.

부록에서는 책에 제시된 연습 문제를 바탕으로 모범이 될 만한 예시를 함께 살펴본다. 하나의 예시를 들어 디자인 싱킹 프로세스 전체를 따라가며 답변을 구성해본다. 내가 제시한 답변은 독자가 직접 떠올릴 수 있는 다양한 답변 중 하나에 불과하며, 이를 참고해 스스로의 답변과 비교할 수 있도록 했다.

이 책의 연습 문제 대부분은 디지털 도구 활용을 전제로 한다. 문제를 풀지 않아도 책의 내용을 이해할 수는 있지만, 직접 수행해보면 개념을 확실히 익히고 실력을 다듬는 데 훨씬 도움이 된다. 가능하다면 꼭 직접 연습해보기를 권한다. 다행히도 각 연습 문제는 무료 온라인 소프트웨어만으로도 해결할 수 있다. 집필 시점 기준으로 내가 사용한 도구들은 모두 회원 가입만 하면 무료로 이용할 수 있었다.

- 피그마(www.figma.com): 와이어프레임과 프로토타입을 제작할 수 있는 도구로, 다양한 디지털 디자인 작업이 가능하다.
- 윔지컬(https://whimsical.com): 다이어그램과 화이트보드 기능을 제공해 아이디어를 빠르고 반복적으로 시각화할 수 있다.
- 구글 워크스페이스(https://workspace.google.com): 문서를 작성하고 공유하며 원활한 협업을 지원하는 도구 모음.
- Otter.ai(https://otter.ai): 대화를 녹음하고 텍스트로 변환해 녹취록을 생성하고 분석할 수 있는 전사 소프트웨어.

이 책은 매력적인 사용자 경험을 창조하는 여정으로 독자를 초대한다. 연습 문제를 풀며 디자인 싱킹 프로세스를 직접 체험해보기를 권한다. 학습은 능동적으로 참여할 때 훨씬 더 재미있고 효과적이다.

여러분과 함께할 이 여정을 기대하며, 이 책을 읽는 경험 또한 즐겁기를 바란다!

2023년
앤서니 콘타

※ 원저자의 감사의 말은 원서에 수록되어 있으나, 번역본에서는 독자의 편의를 위해 생략하였습니다.

옮긴이의 말

UX 디자인 서적을 여러 권 번역하면서, 언뜻 아무 관계 없어 보이는 번역 작업과 UX 디자인이 의외로 닮아 있다고 느낄 때가 있다. 번역이 매끄러우면 독자는 그 존재를 의식하지 않는다. 하지만 어색한 부분이 있으면 곧바로 눈에 띄고 거슬린다. UX 디자인도 마찬가지다. 잘 만들어진 경험은 사용자의 눈에 띄지 않지만, 불편하거나 삐걱거리는 지점에서는 불만이 터져 나온다. 흔히 경험하는 예로 스트리밍 서비스를 들 수 있다. 개인적인 경험을 얘기하자면 넷플릭스에서는 UX를 의식해 본 적이 없다. 기대대로 잘 작동했기 때문이다. 반면 어떤 서비스에서는 흐름이 매끄럽지 않아 오롯이 콘텐츠에 몰입하기 어려웠다. 도널드 노먼이 말했듯이 '좋은 디자인은 우리의 요구를 너무 잘 충족하기 때문에 눈에 잘 띄지 않으며' 오히려 일상에 스며든다.

결국 UX 디자인은 바로 이 보이지 않는 차이를 이해하고 다루는 작업이다. 하지만 막상 UX 디자인을 배우고자 하면, 그 세계가 너무 방대하고 추상적으로 느껴지기 쉽다. 어디서부터 시작해야 할지, 어떤 과정을 따라야 할지도 막막하다. 이 책의 저자 앤서니 콘타는 이렇게 혼란을 느끼는 독자를 위해 지도를 펼쳐 보인다. 그는 디자인 싱킹을 기반으로 한 체계적인 프로세스를 통해, 복잡한 UX 디자인을 누구나 따라갈 수 있는 명확한 단계로 정리한다.

책의 전개는 디자인 싱킹 프로세스를 충실히 따른다. 사용자의 욕구와 좌절을 파악하고, 해결해야 할 문제를 올바르게 정의한 뒤, 아이디어를 발산해 가능성을 탐색한다. 이어 프로토타입을 제작해 실제 사용자와 테스트하고, 제품으로 구현한다. 이 과정은 예술적 직관과 과학적 방법론이 서로 보완하며 함께 작동할 때 비로소 의미 있는 결과를 만들어낸다는 사실을 또렷하게 보여준다. 또한 이 책은 단순히 개념을 설명하는 데 그치지 않는다. 사용자 인터뷰, 설문, 어피니티 매핑 같은 조사 기법부터 브레인스토밍, 스케치, 마인드맵과 같은 아이디어 발산 기법까지 실무에서 활용할 수 있는 다양한 디자인 방법론을 상세히 다룬다. 독자는 각 장에 제시된 연습 문제를 통해 이 모든 과정을 직접 체험할 수 있다. 책을 다 읽고 나면 단순한 지식 습득을 넘어, 실습 결과물을 포트폴리오에 활용할 수 있도록 설계된 점이 특히 인상적이다.

이 책은 이론서로만 머무르거나, 반대로 실무 팁 전달에만 치우친 기존의 UX 관련 서적과 다르다. 교과서처럼 체계적이면서도 현장의 현실감 또한 놓치지 않는다. 추상적인 개념을 누구나 이해할 수 있게 풀어낸 동시에, 실제 프로젝트를 수행하는 듯한 실습 경험을 제공한다. 그래서 UX를 처음 배우는 학생이나 새로운 커리어를 고민하는 직장인뿐만 아니라, 실무에서 바쁘게 일하다 보면 놓치기 쉬운 원칙을 다시 확인하고 싶은 UX 디자이너에게도 든든한 지침이 될 것이다. 제품 성공의 무게 중심이 기술에서 경험으로 옮겨간 것은 이미 오래전에 자리 잡은 흐름이다. 중요한 것은 이 당연해진 원칙을 어떻게 구체적으로 실천하고 유지하느냐다. 이 책은 단순히 방법론을 나열하는 입문서가 아니다. UX 디자이너처럼 생각하는 법과 디자인하는 법을 함께 다루며, 독자가 실제로 '사고'와 '실행'을 동시에 체득하도록 안내한다. 한국의 독자 여러분도 이 책이 전하는 원칙과 도구를 토대로 자신만의 디자인 여정을 더욱 단단하게 이어가길 기대한다.

2025년
이미령

베타 테스터 후기

UX는 말 그대로 '사용자 경험'입니다. 단순한 것 같지만 제품의 세계에서는 그리 단순하지만은 않은데, 제품에 대한 첫인상으로부터 시작해 제품에 대해 느끼는 모든 것을 아우르고 있기 때문입니다. 그리 많지 않은 UX 서적 중에 제품의 UX 디자인과 관련해 체계화된 과정과 지식을 익히기 좋은 책이라 생각합니다. 가상의 사례지만 실제 개발해도 될 정도로 좋은 예시가 인상 깊었습니다.

윤병조 | 소프트웨어 개발자

『UX 교과서』는 단순히 UX의 정의를 설명하는 데 그치지 않고, "인간 중심 디자인이란 무엇일까?"라는 질문에서 시작합니다. 책에서 말하는 인간 중심 디자인의 본질은 결국 '불편을 해소하고, 문제를 해결하기 위한 통로'로서의 UX입니다. 스마트폰과 같은 모바일 기기의 등장은 사람들의 시간을 절약하고, 새로운 도전을 조금 더 쉽게 시도할 수 있도록 도와주었는데, 그 중심에는 늘 인간 중심의 UX가 있었습니다. 『UX 교과서』를 통해 문제 해결을 위한 프로세스 디자인의 정수를 만나보시길 바랍니다.

박경호 | 엘에스일렉트릭

UX는 결국 인간의 심리와 생각을 탐구하는 분야입니다. 아무리 작은 버튼도 거기에 담긴 철학이 있습니다. 오랜만에 기술서를 읽으면서 오래도록 생각하게 되었습니다. 1인 개발을 할 때는 이런 UX 측면을 고민하기 어려웠는데 이 책을 통해서 UX적인 고민을 좀 더 심층적이고 체계적으로 할 수 있어 좋았습니다. 그뿐만 아니라 결국 UX는 사용자에게 어떤 내용을 전달하는 데도 중요합니다. 그래서 책의 설문이나 자기 소개(페르소나)를 정의하고 읽는 데도 큰 도움이 되었습니다. UX에 관심 있고 1인 개발을 하는 분들에게는 꼭 읽어보라고 추천하고 싶은 책입니다.

이장훈 | 데브옵스 엔지니어

『UX 교과서』는 UX 디자인의 이론과 실습을 고루 갖춘 탄탄한 입문서이자 실용서입니다. 디자인 싱킹 프로세스를 바탕으로 UX의 기본 개념부터 문제 정의, 아이디어 도출, 프로토타입 제작, 테스트, 구현에 이르는 전 과정을 체계적으로 다룹니다. 특히 각 장에 포함된 '직접 해보자' 실습 코너는 추상적인 이론을 실제 경험으로 연결시켜, 독자가 실무 역량을 자연스럽게 키울 수 있도록 돕습니다. 또한 디자인 프로세스를 넘어 포트폴리오 제작과 커리어 관리 팁 등 실질적인 내용까지 담고 있어, UX를 처음 시작하는 학생이나 실무 주니어에게 명확한 로드맵을 제시해주는 훌륭한 길잡이가 될 것입니다.

강경목 | 한국썸벧(하림그룹 계열) 부장/팀장

목차

1장 인간 중심 디자인 이해하기 021

1.1 인간 중심 디자인이란 무엇인가? 022
- 1.1.1 디자인 싱킹 모델 025
- 1.1.2 우리가 활용할 디자인 싱킹 프로세스 032
- 1.1.3 디자인 싱킹은 출발점이다 037

1.2 제품은 어떻게 만들어질까? 037
- 1.2.1 제품을 어떻게 구현할까? 038
- 1.2.2 폭포수 방법론: 선형적인 단계별 작업 흐름 038
- 1.2.3 애자일 방법론: 반복적이고 지속적인 프로세스 041
- 1.2.4 하이브리드: 두 방법론의 결합 043
- 1.2.5 프로젝트에 적합한 방법론은 무엇일까? 045

1.3 사용자 경험, 즉 UX란 무엇인가? 046
- 1.3.1 UX는 사용자 중심이다 047
- 1.3.2 UX는 화면 그 이상이다 048
- 1.3.3 UX는 어디에나 있다 049
- 1.3.4 UX의 기본 요소 050
- 1.3.5 UX는 다양한 분야에 걸쳐 있다 053
- 1.3.6 UX의 3요소 055
- 1.3.7 UX는 사용자 경험의 모든 요소를 포함한다 056

1.4 UI란 무엇인가? 056
- 1.4.1 같은 문제, 다른 UI 058
- 1.4.2 UI의 기본 요소 061
- 1.4.3 타이포그래피 062
- 1.4.4 UI는 UX의 일부다 066

1.5 인지 과부하 067
- 1.5.1 인지 과부하란 무엇인가? 068
- 1.5.2 인지 부하 이론 069
- 1.5.3 인지 과부하의 예 070
- 1.5.4 사용자의 인지 과부하 줄이기 077

1.6 함께 해보자! 077

2장   공감을 디자인 도구로 활용하기   079

2.1 연구 유형   080
- 2.1.1 행동적 연구 대 태도적 연구   081
- 2.1.2 정성적 연구 대 정량적 연구   082
- 2.1.3 연구 지형 도표   083
- 2.1.4 디자인 연구 단계   085
- 2.1.5 연구는 지속적인 프로세스다   091

2.2 설문 조사   091
- 2.2.1 설문 조사란 무엇인가?   091
- 2.2.2 설문 조사 질문 유형   093
- 2.2.3 설문 조사 모범 사례   094
- 2.2.4 참여자 모집하기   097
- 2.2.5 직접 해보자!   101

2.3 사용자 인터뷰 준비하기   102
- 2.3.1 사용자 인터뷰란 무엇인가?   102
- 2.3.2 어떻게 준비할까?   102
- 2.3.3 질문 품질   105
- 2.3.4 스크립트는 어떻게 구성할까?   107
- 2.3.5 원활하고 체계적인 인터뷰를 위해 사전에 준비하라   109
- 2.3.6 직접 해보자!   109

2.4 사용자 인터뷰 진행하기   110
- 2.4.1 참여자 모집하기   110
- 2.4.2 참여자 인터뷰하기   112
- 2.4.3 인터뷰 이후   114
- 2.4.4 직접 해보자!   115

2.5 어피니티 매핑   116
- 2.5.1 어피니티 매핑이란 무엇인가?   116
- 2.5.2 어피니티 매핑 프로세스   117
- 2.5.3 직접 해보자!   120

2.6 공감한 후에는 정의한다   120

3장 사용자의 문제 정의하기 121

3.1 디자인 싱킹 프로세스의 어떤 단계에 해당할까? 122

3.2 페르소나 123
    3.2.1 페르소나란 무엇인가? 124
    3.2.2 배경/프로필 127
    3.2.3 좋아하는 것/목표 128
    3.2.4 페르소나를 어떻게 만들까? 130
    3.2.5 페르소나는 누구를 위해 디자인하는지 정의하는 데 도움이 된다 130
    3.2.6 직접 해보자! 131

3.3 사용자 여정 지도 만들기 132
    3.3.1 사용자 여정 지도란 무엇인가? 132
    3.3.2 사용자 여정 지도는 어떻게 만들까? 137
    3.3.3 사용자 여정은 이해를 돕는다 137
    3.3.4 직접 해보자! 137

3.4 해결해야 할 문제 139
    3.4.1 문제 진술은 어떻게 활용하는가? 139
    3.4.2 문제 진술은 어떻게 작성하는가? 141
    3.4.3 훌륭한 문제 진술은 만들기 어렵지만 강력하다 145
    3.4.4 직접 해보자! 145

3.5 경쟁 연구 146
    3.5.1 경쟁 연구란 무엇인가? 146
    3.5.2 SWOT—강점, 약점, 기회, 위협 147
    3.5.3 내부 요인 148
    3.5.4 외부 요인 150
    3.5.5 라이트닝 데모 152
    3.5.6 어떻게 진행할까? 153
    3.5.7 어떻게 해야 잘 진행할 수 있을까? 159
    3.5.8 경쟁 분석 159
    3.5.9 올바른 질문에 맞는 올바른 기법 적용하기 164
    3.5.10 직접 해보자! 164

3.6 정의한 후에는 아이디어를 도출한다 165

4장 아이디어 도출 기법과 도구 탐색하기   167

4.1 디자인 싱킹 프로세스의 어떤 단계에 해당할까?   168

4.2 아이디어 도출   169
   4.2.1 아이디어 도출이란 무엇인가?   170
   4.2.2 아이디어 도출은 언제 해야 할까?   170
   4.2.3 아이디어 도출에는 어떤 유형이 있을까?   171
   4.2.4 아이디어 도출 모범 사례   174
   4.2.5 디자인 싱킹 프로세스에서 아이디어 도출 사용하기   175

4.3 개념적 아이디어 도출   176
   4.3.1 브레인스토밍이란 무엇인가?   176
   4.3.2 브레인스토밍은 어떻게 진행될까?   177
   4.3.3 브레인스토밍은 어떻게 해야 할까?   181
   4.3.4 브레인스토밍을 피해야 하는 순간은 언제일까?   182
   4.3.5 브레인스토밍은 전형적인 아이디어 도출 기법이다   183
   4.3.6 직접 해보자!   183

4.4 시각적 아이디어 도출   184
   4.4.1 스케치란 무엇인가?   184
   4.4.2 왜 스케치하는가?   185
   4.4.3 어떻게 스케치하는가?   186
   4.4.4 관례   187
   4.4.5 크레이지 에이트 기법   191
   4.4.6 시각적 아이디어 도출은 아이디어를 더 명확하게 만든다   193
   4.4.7 직접 해보자!   193

4.5 관계적 아이디어 도출 - 기존 개념에서 새로운 아이디어 도출하기   194
   4.5.1 마인드맵   194
   4.5.2 스캠퍼   197
   4.5.3 직접 해보자!   204

4.6 우선순위 선정   205
   4.6.1 우선순위 선정이란 무엇인가?   205
   4.6.2 점 스티커 투표   205
   4.6.3 MoSCoW 기법   206
   4.6.4 자동차 기법   208

4.6.5 결론　210

4.6.6 직접 해보자!　210

4.7　아이디어를 도출한 후에는 프로토타입을 제작한다　211

5장　솔루션 프로토타입 제작　213

5.1　디자인 싱킹 프로세스의 어떤 단계에 해당할까?　214

5.2　프로토타입 제작　216

5.2.1 프로토타입이란 무엇인가?　216

5.2.2 어떤 유형의 프로토타입이 있을까?　218

5.2.3 프로토타입 제작에 어떤 도구를 활용할 수 있을까?　221

5.2.4 충실도에 맞는 도구 선택하기　221

5.3　태스크 플로　222

5.3.1 태스크 플로란 무엇인가?　222

5.3.2 태스크 플로를 사용하는 이유는 무엇인가?　223

5.3.3 태스크 플로는 어떻게 구성하는가?　224

5.3.4 프로토타입 제작 단계에 태스크 플로 적용하기　225

5.3.5 태스크 플로가 있으면 프로토타입 제작이 더 쉬워진다　227

5.3.6 직접 해보자!　227

5.4　와이어프레임　228

5.4.1 와이어프레임이란 무엇인가?　228

5.4.2 저충실도 와이어프레임　229

5.4.3 중충실도 와이어프레임　233

5.4.4 고충실도 와이어프레임　236

5.4.5 고충실도 와이어프레임은 최종 제품을 나타낸다　243

5.4.6 직접 해보자!　243

5.4.7 어떤 충실도를 언제 사용할까　244

5.4.8 직접 해보자!　246

5.5　프로토타입을 제작한 후에는 테스트를 진행한다　246

6장 디자인 테스트하기 247

6.1 디자인 싱킹 프로세스의 어떤 단계에 해당할까? 248

6.2 테스트 249
- 6.2.1 사용성이란 무엇인가? 250
- 6.2.2 사용성에는 어떤 요소가 있을까? 254
- 6.2.3 사용성은 어떻게 평가할까? 255

6.3 사용성 테스트: 계획하고 정의하기 256
- 6.3.1 사용성 테스트란 무엇인가? 256
- 6.3.2 테스트 계획 세우기 259
- 6.3.3 일반적인 지표 추적하기 264
- 6.3.4 목표부터 세우기 265
- 6.3.5 직접 해보자! 265

6.4 사용성 테스트: 모집하고 실행하기 265
- 6.4.1 사용성 테스트의 적정 인원수는 몇 명일까? 266
- 6.4.2 사용자를 어디에서 모집할 것인가? 267
- 6.4.3 스크립트 준비하기 268
- 6.4.4 테스트 세션의 방향 설정하기 270
- 6.4.5 사용성 테스트는 더 나은 제품을 만든다 271
- 6.4.6 직접 해보자! 271

6.5 사용성 테스트: 결과 분석하기 272
- 6.5.1 점수 척도 273
- 6.5.2 신호등 차트 274
- 6.5.3 인용문 275
- 6.5.4 결과를 분석하고 요약하기 276
- 6.5.5 직접 해보자! 276

6.6 사용성 테스트: 테스트 결과 발표하기 276
- 6.6.1 결과를 공유해야 하는 이유는 무엇인가? 277
- 6.6.2 테스트 결과를 어떻게 공유할까? 278
- 6.6.3 프레젠테이션 279
- 6.6.4 테스트 결과 공유하기 282

6.7 테스트한 후에 구현한다 283

7장 디자인 구현하기 285

7.1 디자인 싱킹 프로세스의 어떤 단계에 해당할까? 286

7.2 구현 288

7.3 유저 스토리 288
- 7.3.1 유저 스토리란 무엇인가? 288
- 7.3.2 유저 스토리를 어떻게 만드는가? 290
- 7.3.3 유저 스토리의 우선순위는 어떻게 정할까? 293
- 7.3.4 유저 스토리는 구현 구조를 제공한다 294
- 7.3.5 직접 해보자! 294

7.4 플로 차트 295
- 7.4.1 플로 차트란 무엇인가? 295
- 7.4.2 태스크 플로란 무엇인가? 296
- 7.4.3 유저 플로란 무엇인가? 297
- 7.4.4 와이어플로란 무엇인가? 300
- 7.4.5 어떤 플로 차트를 사용해야 할까? 302
- 7.4.6 플로 차트는 구현을 용이하게 한다 302
- 7.4.7 직접 해보자! 303

7.5 스타일 가이드 303
- 7.5.1 스타일 가이드란 무엇인가? 304
- 7.5.2 스타일 가이드에는 어떤 내용이 포함되는가? 304
- 7.5.3 스타일 가이드는 브랜드를 표현한다 308
- 7.5.4 직접 해보자! 308
- 7.5.5 연습해보자! 308

7.6 디자인 시스템 309
- 7.6.1 일관성과 확장성을 고려해 디자인하기 309
- 7.6.2 아토믹 디자인이란 무엇인가? 310
- 7.6.3 디자인 시스템은 어떻게 만드는가? 315
- 7.6.4 지금 참고하기 좋은 디자인 시스템 317
- 7.6.5 디자인 시스템은 구현을 개선한다 319
- 7.6.6 직접 해보자! 319

7.7 디자인 전달하기 320

7.7.1 디자인 전달하기 320
7.7.2 콘텐츠는 어떻게 구조화해야 할까? 322
7.7.3 화면은 어떻게 정리해야 할까? 323
7.7.4 명세와 맥락을 제공하라 327
7.7.5 직접 해보자! 327

7.8 이제 프로세스가 끝나는 것일까? 328

8장 그다음은 무엇인가? 331

8.1 사례 연구 작성하기 332

8.1.1 사례 연구란 무엇인가? 332
8.1.2 프로세스를 보여주어라 334
8.1.3 스토리를 전달하라 336
8.1.4 읽지 않을 사람을 고려하라 338
8.1.5 이미지를 통해 소통하라 341
8.1.6 사례 연구를 통해 전문성을 입증하라 342

8.2 포트폴리오 만들기 342

8.2.1 시각적인 요소를 강조한 포트폴리오 343
8.2.2 최소 기능 디지털 포트폴리오 344
8.2.3 맞춤형 포트폴리오 346
8.2.4 최고의 포트폴리오 347
8.2.5 웹 사이트를 만들고 싶지 않다면 349
8.2.6 포트폴리오를 어떻게 보여주는 것이 좋을까? 350

8.3 피드백 주기 351

8.3.1 디자이너에게 어떻게 피드백을 제공할까? 351
8.3.2 비평이란 무엇인가? 352
8.3.3 질문을 통해 맥락을 파악하라 353
8.3.4 단순히 의견을 제시하지 말고 맥락을 제공하라 354
8.3.5 질문을 통해 탐색하라 354
8.3.6 장점을 이야기하라 355
8.3.7 종합하기 355

8.4 피드백 받기 356

    8.4.1 디자이너로서 어떻게 피드백을 받을 것인가? 357
    8.4.2 상황을 설명하라 357
    8.4.3 어떤 피드백을 받고 싶은지 명확히 알려라 358
    8.4.4 질문을 통해 맥락을 파악하라 358
    8.4.5 요약하라 359
    8.4.6 비평을 개인적으로 받아들이지 말고 두려워하지 마라 359

8.5 다른 분야와 협업하기 360

    8.5.1 엔지니어링 팀과 협업하기 360
    8.5.2 제품 팀과 협업하기 363
    8.5.3 경영진과 협력하기 365
    8.5.4 다른 사람들과 협업하기 367

8.6 디자인 분야 직무 선택하기 368

    8.6.1 프로덕트 디자이너: 모든 것을 다룬다 368
    8.6.2 UX 디자이너: 구조에 집중한다 369
    8.6.3 시각 디자이너 또는 UI 디자이너: 보기 좋게 만든다 370
    8.6.4 UX 리서처: 사용자 전문가 371
    8.6.5 UX 라이터: 텍스트를 작성한다 371
    8.6.6 디자인 시스템 디자이너: 제품을 통합하고 확장한다 372
    8.6.7 모션 디자이너: 멋진 애니메이션을 만든다 373
    8.6.8 디자인 분야에서 경력 발전시키기 374

8.7 이제 어디로 가야 할까? 374

부록 A   디자인 싱킹 모범 사례 **377**

A.1 2장 공감을 디자인 도구로 활용하기 378

    A.1.1 설문 조사 378
    A.1.2 인터뷰 스크립트 380
    A.1.3 데이터 세트 382

A.2 3장 사용자의 문제 정의하기   387

A.2.1 페르소나   387
A.2.2 사용자 여정 지도   389
A.2.3 문제 진술   392
A.2.4 경쟁 연구   393

A.3 4장 아이디어 도출 기법과 도구 탐색하기   398

A.3.1 브레인스토밍   398
A.3.2 스케치   400
A.3.3 마인드맵   402
A.3.4 자동차 기법   404

A.4 5장 솔루션 프로토타입 제작   407

A.4.1 태스크 플로   407
A.4.2 저충실도 와이어프레임   408
A.4.3 중충실도 와이어프레임   410
A.4.4 고충실도 와이어프레임   412
A.4.5 프로토타입   414

A.5 6장 디자인 테스트하기   416

A.5.1 사용성 테스트: 계획하고 정의하기   416
A.5.2 사용성 테스트: 모집하고 실행하기   418
A.5.3 사용성 테스트: 결과 분석하기   426

A.6 7장 디자인 구현하기   428

A.6.1 유저 스토리   428
A.6.2 뉴서 플로   430
A.6.3 스타일 가이드   432
A.6.4 디자인 시스템   433
A.6.5 디자인 전달하기   434

찾아보기   437

1장

인간 중심 디자인 이해하기

1.1 인간 중심 디자인이란 무엇인가?

1.2 제품은 어떻게 만들어질까?

1.3 사용자 경험, 즉 UX란 무엇인가?

1.4 UI란 무엇인가?

1.5 인지 과부하

1.6 함께 해보자!

디자인을 할 때는 관점을 유지하는 것이 대단히 중요하다. 제품에 대한 사용자의 경험을 생각할 때 항상 사용자를 중심에 두어야 한다. 우리의 솔루션은 사용자에게 유익해야 하며 이들의 욕구, 필요, 목표, 불만을 고려해야 한다.

제품이 실패하는 가장 큰 이유는 제품이 실제 사용할 사람에게 맞지 않기 때문이다. 디자이너는 둥근 말뚝을 정성껏 만들었는데 사용자가 전혀 관심을 보이지 않고 네모난 말뚝만 찾아서 디자이너를 당황하게 하는 경우가 많다. 어쩌다 이런 일이 발생하는 걸까? 디자이너로서 우리는 어떻게 사용자의 불만을 초래하지 않는 제품을 만들 수 있을까? 무엇보다도 우리가 사용자를 기쁘게 하고 이들의 필요에 부응하는 제품을 만들려면 어떻게 해야 할까?

그 해답은 관점에 있다. 우리는 자신의 고유한 관점이 아니라 제품 사용자들의 다양한 관점을 고려해야 한다. 이들의 요구, 필요, 목표, 불만을 이해해야 한다. 이러한 원칙이 우리의 북극성, 즉 어디로 나아가야 할지 모를 때 우리를 인도하는 별이 되어야 한다.

우리는 자신이 사용자라고 생각하기 쉽다. 그러면 자신이 제품에 원하는 것을 떠올리고 자신의 욕구와 필요를 솔루션에 반영하며 자신의 취향과 미학을 제품 사용자의 선호도보다 우선시하게 된다. 이러한 경향 때문에 우리의 편견이 디자인에 반영되고 결국 다른 사람들이 필요로 하는 제품이 아니라 자신이 원하는 제품을 만들게 된다.

이것이 바로 인간 중심 디자인이 피하려고 하는 문제다. 우리의 목표는 자신이 아니라 다른 사람들을 위해 디자인하는 것이다. 우리는 창작 과정에서 우리의 욕구와 필요를 배제하고 최종 사용자, 즉 우리가 디자인할 때 고려하는 사람들의 욕구와 필요에 집중해야 한다. 면밀하게 계획된 강력한 프로세스를 따르면 이러한 관점을 유지할 수 있다.

이 장에서는 인간 중심 디자인의 기본을 살펴볼 것이다. 인간 중심 디자인이 무엇이고 어디에서 왔으며 대상 사용자에게 집중할 수 있게 하는 디자인 실천 방법을 채택할 방법은 무엇인지 알아보겠다. UX(User Experience, 사용자 경험)와 UI(User Interface, 사용자 인터페이스)를 정의하고 흔히 혼동되는 이 두 용어의 차이점도 알아볼 것이다. 대규모 조직에서 사용하는 프로세스를 따라 제품을 만드는 방법을 살펴보겠다. 마지막으로 인지 이론을 간단히 살펴보고 인간의 정보 처리 방식을 이해하면 인간 중심 제품을 만드는 데 어떻게 도움이 되는지 알려주겠다.

1.1 SECTION / 인간 중심 디자인이란 무엇인가?

문을 어떻게 여는지 몰라서 당황한 경험이 있는가? 문을 밀었는데 움직이지 않을 때가 가끔 있다. 문이 잠겨 있는 걸까? 사용하면 안 되는 문일까? 아니면 고장 난 걸까? 대부분은 그렇지 않다. 아마도 밀지 말고 당겨야 한다는 것을 알아차리지 못해서 그랬을 것이다. 하지만 어떤 이유로든 이를 이해하지 못했고 이를 알지 못한 자신이 바보 같다고 느낄 수 있다.

하지만 알고 보면 여러분의 잘못이 아닐 것이다.

아마도 작동 방식을 알려주는 단서인 **기표**(signifier)[1]가 문에 없었을 것이다. 문에 작동 방식을 암시하는 손잡이가 달려 있을 때가 많다. 문에 금속 막대 손잡이가 달려 있다면 보통 '당기는' 방식으로 작동한다. 그 손잡이는 문을 당겨서 열라고 알려주는 기표다. 아니면 문에 밀거나 당기라고 알려주는 안내판이 달려 있는 경우도 있다(그림 1-1).

> 기표(signifier)란 디자인 내에서 디자인 사용 방법을 알려주는 요소를 가리킨다. 이 용어는 도널드 노먼(Donald A. Norman)이 『도널드 노먼의 디자인과 인간 심리』(학지사, 2016)에서 제시한 개념이다.

하지만 어떤 문은 사용 방법을 직관적으로 알기 어렵다. 밀어야 할 것처럼 생겼는데 당겨야 하는 문이 그렇다.

▼ **그림 1-1** 작동 방식을 나타내는 기표가 여러 개 있는 문. '당기세요'라고 적힌 큰 글씨가 있고, 손을 넣어서 당길 수 있게 생긴 커다란 금속 손잡이도 있다(출처: Chalit Silpsakulsuk/Shutterstock).

사용법이 직관적이지 않은 문은 흔히 볼 수 있다. 이러한 문은 'UX 디자인의 아버지'라고 불리는 도널드 노먼이 자신의 책 『디자인과 인간 심리』에서 기표와 어포던스(affordance)의 개념을 논할 때 언급한 고전적인 예다. 심지어 그의 이름을 딴 '노먼의 문(Norman door)'이라는 용어는 사용법을 직관적으로 알 수 없는 문을 일컫는 말로도 사용된다. 다음 동영상을 참고하라(https://tinyurl.com/asuxd1-1).

본질적으로 인간이 사물(문, 의자, 디지털 제품 등 어떤 사물이든)과 하는 모든 상호작용은 사물이 여러분에게 무엇을 할 수 있는지 **전달**하는 것과 여러분이 실제로 할 수 있는 것으로 나눌 수 있다. 기표는 신호를 보내서 여러분이 할 수 있는 것을 알려준다. 예를 들어 문에 달린 손잡이는 당길 수 있음을 암시하고 문에 달린 판은 밀 수 있음을 암시한다. **어포던스**는 여러분이 할 수 있는 행동이다. 문이라면 밀거나 당길 수 있다.

기표와 어포던스가 일치하면 경험은 쉽고 직관적이다. 이 경우, 신호가 기대를 형성하고 어포던스가 그 기대에 부응하도록 설계된 것이다. 기표가 없거나 모호하다면 기대가 형성되지 않거나, 더 나쁘게는 엉뚱한 기대를 형성할 수 있다. 이러한 기표와 어포던스의 관계를 대응(mapping)이라고 부른다. 대응이 제대로 이루어진다면 컨트롤(기표)과 환경에 미치는 효과(어포던스) 사이에 명확한 관계가 형성된다.

---

[1] https://en.wikipedia.org/wiki/The_Design_of_Everyday_Things

문에 손잡이가 달려 있다면 당기라는 기표다. 그런데 그 문이 밀어야만 열린다면(어포던스) 나쁜 사용자 경험이다.

바로 이러한 점을 고려하는 것이 UX 디자인의 실천이다. UX 디자인은 어떤 사물이 어떻게 작동할지 고민해 그 사물이 어떻게 만들어졌는지, 어떻게 작동하는지 전혀 모르는 사람에게 그 기능을 전달한다. 문을 여는 것처럼 단순한 작업이라고 해도 다른 사람들을 위해 경험을 만들 때는 그 경험을 누가 사용할지 고려해야 한다. 디자인에 이러한 사고방식을 적용하는 것을 인간 중심 디자인이라고 한다.

인간 중심 디자인은 실제로 사용할 사람들을 위해 제품을 디자인하는 것이며 그러려면 제품을 실제로 사용할 사람에게 공감해야 한다. 이는 해결할 문제를 정의하고 실현 가능한 솔루션을 구상하며 그 솔루션을 프로토타입으로 만들어서 실제 사용자에게 테스트하는 방식으로 진행된다. 결국 이러한 테스트 결과가 구현되어 문제를 겪는 사람들에게 효과적이고 원활히 작동하는 적합한 솔루션을 제공하게 될 것이다.

> 이 책에서는 **UX 디자인**과 **제품 디자인**이라는 용어를 번갈아 사용한다. 두 용어에 차이가 있긴 하지만 크지 않아서 서로 바꾸어 써도 무방하다. 업계에서는 두 용어가 모두 사용되며, 지금껏 내가 근무했던 여러 회사에서는 대화 상대에 따라 두 용어를 혼용했다.

인간 중심 디자인은 의사들이 정교한 수술 장비를 다루거나 전기 기술자가 전력 문제를 해결하는 것처럼 복잡한 상황에서도, 수도꼭지를 틀거나 가스레인지를 사용하는 것처럼 꽤 단순한 상황에서도 필요할 수 있다.

인간 중심 디자인이라는 개념은 정의도 다양하고 형태도 여러 가지다. 많은 사람이 이에 대해 썼고 그 정의 방식 역시 저마다 다르다.

> 인간 중심 디자인은 제품을 사용할 사람이나 제품의 영향을 받을 사람의 요구에 맞춰서 프로그램, 정책, 서비스, 제품을 만드는 방법론이다.
>
> - 블룸버그 시티스(Bloomberg Cities)

> 인간 중심 디자인은 문제를 겪고 있는 사람들의 핵심 요구를 해결하는 제품, 서비스, 시스템, 경험을 디자인하도록 개인이나 팀에 권한을 부여하는 철학에 기반한다.[2]
>
> - 디시 디자인(DC Design)

> 인간 중심 디자인은 디자인, 관리, 엔지니어링 프레임워크에서 일반적으로 사용하는 문제 해결 접근 방식으로 문제 해결 과정의 전 단계에 걸쳐 인간의 관점으로 솔루션을 개발한다.[3]
>
> - 위키백과

이들 정의의 공통점은 동일한 구조를 가진다는 점이다.

- 인간 중심 디자인은 하나의 프로세스다.
- 인간 중심 디자인은 문제를 해결한다.
- 인간 중심 디자인은 다른 사람들의 요구를 기반으로 한다.

---

[2] https://medium.com/dc-design/what-is-human-centered-design-6711c09e2779
[3] https://en.wikipedia.org/wiki/Human-centered_design

따라서 인간 중심 디자인의 원칙을 따른다는 것은 다른 사람들의 문제를 해결할 수 있도록 해주는 프로세스를 사용하는 것이다.

이 정의는 우리가 해야 할 일을 이해하는 데 도움이 된다. 하지만 이 프로세스를 어떻게 따라야 할까? 다른 사람의 요구는 어떻게 이해해야 할까? 그리고 이들의 문제를 어떻게 해결해야 하는 것일까?

다행히 우리는 디자인 싱킹(design thinking)의 도움을 받을 수 있다. 디자인 싱킹은 근본적으로 다른 사람들의 문제를 더 잘 이해하고 이를 통해 영향력 있는 솔루션을 설계하도록 돕는 일련의 프로세스다. 디자인 싱킹은 문제를 연구하고 다른 사람들과 공감하며 이들의 문제에 대해 실현 가능한 솔루션을 떠올리도록 돕는다. 또한 이러한 아이디어 시뮬레이션을 테스트해 솔루션을 구축했을 때 실제로 효과가 있을지 확인할 수 있게 한다.

> 인간 중심 디자인, 디자인 싱킹이라는 용어는 업계에서 종종 혼용된다. 두 용어 사이에는 약간의 차이가 있다. **인간 중심 디자인**이라는 용어는 제품 제작의 모든 단계에서 사용자의 관점을 중시하고자 할 때 주로 사용되는 반면, **디자인 싱킹**이라는 용어는 문제 해결에 집중하는 맥락에서 자주 쓰인다. 이 책에서는 이 둘을 구분하지 않고 혼용하겠다.

그런데 어디에서 시작하는 것이 좋을까? 작업하기 위한 특정 모델이나 프레임워크를 정하기에 앞서 몇 가지 디자인 싱킹 모델을 알아야 한다.

1.1.1 디자인 싱킹 모델

디자인 싱킹 모델은 해결하려는 문제에 디자인 싱킹을 적용하기 위한 프레임워크다. 이 모델은 우리가 작업을 진행하는 동안 따르거나 참고할 수 있는 로드맵, 가이드, 일련의 단계나 과정 같은 역할을 한다. 어떤 때는 이를 여정이 끝날 때까지 따라가는 지도처럼 활용한다. 또 어떤 때는 디자인 중인 경험을 좋은 사용자 경험의 원칙과 비교하는 참고 기준으로 사용한다.

그렇다면 우선 기존 모델 몇 가지를 살펴본 후 이 책의 나머지 부분에서 사용할 모델을 자세히 살펴보자.

도널드 노먼의 일상 사물 디자인

도널드 노먼은 디자인 업계에 큰 영향을 미치는 권위자다. 그는 자신의 저서 『디자인과 인간 심리』에서 좋은 사용자 경험을 만드는 4단계 프로세스를 제안한다.

1. 관찰
2. 아이디어 도출
3. 프로토타입 제작
4. 테스트

우선 우리는 **관찰**해야 한다. 누구를 위해 디자인하는지 이해해야 한다. 이들은 어떻게 행동하는지, 이들이 직면한 문제는 무엇인지, 이들은 자신이 처한 환경에서 어떻게 행동하는지 확인해야 한다. 이러한 관찰 과정 전반에 걸쳐 알아낸 내용을 글을 비롯한 다양한 방식으로 기록하고, 해결하려는 문제를 파악해 프로세스의 다음 단계로 나아가야 한다.

다음으로는 **아이디어를 도출**한다. 관찰한 바를 바탕으로 사용자의 문제를 해결할 방법을 떠올린다. 브레인스토밍하고 스케치하고 작동할 수 있는 아이디어를 만들어낸다. 기발하고 엉뚱한 아이디어를 마구 떠올린 다음에 가장 효과적일 것이라고 생각하는 몇 가지로 아이디어를 좁혀 나간다.

아이디어를 낸 다음에 **프로토타입을 제작**한다. 사용자에게 최고의 아이디어를 보여줄 기능적인 표현을 개발하기 시작한다. 디지털 목업을 만들거나 종이를 활용해 아이디어를 빠르게 시각화하고 반복적으로 아이디어를 개선해 초기부터 자주 피드백을 수집한다.

프로토타입을 만든 후에 **테스트**한다. 테스트는 피드백을 얻어서 다른 사람들이 우리의 아이디어를 실제로 어떻게 생각하는지 확인하는 중요한 과정이다. 프로토타입을 사람들에게 공유해 사람들이 디자인을 어떻게 사용하는지 확인한다. 우리는 테스트를 통해 제품이 얼마나 직관적인지, 얼마나 매력적인지, 그리고 무엇보다 아이디어가 사용자가 겪는 문제를 실제로 해결하는지 확인한다.

도널드 노먼이 처음 제안했던 디자인 싱킹 프로세스는 현대 디자인 싱킹의 핵심이다. 우리는 관찰하고 아이디어를 도출하고 프로토타입을 제작하고 테스트한다. 이 모델은 여러 번의 수정과 해석을 거쳐서 다양한 디자인 싱킹 프레임워크로 발전했으며 인간 중심 디자인 방법을 개선하는 데 기여했다.

애런 월터의 사용자 요구 계층 구조

수상 경력에 빛나는 작가인 애런 월터는 『감성 디자인』(웹액츄얼리코리아, 2013)이라는 저서로 이름을 알렸다. 그는 이 책에서 사용자 요구 계층 구조라는 프레임워크를 제시한다(그림 1-2).

▼ **그림 1-2** 사용자 요구는 피라미드의 아래에서 위로 채워진다. 하위 요구가 채워지지 않으면 상위 요구는 채워질 수 없다.

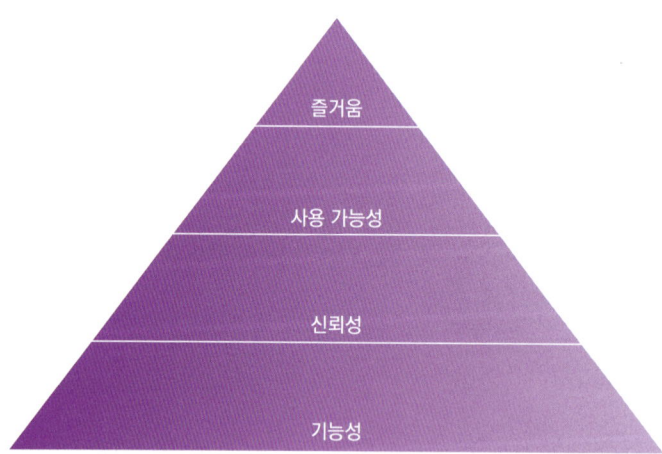

애런 월터는 심리학자 에이브러햄 매슬로(Abraham Maslow)의 인간의 욕구단계설[4]을 디자인에 적용한다. 본질적으로 어떤 경험과 상호작용할 때 경험은 다음 요소를 순차적으로 갖춰야 하며 이 순서는 중요도에 따라 정해진 것이다.

---

4 https://ko.wikipedia.org/wiki/매슬로의_욕구단계이론

1. 기능성(Functional)
2. 신뢰성(Reliable)
3. 사용 가능성(Usable)
4. 즐거움(Pleasurable)

이를 피라미드로 생각해보라. 각 요소는 이전 요소를 토대로 발전하며 사용자에게 점점 더 깊은 만족감을 준다. **기능성**을 시작으로 각 요소는 다음 요소를 위한 기초가 된다.

아무 요소도 갖추지 못한 경험이 있다고 상상해보자. 아름다운 무언가가 있다. 기능성이 없다면 사용자의 기본적인 요구를 충족시키지 못하므로 아름다움도 인정받지 못할 것이다. 아마 여러분도 보기에는 좋지만 이해하기 어렵거나 사용할 수 없는 디자인과 상호작용하면서 이런 경험을 해본 적 있을 것이다.

경험에 대한 가장 낮은 수준의 사용자 요구는 **기능성**을 갖추는 것이다. 경험은 본래 갖춰야 할 기본적인 기능을 제공해야 한다. 기능하지 않는다면 사용자의 핵심 요구를 충족시킬 수 없다. 그러면 결국 기능이 없거나 사용할 수 없는 상태가 된다.

다음으로는 **신뢰성**을 갖춰야 한다. 기능성을 갖추었지만 가끔 작동하는 수준이라면 한 번은 사용할 수는 있지만 계속 사용할 수는 없다. 예를 들어 인터넷 연결이 안정적이지 않다고 상상해보자. 물론 연결되기는 하지만 항상 연결된다는 보장이 없으므로 기능성과 신뢰성을 갖춘 안정적인 연결처럼 사용할 수 없다.

기능성과 신뢰성을 갖춘 다음에는 **사용 가능성**도 반드시 확보해야 한다. 사용 가능성은 기능성과 비슷해 보일 수 있지만 이를 사용자 요구 계층 구조상 상위 단계에 있게 하는 중요한 차이가 있다. 사용 가능성이 높다는 것은 제품이 익히기 쉽고 탐색하기 쉽고 활용하기 쉽다는 뜻이다. 사용자가 기능을 찾으려 애쓸 필요가 없어야 하며 작동하는 데 많은 노력이 들어서도 안 된다. 사용 가능성이 높으려면 단순히 작동하는 것이 아니라 직관적으로 작동해야 한다.

마지막으로 제품은 **즐거움**을 제공해야 한다. 사용자 요구 계층 구조상 가장 높은 수준의 만족감을 제공하려면 직관적으로 작동하는 것으로는 충분하지 않다. 제품을 사용하는 경험 자체가 기쁘고 즐거워야 한다. 사용자의 문제를 효과적으로 해결할 뿐 아니라 시각적으로도 만족스러워야 한다. 이러한 제품은 매우 만족스러운 사용자 경험을 제공하기 때문에 사용자가 제품을 직관적으로 사용할 뿐 아니라 그 과정에서 즐거움을 느낀다.

예를 들어 머그잔을 상상해보자. 기능성을 갖추지 못한 머그잔으로는 물 마시기라는 문제를 해결할 수 없다. 이 머그잔은 사용자 요구 계층 구조상 가장 기본적인 요구를 충족하지 못하는 것이다.

이번에는 머그잔이 기능성은 갖추었다고 상상해보자. 음료를 담을 수 있고 손으로 들 수 있으며 담은 음료를 마실 수 있다. 즉 정상적인 머그잔처럼 작동한다. 하지만 신뢰성을 갖추지 못했다면, 그래서 물이 샐 가능성이 50%라면 그 머그잔을 사용하고 싶지 않을 것이다. 기능하긴 하지만 다시 사용하고 싶을 정도의 안정적인 기능성을 갖추지 못한 것이다.

이제 머그잔이 기능성, 신뢰성을 갖추었다. 즉, 안정적으로 제 기능을 한다. 그런데 손잡이에 새끼손가락 하나만 들어간다. 그렇다면 이 머그잔은 사용 가능성이 떨어진다. 적어도 충분한 사용 가능성을 갖췄다고 보기는 어렵다. 머그잔에 음료가 가득 담겼다면 손잡이만으로 들어 올리기가 어려워서 머그잔의 옆면을 함께 잡아야 할 것이다. 하지만 커피처럼 뜨거운 음료가 가득 담겨 있다면 그렇게 하기가 너무 어려울 것이다.

손잡이가 손 크기에 맞게 커져서 머그잔의 사용 가능성이 높아졌다고 상상해보자. 이제 이 머그잔은 기능성, 신뢰성, 사용 가능성을 갖췄다. 음료를 담아 마시는 문제를 해결한다. 하지만 즐겁게 사용할 수 있을까? 그 머그잔을 사용하는 것이 '재미'있거나 기쁠까? 머그잔의 디자인을 어떻게 수정하면 이러한 요구를 충족할 수 있을까? 이때 디자인을 아름답게 바꿔서 즐거움을 선사할 수 있다. 예를 들어 멋진 그래픽 디자인을 넣거나 매력적인 곡선을 적용할 수 있다. 아니면 기능을 추가해서 더 즐거운 경험을 제공할 수도 있다. 예컨대 식어 버린 음료를 따뜻하게 데워주는 온열 기능을 추가하는 것이다. 아니면 담은 음료의 온도에 따라 새로운 패턴이 나타나도록 시각 디자인에 변화를 줄 수도 있다.

디자인 싱킹을 실천할 때 이 모델을 적용하면 원활하고 안정적으로 작동하며 직관적으로 사용할 수 있고 다시 사용하고 싶은 마음이 드는 경험을 만들 수 있다.

IDEO의 인간 중심 디자인 프로세스

세계적으로 유명한 디자인 에이전시인 IDEO는 도널드 노먼의 디자인 싱킹 모델을 변형한 모델을 제시한다. 이들은 인간 중심 디자인이 다음 세 단계로 구성된다고 본다(그림 1-3).[5]

1. 영감 탐색

2. 아이디어 도출

3. 구현

▼ **그림 1-3** IDEO 인간 중심 디자인 3단계

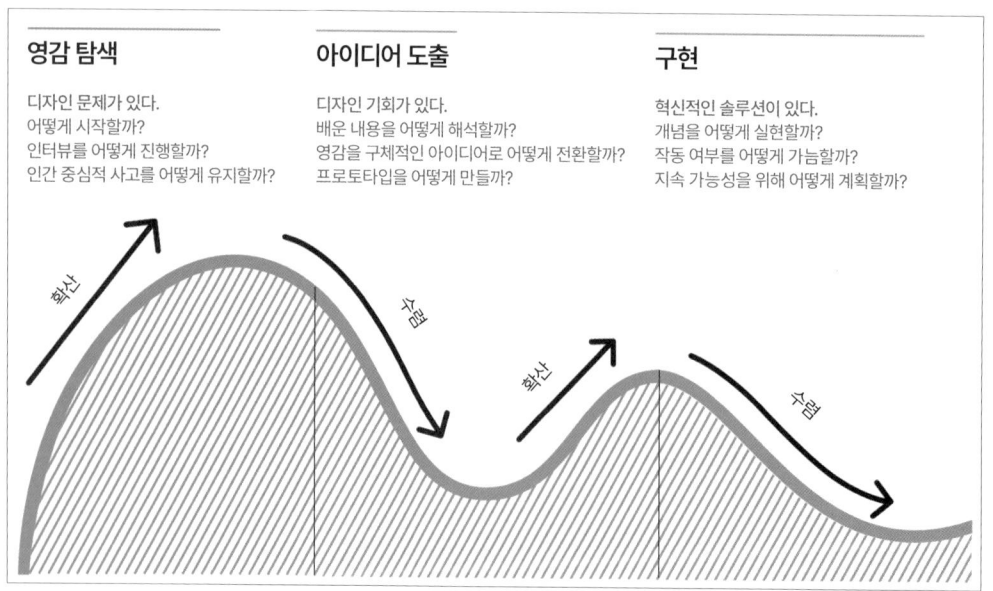

---

5 ideo.org

도널드 노먼의 기법과 비슷하게 이 기법에도 관찰, 아이디어 도출, 프로토타입 제작, 테스트가 포함된다. 하지만 이 방법은 한 걸음 더 나아가 그 과정에서 어떻게 아이디어가 확산하고 수렴하는지 보여준다.

우선 **영감 탐색** 단계에서 시작한다. 사용자를 위해 해결해야 할 문제가 있다는 것만 알고 자세한 내용은 모를 수 있다. 이럴 때는 어떻게 하면 영감을 얻을 수 있을까? 이 단계에서는 시야를 넓혀 확산(diverge)하며 문제 영역을 탐색한다. 다양한 자료를 살펴보고 여러 정보 출처를 통해 최대한 많은 영감을 얻는다. 자신이 탐험가라고 생각하라. 문제에 대해 가능한 한 많은 정보를 찾아야 한다.

그런 다음 **아이디어 도출** 단계로 넘어간다. 이제 디자인 아이디어를 떠올릴 차례다. 어떻게 하면 지금까지 수집한 모든 정보를 제대로 이해할 수 있을까? 배운 내용을 해석하고 하나의 아이디어로 발전시키려면 어떻게 해야 할까? 우선 아이디어를 정리해 수렴(converge)하며 영감 탐색 단계에서 얻은 정보를 체계적으로 정리해야 한다. 사용자의 문제를 해결하는 아이디어를 떠올리면서 의견을 형성하고 가설을 세운다. 그런 다음 다시 확산하며 정리된 의견과 관찰한 내용을 바탕으로 다양한 아이디어를 도출해 솔루션을 구상한다. 브레인스토밍과 스케치를 거쳐 다양한 아이디어를 발전시켜 테스트를 위한 프로토타입을 만든다.

마지막으로 **구현** 단계로 넘어간다. 이번에는 도출한 솔루션이 효과적인지 확인할 차례다. 사용자를 모집하고 이들을 대상으로 테스트를 진행하며 솔루션이 실제로 어떻게 작동하는지 관찰한다. 그리고 이 과정에서 다시 수렴하며 테스트를 통해 아이디어를 좁혀 나가면서 효과적인 부분과 그렇지 않은 부분을 파악한다. 그런 다음 솔루션 제작에 돌입해 아이디어를 실제 기능하는 제품으로 구현한다.

더블 다이아몬드

반복적으로 확산하고 수렴하는 과정은 디자인 싱킹 모델에서 흔히 볼 수 있다. 영국 디자인 위원회(British Design Council)[6]는 확산하고 수렴하는 과정을 거치는 디자인 프로세스를 만들고 이를 더블 다이아몬드라 명명했다(그림 1-4).

더블 다이아몬드는 특정 문제에 대한 단 하나의 솔루션을 찾는 디자인 프로세스에 적합한 방법이다. 이 방법은 명확한 결과물과 타임라인이 있는 디자인 작업에 활용하기 좋으며 다음 4단계로 나뉜다.

1. 발견
2. 정의
3. 개발
4. 전달

---

6   www.designcouncil.org.uk/our-resources/framework-for-innovation

▼ 그림 1-4 더블 다이아몬드 디자인 프로세스

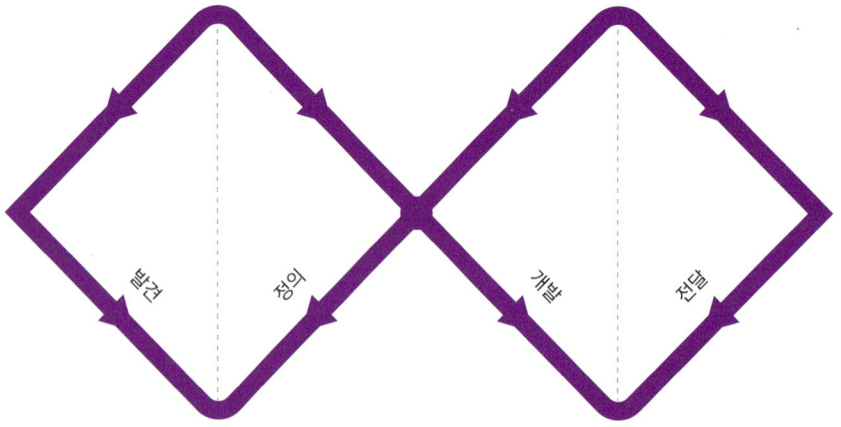

더블 다이아몬드 프로세스는 프로젝트 전체를 관통하는 문제에서 출발한다. 이 모델에서는 모든 것이 문제에 달려 있고 디자인 각 단계는 문제를 중심으로 진행된다.

첫 번째 단계는 문제를 탐구하는 **발견**의 단계다. 무엇이 문제일까? 사용자와 어떤 관련이 있을까? 사용자가 문제에 어떻게 대응할까? 과거에 같은 문제를 해결한 사람들이 있을까? 이들은 어떤 일을 했고, 어떻게 했을까? 이 단계에서는 연구에 집중해 사용자, 경쟁자, 이 문제에 대한 기술적 솔루션을 파악해야 한다. 탐험가가 되어서 문제에서 벗어나서 문제와 관련 있는 모든 것을 연구한다.

다음은 **정의** 단계다. 이 단계에서는 수렴하는 과정을 통해 문제를 깊이 탐구한 후 연구 결과를 종합하고 더욱 명확하게 이해한다. 진짜 문제, 즉 '해결해야 할 문제'가 무엇인지 정의한다. 이러한 정의는 프로젝트의 성공에 필수적이다. 왜냐하면 이것이 아이디어를 도출하는 기반이자, 해결해야 할 문제이기 때문이다. 이 단계에서 이루어지는 모든 연구는 하나의 목표로 수렴한다. 문제, 즉 해결해야 할 문제를 정의하는 것이다.

해결해야 하는 문제를 찾으면 프로젝트는 전환점을 맞이한다. 문제를 이해하면 다시 확산할 준비가 되기 때문이다. 다만 이번에는 성취하고자 하는 목표가 더욱 분명해졌다.

그다음은 **개발** 단계다. 문제를 충분히 이해했으니 다시 확산하며 솔루션을 개발해야 한다. 브레인스토밍하고 아이디어를 스케치하며 선택지를 넓혀간다. 충분한 아이디어가 모이면 선택지들을 평가하고 테스트할 수 있는 프로토타입을 준비한다.

마지막은 **전달** 단계로 이전 단계에서 얻은 아이디어를 테스트한다. 사용자들에게 아이디어를 보여주고 피드백을 받으며 수렴하고 솔루션을 향해 나아간다.

닐슨 노먼 그룹의 디자인 싱킹 프로세스

닐슨 노먼 그룹(Nielsen Norman Group, NN/g)은 디자인 싱킹 프로세스에 대한 종합적인 모델을 제시한다.[7] 이 모델은 디자인을 크게 세 과정으로 나누고 각 과정에 두 단계씩 총 여섯 단계로 구분된다(그림 1-5).

7　www.nngroup.com/articles/design-thinking/

1. 공감

2. 정의

3. 아이디어 도출

4. 프로토타입 제작

5. 테스트

6. 구현

▼ 그림 1-5 닐슨 노먼 그룹의 디자인 싱킹 모델. 바깥에 있는 회색 원은 디자인 프로세스의 세 가지 주요 과정을 나타내고 내부에 있는 원은 프로세스의 각 단계를 나타낸다. 각 단계는 순차적으로 진행되지만 디자인 프로세스를 거치면서 배운 내용에 따라 언제든지 이전 단계로 되돌아가서 재평가할 수 있다. 각 단계는 반복 가능한 루프 구조여서 필요에 따라 각각을 다시 수행할 수 있다.

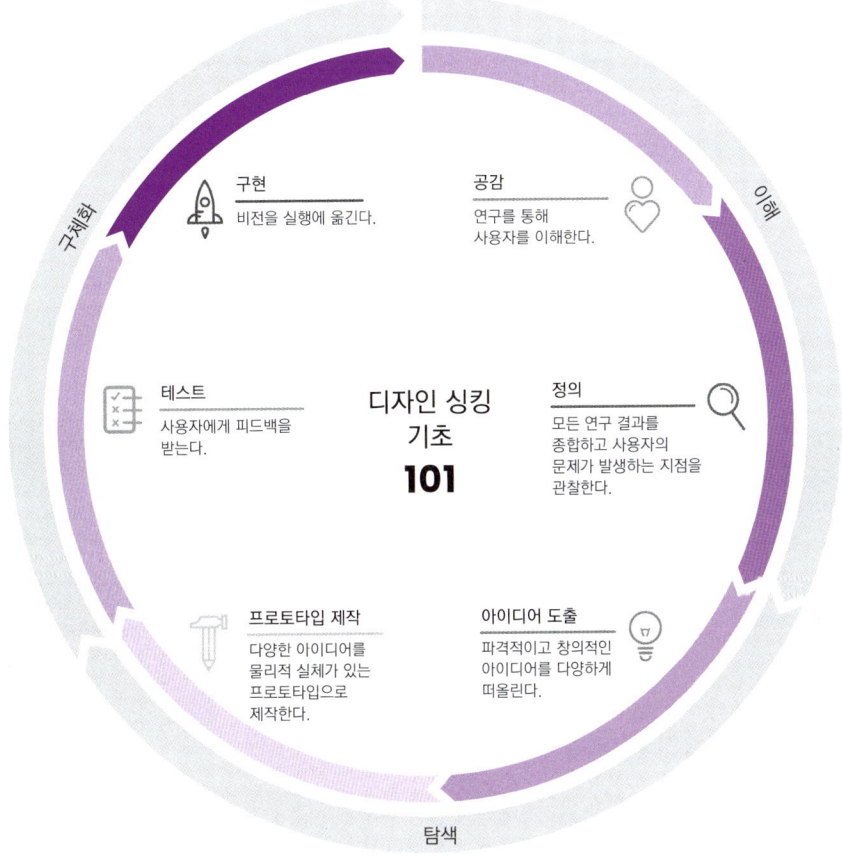

닐슨 노먼 그룹의 디자인 싱킹 모델은 먼저 공감을 통해 사용자, 문제, 맥락을 이해한다. 문제를 직접 겪는다면 어떨지 상상하고 사람들이 그 문제에 어떻게 대처하는지 파악해야 한다.

그리고 **정의**한다. 사용자가 어떤 문제를 겪는지 알아내어 정의한 후 해결할 문제를 결정한다. 사용자를 위해 어떤 문제를 해결해야 할까?

그다음에 **아이디어를 도출**한다. 해결할 문제를 명확히 이해했다면 이에 적합한 솔루션을 고민할 차례다. 브레인스토밍과 스케치를 통해 아이디어를 구체화한다.

아이디어 도출을 마쳤다면 **프로토타입을 제작**한다. 아이디어를 표현할 프로토타입을 만들어서 테스트하는 단계. 프로토타입을 통해 다른 사람들이 우리의 아이디어를 확인하고 이와 상호작용하는 과정을 지켜보며 이들이 어떻게 반응하는지 확인해야 한다.

다음으로 **테스트**한다. 프로토타입이 준비되면 사용자를 찾아서 우리의 아이디어를 공유한다. 사용자가 아니라 아이디어를 테스트하고 아이디어가 얼마나 잘 작동하는지 확인한다. 가설을 점검하고 실제 사용할 수 있는 아이디어인지, 사용자의 문제를 해결할 수 있는지 확인한다.

마지막으로 **구현**한다. 아이디어의 작동 방식을 파악하면 이를 실제로 제작해 사용자에게 전달한다. 프로토타입을 실제 기능하는 제품으로 만들어서 세상에 출시한다.

디자인 싱킹 프로세스

사실 많은 모델이 비슷하다. 디자인 싱킹 프로세스는 대체로 다음 단계를 거친다.

1. 문제를 연구한다.
2. 연구 결과를 종합한다.
3. 솔루션을 떠올린다.
4. 프로토타입을 만들고 테스트한다.
5. 수정하고 출시한다.

하지만 참고할 수 있는 공식 프로세스를 마련해 미묘한 차이를 구분하고 체계적으로 정리해두면 사용자를 위한 올바른 디자인에 많은 도움이 된다. 공식 프로세스를 활용하면 수행하려는 작업에 대해 다른 팀과 명확하게 소통할 수 있다. 또한 프로세스는 훌륭한 사용자 경험을 디자인하는 데 필요한 단계를 수행할 시간과 자원을 확보할 근거가 된다(참고로 디자인 작업에서 연구가 종종 제외되는 것이 업계의 현실이다). 아울러 차세대 디자이너 교육에 참고할 수 있는 구체적인 프로세스를 제공하므로 보다 체계적인 교육이 가능해진다.

1.1.2 우리가 활용할 디자인 싱킹 프로세스

앞서 언급한 모든 디자인 싱킹 모델은 인간 중심 디자인을 실천하는 타당한 접근 방식이다. 여러분이 실제 작업에서 특정 모델을 선호할 수 있고 그래도 아무 문제가 없다. 현업에서 여기서 다루지 않은 다른 모델을 사용하는 디자이너도 많을 것이다.

이 책에서는 닐슨 노먼 그룹의 프로세스를 따르려고 한다. 그 이유는 세 가지다.

- **반복적이다.**

    닐슨 노먼 그룹의 디자인 싱킹 모델은 각 단계에서 반복을 허용한다. 실무에서는 디자인이 선형적으로 진행되는 경우가 드물다. 진행 중인 단계에서 새로운 것을 배우게 되어서 이전 단계로 되돌아가고 싶을 때가 많다. 예를 들어 테스트 도중에 처음에 생각하지 못했던 유스 케이스(use case)가 떠올라서 아이디어 도출 단계로 되돌아가고 싶을 수 있다. 아니면 솔루션을 구현한 후에 문제의 일부만 해결했고 전체는 해결하지 못했다는 것을 깨달을 수도 있다. 그러면 공감 단계로 되돌아가고 싶을 것이다. 이 모델에는 그렇게 하는 것이 허용된다.

- **상세하다.**

    이 디자인 싱킹 모델은 여섯 단계로 나뉘며 단계마다 해야 할 일이 구체적이고 명확하다. 예를 들어 구현 단계에서는 개발자와 협력해 아이디어를 제품으로 실현하는 등 솔루션을 제공하는 데 명시적으로 초점을 맞춘다. 이처럼 높은 수준의 구체성 덕분에 디자인 싱킹 프로세스를 보다 꼼꼼하게 진행할 수 있다.

- **단계를 아우르는 과정이 있다.**

    이 프로세스에는 전체 여섯 단계 외에도 이를 아우르는 이해, 탐색, 구체화라는 세 가지 과정이 존재한다. 각 과정은 개별 단계가 전체 디자인 싱킹 프로세스에서 어떤 역할을 하는지 이해하는 데 도움을 준다. 우선 공감과 정의 단계를 통해 사용자와 해결해야 할 문제를 **이해**해야 한다. 그리고 아이디어 도출과 프로토타입 제작 단계를 통해 사용자를 위해 무엇을 해줄 수 있는지 **탐색**해야 한다. 마지막으로 테스트와 구현 단계를 통해 솔루션을 **구체화**해야 한다. 이 덕분에 실행 가능한 단계로 구성된 명확한 프로세스가 만들어지며 이는 인간 중심 디자인을 실천하는 명확한 길잡이가 된다.

그럼 이제 각 단계를 더 자세히 살펴보자.

1단계: 공감

디자인 싱킹 프로세스의 첫 단계에서는 해결하려는 문제를 더 깊이 이해하는 것이 목표다. 이 목표를 달성하는 몇 가지 방법이 있다.

다른 사람 관찰하기

문제를 경험하는 사람들에게 더 깊이 공감하려면 이들을 관찰할 수 있다. 이들이 업무를 완수하고 제품을 사용하며 일상을 살아가는 모습을 관찰하면 이들이 어떻게 문제와 맞닥뜨리는지, 현재 그 문제를 어떻게 해결하고 있는지 살펴볼 수 있다. 사용자 인터뷰, 일기 연구, 맥락 질의 등의 방법을 통해 사용자를 관찰하며 문제가 발생하는 맥락을 직접 확인할 수 있다.

문제 경험하기

문제를 직접 경험해볼 수도 있다. 문제와 관련된 작업을 수행해 해결하려는 문제의 페인 포인트(pain point)를 직접 경험할 수 있다. 해결하려는 문제가 제품이라면 해당 제품을 사용해보면서 문제를 확인할 수 있다. 해결하려는 문제가 프로세스라면 해당 프로세스를 직접 겪으면서 어떤 경험을 하게 되는지, 도중에 어떤 감정을 느끼는지 확인할 수 있다.

전문가와 대화하기

문제와 관련된 전문가를 찾아서 대화를 나눌 수도 있다. 여기서 말하는 전문가란 해당 문제를 연구하거나 유사한 문제를 해결한 업계 리더일 수도 있고 그 문제를 자주 접하며 많이 경험한 사용자일 수도 있다. 전문가와 인터뷰를 진행하며 문제에 대해 더 배우고 이들이 이 문제를 어떻게 다루는지 알아볼 수 있다.

솔루션 탐색하기

마지막으로 기존 솔루션을 찾아볼 수 있다. 만약 흔히 발생하거나 잘 알려진 문제라면 다른 사람들이 이미 해결했을 (아니면 해결하려 시도했을) 가능성이 크다. 그렇다면 직접 사용해보고 영감을 얻을 수 있는 솔루션이 존재할 수 있으며 이를 참고하면 더 나은 방법으로 문제를 해결할 수 있다. 경쟁 분석을 수행하고 문제 영역에서 경쟁사가 제공하는 제품이나 서비스를 살펴볼 수 있다. 경쟁사의 강점과 약점을 분석하고 문제를 혁신적으로 해결하는 방법을 모색할 수 있다.

공감하기 위해 어떤 방식을 사용하든지 현재 상태를 제대로 이해해 의견을 형성하고 대상 청중을 위해 달성하고자 하는 바를 명확히 정의해야 한다.

2단계: 정의

디자인 싱킹 프로세스의 두 번째 단계에서는 의견을 형성하기 시작한다. 첫 번째 공감 단계에서 수행한 연구를 종합한 뒤 결과를 분석한다. 이 단계에서 반드시 답해야 하는 몇 가지 질문이 있다.

공통점은 무엇일까?

앞서 관찰한 내용을 바탕으로 연구 결과를 분류하고 정리해야 한다. 연구 결과에서 드러나는 경향이나 공통점은 무엇일까? 모든 사람이 같은 방식으로 문제를 경험할까? 모두가 동일한 솔루션으로 문제를 해결하고 있을까? 대부분의 사람들이 경험하는 공통적인 문제가 있을까? 우리는 이러한 공통점을 찾아내고 프로세스 후반에 이를 참고해 더 나은 정보를 토대로 아이디어를 도출할 수 있어야 한다.

사람들이 적절한 서비스를 받고 있을까?

관찰하는 도중에 발견한 기존 솔루션이 있을까? 그 솔루션에 미흡한 부분이 있을까? 충분한 서비스가 제공되지 않는 부분은 어디일까? 사람들이 기존 솔루션에서 만족하는 요소와 만족하지 않는 요소를 파악하면 개선해야 할 부분에 더 효과적으로 집중할 수 있다.

해결해야 할 문제가 무엇일까?

이 단계에서는 해결해야 할 문제를 명확히 정의해야 한다. 우리는 연구와 관찰을 통해 사람들이 겪는 어려움을 파악하고 이에 대한 의견을 도출한다. 아직은 솔루션을 생각하기보다 사람들이 직면한 문제가 무엇인지, 그리고 나머지 디자인 싱킹 프로세스를 진행하는 동안 우리가 구체적으로 집중할 문제가 무엇인지 제대로 정의하는 것이 중요하다. 다양한 문제가 눈에 띌 수 있지만 그래도 괜찮다. 이 단계에서는 문제에 집중해야 한다. 그래야 나중에 해결하려는 문제에 맞는 구체적인 솔루션을 떠올릴 수 있다.

해결하려는 문제를 명확히 이해했다면 다양한 솔루션을 구상할 준비가 된 것이다.

3단계: 아이디어 도출

디자인 싱킹 프로세스의 세 번째 단계에서는 솔루션을 만든다. 이 단계에서는 연구 결과와 해결할 문제를 바탕으로 확산하고 수렴하며 다양한 솔루션을 탐색한다.

가능성을 기준으로 확산하기

우선 확산한다. 사용자가 직면한 핵심 문제를 해결할 수 있는 가능한 솔루션을 폭넓게 떠올린다. 제한 없이 브레인스토밍을 진행한다. 이 단계에서는 어떤 아이디어도 '터무니없지' 않다. 가능한 한 많은 아이디어를 떠올리고 이러한 아이디어들을 바탕으로 수렴할 것이다. 브레인스토밍, 마인드맵 등의 기법을 활용해 다양한 아이디어를 떠올려서 수렴할 기반을 마련한다.

실현 가능성을 기준으로 수렴하기

브레인스토밍, 스케치 등의 아이디어 도출 기법으로 아이디어를 충분히 탐색한 후 수렴에 돌입한다. 아이디어를 서로 비교하며 사용자의 문제를 가장 잘 해결할 수 있거나 가장 실현 가능성이 높은 아이디어가 무엇인지 평가한다. 아이디어의 우선순위를 정해서 사용자를 대상으로 테스트할 수 있게 한다.

몇 가지 솔루션을 선별했다면 프로토타입을 만들어서 청중을 대상으로 아이디어를 테스트한다.

4단계: 프로토타입 제작

디자인 싱킹 프로세스의 네 번째 단계에서는 아이디어를 프로토타입으로 표현해 어떻게 작동하는지 확인한다. 아이디어를 구현해 다른 사람들이 사용할 때 어떻게 작동하는지 살펴본다.

가볍고 불완전한 프로토타입

이 단계에서는 완벽을 추구하기보다는 정보를 얻는 것이 핵심이다. 목표는 아이디어를 검증하는 것이지 완벽하게 작동하는 제품을 만드는 것이 아니다. 완벽하게 코딩되었거나, 완벽한 기능을 갖춘 완벽한 제품을 만드는 것은 시간 낭비다. 빠르지만 정확하게 우리의 솔루션이 어떻게 작동하는지 보여주는 것이 중요하다. 그래야 최소한의 시간을 들여서 디자인 방향을 검증하고 피드백을 받을 수 있다. 여러분의 솔루션을 테스트할 수 있는 최소 기능 아이디어를 만들어라.

물리적 실체가 있는 프로토타입

아이디어는 다른 사람을 대상으로 테스트해야 한다. 어떤 제품의 프로토타입이든 다른 사람이 사용할 수 있어야 한다. 프로토타입은 제품의 모든 화면을 픽셀 단위로 완벽하게 묘사한 고충실도 목업만큼 복잡할 수도 있고 아이디어를 대략적으로 보여줄 수 있는 몇 장의 종이처럼 간단할 수도 있다. 어떤 방법이든 아이디어를 전달할 수만 있으면 충분하다.

기능하는 MVPr(Minimum Viable Prototype, 최소 기능 프로토타입, 최소 기능 제품을 뜻하는 MVP와 혼동하지 않도록 유의)이 있으면 대상 청중에게 아이디어를 테스트하면서 우리의 디자인 솔루션이 이들의 일상에서 실제로 유용한지 알아볼 수 있다.

5단계: 테스트

디자인 싱킹 프로세스의 다섯 번째 단계에서는 아이디어를 테스트한다. 아이디어를 구현한 프로토타입을 통해 사용자가 프로토타입과 상호작용하는 모습을 관찰하며 가설을 검증하고 우리의 솔루션이 사용자의 문제를 실제로 해결하는지 알아볼 수 있다.

사용할 수 있을까?

프로토타입과 상호작용하는 사람들이 솔루션을 실제로 사용할 수 있는가? 사람들이 솔루션을 어떻게 탐색하는지 아는가? 사용자 요구 계층 구조를 고려해 디자인을 명확하게 전달했는가? 기표가 어포던스를 정확하게 전달하는가? 솔루션이 기능성, 신뢰성, 사용 가능성, 즐거움을 제공하는가? 프로토타입이 이 모든 요소를 갖추지 않았더라도 괜찮다. 테스트 결과가 향후 그런 요소를 갖출 가능성을 보여준다면 말이다.

실제로 문제가 해결될까?

무엇보다도 여러분의 아이디어로 문제를 해결하는지가 가장 중요하다. 여러분의 솔루션이 실제로 사용자가 느끼는 문제를 해결하는가? 바로 지금이 그 아이디어가 문제를 해결하는지 확인할 때다. 그렇지 않다면 문제를 더 효과적으로 해결할 수 있도록 디자인을 어떻게 수정할지 배울 시점이다.

프로토타입이 좋은 테스트 결과를 내고 디자인 솔루션이 효과가 있다고 확신한다면 솔루션 제작 단계로 넘어갈 차례다.

6단계: 구현

마지막 단계에서는 솔루션을 구현한다. 아이디어의 효과를 확신하게 되었으니 이제 사용자에게 제공해 실생활에서 활용할 수 있도록 해야 한다.

무엇을 만들어야 할까?

솔루션은 어떻게 만들까? 코딩이 필요할까? 원활한 작동을 위해 백엔드 아키텍처가 필요할까? 솔루션을 설계할 때는 현실 세계에서 구현하는 데 필요한 모든 지원 구조를 고민해야 한다.

사용자는 솔루션을 어떻게 사용할까?

사용자들은 솔루션과 어떻게 상호작용할까? 제품이 원활히 작동하려면 디자인의 모든 유스 케이스를 고려해야 한다. 오류가 난다면 어떻게 해야 할까? 사용자가 제품 사용을 잠시 멈췄다가 나중에 다시 돌아온다면 어떻게 해야 할까? 디자인의 '해피 패스(happy path)'[8] 이상을 고려해야 한다. 사용자가 마주할 수 있는 모든 에지 케이스(edge case)[9]를 포함하도록 철저하게 고민한 제품 경험을 전달해야 한다.

1.1.3 디자인 싱킹은 출발점이다

인간 중심 디자인에 접근하는 방법은 여러 가지다. 우리는 다양한 모델을 활용할 수 있으며 가장 중요한 요소, 즉 해결하려는 문제, 솔루션을 제공할 대상 사용자를 파악하도록 도와주는 수많은 프레임워크가 있다. 이 책에서는 디자인 싱킹 프로세스를 적용해 우리가 해결하려는 문제에 인간 중심적인 방식으로 접근할 것이다.

인간 중심 디자인은 전체 퍼즐의 한 조각에 불과하다. 디자인 솔루션을 현실 세계에 구현하려면 디자인은 다른 직무와 협력해야 한다. 그렇게 하려면 제품이 어떻게 만들어지는지 이해하고 문제 해결에 참여하는 모든 이들의 프로세스와 우리의 프로세스를 조화시켜야 한다.

1.2 SECTION / 제품은 어떻게 만들어질까?

디자이너로서 우리의 목표는 디자인을 통해 돕고자 하는 사람들이 겪는 문제에 대한 솔루션을 만드는 것이다. 우리는 이러한 목표를 달성하기 위해 디자인 싱킹을 따른다. 하지만 디자인 싱킹 프로세스는 독립적으로 존재하지 않는다. 오히려 디자인 싱킹의 요구 사항과 우리가 만드는 제품을 생산하는 기업의 필요 사이에서 균형을 맞춰야 한다. 디자인 싱킹은 해결하려는 문제의 솔루션을 만드는 하나의 요소에 지나지 않는다. 솔루션을 실제로 고객에게 제공하려면 기업이 그 솔루션을 생산하고 유통하고 유지 보수할 수 있어야 한다.

현실에서 디자인 싱킹의 가치를 실현하려면 우리가 고안한 솔루션을 실제 제품으로 구현해야 한다. 그러려면 제품 개발 프로세스를 활용해 작업이 계획대로 진행되는지, 예산을 벗어나지 않는지, 그 혜택을 누릴 사람들에게 우리의 솔루션을 전달할 수 있는지 확인해야 한다.

> **UX 디자인**과 **제품 디자인**이라는 용어가 그렇듯이 **사용자**와 **고객**이라는 용어도 혼용될 수 있다. 결국 어떤 용어를 사용할지는 회사 문화에 따라 달라진다. 예를 들어 니켈로디언[10]에서는 고객을 지칭하기에 '사용자'라는 단어가 너무 차갑게 느껴져서 그 대신 '어린이'라는 용어를 사용하는 문화를 정착시키려 하다가 실패했다. 반면 아마존에서는 최종 사용자를 항상 '고객'이라고 부른다.

---

8 역주 아무 오류나 문제 없이 제품을 사용하는 이상적인 시나리오를 가리킨다.
9 역주 특수한 상황에서 발생할 수 있는 예외적인 유스 케이스를 의미한다.
10 역주 다양한 아동용 콘텐츠를 방영하는 미국의 어린이 TV 채널.

1.2.1 제품을 어떻게 구현할까?

지금까지는 좋은 디자인 싱킹 프로세스가 사용 가능성과 즐거움을 갖춘 만족스러운 사용자 경험을 만드는 데 어떻게 도움이 되는지 이야기했다. 성공적인 제품 디자인의 또 다른 요소는 이러한 사용자 경험을 구현하도록 해주는 좋은 개발 방법론을 갖추는 것이다.

UX 업계에는 제품을 제작하는 다양한 제품 개발 방법론이 존재한다. 일부 방식은 다른 방식보다 더 일반적이다. 하지만 어떤 방법론을 사용할지는 근무하는 회사, 해결해야 할 문제, 속한 조직의 철학에 따라 달라지며 이러한 요소가 일상적인 업무에서 어떤 방법을 사용할지 결정한다.

어떤 조직에서는 업무가 선형적으로 진행되며 프로젝트가 단계별로 진행될 때마다 업무가 한 그룹에서 다른 그룹으로 전달된다. 업무 단계에 따라 필요한 역량이 달라지므로 다양한 분야의 전문가들이 각기 다른 시점에 프로젝트에 참여한다. 만약 프로젝트가 디자인 싱킹 프로세스 초기 단계라면 많은 연구가 필요하므로 유저 리서처(user researcher)가 깊게 관여해 팀이 디자인하고 있는 제품에 대한 사용자의 요구를 파악하도록 도울 것이다. 반면 프로젝트 막바지의 솔루션을 구현하는 시점이라면 주로 개발자가 코드를 작성하며 제품이 제대로 작동하도록 보장하는 역할을 한다.

다른 조직에서는 반복적인 방식을 선호해 작업 중인 제품을 지속적으로 발전시키고 개선해 나간다. 이러한 조직에서도 프로젝트는 단계별로 진행하지만 각 단계 사이 간격이 훨씬 짧아서 경우에 따라 며칠이나 몇 주밖에 걸리지 않는다. 이러한 프로젝트에서는 디자인 싱킹 프로세스의 모든 단계를 반복적으로 실행하며 문제를 해결해 나간다.

어느 쪽이 더 나을까? 최종 솔루션에 이르기까지 전체 단계가 선형적으로 길게 이어지는 방식? 아니면 솔루션을 '절대 완성하지 않고' 짧은 주기로 끊임없이 반복하는 방식? 한 부서에서 다음 부서로 배턴을 넘기는 릴레이 경기가 나을까? 아니면 여러 부서가 동시에 하나의 목표를 향해 협력하는 줄다리기 방식이 더 나을까?

실제로는 두 접근 방식 모두 효과적일 수 있다. 결국 답은 해결할 문제에 따라 달라진다.

1.2.2 폭포수 방법론: 선형적인 단계별 작업 흐름

폭포수 방법론은 프로젝트의 각 단계가 폭포에서 물이 아래로 떨어지듯 흐르는 프로젝트 관리 프로세스다(그림 1-6).

▼ 그림 1-6 폭포수 프로젝트 관리(출처: Gail Johnson/Shutterstock)

폭포수 방법론에서는 프로젝트의 각 단계가 완료되어야 다음 단계를 시작할 수 있다. 폭포의 꼭대기에서 시작해서 다음 단계에 도달할 때까지 프로젝트의 흐름을 따라 아래로 내려가며 프로젝트가 완료될 때까지 단계적으로 진행된다.

그림 1-7에서는 프로젝트가 단계별로 어떻게 흘러가는지, 한 작업 뒤에 어떤 작업을 하는지 명확한 로드맵을 볼 수 있다. 이 일정에는 이전 단계로 돌아갈 여지가 없고 프로젝트는 마치 절벽에서 떨어져서 다음 절벽으로 향하는 물처럼 앞으로만 나아간다.

▼ 그림 1-7 폭포수 개발 단계. 폭포수 개발 방식은 한 번에 한 단계씩 진행되며 새롭게 배운 내용이나 정보를 가지고 이전 단계로 돌아갈 시간이나 여유가 없다.

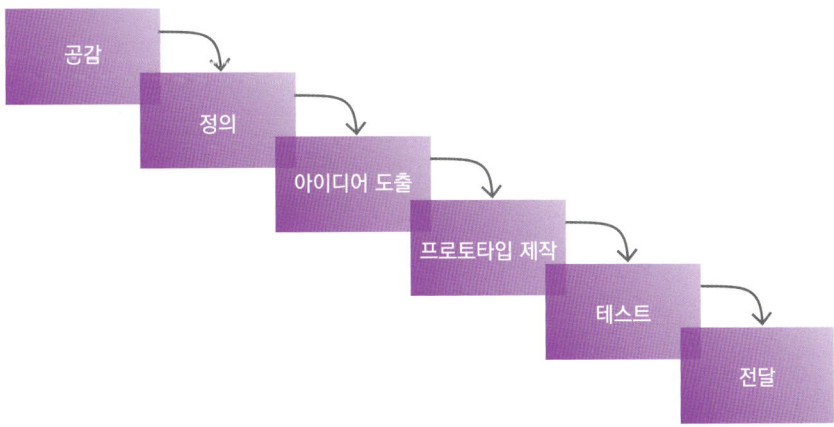

일반적으로 이 방법론에서는 작업에 돌입하기 전에 해결하려는 문제와 프로젝트의 모든 요구 사항을 명확히 파악한다. 폭포수 모델이 제대로 작동하려면 프로젝트의 범위를 설정하고 성공적인 진행을 위해 필요한 연구를 수행하는 철저한 기획 과정이 필요하다. 기획 과정은 해결할 문제를 정의하고 프로젝트 각 단계의 타임라인과 예상하는 최종 결과물을 파악하는 작업을 포함한다.

이 방법은 프로젝트의 각 단계가 다른 단계나 다른 작업에 많이 의존하는 산업에서 일반적으로 쓰인다. 예를 들어 건설 산업에서는 작업에 돌입하기 전에 프로젝트의 범위를 설정하고 계획하는 것이 일반적이다. 건설 도중에 설계도를 변경하려면 비용이 많이 들고 실행하기 어렵기 때문에 건축하기 전에 프로젝트의 범위를 명확히 설정해야 프로젝트 도중에 요구 사항을 변경하는 사태를 방지할 수 있다.

이러한 특성은 폭포수 방법론이 비판 받는 주요 원인 중 하나다. 프로젝트 진행 도중에 만들고자 하는 제품에 직접적으로 영향을 줄 수 있는 새로운 정보를 알게 될 때도 있는데 이럴 때 이 방법론은 유연하게 대응하기 쉽지 않다. 이전 단계를 완료해야만 다음 단계를 진행할 수 있고 이미 완료한 이전 단계로 돌아가기 어렵기 때문이다.

폭포수 방법론이 일반적인 제품 제작 방식이긴 하지만 대부분의 경우 결과물을 명확하게 정의하거나 필요한 모든 정보를 수집해둔 상태로 작업을 시작하는 제품에 쓰인다.

소프트웨어 개발 업계에서는 이 방법론을 선호할 수 있다. 소프트웨어 엔지니어들은 무엇을 만들어야 하는지, 시간이 얼마나 걸릴지 잘 파악하는 편이다. 요구 사항 수집과 디자인 작업이 사전에 이루어지기 때문이다. 예를 들어 에이전시라면 고객이 사전에 명확히 제시한 문제와 작업을 토대로 폭포수 방법론을 사용해 제품을 제작할 수 있다.

폭포수 방법론에는 몇 가지 장점이 있다.

- **미리 정해진 작업 범위**

  작업이 단계별로 순차적으로 진행되므로 프로젝트의 결과물을 사전에 명확하게 정해두는 경우가 많다.

- **선형적 진행**

  이전 단계에서 얻은 정보를 참고할 수 있어 현재 단계에서 해야 할 일이 무엇인지, 누가 어떤 작업을 하고 있는지 명확히 파악할 수 있다. 예를 들어 개발은 설계 명세를 기반으로 이루어지며 이러한 명확성은 프로젝트의 원활한 진행에 도움이 된다.

- **체계적인 문서화**

  이전 단계에 의존하는 진행 방식 때문에 프로젝트가 철저히 문서화되는 경향이 있다. 예를 들어 디자인에서 개발 단계로 넘어갈 때는 면밀한 계획이 담긴 명세서를 작성해서 디자인의 기능 방식을 명확히 전달한다. 결과적으로 조직은 향후 작업에 참고할 수 있는 잘 정리된 문서를 확보하게 된다.

그렇지만 폭포수 방법론이 비판 받는 부분도 있다.

- **초기에 정의한 문제가 올바르지 않을 수 있다.**

  프로젝트 초반에는 무엇이 필요한지 정확히 알지 못하거나 기술적으로 어떤 것이 가능한지 잘 알지 못하는 경우가 다반사다. 따라서 초기에 정의한 문제는 사용자의 요구에 완벽히 부합하지 않을 때가 많고 도중에 더 나은 아이디어가 떠오르기도 한다. 폭포수 방법론의 선형적 특성이 더 나은 제품을 만들 수 있는 가능성을 제한할 수 있다.

- **개발을 진행하는 도중에 많은 것을 배운다.**

  사실 문제를 정의하기란 그리 쉽지 않다. 문제 해결은 둘째치고 문제를 제대로 정의하는 데에도 많은 연구와 이해가 필요하며 이 과정이 부족하면 간과하는 부분이 생길 수 있다. 폭포수 방법론에서는 방향을 전환할 시간과 자원이 주어지지 않아서 최종 제품의 완성도에 부정적인 영향을 미칠 수 있다.

- **요구 사항이 변경되면 과정 전반에 영향을 준다.**

  폭포수 방법론은 적응력이 부족하다. 비즈니스 목표, 사용자 요구, 시장 상황 등이 변하면 프로젝트나 이해관계자의 기대를 적응시키고 조정하기가 더 어렵다.

내가 폭포수 환경에서 일한 당시의 경험을 예로 들어보겠다. 미디어 기업의 콘텐츠 일정은 대개 빡빡하게 짜여 있다. 이 때문에 콘텐츠 제작 일정은 고정되어 있었고 회사가 필요로 하는 시점에 맞춰 각 콘텐츠를 공개해야 했다. 특별 콘텐츠를 늦게 완성하면 그 콘텐츠는 의미가 없었다(크리스마스 에피소드를 크리스마스 이전이 아닌 이후에 공개할 수 없기 때문이다). 정해진 날짜를 기준으로 시간을 역산하며 작업했기 때문에 공개하기 전에 콘텐츠를 반복적으로 개선할 여유는 없었다. 일회성 공개 전략에 가까웠다. 이러한 제약 때문에 우리는 폭포수 방식을 따랐다. 대본을 작성하고 자료를 수집하고 콘텐츠를 제작하고 테스트한 후 약간의 수정을 거쳐서 공개하고 곧바로 다음 콘텐츠 작업에 착수했다. 이전 단계로 돌아가서 수정하거나 공개한 콘텐츠를 손보는 일은 없었다. 우리는 이미 다음 프로젝트에 착수한 뒤였기 때문이다.

전체적으로 볼 때 폭포수 방법론은 프로젝트의 틀과 목표를 가장 확실하게 설정하지만 그 결과 진행 과정의 유연성이 부족해질 수 있다.

1.2.3 애자일 방법론: 반복적이고 지속적인 프로세스

애자일 방법론은 폭포수 방법론과 반대되는 개념이다. 엄격한 단계별 구조를 강조하며 결과물과 타임라인을 사전에 정의하는 폭포수 방법론과 달리 애자일 방법론은 효율적이고 반복적인 제품 개발을 강조한다. 이 방법론에서는 대대적인 변화나 출시보다는 점진적인 개선에 집중한다(그림 1-8).

▼ **그림 1-8** 애자일 방법론은 대대적인 개편보다 작고 점진적인 변화를 꾀한다.

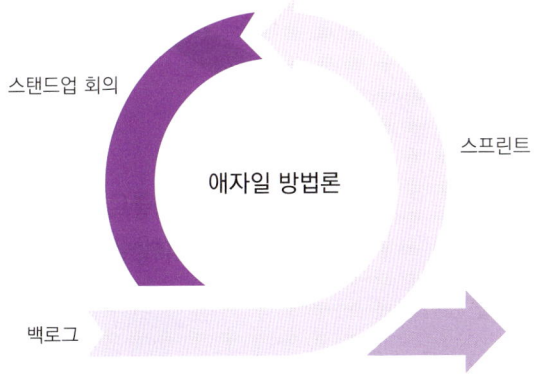

애자일 방법론은 반복적인 개발을 통해 제품을 점진적으로 개선하는 데 집중한다. 처음 출시하는 제품은 아마도 MVP(Minimum Viable Product, 최소 기능 제품)일 것이다. 이후 출시에서는 기존 제품을 발전시키기 위해 새로운 기능을 추가하거나 일상에서 제품을 실제로 사용하는 사용자들의 피드백을 반영해 개선해 나갈 것이다.

그림 1-9를 보면 첫 번째 스프린트[11]에서 소규모로 제품을 출시한 후 다음 스프린트로 넘어가 다음 출시를 진행한다. 이런 방식으로 작은 문제를 해결하고 반복적으로 제품을 개선하며 각 스프린트에서 배운 바를 다음 스프린트에 적용한다. 그러면 개발 주기를 반복할 여유가 있으므로 제품에 피드백을 반영할 기회가 생긴다.

▼ 그림 1-9 스프린트마다 소규모의 점진적인 변화를 이룬다.

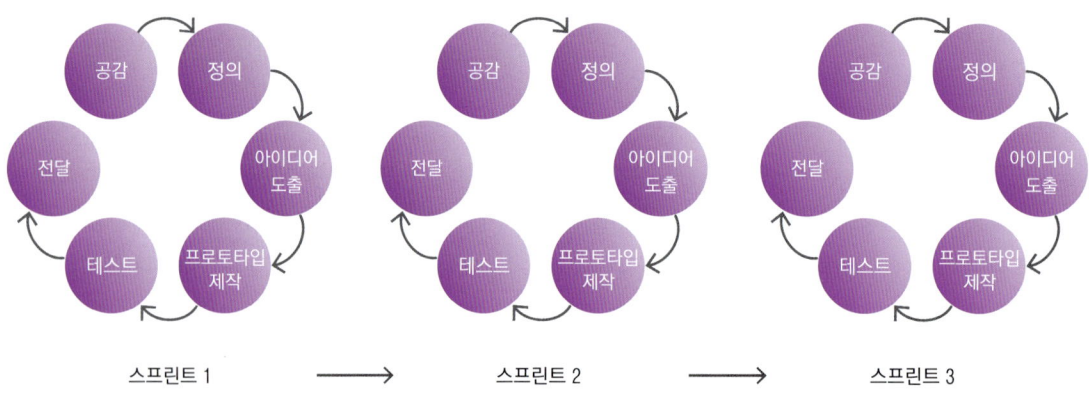

애자일 방법론에서는 작업을 사전에 철저히 계획하지 않는다. 목표는 대략적으로 파악하고 있지만 구체적으로 어떤 작업을 하게 될지는 명확하지 않으므로 로드맵이 더 짧을 수 있다. 일단 제품을 출시한 이후에 측정하며 보완해 나간다. 이로 인해 불확실하고 예측하기 어렵다는 이유로 이해관계자들이 우려할 수 있다.

애자일 방법론에는 몇 가지 주요 장점이 있다.

- **잦은 소프트웨어 업데이트**

    MVF(Minimum Viable Feature, 최소 실행 가능한 기능)를 출시하고 기존 제품을 반복적으로 개선하는 데 집중하므로 업데이트가 꾸준히 이루어지면서 제품이 점점 더 나아진다. 제품을 한 번에 출시하고 끝내는 것이 아니라 꾸준히 지원하고 개선한다.

- **유연하게 변경 가능**

    제품 개발 주기가 짧고 가볍기 때문에 요구 사항, 시장 상황, 비즈니스 우선순위의 변화를 훨씬 쉽게 받아들일 수 있다.

---

11 역주 애자일 개발 방법론에서 등장하는 개념으로 단기간 동안 특정 작업을 집중적으로 수행하는 개발 단위를 가리킨다.

- **더 나은 부서 간 협업**

    소규모 작업을 자주 주고받으며 끊임없이 대화하기 때문에 부서 간 소통이 원활해진다. 디자이너, 개발자, 제품 관리자들이 매일 서로 대화하며 제품 개선, 요구 사항, 피드백을 논의한다.

애자일 방법론이 비판 받는 부분도 몇 가지 있다.

- **인간 중심 디자인이 어려워진다**

    애자일 방법론에서는 인간 중심 디자인을 실천하기가 쉽지 않다. 문제를 깊이 들여다보고 신중하게 정의할 시간이 충분하지 않기 때문이다. 눈앞의 출시와 스프린트에 집중하고 그때그때 결과를 평가하며 방향을 조정하기 때문에 향후 릴리스와 스프린트까지 내다보기 어렵다. 폭포수 방법론에서는 문제를 충분히 연구하고 이해할 시간이 일정에 포함되어 있다.

- **예측이 어렵다**

    제품을 개발하는 동시에 측정이 이루어지므로 작업 시간을 정확히 추정하기가 어렵다. 애초에 무엇을 만들지가 명확하게 정해지지 않은 경우가 많기 때문이다.

- **문서화가 부족하다**

    오늘의 출시에 집중하느라 문서 작업이나 인수인계에 소홀해질 수 있다. 그 결과 문서화가 대체로 부족하다.

기술 기업에 근무할 때 애자일 방식으로 작업한 경험이 있다. 당시 우리는 이미 출시된 제품에 특성과 기능을 추가해 경쟁력을 유지하고 고객에게 개선된 제품을 꾸준히 제공하는 데 집중했다. 새로운 기능을 추가하기도 했고 사용자 편의성을 고려해 제품을 업데이트하기도 했다. 사용자로부터 피드백을 취합한 뒤 가장 영향력 있고 실행 가능한 피드백이 무엇인지 분석하고 가장 많은 비율의 사용자에게 가장 큰 가치를 제공할 것이라 생각하는 개선 사항을 최우선 과제로 삼았다. 시장, 고객, 회사에서 수집된 정보에 따라 로드맵은 끊임없이 바뀌었다. 그 결과 제품을 개선하고 한 달의 개발 주기를 반복하며 꾸준히 제품을 발전시켰다.

1.2.4 하이브리드: 두 방법론의 결합

하이브리드 제품 개발이란 폭포수 방법론과 애자일 방법론의 요소를 결합해 두 방법론을 혼합한 방식이다.

▼ 그림 1-10 폭포수 방식과 애자일 방식을 결합한다(출처: RomanticSunday/Shutterstock).

하이브리드 방식으로 진행할 때는 폭포수 방법론으로 시작해 요구 사항을 수집하고 해결할 문제를 정의한다. 프로세스 초반에 사용자의 요구를 정확히 정의하고 달성하려는 목표를 명확히 파악한다. 그러나 아이디어 도출 단계에서는 애자일 방법론으로 전환한다. 스프린트 단위로 디자인 싱킹 프로세스의 아이디어 도출, 프로토타입 제작, 테스트 단계를 진행해 솔루션이 사용자의 요구에 부합하는지 파악한다. 디자인 싱킹 프로세스의 구현 단계에도 이 모델을 적용해 스프린트 단위로 개발을 반복하며 제품의 일부를 점진적으로 공개할 수 있다(그림 1-11).

▼ 그림 1-11 하이브리드 방법은 폭포수 방식과 애자일 방식을 혼합해 두 방식의 장점을 최대로 끌어낸다.

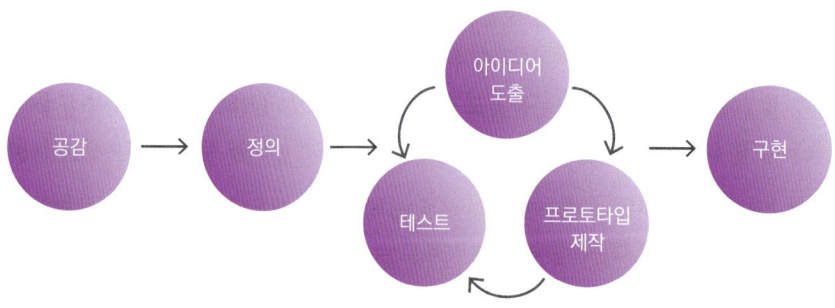

나는 여러 회사에서 하이브리드 방식을 경험했는데 주로 제품을 처음 출시할 때 이 방식을 사용했다. 우선 많은 연구를 통해 고객과 공감하고 해결할 문제를 정의했다. 이 과정에서 사람들의 요구는 무엇이며 사용자와 회사를 위해 달성하려는 목표는 무엇인지 명확히 파악했다. 그리고 스프린트를 반복하며 아이디어를 도출하고 프로토타입을 제작한 다음 솔루션을 테스트했다. 확신이 드는 솔루션을 발견한 이후에는 고객의 문제를 해결할 MVP를 출시했다. 출시 후에는 '빠른 후속 조치'를 여러 차례 취하면서 제품을 더 발전시키기 위해 개발 주기를 반복했다. 제품이 안정적으로 자리 잡았다고 판단되면 추가 기능에 대한 아이디어를 도출하고 프로토타입을 만들고 테스트하며 지속적으

> 빠른 후속 조치(fast follow)란 제품이나 기능이 출시된 후 빠르게 이루어지는 릴리스를 가리킨다. 필요한 것은 알지만 어떤 이유로든 출시한 제품에 반영할 시간이 없었던 사항을 이때 업데이트한다. 일반적으로 출시 직후에 이루어지는 소규모 릴리스에는 우선순위가 낮은 항목이나 버그 수정이 추가된다.

로 제품을 개선했다. 수년간 운영한 제품도 있었지만 운영 비용이 제품이 거두는 수익을 웃돌 때도 있었다. 그럴 때는 운영을 종료하거나 해당 제품 관련 작업을 중단했다.

1.2.5 프로젝트에 적합한 방법론은 무엇일까?

어떤 방법론이 가장 적합한지는 프로젝트가 수명 주기의 어느 단계에 있느냐에 따라 달라진다.

제품 개발 초기라면 많은 연구를 통해 해결하려는 문제를 정의하고 작업을 단계적으로 계획해야 한다. 이럴 때는 폭포수 방법론이 가장 적합하다.

이미 출시한 제품을 발전시키거나 개선하려고 할 때는 점진적이고 꾸준한 반복을 통해 작업이 이루어질 것이다. 이 경우에는 애자일 방법론이 더 적합하다.

기존 제품의 추가 기능을 작업하고 있다면 두 방법론을 혼합한 하이브리드 방식이 나을 수 있다. 제품이 이미 존재하고 여기에 기능만 통합하는 작업이라면 연구에 더 많은 시간을 들이는 것이 좋다. 기존에 만들어둔 것을 바탕으로 아이디어를 도출하고 개발 주기를 반복하는 데에는 비교적 적은 시간만 투자해도 된다.

어떤 방법론을 선택할지는 어떤 회사에 근무하는지에 따라서도 달라진다.

에이전시에서 일한다면 아마 폭포수 방법론을 따를 가능성이 크다. 고객이 문제 해결을 요청하면 여러분은 수개월 동안 정해진 일정에 맞춰 순차적으로 작업을 진행해 고객이 원하는 방식으로 사용할 수 있는 하나의 제품이나 디자인을 완성하게 될 것이다.

자사 제품을 개발하는 소프트웨어 팀에서 일한다면 아마 애자일 환경일 가능성이 크다. 이러한 팀은 제품을 강화하고 개선하기 위해 긴밀히 협업하며 회사의 성장과 시장의 변화에 발맞춰 점진적으로 제품을 수정해 나간다.

어떤 방법론을 택할지는 어떤 업계에 있느냐에 따라서도 달라진다.

예를 들어 엔터테인먼트 업계 기업은 일반적으로 느리게 움직이며 연간 계획에 따라 콘텐츠를 공개한다. 제품이 공개된 후 인기가 식으면 제품을 더 이상 개선하지 않는 경우도 있다. 회사의 관심은 다음 제품이나 다음에 공개할 콘텐츠로 옮겨가고 지난해에 공개한 콘텐츠를 개선하거나 수정하지 않는다. 결과적으로 대형 TV 네트워크 같은 엔터테인먼트 기업은 폭포수 방식으로 일하는 경우가 많다.

기술 회사에서 일한다면 빠르게 움직이는 업계에 발맞춰 제품 개발 주기를 끊임없이 반복하고 새로운 기능을 출시할 것이다. 아마도 여러분의 제품은 하나의 서비스로 간주될 것이며 고객과 경쟁 업체의 변화하는 요구에 맞춰 진화해야 할 것이다. 그 때문에 애자일 환경에서 일하며 소규모 작업을 이어갈 가능성이 크다. 시간이 지나면 이러한 작업이 축적되어 제품은 큰 발전을 이룰 것이다.

이 책에서 말하는 디자인 싱킹은 이러한 모든 방법론에 적합할 수 있다. 나는 자신이 하고자 하는 일의 성격에 가장 잘 맞는 방법론을 선택하기를 권한다. 에이전시에서 일하고 싶다거나 완전히 새로운 제품을 만들고 싶을 때는 폭포수 방법론이 더 흔히 쓰인다. 회사 내에서 기존 제품 작업을 하는 경우에는 애자일 방법론을 사용하는 것이 더 일반적이다. 자신의 경력을 위해 하고자 하는 일에 가장 잘 맞는 방법론을 선택하라.

1.3 사용자 경험, 즉 UX란 무엇인가?

공원에서 그림 1-12 같은 길을 본 적이 있는가?

▼ **그림 1-12** 사용자는 때로 자신의 길을 만든다(출처: Miguel Dominguez Muñoz/Pearson Education Ltd).

누군가 시간과 돈을 들여서 사람들이 다닐 수 있는 아름다운 길을 만들었다. 이 길은 포장이 잘되어 있고 깔끔하며 계획적으로 조성되어 있다. 하지만 모든 사람이 이 길을 사용하는 것은 아니다. 자신의 필요를 충족시키지 않기 때문이다. 목적지가 기존 경로에서 벗어난 위치에 있다면 사람들은 자신만의 길을 만든다. 목적지로 향하는 최단 경로는 누군가 이들을 위해 포장해둔 길이 아니라 잔디밭을 가로지르는 대각선 경로다. 그림 1-13에는 잘 설계되고 계획적으로 조성된 길을 피해 새로 만들어진 경로가 보인다. 사람들은 목적지에 최대한 빨리 도달하기 위해 이 새로운 경로를 이용한다.

▼ **그림 1-13** 때로 우리의 디자인은 사용자가 원하는 경험과 일치하지 않는다(출처: Miguel Dominguez Muñoz/Pearson Education Ltd).

공원에 생긴 이러한 길을 **선호 경로**(desire path)라고 부른다. 보행자들은 자신에게 더 편한 경로로 걷고 싶어 한다. 공터를 가로지르는 대각선 경로를 택해서 목적지에 더 빨리 도착하는 것은 자연스러운 일이다. 인위적으로 설계된 경로가 걷기에는 더 쾌적할지 몰라도 더 적은 노력으로 목적지에 도착하고 싶다는 바람, 이 경우 우회하지 않고 더 적은 시간과 에너지를 들이고 싶다는 바람에는 어긋난다. 인위적인 경로가 더 아름답고 걷기에 더 쾌적하며 신발에 흙도 덜 묻고 포장이 되어 있어 걷기가 더 수월하며 심지어 보행자의 이동 편의를 고려해 설계되었을 수 있다. 이 모든 장점에도 불구하고 보행자들은 자신만의 길을 만드는 것이 더 편하다고 느꼈고 그래서 잔디밭으로 계속 지나다닌 결과 공원에 자연스러운 길이 생겨났다.

비록 누군가 사람들이 이 경험을 특정 방식으로 하도록 설계했지만 그 디자인은 사용자의 요구와 필요에 맞지 않았고 사람들은 '제품' 내에 자신만의 길을 만들었다. 우리가 경험을 설계할 수 있다고 해도 사용자와 제품의 사용자 경험은 반드시 고려해야 한다. 사람들은 제품을 어떻게 사용할까? 이들이 제품에서 원하는 것은 무엇일까? 얼마나 마찰 없이 사용할 수 있을까?

여기에서 UX, 즉 사용자 경험은 길을 걷는 사람들의 경험을 가리킨다. 이들은 제품을 자신의 필요에 부합하는 방식으로 사용하고 싶어 한다. 반드시 디자이너가 만들어둔 경로를 따를 필요는 없다.

이제 몇 가지 예를 자세히 살펴보며 UX가 무엇인지 더욱 명확하게 알아보자.

1.3.1 UX는 사용자 중심이다

> UX 디자인이란 고객을 중심으로 제품을 만드는 데 헌신하는 것이다.
>
> - 마리에케 맥클로스키(Marieke McCloskey), UX 연구자 겸 제품 전략가

사용자 경험을 고려해 제품을 디자인한다는 것은 디자인 과정 전반에서 사용자 중심을 유지하는 것을 의미한다. 모든 사용자를 폭넓게 고려해야 한다. 우리가 설계하는 경험의 주요 사용자뿐 아니라 2차, 3차 사용자 등 추가적인 사용자까지 모두 염두에 두어야 한다. 모든 인구통계학적 집단을 고려하고 있는가? 모든 유스 케이스를 검토했는가? 우리가 디자인하는 경험은 이를 사용할 사람들의 삶에 어떻게 들어맞겠는가?

특정 고객을 염두에 두고 경험을 만드는 경우가 많다. 예를 들어 카메라를 만들면서 구성, 조명뿐 아니라 완벽한 구도로 사진을 찍는 데에 매우 익숙한 사진작가를 떠올리는 것이다. 그러면 숙련된 사진작가에 맞는 특성과 기능을 갖춘 카메라를 만들기 위해 다양한 조건과 피사체를 다룰 수 있는 기능을 구현하게 된다.

하지만 그 과정에서 다른 사용자들을 간과할 수 있다. 예를 들어 생일이나 가족 모임처럼 특별한 날에만 카메라를 사용하는 비전문가 사용자를 놓치거나 고급 카메라를 사용하고 싶지만 작동 방법을 모르는 초보 사용자를 깜빡할 수 있다(그림 1-14). 카메라를 만들 때는 모든 고객을 염두에 두어야 하며 이들이 우리가 디자인한 경험을 통해 성취하고자 하는 목표가 무엇인지 고민해야 한다. 경험을 초보자나 신규 사용자를 위한 경험과 전문가를 위한 경험으로 나누어 다양하게 디자인하는 것도 한 가지 방법이다. 무엇보다 중요한 것은 고객을 염두에 두는 것이다. 결국 최종 경험을 사용할 사람이 바로 이들이기 때문이다.

▼ **그림 1-14** 카메라에는 조명, 거리, 피사체 등 다양한 변수에 맞춰 조정할 수 있는 여러 옵션이 있다. 초보 사용자를 위해 '최적의 조명' 기능을 제공하면 카메라 사용법을 익히는 데 도움이 될 뿐 아니라 향후 사용에 대한 자신감을 키울 수 있다(출처: Witthaya Prasongsin/123RF).

1.3.2 UX는 화면 그 이상이다

> UX 디자인은 단순히 화면을 디자인하는 것을 넘어 훨씬 더 깊은 의미를 지닌다.
>
> - 폴 보그(Paul Boag), 「User Experience Revolution」(Smashing Media, 2017) 저자

UX 디자인을 디지털 디자인으로 생각하는 사람들이 많다. 이들은 UX 디자인을 단순히 사용자가 거치는 일련의 와이어프레임, 화면, 목업(mockup)으로 본다. 하지만 UX는 디지털 화면에 표시되는 이미지 집합 그 이상이다. UX란 이러한 이미지를 둘러싸고 이루어지는 경험 그 자체다.

이러한 이미지가 구현된 제품을 사람들은 어떻게 사용할까? 터치 제스처, 키보드, 스크린 리더를 통해서 할까? 아니면 다른 방식으로? 과연 디지털 제품이기는 할까? UX는 우리가 디자인할 때 고려하는 플랫폼과 기능 너머에도 존재하며 사용자가 제품을 사용할 때 겪는 전체적인 경험을 의미한다(그림 1-15).

디지털 전용 경험조차도 이를 설계하는 과정은 단순한 시각적 표현을 훨씬 넘어선다. 비전을 전달하려면 비전을 나타내는 화면 그 이상이 필요하다. 사람들이 경험을 어떻게 사용하는지 연구해 해결할 문제를 정확히 파악해야 한다. 경험의 구조를 체계적으로 정리하는 정보 아키텍처를 설계해야 한다. 경험을 구현할 때 사용자에게 최상의 경험을 제공할 수 있도록 제품 원칙을 수립해야 한다.

이러한 목표를 달성하기 위해 사용자 연구를 진행한다. 제품 경험 전반에 걸쳐 사용자 여정과 흐름을 설계한다. 정보를 사이트 맵과 분류 체계로 정리해 사용자가 더 쉽게 탐색하도록 돕는다. 공통된 디자인 패턴을 만들어서 사용자가 기표와 어포던스를 더 쉽게 이해할 수 있게 한다. 비록 경험이 주로 이루어지는 것은 화면이더라도 경험을 위한 디자인은 화면 밖에서도 화면만큼이나 중요하다.

▼ 그림 1-15 큰 글씨, 성공을 알리는 녹색 화면, 커다란 체크 표시에 주목하라. 이 모든 요소는 일반적인 크기보다 크게 디자인되었다. 이는 고객이 구매 성공 여부를 빠르게 확인하고 다음 활동을 이어갈 수 있게 한다(출처: asiandelight/Shutterstock).

1.3.3 UX는 어디에나 있다

UX는 휴대전화나 웹 사이트 속에만 존재하는 것이 아니다.

- 맷 라이호스키(Matt Hryhorsky), 쇼피파이(Shopify) UX 관리자

UX의 본질은 사용자가 제품을 경험하는 데 있다. 여기서 말하는 제품은 디지털로만 국한되지 않는다. 가위나 주전자처럼 물리적 실체가 있는 제품일 수도 있고 이케아 가구 조립 설명서처럼 절차를 설명하는 지침일 수도 있다(그림 1-16). 심지어 문일 수도 있다. UX를 화면 내부에 갇혀 있는 개념으로 축소하면 고객의 전체 여정을 놓치게 된다.

▼ 그림 1-16 이케아는 설명서 개발에 많은 자원을 투자하며 조립식 가구 분야에서 지속적인 혁신을 이루고 있다. 엔지니어들은 디자이너들과 협력해 가구 조립 설명서의 사용자 경험을 설계한다. 이 설명서 덕분에 고객은 화면의 도움 없이 혼자서도 복잡한 가구를 조립할 수 있다.

UX를 하나의 시스템으로 생각할 수 있다. 사용자는 매장에서 가구를 쇼핑하고 구매해서 집으로 가져온 후에 조립하고 일상에 정착시키기까지 그 전체 시스템을 경험한다.

1.3.4 UX의 기본 요소

UX 디자인은 사용자 경험을 만드는 과정에 집중한다. 그 핵심에는 하나의 경험을 구성하는 여러 주요 요소가 있다.

사용성

사용성(usability)은 사람들이 제품을 얼마나 쉽게 사용할 수 있는지를 가리키며 **사용 용이성**(ease of use)이라고도 한다. 사용성이란 누군가 제품을 사용할 때 겪는 어려움의 정도를 측정한 것이다. 우리는 제품의 사용성을 측정하고 디자인 씽킹 프로세스를 통해 가능한 한 직관적이고 마찰이 적은 제품을 만들기 위해 노력한다. 일반적으로 사용성은 정보 전달 방식과 정보 탐색의 난이도와 관련이 있다고 인식된다.

> 사용성의 정확한 정의를 둘러싸고 때때로 의견이 엇갈리기도 한다. 예를 들어 도널드 노먼은 사용성을 학습 용이성, 효율성, 기억 용이성, 오류, 만족도의 조합으로 정의한다. 어떤 이들은 제품의 성능에 대한 사용자 인식과 측정된 데이터를 기준으로 사용성을 정의하기도 한다. 이 책에서는 사용 용이성을 기준으로 삼겠다.

예를 들어 사용성을 고려해 모바일 제품을 디자인하려면 사람들이 기기를 잡는 방식과 엄지손가락으로 화면을 조작하는 방식을 고려할 수 있다. 우리는 휴대전화의 하단 부분을 잡아서 중력을 거슬러 휴대전화를 지지하고 균형을 유지한다. 이로 인해 화면의 위치에 따라 엄지손가락이 닿기 쉬운 정도가 달라진다. 그림 1-17에서 화면의 하단에 가까울수록 접근하기 쉬운 반면, 화면의 상단 모서리에는 접근하기 어렵다. 그래서 모바일 앱의 내비게이션 컨트롤은 화면 상단이 아닌 화면 하단에 배치한다.

▼ **그림 1-17** 사용자는 일반적으로 한 손으로 휴대전화 하단을 쥐고 엄지손가락으로 기기를 탐색한다. 본 이미지에서는 접근 용이성을 기준으로 영역의 순위를 매겼다(출처: octdesign/Shutterstock).

왼손 / 양손 / 오른손

이번에는 가장 인기 있는 휴대전화용 브라우저인 크롬과 사파리를 살펴보자. 두 브라우저는 새 탭을 열 때 가장 중요한 UI 컨트롤이라고도 할 수 있는 웹 사이트 입력 필드의 위치가 서로 다르다. 크롬은 웹 패턴과의 일관성을 중시해 데스크톱 페이지 상단에 있는 도메인 이름 입력 필드의 위치를 휴대전화 앱에서도 유지한다. 그러나 사파리에서는 도메인 이름 입력 필드를 화면 하단에 배치해서 사용자가 보다 쉽게 누를 수 있게 했다. 이는 모바일 사용성을 우선시해 사용자의 엄지손가락이 휴대전화의 하단에 있다는 점을 고려한 결과다. 이렇듯 서로 다른 디자인 철학(일관성 대 사용성)이 비슷한 사용자 경험에서도 분명히 드러난다(그림 1-18).

▼ **그림 1-18** 크롬(왼쪽)은 검색창이 화면 상단 근처에 있어서 휴대전화 하단을 잡았을 때 접근하기 어렵다. 반면 사파리(오른쪽)의 검색창은 화면 하단에 있다.

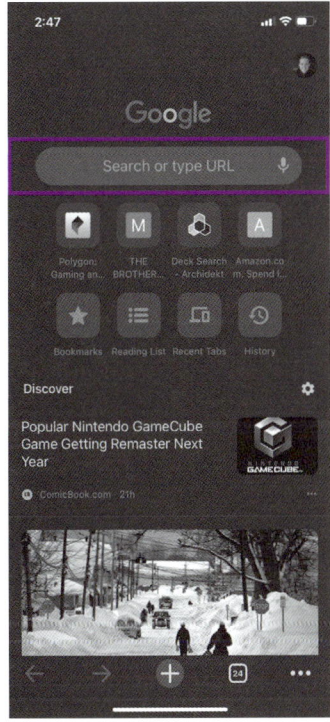
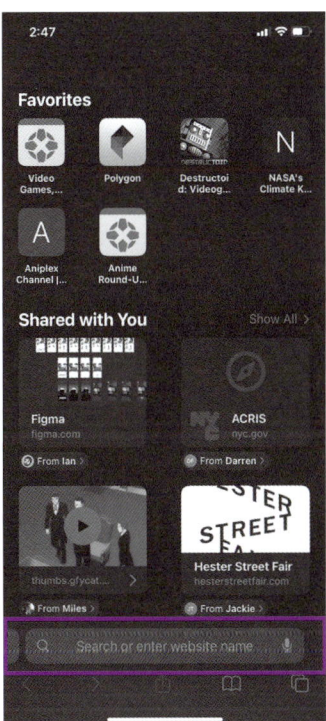

사용성은 제품과 상호작용하는 모습을 관찰하고 피드백을 듣는 방식으로 측정할 수도 있고, 작업을 완료하는 데 걸리는 시간이나 작업 성공률 같은 객관적인 지표를 통해 측정할 수도 있다.

유용성

무언가가 유용하다(useful)는 것은 사용자가 자신의 목표에 가까워지게 하거나 달성할 수 있게 해준다는 뜻이다. 무언가가 유용하다면 목표를 달성하는 데 사용할 수 있다. 이는 사용 가능하다(usable)는 것과 다르다. 사용 가능하다는 것은 사용할 수 있다는 의미일 뿐 반드시 유용한 것은 아니다.

아무 목적 없이 설계된 제품을 생각해보라. 이 제품은 사용할 수 있고 기능할 수 있으며 신뢰할 수 있고 실제 누군가 사용할 수도 있다. 하지만 제품에 목적이 없고 유용성이 없다면 사용자에게 의미 있는 사용자 경험을 제공하지 못할 것이다.

깃털을 종이 더미 위에 올려두는 문진으로 쓴다고 상상해보자(그림 1-19). 이 제품은 사용할 수 있다. 이 제품을 사용하려면 깃털을 종이 더미 위에 올려두면 되고 그러면 깃털은 종이가 제자리에 있도록 지켜준다. 하지만 그다지 유용하지 않다. 바람이 불면 깃털은 바로 날아갈 것이므로 종이가 제자리에 있도록 고정해주지 못한다. 결과적으로 유용하지 않으며 사용자 경험도 좋지 않다.

▼ **그림 1-19** 깃털은 문진으로 쓰기에 너무 가볍다. 사용할 수는 있지만(종이 더미 위에 올려둘 수 있다) 유용하지 않다(종이 더미를 제자리에 고정해두지 못한다). 출처: Cheuk-king Lo/Pearson Education Asia Ltd

호감도

호감도(Desirability)는 사용자가 제품을 얼마나 원하는지를 나타내는 척도다. UX의 다른 요소에 비해 더 주관적인데 이는 취향이나 심미성과 관련이 있기 때문이다. 또한 이는 사용자 요구 계층의 상위 단계에 있으며 사용성과 유용성을 확보한 이후에 더욱 중요해진다.

성숙한 시장[12]을 떠올려보자. 이러한 시장에 있는 제품이라면 아마도 사용 가능성과 유용성을 갖추고 있을 것이다. 그렇다면 결국 이러한 제품을 차별화하는 것은 무엇일까? 더 저렴한 가격의 PC가 이렇게 많은데 왜 애플 컴퓨터를 구매할까? 시장에 있는 다른 모든 무선 헤드폰보다 에어팟이 정말 더 뛰어날까?

이 말에 동의하는 사용자도 있을 것이다. 이들은 애플 제품이 다른 제품보다 더 나은 사용자 경험을 제공한다고 생각하며 그래서 애플 제품을 사고 싶어 한다. 사용성과 유용성이 비슷하더라도 애플 제품의 호감도와 브랜드 인식 덕분에 애플 제품이 경쟁 제품보다 앞서 나간다.

---

12 역주 수요와 공급이 균형을 이루고 있어 급격한 성장이나 혁신이 거의 없는 상태에 이른 시장을 의미한다.

브랜드 인식

어떤 기업에서 나온 한 제품에 호감을 느끼면 이는 좋은 사용자 경험으로 이어진다. 해당 기업이 오랜 시간 다양한 제품을 통해 일관되게 좋은 사용자 경험을 제공하면 이런 기업은 훌륭한 UX로 이름을 알리게 된다. 브랜드 이름을 보면 그 기업 제품의 과거 사용자 경험을 앞으로 나올 신제품의 사용자 경험과 자연스럽게 연결 짓는다. 브랜드 이름은 신제품에 신뢰와 기대감을 더하며 사용자들은 그 제품의 UX가 좋을 것이라고 추정한다. 설사 그 제품이 좋은 경험을 제공하지 못한다고 하더라도 말이다.

그 반대도 마찬가지다. 어떤 기업이 꾸준히 좋지 않은 UX를 제공했다면 그 기업의 UX는 형편없다는 인식이 생길 것이다. 브랜드에 대한 인식은 사용자 경험에 대한 인식에 스며든다. 애플은 고품질을 상징하는 브랜드 인식을 만들어냈다. 그러나 대부분의 다른 기업들은 제품을 출시할 때마다 엇갈린 반응을 얻었다. 어떤 제품은 매우 좋았고 다른 제품은 그렇지 않았다. 결과적으로 이들에 대한 브랜드 인식은 엇갈리며 이들 제품의 사용자 경험에 대한 인식도 마찬가지로 엇갈린다.

1.3.5 UX는 다양한 분야에 걸쳐 있다

사실 사용자 경험은 다양한 분야로 구성된다(그림 1-20).

디자이너로서 우리는 제품의 사용자 경험을 생각할 때 그와 관련된 모든 요소를 고려해야 한다. 어떻게 보이는지(시각 디자인), 구조는 어떠한지(정보 아키텍처), 어떻게 작동하는지(인터랙션 디자인), 어떻게 제작할지(컴퓨터 공학), 사용자와 어떻게 소통하는지(콘텐츠 디자인) 등 여러 요소를 고려해야 한다. 이 모든 요소를 고려하려고 하면 '좋은' 사용자 경험을 만드는 것이 부담스럽게 느껴질 수 있다. 다행히 디자인 프로세스를 활용하면 한결 간단하게 시작할 수 있다.

> 디자인 업계의 다른 용어들과 마찬가지로 **콘텐츠 디자인**이라는 용어는 수년간 커뮤니케이션 디자인, UX 라이팅 등 여러 이름을 거쳐 변화해온 결과다. 이처럼 우리는 이해가 깊어지고 기술이 진화함에 따라 특정 개념의 이름을 바꾸며 새로운 의미를 담거나 더 구체적으로 표현하거나 더 많은 유스 케이스를 포함시키기도 한다.

▼ 그림 1-20 댄 새퍼(Dan Saffer)가 정리한 사용자 경험의 다양한 분야

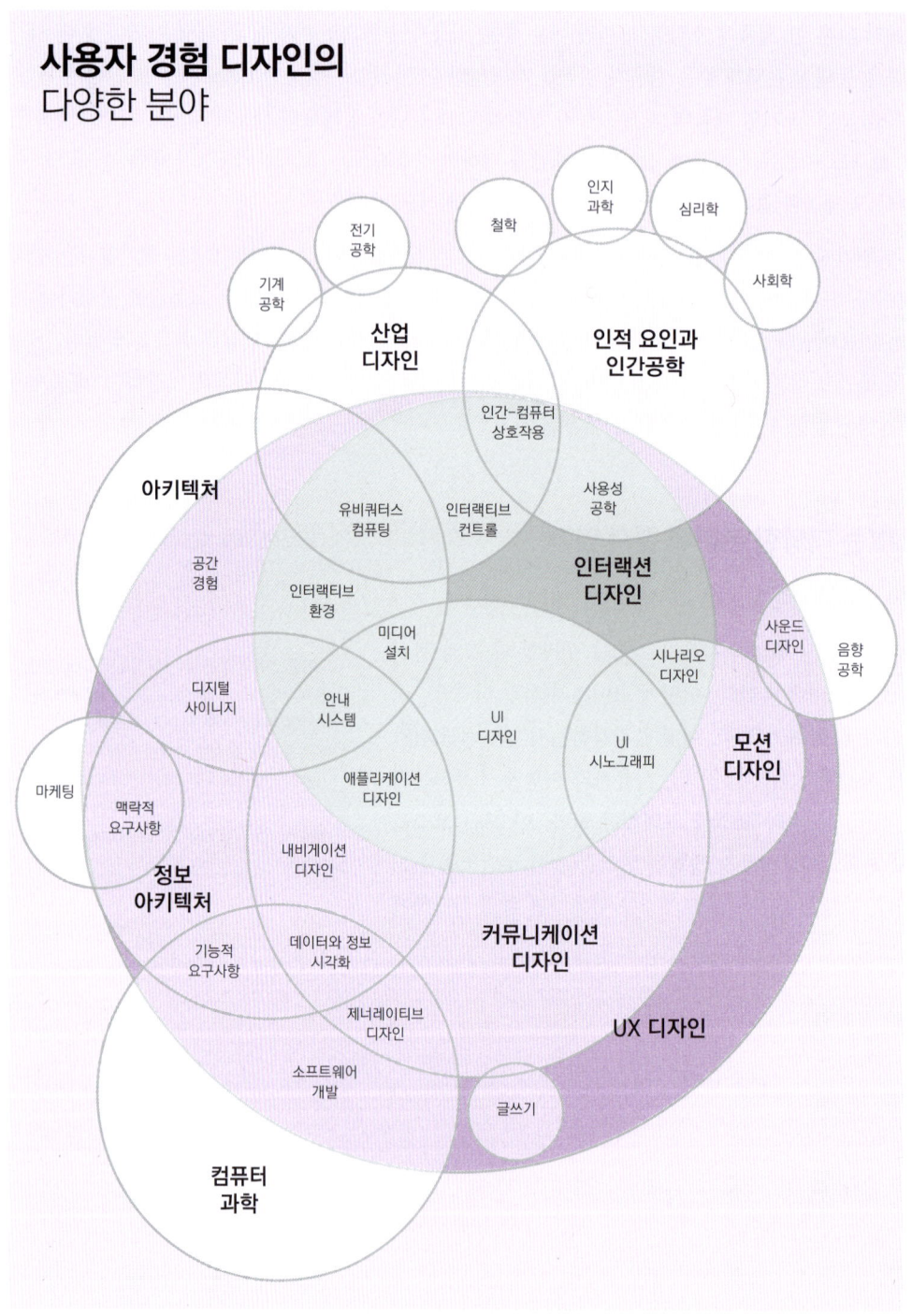

1.3.6 UX의 3요소

이 책은 제품 디자인에 있어 사용자 경험을 사용자의 요구, 기업의 목표, 이 둘을 연결하는 기술이라는 세 요소가 만나는 지점이라고 본다(그림 1-21).[13]

디자이너로서 우리는 훌륭한 사용자 경험을 만들려면 UX 3요소의 균형을 유지해야 한다.

▼ 그림 1-21 UX는 제품을 경험하는 사용자의 요구, 비용을 지불하는 기업의 목표, 이를 가능케 하는 기술적 제약이 결합된 결과다.

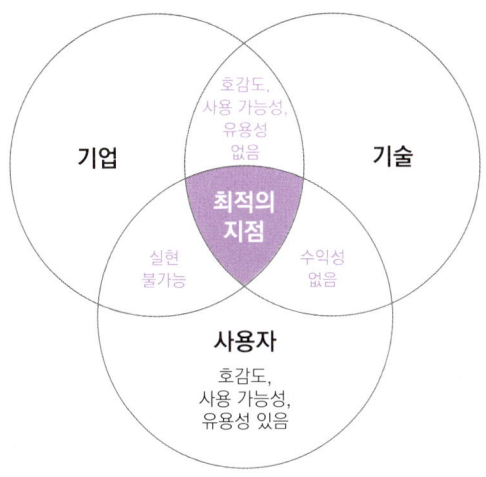

사용자의 요구

'사용자' 없이는 사용자 경험이 있을 수 없으므로 이 요소는 이해하기 쉽다. 우리는 사용자의 모든 요구를 고려해야 한다. 그렇기 때문에 사용자가 우리에게 문제 해결을 요청하는 것이다. 따라서 우리는 사용자의 모든 것을 이해해야 한다. 이들이 해결해야 하는 문제는 무엇이며 우리가 제공하는 경험은 이들에게 어떤 도움이 되는가? 이들의 목표는 무엇인가? 이들이 원하는 것과 필요한 것은 무엇이며 납납하다고 느끼는 부분은 무엇인가? 이러한 부분을 이해하고 이를 반영한 솔루션을 전달해야 UX의 기본 구성 요소를 충족시키는 강력한 사용자 경험이 완성된다.

기업의 목표

사실 사용자를 고려하는 것만으로는 충분하지 않으며 기업의 입장도 생각해야 한다. 이러한 경험을 확장 가능한 방식으로 실현하는 주체는 기업이다. 우리가 디자인한 경험을 더 많은 사용자가 이용할 수 있게 하려면 이를 제공하도록 기업을 설득하고 기업에 의존할 수밖에 없다. 기업이 강력한 사용자 경험에 투자해야 하는 이유는 무엇인가? 이 제품을 출시해 기업이 달성하려는 목표는 무엇인가? 성공은 어떻게 측정할 것이며 성공 여부는 어떻게 알 수 있는가? 수익은 어떻게 낼 것인가? 최고의 경험을 완성하기 위해 우선적으로 고려

---

[13] https://voices.berkeley.edu/art-and-design/user-experience-design

해야 하는 것은 사용자의 요구다. 하지만 그 과정에서 기업의 우려와 목표를 간과하면 그 경험은 유지할 수도 확장할 수도 없다.

기술적 제약

우리가 만드는 경험을 통해 사용자와 기업이 어떤 가치를 얻는지 정확히 이해하면 놀라운 경험을 창조할 수 있다. 하지만 기술적으로 실현 가능한지를 고려해야 한다. 사용자가 원하는 것이 매일 바닥을 청소하는 로봇이라면 이를 실현할 수 있을까? 약을 문 앞까지 배달해주는 서비스를 만들 수 있을까? 그 경험을 만드는 것이 기술적으로 가능할까? 운영 및 물류 면에서도? 우리는 경험을 구현하는 데 있어 기술의 제약을 받으므로 디자인할 때 실현할 수 있는 부분과 그렇지 않은 부분을 이해해야 최고의 경험을 만들 수 있다.

휴대전화 카메라로 정보를 스캔할 수 있다는 것을 모르면 레스토랑의 메뉴를 디지털 버전으로 제공할 기회를 놓치게 된다. 컴퓨터가 입력한 텍스트를 인식하고 분석할 수 있다는 것을 모르면 작성 중인 글의 문법 오류를 교정해주는 제품을 디자인할 수 없다. 디자인할 때는 현재 기술적으로 실현할 수 있는 것이 무엇이며 향후 실현 가능해질 수 있는 것은 무엇인지를 고려해야 한다.

UX의 3요소에는 사용자, 기업, 기술이라는 세 가지 요소가 모두 포함되어야 한다. 단순히 이를 고려하는 수준을 넘어서 3요소가 균형을 이루게 해야 한다. 문제를 해결할 수 있는 기술이 존재하더라도 기업이 감당하기에 너무 비싸거나 사용자가 이해하기 어려울 정도로 너무 복잡하다면 좋은 사용자 경험을 만들 수 없다.

1.3.7 UX는 사용자 경험의 모든 요소를 포함한다

UX는 모든 사용자가 제품을 통해 겪는 총체적이고 포괄적인 경험을 가리킨다. UX는 한 사용자를 넘어 모든 사용자에게 확장된다. 솔루션을 넘어 솔루션의 모든 연구, 아키텍처, 구현으로 확장된다. 화면을 넘어 경험이 이루어지는 물리적인 환경과 장소까지 확장된다.

경험과 상호작용하는 사용자, 경험을 생산하고 유지 보수하는 기업, 이를 가능하게 하는 기술, 이 셋으로 이루어진 UX 3요소의 균형을 잘 잡으면 조화롭고 완성도 높은 사용자 경험을 만들 수 있다.

1.4 UI란 무엇인가?

UI(User Interface, 사용자 인터페이스)는 사용자와 제품의 상호작용이 이루어지는 접점을 가리킨다. UI는 디지털 텍스트 필드의 집합, 물리적 버튼의 집합, 아니면 사용자가 제품을 조작하도록 해주는 기표와 어포던스의 다양한 조합일 수 있다. UI는 우리가 만드는 제품을 사용자가 사용할 수 있게 해주는 수단이다.

업계에서는 UX와 UI의 개념을 혼란스러워 하기도 한다. 디자이너들은 UX와 UI의 차이를 잘 이해하고 있다. 하지만 디자이너가 아닌 이들은 이 둘을 명확히 구분하지 못한다. 사람들이 인식하는 디자인은 결과물이다. 디자인은 시각적인 요소와 관련이 있으며 다른 팀에 전달해 제작을 의뢰하는 산출물로 받아들여진다. 디자인은 우리가 볼 수 있는 것이고 다른 사람에게 전달해 사용하게 할 수 있는 것이다. UI는 개발자가 제작할 수 있는 와이어프레임이나 목업이고 디자이너가 만든 인터페이스는 UX가 확장할 수 있는 최대 범위로 여겨진다.

업계 외부에서는 UX와 UI의 차이를 이해하려고 하는 사람, 관련 작업을 하거나 업계에 진입하려는 사람들 사이에는 더 많은 혼란이 존재한다. 하지만 이러한 혼란은 업계 내에도 존재하며 이는 사용자들이 경험할 제품을 전달하는 조직 내부나 심지어 이러한 경험을 만드는 팀 내에서도 마찬가지다. 많은 이들이 'UX = UI = 디자인'이라고 생각한다.

UI와 UX의 정의를 비교해보자. UI란 사용자가 제품을 조작할 수 있게 해주는 것이고 UX란 제품과 관련된 전체적인 경험이다.

켄 노턴(Ken Norton)은 UX와 UI의 차이를 매우 명확하게 정의했다.

> UX는 사용자가 문제를 해결하는 여정에 중점을 두고, UI는 제품이 어떻게 보이고 작동하는지에 중점을 둔다.
>
> -켄 노턴, 구글 벤처스 파트너

UX는 사용자의 문제를 해결하는 것과 관련이 있다. 우리는 해결해야 할 문제를 파악한 후 좋은 UX 관행을 따라 그 문제를 해결한다.

UI는 솔루션의 작동 방식과 관련이 있다. 솔루션이 어떻게 보이는가? 어떻게 작동하는가? 사용자와는 어떻게 소통하는가?

더 간단히 말하자면 UX는 사용자가 제품을 통해 겪는 전체 경험이고 UI는 그 경험이 표현되는 방식이다. 즉, UI는 UX의 일부다(그림 1-22).

▼ 그림 1-22 UI는 UX 내에 존재하며 제품의 사용자 경험에서 떼려야 뗄 수 없는 부분이다.

동시에 UI는 UX를 정의한다. UI는 UX의 일부이므로 비슷한 제품의 UI를 약간만 변경해도 사용자 경험이 크게 달라질 수 있다. 두 요소가 서로 밀접하게 연결되어 있다는 이유로 업계에서는 때때로 이 두 개념을 정의하는 데 어려움을 겪기도 한다.

1.4.1 같은 문제, 다른 UI

비슷한 문제를 해결하는 여러 제품의 UI를 확인하면서 이 문제를 조금 더 깊이 살펴보고 UI와 UX가 어떻게 연결되어 있는지 알아보자.

음식 배달 앱

우버이츠(Uber Eats), 도어대시(DoorDash), 그럽허브(Grubhub)는 배달 음식을 주문할 수 있는 서비스다. 세 서비스 모두 '배가 고프지만 돈이나 시간을 들여서 요리하고 싶지 않다'라는 똑같은 문제를 해결한다. 하지만 이들 서비스는 그 문제에 대해 각기 고유한 솔루션을 제시한다(그림 1-23).

▼ **그림 1-23** 세 가지 음식 배달 앱의 홈 화면

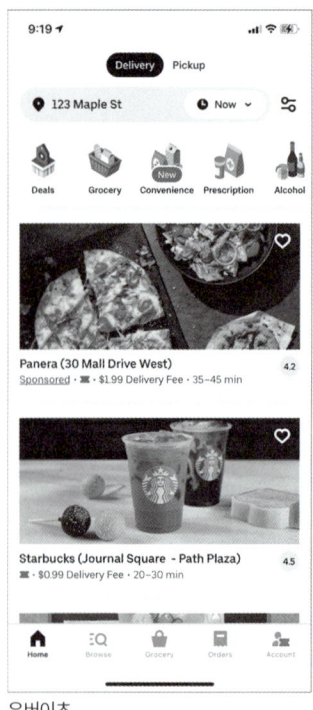  

우버이츠　　　　　　　　도어대시　　　　　　　　그럽허브

세 가지 제품 모두 상단에 필터가 있어서 사용자가 배달과 픽업 중 선택할 수 있게 하지만 필터를 보여주는 방식은 제각기 다르다. 우버이츠와 그럽허브는 위치 변경 시 텍스트 입력 방식을 사용하고 도어대시는 드롭다운 화살표를 사용한다. 도어대시는 사용자가 위치를 자주 변경하지 않을 것이라는 가정하에 이 옵션의 시각적 우선순위를 낮추고 사용자와 음식의 연결이라는 사용자 경험의 핵심적인 측면에 더 많은 공간을 사용한다.

페이지 하단으로 내려가면 우버이츠와 도어대시는 사용자가 음식을 검색할 수 있게 한다. 그럽허브는 이 옵션을 포함시키지 않고 콘텐츠, 즉 식당에 집중하고 있다. 콘텐츠의 측면에서 우버이츠와 그럽허브는 하나의 수직 스크롤을 제공하고 도어대시는 주제에 따라 섹션을 나누어서 'Try Something New(새로운 음식 추천)'이나 'Best of Breakfast(아침 추천 메뉴)' 같은 관심 분야를 미리 선택할 수 있게 한다.

각 앱은 같은 문제를 해결하기 위해 서로 다른 방식으로 접근한다. UI에서는 차이가 명확히 드러나지만 UX에서는 조금 더 미묘하게 나타난다. UI의 변화는 UX에 영향을 미친다. UI는 UX의 일부이기 때문이다.

검색 앱

또 다른 문제를 예로 들어 여러 회사가 동일한 문제에 어떻게 서로 다르게 접근하는지 살펴보자. 여러분이 인터넷 탐색 중에 무언가를 검색하고 싶어졌다고 가정해보자. 사용자로서 여러분은 찾고 싶은 것이 있고 이를 위해 검색 엔진의 도움을 받고 싶다. 여러 기업이 이러한 핵심 사용자 문제를 해결하려고 시도하지만 각 회사가 중요하게 여기는 것이 다르므로 UX도 달라진다. 마이크로소프트 빙(Bing)이 사용자에게 제공하는 UX와 UI는 그림 1-24와 같다.

▼ 그림 1-24 마이크로소프트 빙 검색 홈페이지. 검색 기능 외에도 배경 이미지, 인기 기사, 다양한 계정 설정을 보여준다.

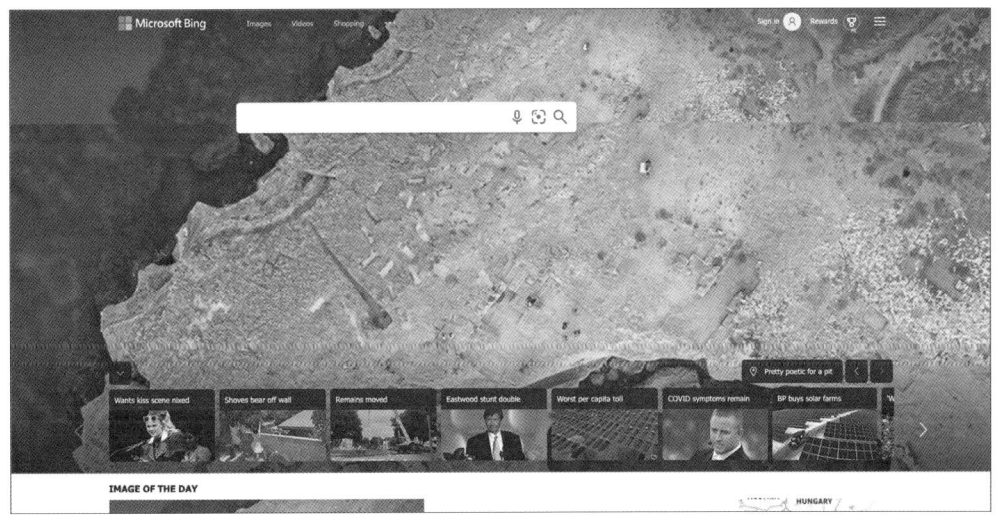

이 페이지의 주요 기능은 빙 검색 엔진을 사용해서 인터넷에서 정보를 검색하는 것이다. 하지만 검색창은 이 페이지에서 가장 중요한 요소가 아니다. 사용자에게는 검색이 주된 목표지만 기업의 주요 목표는 검색이 아니다. 회사는 검색 기능에서 주의를 분산시키기 위해 아름다운 배경 이미지를 넣고 하단 바에 사용자가 참여할 수 있는 다양한 콘텐츠를 보여준다. 사용자가 페이지를 스크롤한다면 마이크로소프트가 사용자의 참여를 유도하기 위해 배치한 더 많은 정보를 볼 수 있다.

이는 사용자와 기업의 목표가 결합된 사용자 경험의 한 예다. 사용자는 검색하고 싶어 하고 마이크로소프트는 사용자가 특정 정보를 클릭하기를 원한다. 그 결과 양측의 목표가 반영된 경험이 만들어진다.

다음으로 야후를 살펴보자(그림 1-25).

▼ **그림 1-25** 야후 검색 홈페이지. 빙과 마찬가지로 검색 외에 광고, 인기 검색어, 인기 기사, 날씨 정보, 계정 설정이 포함된다.

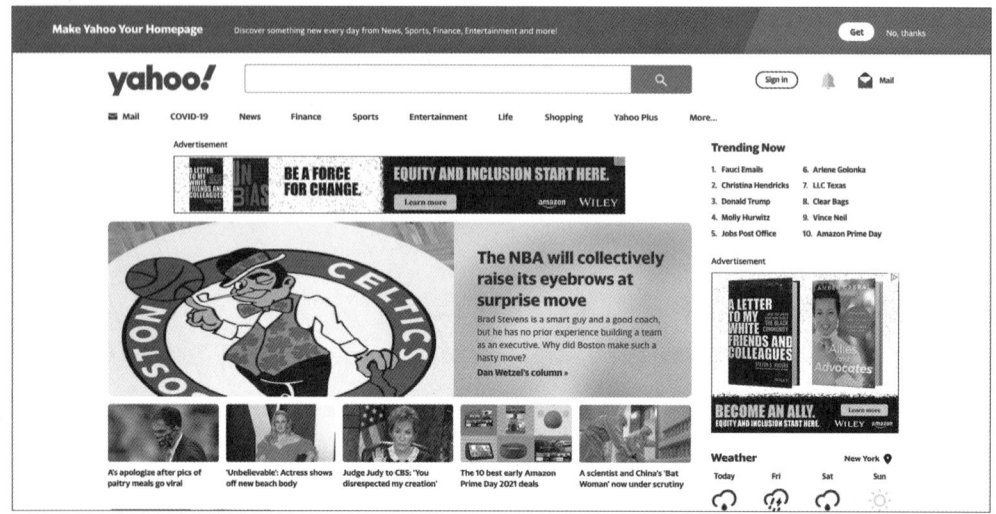

야후는 다른 방식으로 검색 기능을 제공한다. 이들도 마이크로소프트처럼 사용자가 검색할 수 있기를 바란다. 하지만 그와 동시에 사용자들이 야후에 유용한 콘텐츠에 참여하기를 원한다. 그래서 광고, 인기 콘텐츠, 추천 콘텐츠, 후원 콘텐츠 등을 함께 표시한다. 이 페이지는 검색 엔진을 위한 검색 페이지이지만 야후는 이를 사용자가 자주 방문하는 페이지로 만들고 싶어 한다. 여러분은 이 페이지에 무언가를 검색하기 위해 방문할 수도 있지만 별다른 목적 없이 날씨를 확인하거나 뉴스를 읽으러 방문할 수도 있다. 야후는 이 페이지를 사용자들이 자주 방문하는 곳으로 만드는 것을 우선순위에 두고 검색 엔진을 사람들이 이 페이지에 방문하는 진입 지점으로 활용한다.

세 번째 예로 구글을 살펴보자(그림 1-26).

▼ **그림 1-26** 구글 검색 홈페이지. 검색 기능과 사용자 계정 설정 기능에 집중하기 위해 빙이나 야후보다 적은 기능을 제공한다.

구글의 접근 방식은 철저히 사용자 중심이다. 하지만 기업으로서 구글은 검색 엔진 로직(그리고 검색 이후에 광고와 후원 콘텐츠에서 발생하는 막대한 수익)을 중시한다. 또한 이들은 구글 플랫폼과 인프라를 사용하는 충분한 규모의 사용자 집단을 확보해 데이터 분석을 개선하고 제품을 홍보하기를 원한다. 구글은 브랜드 인식과 더불어 사용자가 채택하는 제품 생태계도 중요하게 생각한다.

이 UI는 사용하기 쉽고 사용자 중심이며 '인터넷을 검색하고 싶다'는 사용자의 요구를 직접적으로 해결한다. 구글이 전 세계에서 가장 널리 채택된 검색 엔진 중 하나이자 검색과 관련해 가장 사랑받는 사용자 경험 중 하나라는 사실은 전혀 놀랍지 않다. 빠르고 쉽고 사용자를 방해하지 않는다. 구글은 사용자의 워크플로 속도를 높이고 쉽게 검색할 수 있게 한다.

예시로 든 세 기업이 해결하려는 문제는 똑같다. 사용자는 인터넷을 검색하고 싶어 한다. 하지만 기업의 목표는 크게 다르며 이는 UI와 UX에 영향을 미친다.

1.4.2 UI의 기본 요소

UI의 기본이 되는 철학을 이해했으니 이제 UI를 정의하는 구성 요소를 살펴볼 차례다. UI를 구성하는 몇 가지 주요 요소가 있다.

색상

UI 디자인에서 색상은 미적 요소나 기표로 쓰일 수 있다(그림 1-27). 색상은 인터페이스의 분위기를 형성한다. 밝은 UI는 지속적인 활동이나 움직임을 연상시키는 활기찬 분위기를 낼 수 있고 어두운 UI는 비밀스러운 분위기나 수면을 암시하는 밤의 분위기를 낼 수 있다. UI는 단일 색상으로 구성할 수도 있고 여러 색상을 활용한 다양한 조합을 사용할 수도 있다. 색상은 사용자를 위한 분위기를 설정하는 데 사용된다.

▼ **그림 1-27** 색상은 분위기를 형성하고 상호작용할 수 있다는 사실을 나타내며 브랜드 가치를 표현하는 기본적인 UI 요소다(출처: Lotus_studio/Shutterstock).

또한 특정 색상으로 상호작용할 수 있는 요소를 나타내는 시각적 언어를 만들어서 색상을 통해 인터페이스에서 실행할 수 있는 요소를 알려줄 수 있다. 검은색 텍스트 단락의 일부를 파란색으로 표시해 제품의 다른 부분으로 연결되는 하이퍼링크를 표현할 수 있다. 사각형 안에 텍스트를 넣고 나머지 UI와 다른 색으로 칠하면 누를 수 있는 버튼을 나타낼 수 있다. 이처럼 대조라는 시각적 디자인 원칙을 활용해 색상을 통해 사용자에게 제품 사용법을 안내할 수 있다(그림 1-28).

▼ **그림 1-28** 애플의 라이트 모드와 다크 모드. 라이트 모드는 더 밝고 활기찬 느낌이 들어서 활동이 일어나는 낮 시간인 것처럼 보이고 다크 모드는 더 어둡고 활기가 덜해서 수면을 취하는 밤 시간인 것처럼 보인다.

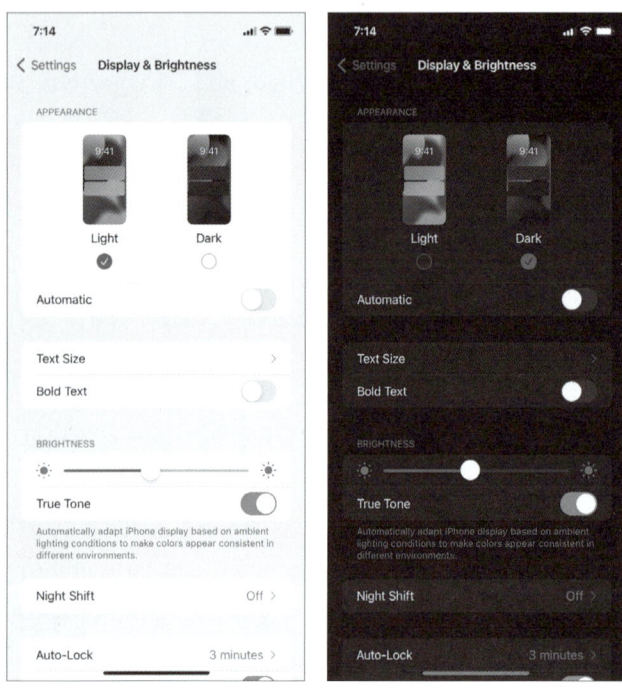

1.4.3 타이포그래피

UI 디자인에서 타이포그래피란 텍스트를 알아보기 쉽고 명확하며 시각적으로 보기 좋게 구성하는 것을 가리킨다(그림 1-29).[14] 타이포그래피는 인터페이스 탐색 방법, 사용자의 상태, 사용자가 제품을 통해 풀고자 하는 문제의 해결 방법 같은 중요한 정보를 사용자에게 전달한다.

---

14 https://unsplash.com/photos/2X6bkiL0GDo

▼ **그림 1-29** 잡지 표지의 타이포그래피 구성. 독자의 관심을 끌고 주의를 사로잡아서 어떤 내용으로 채워진 잡지인지 전달한다(출처: Artisticco LLC/123RF).

타이포그래피는 브랜드 가치를 사용자에게 전달하는 매우 중요한 역할도 한다. 글꼴 스타일과 서체에 따라 완전히 다른 분위기를 낼 수 있다(그림 1-30).[15]

▼ **그림 1-30** '언제나 당신을 찾아낼 겁니다(I will always find you)'라는 같은 글이라도 다른 글꼴을 쓰면 다른 메시지로 보일 수 있다(출처: Kaspri/Shutterstock).

UI 디자인에서 타이포그래피는 알아볼 수 있을 뿐 아니라 읽을 수 있어야 한다. 서체를 알아볼 수 있다는 것은 각 글자를 구분할 수 있다는 뜻에 불과하다. 하지만 이것만으로는 충분하지 않다. 디자인에 서체를 어떻게 적용하느냐에 따라 읽기 쉬운 정도, 즉 가독성이 달라진다.

그림 1-31의 두 문장은 알아볼 수 있다. 다시 말해 각 글자를 구분할 수 있다. 하지만 첫 번째 문장은 두 번째 문장보다 읽기가 훨씬 더 어렵다. 자간이 너무 넓어서 독자가 더 많은 노력을 기울여야만 무슨 의미인지

---

15 https://www.reddit.com/r/funny/comments/977s8h/font_matters/

파악할 수 있다. 타이포그래피를 선택할 때는 이로 인해 디자인의 사용성이 좋아지는지를 고려해야 하며 이 예시에서는 알아볼 수 있는 수준을 넘어서 쉽게 읽을 수 있게 해야 한다.

▼ **그림 1-31** 타이포그래피 선택은 디자인의 가독성에 영향을 미친다. 글꼴, 자간 등 타이포그래피 속성을 적절히 선택해야 사용자가 제품을 더 쉽게 사용할 수 있다.

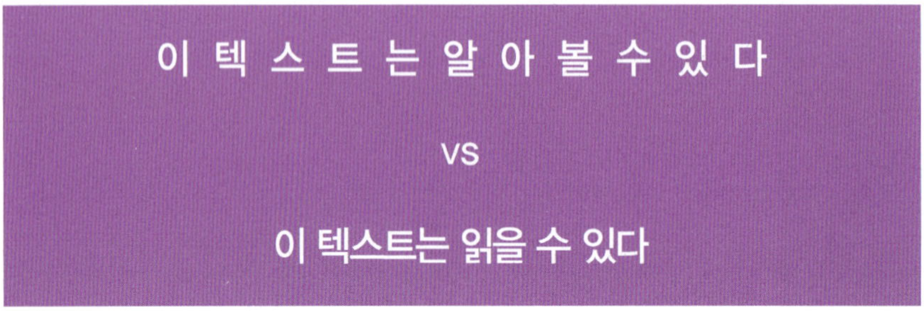

이미지

UI 디자인에서는 이미지를 브랜드의 이상이나 콘텐츠를 사용자에게 전달하기 위해 활용한다.

깔끔하고 단정한 스타일을 중시하는 럭셔리 브랜드라면 UI에 사용한 이미지를 통해 그러한 미학을 구현하려 할 것이다. 사진 스튜디오라면 하나의 피사체에 초점을 잘 맞춘 선명한 이미지를 선택할 것이다. 어린이 브랜드라면 풍부한 색상, 형태, 움직임으로 채운 이미지로 재미와 에너지를 표현할 것이다. UI에 사용하는 이미지 스타일은 브랜드 가치를 전달하는 데 도움이 된다.

스트리밍 서비스라면 이미지를 활용해 시청할 수 있는 콘텐츠를 전달할 것이다. 이들의 UI는 스트리밍 중인 콘텐츠의 장면을 활용해 화면을 나누고 다양한 시청 옵션을 제안할 것이다. 어떤 콘텐츠인지 암시하기 위해 영화의 특정 장면을 사용할 수 있다. 예를 들어 유령이 복도를 걸어오는 장면을 통해 공포 영화임을 암시하거나 웃고 있는 여성의 모습을 통해 코미디 영화임을 알려주는 것이다. 식품 회사라면 레시피 사진을 활용해서 사람들이 콘텐츠와 상호작용하도록 유도하고 사용자가 직접 만들 수 있는 다양한 요리를 보여줄 수 있다.

우리가 선택한 이미지는 UI를 통해 맥락을 제공하고 분위기를 형성하며 사용자 경험에 영향을 미친다.

아이콘

아이콘도 이미지처럼 맥락을 제공하고 분위기를 형성하는 시각적 표현이다. 차이가 있다면 아이콘은 상징적 가치가 있는 특정 유형의 이미지이며 사용자에게 정보를 전달하는 데 사용된다.

아이콘은 사용자가 UI 내에서 수행할 수 있는 작업을 상징한다(그림 1-32). 돋보기 아이콘은 검색 기능을 나타낸다. 집 모양 아이콘은 제품의 홈으로 이동하는 기능을 나타낸다. 스피커 아이콘은 음량 조절 기능을 나타낸다. 아이콘을 활용하면 UI에 쓰인 글자 수를 줄이는 대신 보편적인 이미지를 활용해서 원하는 개념을 표현할 수 있다.

▼ 그림 1-32 검색, 재생, 일시 정지, 이메일, 음량 조절 등 자주 쓰이는 기능을 포함하는 아이콘 세트. 아이콘은 현실 세계의 표현을 활용해 사용자에게 이러한 기능을 전달한다(출처: Vector Fave/Shutterstock).

아이콘은 해당 UI 외부에 있는 다른 UI의 영향도 받는다. 아이콘은 하나의 개념을 표현하므로 여러 UI에서 유사한 개념을 비슷한 방식으로 표현하면 사용자가 UI를 더 직관적으로 느낄 수 있다. '재생'과 '일시 정지' 아이콘은 꽤 보편적이다. 일반적으로 삼각형은 콘텐츠 재생 기능을, 나란히 놓인 두 개의 수직 선은 콘텐츠 일시 정지 기능을 나타낸다. UI 디자인에서 이처럼 흔히 사용되는 패턴이 있으므로 같은 기능을 다른 아이콘으로 표현한다면 이상해 보일 수 있다.

그런데 '즐겨찾기' 아이콘은 어떨까? 이 기능을 나타내는 일반적인 아이콘이 있을까? 별? 하트? 아니면 북마크? 이러한 아이콘은 다양한 제품에서 보편적인 패턴을 거의 보이지 않지만 즐겨찾기 할 수 있는 콘텐츠를 나타내는 경향이 있다. 이 때문에 즐겨찾기 기능은 인터페이스마다 다른 아이콘으로 표현되는 편이다.

> 아이콘의 의미는 시간이 지남에 따라 변화한다. 예를 들어 예전에는 롤로덱스[16] 아이콘이 휴대전화의 연락처를 나타냈으나 지금은 아바타로 표현한다. 실제 사물이 변화하면 이를 나타내는 디지털 표현도 함께 진화한다. 요즘은 롤로덱스를 사용하는 사람이 드물기 때문에 디자인 업계에서는 롤로덱스 아이콘이 의미하는 개념을 현실 세계에서의 표현에 더 가깝게 진화시켰다.

레이아웃

UI 요소가 많다는 점을 고려할 때 그것들을 제품에 배치하고 사용자가 제공된 다양한 어포던스 사이를 오가게 해주는 체계가 필요하다. 이를 위해 UI의 레이아웃을 설정해야 한다. 레이아웃이란 UI 요소를 어디에, 어떤 크기로, 얼마의 간격으로 배치할지를 정하는 규칙의 집합이다.

---

16 역주 회전식 명함 정리기

레이아웃은 디자인의 리듬과 균형을 잡는 데 도움이 된다. 레이아웃을 통해 관련 요소들을 공통 그룹으로 묶을 수 있다. 예를 들어 UI에 카드 컴포넌트를 생성하고 그 안에 이미지, 텍스트, 다양한 색상의 아이콘을 배치하면 해당 카드가 하나의 콘텐츠 요소라는 것을 효과적으로 나타낼 수 있다. TV 프로그램의 에피소드의 경우 관련 요소들을 연결된 것처럼 보이게 배치하면(그림 1-33)[17] 제목, 프로그램 이미지, 설명, 재생할 수 있음을 알려주는 아이콘을 사용자에게 효과적으로 전달할 수 있다.

▼ **그림 1-33** 푸드 네트워크(Food Network) 방송국 홈페이지. 핵심 콘텐츠(중앙에 있는 큰 이미지), 그 아래 있는 추가 콘텐츠 3개, 방송 일정이 있다. 이미지와 텍스트 레이아웃은 이를 둘러싼 사각형과 결합되어 어떤 요소가 서로 연결되고 분리되는지를 쉽게 파악할 수 있게 한다.

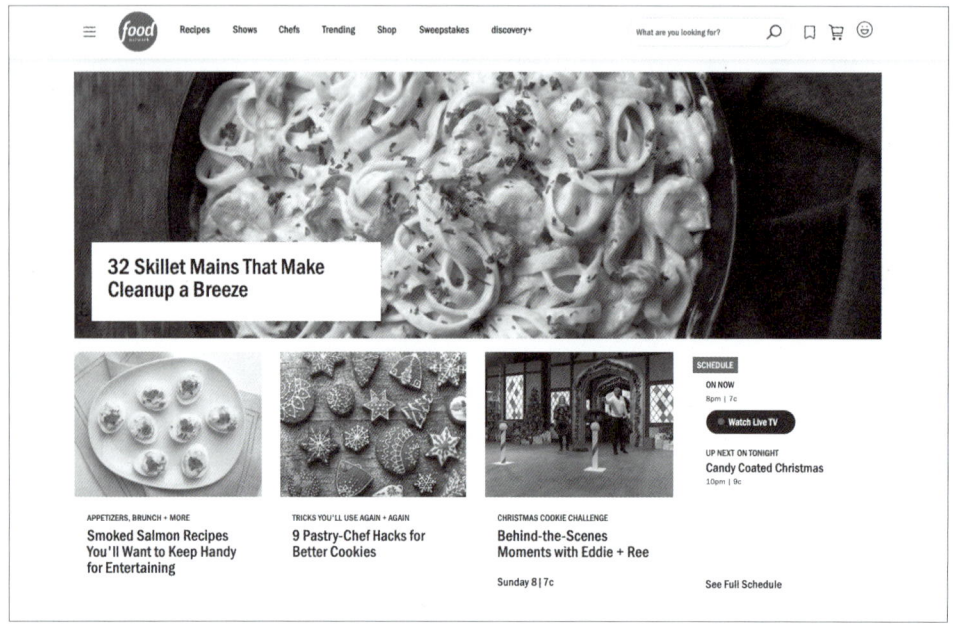

레이아웃은 인쇄 디자인에서 유래했지만 그 원칙은 오늘날 디지털 디자인에도 여전히 큰 영향을 미치고 있다.

1.4.4 UI는 UX의 일부다

UI는 UX에 속하는 개념이다(그림 1-34).[18] UI는 UX의 일부이며 UX의 완성도를 판단하는 데 도움이 된다. 그렇지만 UI만으로는 사용자 경험이 완성되지 않는다. UX의 시각적 요소만으로 그 경험 전체를 온전히 표현하지 못한다. 제품의 UI는 사용자가 제품과 상호작용하는 데 있어서 필수적인 요소이지만 UX의 한 부분에 불과하다.

마찬가지로 UX는 UI 없이 존재할 수 없다. 제품을 조작하도록 해주는 인터페이스가 없다면 사용자가 제품을 경험할 수 없다. UI는 사용자가 제품을 경험하는 데 있어서 매우 중요한 부분이다.

---

17 www.foodnetwork.com
18 https://medium.com/kustard-design/ui-and-ux-a-simple-explanation-622c4009add3

▼ **그림 1-34** UX와 UI의 관계에 대한 커스터드의 설명. UI가 경험의 시각적 요소를 담당하지만 시각적 요소만으로는 그 경험의 전체 '디자인'을 구성할 수 없다. 제품의 UX를 구성하는 다른 디자인 요소들이 있다.

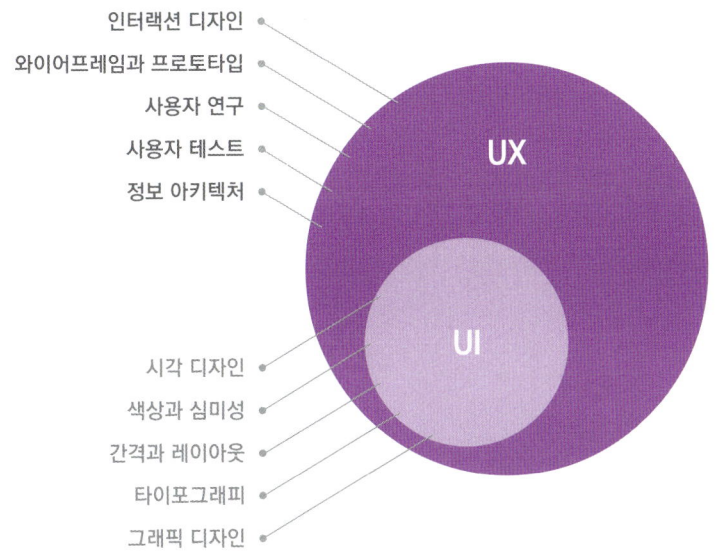

1.5 인지 과부하

경험을 만들고 선별하는 것은 디자이너의 역할이다. 우리는 사용자들이 제품을 가능한 한 쉽고 편리하게 즐기며 자신의 목표를 달성할 수 있도록 디자인한다. 제품 디자인이 이들의 목표 달성을 방해해서는 안 되며 사용자는 제품을 통해 자신의 요구와 필요를 충족할 수 있어야 한다.

이는 말처럼 쉽지 않다. 더 많은 특성과 기능을 추가하라는 회사의 압박, 이러한 경험을 가능하게 하는 기술의 제약, 사용자의 목표 달성을 돕는 최선의 방법을 알아내기가 어렵다는 현실까지 겹쳐지면 결국 사용자를 압도하고 애초에 이들이 하려던 작업을 완수하지 못하게 방해하는 경험이 생길 수 있다.

하지만 희망은 있다. 우리는 일반적인 휴리스틱을 활용해 사용자가 받아들여야 하는 정보의 양을 줄일 수 있다. 프로세스의 단계를 줄이고 시각적 언어의 일관성을 유지하며 정보를 쉽게 찾을 수 있게 하면 사용자가 제품 사용 도중에 겪는 어려움이나 인지 과부하를 피할 수 있다.

1.5.1 인지 과부하란 무엇인가?

차를 구매하기 위해 인터넷을 검색하고 있다고 상상해보자. 구글 검색을 통해 여러 자동차 모델을 비교할 수 있는 웹 사이트를 찾고 있다. 그러던 중에 그림 1-35의 웹 사이트를 발견한다.[19]

▼ **그림 1-35** 링스 자동차(Ling's Cars) 웹 사이트에는 색상, 움직임, 타이포그래피 등 서로 경쟁하는 시각적 요소가 많다. 심지어 음향 효과도 적용되어 있다. 이 모든 요소가 결합되면 과잉 자극을 초래할 수 있으며 이는 인지 과부하의 한 요인이다.

이 회사는 브랜드 정체성을 표현하기 위해 이 모든 요소를 의도적으로 포함시켜서 과장되고 유치하지만 개성이 뚜렷한 스타일을 드러내고 있을 가능성이 높다. 하지만 사용자의 입장에서는 압도당하는 느낌을 받을 수 있다. 이 웹 사이트를 훑어보면 너무 많은 색상, 형태, 섹션, 동영상, GIF를 비롯해 온갖 시각적 요소가 난무한다. 도대체 어디를 봐야 하는 걸까? 왜 이렇게 많은 요소가 움직이는 걸까? 이 모든 것이 자동차와 무슨 관련이 있을까?

이 사이트를 볼 때 자극이 지나치다고 느낄 수 있다. 이는 페이지에 있는 다양한 디자인 요소가 여러분의 인지 부하에 영향을 미친 결과로 나타난 부작용이다. 여러분은 콘텐츠 자체뿐 아니라 색상, 타이포그래피, 형태, 레이아웃, 움직임을 이해하려고 애쓰고 있다.

요컨대 개별 요소를 이해하고 전체적으로 파악하려고 애쓰는 과정에서 여러분은 인지 과부하를 경험한다. 여러분의 뇌는 쏟아져 들어온 모든 정보를 처리할 수 없어서 일부를 걸러내고 남은 부분만 이해하는 수밖에 없다. 디자이너로서 우리는 사용자가 이러한 경험을 하지 않도록 해야 한다. 우리의 목표는 디자인 싱킹 프로세스를 활용해 사용자의 문제를 해결하는 것이지 이들의 삶을 더 복잡하게 만드는 것이 아니다.

디자이너로서 우리가 인지 과부하를 이해하고 방지하려면, 먼저 인지 부하가 무엇인지, 인지 부하에 영향을 미친 요인이 무엇인지 알아야 한다.

---

19 www.lingscars.com

1.5.2 인지 부하 이론

사람들은 인지하고 이해한 정보를 기억해두었다가 나중에 활용한다. 우리는 기존 경험을 바탕으로 현재 경험뿐 아니라 과거 경험도 이해한다. 정보를 인지하고 이해하고 기억하는 우리의 능력은 세 단계, 즉 감각 기억, 작업 기억, 장기 기억으로 나눌 수 있다.

감각 기억

우선 정보를 받아들여야 한다. 이를 위해 눈, 귀, 코 등 감각 정보를 수용하는 모든 기관을 활용한다. 제품을 경험할 때 시각 기관인 눈으로 페이지의 단어를 읽고 형태와 이미지를 인식하며 제품을 훑어보면서 상호작용할 수 있는 요소를 찾는다.

자동차를 사기 위해 페이지를 볼 때도 눈을 사용해서 사고 싶은 차를 나타내는 자동차 이미지나 **자동차**라는 단어를 찾는다.

작업 기억

감각 기억을 통해 정보를 인지한 다음에는 작업 기억으로 넘어간다. 감각을 통해 받아들인 정보를 분석하기 시작한다. 이 단계에서는 그 정보를 검토하거나 '반복 확인'하면서 장기 기억에 저장하거나 흘려보낸다.

제품을 경험하는 과정에서 자동차 관련 웹 페이지를 본다면 그 페이지에 있는 정보를 작업 기억으로 변환하기 시작할 수 있다. 찾던 정보와 관련 없는 페이지의 이미지는 바로 잊힌다. 하지만 그중 일부 이미지는 강한 인상을 남겨서 나중을 위해 장기 기억에 저장될 수 있다.

장기 기억

장기 기억은 우리가 인시하고 기억해 둔 성보를 가져와서 사용할 수 있게 해준다. 과거에 강한 인상을 남긴 정보를 시간을 들여서 감지하고 처리한 끝에 결국 장기 기억에 저장해두는 것이다.

제품을 경험할 때 필요한 정보를 장기 기억에서 끌어낼 수 있다. 예를 들어 자동차 관련 웹 페이지에서 자동차 정보를 찾고 있다면 장기 기억에 있던 자동차의 형태를 떠올려서 이와 비슷한 이미지를 찾을 수 있다. 아니면 과거에 경험한 웹 페이지를 기억해서 비슷한 위치에서 자동차 정보를 찾을 수도 있다.

함께 작동하는 방식

감각 기억, 작업 기억, 장기 기억이라는 세 가지 기억 저장소는 우리가 경험을 해 나갈 수 있게 해주며 모두 인지 부하에 영향을 미친다.

인지 부하란 작업 기억이 처리하고 있는 정보의 총량을 의미한다. 작업 기억이 비어 있다면 정보를 처리할 수 있고, 작업 기억이 가득 차 있다면 정보를 처리할 수 없다.

작업 기억은 감각 기억과 장기 기억, 양쪽에서 영향을 받는다. 감각 기억에 너무 많은 정보가 쌓이면 작업 기억에서 이를 모두 처리할 수 없다. 마찬가지로 장기 기억에 접근해서 정보를 불러올 수 없거나 장기 기억에 접근하기 위해 너무 많은 인지 능력을 사용하면, 작업 기억에서 그 정보를 제대로 처리할 수 없다(그림 1-36).[20]

▼ 그림 1-36 인지 부하 이론 모델. 정보는 감각을 통해 들어오고(웹 사이트에서 읽은 글이나 음악에서 들은 소리) 기억을 거쳐서 완전히 망각되거나 장기 기억에 저장된다.

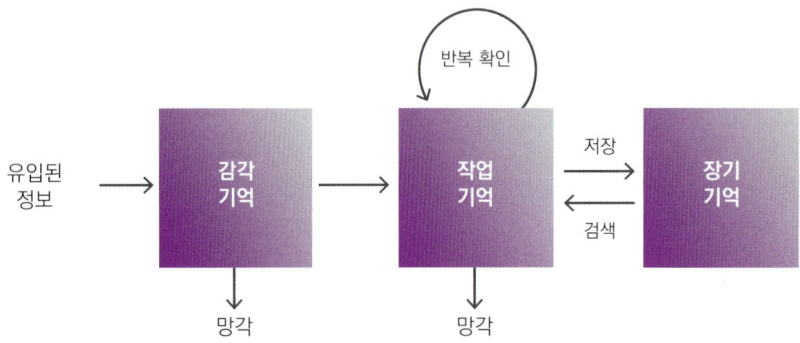

인간의 정보 처리 방식을 이해하면 경험을 디자인하는 데 큰 도움이 된다. 감각 기억에 미치는 부담은 줄이고 장기 기억에 접근하지 않아도 되는 경험을 만드는 것이 가장 바람직하다. 디자이너로서 우리는 사용하기 쉽고 유용하며 즐겁게 이용할 수 있는 방식으로 사용자의 문제를 해결해야 한다. 따라서 사용자에게 불필요한 인지 부하를 일으키지 않는 것이 좋다.

링스 자동차 웹 사이트의 문제점은 감각 기억에 과부하를 일으키는 디자인 요소가 너무 많다는 점이다. 그러면 작업 기억에서 처리해야 할 정보가 지나치게 많아진다. 그 결과 처리 속도가 느려지고 경험을 이해하는 데 어려움을 겪으며 무엇보다도 제품을 통해 자동차를 찾고 구매한다는 목표를 쉽게 달성하지 못하게 된다.

1.5.3 인지 과부하의 예

인지 과부하를 완화하는 두 가지 방법이 있다.

- 감각 기억에 미치는 영향을 줄인다. 사전에 처리해야 하는 정보가 적을수록 주어진 정보를 더 쉽게 처리할 수 있다.
- 장기 기억에서 끌어와야 하는 정보의 양을 줄인다. 즉시 이용할 수 있는 정보가 많을수록 현재 경험을 이해하기 위해 과거 경험에서 정보를 끌어올 필요가 줄어든다.

감각 기억과 장기 기억 모두 작업 기억에 직접 영향을 미치며 이 둘이 균형을 이루면 인지 과부하를 피할 수 있다. 이제 인지 과부하의 몇 가지 사례를 살펴보고 이를 해결할 방법을 알아보자.

---

20 www.mindtools.com/pages/article/cognitive-load-theory.htm

내부적 일관성 결여

우리가 만든 디자인 패턴은 사용자 경험에 일정한 규칙을 형성한다. 하지만 우리가 이러한 규칙을 따르지 않으면 사용자에게 혼란을 초래할 수 있다.

예를 들어 커피, 차, 음식 등의 제품을 판매하는 한 커피 회사의 웹 사이트(그림 1-37)는 다양한 시각적 요소를 사용해 사용자의 참여를 끌어내고 있다. 하지만 안타깝게도 이러한 요소들이 각기 다른 인터랙션 디자인 규칙을 따르고 있다. 일부 링크는 색상이 달라서 상호작용할 수 있는 요소가 무엇인지 한눈에 구별하기 어렵다. 게다가 링크 위에 커서를 올려도 상태 변화가 없어서 해당 요소가 클릭할 수 있는 요소인지 사용자가 알아볼 수 없다.

▼ 그림 1-37 한 커피 회사의 홈페이지. 이 홈페이지의 디자인은 내부적으로 일관성이 결여되어 있다. 이 홈페이지에 적용된 여러 디자인 결정 중에 특별히 '더 나은' 결정이 있는 것은 아니다. 문제는 여러 결정을 함께 사용하면 사용자에게 혼란을 초래한다는 것이다.

레이아웃의 관점에서는 섹션이 제대로 정렬되어 있지 않다. 사용자가 이 홈페이지를 경험하는 도중에 타이포그래피 스타일이 달라지며 자간, 글자 두께, 크기, 대소문자 사용에도 일관된 규칙이 없다.

요컨대 이 제품은 시각적 요소와 인터랙션 가능 여부를 표시하는 방식에 일관성이 없다.

그렇다면 이 문제를 어떻게 해결할 수 있을까? 디자이너로서 우리는 시각 디자인을 위한 일련의 규칙을 만들 수 있다. 타이포그래피 스타일을 정의하고 각 스타일에 대한 유스 케이스를 정할 수 있다. 인터랙션 요소에 공통된 색상을 적용해 상호작용할 수 있는 요소가 무엇인지 한눈에 알아보도록 할 수 있다(그림 1-38).

▼ 그림 1-38 피그마(Figma) 커뮤니티에 게시된 UI 스타일 가이드. 이 가이드는 제품 내 시각적 요소에 대한 규칙을 정리해 여러 화면에서 일관성이 유지되도록 한다.

디자인 시스템이나 스타일 가이드[21]를 통해 이러한 규칙을 설정하면 제품을 사용하는 사용자의 인지 부하를 크게 줄일 수 있다.

불필요한 작업

사용자의 감각 기억은 처리하는 정보의 양에 영향을 받으므로 사용자에게 제시하는 정보가 많을수록 처리해야 할 정보도 많아진다. 따라서 제품에서 정보를 줄이면서도 사용자가 목표를 달성할 수 있게 한다면 긍정적이고 유용한 방식으로 사용자들의 인지 부하를 덜어줄 수 있다.

웹 사이트에서 상품을 구매하는 전자상거래 과정을 떠올려보자. 그 과정에서 한 단계를 제거할 수 있다면 그 사이트에서 물건을 구매하는 사용자의 인지 부하가 줄어든다. 기존에는 사용자가 장바구니에 상품을 추가한 뒤 장바구니 페이지로 가서 모든 상품을 확인하고 별도의 여러 페이지를 거쳐서 상품을 구매했다(그림 1-39).

최근 전자상거래 디자인에서는 결제 과정 단계를 줄이는 것이 점점 더 일반화되고 있다. 아마존은 'Buy Now(바로 구매)' 버튼을 도입해 장바구니에 상품을 추가하는 단계를 제거했다. 그러면 결제 과정이 여러 단계(장바구니 추가, 장바구니 방문, 장바구니에서 결제)에서 한 단계(바로 구매)로 줄어든다. 이처럼 단계를 줄이면 사용자가 문제를 해결하는 도중에 불필요한 단계를 거쳐야 하는 부담이 줄어든다.

---

21 www.figma.com/community/file/905337008546827994

▼ 그림 1-39 반스 & 노블(왼쪽)과 아마존(오른쪽)의 제품 상세 정보 페이지. 반스 & 노블은 결제가 두 단계로 이루어지고 아마존은 한 단계로 이루어지므로 아마존의 경우 추가 작업에 드는 인지 부하가 줄어든다.

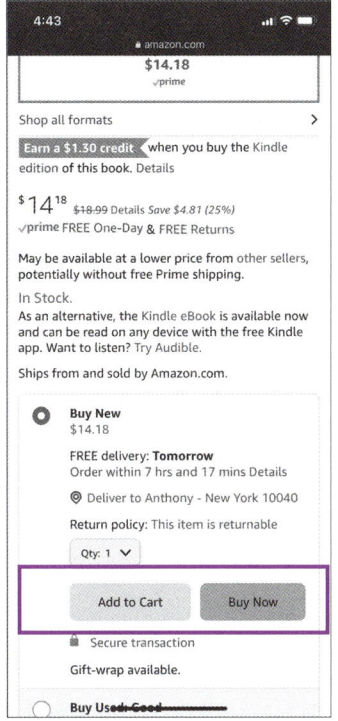

찾기 어려운 정보

무심코 작업 기억에 부담을 주는 또 다른 요인은 정보를 찾기 어렵게 만드는 것이다. 이런 문제는 정보를 웹 사이트 깊이 숨겨두거나 웹 사이트가 지나치게 산만해 감각 기억이 과부하를 일으킬 때에 발생한다. 사용자가 장기 기억을 활용해 익숙한 위치를 확인했는데도 원하는 정보를 찾지 못한다면 계속해서 장기 기억에 접근하느라 인지 부하가 가중된다.

정보를 찾기 어려운 UI의 한 예로 그림 1-40의 티아 카페(Teaa Cafe) 웹 사이트[22]를 들 수 있다.

메뉴 페이지에서는 온라인으로 판매하는 모든 차 종류를 볼 수 있다. 하지만 영양 정보, 음료 세부 정보(음료 크기, 맛), 가격 같은 추가 정보는 제공되지 않는다. 최소한 가격이나 용량에 대한 정보만 있었어도 사용자가 선택하는 데 큰 도움이 되었을 것이다. 안타깝게도 메뉴에는 이러한 정보가 없으며 메뉴의 각 항목은 상호작용할 수 있는 요소가 아니라 단순히 사진 목록에 불과하다.

---

22 https://www.teaabyme.com/cafe-menu

▼ **그림 1-40** 다양한 음료 옵션을 보여주는 티아 카페 웹 사이트. 가격, 영양 성분, 크기를 비롯해 구매를 결정하는 데 필요한 기타 정보가 제공되지 않는다.[23]

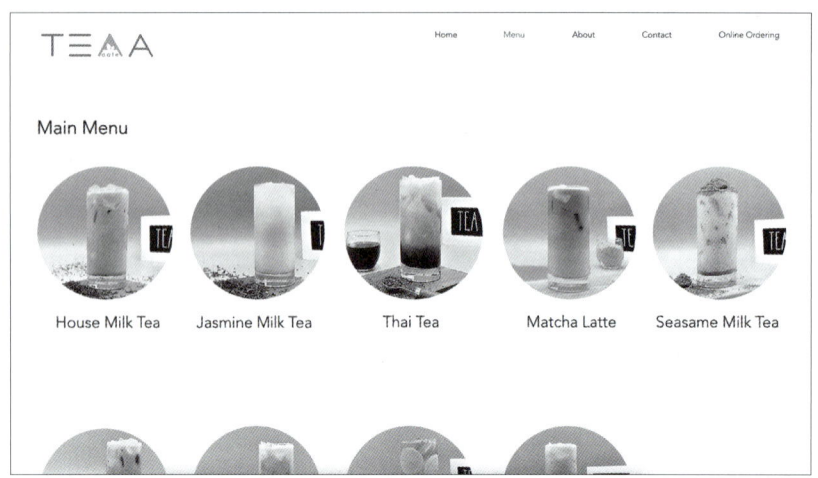

이 문제를 해결하려면 같은 업계에서 일반적으로 따르는 UI 규칙을 따르는 것이 좋다. 많은 제품이 특정 정보를 화면이나 제품의 동일한 위치에 제공한다면 여러분의 제품도 같은 규칙을 따르는 것이 바람직하다. 전자상거래 환경에서는 상품과 가격이 밀접한 관련이 있다고 생각하기 마련이므로 두 가지 정보를 가까이 배치해 의도치 않게 해당 정보가 숨겨지는 일이 없도록 해야 한다. 예를 들어 전 세계에서 가장 큰 음료 회사 중 한 곳인 스타벅스[24](그림 1-41)의 UI도 티아 카페의 UI와 비슷하다. 하지만 각 항목은 상호작용할 수 있고 클릭하면 가격, 영양 정보, 장바구니 추가 옵션 등의 추가 정보를 확인할 수 있다.

▼ **그림 1-41** 스타벅스 온라인 메뉴. 이미지를 클릭하면 크기, 가격, 재고 상태 등의 정보가 제공된다.

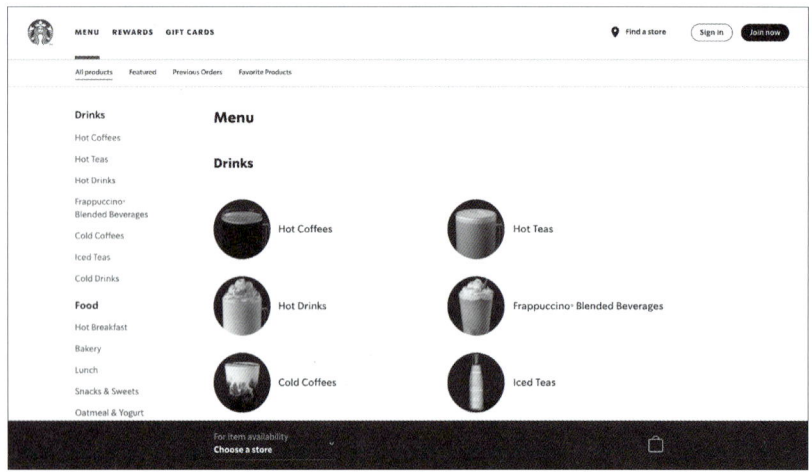

---

23 역주 2025년 현재 해당 웹 사이트의 디자인은 변경되었으나 UI 구조는 여전히 저자의 설명과 크게 다르지 않다.
24 www.starbucks.com/menu

너무 많은 선택지

작업 기억에 부담을 주는 또 하나의 요인은 UI를 통해 사용자에게 너무 많은 선택지를 제시하는 것이다. 이렇게 해도 감각 기억에는 과부하가 일어나지 않을 수 있다. 예를 들어 스트리밍 서비스에는 아무리 선택지가 많아도 개별 옵션을 쉽게 이해할 수 있다. 하지만 문제는 작업 기억이 그 모든 선택지를 평가하고 결정해야 한다는 점이다. 이 모든 정보를 작업 기억에 담아두는 것은 쉽지 않으며 결국은 과부하를 일으킨다. 여러분도 넷플릭스(그림 1-42)를 스크롤하며 시청할 콘텐츠를 찾다가 이와 비슷한 경험을 해본 적이 있을 것이다.

> 힉의 법칙은 이 현상을 설명한다. 이 법칙에 따르면 결정을 내리는 데 드는 시간은 선택지의 개수와 복잡성에 따라 증가한다. 콘텐츠 라이브러리가 방대해질수록 사용자가 보고 싶은 콘텐츠를 찾는 데 드는 시간이 늘어난다. 이 문제를 해결하기 위해 개인화와 추천 기능이 늘어나는 추세다.

이 문제를 해결하는 한 가지 방법은 사용자에게 선택지를 탐색하는 다른 방법을 제공하는 것이다. 넷플릭스는 추천 기능, 콘텐츠 검색 기능, 그리고 일정 영역 이상으로 페이지를 스크롤하면 콘텐츠를 랜덤으로 추천하는 기능을 제공한다. 넷플릭스는 수천 개의 콘텐츠를 제공하지만 그와 동시에 사용자 입장에서는 시청할 콘텐츠를 찾는 것이 부담스러울 수 있다는 점을 인식하고 있다.

▼ 그림 1-42 시청할 콘텐츠를 둘러보는 넷플릭스 UI. 넷플릭스는 수많은 선택지를 제공하며 이는 사용자에게 선택 마비를 일으킬 수 있다.

과잉 자극

감각 기억에 너무 많은 선택지가 입력되면 사용자는 마치 너무 많은 요소가 동시에 '말을 거는' 듯한 느낌을 받을 수 있다. 색상, 이미지, 애니메이션, 음향이 모두 동시에 정보 전달을 시도하면 과도한 자극을 초래할 수 있다(그림 1-43).

▼ **그림 1-43** 링스 자동차의 카테고리 페이지. 홈페이지와 마찬가지로 이 페이지에서도 텍스트 상자를 벗어난 텍스트, 커서를 올리면 움직이는 자동차, 방문자 수 실시간 카운터 같은 여러 디자인 요소가 과잉 자극을 유발한다.

링스 자동차 웹 사이트의 홈페이지에 대해 이미 다룬 바 있지만 과잉 자극 문제는 웹 사이트의 다른 부분에서도 발견된다. 텍스트 상자를 벗어난 텍스트가 레이아웃을 망가뜨리고 있다. 다양한 그러데이션 효과로 웹 사이트 섹션을 구분하고 있다. 각 카드의 시각적 처리 방식도 제각각인데 색상을 기표로 썼는지 장식 요소로 썼는지 명확하지 않다. 각 카드의 서로 다른 배경색이 UI 관점에서 의미를 갖는지, 아니면 미학적인 차원에서 사용한 것인지 불분명하다.

과잉 자극을 해결하는 유일한 방법은 자극을 줄이는 것뿐이다. 사용자가 제품을 더 쉽게 탐색할 수 있도록 기능, 시각적 요소, 콘텐츠를 줄여야 한다.

1.5.4 사용자의 인지 과부하 줄이기

사용자가 제품을 사용할 때마다 생각해야 할 것이 많아지면 작업 기억의 부담도 커진다. 제품과 상호작용하는 도중에 사용자가 처리해야 하는 요소가 많아질수록 그 제품을 통해 사용자가 목표를 달성하기가 점점 더 어려워진다.

디자이너로서 우리의 역할은 사용자의 인지 부하를 관리하는 것이다. 디자인 요소가 너무 많거나 '잘못된' 위치에 있다면 사용자의 인지 부하가 점점 늘어나고 결국 과부하에 이르러 제품을 사용할 수 없게 된다.

우리가 내리는 모든 디자인 결정은 인지 부하에 영향을 미칠 수 있다. 디자인 결정을 내릴 때마다 자신의 선택이 사용자의 작업 기억의 부담을 줄이고 인지 과부하를 방지하며 이들의 목표를 달성하게 하는 데 도움이 되는지 자문하라.

1.6 함께 해보자!
SECTION

지금까지는 디자인 싱킹의 일반적인 정의와 관련 이론을 다뤘다. 하지만 앞으로는 보다 실용적이고 실천적인 작업에 착수할 예정이므로 접근 방식을 살짝 바꿔보겠다. 이제 특정 문제를 대상으로 닐슨 노먼 그룹 모델을 활용해 디자인 싱킹 프로세스를 처음부터 끝까지 진행해볼 것이다.

우선 문제를 제시한 후 디자인 싱킹 프로세스의 각 단계를 따라가며 문제를 탐구해볼 것이다. 단계별로 디자인 싱킹 프로세스의 개념이나 구성 요소를 소개하고 예시를 제공한 다음에 프로세스의 해당 부분을 직접 경험해볼 수 있도록 안내하겠다.

> 배운 내용을 적극적으로 적용할 때 학습 효과가 훨씬 더 높아진다. 이 책을 최대한으로 활용하고 싶다면 여기에서 다루는 기법들을 실제 문제에 적용해보기를 강력히 권한다. 디자인 분야에 입문하려는 사람이라면 이러한 문제 해결 과정을 사례 연구로 정리해 활용하는 것도 좋은 방법이다.

다루고 싶은 문제가 있다면 그 문제에 직접 적용해보라! 떠오르는 문제가 없다면 이 책이 제시하는 문제를 해결해볼 것을 추천한다. 그러면 이 책에서 다룬 개념을 실제로 연습해볼 수 있으며, 이런 개념을 더욱 확실하게 체득하는 데 도움이 된다.

우리가 작업해볼 문제는 '혼자 하는 여행'이다. 혼자 하는 여행을 어떻게 장려할지, 혼자 여행할 때 사람들이 겪는 문제는 무엇인지, 혼자 하는 여행을 처음 떠나도록 하는 동기는 무엇일지 함께 탐구해보자.

책에서 제안하는 연습 문제에 대한 예시 답안은 책의 마지막 부분에 있는 부록 A '디자인 싱킹 모범 사례'에서 확인할 수 있다. 자, 그럼 시작해보자!

2장

공감을 디자인 도구로 활용하기

2.1 연구 유형

2.2 설문 조사

2.3 사용자 인터뷰 준비하기

2.4 사용자 인터뷰 진행하기

2.5 어피니티 매핑

2.6 공감한 후에는 정의한다

디자인 싱킹 프로세스의 첫 번째 단계는 공감이다. 즉 사용자의 입장에서 이들의 눈으로 세상을 보고 이들이 느끼는 바를 느끼는 것이다. 그러면 이들이 무엇을 좋아하고 무엇을 싫어하는지, 이들에게 동기를 부여하는 것은 무엇이며 이들이 직면하는 장애물은 무엇인지를 더 깊이 이해할 수 있다.

이러한 목표를 달성하려면 사용자를 대상으로 연구를 진행해야 한다. 연구 방법은 다양하지만 가장 일반적인 유형(뒤에서 자세히 다룰 예정이다) 중 하나는 사용자와 대화를 나누며 이들의 이야기를 직접 듣는 것이다. 대화를 통해 우리는 이들의 경험을 세세하게 이해하고 공감의 깊이를 더할 수 있다.

디자인 싱킹 프로세스의 공감은 예술적이다. 타인과의 대화는 하나의 예술 형식이다. 복잡한 대화의 내용, 맥락, 감정을 몇 초의 반응 시간 내에 파악하려면 민첩성, 주의력, 현재에 몰입하는 능력이 필요하다. 모든 대화는 저마다 고유하며 사람마다 대화 스타일도 조금씩 다르다.

디자인 싱킹을 통한 공감은 과학적이기도 하다. 어떤 질문을 할지, 어떤 순서로 할지, 어떤 방식으로 질문할지 선택하는 방법론이 존재한다. 이를 통해 편향을 피하고 참여자가 편하게 느끼도록 하여 답변을 이끌어낼 수 있다.

디자인 싱킹의 공감 단계에서는 예술과 과학이 결합한다. 이를 통해 사용자와 대화를 나누며 이들의 욕구와 필요를 이해하고 문제 해결 방안을 더욱 명확히 파악하며 이들의 경험을 개선하는 솔루션을 개발할 수 있다.

2.1 SECTION / 연구 유형

드디어 디자인 싱킹 프로세스를 시작할 준비가 되었다! 모델(그림 2-1)[1]을 살펴보면 여러분은 첫 번째 단계인 공감 단계에 있다.

이제 프로젝트를 이해하는 단계에 들어설 준비가 되었다. 사용자는 누구인가? 이들의 욕구, 필요, 목표는 무엇인가? 해결하려는 문제는 무엇인가? 이 단계를 거치면서 이러한 질문에 대한 답을 찾을 수 있기를 바란다.

디자인 싱킹에 적용되는 연구는 네 가지 범주로 나뉘며, 이에 대해서는 바로 뒷부분에서 닐슨 노먼 그룹의 아이디어와 함께 논의하겠다.[2] 크리스천 로러(Christian Rohrer, 닐슨 노먼 그룹 연구원)[3]는 이런 범주에 대한 매트릭스를 개발했고 이 또한 뒤 내용에서 다룬다.

---

1 www.nngroup.com/articles/design-thinking/에서 발췌함.
2 www.nngroup.com/articles/which-ux-research-methods
3 www.linkedin.com/in/crohrer/details/experience/

▼ **그림 2-1** 닐슨 노먼 그룹의 디자인 싱킹 모델. 이 모델의 첫 단계는 공감이다. 이는 디자인 싱킹의 이해 과정에 속하며 이 단계에서는 사용자와 해결하려는 문제를 더 명확히 이해하는 작업이 이루어진다.

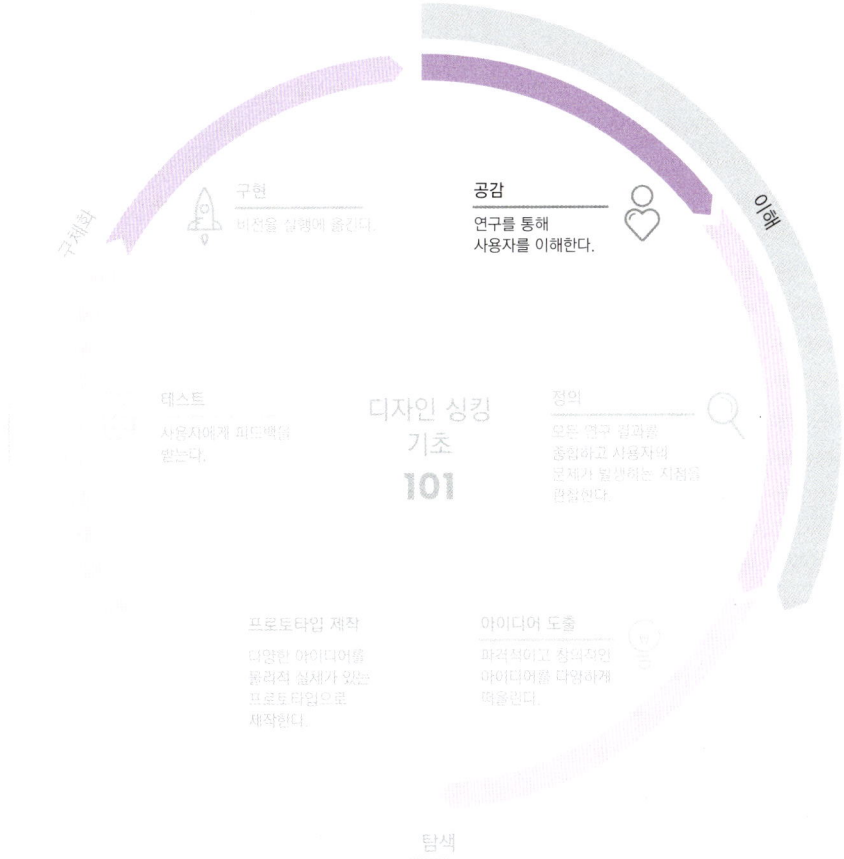

2.1.1 행동적 연구 대 태도적 연구

사용자 중심적인 관점에서 연구에 접근하면 사용자의 행동, 즉 사용자가 특정 상황에서 어떤 행동을 하는지 알아볼 수 있다. 프로토타입을 만들어서 사람들에게 나눠주고 인터페이스에서 어디를 클릭하는지 관찰할 수 있다. 이는 사람들이 특정 경험에서 행동하는 모습을 관찰하는 **행동적 연구**에 해당한다.

아니면 사용자의 의견, 즉 어떤 상황에 대해 어떻게 생각하고 느끼는지를 알아볼 수도 있다. 똑같은 프로토타입을 제공하되, 사람들이 인터페이스를 클릭하는 모습을 관찰하는 대신에 인터페이스를 어떻게 생각하는지 묻는 것이다. 이 인터페이스가 직관적인가? 문제를 해결하겠는가? 자신의 목표 달성에 도움이 되는가? 사람들에게 경험에 대해 이러한 질문을 던지고 그 대답을 기록하는 방식은 **태도적 연구**에 해당한다.

두 연구의 특성을 매핑하면 그림 2-2 같은 도표가 완성된다. Y축 상단에는 사람들이 하는 **행동**에 기반한 행동적 연구 유형이, 하단에는 사람들이 말하는 내용에 기반한 태도적 연구 유형이 위치한다.

▼ **그림 2-2** 크리스천 로러의 연구 방법 지형 매트릭스. 매트릭스의 이 부분은 행동적 연구 대 태도적 연구를 매핑한 것이다.

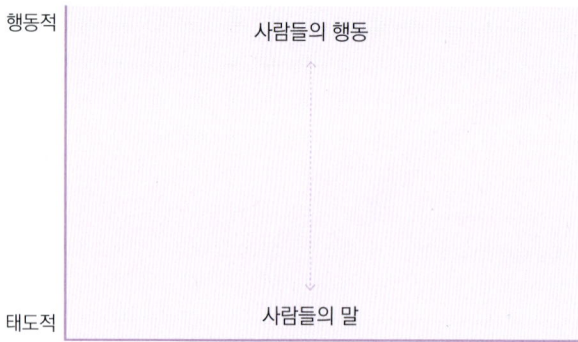

행동적 연구의 예로는 시선 추적이 있다. 이는 사용자가 인터페이스를 볼 때 시선의 움직임을 모니터링하는 연구 방법이다. 예를 들어 이러한 연구 유형은 웹에서 F 패턴, Z 패턴[4] 같은 결과를 도출했다.

태도적 연구의 예로는 사용자 인터뷰가 있다. 연구자가 사용자들과 대화를 나누며 이들의 목표, 욕구, 필요에 대해 더 깊이 파악하는 방식이다. 이러한 연구는 페르소나(대상 사용자를 나타낸 표현) 같은 디자인 산출물을 도출하며 이를 통해 우리가 돕고자 하는 사용자를 더 명확하게 이해할 수 있다.

> **F 패턴, Z 패턴 읽기 패턴**
>
> 사용자가 디지털 제품 페이지에 있는 텍스트를 쉽게 읽도록 도와주는 일반적인 레이아웃이 있다. 가장 널리 사용되는 두 가지 패턴은 F 패턴과 Z 패턴으로, 각각의 이름은 해당 알파벳의 모양에서 유래했다. F 패턴은 사용자가 페이지 정보를 F자 모양에 따라 훑어보도록 유도한다. 따라서 사용자는 상단을 먼저 읽고 다음 섹션의 일부를 훑어본 후에 마지막으로 페이지 왼쪽을 따라 하단으로 내려가며 정보를 찾는다. Z 패턴도 이와 유사하지만 사용자가 Z자 모양을 따라 페이지를 훑어보도록 유도한다.

2.1.2 정성적 연구 대 정량적 연구

피드백 관점에서 연구를 바라보는 방법도 있다. 사용자와의 대화를 통해 정보를 직접 얻을 것인가? 아니면 설문 조사를 통해 간접적으로 얻을 것인가?

---

4 https://99designs.com/blog/tips/visual-hierarchy-landing-page-designs/

이러한 특징을 매핑하면 그림 2-3 같은 도표가 완성된다.

▼ **그림 2-3** 크리스천 로러의 연구 방법 지형 매트릭스. 매트릭스의 이 부분은 정성적 연구 대 정량적 연구를 매핑한 것이다.

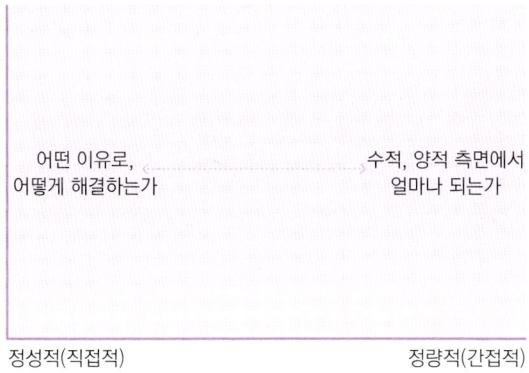

X축의 한쪽에는 직접 연구 방법이 있다. 이는 정성적이며 **이유**를 탐색한다. 반대쪽에는 간접 연구 방법이 있다. 이는 정량적이며 **양**을 파악한다.

정성적 연구의 예로는 포커스 그룹이 있다. 포커스 그룹에서는 여러 사용자를 모아서 어떤 문제에 대해 논의하고 그 문제의 원인이 무엇인지, 어떻게 해결할지 함께 탐색한다. 제품 디자인에서는 포커스 그룹이 흔히 사용되지 않지만 브랜딩과 같은 맥락에서는 여전히 활용되는 방법이다.

정량적 연구의 예로는 모더레이터 없이 진행하는 UX 연구를 들 수 있다. 이 연구에서는 참여자가 별도의 안내나 지침 없이 UI 내에서 과제를 수행하도록 한다. 이를 통해 과제를 완료할 수 있는 사용자가 얼마나 되는지, 안내 없이 과제를 완료하는 데 드는 시간은 얼마인지 등의 정량적 데이터를 얻을 수 있다.

2.1.3 연구 지형 도표

이 두 축을 결합하면 그림 2-4의 도표가 만들어진다. 이 매트릭스를 통해 고려해야 할 다양한 사용자 연구(user research)[5]를 모두 매핑할 수 있다(그림 2-5).

---

5 역주 다양한 사용자 조사 방법론을 활용하여 사용자 경험을 조사하고 분석하는 활동.

▼ **그림 2-4** 크리스천 로러의 연구 방법 지형 매트릭스의 완성된 형태

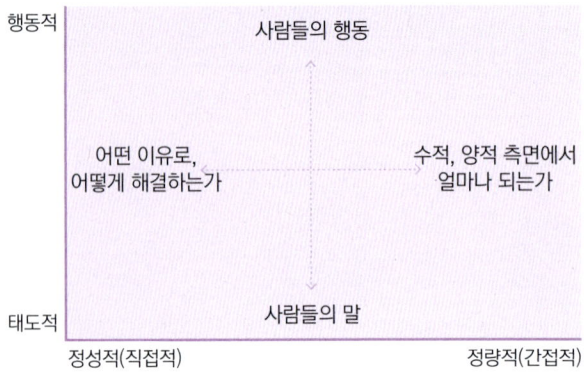

▼ **그림 2-5** 크리스천 로러의 연구 방법 지형 매트릭스를 다양한 연구 유형 예시로 채운 형태. 예를 들어 인터뷰는 태도적, 정성적 연구의 한 형태로 사람들의 의견을 기록하여 정성적 데이터를 생성한다. A/B 테스트는 행동적, 정량적 연구의 한 형태로 사람들이 경험 속에서 취하는 행동을 기록하여 정량적 데이터를 생성한다.

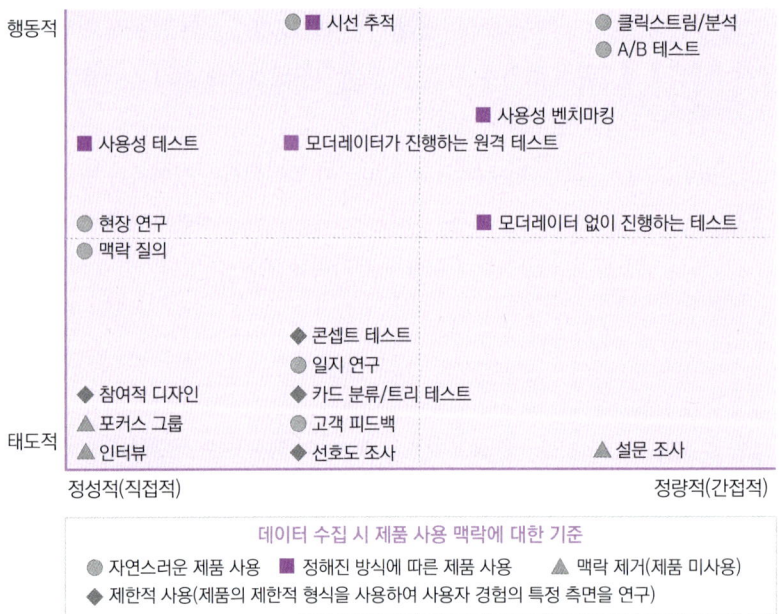

그림 2-5에는 디자이너가 활용할 수 있는 다양한 연구 유형을 정리한 포괄적인 목록이 포함되어 있다. 연구 수행 방법을 정할 때 이 매트릭스를 참고할 수 있다.

사용자와 인터뷰를 통해 대화할 필요가 있는가? 그렇다면 사용자에게 직접 연락하여 태도적 질문을 던져야 한다. 제품과 관련하여 가지고 있는 목표는 무엇인가? 제품 사용 중에 겪는 페인 포인트(pain point)는 무엇인가? 현재 어떻게 문제를 해결하고 있는가? 어떤 연구를 진행할지 정했다면 그에 따라 연구 접근 방식을 구체화할 수 있다.

반대로 이 매트릭스를 활용하여 알고 싶은 데이터 유형을 파악할 수도 있다. 제품 내 클릭률(Click-Through Rate, CTR)이 궁금한가? 그렇다면 웹 사이트에서 작업을 완료한 사람의 수가 얼마인지, 작업을 완료하기까지 얼마나 걸렸는지도 살펴보아야 한다. 매트릭스를 참고하면 원하는 정보가 정량적이며 행동적인 정보라는 것을 알 수 있고 그러면 클릭스트림 분석 같은 방법을 선택할 수 있다.

이제 수행할 수 있는 연구 유형과 각 유형이 어떤 범주에 속하는지 이해했으니 이러한 방법을 실제로 활용하는 상황을 살펴보자.

2.1.4 디자인 연구 단계

프로젝트의 단계와 연구 예산에 따라 수행하는 연구의 유형이 달라진다. 연구가 이루어지는 시점은 다음 세 가지 경우로 나뉜다.

- 디자인 시작 전(디자인 싱킹 프로세스의 **아이디어 도출** 단계 이전)
- 일부 디자인을 만든 후(**아이디어 도출** 이후, **구현** 이전)
- 디자인 출시 후(**구현** 이후)

형성적 연구

형성적 연구의 목적은 여러분이 만드는 제품이 사용자 요구에 부합하도록 돕는 데 있다. 이 연구의 목표는 사용자를 전반적으로 이해하는 동시에, 해당 문제를 해결하기 위해 기존에 사용 중인 솔루션을 파악하는 것이다. 이를 더 잘 이해하기 위해 활용할 수 있는 다양한 방법이 존재한다.

설문 조사

설문 조사는 적은 시간을 투자해서 사용자에 대해 많은 정보를 얻을 수 있는 훌륭한 연구 방법이다. 설문 조사는 일반적으로 몇 가지 질문이 담긴 양식을 만들어서 다수의 참여자에게 배포하고 이를 통해 정성적, 정량적 정보를 수집한다. 또한 스크리너 설문 조사는 인터뷰 참여 의사가 있는 사용자를 선별하는 필터로도 활용된다(그림 2-6).

▼ 그림 2-6 온라인 구매 습관에 관한 설문 조사 질문

구매 습관
지난 1년 내에 온라인으로 구매한 품목은 무엇인가요? ☐ 가전 제품 ☐ 컴퓨터/태블릿/휴대전화 ☐ 음식/식료품 ☐ 도서 ☐ DVD/블루레이 ☐ 의류/패션 제품 ☐ TV ☐ 비디오 게임 ☐ 반려동물 용품 ☐ 음성 지원 기기(알렉사, 에코 등) ☐ 의약품 ☐ 해당 사항 없음

인터뷰

인터뷰하고 싶은 사용자를 선별했다면 이들과 인터뷰 일정을 조율할 수 있다. 사용자 인터뷰(그림 2-7)는 직접 질문을 던져서 사람들의 동기를 더 잘 이해할 수 있는 훌륭한 기회다. 심층적인 대화를 통해 이들이 필요로 하는 사항을 제대로 이해하고 "왜 그런가요?"라는 질문을 직접적으로 던져서 이들의 요구를 더욱 깊이 탐색할 수 있다.

▼ 그림 2-7 연구자는 사용자 인터뷰를 통해 상대의 의견과 경험에 대해 질문하면서 그들의 욕구와 필요에 관한 데이터를 수집한다(출처: Edvard Nalbantjan/Shutterstock).

경쟁 분석

사용자를 이해하는 것 못지않게 시장에 존재하는 다른 제품을 이해하는 것도 매우 중요하다. 이미 이 문제를 해결한 다른 기업이 있을까? 이 문제를 해결할 새로운 방법이 있을까? 디자이너가 알아야 할 업계의 일반적인 관행이 있을까? 예컨대 이미 사용자들이 익숙하게 여기는 콘텐츠 배치 방식처럼? 경쟁 상대를 분석하면 효과가 있는 것이 무엇이고 없는 것이 무엇인지, 어떻게 디자인을 개선할 수 있을지 파악할 수 있다.

경쟁 분석은 다양한 방법으로 수행할 수 있다. 비교표(그림 2-8)를 만들어서 여러 제품에서 어떤 기능이 가장 중요한지를 파악하면 시장의 기대치를 파악하는 데 도움이 된다. 경쟁 제품의 사용성 테스트를 수행하면 그 제품의 사용성을 더 잘 파악하고 사용자에게 효과적인 부분과 그렇지 않은 부분을 알아낼 수 있다. 사용자 인식 테스트를 수행하면 사람들이 경쟁 제품을 어떻게 경험하고 어떻게 생각하는지 알아볼 수 있다. 경쟁 분석과 관련하여 알아야 할 사항이 많은데 이에 관한 더 자세한 사항은 3장 '사용자의 문제 정의하기'에서 다룰 것이다.

그림 2-8은 내가 카플란(Kaplan)[6]에서 진행한 프로젝트를 위해 수행한 형성적 연구의 예시다. 이 프로젝트는 학생들의 강의 진도를 알려주는 강사용 대시보드를 재설계하는 작업이었다. 이 프로젝트의 프로덕트 매니저는 강사들과 매일 대화를 나누며 그중 일부에게 사용자 인터뷰 참여를 요청했다. 우리는 강사들과 대화를 나누며 당시 이들이 대시보드를 어떻게 사용하고 있었는지 파악했고 개선할 수 있는 부분을 찾아냈다. 이 연구는 형성적 연구였고 이를 통해 해결하려는 문제를 명확히 이해할 수 있었다.

▼ **그림 2-8** 새로운 플랫폼의 기능을 경쟁 서비스의 기능과 비교한 표. 우리는 학생들의 진도를 보여주는 강사용 대시보드를 제공하는 타 교육 플랫폼을 살펴보았다. 비교표를 통해 경쟁 서비스 전반에서 일반적으로 쓰이는 기능이 무엇인지 알아보았다. 이 또한 형성적 연구에 해당한다. 이 표를 기반으로 플랫폼을 재출시할 때 집중해야 할 기능에 대한 방향성을 정립할 수 있었다.

플랫폼별 기능	Atom	Moodle	Blackboard	Canvas	ACT	Edmentum	Edulastic
모든 학생 점수 보기	✓	✓	✓	✓	✓	✓	✓
각 학생 점수 보기	✓	✓		✓	✓	✓	✓
평가 영역 세부 정보 보기		✓			✓	✓	✓
표 자가 설정 기능	✓	✓	✓			✓	
점수/상태 분류	✓	✓	✓	✓	✓		✓
수동 채점	✓	✓	✓	✓			
채점 기준 설정		✓	✓	✓		✓	
메모 추가		✓	✓	✓			
학생에게 메시지 발송		✓	✓	✓			
최종 점수 예측					✓		
전국 점수와 비교					✓		
학생 정보 시스템과 동기화			✓				
점수 가져오기		✓	✓	✓			
점수 내보내기	✓	✓	✓	✓		✓	
IMS 점수 통합	✓						

사용자와 경쟁 상대를 제대로 이해하면 디자인 싱킹 프로세스의 다음 단계로 나아갈 수 있다. 먼저 해결할 문제를 정의하고 다양한 아이디어를 구상한 뒤 최종적으로 솔루션을 디자인한다. 이후 이 솔루션을 사용자에게 보여줄 준비가 되면 사용성 연구를 수행한다.

---

6 역주 다양한 교육 프로그램과 서비스를 제공하는 글로벌 교육 기업.

평가적 연구

평가적 연구(그림 2-9)의 목적은 가정을 검증하고 디자인이 제대로 작동하는지 확인하는 것이다. 사용자들은 여러분이 만든 디자인을 사용할 수 있는가? 이해할 수 있는가? 직관적으로 느껴지는가? 아니면 전혀 그렇지 않은가? 그래도 괜찮다. 아직 제품을 출시하지 않았기 때문이다. 무엇이 효과가 있고 무엇이 효과가 없는지를 알아야 디자인을 개선해서 제대로 출시할 수 있다.

▼ 그림 2-9 사용자에게 제품을 경험해보게 한 후 그에 대한 피드백을 요청하는 사용성 연구(출처: GaudiLab/Shutterstock)

이 연구는 스케치, 와이어프레임, 프로토타입, 실제 앱, 심지어 웹 사이트까지 여러분이 만든 모든 것에 적용할 수 있다. 예를 들어 디자인 씽킹 프로세스의 초기 단계에서 경쟁 제품과 비교해 그 제품의 사용성 문제를 발견하는 데 사용할 수도 있다. 아니면 여러분이 이미 만든 제품에 적용해 개선 방안을 파악할 수도 있다.

배경 조사를 할 때 대화를 나눴던 사용자와 다시 대화를 나눌 수도 있다. 프로젝트 초반에 인터뷰를 진행했던 사용자를 디자인 테스트에 다시 참여시켜서 디자인이 얼마나 성공적으로 구현되었는지를 물어볼 수도 있다.

다시 카플란 예로 돌아가 보면, 당시 우리는 대시보드 재설계에 대한 평가적 연구도 수행했다. 인터뷰에 참여했던 사용자, 즉 플랫폼을 실제로 사용할 강사들을 대상으로 사용성 테스트를 진행했으며, 프로토타입으로 몇 가지 과제를 수행해달라고 요청했다. 과제를 얼마나 잘 완료했는지, 디자인에서 이해되지 않았던 부분은 어디였는지, 어떤 요소가 특히 잘 작동했는지 관찰하며 이들의 생각과 감상을 살폈다. 이 평가적 연구를 통해 디자인에서 문제없이 작동하는 부분과 그렇지 않은 부분을 평가하여 제품을 만들기 전에 무엇을 수정해야 할지 알 수 있었다.

평가적 연구가 잘 이루어져서 디자인을 구현할 준비가 되었다고 느낀다면 프로세스의 다음 단계로 넘어갈 수 있다. 디자인이 마무리된 뒤에는 개발자와 함께 제작하고, 사용자가 제품을 사용하는 과정을 관찰하게 될 것이다. 어느 정도 제품이 사용된 후에는 추가적인 연구를 수행하여 제품이 제 역할을 얼마나 잘하고 있는지 확인할 수 있다.

총괄적 연구

총괄적 연구(summative research, 때로 ROI 연구, 즉 투자 수익률 연구라고도 함)의 목적은 제품의 성과를 확인하는 것이다. 여러분이 만든 제품이 잘 작동하고 있는가? 디자인, 사용성, 판매, 수익, 전환, 참여 측면에서 제품이 어떤 성과를 내고 있는가?

이 연구 유형에 유용한 여러 방법이 있다.

분석

분석을 통해 제품의 성과에 대한 정량적 데이터(그림 2-10)를 대량으로 수집할 수 있다. 예를 들어 SEO(search engine optimization, 검색 엔진 최적화) 관찰을 통해 웹 사이트 방문자 수와 방문 빈도를 알 수 있다. 단, 이는 태도적 연구보다는 행동적 연구에 가까우므로 항상 그 원인까지 알 수 있는 것은 아니다.

▼ 그림 2-10 분석은 사람들이 제품 내에서 어떻게 움직이며 제품을 어떻게 사용하는지에 대한 행동적 인사이트를 제공한다. 예를 들어 유입 경로, 제품 내에 머무르는 시간, 사용 도중에 취하는 행동 등을 알 수 있다(출처: a-image/Shutterstock).

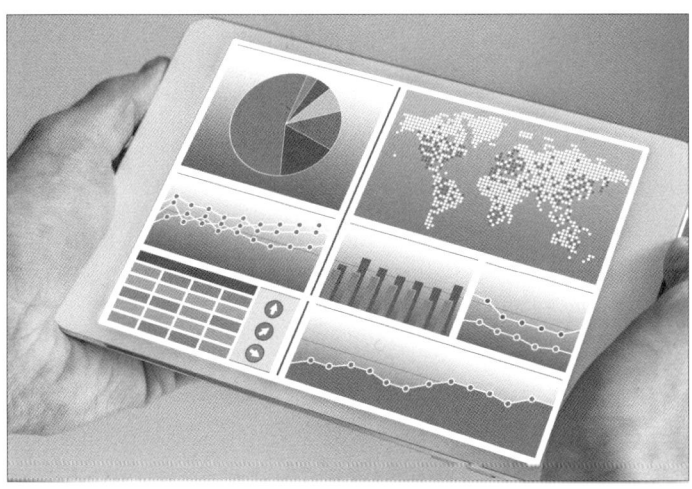

A/B 테스트

제품 내에서 A/B 테스트도 수행할 수 있다(그림 2-11). 용어나 색상에 변화를 주면 어떤 변화가 있을까? 이미지를 화면 왼쪽에서 오른쪽으로 옮기면 어떻게 될까? 이러한 테스트는 미묘한 변화를 측정할 수 있고 제품 수명 주기의 성숙기 단계에 있는 제품에서 디자인을 최적화할 때 수행하기에 적합하다. 구글은 A/B 테스트를 극단적으로 활용한 것으로 유명한데 참여를 장려하는 최적의 색상을 찾기 위해 무려 41가지 색조의 파란색을 테스트했다고 한다.[7]

---

7 www.theguardian.com/technology/2014/feb/05/why-google-engineers-designers

▼ 그림 2-11 A/B 테스트를 통해 디자인의 두 버전을 테스트하여 어느 쪽이 더 나은 성과를 내는지 파악할 수 있다. 색상 변경처럼 단순한 변화도 제품의 성과를 향상시키는 결과를 낼 수 있다(출처: MPFphotography/Shutterstock).

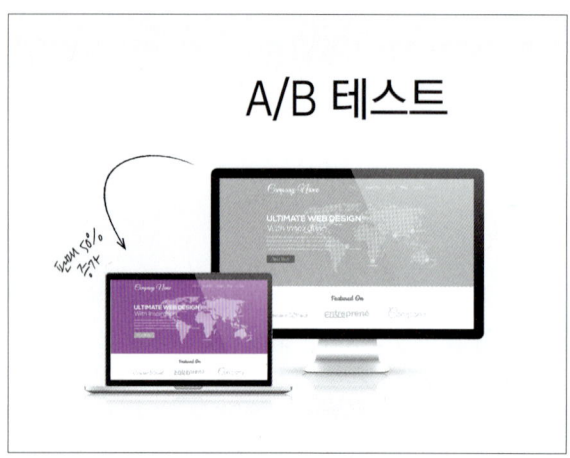

사용자 참여 점수

제품 성과를 파악하는 보다 태도적인 연구 방법은 제품을 사용한 후 사용자들이 어떻게 느꼈는지 묻는 것이다. 그중 하나는 CSAT(customer satisfaction scores, 고객 만족도 점수)를 활용하는 것이다(그림 2-12). 이 방법은 사용자가 제품을 사용한 후, 제품이 기대에 부합했는지 평가하도록 요청한다. 그런 다음 평가 점수의 평균을 내서 제품 사용 후 사용자의 전반적인 만족도를 확인한다.

이는 디자인 싱킹 프로세스의 첫 단계에 해당하므로 배경 조사를 수행하는 것이 좋다. 즉, 사용자가 누구인지, 현존하는 솔루션은 무엇인지 이해해야 한다.

카플란의 학생 진도 대시보드 재설계 프로젝트에서는 총괄적 연구도 수행했다. 재설계한 대시보드를 공개한 후 강사들과 대화를 나누며 제품에 대한 피드백을 요청했다. 플랫폼의 성과를 추적하는 동시에 다른 기능보다 더 많이 쓰이는 기능은 무엇인지를 확인했다. 그림 2-12에 있는 설문 조사와 유사한 프로세스를 통해 사용자 참여 점수도 수집했다.

▼ 그림 2-12 사용자 참여 점수를 묻는 설문 조사

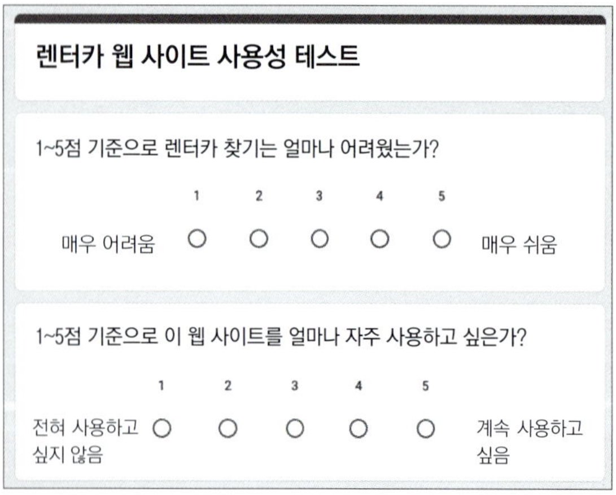

2.1.5 연구는 지속적인 프로세스다

사용자 연구는 제품 수명 주기의 어느 단계에서든 수행할 수 있다. 문제를 더 깊이 이해해야 할 때 배경 조사를 실시하라. 사람들이 여러분의 솔루션을 사용할 수 있을지 궁금하다면 사용성 연구를 진행하라. 제품의 성과가 궁금하다면 ROI 연구를 수행하라.

사실 세 가지 유형의 연구를 모두 진행하는 것이 좋다. 사용자에 대해 배우고 이들의 목표 달성을 어떻게 도울 수 있을지 알아가는 일은 지속적인 과정이며 이러한 과정을 통해 더 나은 솔루션을 디자인할 수 있게 된다.

2.2 설문 조사

사용자를 더 깊이 이해하고 공감하는 한 가지 주요한 방법은 이들의 의견과 경험에 대해 묻고 이들의 이야기, 생각, 욕구, 필요를 듣는 것이다. 설문 조사는 이를 위해 활용할 수 있는 완벽한 도구다. 이 절에서는 설문 조사에 대해 알아본다. 설문 조사란 무엇인지, 어떻게 작성하는지, 디자인 싱킹 프로세스의 공감 단계에서 설문 조사를 어떻게 활용할 수 있는지 함께 알아보자.

2.2.1 설문 조사란 무엇인가?

디자인 맥락에서 UX 설문 조사란 특정 사용자 그룹에게 일련의 질문을 던져서 사용자들의 태도와 선호도를 파악하는 연구 방식을 가리킨다. 질문은 양식을 통해 전달하며 제품, 업계, 또는 특정 대상에 대한 사용자의 태도를 이해하기 위한 실무가 주를 이룬다(설문 조사는 행동적 연구가 아닌 태도적 특성을 가진다는 점을 기억하자).

연구 설문 조사에는 두 가지 목적이 있다.

- 사용자에 대한 정보(정성적 또는 정량적) 수집
- 사용자 인터뷰, 사용성 연구 등의 연구를 위한 잠재적 사용자 모집

두 가지 목적을 모두 고려할 때 확장 가능하다는 점은 설문 조사의 큰 장점이다. 각 사용자와 일일이 대화하며 질문하는 데 시간을 투자하는 것은 어렵지만 설문 조사를 진행하면 다수의 사람에게 링크를 보내서 적은 노력으로 빠르게 많은 데이터를 얻을 수 있다. 초기 투자가 필요하긴 하지만 일단 설문 조사를 만들어두면 장기적으로 도움이 된다.

설문 조사를 만들려면, 특히 제대로 만들려고 한다면 설문 조사 기반 연구를 수행하는 과정을 고려해야 한다.

목표부터 설정하기

설문 조사는 연구 목표를 설정하는 것에서 시작된다. 설문 조사의 목표는 무엇인가? 찾고자 하는 정보(또는 사용자)를 얻기 위해 이 연구 방법을 선택한 이유는 무엇인가? 설문 조사를 통해 얻으려는 것은 무엇인가? 응답은 어떻게 분석할 것인가? 참여자 모집과 결과 분석을 잘 준비하려면 연구 계획이 필요하다.

목표에 맞는 질문하기

연구의 핵심을 알면 그에 맞는 질문을 할 수 있다. 목표에 초점을 맞춰서 질문해야 하며, 목표 달성에 직접적으로 도움이 되지 않는 질문은 피하는 것이 좋다.

예를 들어 승차 공유 앱 사용 습관을 알아볼 때, 사용자의 평균 연간 소득을 꼭 알아야 할까? 사용자의 연령이나 인종이 필수적인 정보일까? 더 완벽한 사용자 프로필을 만들기 위해 질문을 추가하고 싶을 수 있지만 질문이 하나씩 늘어날수록 사용자들은 설문 조사를 끝내기 어려워한다. 목표 달성에 도움이 되는 핵심 질문에만 집중하라.

참여자 모집하기

설문 조사를 작성했다면 연구 참여자를 모집할 차례다. 참여자를 어떻게 찾을 것인가? 설문 조사 링크를 보낼 수 있는 이메일 리스트가 있는가? 제품에 사용자 설문 조사 진행 기능이 있는가? 기업(또는 개인) 소셜 미디어 계정을 통해 참여자를 모집할 수 있는가? 이 중에서 어떤 방법을 써도 좋다. 목표는 참여자를 모집하는 것이다. 대상 사용자에 해당하는 참여자를 모집하는 것이 가장 좋지만, 사용성 연구 같은 경우라면 조금 더 폭넓은 대상에게 설문 조사를 보내도 좋다.

> 나는 개인 프로젝트를 위한 설문 조사를 소셜 미디어에서 공유한다. 링크드인, 슬랙뿐 아니라 내가 속한 디스코드 디자인 그룹을 활용하며 친구들에게도 참여 의사를 묻는다.

응답 분석하기

설문 조사를 발송하고 응답을 충분히 받았다면 받은 응답을 하나의 데이터 세트로 활용할 수 있다. 구글 폼(Google Forms) 같은 설문 도구는 각 질문에 대한 데이터 시각화 기능을 제공하며, 이를 활용해 사용자에 대한 인사이트를 얻고 이들에게 더 깊이 공감할 수 있다. 이러한 응답은 여러분이 돕고자 하는 대상을 이해하고 아이디어를 도출하고 인터뷰 대상을 선정하는 데에도 중요한 역할을 한다.

핵심 참여자에게 연락하기

응답을 검토하다 보면 후속 인터뷰에 적합한 참여자들이 눈에 띌 수 있다. 이러한 참여자들에게 연락하여 추가 인터뷰에 응할 의향이 있는지 물어볼 수 있다. 이는 **스크리너 설문 조사**(screener survey)라는 유형의 설문 조사로 사용자 인터뷰 같은 개별 연구에 적합한 사용자를 선별하기 위해 고안된 방식이다.

> 나는 모든 설문 조사의 마지막에 10~15분 정도 전화 인터뷰에 응할 의향이 있는지 묻는 질문을 포함시키는 편이다. 그렇게 하면 인터뷰에 응할 의향이 있는 참여자에게 후속 연락을 하기가 훨씬 더 수월해진다.

설문 조사를 구성하는 방법을 익혔으니 이제 질문을 구성하는 방법을 살펴보자.

2.2.2 설문 조사 질문 유형

일반적으로 설문 조사에서 묻는 질문은 두 가지 유형으로 나뉜다.

- 폐쇄형 질문
- 개방형 질문

폐쇄형 질문

폐쇄형 질문(closed-response question)은 사용자가 선택할 수 있는 답변의 수가 제한적인 질문을 의미한다. 선택할 수 있는 답변의 범위가 **닫혀** 있고 그 범위를 연구자인 여러분이 정의한다.

그림 2-13의 예시 질문은 폐쇄형이다. 이 두 질문은 응답의 범위가 제한된 수로 정해져 있으며 모든 응답은 연구자가 작성한 것이다. 이 예에서 연구자는 참여자에 대한 특정 정보를 구하고 있으며 이러한 질문을 통해 얻은 정보를 중심으로 사용자를 분류하려고 한다. 예를 들어 연구자가 온라인 쇼핑을 '자주' 하는 사람들의 패턴을 확인하고 싶다고 상상해보자. 그렇다면 온라인 쇼핑을 월 1회 이상 하는 사람들의 응답만 살펴볼 것이다. 이때 연구자는 월 1회 이하의 주기로 쇼핑한다고 선택한 사용자의 응답을 걸러낼 것이다.

▼ 그림 2-13 폐쇄형 질문의 두 가지 예시. 폐쇄형 질문은 단일 선택(라디오 버튼)일 수도 있고 복수 선택(체크박스)일 수도 있다.

온라인 쇼핑을 얼마나 자주 하시나요?	지난 1년 내에 온라인으로 구매한 품목은 무엇인가요?
○ 주 1회 이상	☐ 가전 제품
○ 주 1회	☐ 컴퓨터/태블릿/휴대전화
○ 2·3주에 1회	☐ 음식/식료품
○ 월 1회	☐ 도서
○ 1~2개월에 1회	☐ DVD/블루레이
○ 2개월에 1회 미만	☐ 의류/패션 제품
	☐ TV
	☐ 비디오 게임
	☐ 반려동물 용품
	☐ 음성 지원 기기(알렉사, 에코 등)
	☐ 의약품
	☐ 해당 사항 없음

폐쇄형 질문은 본질적으로 정량적이다. 이런 질문은 맥락, 동기, 원인을 드러내지 않지만 시각화하기 쉽고 참여자가 간단히 답할 수 있다(응답을 직접 작성하지 않고 버튼만 클릭하면 된다).

폐쇄형 질문은 보통 체크박스나 라디오 버튼이 있는 객관식 질문이므로 쉽게 알아볼 수 있다.

개방형 질문

폐쇄형 질문에 반대되는 개념은 개방형 질문이다. **개방형** 질문에서는 사용자들이 자유롭게 답변을 제공할 수 있다. 답변의 범위가 **열려** 있고 사용자가 정의하므로 이들 스스로 가장 적절하다고 느끼는 표현으로 답변을 제공한다.

그림 2-14의 질문 예시는 개방형이므로 사용자들이 자유롭게 답할 수 있다. 이 예시의 연구자는 강사이며 학생들이 수업을 통해 무엇을 배웠는지 알아보려고 한다. 강사로서는 학생들이 구체적으로 무엇을 배웠는지 알 수 없으므로 학생들 스스로 이해한 바를 강사에게 알려주어야 한다. 강사는 학생들의 피드백을 구하는 입장이고 피드백을 제공할지는 학생들의 선택에 달려 있다. 강사는 설문 조사 결과를 바탕으로 교육 자료를 수정하거나 다수의 학생이 이해하지 못한 개념을 수업에서 다시 다루려고 한다.

▼ **그림 2-14** 미리 정해둔 답변에서 선택하는 대신 사용자에게 직접 정보를 입력해달라고 요청하는 개방형 질문

개방형 질문은 본질적으로 정성적이다. 답변에는 행동에 대한 정보나 문제에 대한 사용자의 인식이 담겨 있다. 이러한 질문은 사용자가 자신의 경험을 직접 표현하게 하는 데 탁월한 효과를 내며 페르소나 작업이나 제품 제작 도중에 사용자의 입장을 대변하기에 유용하다. 하지만 폐쇄형 질문과 달리 답변이 체계적으로 정리되지 않기 때문에 분석하는 데 더 오랜 시간이 걸리고 분류하기가 더 어렵다.

설문 조사에 텍스트 입력 상자가 있으면 개방형 질문임을 쉽게 알아볼 수 있다. 이러한 입력 필드는 연구자가 개방형 질문을 구성할 때 일반적으로 활용하는 방식이다.

2.2.3 설문 조사 모범 사례

설문 조사를 직접 작성할 때는 양적, 질적으로 좋은 답변을 얻을 수 있도록 몇 가지 모범 사례를 염두에 두는 것이 좋다.

'쉬운' 질문하기

사용자로서는 설문 조사 전체를 확인해야 하는데 질문이 복잡하거나 길고 선택해야 할 답변이 많으면 부담스러울 수 있다. 질문은 이해하기 쉽고 답변하기 쉬워야 한다.

'중립적인' 질문하기

질문은 중립적으로 해야 하며 특정한 답변을 전제로 하거나 편향을 유도해서는 안 된다. 만약 "저희 제품에서 훌륭한 점이 무엇인가요?"라고 묻는다면 제품이 훌륭하다고 가정하는 것이다(사용자는 그렇게 생각하지 않을 수 있다). 그 대신 "저희 제품을 어떻게 생각하시나요?"라고 물어야 편향이 사라지고 응답의 품질이 좋아진다.

> 사용자 피드백을 의도적으로 유도하지 않도록 중립적인 질문을 해야 하지만 그래도 "마음에 드는 점은 무엇인가요?", "아쉬운 점은 무엇인가요?"라는 질문을 통해 사용자의 감상에 대한 전반적인 피드백은 받아도 괜찮다.

모든 조건 포괄하기

폐쇄형 질문을 구성할 때는 질문의 논리를 신중하게 고려하여 논리적으로 가능한 모든 선택지를 응답에 포함시켜야 한다. 그렇지 못하면 원하는 선택지가 없는 사용자가 소외될 수 있다.

앞서 살펴본 폐쇄형 질문 예시에서 마지막 선택지가 삭제되었다고 상상해보자(그림 2-15). 설문 조사의 질문이 여러 경우를 포함시키고 있긴 하지만, 온라인 쇼핑을 2개월 동안 한 번도 하지 않는 사용자는 제외된다. 이러한 사용자에 대한 정보가 필요하지 않더라도 응답 선택지로는 포함시키는 것이 좋다.

▼ 그림 2-15 폐쇄형 질문을 사용할 때는 모든 논리적 가능성이 포함되는지 확인하라. 응답자가 온라인 쇼핑을 매일 한다면? 온라인 쇼핑을 전혀 하지 않는다면? 이런 방식으로 질문을 구성함으로써 모든 논리적 가능성을 포괄했다.

```
온라인 쇼핑을 얼마나 자주 하시나요?
○ 주 1회 이상
○ 주 1회
○ 2~3주에 1회
○ 월 1회
○ 1~2개월에 1회
○ 2개월에 1회 미만
```

간결하게 작성하기

설문 조사의 분량도 신경 쓰는 것이 좋다. 분량이 늘어날수록 응답 완료율은 낮아진다. 완료율을 높이려면 설문 조사를 짧게 작성하라. 그렇기 때문에 알고자 하는 내용에 대해 가장 중요하고 관련도 높은 질문만 묻는 것이 중요하다. 불필요한 질문 하나만으로도 설문 조사 완료율에 악영향을 미칠 수 있다.

진행 상황 보여주기

가능하다면 사용자가 설문 조사에 응하는 동안 진행 상황을 확인할 수 있도록 관련 도구를 활용하라. 설문 조사에 드는 시간이 얼마인지 알면 설문 조사 완료율이 높아진다. 얼마의 시간을 투자해야 하는지 파악할 수 있기 때문이다. 구글 폼, 퀄트릭스(Qualtrics), 타입폼(Typeform) 같은 도구는 응답자가 설문에 응하는 동안 완료율을 표시하는 유용한 도구다.

테스트하기

모든 디자인이 그렇듯이 설문 조사도 사용자에게 참여를 요청하기 전에 테스트해야 한다. 프로토타입을 테스트할 때처럼 대중에 널리 공개하기 전에 내부적으로 또는 소규모 그룹을 대상으로 설문 조사를 테스트하라. 설문 조사가 예상대로 작동하는가? 중요한 질문을 빠뜨리지 않았는가? 부정확하게 작성된 질문은 없는가? 테스트는 작성한 설문 조사가 제대로 작동하는지 확인하는 좋은 방법이다.

> 나는 설문 조사를 팀원들에게 공유하고 응답을 요청하여 다른 사람들이 어떻게 해석할지 피드백을 받는 방식을 선호한다.

설문 조사 편향

설문 조사를 만들고 배포할 때 편향이 생기지 않도록 주의해야 한다. 편향은 응답의 품질에 영향을 미치고 그 결과 부정확한 결론을 도출하거나 사용자를 정확하게 대변하지 못하게 될 수 있다. 편향은 질문 작성 방식, 설문 조사 배포 방식, 결과 해석 방식에 다양한 형태로 개입될 수 있다.

유도 질문

특정 답변을 떠올리게 하는 방식으로 질문을 작성하면 사용자를 그 답변으로 **유도**하는 셈이다. 이런 경우를 상상해보자. 웹 사이트 서비스 옵션을 전부 나열하고 개중에 어떤 옵션을 사용하는지 묻는다. 그리고 다음 질문에서 웹 사이트가 탄탄하고 많은 옵션을 갖추고 있는지 묻는다. 그러면 설문 조사에 편향이 생긴다. 사용자에게 온갖 옵션을 보여준 다음에 옵션이 많냐고 묻는 것이기 때문이다. 이럴 때는 질문의 순서를 바꿔라. 사용자에게 옵션이 많다고 생각하는지를 먼저 물은 다음에 어떤 옵션을 사용하는지 묻는 것이다. 사소한 수정 같아 보이지만, 연구에서는 이처럼 편향을 피하는 것이 중요하다.

이중 질문

이중 질문(double-barreled question)이란 두 가지를 한꺼번에 묻는 것을 가리킨다. 한 질문은 하나의 응답을 끌어내야 한다. 그래야 사용자가 더 명확하고 쉽게 답할 수 있고 여러 응답이 한데 묶이는 것을 피할 수 있다. 예를 들어 "청바지와 티셔츠를 구매하고 싶으신가요?"라고 묻는다면 두 제품 중 한 가지만 구매하고 싶은 사용자가 소외된다.

미포함

미포함(Undercoverage) 편향은 배포한 설문 조사 결과에서 특정 집단이 누락되는 것을 가리킨다. 예를 들어 전화 설문 조사를 생각해보라. 정치적 후보에 대한 설문 조사를 진행하면서 유선 전화 응답자만 참여시키는 기법은 흔히 활용된다. 하지만 이 기법에서는 유선 전화가 없는 사람이나 설문 조사 전화를 차단하는 사람들이 제외된다.

미포함 편향을 피하려면 다양한 경로로 설문 조사를 실시하는 것이 좋다.

무응답

무응답(nonresponse) 편향은 설문 조사 응답 완료자와 미완료자 사이에 성격이나 의견 등의 측면에서 유의미한 차이가 있을 때 발생한다. 이러한 차이는 설문 조사 결과에 큰 영향을 미칠 수 있다. 예를 들어 인구 조사 데이터상 응답자와 무응답자의 경제적 상황에 차이가 있을 수 있다. 또는 디지털 유목민처럼 여러 도시를 옮겨 다니며 살아서 고정된 주소가 없거나, 있어도 우편물을 자주 확인하지 않아서 응답하지 않았을 수도 있다.

모든 편향을 완전히 피하는 것은 어렵다. 하지만 이러한 편향을 인식하고 있으면 설문 문항을 최적으로 구성하고, 적합한 설문 조사 참여자를 모집하는 데 도움이 된다.

2.2.4 참여자 모집하기

설문 조사 준비를 마치고 구조와 내용에 자신이 있다면 참여자를 모집할 차례다. 참여자를 모집하는 방법은 다양하며, 업무 상황에 따라 현실적으로 실행하기 더 쉬운 방법이 있을 수 있다.

> 적절한 참여자를 모집하려면 신경 써야 할 점이 많다. 제품, 대상 사용자, 알고자 하는 질문에 따라 모집 과정은 달라진다. 따라서 모든 상황에 맞는 설문 조사를 만드는 것은 어렵다. 디자인으로 돕고자 하는 대상, 탐색하려는 주제에 맞는 사람을 찾아보라.

현재 사용자

제품에 대한 피드백을 얻는 가장 좋은 방법 중 하나는 현재 제품을 사용하는 사람들에게 요청하는 것이다. 이들은 제품의 다양한 맥락을 이해하고 있고 오랜 시간 제품을 사용해 왔으므로 양질의 피드백을 제공할 수 있다. 이런 사용자는 제품 내에 설문 조사 링크를 추가하거나 제품을 통해 이메일을 보내는 방식으로 찾을 수 있다.

소셜 미디어

소셜 미디어는 개인 프로젝트를 위한 피드백을 얻을 때나 연구 예산이 제한적일 때 활용하기 가장 좋은 방법이다. 링크드인, 슬랙, 디스코드 그룹 등 소셜 미디어 채널에 설문 조사를 게시하면 참여자를 꽤 쉽게 모집할 수 있다. 다만 참여자들이 제품을 제대로 경험해보지 못했을뿐더러 인구통계학적으로 여러분이 원하는 조건을 충족시키는 이들인지도 확실하지 않기 때문에 참여자의 품질이 불확실하다는 한계가 있다. 그렇지만 연구를 쉽고 빠르게 진행하기에 좋은 방법이며, 특히 학생들이 흔히 사용한다.

참여자 모집 서비스

연구 예산이 넉넉하다면 이 방법도 양질의 참여자를 모집하는 데 도움이 된다. 메이즈(Maze), UserTesting.com 등의 서비스는 여러분이 제공하는 조건에 따라 사용자를 찾아준다. 연령, 소득, 제품 사용 여부, 전문 산업별로 필터링하여 보다 구체적으로 사용자를 타기팅할 수 있다. 그러면 설문 조사에서 이러한 질문을 따로 묻지 않아도 되므로, 정말 알고 싶은 질문에 집중할 수 있는 시간이 확보된다.

온라인 광고

소셜 미디어를 통해 참여자를 모집했듯이 설문 조사에 참여할 사용자를 광고를 통해 모집할 수도 있다. 이 방법은 때로 보상을 제공하며 사용자를 가장 광범위하게 모집할 수 있지만 그로 인해 설문 조사의 품질이 저하되기도 한다. 그렇지만 예산에 여유가 있다면 이 방법도 활용해볼 수 있다.

설문 조사 예시

지금까지 이야기한 내용을 바탕으로 전자 제품 전자상거래에 대한 사용자 의견을 알아보는 학생 프로젝트용 설문 조사 예시를 함께 살펴보자.

이 설문 조사는 간단한 기본 정보인 이름, 이메일로 시작한다(그림 2-16). 이러한 정보는 인터뷰를 실시할 경우 각 참여자에게 연락하기 위해 필요하다.

> 규모 있는 조직에서 근무한다면 회사 데이터베이스에서 일부 정보를 확인할 수 있으므로 기초적인 인구통계 질문 몇 가지를 생략할 수도 있다. 그러면 사용자가 설문 조사에 응답하는 데 드는 시간을 줄일 수 있다.

▼ 그림 2-16 설문 조사를 시작하는 두 가지 질문. 쉽고 부담이 적으며 설문 조사를 실행하기 위해 필요하다.

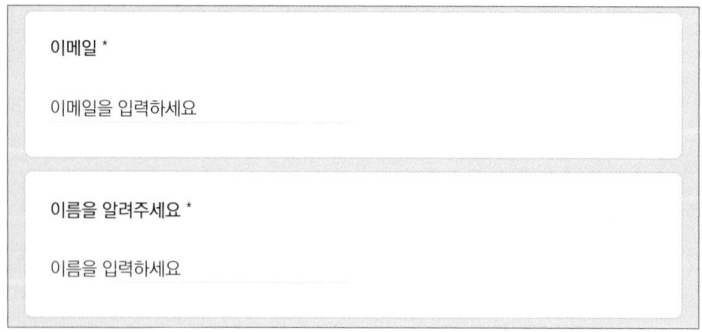

다음으로 온라인 쇼핑 습관에 관해 묻는다. 이 단계(그림 2-17)는 온라인 쇼핑을 자주 하는 사람을 선별하는 단계다. 이들이 온라인 쇼핑에 더 익숙한 대상 사용자이기 때문이다.

▼ 그림 2-17 폐쇄형 단일 선택 질문

온라인 쇼핑을 얼마나 자주 하시나요?
○ 주 1회 이상
○ 주 1회
○ 2~3주에 1회
○ 월 1회
○ 1~2개월에 1회
○ 2개월에 1회 미만

다음으로 구매 습관에 관해 묻는다(그림 2-18). 사실 전자 제품 구매에 대한 정보만 얻으면 되지만, 특정 응답을 유도하거나 그 응답이 떠오르게 하는 것을 원치 않으므로 편향을 피하기 위해 다른 제품도 나열한다. 가장 관심이 있는 항목은 컴퓨터나 TV 같은 전자 제품 구매다.

▼ 그림 2-18 폐쇄형 복수 선택 질문

구매 습관

지난 1년 내에 온라인으로 구매한 품목은 무엇인가요?
☐ 가전 제품
☐ 컴퓨터/태블릿/휴대전화
☐ 음식/식료품
☐ 도서
☐ DVD/블루레이
☐ 의류/패션 제품
☐ TV
☐ 비디오 게임
☐ 반려동물 용품
☐ 음성 지원 기기(알렉사, 에코 등)
☐ 의약품
☐ 해당 사항 없음

다음으로 어떤 기기를 통해 구매했는지 묻는다(그림 2-19). 디자인 작업을 고려할 때 가장 중요한 항목은 데스크톱 기기이므로 데스크톱으로 구매한 사용자를 선별하려 한다.

▼ **그림 2-19** 또 다른 폐쇄형 복수 선택 질문

```
구매할 때 사용한 기기는 무엇인가요? *
☐ 데스크톱/노트북
☐ 모바일
☐ 태블릿
☐ 해당 사항 없음
```

다음으로 어떤 온라인 스토어를 통해 구매했는지 묻는다(그림 2-20). 이는 베스트바이(Best Buy)[8] 웹 사이트 재설계 프로젝트를 위한 설문 조사이므로 그 사이트에서 구매한 경험이 있는 사용자와 우선적으로 이야기를 나누려 한다. 하지만 다른 사이트를 이용하는 사람들과 대화할 가능성도 여전히 열려 있다. 이 질문에 대한 사용자의 응답에 따라 대화 상대를 결정할 것이다.

▼ **그림 2-20** 응답자가 어떤 온라인 스토어에서 구매하는지 알아보는 폐쇄형 복수 선택 질문

```
다음 온라인 스토어에서 쇼핑해본 경험이 있나요?*
☐ 이케아
☐ 베드 배스 앤드 비욘드[9]
☐ B&H[10]
☐ 베스트바이
☐ 아마존
☐ 타깃[11]
☐ 월마트
☐ 컨테이너 스토어[12]
☐ 해당 사항 없음
```

마지막으로 사용자가 특정 기간 동안 사용성 테스트를 진행할 의향이 있는지 확인하려고 한다. 이 프로젝트는 일정이 촉박한 편이어서 바로 대화를 나눌 수 있는 사람이 필요하다. 대화에 응할 의향이 있는 사용자를 미리 선별하여(그림 2-21) 그럴 의향이 없는 사람의 응답을 기다리는 데 시간이 낭비되지 않도록 했다.

---

8 역주 전자 제품과 컴퓨터 관련 제품을 판매하는 미국의 대형 유통업체.
9 역주 미주 지역에서 가정용품을 판매하는 미국의 소매업체.
10 역주 사진, 오디오, 비디오 관련 장비를 전문적으로 판매하는 미국의 소매업체.
11 역주 생활용품, 전자제품 등을 종합적으로 유통하는 미국의 대형 유통업체.
12 역주 수납용품, 정리용품을 전문적으로 유통하는 미국의 소매업체.

▼ **그림 2-21** 인터뷰 참여 의사를 알기 위한 폐쇄형 단일 선택 질문

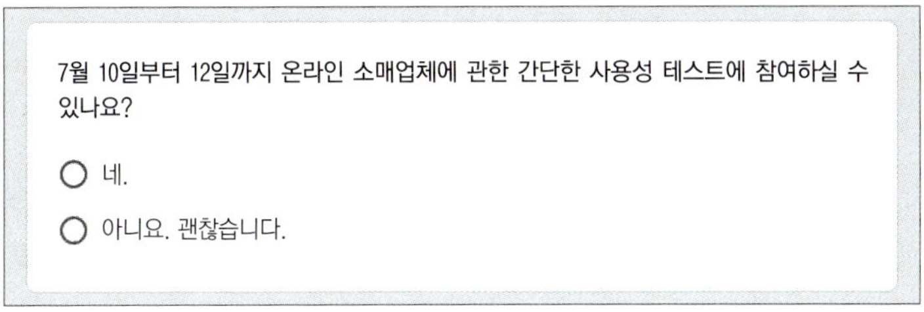

> 7월 10일부터 12일까지 온라인 소매업체에 관한 간단한 사용성 테스트에 참여하실 수 있나요?
>
> ○ 네.
> ○ 아니요. 괜찮습니다.

이 설문 조사는 소셜 미디어를 통해 배포했고 30명의 참여자가 응답했으며 연구를 위해 직접 대화할 수 있는 충분한 인원을 확보했다.

이러한 방법을 사용하면 해결하려는 문제가 무엇이든 직접 연구를 수행할 수 있다.

2.2.5 직접 해보자!

좋은 설문을 만드는 구성 요소를 알았으니 이제 직접 하나 만들어보자! 디자인 싱킹을 적용할 문제 영역은 '혼자 하는 여행'이다. 혼자 하는 여행을 장려하거나 지원하기 위해 여러분이 할 수 있는 것이 무엇일까? 여러분은 혼자 하는 여행의 경험을 더 풍요롭게 하고 개선하고 싶다. 그렇게 하려면 혼자 여행하는 사람들에 대해 더 알아야 한다. 이들은 누구일까? 이들이 원하는 것은 무엇이며, 이들에게 필요한 것은 무엇일까? 이들의 목표는 무엇일까?

그 답을 찾으려면 혼자 여행하는 사람들을 찾아서 대화를 나눠야 한다.

혼자 여행하는 사람들을 찾는 한 가지 방법은 설문 조사를 이용하는 것이다. 설문 조사를 만들어서 공개적으로 배포하면, 이러한 사람들을 찾아서 대화를 나누고 이들의 경험에 대해 질문할 수 있다.

여러분의 과제는? 혼자 여행하는 사람을 대상으로 하는 스크리너 설문 조사를 만드는 것이다. 이를 위해 다음과 같은 좋은 설문 조사 디자인 원칙들을 기억하자.

- **중립적으로 작성하라.** 사용자에게 특정 답변을 유도하지 마라.
- **간결하게 작성하라.** 너무 많은 질문을 던지지 마라. 질문이 너무 많으면 설문 조사를 끝까지 완료하지 않을 것이다.
- **쉬운 질문을 던져라.** 답하는 데 많은 고민이 필요한 질문은 하지 않는 것이 좋고 너무 긴 글도 쓰게 하지 않는 것이 좋다. 어려운 질문은 실제 인터뷰를 위해 남겨두어라.

참여자를 **선별**하는 단계임을 기억하라. 스크리너 설문 조사의 목적은 **적합**한 대화 상대를 찾는 것이므로 궁금한 모든 사항에 답을 구하려 하는 것은 적절하지 않다.

> 부록 A.1 '설문 조사'를 참고하여 여러분의 설문 조사를 예시와 비교해보라.

각자 자신의 마음에 드는 플랫폼을 사용하면 되지만 간편성, 비용, 공유 기능을 고려할 때 내가 추천하는 것은 구글 폼이다.

2.3 사용자 인터뷰 준비하기

디자인 과정에서 다른 사람들에 대해 알아가는 기본적인 방법 중 하나는 그들의 의견과 경험에 대해 직접 대화를 나누는 것이다. 이때 유용한 기법이 사용자 인터뷰다. 사용자와 대화를 나누며 그들의 목표와 불만을 파악하고, 실제 경험과 관련된 이야기를 듣는다. 이렇게 수집한 데이터를 활용해 디자인 프로세스를 이어가며, 사용자를 공감하는 데 도움이 되는 디자인 산출물을 만들고 솔루션을 모색한다.

디자인 씽킹의 상당 부분은 다른 사람들을 위해 디자인하는 일이다. 특정 시나리오에 스스로를 대입하여 자신이라면 어떻게 했을지 생각해보는 것이 도움이 될 때도 있지만 그럴 때도 자신이 사용자가 아니라는 점을 기억해야 한다. 자신의 의견이 있을 수 있지만 자신의 욕구와 필요가 대상 사용자의 욕구와 필요가 같을 것이라 가정해서는 안 된다. 대상 사용자를 이해하는 최고의 방법은 이들로부터 직접 배우는 것이다.

사용자 인터뷰가 무엇이며 어떻게 준비해야 하는지 조금 더 자세히 살펴보자.

2.3.1 사용자 인터뷰란 무엇인가?

사용자 인터뷰는 연구자가 참여자에게 질문하여 참여자의 행동과 선호도를 파악하는 연구 방법이다. 이는 사용자와 일대일로 만나서 인사이트를 얻는 훌륭한 방법이다. 디자인 진행 상황이나 얻고 싶은 정보에 따라 사용자 인터뷰를 수행하는 단계가 달라질 수 있다. 일반적으로는 디자인 씽킹 프로세스 초반, 사용자를 공감하고 이해하려는 단계에 가장 많이 이루어지는 편이다.

사용자 인터뷰는 대개 다음 요소로 구성된다.

- 인터뷰를 이끄는 진행자
- 인터뷰에서 정보를 제공할 참여자
- 인터뷰 내용을 기록하는 담당자나 기록에 필요한 도구
- 인터뷰 진행자가 사용하는 스크립트

이러한 각 요소는 대화를 준비하고 사용자에게 온전히 주의를 기울이며 디자인 씽킹 프로세스 진행에 필요한 데이터를 수집하는 데 도움을 준다.

2.3.2 어떻게 준비할까?

인터뷰를 효율적으로 진행하여 원하는 성과를 내려면 최대한 철저하게 준비하는 것이 중요하다. 인터뷰를 준비하는 한 가지 방법은 사용자 경험에 대해 알고 싶은 질문을 목록으로 정리하는 것이다. 어떤 질문을 할지 준비된 상태로 인터뷰에 들어가면 철저하게 계획된 체계적인 인터뷰를 통해 대화 상대에게서 최대한 많은 정보를 끌어낼 수 있다. 이럴 때 작성하면 좋은 것이 바로 **사용자 인터뷰 스크립트**다.

사용자 인터뷰 스크립트는 여러분이 깊이 이해하고자 하는 주제를 중심으로 구성한 질문을 정리한 목록이다. 연구를 진행하고 실제 사용자와 대화를 나누며 공감하고 이들을 위해 디자인하는 데 필요한 정보를 얻기 위한 일종의 로드맵 또는 일련의 가이드라인이다.

스크립트를 작성하기 전에 묻고 싶은 질문에 대한 합의부터 이루어져야 한다. 팀원들과 어떤 정보를 알아낼지 논의하여 적절한 질문을 준비하고 사용자의 시간을 낭비하거나 테스트에 편향이 생기지 않도록 주의하라. 스크립트를 공들여 작성하면 명확하고 편향이 개입되지 않으며, 특정 대답을 유도하지 않는 질문을 던질 수 있다.

그럼 이제 사용자 인터뷰 스크립트 구조를 살펴보자.

소개

사용자 인터뷰를 시작할 때 시간을 내어 자신을 소개하라. 자신이 누구이며 왜 이 자리에 왔고 현재 어떤 작업을 진행하고 있는지 설명하라. 인터뷰에 시간이 얼마나 들지, 어떤 질문을 할 예정인지 알려주어라. 참여자가 궁금한 것을 물어볼 수 있는 시간도 제공하라.

다음은 과거에 내가 프로젝트에서 사용했던 소개 예시다.

> 안녕하세요! 저는 〈회사〉에서 〈제품 분야〉를 담당하는 디자이너이며 〈본인이 몸담고 있는 업계〉에 대한 여러분의 생각과 의견을 더 알고 싶습니다. 이제 〈제품〉과 상호작용하는 방식에 대해 몇 가지 질문을 드리려고 합니다. 이 인터뷰는 총 〈몇 분〉 정도 걸릴 예정인데 그 정도면 괜찮을까요? 시작에 앞서 궁금한 점이 있으신가요?

이 단계의 목표는 사용자가 편안하게 느끼도록 돕고 기대치를 명확히 설정하며, 인터뷰를 위한 모든 준비가 완료되었다는 사실을 확인하는 것이다.

나는 인터뷰에 자연스럽게 늘어가면서 대화가 녹화된다는 점을 불편하게 느끼지 않도록 한 가지 질문을 덧붙이는 편이다.

> 좋습니다. 시작에 앞서 마지막으로 한 가지 여쭤보고 싶습니다. 이 인터뷰를 녹화해도 괜찮을까요? 녹화한 내용은 저희 팀 내부에서만 공유될 예정입니다.

이러한 질문은 중요하다. 사용자에게 인터뷰가 녹화되고 있다는 사실을 알리고 이에 대한 허락을 얻어야 하기 때문이다. 사용자에 관한 데이터를 수집하고 있으므로 사용자에게 그 사실을 고지하고 녹화를 시작하기 전에 이들의 허락을 구하는 것이 예의다.

명시적으로 물었다가 거절당하지 않을까 걱정될 수도 있지만 그래도 묻는 것이 바람직하다. 그래야 그들의 의사를 존중하고 정보를 민감하게 다룰 수 있다. 게다가 일부 지역에서는 허가 없이 누군가와의 대화를 녹화하는 것이 불법이다. 다행히도 내 경험상으로는 이러한 질문을 받은 사용자 대부분이 허락해주었다. 지금껏 했던 모든 사용자 인터뷰 중에서 녹화를 원치 않는다고 요청한 경우는 단 한 번뿐이었다.

시작 질문

다음은 인터뷰를 시작하는 질문이다. 대답하기 쉽고 이해하기 쉬워야 한다. 인구통계학적 질문은 아닌 경우가 많다. 그런 정보는 스크리너 설문 조사를 통해 얻기 때문이다. 시작 질문은 사용자의 마음을 편하게 하고, 이야기할 주제에 대해 생각할 수 있도록 돕는 역할을 한다.

- 어떤 일을 하시나요?
- 〈제품〉을 알고 계시나요?
- 〈제품〉을 얼마나 자주 사용하시나요?

이때 목표는 사용자가 인터뷰에 편하게 임할 수 있게 하는 것이다. 간단한 도입부 질문으로 사용자와 라포를 형성하고 이들이 편하게 대답할 수 있는 분위기를 형성하라. 몇 가지 간단한 질문을 통해 사용자의 참여를 끌어내고 여러분이 이들의 응답에 귀 기울이고 있다는 것을 보여주면 이후 더 깊이 있는 질문과 응답으로 자연스럽게 넘어갈 수 있다.

이러한 질문은 사용자들이 제품과 그 사용법을 생각하게 하여 사용자 인터뷰의 방향을 잡는 데 도움이 된다.

구체적인 질문

사용자의 마음이 편해지고 핵심 주제에 대해 생각하기 시작했다면, 더 깊이 공감하고 디자인하는 데 도움이 되는 질문을 할 차례다. 이러한 질문은 여러분이 만들고 싶은 기능과 제품, 또는 사용자의 문제를 더 잘 해결할 방법을 구체화하는 데 도움이 된다.

지금 여러분이 결제 관련 제품을 만드는 중이고 사용자의 기부 관련 행동을 더 깊이 이해하려고 한다고 상상해보자. 여러분은 사람들이 자선 단체를 찾고 기부하는 방법을 알고 싶다. 그러려면 이 주제에 관한 구체적인 내용을 파악해야 한다. 자선 단체는 어떻게 찾을까? 일반적인 기부 주기는 어느 정도일까? 기부를 유도하는 동기는 무엇이며 그 이유는 무엇일까? 예를 들면 다음과 같은 질문을 할 수 있다.

- 보통 기부할 곳은 어떻게 찾으시나요?
- 자선 단체에 마지막으로 기부한 것은 언제인가요?
- 기부하게 하는 동기는 무엇인가요?

자선 단체를 찾고 기부하는 데 그치지 않고 이들을 위한 캠페인을 만드는 것까지 연구 대상에 포함시킬 수 있다. 더 나아가 자선 단체를 만드는 사람과 이런 단체를 찾고 기부하는 사람을 연결하는 마켓플레이스를 만들기 위해 관련 행동을 조사할 수도 있다.

- 기부 모금 캠페인을 만들어본 적이 있나요?
- 캠페인을 어떻게 홍보했나요?
- 캠페인을 만들도록 동기를 부여하는 것은 무엇인가요?

마무리 멘트

인터뷰 마지막에는 정리하는 시간을 몇 분 정도 가지면서 참여자들에게 여러분이 미처 질문하지 못한 정보를 공유할 기회를 주는 것이 중요하다. 하지 못한 이야기가 있다면 편하게 얘기해달라고 권유하라. 다음과 같은 질문으로 인터뷰를 마무리하면 된다.

> 저희에게 해주고 싶은 다른 이야기가 있으신가요?

이 질문을 통해 연구에서 탐색해볼 만한 새로운 정보를 얻을 수 있다. 만약 사용자가 다음과 같이 답한다고 해보자.

> 네, 할 얘기가 있어요. 저는 이 제품을 늘 애용하거든요……

이러한 이야기에서 디자인 싱킹 프로세스의 후반부에 있는 아이디어 도출 단계에서 활용할 수 있는 새로운 영감을 얻을 수 있다. 사용자들이 여러분에게 자발적으로 정보를 제공할 여지를 남겨라. 다음은 인터뷰 마지막에 하면 좋은 질문이다.

> 저희에게 더 해주고 싶은 이야기가 있으신가요?
> 오늘 저희가 다루지 않았지만 하고 싶은 말씀이 있나요?
> 제가 언급하지 않았지만 알아야 할 중요한 사항이 있을까요?

사용자에게 시간을 내주어 감사하다는 인사로 인터뷰를 마친 다음에는 인터뷰하며 작성한 내용을 검토하거나 인터뷰 도중에 특히 인상 깊었던 사항을 정리하라. 다른 사람에게 기록을 맡기든 인터뷰를 녹화하든 아니면 둘 다 동시에 진행하든 나중에 검토할 자료를 남기는 것이 바람직하다.

2.3.3 질문 품질

스크립트를 최대한 효과적으로 작성하려면 질문의 품질과 구성 방식을 신중히 고려해야 한다. 그래야 사용자들에게서 유용한 정보를 얻고, 그들을 돕는 데 활용할 수 있다.

개방형 질문

사용자에게서 최대한 많은 정보를 얻으려면 개방형 질문을 하는 것이 좋다. 이러한 질문은 자세한 설명을 요구하며 예/아니요로 쉽게 답할 수 없다. 다음 질문을 보자.

> 저희 제품이 마음에 드시나요?

이 질문에 사용자는 어떻게 답할까? 사용자는 예 또는 아니요라고 답할 것이다. 과연 이 대답이 충분한 정보를 제공할까? 이들의 선호도나 태도를 더 깊이 이해할 수 있을까? 안타깝게도 이런 질문은 충분한 맥락을 제공하지 않으므로 추가 설명이 필요하다. 대개 이유를 묻는 후속 질문을 해서 정보를 더 얻어야 한다.

앞서 한 질문을 이렇게 바꿔보자.

> 저희 제품의 어떤 점이 마음에 드시나요?

이제 조금 더 개방적인 질문이 되었다. 이 질문은 사용자가 마음에 들었던 부분을 생각하고 의견을 말하도록 유도하므로 더 풍부한 정보를 얻을 수 있을 것이다.

> 제품이 있어야만 사용자 인터뷰를 할 수 있는 것은 아니다. 예를 들어 제품과 관련된 질문 대신 사용자의 상황에 대해 물어볼 수 있다. 원하는 정보를 얻는 데 도움이 되도록 인터뷰 질문을 작성하라.

편향 없는 질문

질문은 사용자 응답에 편향을 일으키지 않아야 한다. 상황이나 태도에 대해 미리 어떤 특성이나 속성을 가정하지 말고 중립적인 태도를 유지해야 하듯이 질문도 중립적이어야 한다. 앞서 한 질문을 살펴보자.

> 저희 제품의 어떤 점이 마음에 드시나요?

제품에 대한 사용자 태도를 확인하는 개방형 질문이며 별 문제가 없어 보인다. 하지만 이 질문은 사용자의 대답 중 일부를 이미 가정하고 있다. 제품이 사용자의 마음에 들 것이라는 가정 말이다.

이를 다음과 같이 개선해보자.

> 저희 제품을 어떻게 생각하시나요?

이제 편향이 사라졌다. 사용자가 제품을 좋아하지 않을 수도 있고 마음에 드는 점이 하나도 없을 수도 있다. 이는 여러분이 알아야 할 정보다! 이렇게 질문을 바꾸면 사용자는 마음에 드는 측면이라는 틀에 갇히지 않고 떠오르는 생각을 자유롭게 이야기할 수 있다.

과거 경험

사용자 인터뷰는 본질적으로 태도적 연구다. 사용자에게 어떤 상황이나 경험에 대해 어떻게 느끼고, 무엇을 인지하는지, 어떻게 생각하는지 묻기 때문이다. 이를 통해 현재 그들이 어떤 생각을 하는지에 대한 데이터를 얻을 수 있다.

하지만 과거에 어떻게 행동했는지를 물어보는 것도 이들 유스 케이스의 맥락을 이해하는 데 도움이 된다. 과거의 행동을 떠올리게 하면 당시 상황과 관련 맥락을 회상하면서 여러분이 얻는 정보의 품질이 더욱 좋아질 수 있다.

앞서 했던 질문을 다시 살펴보자.

> 저희 제품을 어떻게 생각하시나요?

좋은 인터뷰 질문이며 해야 하는 질문이다. 하지만 그 앞에 한 가지 질문을 추가해보자.

> 저희 제품을 사용한 가장 최근의 경험에 대해 말씀해주실 수 있나요?

이러한 질문을 받은 사용자는 제품을 사용했던 과거의 상황을 머릿속에 그려본다. 이 경우에는 제품을 마지막으로 사용한 때를 떠올릴 것이다. 이들은 당시 경험을 되새기며 목표가 무엇이었는지, 어떤 과정을 거쳤는지, 결과는 어땠는지를 떠올릴 것이다. 이 질문을 먼저 한 후에 제품을 어떻게 생각하는지 묻는다면 여러분이 알고 싶어 하는 제품 정보와 관련된 가장 최근의 경험을 이들이 더 쉽게 떠올릴 수 있을 것이다.

> 작업 중인 제품이 없는 상태에서 일반적인 행동에 대해 알고 싶은 경우라면 "_____에 대한 가장 최근의 경험을 이야기해주세요." 같은 질문을 할 수 있다.

2.3.4 스크립트는 어떻게 구성할까?

사람들은 인터뷰 질문을 몇 개나 준비해야 할지를 궁금해한다. 질문이 너무 적으면 원하는 답변을 얻을 수 있는 기회를 놓칠 수 있다. 반대로 너무 많으면 시간 내에 모든 내용을 다루지 못하거나 사용자의 행동과 욕구를 깊이 탐구하지 못해서 의미 있는 데이터를 확보하는 데 실패할 수 있다.

나는 묻고 싶은 질문과 인터뷰 시간을 고려해서 거꾸로 정하는 방식을 선호한다. 인터뷰를 유연하게 진행하되 의미 있는 인터뷰가 될 정도로 내용을 충분히 준비하면서도 가장 중요한 질문에 답을 얻지 못할 정도가 되지 않도록 적절히 조정할 것을 추천한다.

일반적으로 나는 다음과 같이 인터뷰를 구성한다.

1. 가장 중요한 질문을 모은 핵심 질문 세트를 준비한다. 이러한 질문은 가장 중요하고 깊이 있고 궁금한 내용을 다루며 인터뷰 시간의 대부분을 여기에 할애할 것이다.
2. 가장 중요한 질문의 후속 질문 세트를 준비한다. 이러한 질문은 핵심 질문으로 충분한 데이터를 얻지 못할 경우 더 깊이 탐색하도록 해준다.
3. 예비 질문 세트를 준비한다. 궁금하긴 하지만 주요 연구 질문에 비해 우선순위가 낮은 질문이 여기에 해당한다.

그다음에는 핵심 질문을 중심으로 인터뷰 스크립트를 구성하고, 필요한 경우를 대비해 각 핵심 질문에 대한 후속 질문, 그리고 부수적인 욕구와 필요를 탐색할 예비 질문을 준비한다. 그러면 다음과 같은 구성의 스크립트가 만들어진다.

❶ 인사
❷ 녹화 허가 요청
❸ 아이스 브레이킹/답하기 쉬운 질문

❹ 핵심 질문 1
   a. 후속 질문
❺ 핵심 질문 2
   a. 후속 질문
❻ 핵심 질문 3
   a. 후속 질문
❼ 핵심 질문 4
   a. 후속 질문
❽ 핵심 질문 5
   a. 후속 질문
❾ 예비 질문 1
❿ 예비 질문 2
⓫ 예비 질문 3
⓬ 마지막 의견

스크립트 전체를 진행할 수 있었다면 훌륭하다! 하지만 혹시 그렇지 못했더라도 괜찮다. 핵심 질문을 앞부분에 배치했기 때문에 중요한 답변은 대부분 얻었을 것이다.

이런 방식으로 스크립트를 구성하면 다양한 스타일의 인터뷰 대상자에 유연하게 대응할 수 있다.

- **참여자의 말수가 적을 경우**를 대비해 인터뷰를 채울 충분한 내용과 대화를 이어갈 후속 질문을 준비해 두었다.
- **참여자의 말수가 많을 경우**를 대비해 중요한 내용을 우선순위에 두었기 때문에 추가적인 내용은 모두 다루지 못하더라도 큰 문제가 되지 않는다.

나는 짧고 간단한 준비 질문으로 인터뷰를 시작하는 방식을 선호한다. 그러면 참여자가 인터뷰에 자연스럽게 적응하고 긴장을 풀 수 있어서 더 편안한 분위기가 조성되며 대화의 흐름이 부드러워진다. 처음에 대답하기 쉬운 질문을 하면 참여자가 자신감을 얻어서 이후 질문에도 더욱 자연스럽게 응답할 수 있다.

또한, 참여자에게 정신적 혼란을 야기하지 않는 방식으로 스크립트를 구성하는 것을 선호한다. 관련 있는 아이디어를 그룹으로 묶어서 질문이 매끄럽게 이어지도록 하는 편이며 비슷한 개념을 이리저리 오가며 진행하는 방식은 지양한다. 앞서 했던 질문을 다시 떠올리도록 요청하면 인지 부하가 더해지면서 혼란을 느낄 수 있기 때문이다. 어떤 주제를 다루다가 갑자기 새로운 주제로 넘어갔다가 다시 원래 주제로 되돌아가기보다는 관련 개념이 논리적으로 연결되도록 흐름을 유지하는 것이 좋다.

❶ 인사

❷ 녹화 허가 요청

❸ 개념 1

❹ 개념 2(개념 1을 기반으로 확장)

❺ 개념 3(개념 2를 기반으로 확장)

❻ 개념 4(이전 주제와 관련 없음)

❼ 개념 5(개념 4를 기반으로 확장)

❽ …

이렇듯 각 질문이 다음 질문으로 자연스럽게 이어지거나 간혹 이전 질문을 기반으로 확장하기도 하는 방식으로 인터뷰가 구성되면 참여자는 인터뷰 각 단계를 논리적으로 따라갈 수 있다. 제품 경험을 디자인할 때 자연스러운 흐름을 고려하는 것과 마찬가지다.

질문 개수는 인터뷰 시간과 질문의 복잡도에 따라 달라진다. 모든 상황에 맞는 일반적인 정답은 존재하지 않지만 경험상 30분 인터뷰를 기준으로 핵심 질문 6~8개, 예비 질문은 원하는 만큼 준비하면 적절하다. 첫인사와 마지막 의견을 나누는 데에도 몇 분 정도 시간이 걸리고 인터뷰가 서두른다는 느낌 없이 원활하게 진행된다고 가정할 때 질문 6~8개에 대해서는 충분한 답변을 얻을 수 있을 것이다.

2.3.5 원활하고 체계적인 인터뷰를 위해 사전에 준비하라

사용자 인터뷰 스크립트를 작성할 때 질문하는 방식과 표현, 질문의 순서를 신중하게 고려하면 논리적으로 사연스럽게 흘리기는 탄탄한 스크립트를 만들 수 있다.

2.3.6 직접 해보자!

사용자 인터뷰 스크립트를 만드는 방법을 살펴봤으니 이제 우리 프로젝트를 위해 스크립트를 만들어보자. 우리가 디자인 싱킹을 적용할 문제 영역은 혼자 하는 여행이었다. 혼자 하는 여행을 장려하거나 지원하기 위해 무엇을 할 수 있을까? 목표는 혼자 여행하는 사람들의 삶을 더욱 풍요롭게 만들고 개선하는 것이다.

그러려면 혼자 여행하는 사람을 더 깊이 이해해야 한다. 이들의 욕구, 필요, 불만은 무엇일까? 혼자 여행하는 이유는 무엇일까? 혼자 여행하는 데 방해가 되는 요소는 무엇일까?

이들의 경험을 더 깊이 이해하려면 혼자 여행하는 사람들과 대화를 나눠야 한다. 스크리너 설문 조사를 통해 인터뷰할 만한 좋은 후보를 찾았으니 이제 이들에게 궁금한 사항을 모두 물어볼 차례다.

혼자 여행하는 사람에게 어떤 질문을 할지 생각해보라. 이들이 왜 혼자 여행하는지 알고 싶은가? 아니면 어떻게 혼자 여행하는지가 궁금한가? 아니면 혼자 하는 여행과 그룹으로 하는 여행의 차이는 무엇인지 알고 싶은가? 이러한 질문은 모두 혼자 여행하는 사람들과의 인터뷰에서 물어보기에 적절한 질문이다.

여러분의 과제는 스크리너 설문 조사를 통해 모집한 혼자 여행하는 사람들과 대화를 나눌 때 사용할 사용자 인터뷰 스크립트를 만드는 것이다.

> 부록 A.1 '인터뷰 스크립트'를 참고하여 여러분의 설문 조사를 예시와 비교해보라.

좋은 인터뷰 원칙을 염두에 두라.

- 참여자에게 녹화 허가를 요청하고 대화가 비공개로 이루어진다고 안내하라.
- 편향 없는 개방형 질문을 하라. 답변을 가정하거나 질문에 가정을 포함시키지 마라.
- 질문의 흐름을 고려하라. 질문이 논리적으로 이어지는지 고민하고 스크립트에 있는 비슷한 주제를 그룹으로 묶어라.

2.4 사용자 인터뷰 진행하기

사용자 인터뷰 스크립트 작성을 마쳤으니 이제 사용자와 실제 대화를 나눌 준비가 되었다. 스크리너 설문 조사나 이상적인 후보를 찾는 다른 모집 방법을 통해 대화할 상대를 찾을 수 있다면 좋겠지만 대상 사용자를 대표할 만한 사람이라면 친구나 가족, 모르는 사람에게도 참여를 요청할 수 있다.

> 비록 '이상적인' 사용자가 아니라고 할지라도 개인 프로젝트에서 디자인 싱킹 프로세스를 진행할 때는 친구나 가족이 큰 도움이 될 수 있다.

인터뷰 일정을 조율한 후 대화를 시작하라. 이러한 대화는 연구의 핵심 기반이 되며 이후 디자인 싱킹 작업에도 중요한 영향을 미칠 것이다.

2.4.1 참여자 모집하기

인터뷰에 적합한 사용자를 모집하는 것은 대단히 중요하다. 디자인 싱킹은 이전 단계를 기반으로 다음 단계를 점진적으로 발전시키며 진행된다. 따라서 여러분이 대화를 나누는 사용자는 여러분이 만들 제품의 기초가 된다. 따라서 '적합한' 인터뷰 대상자를 모집하는 것이 바람직하다.

그렇다면 어떤 사람이 적합할까? 이런 문제는 팀과 함께 결정해야 한다. 어떤 사람을 대상으로 삼고 싶은가? 예를 들어 모바일 레시피 앱을 만들고 있다면 자주 요리하고 요리에 관심이 있지만 어떤 이유에서든 불편을 겪고 있는 사람들과 대화하는 것이 좋다. 학습용 대시보드를 만들고 있다면 그 대시보드를 사용할 학생이나 이를 관리하는 강사와 인터뷰하는 것이 적절하다. 여러분이 만들고자 하는 제품을 적극적으로 사용할 이상적인 대화 상대가 누구일지 생각해보라.

사용자 인터뷰의 적정 인원수는 어떻게 정할까? 명확한 정답은 없다. 복잡한 페르소나 작업을 할 때는 시장과 사용자에 대한 이해를 탄탄하게 다지기 위해 많은 사람과 대화를 나눠야 한다. 하지만 안타깝게도 이렇게 투자할 시간이나 예산이 넉넉한 팀은 드물다. 더 빠르게 진행되는 프로젝트라면 몇 번의 인터뷰만으로도 사용자의 프로토 페르소나(proto-persona)[13], 아키타입(archetype)을 만들 수 있다. 최소 6명으로 시작할 것을 추천한다. 그 정도면 결과를 분석할 수 있는 충분한 데이터를 얻을 수 있다. 더 세부적인 페르소나 정보를 원한다면 15~20명 정도의 참여자를 추천한다.

인터뷰 대상과 인원수에 대해 감을 잡았다면 그에 맞는 사람들을 찾을 차례다. 이를 실행하는 몇 가지 방법이 있다.

> 다른 디자이너들에게 고객 페르소나를 개발하기 위해 최소 100명 이상과 인터뷰를 진행한다는 이야기를 들은 적이 있다. 이 정도로 심층적이고 고차원적인 연구는 몇 년짜리 프로젝트에서 특정 고객과 장기적으로 협업하고 있다거나 전담 팀이 있는 경우에나 가능하다. 프로젝트를 어떻게 시작할지 감을 잡기 위해 이 정도의 대규모 인터뷰가 꼭 필요한 것은 아니다.

설문 조사

스크리너 설문 조사는 인터뷰할 사용자를 찾는 효과적인 방법이다. 설문 조사를 잘 작성하면 이상적인 사용자를 선별하는 데 도움이 된다. 만약 사용자가 온라인 쇼핑을 자주 한다는 정보를 얻었다면 설문 조사에 쇼핑 습관 관련 질문을 포함시키고 온라인 쇼핑을 자주 한다고 응답한 사용자에게 연락하여 인터뷰를 진행할 수 있다.

일반적으로 스크리너 설문 조사는 시장에 대한 전반적인 질문(사람들이 특정 행동을 하는 빈도 등)에 대한 궁금증을 해소하고 시장 트렌드 정보를 얻는 데 활용된다. 적합해 보이는 사용자를 선별한 후 인터뷰를 진행하라. 이렇게 두 단계를 거치면 유의미한 정보를 효과적으로 얻을 수 있다.

이메일, 웹 사이트는 물론이고 슬랙, 디스코드, 메시지 포럼과 같은 전문 그룹을 통해 설문 조사가 배포되는 것은 흔한 일이다. 여러분도 프로젝트를 위한 연구를 진행할 때 같은 방법을 활용할 수 있다. 원하는 사용자가 있을 법한 커뮤니티를 찾아보라. 작가들을 인터뷰하고 싶다면 대표적인 블로그 플랫폼인 미디엄(Medium)을 살펴보라. 게이머들과 대화를 나누고 싶다면 인기 있는 디스코드 서버에 접속해서 설문 조사 링크를 공유하고 답변을 받아보라.

소셜 미디어

사용자들에게 인기 있는 커뮤니티를 찾아서 소셜 미디어에 사용자 인터뷰 참여자를 모집하는 게시물을 올릴 수 있다. 기타를 좋아하는 사람들을 찾고 싶다면 페이스북에서 기타 관련 그룹에 게시물을 올려볼 수 있다.

또는 자신의 소셜 미디어 계정에서 친구나 가족에게 연구에 참여해 달라고 요청할 수 있다. 이는 예산이나 네트워크가 부족해서 참여자에게 보상을 제공하기 어려운 학생들이 흔히 사용하는 방법이다.

모집 서비스

UserTesting.com, 메커니컬 터크(Mechanical Turk), 메이즈(Maze) 같은 회사를 활용하여 사용자를 모집하는 방법도 있다. 이러한 회사들은 수수료를 받고 적합한 사용자를 찾아준다. 비용이 들긴 하지만 인구통계학적

---

[13] 역주 개발 초기 단계에 소수의 대상이나 가설을 바탕으로 제작하는 임시 페르소나.

정보를 바탕으로 사용자를 선별해주기 때문에 가장 적합한 사용자를 찾는 데 도움이 된다. 게다가 이런 서비스에 등록한 사용자 집단은 이미 연구 참여에 동의한 사람들이므로 기준을 통과한 사람이라면 누구나 연구에 참여할 의사가 있을 것이다. 사용자 인터뷰는 전체적인 디자인 씽킹 프로세스에서 매우 중요한 부분이므로 최대한 적합한 사용자를 확보하기 위해 사전 투자하는 것이 일반적이다.

게릴라 테스트

특정 서비스를 활용해 대상 사용자를 모집하는 방식과 반대되는 개념으로는 게릴라 테스트가 있다. 이는 사용자를 직접 모집하는 방식으로 대상 사용자들이 실제로 모이는 장소로 가서 직접 대화를 나누는 방법이다.

열렬한 독자들과 대화를 나누고 싶다면 서점으로 가서 몇 가지 질문에 답할 의향이 있는 사람들을 찾아보라. 자연을 사랑하는 사람들과 대화하고 싶다면 공원으로 가보라.

이 방법은 불확실성이 가장 크다. 답해줄 의향이 있는 사람들이 인터뷰에 적합할지 알 수 없기 때문이다. 하지만 적은 비용으로 빠르게 결과를 얻을 수 있는 방법이다.

각 모집 방법에는 장단점이 있고 시간, 예산, 그리고 자신이 편하게 느끼는 정도에 따라 적절한 것을 선택할 수 있다. 사용자를 모집했다면 다음 단계는 인터뷰 진행이다.

2.4.2 참여자 인터뷰하기

모든 준비를 마쳤으니 인터뷰를 진행할 차례다! 이는 디자인 씽킹 프로세스의 가장 흥미로운 단계 중 하나로, 도와주려고 하는 사람들과 대화를 나누는 시간이다. 하지만 대화를 나누기가 어려울 수 있다. 인터뷰 진행 방식은 다양하며 잘 진행하려면 연습이 필요하기 때문이다.

아마 사용자들도 긴장하고 있을 것이다! 여러분은 이들에게 평소 행동이나 생각에 대해 사적인 질문을 하게 될 텐데 참여자들은 여러분이 어떤 질문을 할지 예상하기 어려울 수 있다.

다행히 이 과정을 더 쉽게 진행하는 몇 가지 방법이 있다.

편안하게 느끼도록 해주기

대화 초반에 사용자들이 편안한지 확인하라. 인터뷰를 시작하기 전에 물이나 다른 필요한 것은 없는지 물어보는 것만으로도 더 편한 분위기를 만드는 데 큰 도움이 된다.

사용자가 편안하게 느끼지 않는다면 대화에 어색한 기류가 흘러서 원하는 정보를 얻기 어려워진다. 간단한 안부를 묻는 것으로 시작해서 인터뷰 과정을 설명하라.

> 안녕하세요! 제 이름은 〈본인 이름〉이고 〈문제〉를 더 잘 이해하기 위해 연구를 진행하고 있습니다. 오늘 기분은 어떠신가요?
>
> 오늘 뵙자고 한 이유는 〈문제〉와 관련한 여러분의 경험을 듣고 싶어서입니다. 약 〈소요 시간〉 동안 대화를 나누려고 하는데요. 시작하기 전에 궁금한 점이 있으신가요?

오디오/비디오 녹화하기

인터뷰 도중에 나오는 정보를 놓치지 않도록 대화를 녹화하라. 가능하다면 메모하며 진행하는 방식은 피하라. 사소한 조치지만 효과는 강력하다. 메모나 인용을 기록하는 데 주의가 분산되지 않고 대화와 사용자에게 온전히 집중할 수 있어서 인터뷰에 더욱 몰입하게 된다. 진행자 외에 기록을 남기는 사람이 함께하면 가장 좋은데, 녹화 기능을 활용한다면 혼자서도 진행할 수 있다.

녹화할 때는 반드시 사용자의 허가를 구하라.

> 대화를 녹화해도 괜찮을까요? 참고할 수 있는 기록이 있으면 큰 도움이 됩니다. 녹화한 내용은 오로지 내부용으로 팀과 공유하고 검토하는 데 활용할 것이고 공개적으로 사용하지 않을 것을 약속드립니다.

'왜'라는 질문으로 답변을 명확히 파악하기

단순히 목록에 있는 질문을 전부 하는 데 의의가 있다는 듯이 스크립트에 있는 질문을 순서대로 던지다가 인터뷰를 마치기 쉽다. 하지만 다음 질문으로 넘어가기 전에 답변의 내용이 만족스러운지 확인해야 한다. 답변에 담긴 사용자의 동기를 충분히 이해하지 못했다면 추가 설명을 요청하는 것이 좋다. 간단히 '왜'라고 묻는 것만으로도 명확한 답을 끌어낼 수 있다.

다음과 같이 대화가 진행된다고 상상해보자.

> 저희 앱이 마음에 드시나요?
> 네!
> 좋네요! 그럼 다음으로…

인터뷰 진행자는 사용자가 앱을 좋아하는 이유를 알아낼 기회를 놓쳤다. 그 이유를 알면 여러분이 이해하려고 하는 사용자의 행동과 의견의 바탕에 있는 동기, 태도, 감성을 더 깊이 파악할 수 있다. 처음 응답에 후속 질문을 던진다면 어떨지 다시 한번 상상해보자.

> 저희 앱이 마음에 드시나요?
> 네!
> (진행자가 잠시 멈추고 묻는다) 저희 앱이 왜 마음에 드시나요?
> 사용하기 쉬워서요!
> 왜 사용하기 쉬운가요?
> 모든 기능이 어디에 있는지 쉽게 알아볼 수 있어서 바로 사용할 수 있어요!
> 그렇군요. 좋습니다!

'왜'라고 묻는 대신 쓸 수 있는 또 다른 전략은 침묵이다. 아무 말도 하지 않으면 참여자가 침묵을 채우기 위해 더 많은 정보를 말해야 한다는 압박을 느낄 수 있다.

저희 앱이 마음에 드시나요?

네!

……

… 사용하기 쉬워서요!

……

… 모든 것이 어디에 있는지 쉽게 알아볼 수 있어서 바로 사용할 수 있어요!

그렇군요. 좋습니다!

사용자 인터뷰는 잘 진행하기가 정말 어렵다. 뛰어난 연구자가 실제로 사용자를 인터뷰하는 예시(그림 2-22)를 보고 싶다면 어떤 경험에 대해 연구자와 인터뷰 참여자가 대화를 나누는 이 훌륭한 영상(www.youtube.com/watch?v=eNMTJTnrTQQ)을 확인하라.

▼ 그림 2-22 훌륭하게 수행한 정성적 인터뷰 시연(출처: Studio 8/Pearson Education Ltd).

2.4.3 인터뷰 이후

인터뷰를 마치면 참여자에게 시간을 내주어 고맙다고 인사하라. 참가비 지급 같은 후속 조치가 필요하다면 이 또한 미리 계획해 두는 것이 좋다.

다음으로는 인터뷰 내용을 정리할 차례인데, 이를 더 쉽게 분석할 수 있도록 몇 가지 방법을 활용할 수 있다.

> 나는 인터뷰 사이에 10~15분 정도 쉬는 시간을 두는 편이다. 그래야 방금 완료한 인터뷰를 돌아보며 가장 중요한 관찰 사항을 적어둘 시간이 확보되기 때문이다. 이렇게 하면 방금 진행한 인터뷰의 핵심적인 부분을 강조해 둘 수 있고 필요한 경우 다음 인터뷰의 스크립트도 조정할 수 있다.

인터뷰 이후 메모 작성하기

인터뷰를 마친 직후 주요 관찰 사항을 기록하라. 대화가 기억에 생생할 때 중요한 부분을 강조해 두는 것이 좋다. 나중에 확인할 사항이나 전체적인 감상을 간단히 적어두면 나중에 도움이 된다.

녹화한 내용을 텍스트로 기록하기

인터뷰 녹화본을 텍스트 기록이나 인용문(대화의 핵심 인사이트를 강조하는 데 매우 유용하다) 같은 디자인 싱킹 산출물로 변환하는 작업은 어려울 수 있다. Otter.ai[14]처럼 오디오를 텍스트로 변환해주는 서비스를 사용하면 이 과정을 훨씬 더 빠르게 진행할 수 있고 모든 인터뷰를 종합할 준비가 되었을 때 정보를 쉽게 추출하는 데에도 도움이 된다.

2.4.4 직접 해보자!

프로젝트를 위해 대화를 나눌 사용자를 찾아보자! 스크리너 설문 조사와 인터뷰 스크립트가 마련되었으니 (아직 설문 조사를 발송하지 않았다면) 다양한 포럼과 소셜 미디어 채널에 공유하여 인터뷰할 사용자를 모집할 시간이다.

사용자 모집에 비용을 쓸 생각이라면 UserTesting.com[15]처럼 이 장에서 소개한 사용자 모집 서비스를 이용해도 좋다.

이 활동의 목표는 프로젝트를 위해 사용자와 대화하는 것이다. 6~8회 정도 인터뷰 일정을 잡고 대상 사용자와 대화를 시작하라.

인터뷰를 더욱 성공적으로 진행하고 좋은 데이터를 포착하고 싶다면 다음 사항을 시도해보라.

> 목표 인원수가 얼마든지 간에 인터뷰가 예상대로 진행되지 않을 경우를 대비하여 1~2명 정도 추가하는 것을 추천한다. 원하는 만큼 데이터를 수집하지 못하거나 인터뷰를 취소하는 사용자가 생기거나 프로젝트에 적합하지 않은 사용자가 있을 수도 있기 때문이다.

- 인터뷰의 목적을 정중한 태도로 설명하라. 혼자 하는 여행의 경험을 이해하는 것이 목표라는 것을 알려라.
- 녹화에 대한 허가를 요청하고 대화 내용은 비공개로 유지된다는 사실을 안내하라.
- 참여자 답변에서 핵심적인 이유를 이해하지 못했다면 후속 질문을 하라. 답변 이후에 이유를 묻거나 잠시 침묵으로 기다리는 것은 사용자의 추가 설명을 유도하는 좋은 방법이다.
- 인터뷰 사이에 휴식 시간을 넣어서 기록을 정리하고 다음 대화를 준비하라. 단 몇 분의 휴식만으로도 재정비하고 다음 인터뷰에 집중하는 데 도움이 된다.

---

14 www.otter.ai
15 http://usertesting.com/

2.5 어피니티 매핑

인터뷰를 마치면 사용자에게서 많은 데이터를 얻는다. 이들의 경험에 대해 다양한 이야기를 듣고 이들의 욕구와 필요를 잘 이해하게 된다. 그런데 이 모든 정보를 어떻게 활용해야 할까? 디자인 싱킹 프로세스에 더 효과적으로 활용하려면 어떻게 정리해야 할까?

다행히도 모든 사용자 인터뷰 데이터를 정리하여 사용자를 더 잘 이해하도록 도와주는 기법이 있다. 이는 **어피니티 매핑**(affinity mapping)이라고 알려져 있으며 여러분이 디자인으로 도우려는 대상에 대한 명확한 그림을 그리는 마지막 단계다.

2.5.1 어피니티 매핑이란 무엇인가?

디자인 싱킹 프로세스 첫 단계의 목적은 공감하는 것이다. 여러분은 이 단계에서 사용자를 찾고 이들에 대해 배우며 이들의 욕구, 필요, 불만을 알아내야 한다. 목표는 이들을 이해하고 이들에게 도움이 되는 제품을 만드는 것이다.

공감 단계를 마칠 무렵이면, 대상 사용자에 대한 이해가 깊어져 있을 것이다. 이 단계에서는 모든 사용자 연구를 바탕으로 '페르소나', 즉 디자인을 할 때 고려해야 할 특정한 사용자 유형을 만든다. 이를 위해 사용자 인터뷰에서 얻은 인사이트를 모아 반복적으로 나타나는 패턴을 찾아야 한다(그림 2-23). 이 과정을 어피니티 매핑이라고 부른다.

> 이 과정에서 미로(Miro), 피그잼(FigJam) 등 자신이 선호하는 디지털 도구를 활용할 수 있다. 이 과정의 목적은 다양한 사용자의 공통점을 정리하여 패턴을 도출하는 것이다.

어피니티 매핑은 인터뷰 기록을 사용자에 대한 인사이트로 변환하는 한 가지 방법이다. 이 과정은 관찰한 내용을 포스트잇에 적는 것으로 시작한다. 사용자 인터뷰 기록을 꼼꼼히 살펴보며 눈에 띄는 인사이트(인용문, 행동, 선호도 등)를 찾는다. 각 사항을 개별 포스트잇에 적어서 벽이나 화이트보드에 붙인다.

▼ **그림 2-23** 어피니티 매핑. 사용자 인터뷰 데이터를 공통점에 따라 그룹으로 분류하여 디자인 싱킹 목표에 반영하는 과정.

모든 인터뷰에서 관찰한 모든 사항을 기록했다면 이제 분류를 시작한다. 비슷한 메모끼리 그룹으로 묶고 각 그룹을 분석하여 인사이트를 도출한다. 마지막으로 필요에 따라 그룹을 다듬고 재구성하여 사용자에 대한 더욱 명확한 그림을 완성한다.

어피니티 매핑이 실제로 어떻게 진행되는지 보고 싶다면 닐슨 노먼 그룹이 제공하는 훌륭한 동영상[16]을 확인하라(영상에서는 '어피니티 다이어그램'이라고 부르지만 이 둘은 같은 개념이다).

2.5.2 어피니티 매핑 프로세스

어피니티 매핑은 간단하다. 먼저 연구에서 도출된 주요 관찰 사항을 모두 기록한다.

그림 2-24는 음식 앱에 대한 인터뷰 참여자 3명의 사례를 보여준다. 이들은 요리와 관련된 페인 포인트, 목표, 불만, 행동에 대한 질문에 답했다. 이러한 관찰 사항은 어피니티 매핑을 위해 포스트잇에 적는다.

▼ **그림 2-24** 어피니티 매핑의 첫 단계는 참여자별 각 관찰 사항을 적어서 보드에 붙이는 것이다.

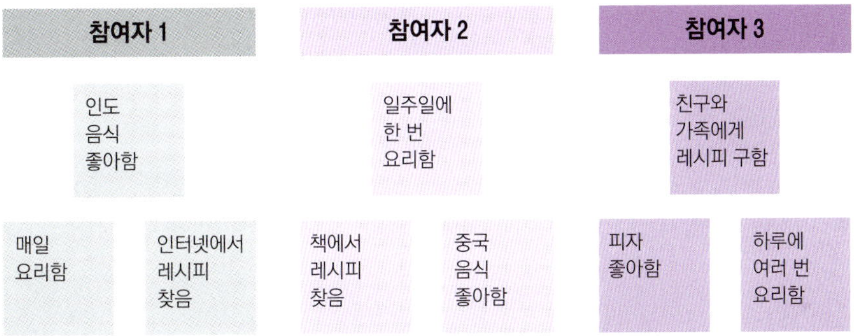

다음으로 비슷한 포스트잇을 모아서 그룹을 만든다.

음식 앱 예시에서는 각 관찰 사항을 비슷한 항목끼리 그룹으로 묶었다. 그림 2-25는 사람들이 선호하는 음식, 요리 빈도, 레시피를 찾는 경로를 보여준다. 이는 대상 사용자를 설정하는 데 도움이 되며, 데이터에서 점점 경향이 드러나기 시작한다.

▼ **그림 2-25** 어피니티 매핑의 다음 단계는 관찰 사항을 그룹으로 묶어서 정리하는 것이다.

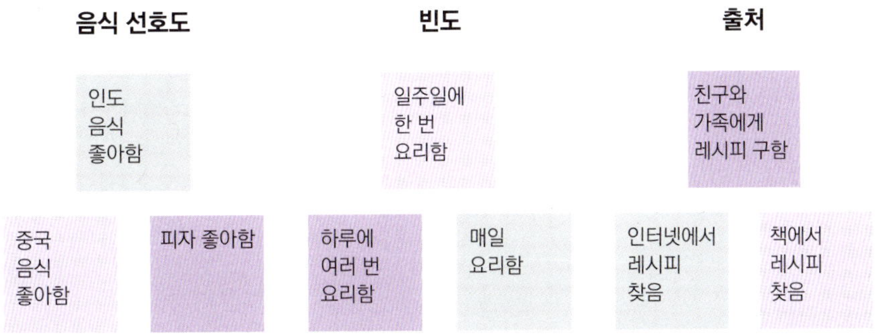

16 www.youtube.com/watch?v=C4nYxZxteJY&ab_channel=NNgroup

마지막으로 이렇게 분류한 각 그룹을 대표하는 '나' 진술(I statements)[17]을 작성하라.

음식 앱의 예에서는 '빈도', '출처'처럼 공감하기 어려운 문구를 '나는 정기적으로 요리한다', '나는 레시피를 다양한 경로로 찾는다'와 같이 사용자 중심적인 진술로 변경한다(그림 2-26). 누군가 이런 문장을 말한다고 상상해보라. 그러면 이러한 표현의 힘을 실감할 수 있다. 이러한 진술을 사용하면 사용자의 감정에 공감하기가 훨씬 더 쉬워진다. 이 진술을 바탕으로 해결할 문제도 정의할 수 있다. 만약 정기적으로 요리하는 사람을 위한 앱을 만들고 싶다면 이러한 진술을 기반으로 아이디어를 도출할 수 있다. 요리 관련 알림 기능을 갖춘 앱이나 콘텐츠가 꾸준히 업데이트되는 앱은 어떨까? 그 정도면 디자인 방향을 설정하기 좋은 출발점이다.

▼ 그림 2-26 어피니티 매핑의 마지막 단계는 각 그룹에 제목을 붙이는 것이다. 이러한 제목은 대상 사용자를 나타내는 페르소나의 행동과 특성이 된다.

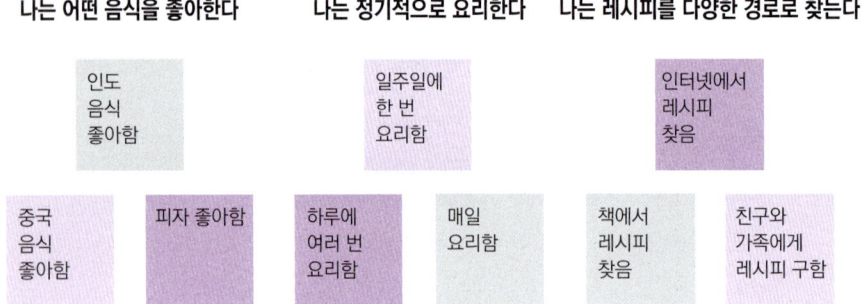

그룹을 만들 때는 그룹별로 정보가 어떻게 분포되는지에 유의해야 한다. 그룹을 만들 때 빠지기 쉬운 몇 가지 함정을 살펴보자.

너무 적은 데이터 포인트

데이터 포인트가 너무 적다면 다수의 사용자에게 적용되는 인사이트로 보기 어렵다. 예를 들어 6명을 인터뷰하고 만든 어피니티 맵에 포스트잇이 3개 이하인 그룹이 있다면 해당 관찰 사항이 충분한 빈도로 반복되었다고 보기 어렵다. 이러한 관찰 사항은 다른 그룹에 포함시켜보라.

너무 많은 데이터 포인트

마찬가지로 데이터 포인트가 10개 이상으로 너무 많다면 더 구체적으로 나눌 수 있다. 더 세심하게 보지 못했거나 지금은 하나처럼 보이는 인사이트지만 알고 보면 여러 인사이트로 나눌 수 있을지 모른다. 이 경우에는 그 그룹을 여러 그룹으로 나눌 방법을 고민해보라.

---

17 역주 사용자의 입장에서 '나는 ~한다' 같은 형식으로 표현한 진술로 경험에 대한 공감을 높이기 위해 사용한다.

너무 적은 관점

특정 그룹에 한 명의 인터뷰 대상자에게서 나온 포스트잇이 지나치게 많다면 그 인사이트가 전체 그룹에 적용되기 어려울 수 있다. 한 그룹이 한 명의 사용자 인터뷰에 치우치면 어피니티 매핑의 결과가 왜곡될 수 있다는 점에 유의하라. 어떤 그룹에 한 사용자의 의견이 너무 집중되어 있다면 해당 그룹에 포함시킬 만한 다른 사용자의 의견은 없는지 확인해보거나, 해당 그룹을 결과에서 제외하는 것도 고려해볼 수 있다(그림 2-27).

어디에 넣어야 할지 모르겠다면 임시 저장 공간에 넣어라

관찰 사항을 즉시 분류하지 못해도 괜찮다! 때로 어떤 그룹에 넣어야 할지 애매한 관찰 사항도 있다. 이 또한 어피니티 매핑을 하며 겪는 자연스러운 일이다.

▼ **그림 2-27** 더 나은 분류가 가능한 어피니티 매핑 그룹 예시. 관찰 사항이 너무 적은 인사이트는 모든 사용자에게 적용할 수 없다. 반대로 관찰 사항이 너무 많은 인사이트는 여러 개로 나눠야 할 수도 있다. 또한, 한 사용자에게서 나온 관찰 사항이 너무 많으면 페르소나가 편향될 위험이 있다.

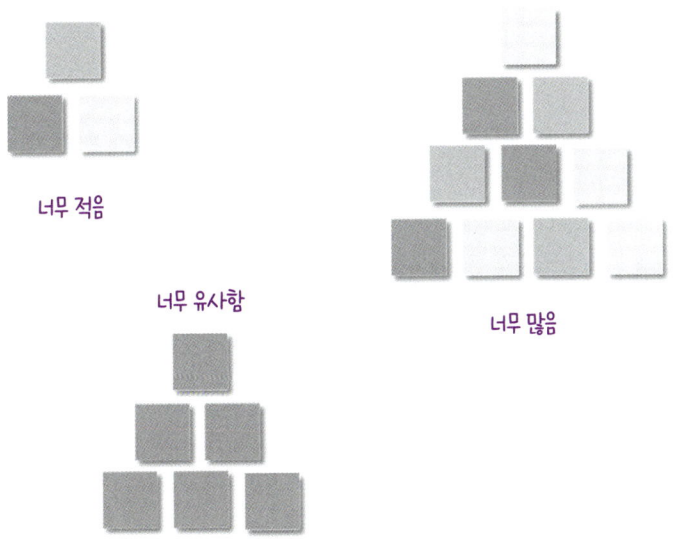

어디에 넣을지 고민되는 관찰 사항을 임시 저장 공간에 잠시 저장하는 것도 방법이다. 데이터를 분류하면서 가끔씩 임시 저장 공간으로 돌아가서 그룹에 넣을 수 있는 사항이 있는지 살펴보라. 시간이 지나 데이터를 더 잘 이해하게 되면 임시 저장 공간에 있던 항목을 추가하거나 제거하면서 정리할 수 있다.

2.5.3 직접 해보자!

사용자 인터뷰 데이터를 마련했으니 어피니티 매핑을 시작하여 사용자를 더 깊이 이해해보자.

이를 위해 관찰한 사항을 포스트잇에 적고 주제별로 분류하라. 데이터를 분류할 때는 다음 사항을 기억하라.

- 포스트잇 하나당 하나의 관찰 사항을 적어야 한다.
- 그룹은 '주제'라고 부를 수 있을 정도로 '충분한' 관찰 사항이 있어야 한다(너무 적지도 많지도 않으며 특정 사용자 한 명에게서 나온 사항으로 구성되지 않아야 한다).
- 관찰 사항을 그룹으로 정리했다면 인사이트를 '나' 진술로 적어라. 이러한 진술은 디자인 씽킹 프로세스의 다음 단계에서 유용하게 쓰일 것이다.

> 부록 A.1 '데이터 세트'를 참고하여 여러분의 데이터 세트를 예시와 비교해보라.

2.6 SECTION 공감한 후에는 정의한다

여러분은 디자인 씽킹 프로세스의 첫 단계, 즉 사용자와 공감하기를 성공적으로 마쳤다. 사용자가 누구인지, 무엇을 원하는지, 무엇이 이들에게 동기를 부여하는지, 무엇이 이들을 방해하는지를 이해하기 위한 조사를 수행했다. 설문 조사를 준비해서 대화를 나눌 적합한 사용자를 찾았고, 인터뷰 스크립트를 작성하여 이들과 대화를 나눴으며, 마지막으로 인터뷰를 통해 이들의 행동과 필요를 발견했다. 인터뷰에서 관찰한 사항을 그룹으로 분류하여 대상 사용자에 대한 인사이트로 발전시켰다. 이제 이러한 정보를 바탕으로 디자인 씽킹 프로세스의 다음 단계로 나아갈 수 있다. 대상 사용자를 정의하고 이들의 현재 상태를 파악하며, 이들을 위해 해결해야 할 문제를 구체화해보자.

3장

사용자의 문제 정의하기

3.1 디자인 싱킹 프로세스의 어떤 단계에 해당할까?

3.2 페르소나

3.3 사용자 여정 지도 만들기

3.4 해결해야 할 문제

3.5 경쟁 연구

3.6 정의한 후에는 아이디어를 도출한다

디자인 싱킹은 다른 사람들의 문제를 해결하는 과정이다. 이 프로세스는 기존의 사고를 벗어나 다른 사람의 관점에서 세상을 바라보고 이들의 욕구와 필요를 이해할 수 있도록 돕는다.

이를 위해 기준선이 필요하다. 그리고 기준선을 마련하려면 현재 상태를 정의해야 한다. 즉 디자인을 통해 돕고자 하는 대상이 누구인지, 이들은 어떤 경험을 하는지, 이들을 위해 해결하려는 문제는 무엇인지 명확히 이해해야 한다. 이렇게 탄탄한 기준선을 마련해두어야 그 위에 의미 있는 결과를 쌓아 올릴 수 있다.

이러한 기준선을 정의하려면 현재 상태를 논의할 때 참고할 수 있도록 사용자를 대표하는 표현을 만들어야 한다. 오늘날 사용자들이 어떻게 살고 있는지 생생하게 그려내야 한다. 그래야 더 나은 미래를 설계할 수 있다. 또한 해결해야 할 핵심 문제를 정의해야 한다. 그래야 원하는 미래를 어디에서 찾아야 할지 명확한 방향성과 공감대를 형성할 수 있다.

문제를 정의하는 것은 하나의 예술이다. 우리는 사용자 연구에서 들은 사용자의 이야기를 바탕으로 스토리를 전달하는 디자인 산출물을 만든다. 비교 대상이 될 만한 다양한 제품을 살펴보며 오늘날 사용자들이 그 문제를 어떻게 해결하는지 경험해보기도 한다. 해결할 문제를 표현할 때는 단어 하나하나 신중하게 선별해 예술적으로 조합한다.

문제 정의는 과학이기도 하다. 우리는 철저한 연구와 데이터를 기반으로 진술을 만든다. 비교할 수 있는 제품에서 추가 데이터를 수집한다. 문제를 서술할 때는 정해진 공식을 참고해 문제 진술을 체계적으로 구성해 나간다.

디자인 싱킹의 두 번째 단계는 정의에 초점을 맞추며, 이 단계는 디자인을 통해 돕고자 하는 사람들, 즉 사용자를 정의하는 것으로 시작한다.

3.1 / 디자인 싱킹 프로세스의 어떤 단계에 해당할까?

사용자 연구를 마무리하면 공감 단계에서 정의 단계로 넘어간다(그림 3-1).[1]

정의 단계의 목표는 사용자를 대상으로 진행한 모든 연구 결과와 이를 통해 얻은 인사이트를 초기 문제에 적용하는 것이다. 이 단계가 끝날 무렵에는 대상 사용자에 대한 깊은 이해를 갖추고 경험에 대한 인사이트를 얻어 문제를 더욱 분명하게 정의할 수 있어야 한다.

사용자의 동기는 무엇이며 불만은 무엇인가? 이들이 성취하려고 하는 것은 무엇이며, 그것을 방해하는 것은 무엇인가? 이 모든 내용을 이해해야만 이들이 방해 요소를 넘어서 목표를 달성하도록 돕는 경험을 디자인할 수 있다.

---

1 www.nngroup.com/articles/design-thinking/

그렇다면 사용자는 누구이며 이들이 원하는 것은 무엇인가? 이를 이해하기 위해 대상 사용자를 대표하는 프로세스 산출물을 만들 수 있다. 이때 활용하는 도구가 바로 페르소나다.

▼ **그림 3-1** 닐슨 노먼 그룹의 디자인 싱킹 모델. 이 모델의 두 번째 단계는 정의다. 이는 디자인 싱킹의 이해 과정에 해당하며 사용자로부터 얻은 정보를 종합해 해결해야 할 문제를 더 깊이 이해하는 단계다.

3.2 페르소나

대상 사용자가 누구인지 모르는 상태에서 이들을 위해 디자인하는 일은 무척 어려운 일이다. 이들이 무엇을 좋아하고 어떤 어려움을 겪으며 무엇을 이루고 싶어하는지 모른다면 말이다. 현실적으로 제품을 사용하는 모든 사람을 완벽히 이해하는 것은 불가능하다. 여러분이 모든 사용자를 직접 관찰할 수는 없기 때문에 사용자가 제품을 사용하는 모든 순간에 함께할 수는 없다. 하지만 디자인 싱킹에는 제품을 사용할 사람들의 특징을 대략적으로 파악하게 해주는 기법이 있다. 바로 페르소나다.

3.2.1 페르소나란 무엇인가?

페르소나는 전형적인 사용자나 대상 사용자를 기능적인 동시에 현실적으로 묘사한 것이다. 실제 사람이 아니라 실제 사람을 추상화한 개념이다. 페르소나는 사용자 연구에서 관찰한 내용을 바탕으로 만든다. '사용자'라는 추상적인 호칭 대신 실제 사람처럼 이름을 붙이고 그 이름으로 부른다. **사용자**보다는 **사람**에게 공감하기가 더 쉽기 때문이다.

그림 3-2는 NFT 마켓플레이스와 유사한 기능을 하는 암호화폐 플랫폼 프로젝트를 진행하면서 내가 만든 페르소나다. 맷(Matt)이라는 이름을 지어준 이 페르소나는 디자인을 만들기 전에 프로젝트를 위해 수행한 모든 연구 결과를 반영하고 있다.

▼ **그림 3-2** NFT(non-fungible token, 대체 불가능 토큰) 마켓플레이스를 위한 페르소나

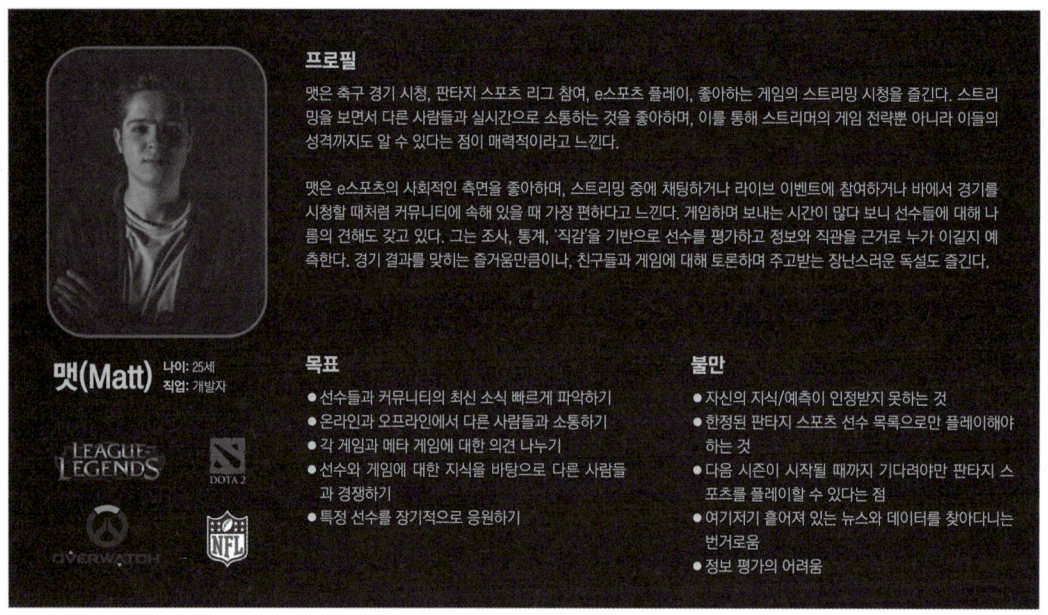

페르소나를 만들 때는 사용자 연구를 통해 관찰한 목표, 욕구, 필요, 동기, 불만을 사용자 집단이 공통적으로 겪는 경향으로 정리한다. 이러한 경향을 기반으로 페르소나를 만들어서 디자인 과정에서 참고할 수 있다. 페르소나에 '제인'이나 '존' 같은 이름을 붙인 다음 디자인할 때 그 페르소나를 떠올리며 사고를 발전시킨다. "이 기능이 제인에게 어떤 도움이 될까?", "존이 이 제품을 문제없이 사용할 수 있을까?"라고 질문하라. 페르소나는 디자인이 누구를 위한 것인지 팀 전체가 공감대를 형성하는 데 도움이 된다.

> 페르소나의 정보를 구성하는 방식은 다양하며 이를 위한 템플릿이나 이를 발전시키는 방법도 많다. 이 책은 예시 페르소나를 토대로 진행할 예정이지만 이어지는 내용에 있는 모든 정보가 반영된다면 원하는 방식으로 페르소나를 구성해도 좋다.

페르소나는 어떻게 구성되며 프로젝트를 위해 페르소나를 만드는 방법은 무엇일까? 일반적으로 페르소나에는 연구 과정에서 발견한 몇 가지 요소가 포함된다.

- 이름/사진
- 개요
- 배경/프로필
- 좋아하는 것/목표
- 싫어하는 것/불만

이름/사진

모든 페르소나는 제품에 대해 논의할 때 쉽게 떠올릴 수 있도록 그 인물을 한눈에 알아볼 수 있는 정보로 구성된다. 이름과 사진이 있어야 하고 프로젝트의 모든 구성원이 페르소나를 이름으로 불러야 하며 다른 디자인 결과물에서도 페르소나의 사진을 사용할 수 있어야 한다.

그림 3-3의 페르소나 예시에는 대상 사용자를 이해하는 데 필요한 배경 설정에 도움이 되는 두 가지 중요한 정보, 이름과 사진이 있다. 얼굴과 이름은 대상 사용자와 공감하고 이들에게 더 많은 관심을 기울이게 하는 데 도움이 된다. 심지어 이름이나 사진을 자신이 아는 사람들과 연관 지어 생각할 수도 있다.

▼ **그림 3-3** 이 프로젝트 인터뷰 참가자 중 몇 명의 이름이 맷이었고 우리는 이 이름이 프로젝트 대상 페르소나에게 잘 어울리는 이름이라고 판단했다. 스톡 사진은 일반적으로 젊은 남성으로 구성된 대상 사용자를 나타내며 이들이 플랫폼을 이용할 때 경험하리라고 예상되는 환경을 반영하기 위해 어두운 조명을 적용했다.

향후 디자인 과정에서는 '맷'의 관점에서 결정을 내릴 수 있다. 또한 제품 내 프로필 사진이나 맷이 제품을 어떻게 경험하는지 보여주는 사용자 여정 등 디자인 결과물에 맷의 사진을 활용할 수 있다.

이름과 사진의 경우 실존 인물의 이름이나 명확히 알아볼 수 있는 사진을 사용하지 않아도 된다. 더 추상적으로 접근하면 디자인에서 성별 편향 같은 정체성 편향을 피할 수 있다. 원한다면 실제 이름이 아닌 가상의 이름을 붙이거나 페르소나의 사진 대신 아이콘을 쓸 수 있다. 예를 들어 이 예시 프로젝트에서는 '맷' 대신에 '기술 투자자'라는 이름을 사용하고 사진 대신 NFT 이미지를 써서 대상 사용자의 성별을 특정하지 않을 수도 있었다.

> **페르소나의 이름과 사진 사용에 관한 논쟁**
>
> 페르소나에 실존 인물의 이름과 사진을 사용하는 문제는 디자인 업계에서 오랫동안 논쟁이 이어진 주제다. 이러한 정보를 포함시키면 솔루션이 특정 집단으로 편향될 수 있기 때문이다. 내가 일했던 어떤 회사에서는 사진 사용을 의도적으로 피하고 '유행에 민감하며 진정성을 중시하는 사용자' 같은 이름을 사용해서 인구통계학적 정보나 사진 없이 대상 사용자를 묘사했다. 반면 어떤 회사에서는 이름과 사진을 포함시켜서 대상 사용자를 더 쉽게 식별할 수 있게 하는 방식을 선호했다. 자신의 프로젝트에 어떤 방식이 가장 적합한지는 스스로 판단해야 할 문제다.

개요

이름과 사진을 선택했다면 페르소나를 전체적으로 보여주는 그림을 그릴 차례다. 직업은 무엇일까? 나이는 몇 살일까? 어떤 브랜드를 좋아할까? 이러한 정보는 페르소나에 대한 요약 통계라고 생각하면 된다.

그림 3-4는 맷이 소프트웨어 개발자임을 보여준다. 이 예시 프로젝트가 NFT가 인기를 끌기 이전에 진행되었다는 점을 고려할 때 맷이 개발자라는 설정은 합리적이다. 암호화폐 시장은 복잡하므로 기술 분야에서 일하는 사람이라면 해당 분야를 이해하고 있을 가능성이 더 높았다. 실제로 여러 소프트웨어 개발자가 사용자 인터뷰에 참여하기도 했다.

▼ **그림 3-4** 이 페르소나에는 직업, 나이, 그리고 그가 선호하는 브랜드를 대신해 좋아하는 게임이 포함되어 있다.

맷은 25세로 프로젝트 주제와도 잘 맞는다. 이 프로젝트는 암호화폐 거래를 기반으로 작동하는 게임 플랫폼을 다루고 있기 때문이다. 게다가 25세는 인터뷰 대상자의 중간값 연령이기도 하다.

맷은 좋아하는 게임이 있다. 이 프로젝트는 비디오 게임과 스포츠 팬을 유입시키기 위해 설계된 게임 마켓플레이스였기 때문이다. 따라서 그림 3-4에 있는 전반적인 요약에는 인터뷰한 사용자들이 열광한 일부 게임이 포함되어 있으며 이를 반영하기 위해 페르소나의 관심 영역에 포함시켰다.

3.2.2 배경/프로필

전반적인 개요를 선택한 후에는 페르소나가 어떤 사람인지 전달하는 이야기를 만들어야 한다. 이들의 취미는 무엇일까? 여러분이 다루는 문제와 관련해 이들은 어떤 일을 하는가? 이 정보는 페르소나가 누구이며 이들이 어떻게 시간을 보내는지 소개하는 엘리베이터 피치[2], 즉 프로필이라고 생각하면 된다(그림 3-5).

▼ **그림 3-5** 배경/프로필 항목에서는 맷이 좋아하는 게임, 여가 시간을 보내는 방식, 그리고 다른 사람들과 온라인에서 소통하는 방식을 다룬다. 이 플랫폼은 e스포츠에 초점을 맞추고 있기 때문에 페르소나에서도 맷이 e스포츠에 어떻게 참여하는지 특히 강조된다.

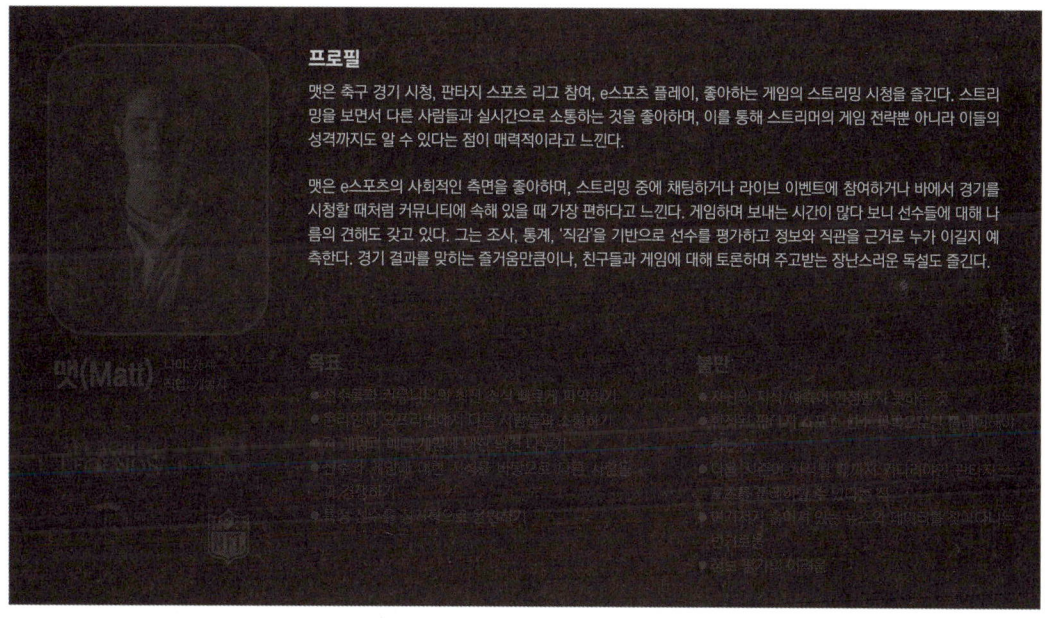

이 섹션에는 페르소나가 취하는 행동도 포함되어야 한다. 이들이 정기적으로 하는 일이 있을까? 이들이 특별히 열정을 보인다는 것을 연구를 통해 알게 된 활동이 있을까? 그런 부분도 포함시켜라! 이러한 정보는 페르소나에 별도의 섹션으로 추가해도 된다.

이 NFT 마켓플레이스 예제 프로젝트에서 수행한 연구에서는 대상 사용자가 디지털 게임에서 보드 게임, 스포츠에 이르기까지 온갖 게임을 즐긴다는 사실이 드러났다. 인터뷰 참가자들은 판타지 스포츠도 좋아한다고 언급했다. 이들은 친구들과 리그를 결성해 마치 스포츠 팀의 코치나 감독이 된 것처럼 팀의 성과를 비교하며

---

2 역주 엘리베이터에서 1분 내외의 짧은 시간 동안 핵심 정보를 효과적으로 전달한다고 가정하는 설명 방식.

상을 받고 자랑거리를 얻기 위해 경쟁했다. 우리는 페르소나도 이와 같이 게임하고 경쟁하며 다른 사람과의 사회적 교류에 집중하는 모습을 보이길 원했다.

맷은 다양한 게임에 시간을 쏟았다. 온라인 디지털 게임뿐 아니라 축구 같은 실제 스포츠에도 참여했다. 그는 자신이 좋아하는 경쟁, 게임, 팀워크를 모두 경험할 수 있는 e스포츠를 특히 좋아했다. 시간이 있을 때는 경기를 시청하며 좋아하는 팀을 응원했고 판타지 스포츠 리그에서 팀의 성과를 분석하고 예측했다.

3.2.3 좋아하는 것/목표

최종 디자인이 사용자의 요구에 부합하려면 사용자의 목표를 이해해야 한다. 사용자가 성취하고자 하는 것은 무엇일까? 무엇을 좋아할까? 무엇을 찾고 있을까? 이러한 정보는 집중해야 할 기능을 정하고 사용자가 좋아할 만한 요소를 구상하는 데 도움이 된다.

우리는 연구를 통해 대상 사용자가 게임을 좋아한다는 사실을 알게 되었다. 단순히 게임을 좋아하는 것이 아니라 게임을 통해 다른 사람들과 연결될 수 있다는 점을 좋아했다. 이들은 게임에서 경쟁하며 우월함을 과시하고 능력을 보여주는 것을 즐겼다. 친구들과 함께할 때는 더더욱 그러했다. 이는 우정과 경쟁이 어우러진 경험이었다.

> 목표를 구체화하려면 내적 동기와 외적 동기를 구분해 생각해보자. 개인적인 만족감이나 즐거움처럼 내적 동기를 부여하는 것은 무엇일까? 자산이나 보상처럼 외적 동기를 부여하는 것은 무엇일까?

맷(그림 3-6)은 다른 사람들과 교류하고, 게임에 대해 이야기하며, 기회가 있을 때마다 경쟁하는 것을 즐겼다. 우리가 기능을 디자인할 때도 이러한 부분을 신경 써야 한다는 의미였다. 이를 위해 메시지 게시판이나 순위표 같은 기능을 만들어 경쟁의 기회를 제공함으로써 맷이 자신을 표현하고 다른 사람들과 소통할 수 있게 만들 것이다.

▼ **그림 3-6** 목표에는 다른 사람들과 어울리기, 게임 관련 대화하기, 경쟁하기가 포함되어 있다.

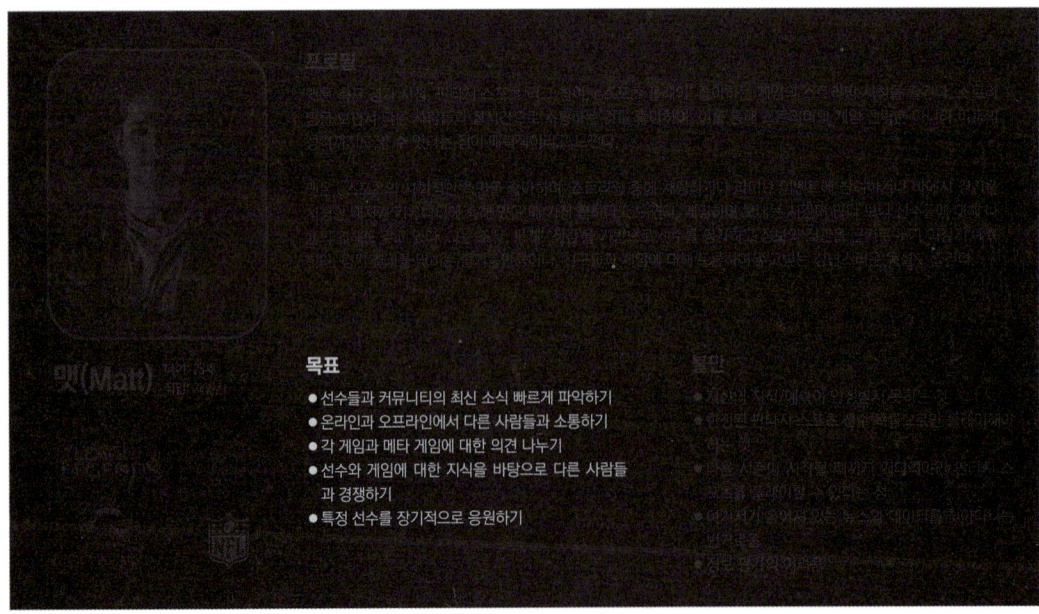

싫어하는 것/불만

목표를 알아야 하듯이 사용자를 방해하는 요소도 파악해야 한다. 이들이 어려움을 겪는 부분, 복잡하다고 느끼는 부분, 현재 부족하다고 느끼는 부분이 무엇인지 알아야 한다. 바로 이러한 부분에서 여러분이 만든 디자인 솔루션이 사용자에게 실제로 도움을 줄 수 있다. 사용자의 불만(그림 3-7)을 알면 이들의 페인 포인트를 직접적으로 해결하는 솔루션을 디자인할 수 있다.

▼ **그림 3-7** 우리 페르소나는 경쟁과 게임을 좋아한다. 이들의 페인 포인트는 오프 시즌이나 판타지 스포츠밖에 할 수 없는 시기처럼 이들이 좋아하는 것을 제한하는 요소였다. 이러한 방해 요소를 해결하는 디자인 솔루션이라면 사용자들에게 더 즐거운 경험을 줄 수 있을 것이다.

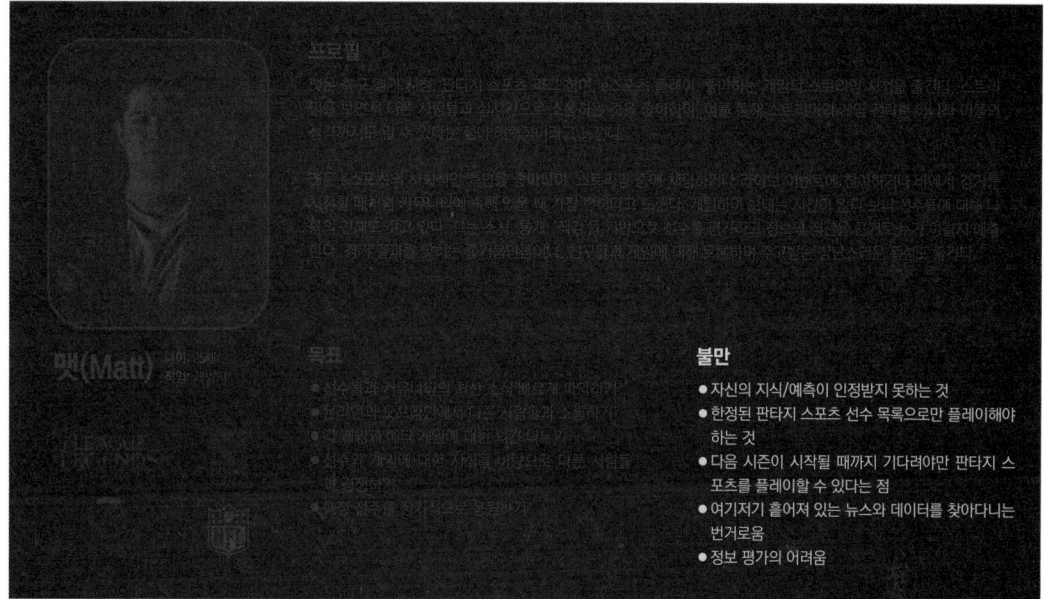

우리는 NFT 마켓플레이스 연구를 통해 사용자가 더 많은 선택지를 원한다는 것을 알게 되었다. 이들은 게임을 더 자주 하고 싶어 했지만, 판타지 스포츠는 일 년 내내 할 수 없고 특정 기간에만 할 수 있었다. 게다가 정보가 여기저기 흩어져 있어서 선수의 가치를 평가하기가 어려웠다. 사용자들은 통계와 뉴스 기사를 일일이 찾아보며 어떤 선수가 자신의 판타지 팀에 도움이 될지 알아내야 했다.

> 이 프로젝트에서는 연구 결과를 바탕으로 하나의 페르소나를 만들기로 했다. 하지만 하나의 제품을 위해 여러 페르소나를 만드는 경우도 많다. 특히 제품이 복잡해지고 다양한 사용자의 관심사를 충족시키려 할수록 더욱 그렇다. 또한 연구 과정에서 상반된 인사이트를 얻을 수 있는데, 이런 경우에도 여러 페르소나를 만들게 된다. 다만 시작할 때는 가능하면 하나의 페르소나에 집중하는 것이 좋다.

따라서 우리는 이러한 점이 반영되도록 페르소나를 설계했다. 맷은 인정받고 경쟁할 수 있는 기회를 간절히 원한다. 직접적으로든 간접적으로든 경쟁을 좋아하므로 기존 제품에 경쟁할 수 있는 기능이 부족하다는 점에 불만을 느낀다. 그는 자신이 원하는 대로 판타지 스포츠에 일 년 내내 참여하고 싶어 하며 그에 대한 보상도 받길 원한다. 특히 그 보상은 가능하면 그의 주요 관심사인 e스포츠와 연관이 있길 바란다.

종합하기

목표, 불만을 비롯한 페르소나의 다른 요소들을 종합하면 솔루션에 한걸음 더 가까워진다. NFT 마켓플레이스 예시의 페르소나인 맷이라면 e스포츠 마켓플레이스를 유용하다고 느낄 수 있다. 아니면 기존 스포츠 외에 e스포츠로 내기를 할 수 있는 기능이 포함된 플랫폼을 원할 수도 있다. 또는 순위표나 친구들과 함께 플레이할 수 있는 리그 같은 사회적 요소가 포함된 구조를 선호할 수도 있다. 자신의 팀에 영입하고 싶어 하는 선수들의 뉴스 기사나 경기 통계를 수집하는 뉴스 수집 기능도 흥미로워할 수 있다.

이는 맷을 위한 제품 경험에 포함시킬 수 있는 일부 기능에 불과하다. 우리가 누구를 위해 디자인하는지, 디자인하는 이유는 무엇인지를 이해하면 아이디어는 자연스럽게 떠오르기 시작한다.

기능과 관련된 이러한 아이디어를 페르소나의 목표와 불만에 포함시키지 않았다는 점에 주목하라. 기능은 사람들이 느끼는 감정이 아니라 사람들의 감정을 충족시키는 수단이다. 맷의 목표는 순위표가 아니라 자신의 능력을 보여주는 것이다. 그래서 이 단계에서는 기능을 언급하지 않았다. 우리가 주목한 부분은 사용자의 근본적인 행동이나 욕구였지 그 욕구를 충족시킬 수 있는 무언가가 아니었다. 그 부분은 나중에 문제를 해결하는 솔루션을 생각할 때 다룬다.

3.2.4 페르소나를 어떻게 만들까?

지금까지 설명한 내용이 페르소나를 만드는 방법을 조금 더 명확히 이해하는 데 도움이 되었기를 바란다. 사용자 인터뷰를 통해 사용자와 대화를 나누는 것이 가장 좋다. 인터뷰 결과를 바탕으로 어피니티 매핑을 진행하고 그 연구로부터 '나' 진술을 작성한다. **'나' 진술**이 있으면 페르소나의 목표와 불만을 조금 더 쉽게 파악할 수 있고 누구를 위해 디자인하는지 더 정확하게 이해할 수 있다. "나는 하고 싶을 때 경쟁할 수 없어서 불만이다.", "나는 친구들과 경쟁하는 것을 즐긴다." 같은 진술은 맷이라는 페르소나와 직접적으로 연결되며 디자인에 영향을 미친다.

3.2.5 페르소나는 누구를 위해 디자인하는지 정의하는 데 도움이 된다

페르소나는 디자인 싱킹 프로세스의 핵심적인 구성 요소다. 디자인할 때 고려하는 **이상적인** 사용자이며, 제품에 대한 의사결정을 내릴 때 참고할 수 있는 기준이 된다. "맷이라면 어떻게 생각할까?", "맷이라면 좋아할까?", "맷이라면 이걸 사용할 수 있을까?"라고 페르소나의 관점에서 생각하면 더 나은 디자인 결정을 내릴 수 있다.

또한 페르소나는 단순히 의견만으로 만들어지지 않는다. 실제 사용자들과 대화하며 얻은 연구 결과에 기반해 작성된다. 사용자들과 대화를 나누고 이들이 경험한 이야기를 들으며 사용자의 목표와 불만을 이해하게 되면 대상 사용자가 어떤 사람인지 전체적인 그림을 그릴 수 있다.

결국 누구를 위해 디자인하는지 모르는 채 어떻게 그들을 위한 사용자 경험을 만들 수 있겠는가?

3.2.6 직접 해보자!

페르소나를 만드는 방법을 배웠으니 자신의 프로젝트를 위한 페르소나를 만들어보자. 사용자 인터뷰와 어피니티 매핑을 완료했다면 이를 통해 얻은 데이터를 기반으로 페르소나를 만들 수 있다.

아직 완료하지 않았다고 해도 괜찮다. 페르소나 작업을 잠시 멈추고 프로젝트의 다른 부분부터 작업한 다음에 페르소나를 만들어도 된다. 아니면 내가 만든 어피니티 매핑 연습의 '나' 진술(https://tinyurl.com/asuxd-affinity)을 활용해도 좋다.

어디에서 시작해야 할지 잘 모르겠다면 페르소나를 만드는 데 활용하도록 만들어둔 예시(https://tinyurl.com/asuxd-persona-template)를 참고하라.

페르소나는 대상 사용자를 이해하는 데 도움이 되도록 설계된 도구다. 이들이 좋아하는 것은 무엇일까? 이들을 방해하는 것은 무엇일까? 이들은 어떻게 시간을 보낼까? 이들이 좋아하는 브랜드나 경험은 무엇일까?

프로젝트에 포용성이 부족하다고 느낀다면 이름, 나이, 성별, 사진을 포함시키지 않아도 된다. 그 대신 그러한 특징 없이 페르소나를 식별하거나 참조할 수 있는 방법을 고민해보라. 대상 사용자를 나타내는 데 도움이 되는 별명이나 간단한 문구를 사용해도 된다.

그리고 좋은 페르소나의 원칙을 염두에 두어라.

- **페르소나는 실제 사람이 아니다.** 페르소나는 실제 사람을 대표하는 하나의 표현이며, 솔루션을 디자인하는 데 도움이 되는 도구다.

- **페르소나는 실제 사람처럼 '느껴져야' 한다.** 인용문, 상세한 프로필, 실제 사용자 인터뷰 데이터를 기반으로 한 선호도 등은 페르소나를 진짜 사람처럼 느껴지게 하는 데 도움이 된다.

- **페르소나는 성취할 목표가 있다.** 실제 사람처럼 페르소나에게도 목표가 있지만 이를 방해하는 여러 요소가 있다. 목표가 무엇인지, 방해 요소가 목표 달성을 어떻게 가로막는지 파악하는 일은 훌륭한 페르소나를 만드는 데 핵심적이며, 디자인하는 솔루션 역시 이를 바탕으로 해야 한다.

> 부록 A.2 '페르소나'를 참고해 여러분의 페르소나를 예시와 비교해보라.

- **페르소나에 솔루션을 포함시키지 마라.** 기능은 페르소나의 목표나 불만이 아니다. 예를 들어 사람들이 원하는 것은 정보를 찾을 수 있는 능력이지 검색창이 아니다. 미묘한 차이라고 느껴질지 모르지만 페르소나에 솔루션을 포함시키지 않는 것은 중요하다. 아직 여러분은 문제를 탐색하는 중이며, 솔루션을 다룰 준비가 되지 않았다.

3.3 사용자 여정 지도 만들기

대상 사용자, 즉 페르소나가 누구인지 이해했다면 이들의 경험을 이해할 차례다. 사용자를 더 명확히 이해할수록 더 나은 디자인을 완성하는 데 도움이 된다. 이들의 욕구와 필요 외에도 많은 정보를 알아야 한다. 이들의 경험은 어떻게 진행될까? 현재 이들이 겪고 있는 상태는 무엇일까? 이들은 경험을 어떻게 준비하고 되돌아볼까? 사용자 경험의 이전, 도중, 이후를 알면 시야가 넓어져서 더 나은 솔루션을 떠올릴 수 있다.

누군가 경험 도중에 어려움을 겪고 있다면, 이를 사전에 해결할 방법이 있을지 모른다. 사람들이 어떤 경험을 더 쉽게 되돌아보고 싶어 한다면, 경험 도중에 정보를 기록할 방법을 제공해 나중에 더 쉽게 회상할 수 있게 해줄 수 있다.

사용자에 대해 아는 것으로는 충분하지 않다. 이들이 하는 경험을 상상하며 이들의 목표와 불만에 공감하고 이들의 경험이 어떻게 진행되는지 이해해야만 더 나은 경험을 만들 수 있다.

사용자의 경험이 어떻게 진행되는지 제대로 이해할 수 있도록 이들이 대상을 어떻게 경험하는지 설명하는 이야기, 즉 사용자 여정 지도를 만들어보자.

3.3.1 사용자 여정 지도란 무엇인가?

디자인 싱킹 프로세스 정의 단계의 목표는 현재 상태를 더 잘 이해하는 것이다. 사용자는 누구인가? 이들이 좋아하는 것과 싫어하는 것은 무엇인가? 이들의 경험은 어떻게 이루어지는가? 여정 지도는 이 단계에서 중요한 역할을 한다.

여정 지도는 사용자가 목표를 달성하기까지 거치는 과정을 시각적으로 나타낸 것이다. 말 그대로 사용자의 경험이 어떤 여정을 거치는지 보여주는 지도이며, 이 지도에는 여정을 시작한 동기, 여정을 거치며 하는 행동, 여정의 여러 요소를 경험하며 느끼는 감정 등 여정의 모든 측면이 포함된다.

그림 3-8은 암호화폐 마켓플레이스 프로젝트 예시에서 맷이라는 페르소나를 위해 만든 실제 여정 지도를 보여준다. 나는 이근배 님이 만든 훌륭한 템플릿을 사용했다.[3] 이 프로젝트는 초기 단계의 NFT와 관련이 있었으며 온보딩 절차가 혼란스러웠다. 사용자들은 이 플랫폼이 어떤 플랫폼인지, 주문이 처리되는 데 얼마나 걸리는지, 자신이 거래한 포트폴리오의 실제 가치가 얼마인지 잘 이해하지 못했다.

이러한 혼란이 어디에서 오는지 제대로 이해하기 위해 사용자들을 인터뷰하고 그 내용을 어피니티 매핑으로 종합해 맷이라는 페르소나를 만든 후, 맷이 제품을 사용하기 전, 사용하는 동안, 그리고 사용한 이후의 여정을 지도로 만들었다. 이 사용자 여정 지도를 바탕으로 기존 제품 경험을 개선할 수 있게 제안했고, 맷의 여정에서 우리가 할 수 있는 일이 무엇인지 아이디어를 도출하는 데 집중했다.

---

3 https://dribbble.com/shots/4232985--Free-Template-Journey-Map-Bundle

▼ **그림 3-8** 여정 지도는 사용자 경험의 오르내림을 보여줌으로써 문제없이 작동하는 부분과 개선이 필요한 영역을 이해하고 전달할 수 있게 해준다.

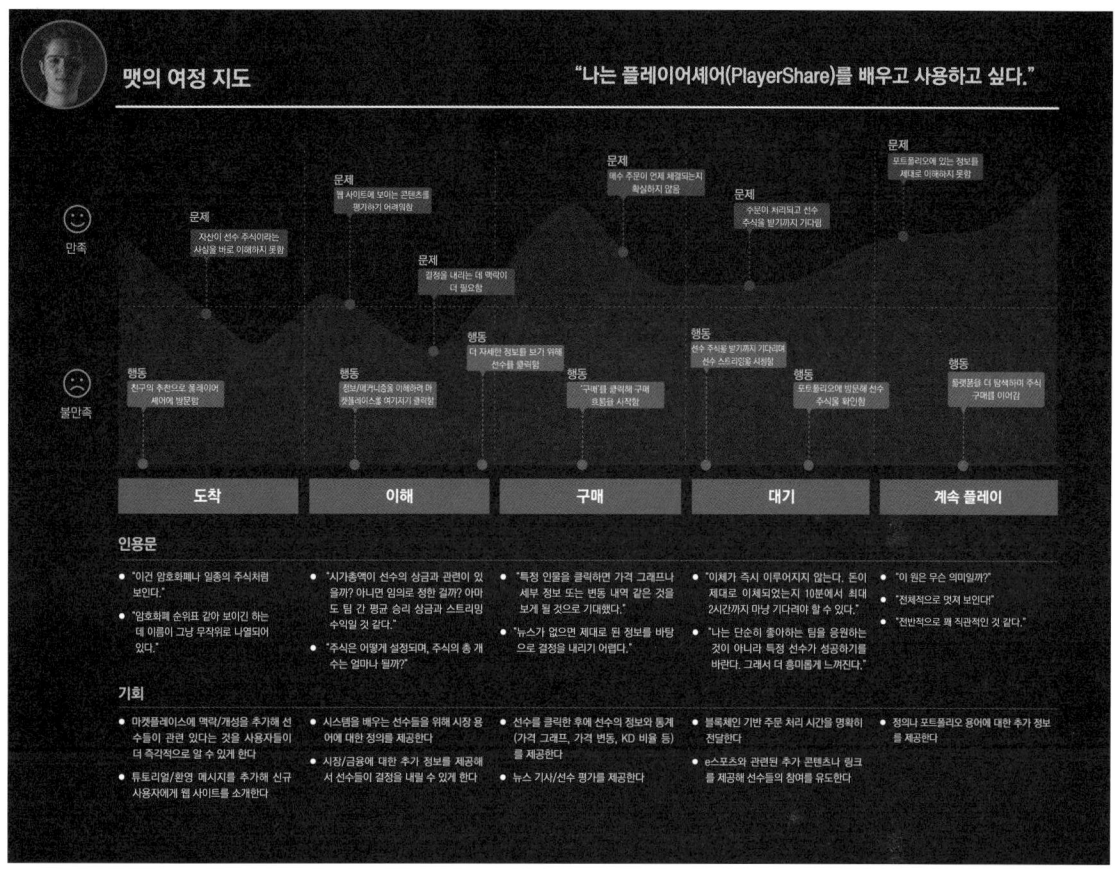

여정 지도는 주로 팀의 이해를 일치시키는 스토리텔링 도구로서의 역할을 한다. 여정 지도는 페르소나를 중심으로 시나리오를 따라 여성을 탐색한다. 시나리오는 여러분이 직접 설계할 수 있으며 사용자가 거치는 여정도 여러분이 선택할 수 있다. 이러한 여정의 내용은 연구를 기반으로 하는 것이 바람직하며, 사용자를 인터뷰하며 관찰한 사항이나 사용자가 어떤 경험에 대해 보인 행동과 의견을 보여주는 데이터를 반영해야 한다. 대부분의 사용자 여정은 사용자 인터뷰를 바탕으로 만들어진다.

그렇다면 여정 지도에는 어떤 내용이 포함될까? 일반적으로 여정 지도는 사용자 경험을 전달하는 데 도움이 되는 몇 가지 핵심 요소로 구성된다.

> 보유한 페르소나의 수와 각 페르소나의 목표 개수에 따라 프로젝트에 여러 사용자 여정 지도가 필요할 수 있다. 페르소나별로 주요 여정이 모두 표현되었는지 확인하라.

- 페르소나/배경
- 단계
- 행동
- 생각/감정
- 인사이트

페르소나/배경

사용자 여정 지도를 만들려면 사용자가 필요하다! 여기서 말하는 사용자는 대개 페르소나다. 여정 지도는 일반적으로 페르소나 작업과 함께 진행되기 때문이다. 여정은 사용자의 관점에서 기록되므로 사용자가 여정을 주도하는 것이 중요하다. 여정을 **주도**하는 주체가 사용자라는 사실을 잘 전달하려면 결과물의 거의 모든 내용을 페르소나의 관점에서 작성해야 한다. 마치 이들이 여정에서 경험하는 바를 여러분도 직접 체험하는 것처럼 느끼게 해야 한다.

NFT 프로젝트 팀 내에 공통된 이해를 더 탄탄히 하기 위해 여정 지도에 배경 정보를 추가하면 좋다(그림 3-9). 이 사람은 누구인가? 이 여정은 어떤 일을 하는 과정인가? 이 사람이 이 여정에서 성취하고자 하는 바는 무엇인가? 이렇게 배경을 설정해두면 모든 팀원이 공통된 이해 기반을 갖추는 데 도움이 된다.

▼ **그림 3-9** 이해관계자들이 페르소나의 내용을 확인할 수 있으므로 프로필을 길게 작성하는 대신에 맷이 이 여정을 거치는 이유를 요약한 인용문을 포함시켰다. 그는 제품에 관심이 있고 제품 사용법을 익혀서 거래하고 친구들과 경쟁하고 싶어 한다.

맷의 사용자 여정에서 배경은 간단하게 서술했다. 이해관계자들은 문제를 잘 이해하고 있으므로 '배경' 항목에서는 맷의 핵심 사용자 요구, 즉 플랫폼을 익히고 사용해 친구들과 경쟁해 승리하고 싶다는 의사를 전달했다.

1단계

사용자 여정 지도는 하나의 **여정**이므로 여러 부분이나 단계로 나눌 수 있다. 이러한 단계는 사용자가 여정을 통해 거치는 과정을 전체적으로 보여주며 여정 지도의 나머지 부분을 정리하는 데 도움이 된다. 이를 페르소나 경험을 전체적으로 조망하는 흐름으로 생각하라. 사용자 여정의 각 마일스톤은 무엇인가? 사용자가 제품을 통해 거치는 단계를 너무 세부적인 사항까지 들어가지 않고 간단히 전달해야 한다면 각 단계는 어떻게 될 것인가?

맷의 여정은 5단계로 나누었다(그림 3-10). 첫 번째는 '도착' 단계다. 맷은 광고, 입소문, 또는 친구의 초대를 통해 플랫폼에 온다. 다음은 '이해' 단계다. 맷은 이 플랫폼이 어떤 곳인지, 어떤 서비스를 제공하는지 이해하기 시작한다. 그다음은 '구매' 단계다. 플랫폼에 참여하려면 거래를 하고 첫 구매를 통해 포트폴리오를 구성할 자산을 사야 한다. 그다음은 '대기' 단계다. 거래가 완료되려면 시간이 걸리는데 블록체인 거래는 특히 시간이 오래 걸릴 수 있다. 이 단계에서 맷은 거래가 확정되기까지 기다릴 뿐 아니라 구매한 자산의 가치가 변하는지도 확인한다(이 과정은 실제 투자와 비슷하다고 생각하면 된다). 마지막으로 첫 제품 여정의 최종 단계인 '계속 플레이'에 도달한다. 어느 정도 시간이 지난 후 그는 플랫폼을 통해 계속 게임을 '플레이'하며 친구들과 경쟁하고 더 많은 자산에 투자해 포트폴리오를 성장시킨다.

▼ **그림 3-10** 맷이 제품을 통해 거치는 여정의 단계. 이러한 단계는 사용자 여정의 전체적인 과정을 설명하는 데 도움이 된다.

행동

사용자 여정을 폭넓게 논의하는 단계를 거쳤으니 이제 더 깊이 들어가서 페르소나가 여정 도중에 취하는 구체적인 행동을 다룰 차례다. 단계가 장 제목이라면 행동은 각 장의 절에 해당한다고 볼 수 있다.

여전히 행동을 대략적으로 살펴보는 수준에 머무른다. 유저 플로(user flow)의 모든 단계를 한 장면씩 세세하게 다룰 필요는 없다. 여기에서는 페르소나가 어떤 일을 하고 있는지를 중점적으로 본다고 생각하면 된다. 행동은 제품에만 국한되지 않는다. 제품 자체와 관련된 행동 외에 기기와 관련된 행동(휴대전화나 컴퓨터 켜기 등)이나 물리적 공간과 관련된 행동도 포함할 수 있다.

> 사용자 경험 내에서 한 사람이 거치는 여정은 제품 내부뿐 아니라 외부에도 존재한다. 따라서 사용자 여정에는 제품 외부의 경험도 포함되어야 한다. 맷의 경우, 플랫폼 사용법을 익히기 위해 친구들과 나눈 대화, 거래 확정에 걸리는 시간 등이 여기에 해당한다.

다섯 단계에 걸쳐 플랫폼에 익숙해지는 모든 과정을 맷의 사용자 여정 지도에 매핑했다(그림 3-11). 또한 각 단계를 두 가지 범주로 나누었다. 하나는 맷이 내린 선택을 나타내는 **행동**, 다른 하나는 여정 도중에 맷이 겪는 불편을 나타내는 **문제**다. 이러한 문제는 보통 플랫폼 자체에서 비롯되며 이후 디자인 프로세스에서 개선할 것이다.

▼ **그림 3-11** 행동은 감정적인 반응으로 이어지며, 이는 그래프에서 맷이 만족하거나 불만족하는 요소로 표현된다. 맷이 여정을 진행하면서 여러 문제를 마주하게 되면, 그에 따라 감정 상태가 변하며 추가적인 행동을 취하게 된다.

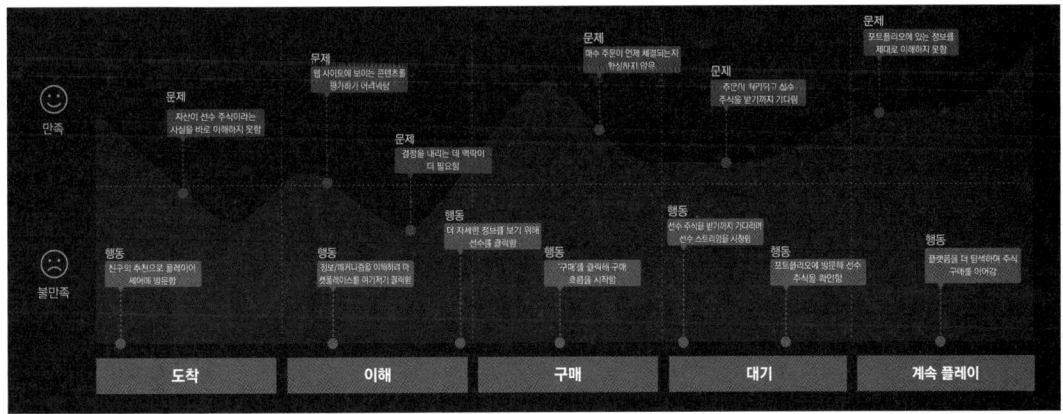

하지만 어떻게 맷이 이런 행동을 하고 이런 문제를 마주한다는 것을 알았을까? 바로 연구에서 얻은 데이터 덕분이다. 우리가 만든 이 이야기는 사용자와 나눈 대화에서 들은 이들의 경험을 바탕으로 구성된 것이다. 연구를 통해 발견한 사용자의 행동과 문제가 바로 이 여정 지도에 반영되었다.

> 이런 연습을 통해 잠재적인 디자인 기회를 발견할 수 있다. 예를 들어 맷이 더 빠르게 이해하도록 도울 방법은 없을까? 일단 플레이를 시작하면 그의 만족도가 더 높아진다는 것은 합리적인 가정이다. 따라서 더 빨리 플레이를 시작할 수 있게 해주면 결과적으로 그의 만족도가 더 빨리 높아질 것이다.

3장 사용자의 문제 정의하기   **135**

맷의 전반적인 만족도 점수라는 요소도 추가했다. 맷이 더 많은 행동을 하고 더 많은 문제를 겪으면서 제품과 함께 만족도는 변화한다. 만족도를 시각적으로 나타내는 곡선은 맷에게 더 깊이 공감하도록 해준다. 예를 들어 이 여정 지도의 이해 단계는 맷의 불만이 가장 깊어지는 지점이다. 그는 그저 플랫폼을 사용하고 이해하고 싶을 뿐인데 그게 어려우니 답답한 것이다. 그 단계를 지나가고 투자(애초에 이 플랫폼을 찾은 이유)를 시작하면 만족도가 올라간다.

생각/감정

페르소나가 여정을 거치는 도중에 하는 생각에 따라 이들의 감정은 달라진다. 사용자가 여정을 거치며 느끼는 감정을 이해하면 이들의 목표와 불만을 관통하는 인사이트를 얻을 수 있고 이러한 인사이트는 이들의 요구를 반영하는 솔루션을 디자인하는 데 도움이 된다.

여기에 인용된 생각은 사용자 인터뷰에서 관찰한 내용을 추상적으로 표현한 사용자 인사이트나 '나' 진술일 수도 있고 사용자가 인터뷰 도중에 실제로 한 말을 그대로 인용한 것일 수도 있다.

이 여정 지도에는 관찰 사항을 정리해서 적지 않고 인용문(그림 3-12) 그대로 담았다. 일반적으로 사용자가 무엇을 경험하는지 더 강력하게 전달하는 것은 인용문이다. 이들이 직접 한 말이기 때문이다. 또한 인용문은 다른 팀원들에게 더 깊은 공감을 끌어내는 데에도 도움이 된다. 사용자의 발언을 해석해 인사이트를 도출하는 도중에 사용자가 느낀 감정이 희석되기 쉽다. 그렇다면 차라리 이들이 실제로 한 말을 직접 전달하는 것이 낫지 않겠는가? "맷이 순위표를 혼란스러워한다."라고 내가 전달하는 것과 그가 직접 한 말은 지니는 무게가 다르다. 한 사용자는 "암호화폐를 위한 순위표 같아 보이긴 하지만 이름이 그냥 무작위로 나열되어 있다."라는 말로 제품에서 경험한 혼란을 표현했다. 이 말을 그대로 인용하면 여정 지도에 공감과 무게가 더해진다. 애초에 여정 지도를 만드는 이유가 바로 이러한 효과를 기대하기 때문이다.

> 인용문은 '증거' 역할을 한다. 여정 지도에 담긴 내용을 실제로 사용자가 말하고 실행했음을 보여주는 것이라면 사진, 동영상, 일화 등 어떤 형태든 증거가 될 수 있다.

▼ 그림 3-12 페르소나의 생각과 감정. 때로는 사용자 인사이트로, 때로는 사용자 인터뷰에서 발췌한 실제 인용문으로 표현한다.

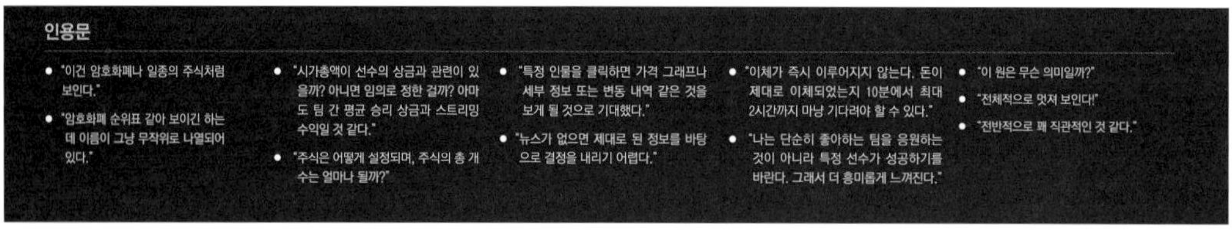

인사이트

원한다면 사용자 여정의 각 단계에서 액션 아이템이나 개선이 필요한 영역에 대한 분석을 넣을 수 있다(그림 3-13). 이러한 액션 아이템은 연구에서 얻은 인사이트, 디자인으로 개선할 수 있는 부분, 또는 이후 단계에서 완료해야 할 작업으로도 표현할 수 있다.

▼ 그림 3-13 이 프로젝트의 목표가 제품 개선이었던 만큼, 이 여정 지도의 '기회' 섹션에는 맷이 사용자 경험 중 느낀 불만족을 해결하는 플랫폼 개선 사항을 담았다.

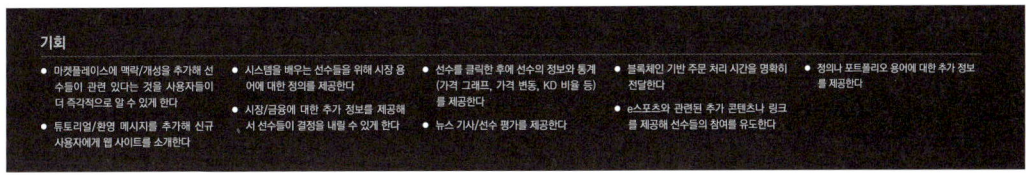

맷의 사용자 여정 지도에는 그가 온보딩 경험 중 겪은 핵심 문제에 대한 해석을 추가했다. 이러한 해석은 인용문과 좋은 짝을 이룬다. 인용문 섹션에는 맷의 생각을 가감 없이 보여주고, 기회 섹션에는 이에 대한 내 해석을 정리해 아이디어 도출의 기반으로 삼았다. 맷이 플랫폼에 등장하는 이름들을 제대로 알아보지 못했다고 말했기 때문에 이름에 대한 추가적인 맥락을 제공해 제품을 개선하자고 제안했다.

3.3.2 사용자 여정 지도는 어떻게 만들까?

지금까지의 내용이 프로젝트를 위해 페르소나를 구성하는 방법을 이해하는 데 도움이 되었기를 바란다. 가장 이상적인 출발점은 사용자 인터뷰를 통해 사용자와 대화를 나누는 것이다. 사용자 인터뷰의 내용을 어피니티 맵에 정리하고 이를 바탕으로 '나' 진술을 만든다. 이러한 진술을 활용하면 페르소나의 목표와 불만을 더 쉽게 표현할 수 있고 누구를 위해 디자인하는지도 보다 명확해진다.

3.3.3 사용자 여정은 이해를 돕는다

사용자 여정 지도는 사용자를 더 깊이 이해하는 데 도움이 된다. 사용자의 욕구와 필요에 대한 연구를 진행한 후 그 결과를 바탕으로 페르소나를 만들 수 있다. 그리고 페르소나와 사용자 인터뷰에서 얻은 이야기를 활용하면 한 단계 더 나아가 해당 페르소나에 대한 내러티브를 만들 수 있다.

인간은 이야기에 이끌린다. 이야기는 기억에 오래 남고 타인과 공감하는 데 도움을 준다. 사용자를 위한 이야기를 만들면 사용자와 공감하고 이들의 문제를 정의하며 우리가 해결하려는 문제를 훨씬 더 쉽게 이해할 수 있다.

3.3.4 직접 해보자!

지금쯤이면 사용자 여정 지도를 만들 때 어디에서 시작해야 할지 충분히 이해했기를 바란다. 이제 혼자 여행하는 사람을 위한 프로젝트의 사용자 여정 지도를 직접 만들며 이러한 기술을 연마해보자. 여러분이 연구를 통해 만든 페르소나나 앞선 연습에서 제공한 정보를 활용하라.

시작하려면 여러 템플릿을 둘러볼 수 있는 피그마 커뮤니티 자료(https://tinyurl.com/asuxd-journeymaps)를 검색해보자.

여정 지도를 만들다가 막히는 느낌이 든다면 익숙한 주제로 간단한 지도를 만들어보는 것도 좋은 방법이다. 나는 학생들에게 식료품점 다녀오기, 저녁에 먹을 음식 결정하기처럼 간단한 사용자 여정 지도를 만드는 과제를 내주곤 했다.

자신의 프로젝트에서 만든 페르소나를 사용해도 좋고 다음 시나리오 중 하나를 바탕으로 자신이 했던 여정을 떠올려도 좋다.

- 방금 집으로 돌아왔는데 배가 무척 고프다! 냉장고를 열어봐도 먹을 게 없다. 이럴 때 여러분의 여정은 어떻게 전개될까?
- 일주일치 장을 보러 간다고 상상해보자. 어떤 여정을 거치게 될까?

이를 바탕으로 여정을 구성하려면 다음 단계를 따르면 된다.

1. 목표 작성하기
2. 해야 할 행동 작성하기
3. 행동을 실행하면서 떠오르는 생각과 느낌 기록하기
4. 각 행동을 단계별로 분류하기

사용자 여정 지도의 목적은 사용자의 현재 상태를 전달하는 것이다. 페르소나는 제품과 상호작용하기 이전, 도중, 이후에 어떤 경험을 할까? 어떤 행동을 할까? 시스템은 어떻게 반응할까? 그에 따라 사용자는 어떤 감정을 느낄까? 인용문, 인사이트를 비롯한 여러 증거를 활용해 사용자 여정과 그 각 단계를 설명하라.

> 미래 상태를 전달하는 여정 지도도 만들 수 있겠지만 그렇게 하는 것은 이번 연습의 목적에 맞지 않다(아직 제품을 정하지 않았기 때문이다).

사용자 여정 지도를 만들 때 참고하면 좋은 몇 가지 팁을 소개한다. 사용자가 현재 상태를 어떻게 경험하는지 보여주는 강력한 내러티브를 만들고 싶다면 다음 순서에 따라 여정 지도를 작성할 것을 권한다.

1. 이 여정을 경험하는 페르소나는 누구인가? 페르소나의 이름, 사진, 전체적인 개요를 포함시켜라.
2. 사용자가 거치는 주요 단계는 무엇인가? 이는 사용자 여정을 구성하는 상위 단계다.
3. 이들은 그 과정에서 어떤 행동을 취하는가? 이러한 행동은 여정의 상위 단계를 구성하는 하위 단계다.
4. 각 행동을 마친 후에 사용자는 어떤 감정을 느끼는가? 시스템은 어떻게 반응하는가? 이것이 페르소나가 사용자 여정 지도를 거치며 경험하는 감정이다.
5. 사용자 여정에서 어떤 기회가 보이는가? 이러한 기회는 여정 지도가 완성된 후 다뤄야 할 잠재적인 디자인 솔루션이자 프로젝트에서 탐색해볼 영역이다.

> 부록 A.2 '사용자 여정 지도'를 참고해 여러분의 여정 지도를 예시와 비교해 보라.

3.4 해결해야 할 문제

디자인 싱킹 초반 단계의 목적은 이해하는 것이다. 초기 문제, 사용자, 그리고 그 문제가 이들에게 어떤 영향을 미치는지에 대한 맥락을 이해하는 것이 핵심이다. 이 모든 연구가 완료되면 디자인을 통해 해결하려는 진짜 문제가 더 명확히 드러난다.

바로 이 지점에서 문제 진술이 등장한다. 문제 진술, 즉 **해결해야 할 문제**는 프로젝트의 나머지 부분에서 집중해야 할 핵심이다. 이것이 디자인 싱킹 프로세스의 나머지 단계를 진행하면서 추구하는 목표다. 즉 아이디어를 도출하는 기반이고, 솔루션을 디자인하는 방향이며, 최종 제품을 완성할 때까지 참고하는 기준이다. 따라서 문제 진술은 프로젝트의 중심이자 연구에서 탐색으로 넘어가는 전환점이다.

3.4.1 문제 진술은 어떻게 활용하는가?

닐슨 노먼 그룹의 디자인 싱킹 모델(그림 3-14)에서 문제 진술을 작성해야 할 시점은 시각적으로 정확하게 표현할 수 있다.

▼ 그림 3-14 닐슨 노먼 그룹의 디자인 싱킹 모델. 문제 진술은 정의 단계, 아이디어 도출 단계 사이에 위치한다.

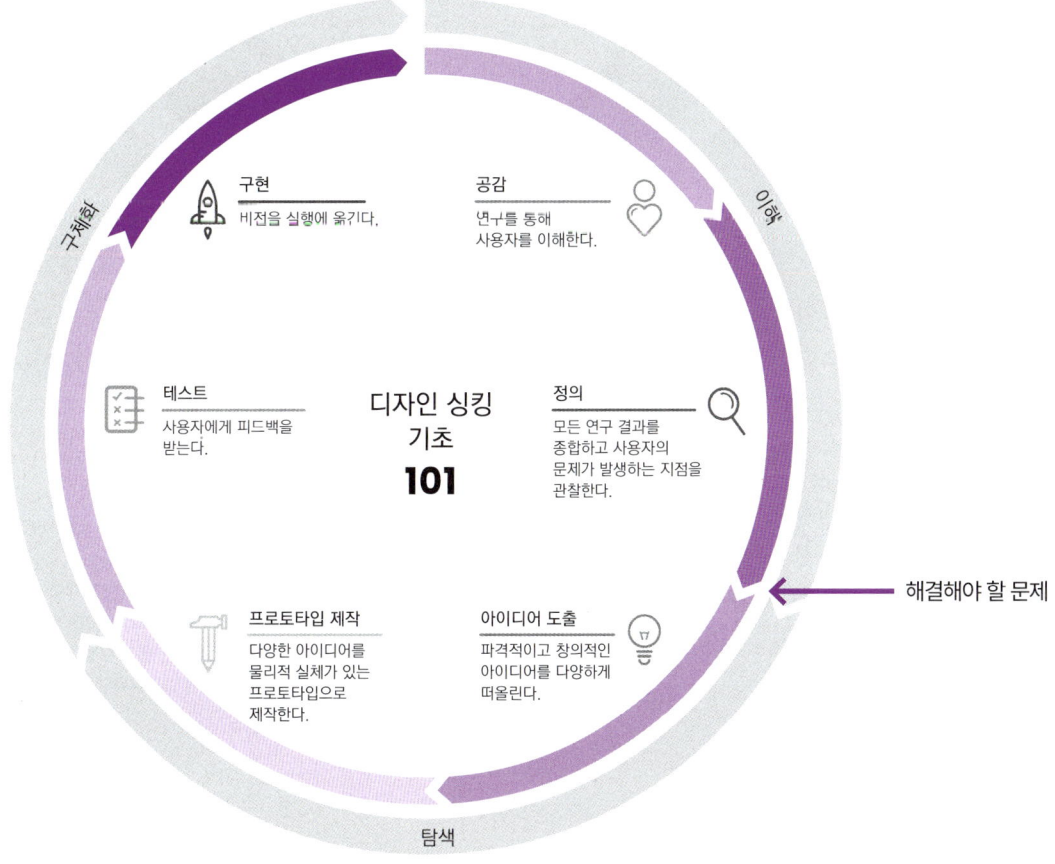

문제 진술은 디자인 싱킹 정의 단계의 마지막 조각이다. 이는 연구의 결과이며 본질적으로 우리가 무엇을 달성하려고 하는지를 나타내는 정의이다. 이 정의를 바탕으로 프로젝트를 통해 이루려는 것이 무엇인지 마침내 완전히 이해하게 되며 아이디어 도출을 비롯한 프로세스의 이후 단계를 통해 솔루션을 탐색할 수 있는 준비를 마치게 된다.

문제 진술은 특정 디자인 싱킹 모델에만 국한되지 않는다. 다른 모델에서도 문제 정의는 매우 중요하며 일부 모델에서는 프로세스의 일부로 명시되어 있기도 하다.

그림 3-15의 영국 디자인 위원회의 더블 다이아몬드[4]에서 전체 프로젝트가 한 지점으로 수렴하는 것을 확인할 수 있다. 바로 문제 정의, 즉 문제 진술이 프로세스의 나머지 부분을 이끌어 나간다. 문제 정의는 디자인 싱킹의 필수 요소다. 문제 정의가 없다면 디자인할 때 사용할 나침반도, 따라야 할 북극성도, 아이디어 도출을 해나갈 방향도 없는 것이나 다름없다. 문제 진술은 사실상 프로젝트의 나머지 부분을 구성하는 기준이 되는 프롬프트다.

▼ **그림 3-15** 문제 정의는 더블 다이아몬드 디자인 싱킹 프로세스의 핵심 요소로 모든 연구와 그에 대한 이해가 하나로 모이는 한가운데에 위치한다.

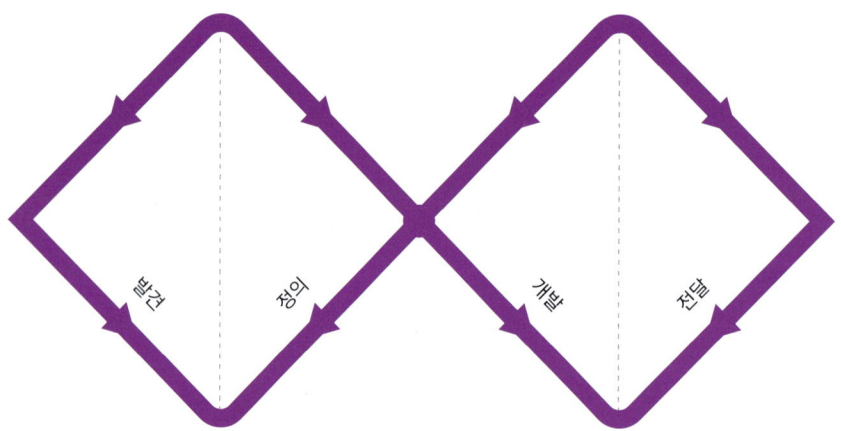

문제 정의가 디자인 싱킹 프로세스의 중요한 부분인 것은 자명하다. 하지만 디자인에는 실제로 어떻게 도움이 될까? 문제 진술의 주요 목적은 어디에 집중할지에 대한 팀의 의견을 일치시키고 어떤 문제를 해결할지에 대한 합의를 끌어내는 것이다. 문제 진술은 사용자, 사용자의 요구, 문제가 미치는 영향을 간결하게 전달해 어떤 솔루션으로 사용자의 요구를 충족시킬지 합의에 이를 수 있게 한다.

문제 진술은 이토록 중요하다. 세상에서 가장 유명한 혁신가들 중에 솔루션을 고민하기보다 문제를 정의하는 데 더 많은 시간을 들여야 한다고 하는 이들도 있을 정도다. 알베르트 아인슈타인은 이러한 의견을 다음과 같이 훌륭하게 표현했다.

> 이상적인 상황이라면 한 번에 한 가지 문제에만 집중해 그 문제를 해결하고 다음 문제로 넘어갈 수 있을 것이다. 하지만 현실에서는 광범위한 연구, 다양한 사용자의 요구와 목표를 기반으로 여러 문제를 동시에 해결해야 하는 경우가 많다. 사용자 경험을 만드는 사람으로서 여러분은 이러한 요소 사이에서 균형을 잡고 어떤 문제에 집중할지, 그리고 디자인을 통해 그 문제를 어떻게 해결할지 논리적으로 제시할 수 있어야 한다.

---

[4] www.designcouncil.org.uk/our-resources/framework-for-innovation/

> 나에게 문제 해결을 위해 한 시간이 주어진다면 문제를 이해하는 데 55분을 쓰고 남은 5분 동안 솔루션을 생각할 것이다.

그럼 이제 문제 진술을 만드는 간단한 공식을 살펴보고 이를 프로젝트에 어떻게 적용할지 확인해보자.

3.4.2 문제 진술은 어떻게 작성하는가?

효과적인 문제 진술을 작성하는 것은 어려운 일이다. 어떤 단어를 선택하느냐에 따라서 작성에 성공할 수도 실패할 수도 있다. 사소한 표현의 차이가 진술의 효과를 극적으로 바꾸기도 한다.

다행히 몇 가지 지침을 따른다면 더 나은 문제 진술을 작성하는 데 도움이 될 것이다.

공식으로 시작하기

문제 진술은 간단한 공식을 따른다.

사용자 + 요구 = 목표

이 공식을 문장으로 표현하자면 다음과 같다.

> 나는 〈사용자〉로서 〈목표〉를 달성하기 위해 〈요구〉를 필요로 한다/원한다.

이 공식은 문제 진술의 초안을 작성하는 데 도움이 된다.

음식 배달 서비스 프로젝트를 진행하고 있다고 가정해보자. 여러분은 이 프로젝트를 위해 연구를 진행하며 집으로 배달 음식을 주문했던 다수의 고객을 인터뷰했다. 그 결과 요리하기가 부담스럽거나 요리할 시간이 없을 때 음식을 주문하는 사람이 많다는 것을 알게 되었다. 조리된 음식을 주문하면 장보기, 요리하기, 식사 후 설거지하기에 시간을 들이지 않고 빠르게 식사를 마칠 수 있다.

이 문제를 가지고 사용자를 위한 디자인에 도움이 되는 문제 진술을 작성해보자.

> 나는 〈사람〉으로서 〈시간 여유를 갖기〉 위해 〈배달 음식 주문〉을 원한다.

이 문제 진술은 사용자를 위한 디자인에 어느 정도는 도움이 될 수 있다. 하지만 구체성이 부족하다. 사용자에 대한 맥락이 거의 없고 '사람'이라는 표현만으로는 정의하기도 공감하기도 디자인의 초점을 맞추기도 어렵다. 사용자 요구도 너무 광범위하다. 사용자는 어떤 음식을 원하는가? 조리되지 않은 음식인가? 아니면 바로 먹을 수 있도록 조리된 음식인가?

목표 또한 너무 모호하다. 사람들이 시간 여유를 원하는 이유는 무엇인가? 그 시간이 필요한 이유는 무엇인가? 이 목표에는 공감할 수 있는 요소가 부족하다. 결과적으로 이 사용자 집단을 위해 디자인할 때는 인간 중심적으로 접근하기가 어렵다.

그렇다면 이 문제 진술을 함께 개선해보자.

구체적으로 작성하기

문제 진술은 구체적이어야 한다. 이전 문제 진술은 너무 광범위했다. 문제를 정확히 겨냥하는 더 나은 솔루션으로 더 큰 영향력을 발휘하려면 어느 정도 제약이 있어야 한다. 다시 한번 작성해보자.

나는 〈혼자 사는 25세 성인〉으로서 〈요리하지 않기〉 위해 〈식당에 전화하기〉를 원한다.

이 문제 진술은 문제를 훨씬 더 명확하게 겨냥하고 있다. 이 진술은 혼자 사는 25세 성인에 초점을 맞춘다. 1인 가구라는 점에서 다른 사람에게 음식을 제공할 필요도 없을 것이다. 젊은 성인을 대상으로 하는 주문 경험은 디자인을 시작하기에 괜찮은 지점이다.

요구 또한 명확하다. 이들이 식당에 전화할 수 있게 하면 된다. 사용자가 연락할 수 있는 식당 데이터베이스 같은 것을 제공한다면 아마 이 요구를 충족시킬 수 있을 것이다.

마지막으로 목표도 분명하다. 사용자는 요리하기를 원하지 않는다. 이유는 정확히 모르지만 연구 결과를 참고한다면 사용자의 목표를 더 깊이 파악하고 이해할 수 있을 것이다.

표면적으로는 훌륭한 문제 진술처럼 보인다. 모든 것이 명확하고 솔루션이 저절로 디자인될 것만 같다. 하지만 바로 그 부분이 문제다. 이 문제 진술은 디자인 싱킹을 적용할 여지가 없다. 지나치게 구체적이어서 문제 안에 이미 솔루션이 포함되어 있다.

탐색할 여지 남기기

앞서 문제 진술에는 디자인을 제한하는 정보가 일부 포함되어 있었다. 사용자가 혼자 사는 25세 성인이라고 구체화되어 있었는데 현실에서는 더 많은 사람의 필요를 충족시키도록 제품을 확장할 수 있어야 한다. 이를 위해서는 사용자의 범위를 더 넓히는 것이 바람직하다.

게다가 요구도 지나치게 구체적이었다. 이들은 식당에 전화하기를 원했다. 전화 통화를 꺼리는 사람은 어떻게 해야 할까? 문자나 이메일로 연락하고 싶어 하는 사람도 있을 수 있다. 혹은 그저 음식 배달을 받고 싶을 뿐 식당에 연락하는 것을 부담스러워하는 사람이 있을 수 있다. 아니면 더 나아가 식당 음식을 원하는 게 아니라 그저 먹을 것이 필요할 뿐이어서 솔루션에 굳이 식당을 포함시키지 않아도 될 수 있다. 하지만 문제 진술을 이런 방식으로 작성하면 식당이 필요하다고 가정하는 셈이다.

목표는 명확하다. 하지만 행동의 진짜 동기를 파악하기에는 모르는 부분이 많다. 사용자들이 요리하기를 원치 않는다는 것은 분명하다. 그런데 원치 않는 이유는 무엇일까? 요리 실력이 부족해서 자신이 없는 걸까? 아니면 요리를 정말 좋아하지만 시간이 부족하거나 원하는 식재료를 구할 수 없는 것일까? 이러한 문제 진술로는 명확한 이유가 드러나지 않는다.

다시 작성해보자.

나는 〈일하는 성인〉으로서 〈다른 일을 할 시간을 확보하기〉 위해 〈조리된 음식을 주문하기〉를 원한다.

이제 바람직한 문제 진술에 조금 더 가까워졌다. 일하는 성인이라는 표현은 사용자의 범위를 넓혀준다. 그래도 이 정도면 대상 사용자로 삼을 수 있을 정도로 구체적이다. 여기에는 동거하는 가족이 있는 성인, 늦은 시간까지 근무하는 성인, 힘든 하루를 보내고 지친 성인처럼 다양한 사용자가 포함될 수 있다. 페르소나가 이러한 사용자 유형 중 하나에 속한다면 이상적이다.

사용자 요구도 식당에 전화하기에서 조리된 음식 주문하기로 범위가 확장되었다. 사용자는 음식을 섭취하길 원하며, 직접 요리할 필요가 없도록 조리된 음식을 주문하고 싶어 한다.

마지막으로 목표 측면에서는 사용자가 다른 활동을 할 수 있는 시간을 원한다는 것이 분명해졌다. 이제는 이들에게 요리할 시간이 부족하거나 요리에 흥미가 없다고 가정하지 않는다. 이들은 요리가 아닌 다른 활동에 시간을 쓰고 싶어 한다는 방향으로 논의가 전환된다.

이 문제 진술이 훨씬 더 낫다. 아이디어를 도출할 때 집중할 수 있을 정도로 충분한 구체성을 갖춘 동시에 사용자를 만족시킬 여러 솔루션을 탐색할 여지가 있다. 이 정도면 디자인 싱킹 프로세스를 이어나갈 수 있다. 하지만 약간만 더 다듬으면 완성도를 더 높일 수 있다.

솔루션 가정하지 않기

이전 문제 진술을 다시 살펴보자.

> 나는 〈일하는 성인〉으로서 〈다른 일을 할 시간을 확보하기〉 위해 〈조리된 음식을 주문하기〉를 원한다.

이 진술은 솔루션에 대한 가정을 포함하고 있다. 사용자와 목표의 범위를 넓혔지만 그 과정에서 사용자 요구를 제품 솔루션에 가정했다. 조리된 음식은 필요한 것이 아니라 하나의 아이디어다. 우리는 그 아이디어를 떠오르게 만든 근본적인 요구를 정의해야 한다. 문제 진술은 솔루션이 아니라 문제를 중심으로 작성해야 한다.

> 문제 진술이 솔루션을 가정하는지 알아보는 한 가지 좋은 방법은 사용자 요구가 명사인지 동사인지 확인하는 것이다. 솔루션은 명사로, 요구는 동사로 표현되는 경우가 많다.

다시 작성해보자.

> 나는 〈일하는 성인〉으로서 〈다른 일에 쓸 시간을 내기〉 위해 〈음식 고민하는 시간을 줄이기〉를 원한다.

한층 더 나아졌! 이 진술은 사용자 요구에 솔루션을 가정하지 않는 대신 연구에서 발견한 요구에 집중한다. 사용자 인터뷰 참가자들은 요리에 시간을 쓰기 싫다고 한 것이 아니라 다른 활동에 시간을 쓰고 싶다고 했다. 문제 진술에 이러한 요구와 목표가 반영되면 사용자 요구를 직접적으로 해결하는 솔루션을 디자인할 가능성이 더 높아진다.

이 문제 진술은 꽤 훌륭하다. 약간만 더 수정하면 정말 훌륭한 진술이 될 것이다.

공감하며 작성하기

문제 진술은 어떤 문제를 해결할지 팀의 의견을 일치시키기 위해 작성하는 것이다. 문제 진술은 합의를 끌어내는 도구이자 공감을 불러일으키는 도구다. 문제 진술에 사용자에 대한 공감이 담기면 프로젝트 전반에 걸쳐 사용자 요구를 반영하는 데 도움이 되며, 그 요구가 디자인 솔루션에서 드러날 가능성도 더 커진다.

> 나는 〈바쁘게 일하는 성인〉으로서 〈내 시간을 음식 대신 다른 일에 쓰기〉 위해 〈음식 고민하는 시간을 줄이기〉를 원한다.

이 진술에서는 사용자와 목표를 살짝 조정했다. 이전 버전도 사용자 요구를 잘 반영했지만 이번에는 사용자가 원하는 결과가 무엇인지 더 분명하게 드러내보자. 이것이 바로 여러분이 제품을 만들 때 품는 비전이며, 이 약속을 이행하면 사용자의 요구를 충족시킬 수 있다. 바쁜 사용자들이 무엇을 먹을지 고민하는 대신 더 하고 싶은 다른 일에 쓸 시간을 늘려줄 수 있다면 사용자의 핵심 요구를 해결하는 제품이 탄생할 것이다.

이 문제 진술이 솔루션을 가정하고 있지 않다는 점에 유의하라. 이 진술은 아이디어를 도출할 때 수많은 솔루션을 탐색할 수 있는 가능성을 남겨둔다. 식당에 주문을 보내고 바로 먹을 수 있도록 조리된 식사를 배달하는 음식 배달 서비스가 하나의 솔루션일 수 있다. 요리를 좋아하지만 새로운 레시피를 찾기 어려워하는 고객을 위한 레시피 앱도 솔루션일 수 있다. 이 문제 진술에 대한 솔루션은 심지어 디지털 제품이 아닐 수도 있다. 먹고 싶을 때 데워 먹을 수 있는 일주일치 식사를 배달하는 밀키트 서비스처럼 말이다.

이 문제 진술은 아이디어를 도출할 여지를 폭넓게 남겨두며, 디자인을 시작하기에 충분하다. 하지만 여기에 다른 기법을 결합하면 디자인 싱킹 프로세스의 아이디어 도출 단계에서 강력한 가이드 역할을 하는 프롬프트도 만들 수 있다.

HMW 진술 활용하기

문제 진술은 아이디어 도출 단계에 돌입할 때 사용하는 프롬프트의 한 부분이다. 문제 진술과 함께 일반적으로 사용되는 또 다른 요소는 HMW(How Might We, 우리가 어떻게 하면 ~할 수 있을까?) 진술로, 이는 아이디어를 더 명확히 구성해 탐색할 영역에 더 정확하게 초점을 맞출 수 있게 해준다. HMW 진술은 디자인 기회를 발견하도록 돕고 아이디어 도출 과정에 사용자에 대한 공감을 자연스럽게 녹여낸다. 단순히 문제 진술만 있는 것보다 실행 가능성이 더 높아지며 프로세스를 진전시키는 데 도움이 된다.

문제 진술을 바탕으로 HMW 진술을 작성해 아이디어 도출 세션에서 이 둘을 결합해보자.

> 나는 〈바쁘게 일하는 성인〉으로서 〈내 시간을 음식 대신 다른 일에 쓰기〉 위해 〈음식 고민하는 시간을 줄이기〉를 원한다.
> 우리가 어떻게 하면 사용자가 무엇을 먹을지 고민하는 시간을 줄여줄 수 있을까?

여기에서는 문제 진술을 HMW 질문으로 변환해 디자인 프롬프트로 활용했다. 우리는 이렇게 결합된 진술을 통해 사용자가 식사에 대해 고민하는 시간을 줄일 수 있도록 돕는다.

HMW 진술을 다음과 같이 변경해 다른 영역에 초점을 맞춰 아이디어를 도출해볼 수도 있다.

우리가 어떻게 하면 사용자가 먹을 것을 더 쉽게 찾도록 할 수 있을까?

이제 여러분은 아이디어 도출의 초점을 또 다른 주제에 맞출 수 있다. 이번에도 새로운 아이디어를 내겠지만 이 아이디어 역시 처음에 해결하려던 문제와 여전히 관련이 있을 것이다.

> 더욱 집중하고 공감하기 위해 두 번째 진술의 '사용자'를 디자인 싱킹 프로세스 도중에 만든 다른 페르소나로 대체해도 된다. 그러면 HMW 진술을 다시 연구와 연결하고 특정 사용자에 더욱 집중하며 사용자에 대한 더 큰 공감을 불러일으킬 수 있다.

3.4.3 훌륭한 문제 진술은 만들기 어렵지만 강력하다

문제 진술을 멋지게 작성하는 것은 무척 어려운 일이다. 많은 연구를 수행한 후 그 결과를 명확하게 종합해야 한다. 그리고 이러한 결과를 기반으로 충분히 구체적이되, 특정 솔루션을 가정하지 않을 정도로 충분히 넓은 범위의 문제를 명확하게 정의할 수 있도록 상당한 노력을 기울여서 문장을 다듬어야 한다.

하지만 연습을 통해 훌륭한 문제 진술을 작성하고 이 진술을 훌륭한 HMW 진술과 결합한다면 사용자 문제에 기반한 솔루션을 훨씬 더 쉽게 만들 수 있다.

> 문제 진술을 만드는 과정은 반복적이다. 프로젝트를 위해 작성한 진술이 첫 번째, 두 번째를 지나 열 번째에 이르러도 마음에 들지 않을 수 있다. 그래도 괜찮다. 계속해서 다듬어 나간다면 결국 마음에 드는 진술을 완성할 수 있다.

3.4.4 직접 해보자!

문제 진술을 어떻게 작성하는지 배웠으니 이제 자신의 프로젝트를 위한 진술을 만들어보자. 그러려면 사용자 인터뷰에서 얻은 인사이트와 페르소나가 필요하다.

훌륭한 문제 진술은 디자인 싱킹의 다음 단계로 나아가는 데 매우 중요하다. 아이디어를 도출하고 프로젝트를 완료하기까지 이끌어가는 데 도움이 된다. 문제 진술도 반복적인 과정을 거쳐서 작성할 수 있다. 우선 다음 문제 진술 공식을 활용해 사용자, 요구, 목표를 잘 드러내는 문장을 작성하는 것으로 시작하라.

나는 〈사용자〉로서 〈목표〉를 달성하기 위해 〈요구〉를 필요로 한다/원한다.

단, 좋은 문제 진술의 원칙을 잊지 말자.

- **구체적으로 작성하기.** 사용자, 요구, 목표에 대한 명확한 이해를 문제 진술에 담아라.
- **탐색할 여지 남기기.** 구체적이어야 한다. 하지만 아이디어를 도출할 수 없을 만큼 지나치게 구체적이어서는 안 된다.
- **솔루션을 포함시키지 않기.** 문제 진술은 솔루션이 아니라 문제를 명시한다.
- **공감하기.** 여러분은 사람들을 위해 인간 중심적인 방식으로 디자인하고 있으므로 문제 진술에는 솔루션에 담고자 하는 공감이 포함되어야 한다.
- **HMW 진술과 결합하기.** HMW 진술은 아이디어 도출 세션을 이끌고 가능한 솔루션을 탐색하는 데 도움이 된다.

> 부록 A.2 '문제 진술'을 참고해 여러분의 작업을 예시와 비교해보라.

3.5 경쟁 연구

지금까지 우리는 사용자에게 초점을 맞췄다. 사용자는 누구인가? 이들의 요구는 무엇인가? 우리가 이들을 위해 해결하려는 문제는 무엇인가?

이러한 질문을 충분히 이해했으니 이제 초점을 전환할 수 있다. 현재 시장의 상황과 사용자가 할 수 있는 선택에 대해 자문해볼 수 있다.

이 분야에는 어떤 제품이 존재하는가? 어떤 기업들이 이 문제를 해결하려고 하는가? 오늘날 사용자들은 이 문제를 어떻게 해결하는가? 경쟁 연구를 통해 바로 이러한 질문에 답하고자 한다.

3.5.1 경쟁 연구란 무엇인가?

사용자를 위해 솔루션을 디자인할 때는 사용자들이 사용하고 있는 기존 솔루션을 알아두는 것이 유익하다. 시장의 전반적인 상황을 파악하고 사용자가 이용할 수 있는 다른 제품이나 서비스를 살펴보는 것이 좋다. 이러한 과정을 통해 여러 가지를 배울 수 있다.

효과적인 솔루션은 무엇인가? 사용자 요구를 충족시키고 있는 기존 솔루션 중에서 여러분에게 영감이 될 만한 것은 무엇인가? 여러분이 디자인한 제품이 그 솔루션과 경쟁해야 하는가? 그 제품은 어떤 면에서 효과적인가? 그 제품에서 참고할 만한 아이디어가 있는가?

> 경쟁 연구와 경쟁 분석이라는 두 개념은 구분해두는 것이 좋겠다. 경쟁 분석을 비롯해 여기에서 논의하는 모든 방법은 경쟁 연구라는 범주에 속한다. 여러분의 직장에서 두 가지 용어를 혼용할 수도 있겠지만 이 책에서는 경쟁 분석을 경쟁 연구 수행 시 사용할 수 있는 구체적인 방법 중 하나로 언급하고자 한다.

효과가 없는 솔루션은 무엇인가? 솔루션은 있긴 하지만 사용자가 그 존재를 모르는가? 혹은 그 솔루션이 사용자 요구를 충족시키는 데 실패했는가? 어떻게 개선해야 효과적인 솔루션이 될 수 있겠는가?

바로 이럴 때 필요한 것이 경쟁 연구다. 경쟁 연구란 다른 기업에서 얻은 영감을 자신의 제품을 만들 때 참고하는 것이다.

그림 3-16은 교육 플랫폼을 위해 수행했던 경쟁 연구 예시로 다양한 제품의 기능을 비교하고 있다. 나는 우리 제품과 각 경쟁 제품을 분석해 어떤 플랫폼이 어떤 기능을 제공하는지 살펴보았다. 이는 우리 제품을 분석하고 어떤 기능을 언제 출시해야 할지 결정하는 데 도움이 되었다.

▼ 그림 3-16 경쟁 제품 간 기능 비교

플랫폼별 기능	Atom	Moodle	Blackboard	Canvas	ACT	Edmentum	Edulastic
모든 학생 점수 보기	✔	✔	✔	✔	✔	✔	✔
각 학생 점수 보기	✔	✔		✔	✔	✔	✔
평가 영역 세부 정보 보기		✔			✔	✔	✔
표 자가 설정 기능		✔			✔	✔	
점수/상태 분류	✔	✔	✔	✔	✔		✔
수동 채점	✔	✔	✔	✔			
채점 기준 설정		✔	✔	✔		✔	
메모 추가		✔	✔	✔			
학생에게 메시지 발송		✔	✔	✔			
최종 점수 예측					✔		
전국 점수와 비교					✔		
학생 정보 시스템과 동기화			✔				
점수 가져오기		✔	✔	✔			
점수 내보내기	✔	✔	✔	✔		✔	
IMS 점수 통합	✔						

우리는 이러한 경쟁 연구를 현재 우리가 수행 중인 디자인 싱킹 프로세스 정의 단계의 마지막에 수행했다. 하지만 실제로는 디자인 싱킹 프로세스의 어느 단계에서든 수행할 수 있다. 디자인을 먼저 진행하고 시장에 어떤 제품이 있는지 둘러보며 그런 제품이 자신에게 어떤 영감을 줄지 확인하는 방식을 선호하는 디자이너들도 있다. 반면 초반에 이러한 분석을 진행해 작업할 기능을 선택할 때 참고하거나 아이디어 도출 단계에 참고할 자료로 활용하는 디자이너들도 있다. 경쟁 연구를 디자인 싱킹 프로세스의 어느 단계에서 수행할지는 전적으로 여러분의 판단에 달려 있다.

> 디자인 싱킹 프로세스를 진행하다 보면 이러한 판단이 요구되기 마련이다. 프로젝트를 진행하는 일반적인 흐름이 있긴 하지만 어떤 기법을 언제 왜 사용할지를 스스로 판단해야 하는 상황도 발생한다는 말이다. 올바른 기법을 적절한 시점에 적용하는 것은 일종의 예술이라고 볼 수 있다.

경쟁 연구는 몇 단계에 걸쳐 진행된다.

1. 파악하고 싶은 내용에 따라 기준을 정한다.
2. 기존 솔루션에 관한 정보를 수집한다.
3. 수집한 솔루션을 비교해 사용자 요구가 충족되고 있는 부분과 그렇지 못한 부분을 알아낸다.
4. 혁신의 기회를 탐색한다.

경쟁 연구는 여러 유형으로 나뉘지만 모든 유형이 비교 기준 설정하기, 비교할 기업 찾기, 그리고 그들의 제품 분석하기라는 단계를 공통적으로 따른다.

그렇다면 여러분이 활용할 수 있는 몇 가지 유형의 경쟁 연구를 살펴보자.

3.5.2 SWOT—강점, 약점, 기회, 위협

SWOT 분석은 어떤 기업이 다음의 네 가지 영역에서 어떤 성과를 내고 있는지 분석할 때 널리 사용되는 기법이다.

- 강점(Strength)
- 약점(Weakness)
- 기회(Opportunity)
- 위협(Threat)

SWOT 분석은 자신과 경쟁 기업, 그리고 향후 도전해보고 싶은 다양한 기회를 분석하는 유용한 도구다(그림 3-17).

▼ **그림 3-17** SWOT의 각 요소는 그리드의 지정된 위치에 매핑되며 관찰 사항을 해당 칸에 기록한다.

강점	약점
기회	위협

SWOT 분석을 수행하려면 반드시 기업의 네 가지 영역을 내부 요인과 외부 요인이라는 두 범주로 나누어 살펴보아야 한다. 각 요인에 해당하는 항목을 매트릭스에 정리하고 그 매트릭스를 제품 전략 수립의 기준으로 활용한다.

3.5.3 내부 요인

어떤 기업의 **내부 요인**이란 자체적으로 통제할 수 있는 요소를 말한다. 즉 기업이 직접 생산하거나 주도권을 가지고 있거나 영향을 미칠 수 있는 대상을 가리킨다. 내부 요인은 다음 두 가지 하위 범주로 나뉜다.

강점

강점은 그 기업이 잘하고 있는 부분을 가리킨다. 그 기업이 경쟁 우위를 가지고 있는 부분은 어디인가? 어떤 부분에서 두각을 나타내고 있는가? 무엇으로 잘 알려져 있는가?

넷플릭스를 생각해보자(그림 3-18). 넷플릭스의 강점은 무엇인가? 넷플릭스는 방대한 콘텐츠 라이브러리를 보유하고 있어 이를 구독 서비스에 유용하게 활용할 수 있다. 넷플릭스에서만 볼 수 있는 독점 콘텐츠도 많고, 전 세계에 막대한 규모의 다양한 사용자가 있다. 이들로부터 방대한 데이터를 수집해 콘텐츠 제작과 콘텐츠 인식 소프트웨어 제작에 활용하고 있다. 무엇보다도 매우 강력한 브랜드 인지도를 구축한 덕택에 수많은 사람들이 넷플릭스를 잘 알고 있다.

▼ **그림 3-18** Netflix.com 랜딩 페이지

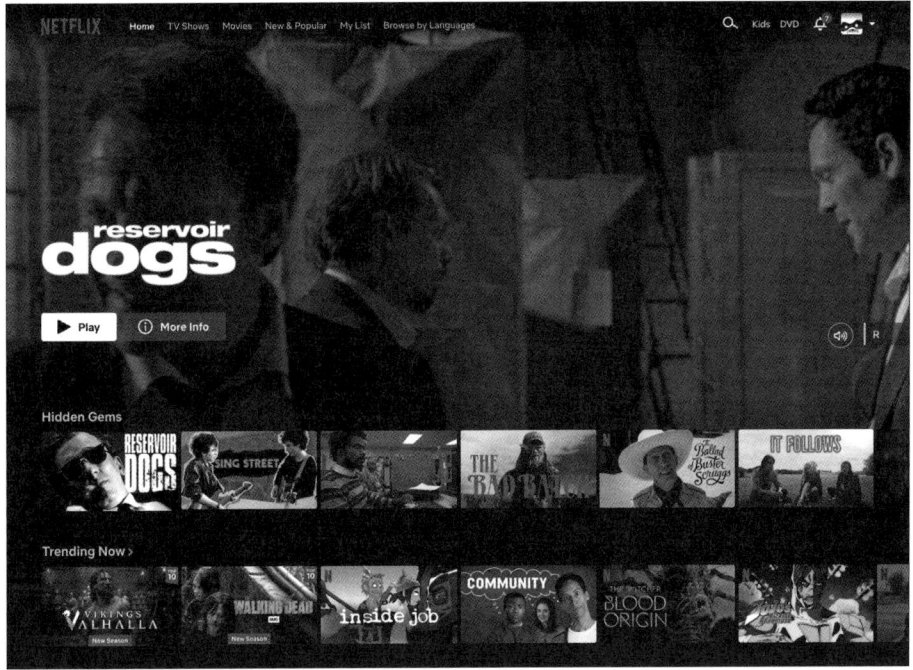

약점

약점은 그 기업이 잘하지 못한 부분을 가리킨다. 이들이 극복해야 할 과제는 무엇인가? 어떻게 하면 더 잘할 수 있겠는가? 시장 내 입지나 경쟁력을 강화하려면 어떤 내부 요소를 통제해야 하겠는가?

넷플릭스 분석을 이어가보자. 넷플릭스의 한 가지 약점은 투자할 콘텐츠를 결정하는 방식에 있다. 콘텐츠가 성공할 수 있는 기간은 매우 짧아서 사실상 공개 후 30일 이내에 성패가 갈린다. 고객이 소비할 수 있는 콘텐츠가 엄청나게 많다는 점을 고려하면 이렇게 짧은 기간 내에 콘텐츠가 평가받는 방식은 타당하다고 보기 어렵다. 어떤 콘텐츠는 팬층이 형성되기까지 오랜 시간이 걸리기도 한다. 이러한 이유로 넷플릭스는 출시 직후 후속 계약을 빠르게 취소하는 기업으로 악명을 떨치게 되었고 이 때문에 해당 콘텐츠를 좋아했던 팬들은 큰 불만을 토로하기도 한다.[5]

넷플릭스에서는 시청할 콘텐츠를 찾기가 어렵다. 다양한 사용자에게 어필할 수 있는 엄청나게 많은 콘텐츠가 있다는 것이 넷플릭스의 강점이지만, 이 때문에 콘텐츠를 고르기가 어려워졌다. 콘텐츠가 너무 많다 보니 일일이 살펴보기가 쉽지 않기 때문이다.

---

5   https://collider.com/cancelled-netflix-shows-get-down-julie-and-the-phantoms/#the-get-down-2016-2017

마지막으로 넷플릭스에는 소셜 기능이 없다. 다른 사람과 함께 시청하고 싶다면 어떻게 해야 할까? 소셜 시청 기능이나 친구 목록처럼 넷플릭스 내에서 하나 또는 여러 계정을 사용해 다른 사람과 소통하며 시청할 수 있는 환경이 마련되어 있지 않다.

3.5.4 외부 요인

어떤 기업의 **외부 요인**이란 기업이 간접적으로 영향을 미칠 수는 있지만, 직접 통제할 수 없는 시장 중심적인 요인을 말한다. 이러한 요인은 시장에서의 입지, 경쟁사의 영향력처럼 그 기업이 속해 있는 산업과 관련이 있다. 외부 요인도 다음 두 가지 하위 범주로 나뉜다.

기회

기회란 기업이 시장에서 활용할 수 있는 요인을 뜻한다. 시중에 어떤 선택지가 존재하는가? 어떤 것을 기회로 삼을 수 있는가? 기업이 활용할 수 있는 외부 시장 조건은 무엇인가?

넷플릭스의 경우 몇 가지 약점이 기회로 작용할 수 있다. 예를 들어 소셜 기능을 개선하면 사용자 참여도와 유지율을 높일 수 있다. 아직은 소셜 기능을 제공하는 스트리밍 서비스가 많지 않으므로 넷플릭스가 이 영역에서 혁신을 이룬다면 이 분야의 선두주자가 될 가능성이 있다.

또한 넷플릭스는 강점 중 하나를 강화해 더 많은 독점적인 콘텐츠를 선보일 수 있다. 스트리밍 분야의 경쟁은 각 서비스가 제공하는 콘텐츠에 좌우되므로, 넷플릭스는 방대한 콘텐츠 라이브러리를 계속해서 확장해 나갈 수 있다. 아니면 넷플릭스의 고유한 장점인 인터랙티브 콘텐츠(그림 3-19)를 더 적극적으로 선보이는 방법도 있을 것이다.

▼ **그림 3-19** 넷플릭스는 이야기 전개 도중에 시청자가 행동을 선택할 수 있는 인터랙티브 동영상 콘텐츠를 제공하는 것으로 유명하다.

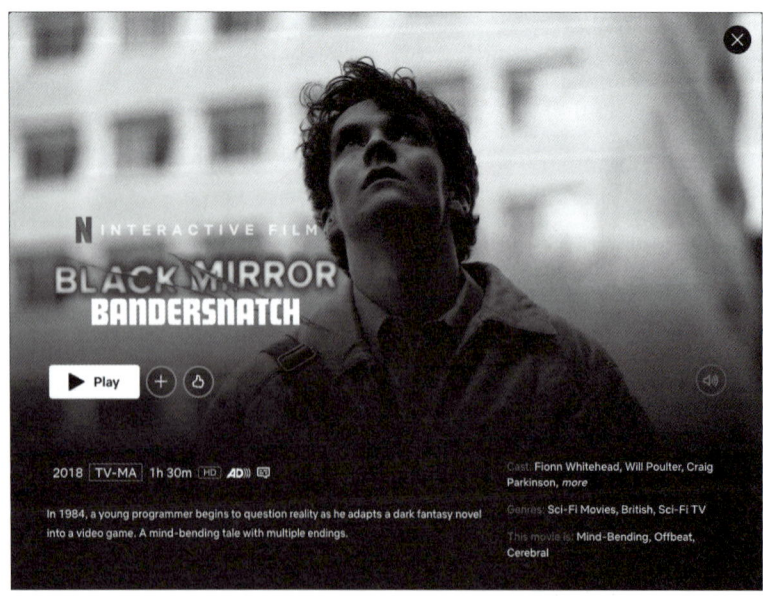

마지막으로 넷플릭스는 다양한 수익화 방식을 새롭게 모색할 수 있다. 현재는 계정당 사용자 수를 기준으로 수익화 옵션을 제공하지만 사용자가 더 많은 금액을 지불하도록 유도할 수 있는 다른 방법은 없을까? 일부 스트리밍 서비스는 극장 개봉일에 맞춰서 개봉 첫날에 프리미엄 콘텐츠를 독점 제공하는 방식을 활용하기도 한다. 지금까지 광고 기반 구독 등급을 기피해 온 넷플릭스지만, 더 나은 재무 성과를 내야 한다는 압박이 지속되자 더 낮은 요금으로 이용하는 광고 지원 요금제를 도입해 시장 점유율 확대를 꾀하고 있다.

위협

위협은 기업에 부정적인 영향을 미칠 수 있어서 피하거나 주의해야 하는 시장 요인을 가리킨다. 기업의 앞길을 가로막는 장애물은 무엇인가? 넷플릭스를 위협하는 요인으로는 시장 통합을 들 수 있다. 케이블 채널들이 자체 서비스를 출시하고 서로 인수하면서 스트리밍 서비스 시장은 점점 과포화 상태에 이르고 대형 스트리밍 서비스 허브가 출범할 가능성이 있다. 이는 넷플릭스의 시장 지배력을 위협할 수 있다. 디즈니+와 훌루(Hulu)[6]가 번들로 제공되고 HBO 맥스와 디스커버리+ 서비스가 하나로 결합되는 등 일부 스트리밍 서비스는 이미 통합된 바 있다.

또한 스트리밍 콘텐츠의 주요 라이선스와 독점 콘텐츠를 잃고 있다는 점도 넷플릭스의 위협 요소다. 넷플릭스가 마블 영화, 〈오피스〉 같은 인기 TV 프로그램의 판권을 상실하면서 이러한 콘텐츠가 경쟁 스트리밍 서비스로 이동했고 그 결과 시장 내 넷플릭스의 입지에 악영향을 미쳤다.

마지막으로 넷플릭스는 요금 정책에 주의를 기울일 필요가 있다. 요금이 꾸준히 인상되면서 상대적으로 더 저렴한 다른 스트리밍 서비스들이 매력적인 대안으로 떠오르기 시작했다. 넷플릭스가 광고 기반 요금제를 도입한 것은 이러한 위협을 심각하게 받아들이고 있다는 것을 방증한다.

지금까지 살펴본 내용을 종합한 넷플릭스의 SWOT 분석은 그림 3-20과 같다.

▼ **그림 3-20** 넷플릭스 SWOT 분석.

넷플릭스	
강점 • 방대한 콘텐츠 라이브러리 • 독점 콘텐츠 • 국제적인 시장 • 대규모 사용자 집단 • 사용자 데이터 • 브랜드 인지도	**약점** • 평가 방식 • 시청할 콘텐츠 찾기 • 함께 시청하는 소셜 경험
기회 • 소셜 기능 • 독점 콘텐츠 • 인터랙티브 콘텐츠 • 수익화 옵션	**위협** • 시장 통합 • 라이선스 상실 • 요금 정책

---

6 역주 미국의 스트리밍 서비스.

지금까지 우리는 넷플릭스의 현재 상황을 두루 파악했다. 이를 디자인 싱킹 프로세스에 활용하려면 넷플릭스가 가진 기회를 관찰하고 이를 해결하려는 문제와 연관지어서 솔루션에 대한 아이디어를 도출하면 된다. 이러한 분석을 바탕으로 넷플릭스를 위한 새로운 기능을 구상하는 몇 가지 예를 떠올려보자.

- 인터랙티브 콘텐츠, 독점 콘텐츠, 소셜 기능이 넷플릭스의 기회 요인이라는 점에서 착안해 사용자들이 함께 플레이할 수 있는 독점 인터랙티브 동영상을 만들 수 있다.
- 시청할 콘텐츠를 찾는 일이 어렵기 때문에 사용자 데이터를 기반으로 한 넷플릭스의 강력한 추천 시스템을 활용해 훨씬 더 개인화된 콘텐츠 추천 기능을 제공할 수 있다.
- 넷플릭스에서 특정 콘텐츠 시청을 유도하려면 '리믹스' 기능을 만들어서 사용자가 콘텐츠에서 짧은 동영상을 추출해서 사용자 자신의 반응과 함께 소셜 미디어에 공유하게 할 수 있다.
- 요금 정책과 시장 통합이 넷플릭스의 입지를 위협하고 있으므로 소액 결제나 콘텐츠 라이브러리를 활용한 추가 수익화 방법 도입도 고려해볼 수 있다.

SWOT 분석을 통해 제품을 위한 다양한 가능성의 문을 열 수 있다. 이를 통해 업계 다른 기업에 대해 더 많은 정보를 파악할 수 있을 뿐 아니라 현재 상황을 정확히 이해하고 새로운 아이디어를 구상하는 데에도 도움이 된다.

사실 SWOT 분석은 일반적으로 UX 전략보다 비즈니스 전략에서 더 자주 활용된다. 하지만 앞서 분석한 바와 같이 이 방식 또한 제품의 방향을 설정하고 나아가 사용자 경험을 디자인할 때도 충분히 활용할 수 있다.

3.5.5 라이트닝 데모

경쟁사 분석에 그다지 관심이 없고 내부적으로 만들 수 있는 최고의 사용자 경험에 집중하기 원한다고 가정해보자. 이 경우에는 SWOT 분석 대신에 아이디어 도출에 직접적으로 도움이 되는 경쟁 연구를 수행하는 것이 더 낫다. 이러한 목적으로 사용할 수 있는 최고의 기법 중 하나가 바로 라이트닝 데모(lightning demo)다.

라이트닝 데모는 영감을 얻기 위해 발표 형식으로 진행하는 그룹 세션을 가리킨다. 이 방법은 주로 아이디어를 빠르게 도출해야 하거나 디자인 스프린트처럼 짧은 시간 안에 디자인 솔루션을 만들어야 하는 경우에 활용된다.

라이트닝 데모를 실행하려면 팀원들이 실제 제품 예시를 수집해 제품 아이디어를 담은 '무드 보드(mood board)'를 만든다. 이때 수집하는 예시는 경쟁 제품일 수도 있고 아무 관련이 없는 제품일 수도 있다. 핵심은 팀에 영감을 주고 동기를 부여해 디자인 방향성을 찾는 것이다.

그림 3-21은 렌터카 서비스에 대한 라이트닝 데모 샘플 결과물이다. 나는 이 데모를 위해 렌터카 웹 사이트 디자인 도중에 마주하는 문제를 다루는 데 영감을 주는 다양한 예시를 검색했다. 다른 회사들이 자동차를 어떻게 표현하는지 보여주는 예시를 찾아서 작업 중인 제품의 사용자 경험을 포지셔닝하는 데 아이디어를 얻고자 했다.

▼ **그림 3-21** 라이트닝 데모에는 경쟁 렌터카 서비스처럼 프로젝트와 연관된 제품 스크린숏이 포함된다. 또한 여행 사이트나 자동차 제조업체처럼 경쟁하지 않는 회사의 제품 스크린숏도 포함된다.

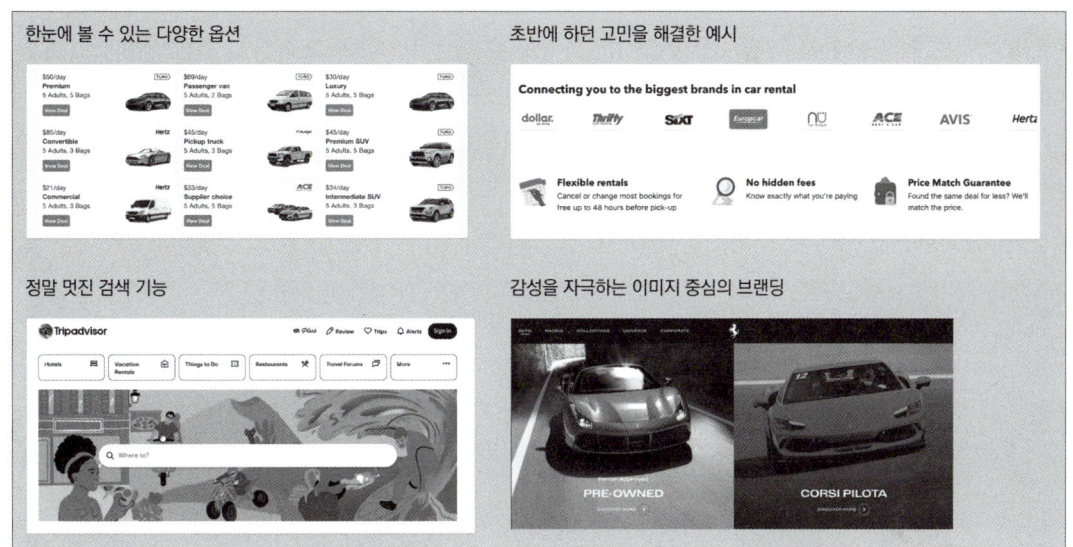

렌터카와 관련이 없는 예시도 포함되어 있다는 점이 눈에 띌 것이다. 예를 들어 트립어드바이저는 렌터카와 직접적인 관련이 없다(여행과 관련이 있긴 하다). 그래도 괜찮다. 라이트닝 데모의 목적은 영감을 수집하는 것이고 영감은 어디에서든 올 수 있기 때문이다. 여기에 트립어드바이저가 포함된 이유는 이 사이트가 여행의 비전을 설득하는 방식이 나에게 영감을 주었기 때문이고 이 방식은 렌터카에서도 활용할 수 있다.

3.5.6 어떻게 진행할까?

라이트닝 데모는 짧고 빠르게 진행하며 영감을 주는 많은 예시를 수집하는 것이 목적이다. 진행 방식은 다양하지만 내가 가장 선호하는 방식은 다음과 같다.

1. 미로, 윔지컬(Whimsical), 피그잼 같은 화이트보드 도구를 연다.
2. 인터넷 브라우저를 열어서 제품 예시를 검색한다.
3. 영감을 얻을 수 있는 제품을 찾는다.
    a. 자신의 아이디어와 경쟁하는 제품
    b. 자신의 아이디어와 관련 있는 제품
    c. 자신의 아이디어와 직접적인 관련은 없지만 영감을 주는 제품
4. 마음에 드는 제품을 찾으면 스크린숏을 찍는다.
5. 스크린숏을 화이트보드 도구에 넣고 어떤 제품인지, 왜 마음에 들었는지 간단히 적는다.
6. 이 과정을 반복해 8~10개의 예시를 모은다.

우리가 라이트닝 데모를 함께 진행한다고 가정해보자. 우리는 스트리밍 서비스 프로젝트를 진행 중이며 자체 스트리밍 제품을 만들려고 한다. 라이트닝 데모에 쓸 만한 예시가 있을지 함께 찾아보자.

화이트보드 도구와 인터넷 브라우저를 열고 영감의 원천이 되는 자료들을 찾아본다. 우선 넷플릭스, 훌루, 디즈니+처럼 직접적으로 경쟁하는 서비스부터 확인한다. 넷플릭스의 랜딩 페이지가 영감을 준다. 이 페이지의 중앙에는 이미 재생 중인 동영상이 배치되어 있어 재생 버튼을 누르기도 전에 이미 시청을 시작한 것처럼 몰입되는 느낌이다. 콘텐츠가 마음에 들면 클릭 한 번으로 바로 시청을 이어갈 수 있다(그림 3-22).

▼ **그림 3-22** 넷플릭스 홈 화면

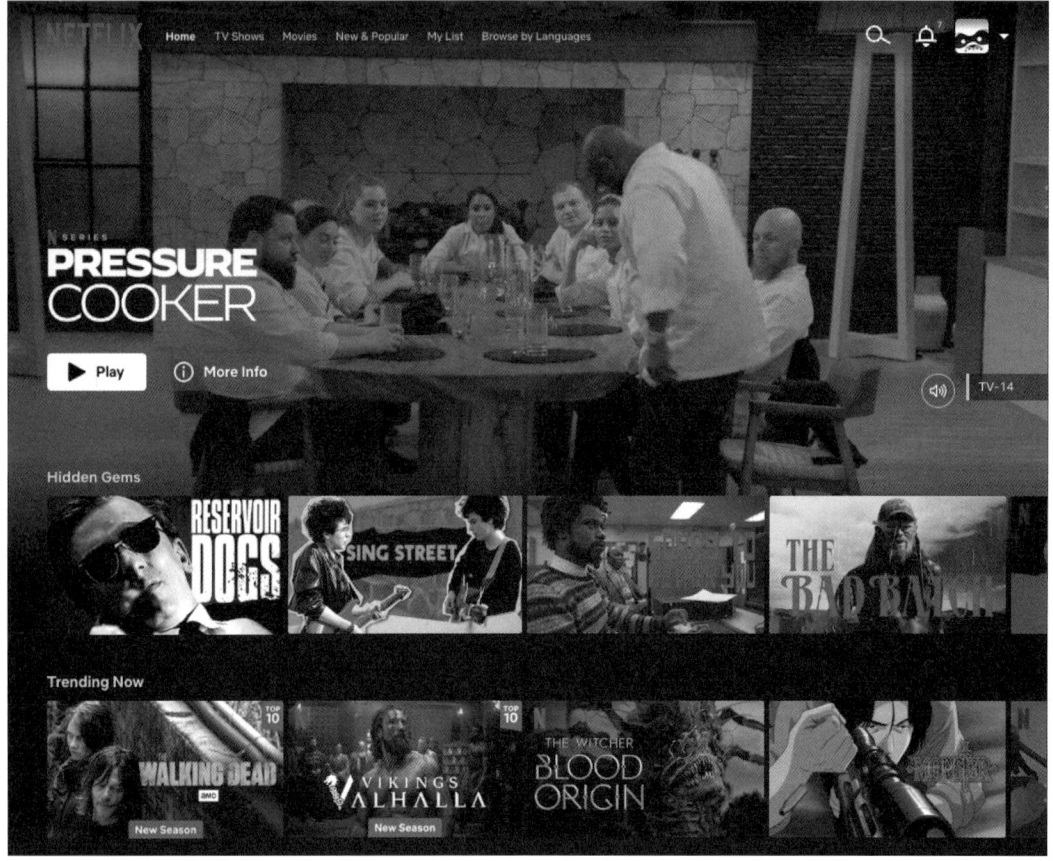

스크린샷을 찍어서 영감 목록에 추가한다(그림 3-23).

▼ 그림 3-23 라이트닝 데모의 첫 번째 이미지

다음으로 다른 경쟁 서비스를 살펴본다. 애플 TV(그림 3-24)로 가서 1분가량 제품을 탐색하며 마음에 드는 부분을 찾아본다. 각 콘텐츠 상세 정보 페이지에 가면 현재 시청 중인 에피소드, 다음 에피소드, 그리고 콘텐츠의 전반적인 분위기를 잘 전달하는 깔끔한 레이아웃이 돋보인다.

▼ 그림 3-24 애플 TV의 콘텐츠 상세 정보 페이지 UI

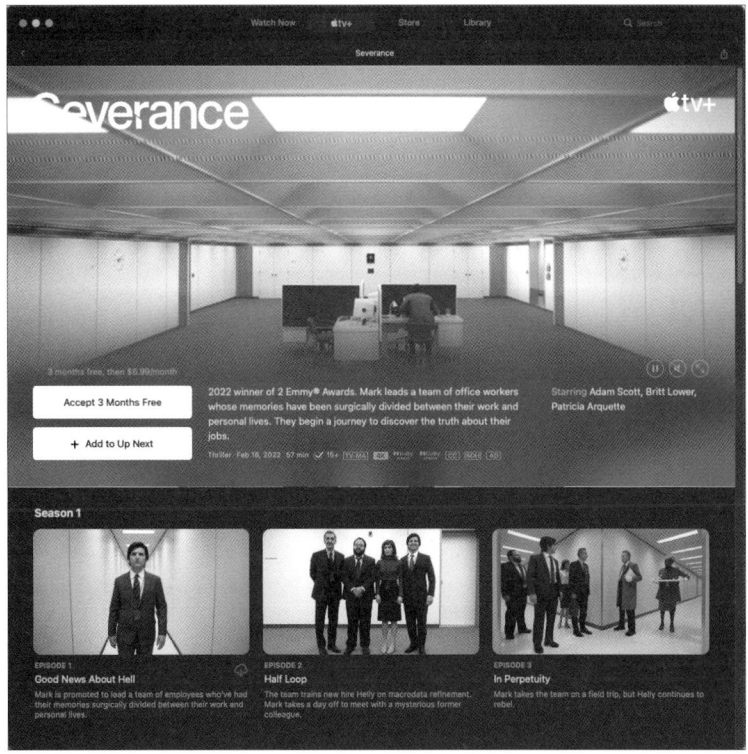

이 스크린숏도 메모와 함께 목록에 추가하자(그림 3-25).

▼ 그림 3-25 두 번째 예시를 추가한 라이트닝 데모

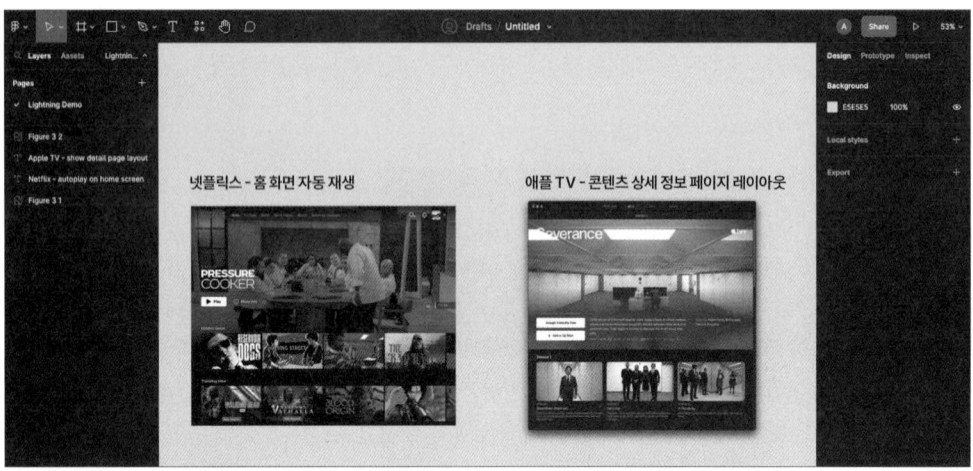

직접적으로 경쟁하는 제품을 계속 살펴볼 수도 있지만 참고 사례, 즉 우리 제품과 비슷하지만 직접 경쟁하지 않는 제품으로 시야를 넓혀보자. 우리 제품은 오리지널 콘텐츠를 제작하는 스트리밍 제공 업체이며 서비스 구독료와 광고로 수익을 낸다.

영화나 TV 프로그램의 스트리밍을 생각하면 자연스레 동영상이라는 매체가 떠오른다. 소비자 구독 외에 다양한 방식으로 수익을 창출하는 동영상 스트리밍 제품을 살펴보자.

인기 동영상 스트리밍 제품인 비메오(Vimeo)는 기업용 동영상 도구에 대한 기업용 구독 서비스를 판매해 수익을 창출한다. 비메오에도 우리가 활용할 수 있는 흥미로운 디자인 요소가 있을 수 있다. 비메오 사이트(그림 3-26)를 살펴보면 직접 동영상 콘텐츠를 제작할 수 있게 해주는 도구가 있고 이 도구에는 인터랙티브 구성 요소도 포함되어 있는 것으로 보인다.

▼ 그림 3-26 비메오(Vimeo.com)의 동영상 플레이어. 비메오는 스트리밍 동영상의 인터랙티브 옵션을 제공하는데 이는 우리 프로젝트에서도 참고할 만한 흥미로운 부분이다.

시청자가 스트리밍 중인 콘텐츠와 상호작용할 수 있게 하는 기능에서 영감을 받았다. 이는 우리 제품에 반영할 수 있는 훌륭한 사례이므로 이 또한 목록에 추가한다(그림 3-27).

▼ 그림 3-27 라이트닝 데모 예시 업데이트

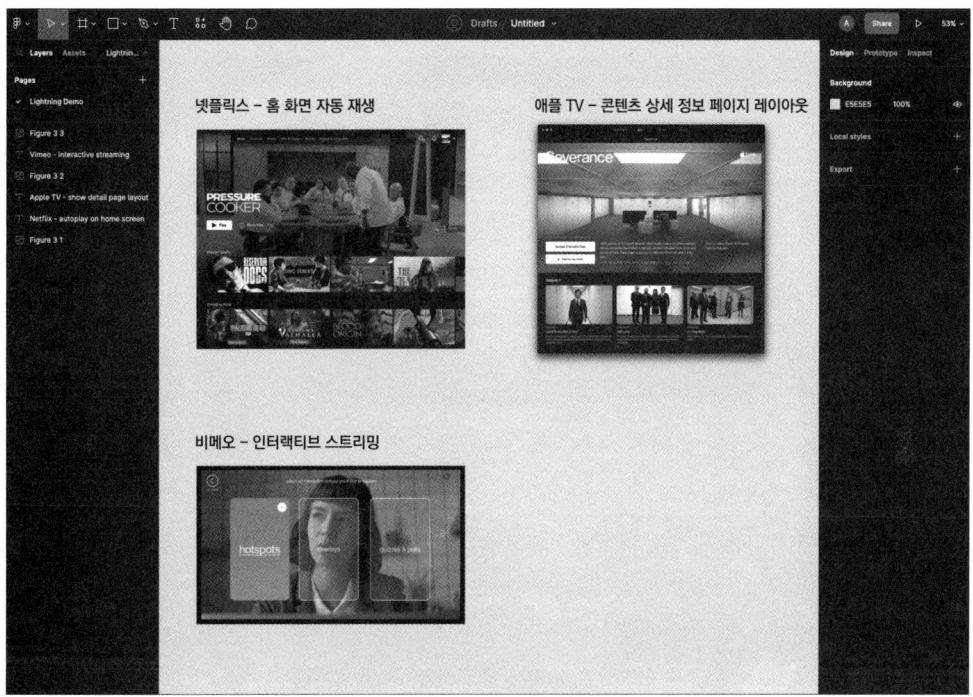

마지막으로 우리가 좋아하는 제품에서 영감의 원천이 될 만한 부분을 찾아보자. 우리가 만드는 스트리밍 제품에 검색 기능이 필요하므로 동영상 스트리밍과는 아무 관련이 없지만 뛰어난 검색 기능을 갖춘 웹 사이트를 살펴본다(그림 3-28).

▼ 그림 3-28 어워즈(Awwwards) 웹 사이트. 인터넷에서 가장 인상적이고 매력적인 디자인을 선별하는 데 집중하는 서비스

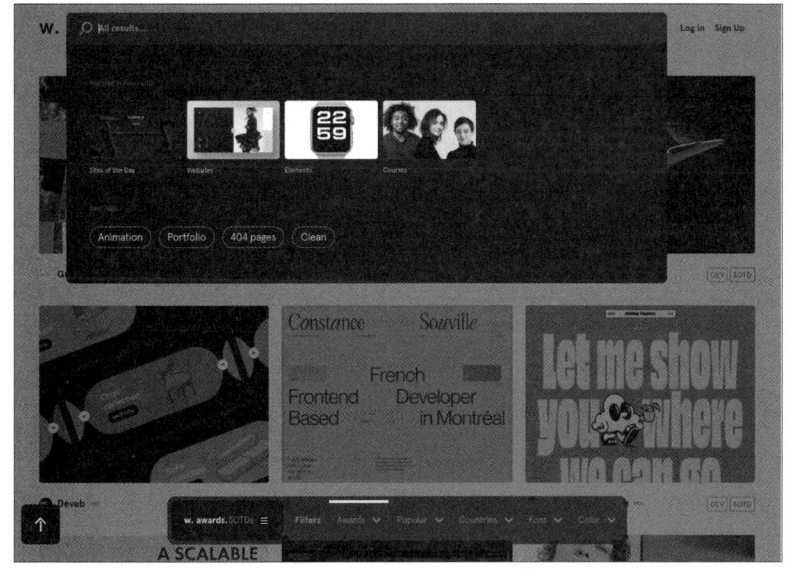

어워즈(Awwwards.com)는 콘텐츠를 방해하지 않으면서도 콘텐츠를 쉽게 필터링할 수 있게 해주는 뛰어난 검색 기능을 제공한다. 레이아웃은 물론이고 사이트의 동작과 인터랙션 디자인을 보는 것만으로도 영감을 받을 수 있다. 이 사이트도 보드에 추가하자(그림 3-29).

▼ **그림 3-29** 우리에게 영감을 주는 몇 가지 예시를 담은 무드 보드

무드 보드에는 8~10개 정도의 예시를 담는 것이 적당하므로 몇 가지 예시를 더 찾아볼 것이다. 그리고 이렇게 수집한 예시는 제품을 어떻게 디자인할지에 대한 논의를 시작하는 좋은 출발점이 될 것이다.

이 과정은 자유롭게 변형해도 된다. 그룹 아이디어 도출 세션에서 여러 사람이 함께 진행할 수도 있고 개인 프로젝트에서 혼자 수행할 수도 있다. 이 기법은 각자의 프로세스에 맞게 얼마든지 활용할 수 있으며 어떻게 사용할지는 전적으로 여러분의 선택에 달려 있다.

팀원들과 함께 진행한다면 각자 영감이 될 만한 예시를 찾는 시간을 갖는다(25분 정도면 적당하다). 모두가 충분히 둘러본 후 모여서 아이디어를 발표한다. 발표 시간은 한 사람당 3~5분 정도도 한다. 발표가 진행되는 동안 진행자가 발표 내용을 화이트보드에 스케치하거나 팀원들의 스크린숏을 수집해 정리한다. 미로나 피그잼 같은 그룹 브레인스토밍 도구를 활용하면 이 과정을 원활하게 진행할 수 있다.

이 과정이 끝날 무렵 완성되는 예시 세트는 팀에 영감을 주고 아이디어 도출 과정에서 아이디어를 떠올리는 데 도움이 된다.

3.5.7 어떻게 해야 잘 진행할 수 있을까?

간단해 보이는 라이트닝 데모지만 몇 가지 전략을 알아두면 성공적으로 진행하는 데 도움이 된다.

- 영감은 어디에서든 올 수 있다. 열린 마음으로 받아들여라!
- 아이디어는 시각적으로도 표현할 수 있고 글로도 표현할 수 있다. 아이디어 보드의 모든 내용을 시각적으로 표현할 필요는 없다. 텍스트로만 정리해도 충분하다.
- 라이트닝 데모는 워크숍 형식보다 개별 과제로 진행하는 것이 더 나은 경우도 있다. 어떤 방식이 맞는지 실험해보라.
- 항상 타이머를 사용하라. 라이트닝 데모를 진행할 때는 집중력을 잃고 경로를 벗어나기 쉬우므로 타이머를 활용해서 모두가 경로를 벗어나지 않게 하라.
- 아이디어는 간결하게 정리하라. 아이디어가 짧을수록 훑어보고 이해하기 훨씬 더 쉽다.

3.5.8 경쟁 분석

경쟁 분석은 SWOT 분석과 라이트닝 데모 대신 활용할 수 있는 한 가지 방법이다. SWOT 분석이 제품 전략 도구이고 라이트닝 데모가 아이디어 도출 기법이라면 경쟁 분석은 감사(audit)에 가깝다. 경쟁 분석은 다양한 제품과 기업을 정성적, 정량적으로 교차 비교하는 방식으로 진행된다. 목적, 브랜드, 경쟁 우위 같은 정성적 측면뿐 아니라 수익, 구독자, 평점 같은 정량적 측면도 함께 검토한다.

경쟁 분석은 다양한 제품의 사업적 측면에 초점을 맞추어 진행할 수 있으며, 여기에는 재무 정보, 평점, 플랫폼, 업셀(upsell) 기회 등이 포함된다(표 3-1).

▼ 표 3-1 다양한 회사의 요금 구조에 대한 경쟁 분석

경쟁 서비스	수익 모델	앱 스토어 평점	앱 스토어 리뷰	표적 시장	콘텐츠 유형	무료 체험 여부
디즈니+	구독(연간/월간)	4.5	1,000,000개	모든 연령	엔터테인먼트	없음
훌루	구독	4.5	601,000개	18~49세	영화, TV 프로그램, 라이브 스트리밍	1개월 무료 체험
애플 TV	월간 구독	4.8	337,600개	18~34세	영화, TV 프로그램, 라이브 스트리밍, 엔터테인먼트	애플 기기 구매시 3개월 무료 체험. 7일 무료 체험도 있음
HBO 맥스	구독	2.8	62,900개	25~44세	엔터테인먼트	7일 무료 체험
아마존 프라임 비디오	구독	4.8	2,700,000개	18~34세	엔터테인먼트	있음
파라마운트+	구독 기반	4.5	327,000개	가족, 모든 연령	엔터테인먼트, 스포츠 중계, CBS 콘텐츠	일주일

이 경쟁 분석 예시는 다양한 서비스를 검토하며, 각 서비스가 제공하는 무료 요금제와 프리미엄 요금제 간의 차이를 비교한다. 이 분석은 프리미엄 서비스 출시를 앞두고 해당 서비스의 사용자 경험 최적화 방안을 찾는 맥락에서 수행되었으며 특히 서비스의 요금 구조에 초점을 맞추고 있다.

아니면 경쟁 분석의 초점을 다양한 제품의 기능에 맞추는 경우도 있다. 이럴 때는 그림 3-30에서 볼 수 있듯이 사용자가 제품에서 이용할 수 있는 기능, 상호작용 패턴, 선택지 등을 중심으로 비교한다.

▼ **그림 3-30** 여러 제품의 다양한 기능에 대한 경쟁 분석

플랫폼별 기능	Atom	Moodle	Blackboard	Canvas	ACT	Edmentum	Edulastic
모든 학생 점수 보기	✔	✔	✔	✔	✔	✔	✔
각 학생 점수 보기	✔	✔		✔	✔	✔	✔
평가 영역 세부 정보 보기		✔			✔	✔	✔
표 자가 설정 기능	✔	✔	✔			✔	
점수/상태 분류	✔	✔	✔	✔	✔		✔
수동 채점	✔	✔	✔	✔			
채점 기준 설정		✔	✔	✔		✔	
메모 추가		✔	✔	✔			
학생에게 메시지 발송		✔	✔	✔			
최종 점수 예측					✔		
전국 점수와 비교					✔		
학생 정보 시스템과 동기화			✔				
점수 가져오기		✔	✔	✔			
점수 내보내기	✔	✔	✔	✔		✔	
IMS 점수 통합	✔						

이 경쟁 분석은 교육 관련 제품을 개선하는 맥락에서 이루어졌고 우리 서비스의 로드맵이 타 서비스에 견줄 만한지 확인하고자 했다. 이 분석을 통해 출시 시점에 포함할 기능, 출시 직후에 추가할 기능, 아예 제외할 기능을 판단할 수 있었다.

이 두 가지 유형의 경쟁 분석 중에 어떤 방식을 선택하는 것이 더 **옳다**고 할 수는 없다. 그 대신 분석 대상이 되는 회사에 대해 알아야 하는 정보가 무엇인지를 기준으로 판단하라.

그렇다면 어떻게 시작할까? 다른 경쟁 연구와 마찬가지로 경쟁 분석을 수행할 때에도 따를 수 있는 절차가 존재한다.

목표 정의하기

먼저 분석의 목표를 정의한다. 다른 회사들이 어떤 기능을 제공하는지 알아보는 중인가? 마케팅 분석을 위해 기업 정보를 수집하는 중인가? 평가하려는 대상이 무엇인가?

스트리밍 서비스 예시로 돌아가서 서비스의 요금과 이름을 정하는 중이라고 가정해보자. 즉, 경쟁 분석을 통해 다른 제품의 요금 구조를 분석해 더 나은 요금을 책정하려고 한다. 그렇다면 목표는 **시장 환경을 이해하기 위해 다른 기업들이 구독 서비스를 고객에게 어떻게 전달하며 요금은 얼마로 책정했는지 파악하기**로 정의할 수 있다.

기준 설정하기

다음으로 경쟁 분석을 위한 기준을 설정한다. 경쟁사로부터 어떤 데이터를 수집할 것인지 결정하라. 분석할 내용을 고려해 어떤 항목을 살펴볼지 선택하라.

제품 시장 적합성을 분석하려고 하는가? 다시 말해 여러분의 제품을 사람들이 원할지, 시장에서 경쟁력을 확보할 수 있을지 확인하는 것이 목표인가? 그렇다면 재무적인 부분에 초점을 맞춰서 분석해 사업적으로 실현 가능성이 있는지를 확인해야 한다.

아니면 실행상의 문제를 분석하려고 하는가? 다시 말해 제품 아이디어가 고객의 요구를 충족할 것이라는 확신이 있고 이제 시장에서 어떻게 성공할지에 초점을 둘 생각인가? 그렇다면 기능을 중심으로 분석해서 다른 제품이 똑같은 문제를 어떻게 해결하고 있는지를 확인하고 여러분은 어떻게 혁신할 수 있을지를 보여주어야 한다.

이처럼 핵심 관찰 지점을 정해두면 집중적으로 분석하는 데 도움이 된다. 예를 들어 사람들이 스트리밍 서비스를 원한다는 사실은 이미 알고 있다고 가정해보자. 그렇다면 스트리밍 서비스 시장의 존재를 증명하기보다는 사용자 경험과 서비스 품질에 초점을 맞춰야 한다.

분석을 수행하려면 최소한 분석할 기업의 이름, 스트리밍 서비스의 이름, 유료 구독 요금제의 등급과 등급별 요금은 파악해야 한다.

물론 이보다 더 많은 정보를 수집하면 좋겠지만 이 정도면 분석을 시작하기에 충분하다.

회사 선정하기

기준을 설정했다면 분석할 기업을 목록으로 정리해야 한다. **직접적인** 경쟁사, **간접적인** 경쟁사를 모두 고려하라.

예를 들어 스트리밍 서비스를 분석한다면 직접적인 경쟁사인 디즈니+, 훌루, 아마존 프라임을 살펴볼 수 있다. 트위치, 영화관, 케이블 TV는 간접적인 경쟁사로 볼 수 있다.

또한 직접적인 경쟁사는 아니지만 **참고할 수 있는 사례**를 통해 유사점을 찾아보는 것도 영감의 원천이 될 수 있다.

스트리밍 서비스의 예를 이어가보자. 더 젊은 연령층을 겨냥하고 있다면 스냅챗, 틱톡, 비디오 게임도 분석 대상에 포함시킬 수 있다. 참고 사례들은 분석에 유용한 영감을 줄 수 있다.

> 한때 넷플릭스 CEO는 HBO 같은 TV 회사가 아니라 포트나이트라는 비디오 게임이 넷플릭스의 가장 큰 경쟁자라고 언급하기도 했다.[7]

스트리밍 서비스 프로젝트의 직접적인 경쟁자를 꼽자면 넷플릭스, 디즈니+, 훌루가 있다. 간접적인 경쟁자로는 유튜브를 우선적으로 살펴볼 수 있다.

접근 경로 확보하기

다음으로는 분석에 필요한 접근 경로를 확보해야 한다. 각 제품은 어디에서 찾을 수 있는가? 웹 사이트 링크나 앱 스토어 링크가 있는가? 아니면 다른 경로가 있는가?

---

7 www.vanityfair.com/hollywood/2019/01/netflix-competition-disney-hulu-fortnite

제품에 접근하기 위해 무엇이 필요한가? 로그인을 해야 하는가? 그렇다면 이 사실을 팀에 알려서 각자 계정을 만들고 제품에 접근하는 데 필요한 권한을 확보하도록 해야 한다. 접근에 필요한 정보를 스프레드시트에 정리해두면 프로젝트를 진행하는 동안 유용하게 쓸 수 있다.

스트리밍 서비스 작업을 하면서 이러한 정보를 정리하면 다음과 같은 표가 된다.

▼ 표 3-2 경쟁 분석에 포함되는 여러 기업의 이름과 URL. 이러한 정보는 제품에 접근할 때 유용하다.

경쟁사	URL	로그인
넷플릭스	www.netflix.com	필요함
디즈니+	www.disneyplus.com	필요함
훌루	www.hulu.com	필요함

이렇게 기업의 이름, 접근 경로, 로그인 필요 여부가 정리된 스프레드시트가 있으면 팀원들이 제품에 더 쉽게 접근할 수 있다.

데이터 수집하기

접근 정보 정리까지 마쳤다면 이제 본격적으로 분석을 위한 데이터를 수집할 차례다. 목록에 있는 항목을 하나씩 검토하는 것부터 시작하라. 한 경쟁자를 모든 범주에 걸쳐 분석할 수도 있고, 한 범주의 모든 경쟁자를 분석할 수도 있다. 올바른 방법은 없으며 두 방법은 각기 장점이 있다.

둘 중 어떤 방법을 선택하든 시각적인 자료를 반드시 함께 수집하라. 각 제품의 스크린숏을 찍고 동영상을 녹화하라. 이러한 자료는 구체적인 내용을 참고하고 싶거나 인사이트를 요약해 공유할 때 예시로 활용할 수 있다.

수집한 자료는 모두가 접근할 수 있도록 피그마, 구글 드라이브, 드롭박스 등의 공용 저장 공간에 저장해두면 좋다.

스트리밍 제품을 분석할 때는 각 제품의 요금제 등급 정보를 수집할 수 있다. 각 요금제에 어떤 등급이 있는지, 등급 이름은 무엇인지, 사용자에게 어떻게 소개하는지 등을 확인하라. 표 3-3에는 등급 이름을 정할 때 참고할 수 있도록 각 서비스의 이름과 요금제 등급 이름을 정리해두었다. 대부분의 기업은 광고가 없는 가장 비싼 요금제를 '프리미엄'이라고 부른다. 그런 관례를 따른다면 서비스에 가입하는 신규 사용자들의 혼란을 피할 수 있을 것이다.

▼ 표 3-3 다양한 제품의 요금제 이름 비교

경쟁사	광고형 등급의 명칭	프리미엄 등급의 명칭
넷플릭스	베이식	프리미엄
디즈니+	베이식	프리미엄
훌루	훌루(광고 포함)	훌루(광고 없음)
애플 TV	해당 없음	플러스

경쟁사	광고형 등급의 명칭	프리미엄 등급의 명칭
HBO 맥스	광고 포함	광고 없음
아마존 프라임 비디오	해당 없음	프리미엄 비디오
파라마운트+	에센셜	프리미엄
유튜브	해당 없음	프리미엄

결과 요약하기

분석이 완료되면 결과를 요약해야 한다. 분석을 통해 얻은 핵심 교훈을 강조한 프레젠테이션이나 요약 자료를 만들 수 있다. 이때 시각적 자료를 활용해 교훈의 구체적인 예시를 보여주는 것이 중요하다. 그러면 팀의 이해를 일치시키고 관찰 사항을 더 풍부한 맥락과 함께 전달하는 데 도움이 된다.

스트리밍 서비스 프로젝트의 경우 시각적 자료는 여러분의 디자인 솔루션의 구조에 영향을 줄 수 있다. 그림 3-31에서 볼 수 있듯이 경쟁 서비스들은 요금제의 등급을 비교하는 방식으로 전달한다. 여러분도 같은 구조를 고려해볼 수 있다. 하지만 실행 방식에 대해서는 논의가 필요하다. HBO 맥스, 디즈니+ 같은 일부 서비스는 등급 이름과 요금만 보여주는 반면, 넷플릭스, 훌루 같은 서비스는 각 등급의 혜택을 더 자세히 보여준다.

▼ 그림 3-31 왼쪽에서 오른쪽, 위에서 아래 순서로: HBO 맥스, 디즈니+, 넷플릭스, 훌루의 요금제 화면 스크린숏

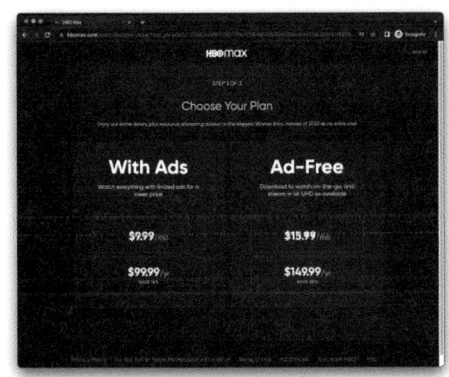
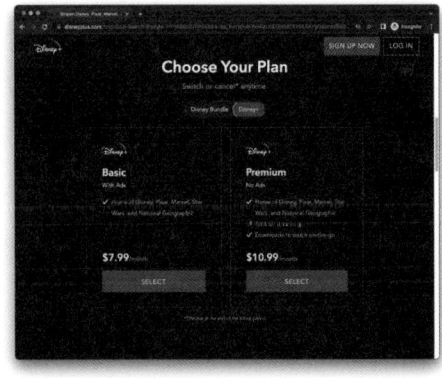
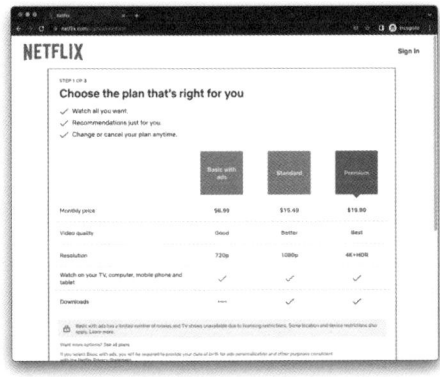
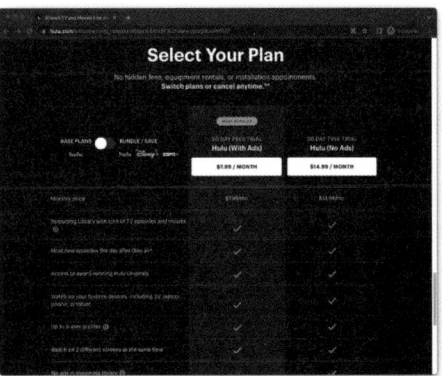

여러분의 스트리밍 서비스에서는 세부 정보를 많이 보여주는 것이 나을까, 아니면 적게 보여주는 것이 나을까? 결제가 이루어지기 전에 고객에게 모든 정보를 투명하게 전달하고 서비스의 범위를 보여주고 싶은가? 아니면 최대한 빠르게 가입 절차를 거치게 한 이후에 세부 정보를 공유하고 싶은가? 서비스에 가입하는 고객의 사용자 경험을 결정하려면 팀에서 이런 대화가 이루어져야 한다. 다양한 제품의 요금제와 기능을 비교하는 경쟁 분석을 진행하지 않는다면 이런 논의 자체를 떠올리지 못할 수 있다.

3.5.9 올바른 질문에 맞는 올바른 기법 적용하기

시중에는 경쟁 연구를 수행하는 다양한 방법이 있으며 이 책에서 다루지 않은 기법도 존재한다. 시장을 이해하고 목표 분야에 있는 기업들을 분석하는 데 있어 단 하나의 정답은 존재하지 않는다. 그보다는 경쟁 분석의 목적을 정의하고 해당 연구에 가장 적합한 방법을 선택해야 한다.

게다가 경쟁 연구는 프로젝트에서 한 번만 수행하는 것이 아니다. 프로젝트를 진행하는 동안 여러 차례 수행하게 될 수도 있다. 새로운 경쟁자를 알게 되어 분석 대상에 추가하는 경우도 있고, 연구의 초점을 옮겨서 새로운 질문을 탐색하느라 이전과는 다른 기법을 사용하는 경우도 있다.

디자인 싱킹을 프로젝트에 적용하는 리더로서 우리는 어떤 기법이 있고, 각 기법을 언제 어떤 목적으로 사용하는지 반드시 알아야 한다.

3.5.10 직접 해보자!

이 절에서 다룬 어떤 경쟁 분석 기법이든 혼자 하는 여행 프로젝트에 유용하게 활용할 수 있다.

여행 관련 경쟁사의 강점과 약점을 파악해 여러분의 서비스가 시장에서 어떤 위치에 있는지 알아보고 싶은가? 그렇다면 다양한 기업의 SWOT 분석을 수행할 수 있다.

아이디어 도출 과정에서 여행 제품에 대한 영감이 필요한가? 그렇다면 라이트닝 데모를 수행할 수 있다.

다양한 여행사를 분석하고 고객의 입장에서 직접 서비스를 경험하며 이들의 기능과 사용자 경험을 이해하고 싶은가? 그렇다면 경쟁 분석을 수행해 경쟁자에 대한 세부 정보와 기능을 목록으로 정리해볼 수 있다.

이 중 어떤 방법을 활용해도 좋다. 이는 디자인 싱킹 프로세스의 다음 단계인 아이디어 도출 단계로 넘어가기 전에 현재 시장의 상황을 파악하는 데 도움이 된다.

어떤 경쟁 분석 기법을 시도하든 다음 몇 가지 사항을 염두에 두자.

- **연구의 목표를 정의하라.** 무엇을 배우고 싶은가? 여러분에게 가장 많은 정보를 제공할 수 있는 적절한 기법을 선택하라.
- **경쟁자를 살펴보라.** 탐색 중인 분야의 선두 주자는 누구인가? 그들이 성공을 거두고 있는 이유는 무엇인가? 이들을 연구하고 이들의 성공으로부터 배우는 동시에 개선할 수 있는 부분은 무엇인지도 분석하라.

> 경쟁 연구를 아이디어 도출 이후로 미뤄도 괜찮다. 실제 디자인 싱킹 프로세스를 진행할 때는 어떤 기법을 언제, 왜 적용해야 할지 자연스럽게 익히게 될 것이다. 다만 이 책에서는 내가 제시한 순서에 따라 진행해보자.

- **참고할 만한 사례를 찾아보라.** 탐색 중인 분야에서 직접 경쟁하는 기업은 아니더라도 참고할 만한 기업은 어디인가? 표적 시장에서 한두 걸음 떨어진 곳에서도 영감을 얻을 수 있다.

> 부록 A.2 '경쟁 연구'를 참고해 여러분의 연구를 예시와 비교해보라.

3.6 정의한 후에는 아이디어를 도출한다

이 장은 디자인 씽킹 프로세스의 정의 단계의 앞부분을 다루며 시작했다. 페르소나를 통해 대상 사용자를 정의하고 여정 지도를 통해 사용자가 현재 상태를 어떻게 경험하는지 설명했으며 경쟁 연구를 통해 기존 솔루션을 탐색했다. 이 모든 노력은 연구를 종합하고 누구를 위해 어떤 문제를 해결하려고 하는지를 이해하기 위한 과정이었다.

디자인 씽킹의 다음 단계에서는 앞서 정의한 문제에 대한 이해를 바탕으로 사용자에게 도움이 될 아이디어를 떠올리기 시작할 것이다. 아이디어 도출 단계에서는 사용자를 위해 가능성을 확장하며, 문제를 해결할 많은 솔루션을 생각할 것이다. 그다음에는 그중 선택지를 좁히고 몇 가지 아이디어를 선별해서 프로세스의 나머지 단계에서 발전해나갈 것이다.

4장

아이디어 도출 기법과 도구 탐색하기

4.1   디자인 싱킹 프로세스의 어떤 단계에 해당할까?

4.2   아이디어 도출

4.3   개념적 아이디어 도출

4.4   시각직 아이디어 도출

4.5   관계적 아이디어 도출 - 기존 개념에서 새로운 아이디어 도출하기

4.6   우선순위 선정

4.7   아이디어를 도출한 후에는 프로토타입을 제작한다

디자인 싱킹 프로세스의 세 번째 단계에서는 아이디어를 떠올리는 데 집중한다. 디자인 영역을 철저하게 탐색하면서 최대한 많은 아이디어를 생각해내야 한다. 그렇게 도출한 다양한 아이디어의 우선순위를 정하고 그중 일부를 선별해 다음 단계로 나아가야 한다.

디자인 영역을 탐색하려면 아이디어를 도출해야 한다. 아이디어 도출 과정에서는 사고의 폭이 확장되고 새로운 것을 창조하며 창의적인 사고가 이루어진다. 개념, 패턴뿐 아니라 기존 솔루션 간의 관계를 탐색하고 새로운 관점에서 바라보게 된다.

아이디어를 도출할 때는 예술적인 감각이 필요하다. 창의력과 상상력을 발휘해 환상적인 신제품 아이디어를 떠올린다. 이러한 아이디어를 발전시킬 수 있는 특성과 기능을 고민한다. 아이디어를 스케치하고 개념을 시각화해 사용자 경험을 그려본다.

아이디어 도출에는 과학적인 접근도 필요하다. 연구, 관찰, 증거를 바탕으로 문제에서 출발한다. 기존 제품을 분석하고 여러 제품의 특징을 다양한 방식으로 조정해 재구성한다. 아이디어를 정리하고 우선순위를 매긴 후 어떤 아이디어를 발전시킬지 체계적으로 판단한다.

이처럼 예술과 과학이 융합될 때 비로소 디자인 싱킹의 아이디어 도출 단계를 성공적으로 거쳐서 사용자의 욕구와 필요에 부합하는 솔루션에 도달할 수 있다.

4.1 / 디자인 싱킹 프로세스의 어떤 단계에 해당할까?

해결하려는 문제를 이해하는 단계를 마치면 디자인 싱킹 프로세스의 정의 단계에서 그다음 단계인 아이디어 도출 단계로 진입한다(그림 4-1).[1]

디자인 싱킹 프로세스의 아이디어 도출 단계의 목표는 문제를 해결할 아이디어를 생각해내는 것이다. 지금까지의 과정을 통해 사용자와 이들이 겪는 어려움을 이해했다. 이제 이들을 어떻게 도울 수 있겠는가? 어떤 아이디어가 효과가 있겠는가? 이 단계의 목표는 디자인 영역을 탐색하고 사용자를 위한 솔루션을 만드는 것이다.

이 단계를 마치면, 가능한 범위를 두루 탐색하며 확산해서 생성한 아이디어를 검토하고, 그중 몇 가지로 수렴해 다음 단계로 나아가야 한다.

---

1 www.nngroup.com/articles/design-thinking/

▼ **그림 4-1** 닐슨 노먼 그룹의 디자인 싱킹 모델. 이 모델의 세 번째 단계는 아이디어 도출이다. 이는 디자인 싱킹의 탐색 과정에 속하며 문제에서 시작해 사용자에게 도움이 될 수 있는 솔루션을 생각해낸다.

4.2 SECTION / 아이디어 도출

문제가 명확해졌으니 이제 문제를 해결할 차례다! 디자인 프로세스에서 현재 우리가 거치는 단계는 사용자를 효과적으로 도울 수 있는 온갖 아이디어를 떠올리는 단계다.

다소 부담스럽게 느껴질 수 있다. 어디에서 시작해야 할까? 사람들의 삶에 변화를 일으킬 수 있는, 아니면 적어도 이들이 겪는 문제를 실제로 해결해줄 수 있는 아이디어를 어떻게 떠올릴 수 있을까? 우리의 아이디어가 괜찮기는 할까? 이런 고민을 하는 것은 지극히 자연스럽고 타당하다. 다행히 지금까지 우리는 달성할 목표를 연구하고 정의하는 데 많은 노력을 기울였다. 이제 다음 단계로 나아가 목표 달성에 착수할 시간이다.

4.2.1 아이디어 도출이란 무엇인가?

아이디어 도출은 사용자 문제에 대한 솔루션을 만들기 위해 아이디어를 생성하는 창의적인 과정이다. 이 과정은 문제를 기반으로 이루어진다. 디자인 싱킹 프로세스의 이전 단계에서 '해결할 문제'를 정의하는 것이 매우 중요했던 이유, 그리고 문제를 명확히 정의할 때까지 솔루션을 생각하면 안 되는 이유가 여기에 있다.

아이디어 도출은 또한 확산적인 과정이다. 아이디어 도출의 목적은 사용자에게 실질적으로 도움이 되는 솔루션에 도달하는 것이다. 이를 달성하려면 문제를 해결할 수 있는 수많은 아이디어와 가능성을 떠올려야 한다. 나중에는 이를 수렴하는 과정이 필요하겠지만 시작할 때는 마음껏 탐색해야 한다. 터무니없거나 비현실적이라고 느꼈던 아이디어가 의외로 효과적일 수도 있다. 아니면 그런 아이디어를 다듬어서 현실적이고 실용적인 솔루션으로 발전시킬 수도 있다.

마지막으로 아이디어 도출 과정에서는 판단을 유보해야 한다. 이때는 확산적 사고에 집중하며 최대한 많은 아이디어를 떠올려야 하므로 질보다 양에 집중하라. 아이디어 도출이 끝날 무렵에는 떠올린 아이디어를 평가하고 가장 효과적이라고 생각하는 몇 가지 아이디어를 선별해 다음 단계로 넘어갈 것이다.

스탠퍼드 디스쿨(Stanford d.school)[2]은 이를 이렇게 표현했다.

> '아이디어 도출'의 핵심은 정답을 떠올리는 것이 아니라 가장 폭넓은 가능성을 창출하는 것이다.

4.2.2 아이디어 도출은 언제 해야 할까?

디자인 싱킹 프로세스의 맥락에서 아이디어 도출은 해결해야 할 문제가 명확해진 이후에 진행하는 단계다. 하지만 해결해야 할 문제는 제품 개발상의 단계, 회사의 목표, 사용자의 요구에 따라 달라질 수 있다. 따라서 다양한 이유로 아이디어 도출을 활용할 수 있다.

새로운 접근법 만들기

고객의 문제를 해결하기 위해 새로운 접근법이 필요할 때 아이디어 도출을 활용할 수 있다. 틴더(Tinder)의 사례가 여기에 해당한다. 틴더는 데이트 문화에 참여하는 새로운 접근법을 고안해 데이트 상대를 더 빠르게 매칭하고자 했다. 이 과정에서 매칭 속도를 높이는 새로운 인터랙션 패턴을 앱에 도입했고 이 패턴은 이후 대중화되었다.

현재 사용자 경험 개선하기

현재 제품에서 사용자 경험을 개선하기 위해 아이디어를 도출할 수 있다. 예를 들어 마이크로소프트는 수년간 마이크로소프트 팀즈(Microsoft Teams)를 개선하기 위해 많은 시간과 에너지를 들여 반복적으로 새로운

---

2 역주 디자인 싱킹을 체계화하고 널리 알린 스탠퍼드 대학교의 디자인 교육 기관.

아이디어를 도출하면서 제품을 개선해 왔으며, 이런 노력은 원격 근무로의 전환이 활발해지는 시기에 특히 두드러졌다.

새로운 수익 전략 탐색하기

아이디어 도출을 활용해 제품을 위한 새로운 수익원이나 비즈니스 전략을 구상할 수 있다. 우버는 우버 드라이버들이 사용자에게 음식이나 물건을 배달하게 하는 아이디어를 내서 서비스를 확장했다. 덕분에 드라이버는 더 많은 수입을 올리고 고객들은 동일한 제공업체에서 여러 서비스를 이용할 수 있게 되었다.

다양한 유스 케이스

지금까지의 경험으로 볼 때 아이디어 도출은 이 모든 상황에 유용했다. 한 프로젝트에서 여러 목적으로 아이디어를 도출한 경우도 있었다. 푸드 네트워크[3]에서는 이 모든 목적을 달성하기 위해 아이디어 도출을 활용했던 기억도 있다. 당시 우리에게는 더 많은 고객에게 도달하기 위한 새로운 접근법이 필요했고 이를 위해 네이티브 모바일 제품을 웹으로 포팅(이식)해야 했다. 고객의 현재 사용자 경험도 개선해야 했다. 이미 운영 중인 웹 사이트가 있었기 때문에 웹으로 가져온 기능으로 기존 경험을 향상시켜야 했다. 마지막으로 이러한 사용자 경험이 어떻게 새로운 수익 창출로 이어질 수 있을지도 고려해야 했다. 프리미엄 앱을 새로운 플랫폼으로 확장한 것은 푸드 네트워크의 입장에서 볼 때 새로운 수익 창출 기회를 의미했기 때문이다.

4.2.3 아이디어 도출에는 어떤 유형이 있을까?

아이디어 도출은 다양한 형태로 이루어진다. 아이디어를 도출하는 목적뿐 아니라 아이디어를 생성하는 방식도 다양하다.

개념적 아이디어 도출

아이디어 도출을 통해 개념을 떠올리는 데 초점을 맞추는 경우도 있다. 일부 아이디어 도출 기법은 논의하고 탐색할 수 있는 고차원적인 개념을 떠올리는 데 집중한다. 이 유형의 가장 일반적인 형태는 브레인스토밍(그림 4-2)이지만 그 외에도 여러 기법이 존재한다.

▼ **그림 4-2** 브레인스토밍 세션을 진행하는 디자이너들(필자 포함)

---

3 역주 요리와 라이프스타일을 테마로 하는 미국의 케이블 채널.

개념적 아이디어 도출은 디자인 싱킹 프로세스의 아이디어 도출 단계를 시작할 때 활용하기 좋다. 무엇을 할 수 있는지 전반적으로 살펴볼 수 있기 때문이다. 이 방식은 다양한 아이디어를 생성한다. 이렇게 도출한 아이디어는 그 일부를 선택해 다른 스타일의 아이디어 도출, 즉 시각적 아이디어 도출을 사용해 더 깊이 탐색할 수 있다.

시각적 아이디어 도출

사용자에게 솔루션을 어떤 형태로 제시할 수 있을까? 몇 가지 기법은 경험을 시각적으로 묘사해 아이디어를 떠올리도록 유도한다. 아이디어를 종이에 스케치해 흐름을 나타낼 수도 있고 사용자 여정을 스토리보드로 표현해 짧은 이야기를 만들어볼 수도 있다. 또는 라이트닝 데모(그림 4-3)를 활용해 아이디어와 영감을 시각적으로 나타낸 무드 보드를 제작할 수도 있다.

▼ **그림 4-3** 3장에서 다룬 라이트닝 데모. 경쟁 분석의 한 형태일 뿐 아니라 시각적 아이디어 도출의 한 형태이다.

시각적 아이디어 도출은 이미 솔루션이 존재하거나 더 탐색해보고 싶은 솔루션에 대한 명확한 아이디어가 있을 때 활용하기에 적절한 기법이다. 예를 들어 브레인스토밍 세션을 마치고 더 깊이 탐색할 몇 가지 아이디어를 선택한 후 스케치 같은 시각적 아이디어 도출 기법을 사용해서 이러한 아이디어를 확장할 수 있다.

관계적 아이디어 도출

문제 영역에 포함된 개념은 서로 어떻게 연결할 수 있을까? 일부 아이디어 도출 기법은 요소 간 연관성을 탐색하며 새로운 아이디어를 떠올린다. 이런 기법은 기본 개념에서 시작해 초기 아이디어를 다양한 방향으로 확장하고 새로운 아이디어와의 관계도를 그려 나간다. 여기에는 마인드맵(mind map, 그림 4-4)을 통해 아이디어 '가계도'를 만드는 방법이나, 스캠퍼(SCAMPER, Substitute, Combine, Adapt, Modify, Put to other use, Eliminate, Rearrange)[4]라는 기법을 통해 기존 제품을 재구성해 새로운 아이디어를 만들어내는 방법이 포함된다(자세한 내용은 4.5.2절의 '스캠퍼' 내용을 참고하라).

▼ **그림 4-4** 관계 기반 아이디어 도출 기법인 마인드맵. 이 마인드맵은 부두와 관련된 요소 간 연관성을 탐색해 부두에서 비즈니스를 운영하는 사람들을 위한 새로운 수익 창출 아이디어를 내기 위해 만들어졌다.

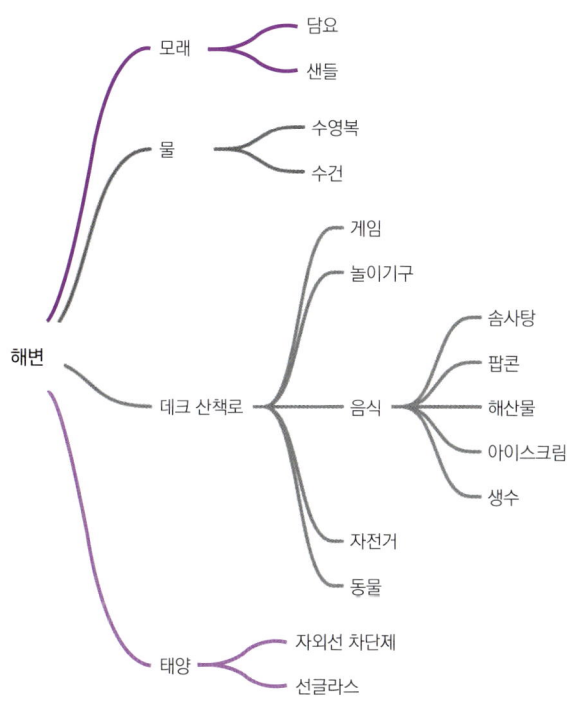

관계적 아이디어 도출 기법은 아이디어를 내는 도중에 개념적으로든 시각적으로든 아이디어가 잘 떠오르지 않을 때 활용하기 좋은 방법이다. 관련 개념의 마인드맵을 만들면 개념적 아이디어를 도출하기 위한 집중 영역을 설정하거나 시각적 아이디어 도출에서 더 깊이 탐색할 수 있는 세부적인 아이디어를 떠올리는 데 도움이 된다.

---

4 https://en.wikipedia.org/wiki/SCAMPER

4.2.4 아이디어 도출 모범 사례

아이디어를 성공적으로 도출하려면 아이디어가 잘 떠오를 수 있는 환경을 조성하는 것이 중요하다. 다행히 이러한 환경 조성에 활용할 수 있는 몇 가지 모범 사례가 있다.

적정 규모로 팀 구성하기

대부분의 아이디어 도출 기법은 여러 사람이 참여하는 것이 효과적이다. 아이디어 도출 과정에 다양한 분야의 사람을 초대하면 서로 다른 관점과 사고 과정을 끌어낼 수 있다. 이처럼 다채로운 관점이 모이면 더 좋은 아이디어가 많이 나올 뿐 아니라, 디자인 싱킹 프로세스에 서로 다른 사람들의 관점을 풍부하게 반영할 수 있다.

그렇다고 해서 모두를 초대할 필요는 없다. 사실 전 팀원보다는 일부만 초대하는 것이 좋다. 참여 인원이 늘어날수록 고려해야 할 관점이 많아지고 꼼꼼히 검토해야 할 아이디어가 늘어나서 우선순위를 정하는 데 더 많은 시간이 들기 때문이다. 아마존은 아이디어 도출 세션에 '피자 두 판 규칙'을 적용한 것으로 유명한데 이는 피자 두 판을 먹을 정도의 인원, 즉 6~8명 이상은 초대하지 말라는 원칙이다.

> 아이디어 도출 세션에 많은 사람들을 초대해서 아이디어를 내고 마음에 드는 아이디어를 고르게 하되, 아이디어의 우선순위를 정하고 더 깊이 탐색할 아이디어를 선별할 때는 '피자 두 판' 규칙에 따라 인원을 제한하는 방식이 가장 효과적이었다. 내가 참여했던 한 브레인스토밍 세션에서는 아이디어 도출에 40명이 참여했고 그중 어떤 아이디어를 발전시킬지 평가하는 작업은 4~8명 정도의 소규모 팀이 맡았다. 이는 사람들에게 창의력을 발휘할 기회를 제공하고 팀으로서는 폭넓고 다양한 관점을 포착할 수 있게 해주는 즐거운 팀워크 강화 활동이었다.

진행자 선택하기

아이디어 도출 세션을 성공적으로 진행하려면 대화를 이끌어갈 사람이 필요하다. 어떤 기법을 사용하든 아이디어 도출의 맥락(해결할 문제, 추가적인 배경 정보 등)을 설명하고 아이디어 도출 규칙을 설정하며 사람들이 잘 따라오도록 안내할 사람이 있어야 한다. 일반적으로 해당 프로젝트의 디자이너나 프로덕트 매니저가 진행을 맡지만 간혹 다른 팀원이 세션을 이끄는 경우도 있다.

시간 제한하기

아이디어 도출 세션은 일반적으로 정해진 시간 내에 진행되도록 제한한다. 이렇게 하면 진행이 원활해지고 아이디어에 대한 토론이 지나치게 길어지는 것을 방지할 수 있다. 업계에서는 세션에 '타임 박스(time box)'를 설정한다는 표현을 자주 사용한다. 그렇게 하면 모두가 아이디어 도출에 집중하고 특정 단계가 과도하게 길어지는 것을 막을 수 있다.

> 나는 보통 아이디어를 내는 시간을 15~30분 정도로 정하고 각 아이디어에 대해 논하는 시간을 따로 배정한다. 참가자가 적다면(8명 미만) 각자 자기 아이디어를 발표할 시간을 2~3분 정도 준다. 참가자가 많다면(8명 이상) 소그룹으로 나누어 그룹별로 발표하게 하거나 아이디어를 카테고리별로 정리해 각 카테고리를 3~5분 정도로 요약해서 발표하게 한다.

맥락 설정하기

아이디어를 도출하려면 목표가 있어야 하므로 진행자는 세션의 목표를 설정해야 한다. 일반적으로 목표는 해결할 문제를 중심으로 설정하며 세션의 방향을 잡기 위해 참가자가 이해해야 할 배경 정보를 포함하기도 한다. 예를 들어 브레인스토밍을 진행한다면 무엇에 관한 브레인스토밍인지 설명할 수 있어야 한다. 해결해야 할 문제, 솔루션을 제공하려는 대상 사용자, 프로젝트와 관련된 배경 정보를 공유하면 참가자를 준비시키고 아이디어 도출 세션을 이끄는 데 도움이 된다.

질보다 양

아이디어 도출은 아이디어를 많이 내는 데 집중한다. 이 단계에서는 아이디어의 품질보다는 최대한 많은 아이디어를 내는 것이 중요하다. 아이디어가 많을수록 문제 영역을 더욱 폭넓게 탐색할 수 있기 때문이다. 아이디어에 대한 평가는 아이디어 도출 과정의 마지막에 이루어진다. 즉 초반에는 아이디어를 최대한 넓게 확산시켰다가 후반에는 더 탐색할 가치가 있는 몇 가지 아이디어로 수렴하는 것이다.

엉뚱한 아이디어

확산할 때는 최대한 멀리 가볼 것을 권장한다. 실현 가능성이 낮아 보이는 무모하고 터무니없는 아이디어를 마음껏 떠올려라. 이렇게 엉뚱한 아이디어가 다른 팀원들의 창의력을 끌어내서 현실적인 아이디어로 이어질 수 있다. 아이디어 도출에는 한계가 없다!

'안전한 공간' 만들기

도출한 아이디어를 프로세스가 끝날 때 평가하는 것이 정말 중요하다. 모든 아이디어에 대한 판단이나 비판을 유보하라. 어떤 이야기든 경청하고 평가하지 않을 것임을 분명히 일러라. 그래야 사람들이 더 자유롭게 엉뚱하고 기발한 아이디어를 떠올릴 수 있다. 이러한 아이디어야말로 사용자의 삶을 변화시키고 놀라운 사용자 경험을 완성하는 밑거름이 된다.

말뿐 아니라 보디랭귀지도 신경 써야 한다. 팔짱 끼기, 못마땅한 표정 짓기처럼 아이디어에 부정적인 반응을 드러내는 몸짓을 하지 않도록 주의하라. 아이디어 도출을 즉흥 연기 수업으로 생각하라. 예스 앤드(Yes, And)[5] 프레임워크를 사용해 다른 사람의 아이디어를 받아들이고 이를 바탕으로 확장해 나가라.

4.2.5 디자인 싱킹 프로세스에서 아이디어 도출 사용하기

아이디어 도출이란 무엇인지, 어떤 방식이 있는지, 이를 실행할 때 따라야 할 휴리스틱은 무엇인지 간략히 살펴보았으니 이제 각각의 내용을 깊이 들여다볼 차례다. 이 장에서는 아이디어 도출의 다양한 유형과 그 작동 방식, 그리고 도출한 아이디어의 우선순위를 선정할 방법에 대해 알아보겠다.

---

5 역주 즉흥 연기에서 유래된 원칙으로 상대의 아이디어를 수용(yes)하고 그 위에 추가(and)해 발전시키는 협업 방식을 가리킨다.

4.3 개념적 아이디어 도출

아이디어 도출에 돌입할 때 여러분은 지금까지 수행한 연구 결과를 가지고 시작한다. 즉, 해결하고 싶은 문제, 문제를 해결해주고 싶은 대상을 알고 현재 다른 기업들이 그 문제를 어떻게 해결하고 있는지를 이해하고 있다. 이러한 지식을 바탕으로 무엇을 만들 수 있을까? 도움이 되는 정보가 아무리 많아도 막상 아이디어를 내려고 하면 시작하기가 어려울 수 있다.

다행히 여러분에게는 정보 외에 디자인 싱킹 프로세스라는 도구도 있다. 이 프로세스는 구조, 기법, 연습을 통해 아이디어 도출을 이어가도록 도와준다. 이 프로세스를 활용하면 개념적 아이디어 도출 기법을 통해 솔루션을 떠올릴 수 있다. 이러한 기법은 솔루션의 윤곽을 파악하는 출발점이 되어줄 것이다. 일반적인 아이디어 도출 기법 중에서 가장 인기 있는 것은 바로 브레인스토밍이다.

4.3.1 브레인스토밍이란 무엇인가?

브레인스토밍은 개념적 아이디어 도출 기법으로 명확하게 정의된 문제를 해결할 때 사용한다. 그룹을 이뤄서 디자인 문제를 해결하는 데 도움이 될 수 있는 아이디어를 낸다. 브레인스토밍을 효과적으로 진행하려면 명확한 문제를 기반으로 시작해야 한다. 즉, 문제가 있어야 그에 대한 솔루션을 생각할 수 있다.

> 간혹 브레인스토밍을 혼자 해야 하는 상황도 있을 수 있다. 효과가 떨어질 수는 있지만 혼자서도 브레인스토밍은 진행할 수 있다.

브레인스토밍이 곧 아이디어 도출이라는 잘못된 통념이 존재한다. 하지만 브레인스토밍이 유일한 아이디어 도출 기법은 아니다. 가장 널리 쓰이는 기법일 뿐이다. 그래서 두 개념을 혼동하는 경향이 있다. UI가 UX의 일부이듯 브레인스토밍도 아이디어를 도출하는 여러 기법 중 하나에 불과하다(그림 4-5).

▼ **그림 4-5** UI가 UX의 일부이듯 브레인스토밍은 아이디어 도출 기법의 일부다. UX가 UI보다 더 넓은 개념이듯 아이디어 도출은 브레인스토밍보다 더 넓은 개념이다.

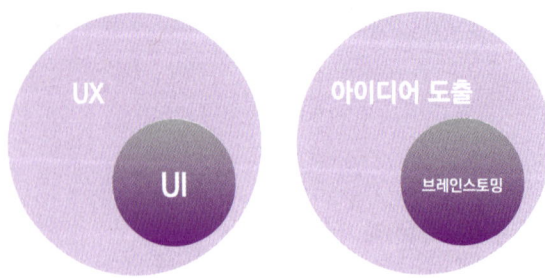

4.3.2 브레인스토밍은 어떻게 진행될까?

브레인스토밍은 참가자들이 문제를 해결할 아이디어를 떠올리는 그룹 활동이다. 대개 주어진 문제에 대한 아이디어를 짧고 빠르게 적을 수 있는 화이트보드나 포스트잇 등의 도구를 활용해 진행된다.

브레인스토밍을 진행하려면 우선 사람들을 모은다. 문제를 다양한 관점에서 볼 수 있는 이들이 모일수록 더 좋다. 참가자들에게 다루고 있는 문제를 해결할 수 있는 아이디어를 최대한 많이 떠올리도록 요청한다. 이들은 잠시 각자의 시간을 갖고 떠오르는 아이디어를 포스트잇 등에 적는다. 이렇게 몇 분 정도 혼자 생각한 후에 모두가 모여서 자신의 아이디어를 공유한다(그림 4-6).[6] 아이디어의 가능성을 함께 논의하고 서로의 아이디어를 기반으로 더 나은 아이디어를 함께 만들어간다. 마지막으로는 다음 단계로 진행할 몇 가지 아이디어를 투표로 선정한다.

▼ 그림 4-6 훌륭한 브레인스토밍의 실제 사례를 보고 싶다면 세계적으로 유명한 디자인 에이전시 IDEO의 브레인스토밍 세션 영상을 확인하라(출처: julief514/123RF).

그렇다면 함께 샘플 브레인스토밍 세션을 진행하며 전체 과정이 어떻게 진행되는지 알아보자.

우선 해결해야 할 문제가 필요하다. 예를 들어 여러분이 부두에서 바나나 가판대를 운영 중이고 더 많은 고객을 유치해서 수익을 늘리고 싶다고 가정해보자. 이 목표는 어떻게 달성할 수 있을까?

브레인스토밍을 진행하려면 준비물이 필요하다. 포스트잇과 마커를 사용해도 되고, 피그마나 미로 같은 디지털 도구를 활용해도 된다. 이번 브레인스토밍 세션에서는 피그마의 화이트보드 도구인 피그잼을 사용해 아이디어를 기록해보겠다(그림 4-7).

---

[6] www.youtube.com/watch?v=W1V1ACbAWio&ab_channel=IDEOU

▼ **그림 4-7** 브레인스토밍을 위한 피그마의 빈 캔버스 화면.

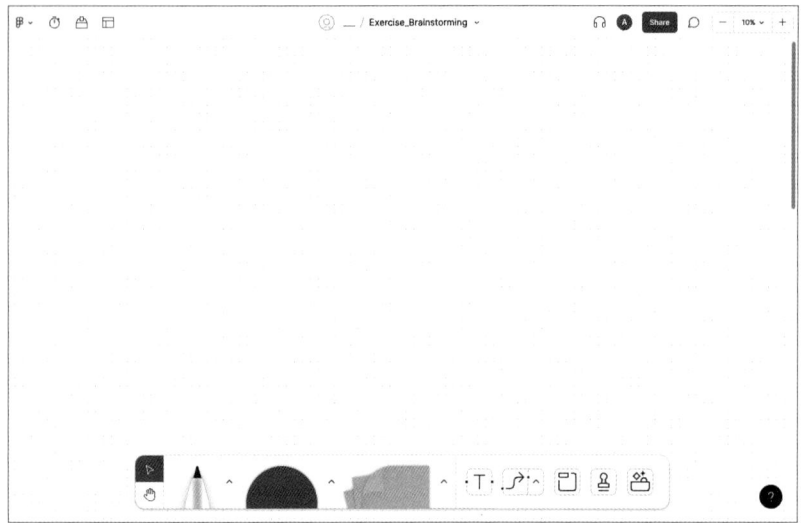

다음으로 시간 제한을 설정해야 한다. 피그마의 타이머 기능을 사용하면 쉽게 설정할 수 있다(그림 4-8).

▼ **그림 4-8** 피그마의 타이머 기능. 이 브레인스토밍에서는 15분으로 설정했다.

다음으로 참가자들에게 15분을 주고 해결할 문제와 관련된 아이디어를 떠올리게 한다. 나라면 문제 영역을 중심으로 사고를 확장해 사업 수익을 높일 수 있는 온갖 방법을 고민해볼 것이다. 마케팅 프로모션, 다른 비즈니스와의 파트너십, 바나나 가판대에서 사람들이 즐길 수 있는 게임까지 다양한 아이디어를 떠올릴 수 있다. 이 중 많은 아이디어가 실제 효과를 낼 수 있다(그림 4-9).

▼ **그림 4-9** 15분 브레인스토밍의 결과. 바나나 가판대에 관한 많은 아이디어를 도출했다.

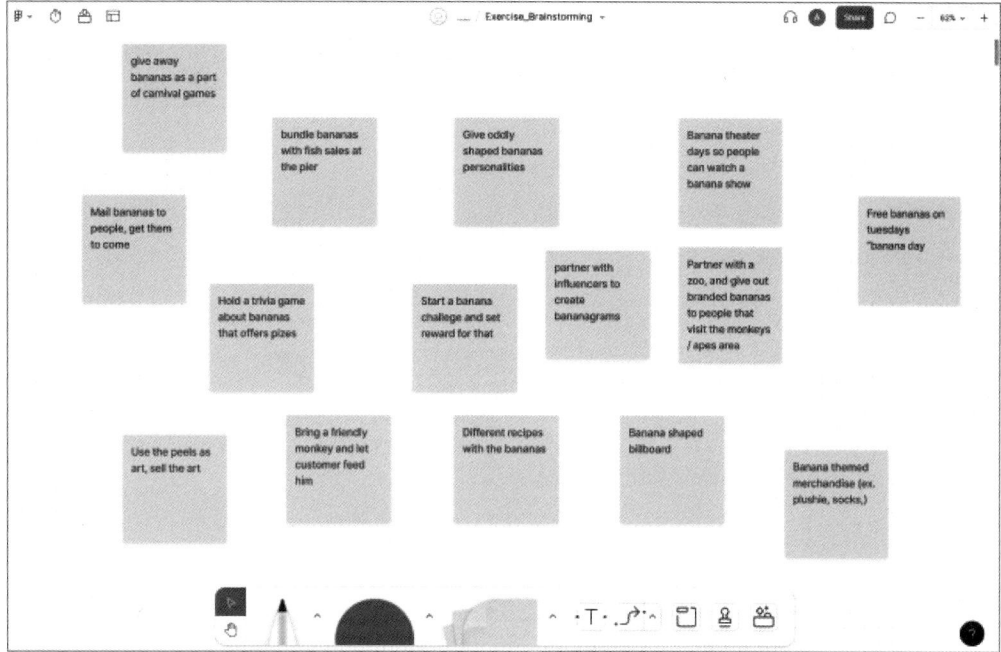

브레인스토밍을 그룹으로 진행한다면 각 참가자에게 자기 아이디어를 발표할 시간을 준다. 그러면 모든 사람이 자기 아이디어를 공유할 수 있고 자기 의견이 존중받는다고 느낄 수 있다. 또한 서로의 아이디어에서 영감을 받아서 아이디어를 결합하거나 새로운 아이디어를 만들어낼 수도 있다.

다음은 내가 브레인스토밍을 통해 떠올린 아이디어 목록이다.

- 게임 상품으로 바나나를 준다.
- 생선처럼 부두에서 판매하는 다른 상품과 바나나를 묶어서 판다.
- 이상하게 생긴 바나나를 특이하게 꾸며서 마케팅 전략으로 활용한다.
- 바나나를 활용하는 연극 공연을 한다.
- 화요일마다 바나나를 무료로 나눠준다.
- 사람들에게 바나나를 우편으로 보내서 가게 방문을 유도한다.
- 바나나 퀴즈 대회를 연다.
- 바나나 챌린지를 만들어서 사람들의 흥미를 끌고 소셜 미디어 활동을 유발한다.
- 인플루언서와 협력해 바나나를 판다.
- 동물원과 제휴해서 사람들이 동물에게 바나나를 먹이로 주도록 한다.
- 바나나 껍질로 예술 작품을 만들어서 판매한다.

- 원숭이를 가게로 데려와서 사람들에게 바나나를 먹이도록 한다.
- 바나나를 활용한 레시피를 개발한다.
- 바나나 모양의 광고판을 설치해 홍보한다.
- 바나나 테마 상품을 판매한다.

한 단계 더 나아가 이러한 개념을 주제별로 묶어서 각 주제에서 어떤 전략이 나오는지 살펴본다. 이렇게 하면 새로운 아이디어를 더 떠올리거나 기존 아이디어를 결합해서 더 강력한 아이디어로 발전시킬 수 있다. 예를 들면 다음과 같은 주제로 묶을 수 있다.

- 다른 용도로 활용(레시피, 껍질, 활동)
- 파트너십(인플루언서, 다른 회사)
- 증정(프로모션, 묶음 판매, 상품)
- 게임(상품, 바나나 테마)
- 브랜딩(바나나 테마 상품, 광고판)

이런 주제를 바탕으로 새로운 아이디어를 생각해볼 수도 있고 여러 주제를 결합해 더 강력하고 더 다양한 효과를 내는 아이디어로 발전시킬 수 있다(그림 4-10).

▼ **그림 4-10** 아이디어를 다양한 카테고리로 분류해 도출한 주제들

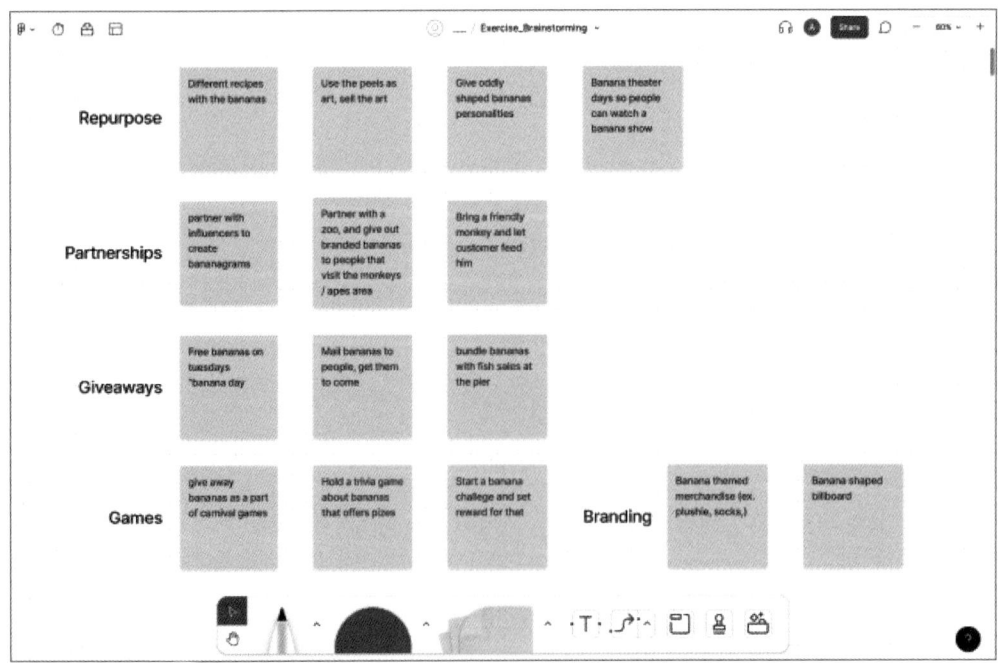

브레인스토밍은 아이디어를 결합하고 재구성하며 반복적으로 더 발전시키는 매우 확산적인 활동이다. 이번 연습을 통해 '바나나 가판대에는 언제나 돈이 있다'[7]라는 말이 괜한 농담만은 아니라는 것을 느꼈기를 바란다.

4.3.3 브레인스토밍은 어떻게 해야 할까?

아이디어 도출 기법인 브레인스토밍에는 아이디어 도출 전반에 통용되는 많은 모범 사례[8]가 그대로 적용된다.

해결할 문제 명확히 설정하기

브레인스토밍에서 가장 먼저 해야 할 중요한 단계는 세션의 목적을 설정하는 것이다. 세션을 시작할 때 참가자들에게 맥락을 설명하고 해당 세션을 통해 해결하려는 문제가 무엇인지 알려주어야 한다.

연구 포함시키기

문제의 맥락을 설정한 다음에는 사전에 설정한 페르소나를 함께 제시하는 것도 좋은 방법이다. 페르소나를 고려해 브레인스토밍을 진행한다면 사용자의 욕구와 필요를 반영한 더 적절한 솔루션을 떠올리는 데 도움이 된다.

시간 제한 설정

참가자들에게 아이디어를 떠올릴 시간을 얼마나 줄지 미리 정해두자. 시간 제한을 명확히 해두면 참가자가 당면 작업에 집중하는 데 도움이 된다. 아이디어를 떠올릴 시간, 이후 이를 논의할 시간까지 정해두면 활동이 통제를 벗어나는 상황도 방지할 수 있다. 나는 보통 15~30분 정도를 주지만 다루는 문제나 할애할 수 있는 시간에 따라 시간은 더 길어질 수도 더 짧아질 수도 있다.

최대한 많은 아이디어 내기

브레인스토밍은 최고의 아이디어를 찾는 활동이고 어떤 아이디어가 최고인지 아직 알 수 없으므로 최대한 많은 아이디어를 내는 데 집중해야 한다. 그게 바로 브레인스토밍을 하는 이유다! 따라서 완벽한 하나의 아이디어를 떠올리려 하기보다 가능한 한 많은 아이디어를 내는 것을 목표로 하라. 그래야 나중에 선택지로 삼을 수 있는 폭넓은 아이디어를 확보할 수 있다.

---

7 역주 원문인 'There's always money in the banana stand.'는 미국의 시트콤 <못 말리는 패밀리(Arrested Development)>의 유명한 대사로 무심코 지나치기 쉬운 평범한 대상에도 숨겨진 가치가 있다는 의미를 지닌다. 밈으로도 잘 알려져 있으니 궁금하다면 한번 검색해보자.

8 www.interaction-design.org/literature/topics/brainstorming

'터무니없고 이상한' 아이디어 장려하기

브레인스토밍에서 터무니없는 아이디어는 없다. 오히려 엉뚱한 아이디어가 더 현실적이고 다양한 아이디어로 이어지는 실마리가 될 수 있다. 참가자에게 고정관념을 벗어나 사고하도록 장려하라. 예를 들어 '마법 지팡이'로 문제를 해결한다고 상상해보게 하거나, 비현실적이지만 만약 실현된다면 엄청난 효과를 낼 수 있는 아이디어를 거리낌 없이 떠올리도록 유도하는 것도 좋다.

다른 사람의 아이디어 발전시키기

브레인스토밍은 그룹 활동이므로 협업하는 자세로 임하라. 다른 사람들이 아이디어를 공유하면 그 아이디어를 더 발전시킬 방법이 없는지 생각해보라.

한 번에 하나의 주제에 집중하기

브레인스토밍 과정에 모두가 잘 따라오게 하려면 한 번에 하나의 주제에 집중하는 것이 좋다. 그래야 서로의 아이디어를 존중할 수 있고 다른 사람의 아이디어를 발전시킬 기회도 생긴다.

메모하기

세션이 진행되는 동안 메모를 작성하고 진행 상황을 기록해야 한다. 진행자가 기록해도 되긴 하지만 진행자는 대화를 이끌어 나가는 데 집중하게 하고 기록은 다른 사람에게 맡기는 것이 나을 수 있다.

부정적인 태도 피하기

최대한 판단, 비판, 부정적인 보디랭귀지를 피하라. 부정적인 태도는 아이디어 공유를 방해하고 존중받지 못한다는 느낌을 주어서 브레인스토밍의 효과를 떨어뜨리고 결국 최고의 아이디어가 나오는 데 방해가 된다.

4.3.4 브레인스토밍을 피해야 하는 순간은 언제일까?

브레인스토밍은 아이디어를 도출하는 가장 흔한 방식 중 하나다. 하지만 항상 적절한 것은 아니다. 브레인스토밍이 도움이 되지 않을 때도 있다.

문제가 무엇인지 모를 때

해결할 문제가 무엇인지 명확히 이해하지 못했다면 브레인스토밍은 효과가 없다. 브레인스토밍으로 솔루션을 찾기 전에 연구를 수행해 문제를 이해해야 한다.

문제를 해결할 방법을 정확히 알 때

문제 해결 방법을 완전히 이해하고 있다면 브레인스토밍은 필요 없다. 그 솔루션을 실행하는 데 집중하라. 다른 시각적 아이디어 도출 기법을 사용해서 그 솔루션을 구현하는 다양한 방법을 모색하라.

브레인스토밍에서 나온 아이디어를 사용할 수 없을 때

브레인스토밍에서 나온 아이디어를 활용할 수 없다면 브레인스토밍을 할 필요가 없다. 가까운 미래의 로드맵이 확정되어 있거나 브레인스토밍을 통해 나온 아이디어를 실행할 시간이 부족할 때가 여기에 해당한다.

> 이 책에서는 몇 가지 아이디어 도출 기법을 사용해볼 것이다. 지금껏 프로젝트를 혼자 진행해왔다면 아이디어 도출 세션에 다른 사람들을 참여시키는 것도 색다르고 즐거운 경험이 될 것이다.

4.3.5 브레인스토밍은 전형적인 아이디어 도출 기법이다

사람들이 브레인스토밍을 아이디어 도출과 혼동하는 데에는 이유가 있다. 브레인스토밍은 강력하고 신뢰할 수 있으며 훌륭한 결과를 내는 일반적인 방법이다. 이는 디자인 싱킹 프로세스에 딱 맞는 아이디어 도출 기법이며, 디자인 싱킹의 아이디어 도출 단계 초반에 활용하기 적절한 방법이다. 디자인 솔루션을 위해 다양한 아이디어를 내야 할 때 브레인스토밍은 가장 효과적인 도구 중 하나다.

4.3.6 직접 해보자!

혼자 하는 여행 프로젝트를 위한 브레인스토밍을 시작하기 전에 해결할 문제를 다시 한 번 살펴보자.

> 우리 사용자는 혼자 여행하는 사람으로서 충분한 정보를 가지고 마음 편히 여행할 수 있기를 바란다. 이렇게 하면 혼자 하는 여행 경험을 최대한 풍부하게 만들어줄 수 있을까?

> 지금이 브레인스토밍 도중에 페르소나를 다시 살펴보기 좋은 시점이다. 디자인 싱킹 프로세스를 진행하는 동안 앞으로의 디자인 결정을 위해 그동안 만든 디자인 산출물을 지속적으로 참고하게 될 텐데 페르소나는 그중에서도 중요한 참고 자료다.

활동과 관련해 브레인스토밍을 진행하려면 자신과 다른 참가자를 위해 준비물을 마련해야 한다. 피그마나 미로도 좋고, 포스트잇과 마커도 좋다.

> 포스트잇과 마커를 사용할 때는 모든 글자를 대문자로 쓰는 것이 좋다. 그래야 멀리서도 쉽게 읽을 수 있다.

내가 피그마에 만들어둔 작업 공간(https://tinyurl.com/asuxd-brainstorm)을 활용해도 좋다.

그리고 좋은 브레인스토밍의 원칙도 기억하기를 바란다.

- **확산하라.** 터무니없고 비현실적인 아이디어를 떠올리고 최대한 많은 아이디어를 떠올리려 노력하라.
- **아직은 아이디어를 평가하지 마라.** 아이디어를 판단하기보다 창출하는 데 집중하라. 판단은 나중에 하면 된다.

> 부록 A.3 '브레인스토밍'을 참고해 여러분의 브레인스토밍 결과를 예시와 비교해보라.

- **아이디어를 발전시켜라.** 목록을 다시 확인하면서 합칠 수 있는 아이디어가 있는지, 묶을 수 있는 주제가 있는지 생각해보라. 아니면 그 외에 떠올린 아이디어를 발전시킬 다른 방법이 있는지 찾아보라.

4.4 시각적 아이디어 도출

브레인스토밍을 비롯한 개념적 아이디어 도출 방식은 문제를 해결할 수 있는 몇 가지 솔루션을 전체적인 관점에서 떠올리는 데 도움이 된다. 개념적 아이디어 도출의 목적은 가능한 한 폭넓은 개념을 생성한 후 그중 몇 가지를 선택해 발전시키는 것이다.

하지만 이러한 솔루션을 자신과 팀이 더 구체적으로 파악하려면 시각적 아이디어 도출이 병행되어야 한다. 시각적 아이디어 도출은 예시를 통해 개념을 실제로 구현할 수 있는 모습으로 그려보는 과정이다. 개념적 아이디어 도출만으로는 팀의 공감대를 형성하고 명확한 경로를 설정하기에 부족하다. 개념적 아이디어 도출 단계에서 생성한 아이디어가 실제 어떤 모습으로 구현될지 보여줄 필요가 있다.

아이디어 도출의 몇 가지 유형은 개념을 더욱 구체화하고 솔루션에 대한 비전을 그리는 데 도움이 된다. 가장 효과적이고 일반적인 시각적 아이디어 도출 중 하나는 스케치를 통해 솔루션을 그려보는 것이다.

4.4.1 스케치란 무엇인가?

스케치는 아이디어를 시각적으로 탐색하고 전달하게 해주는 아이디어 도출 기법이다. 두 사람이 어떤 개념의 시각적 표현을 보지 않은 채로 그 개념에 대해 논의하면 서로 다른 것을 상상하게 될 수 있다. 아이디어가 실존하는 것처럼 시각화된 모습을 보면 그 비전을 훨씬 더 쉽게 이해할 수 있다.

그래서 스케치하는 것이다. 머릿속 아이디어를 종이에 표현하면 솔루션이 어떤 형태여야 할지, 어떻게 작동해야 할지 팀원들이 함께 대화를 나눌 수 있게 된다. 게다가 스케치하면 아이디어를 더 깊게 탐색할 수 있다. 이를 통해 솔루션의 특성과 기능을 더 명확히 이해하게 되거나 반대로 개념이 효과가 없거나 별 영향을 내지 못한다는 것을 깨닫게 될 수도 있다. 스케치는 아이디어를 전달하고 명확히 하고 더 깊이 탐색하도록 도와준다(그림 4–11).

> 오랜 세월 일하면서 '백문이 불여일견'이라는 말이 정말 맞다는 것을 실감하게 되었다.

▼ **그림 4-11** 스케치가 있으면 솔루션을 구현하기 전에 그 타당성과 구현 방식을 전체적인 관점에서 논의할 수 있다(출처: Chaosamran_Studio/Shutterstock).

스케치는 시각적으로 아이디어를 탐색하고 전달하는 방법이다. 아이디어를 전체적인 관점에서 보여줄 수 있을 만큼 추상적인 동시에 전달하려는 핵심은 드러날 만큼 구체적이다.

또한 스케치는 불완전하다. 스케치는 최종 아이디어가 아니라 하나의 개념이다. 완벽한 스케치를 만들기 위해 세세한 부분까지 공들일 필요는 없다. 아이디어를 대강 그려보며 감을 잡는 것이 목적이다. 완벽을 기하지 않기에 아이디어가 아직 완결되거나 확정된 것이 아니라 유연하게 수정할 여지가 있다고 느껴진다는 것 또한 장점이다.

마지막으로 스케치는 반복적인 과정이다. 첫 번째 스케치나 아이디어에 얽매일 필요가 없다. 아이디어가 더 발전시킬 만한 가치를 갖추었다고 느낄 때까지 계속 다시 그리며 다듬어 나갈 수 있다.

4.4.2 왜 스케치하는가?

스케치하는 이유는 다양하다. 그중 일부를 꼽자면 다음과 같다.

비용 대비 뛰어난 효과

스케치는 비용 대비 효과가 매우 뛰어나다. 문제에 가장 빠르게 접근할 수 있으므로 시간이 절약된다. 완벽한 결과물을 만들거나 디지털 도구를 다루지 않아도 최소한의 노력으로 개념을 표현할 수 있는 것이 바로 스케치다. 스케치는 비용이 거의 들지 않아서 부담 없이 버릴 수 있다. 이런 특성은 아이디어 도출 과정에 적합하다. 스케치는 완성한 이후에 버려도 아깝지 않다. 그래서 스케치에 들인 노력 역시 미련 없이 버릴 수 있다. 스케치의 목적은 도중에 만든 결과물에 집착하는 것이 아니라 아이디어를 더 깊이 이해하는 데 있기 때문이다.

아이디어 정의

스케치는 초기 아이디어를 표현하는데 활용되며 그 과정은 아이디어를 더 분명하게 정의하는 데 도움이 된다. 스케치는 아이디어가 어떻게 전개될지 시각적으로 표현하는 과정이다. 이러한 행위를 통해 아이디어의 부족한 부분을 보완하고 자신의 생각을 더 명확하게 표현하게 된다. 그 결과 문제와 그 문제를 해결하기 위해 만들려고 하는 솔루션에 대해 더 깊게 고민하게 된다.

소통

어떤 아이디어가 있고 그 아이디어를 다른 사람에게 전달하고 싶다면 어떻게 설명하겠는가? 기능을 말로 설명하고 자신의 생각을 언어로 풀어낼 것인가? 물론 그 방법을 써도 된다. 하지만 스케치가 있으면 말로 설명하는 대신 직접 보여줌으로써 서로의 이해를 일치시키고 아이디어를 효과적으로 전달할 수 있다. 스케치는 머릿속 아이디어를 종이로 옮겨서 다른 사람에게 보여주고 모두가 같은 이해 기반을 갖추도록 한다.

협업

원한다면 그룹으로 스케치를 진행해 아이디어를 구체화할 수 있다. 이해관계자나 팀원들을 참여시켜서 함께 작업하면 팀 전체의 창의력을 고취하고 모두가 솔루션 설계에 참여할 기회를 얻을 수 있다.

4.4.3 어떻게 스케치하는가?

스케치를 시작하려면 몇 가지 준비물이 필요하다.

- 필기구(펜, 연필, 마커, 터치 펜 등)
- 스케치 매개체(종이, 화이트보드, 아이패드 등)
- 기타 도구
  - 직선을 그릴 수 있는 도구, 눈금자
  - 지우개
  - 색상 펜(강조용)

직접 손으로 스케치한다면 UI 스텐실 모양자를 사서 특정한 모양이나 아이콘을 그리는 데 활용해도 좋다. 이러한 도구는 UIStencils.com(그림 4-12)에서 찾아볼 수 있다.

▼ **그림 4-12** UIStencils.com의 스케치 도구를 활용하면 스케치가 더 쉬워진다.

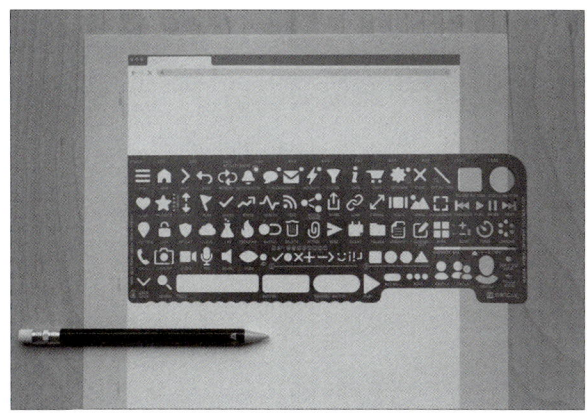

4.4.4 관례

스케치를 통해 아이디어를 전달할 때 사용할 수 있는 합의된 관례가 있다. 이런 관례를 활용하면 다른 사람들과 공통된 언어로 소통하며, 자신의 생각을 페이지에 옮겨서 보여줄 수 있다.

디지털 인터페이스는 일반적인 구성 요소로 나누어 표현할 수 있다.

선

인터페이스의 기본은 선이다. 선은 콘텐츠를 개별 섹션으로 나누고 텍스트 같은 요소를 나타내며 여러 선을 결합해 텍스트를 담는 네모난 상자나 사용자 프로필을 나타내는 원 같은 도형을 이루기도 한다(그림 4-13).

▼ **그림 4-13** 선의 일반적인 표현

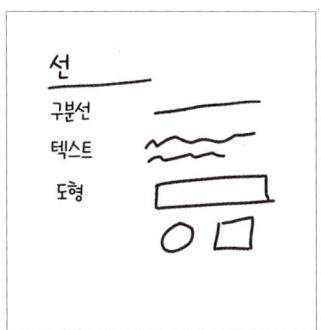

단어나 문장을 텍스트로 전달하고 싶다면 손글씨를 적어도 된다.

컨테이너

여러 선을 결합해 컨테이너를 만들 수 있다(그림 4-14). 컨테이너는 텍스트, 이미지, 아이콘 등 인터페이스에 표현할 다양한 콘텐츠를 담는 역할을 한다. 컨테이너 내부에 넣는 내용에 따라 버튼, 컨트롤(토글이나 체크박스 등), 카드가 된다.

▼ 그림 4-14 컨테이너의 일반적인 표현

이미지

이미지는 선호에 따라 여러 방식으로 표현할 수 있다(그림 4-15). 이미지를 나타내기 위해 컨테이너 내부에 X자를 그리기도 하고 사진이 있다는 것을 알려주기 위해 산과 원을 그리기도 한다. 프로필 사진 같은 이미지를 나타낼 때는 아바타(원과 반원)를 사용하기도 한다.

▼ 그림 4-15 이미지의 일반적인 표현

> 디자인 결과물에서 정보를 전달하는 방법은 여러 가지일 수 있다. 하나의 '정답'은 존재하지 않으며 결과물이 자신의 의도를 전달한다면 그것으로 충분하다.

아이콘

아이콘은 검색, 리뷰, 홈, 설정, 알림 등 여러 제품에서 공통적으로 사용하는 요소를 전달하는 좋은 방법이다(그림 4-16).

▼ 그림 4-16 아이콘의 일반적인 표현

그림 4-17과 같이 이러한 요소들을 결합해서 인터페이스를 만들기도 한다.

▼ 그림 4-17 여러 요소를 결합해 완성한 인터페이스 스케치

이 스케치가 무엇을 표현하려는 것인지 아직 이야기하지 않았지만 여기에 존재하는 일반적인 요소들을 보면 무엇을 표현하려는 것인지 어느 정도 짐작할 수 있을 것이다. 직사각형 형태인 것으로 볼 때 모바일 화면으로 보인다. 맨 위에는 이미지(사각형 안에 큰 X자), 그 아래에 몇 개의 카드(X와 텍스트가 있는 작은 사각형이 나열된 행), 또 다른 이미지(또 하나의 큰 X자), 마지막으로 맨 아래에는 검색, 음성, 북마크 옵션(하단에 아이콘이 배치된 행)이 있는 내비게이션 바가 있다. 아마도 이 스케치는 음성 메모 앱을 표현한 것으로 보이며 음성 녹음, 메모 검색, 북마크한 음성 메모 확인 기능을 포함하고 있을 것이다. 우리가 스케치만 보고도 이렇게 이야기할 수 있는 것은 아이디어를 표현하는 관례가 존재하기 때문이다.

스케치 연습

스케치하기 전에 1~2분 정도 짧은 연습으로 워밍업을 하는 것이 좋다. 본격적으로 더 복잡한 스케치를 하기 전에 간단한 UI를 그려보며 스케치 감각을 **일깨울** 것을 추천한다.

다음 UI 중 무엇이든 선택해서 연습해보라. 이런 화면을 따라 그릴 때는 화면당 1~3분 내에 끝내는 것을 목표로 하면 적당하다.

쉬운 난이도 연습(구글 검색)

쉬운 난이도로 연습하려면 구성 요소가 많지 않은 화면을 스케치해보자. 그러면 세부 사항을 크게 신경 쓰지 않고도 페이지에 있는 모든 요소를 제대로 그릴 수 있다(그림 4-18).

▼ **그림 4-18** 구글 홈페이지

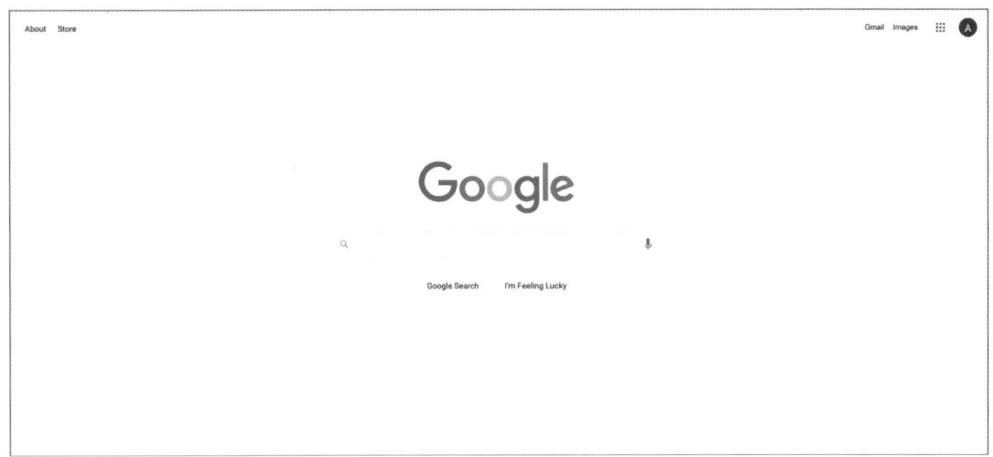

중간 난이도 연습(빙 검색)

중간 난이도로 연습하려면 요소가 조금 더 있지만 여전히 여백이 많은 화면을 스케치해볼 수 있다. 배경에 이미지가 있고 화면 하단에 몇 가지 요소가 더 추가되긴 했지만 이 정도면 이전 예시와 비슷한 수준이다(그림 4-19).

▼ **그림 4-19** 마이크로소프트 빙 홈페이지

어려운 난이도 연습(야후 검색)

어려운 난이도로 연습하려면 요소가 많은 페이지를 스케치해보는 것이 좋다. 이 페이지에는 다양한 요소가 등장한다(그림 4-20). 몇 분 내에 이 모든 요소를 그리는 것은 꽤 어려울 수 있다.

▼ 그림 4-20 야후 홈페이지

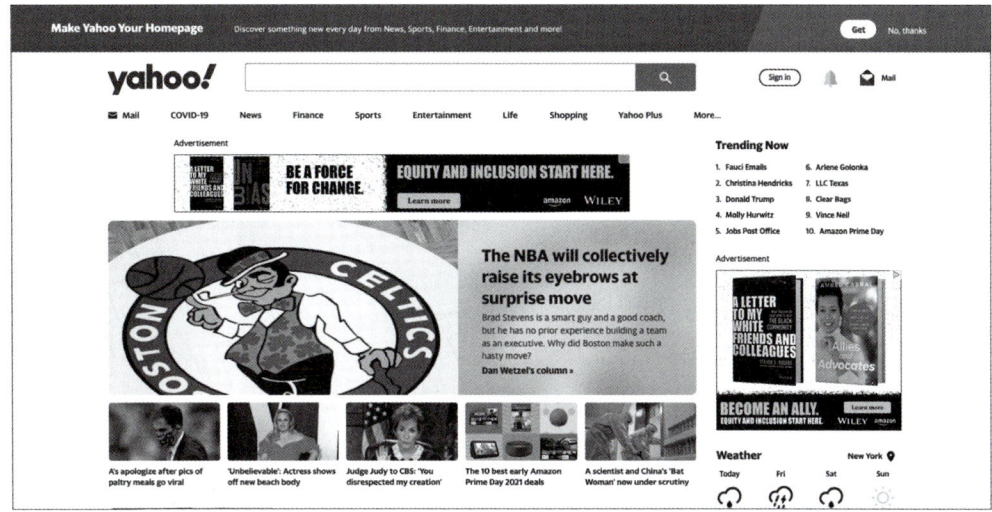

4.4.5 크레이지 에이트 기법

워밍업을 마쳤다면 시각화하기로 한 개념을 기반으로 아이디어를 스케치할 준비가 된 것이다. 하지만 어디에서 시작해야 할지가 막막할 수 있다. 빈 캔버스에서 시작해야 할 테니 말이다.

> 나를 포함한 많은 디자이너가 가장 두려워하는 것이 빈 종이다. 시작점 없이 시작하기란 정말 어렵기 때문이다.

좀 더 수월하게 진행하고 싶다면 업계에서 널리 쓰이는 크레이시 에이트(Crazy 8s) 기법을 추천한다. 탐색하려는 개념을 중심으로 아이디어를 빠르게 도출하는 스케치 기법이다(그림 4-21).

이 기법은 다음과 같이 단계별로 실행한다.

1. 종이 한 장을 준비해서 여덟 칸으로 나뉘도록 접는다.
2. 첫 번째 칸에 자신이 생각한 솔루션의 한 화면이나 탐색하고 싶은 아이디어 하나를 1분 내로 그린다.
3. 두 번째 칸으로 넘어가서 또 다른 아이디어를 1분 내에 시각화한다.
4. 시간이 허락하는 한도 내에서 같은 방식으로 나머지 칸을 채운다.

> 8분 내에 8개의 스케치를 완성하는 것이 좋겠지만 8분 내에 전체 페이지를 채우는 것은 생각보다 어렵다. 8분을 넘기거나 그림 8개를 완성하지 못해도 괜찮다. 규칙이라기보다는 가이드라인이라고 생각하라.

목표는 한 칸에 한 아이디어씩 시각화해서 전체 페이지를 채우는 것이다.

이 연습을 할 때는 시간 제한을 설정하는 것이 좋다. 이 연습의 목적은 스케치의 장점을 살려 아이디어를 빠르게 도출하는 것이다. 시간 제한은 원하는 대로 설정해도 되지만 8분(한 칸에 1분)은 적절한 기준이다. 연습이 끝나면 8분 동안 그린 8개의 스케치가 완성될 것이다.

▼ 그림 4-21 '입맛에 맞는 부리토 만들기' 앱을 위해 진행한 크레이지 에이트 연습. 전체 페이지를 8분 내로 채우지 못했지만 그래도 괜찮다.

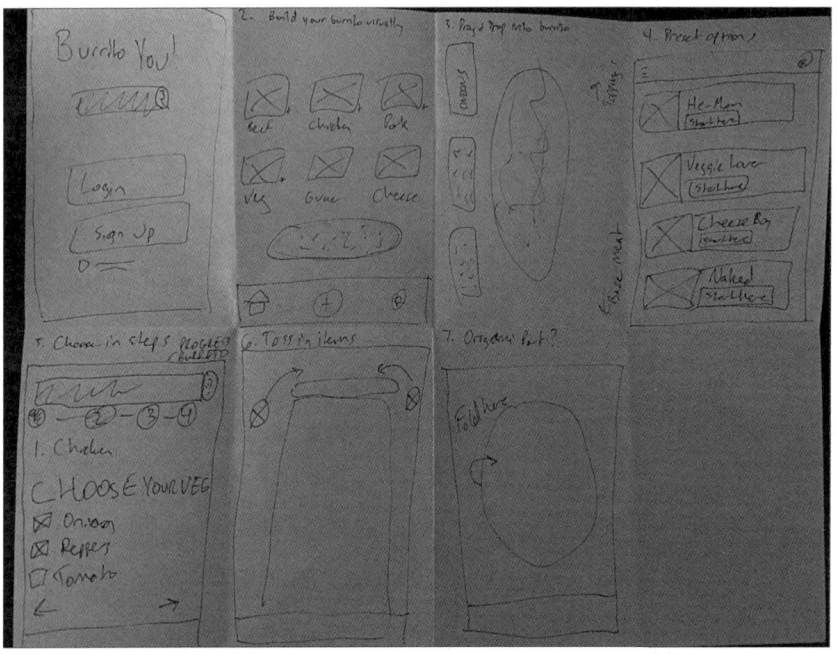

크레이지 에이트 기법을 활용해 아이디어를 더 효율적으로 발전시키기 위해 몇 가지 접근 방식을 실험해보았다. 그 결과 다음 둘 중 하나에 집중해 아이디어를 도출하는 것이 효과적이라는 것을 알게 되었다.

- 확산적 아이디어 도출: 솔루션을 시각화할 수 있는 방법은 몇 가지나 될까? 이런 방식으로 실행하면 아이디어를 가능한 한 많은 방식으로 표현하는 데 집중할 수 있다.
- 흐름 기반 아이디어 도출: 사용자가 제품을 통해 경험하는 여정을 떠올려보라. 그 여정은 어떻게 흘러가겠는가? 전체적인 흐름을 상상하며 여정의 각 단계를 시각화해볼 수 있다.

크레이지 에이트 세션은 여러 번 진행해도 된다. 오히려 여러 차례 반복해 아이디어를 발전시키는 것이 더 바람직하다. 예를 들어 첫 번째 세션에서 확산적 아이디어 도출에 집중해 개념을 실행할 다양한 방법을 탐색했다면 다음 세션에서는 흐름 기반 아이디어 도출에 집중해 첫 세션에서 찾은 마음에 드는 아이디어를 더 깊이 탐색할 수 있다. 어떻게 진행할지는 전적으로 여러분의 선택에 달려 있다!

> 이러한 방식의 아이디어 도출은 혼자 해도 좋고 팀원들과 함께 해도 좋다. 팀원들과 함께 할 때는 각 세션이 끝난 후 모든 팀원이 자신의 스케치를 3분 정도 발표하는 시간을 갖도록 하라.

4.4.6 시각적 아이디어 도출은 아이디어를 더 명확하게 만든다

시각적 아이디어 도출은 솔루션을 시각적으로 탐색하는 접근 방식이다. 스케치는 문제를 해결할 방향에 대해 대략적인 아이디어가 떠올랐을 때 활용하기 좋은 시각적 아이디어 도출 기법이다. 추상적인 개념을 스케치로 시각화하면 더 구체적인 논의를 끌어낼 수 있다. 또한, 머릿속 아이디어를 스케치로 그려보면 그 아이디어가 실제로 작동할지 확인할 수 있다. 스케치는 디자인 씽킹 프로세스의 아이디어 도출 단계에 특히 효과적인 기법이다.

4.4.7 직접 해보자!

혼자 하는 여행 프로젝트를 위해 스케치를 해보자. 우리가 해결하려는 문제는 다음과 같다.

> 우리 사용자는 혼자 여행하는 사람으로서 충분한 정보를 가지고 마음 편히 여행할 수 있기를 바란다. 어떻게 하면 혼자 하는 여행 경험을 최대한 풍부하게 만들어줄 수 있을까?

이미 브레인스토밍을 통해 스케치할 아이디어를 만들어두었다면 그중 1~3개 정도의 아이디어를 골라 크레이지 에이트 기법으로 자유롭게 스케치해보자.

하지만 스케치할 아이디어가 없어도 괜찮다. 다음 예시 중 하나를 활용해서 크레이지 에이트 세션을 진행해볼 수 있다(이러한 예시는 이 기법을 전반적으로 연습하는 데에도 유용하다).

> 부록 A.3 '스케치'를 참고해 여러분의 스케치를 예시와 비교해보라.

다음 예시 중 하나로 크레이지 에이트 세션을 진행해보라.

- 입맛에 맞는 부리토 만들기 앱 디자인.
- 맞춤 티셔츠를 제작할 수 있는 웹 사이트 디자인.
- 점심 식사 메뉴 선택을 도와주는 앱 디자인.
- 맛있는 레시피를 찾을 수 있는 모바일 앱 디자인.
- 아이들에게 새로운 언어를 가르쳐주는 앱 디자인.
- 새로운 책을 발견할 수 있도록 도와주는 앱 디자인.

4.5 관계적 아이디어 도출 - 기존 개념에서 새로운 아이디어 도출하기

브레인스토밍과 스케치는 매우 일반적인 아이디어 도출 기법이다. 브레인스토밍은 문제를 해결하는 다양한 개념을 떠올리는 데 도움이 되고 스케치는 그런 개념을 더 구체적이고 실질적인 형태로 시각화하는 데 유용하다.

관계적 아이디어 도출은 문제 영역에 대해 사고하는 또 하나의 방법이다. 이 방식은 다른 아이디어 도출 방식과 달리 기존 아이디어를 탐색해 문제를 해결할 아이디어의 실마리를 찾고자 한다. 사물 간의 관계를 탐색하고 문제를 다른 시각이나 각도에서 바라보면 새로운 것을 발견하고 흥미로운 솔루션을 떠올릴 수 있는 단서를 얻을 수 있다.

관계적 아이디어 도출은 뇌가 연관된 개념을 다양하게 떠올리도록 고안된 기법이다. 기존 아이디어를 아주 살짝 다른 각도에서 바라보면 새로운 관점을 얻을 수 있을지 모른다. 마인드맵처럼 관련 개념을 확장하는 방법도 있고 스캠퍼처럼 여러 아이디어를 재조합해 새로운 것을 만들어내는 방법도 있다. 아이디어가 나오지 않아서 새로운 방식으로 접근해보고 싶다면 관계적 아이디어 도출을 시도해보라.

4.5.1 마인드맵

마인드맵은 중심이 되는 주제나 아이디어에서 출발해 여러 개념이 서로 어떻게 연결되어 있는지 탐색하는 도표다.

핵심 아이디어에서 뻗어 나온 다양한 주제나 아이디어는 가지를 형성한다. 이러한 가지에서도 세부 개념이 잔가지처럼 확장되어서 가계도나 나무처럼 보이는 형태를 이룬다. 이처럼 개념 사이의 관계를 그리다 보면 문제 영역을 새로운 시각으로 바라볼 수 있다.

가상 프로젝트를 예로 들어보겠다. 해변에서 상품을 판매하는 비즈니스의 마인드맵을 그린다고 상상해보자(그림 4-22). 무엇을 팔아야 할지를 고민하는 중인데 어떤 물건이 좋을지 확신이 없다. 해변에서 즐길 수 있는 게임이나 스포츠 용품을 팔까? 음식을 판매할까? 아니면 수건이나 자외선 차단제 같은 필수품을 팔까? 선택할 수 있는 옵션이 너무 많아서 혼란스럽다.

▼ **그림 4-22** 해변 관련 개념을 탐색하는 마인드맵

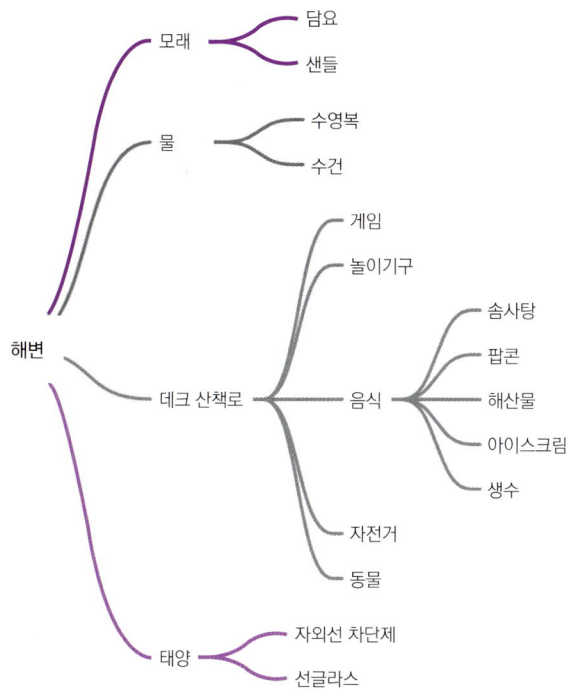

문제 영역을 탐색하고 싶을 때, 다시 말해 무엇을 판매할지를 고민할 때는 해변과 관련된 모든 것을 떠올리는 것으로 시작할 수 있다. 그런 다음 여러분의 가게에 맞는 제품이나 판매하고 싶은 물건을 중심으로 사고를 확장해볼 수 있다. 마인드맵은 이러한 영역을 탐색하면서 판매하고 싶은 물건이 무엇인지 구체화하는 데 도움이 된다.

이러한 마인드맵을 만들기 위해 핵심 개념, 즉 해변에서 시작해보자. 모래, 물, 데크 산책로, 태양처럼 해변과 연관이 있는 요소들로 생각의 가지가 뻗어나갔다(그림 4-23).

▼ **그림 4-23** 해변 관련 항목을 탐색하는 마인드맵의 두 번째 단계

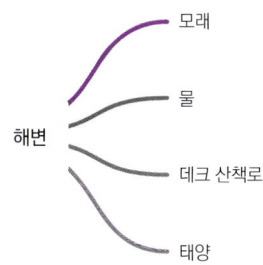

이러한 각 개념에는 담요나 선글라스처럼 서로 관련된 개념이 있다. 각 가지와 관련 있는 개념을 떠올려보고 떠오른 개념을 기존 가지에 어떻게 연결할지 고민했다. 그 결과는 그림 4-24에 나타나 있다.

▼ **그림 4-24** 해변 관련 항목을 탐색하는 마인드맵의 세 번째 단계

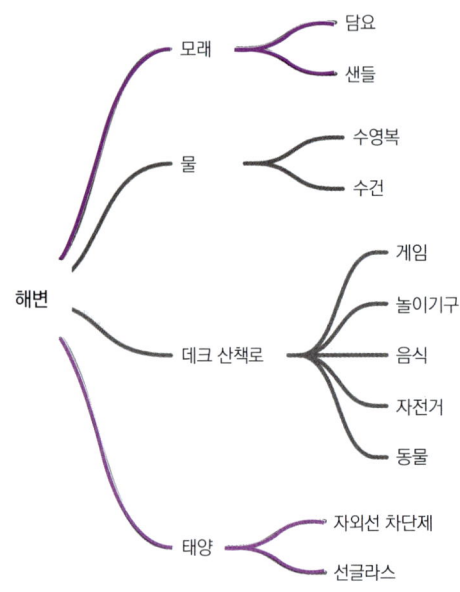

이러한 탐색을 원하는 만큼 이어가며 관련 개념을 따라 더 깊게 들어가며 마인드맵을 확장해 나갈 수 있다. 음식 카테고리에 대해서도 같은 작업을 진행해 충분한 아이디어를 떠올렸다고 느낄 때 멈췄다.

이 과정을 마치면 탐색할 영역이 많이 생겼을 것이다. 첫 번째 단계의 가지는 주제처럼 느껴진다. 예를 들어 데크 산책로에 초점을 맞춘다면 데크 산책로에 가게를 열 수 있다. 그리고 거기서 음식을 팔거나 놀이기구를 설치하거나 지나가는 사람들이 할 수 있는 게임장을 운영할 수도 있다. 해변 필수품에 집중하고 싶다면 해변 입구에 가게를 열고 수건, 담요, 신발을 판매할 수도 있다.

관계적 아이디어 도출에서 마인드맵은 아이디어 간의 관계를 탐색하는 데 활용된다. 해변을 생각할 때 무엇이 떠오르는가? 바로 이럴 때 마인드맵이 유용하다. 하나의 개념을 관련 개념과 연결하도록 해주기 때문이다.

마인드맵을 만들 때 깔끔하게 정리하려고 애쓸 필요는 없다. 반복적으로 수행할 수 있는 연습이므로 나중에 얼마든지 수정할 수 있다. 우선 최대한 많은 아이디어를 내는 데 집중하고 문제 영역을 충분히 탐색한 후에 다듬으면 된다.

또한 처음부터 솔루션을 구상하려 하지 말고 관계를 탐색하는 데 집중하라. 모든 관계를 탐색한 후에 되돌아가서 솔루션을 고민해도 늦지 않다. 예를 들어 해변 마인드맵을 만들 때 해변과 관련된 모든 요소나 제품을 탐색했지만 이를 어떻게, 누구에게 판매할지는 생각하지 않았다. 지금은 관련 요소 목록을 최대한 풍성하게 만들어서 문제 영역을 이해하고 이후 솔루션을 생각할 때 참고할 기반을 마련하는 단계다.

4.5.2 스캠퍼

스캠퍼 기법은 관계적 아이디어 도출의 또 다른 형태이다. 이 기법은 여러 개념을 연결해 새로운 아이디어를 만들어냄으로써 제품이나 서비스를 개발하거나 개선하도록 돕는다.

스캠퍼(SCAMPER)는 아이디어 도출을 이끄는 일곱 가지 발상 패턴의 머리글자로 구성한 줄임말이다.

- 대체하기(Substitute)
- 결합하기(Combine)
- 적응하기(Adapt)
- 수정하기(Modify)
- 다른 용도로 활용하기(Put to other use)
- 제거하기(Eliminate)
- 재배열하기(Rearrange)

각 패턴은 문제를 다르게 바라보고 생각할 수 있도록 유도한다. 이 기법을 사용하려면 하나의 제품이나 서비스를 정해서 각 패턴을 적용해본다. 이 과정에서 해결하려는 문제에 대한 다양한 아이디어를 도출할 수 있다.

각 패턴을 적용한 다음에는 그 결과 완성된 아이디어 목록을 살펴보고 각각의 아이디어를 문제 해결에 어떻게 연결할 수 있을지 검토해본다. 그러다가 더 탐색해보고 싶은 개념이 눈에 띄면 스케치 같은 다른 아이디어 도출 기법을 사용해서 그 아이디어를 더 구체화해볼 수 있다.

스캠퍼는 창의적인 연상을 유도하는 탁월한 아이디어 도출 기법이다. 관계적 아이디어 도출의 한 형태인 이 기법은 이후 시각적 아이디어 도출 기법을 통해 더 깊이 탐색해볼 수 있는 다양한 아이디어를 떠올릴 수 있도록 도와준다. 게다가 기존 아이디어를 개선하는 데에도 유용하므로 탐색하고 싶은 솔루션의 품질을 향상시키는 데에도 도움이 된다.

새로운 관점에서 아이디어를 떠올리거나 솔루션을 더 깊이 탐색하고 싶을 때 스캠퍼를 활용하라.

이제 스캠퍼의 각 규칙을 살펴보며 제품이나 서비스에 어떻게 적용할 수 있을지 생각해보자.

대체하기

무엇을 대체할 수 있을까? 대체하기란 기존 요소를 다른 것으로 바꿔보는 것이다. 기존 제품을 분해해 어떤 요소를 대체할 수 있을지 살펴보아야 한다.

제작 방식을 바꿀 수 있을까? 어떤 요소를 다르게 바꿔볼 수는 없을까? 재료나 소재를 바꿀 수 있을까? 제품을 제작하고 판매하고 유통하고 인식되는 방식을 생각해보고 그 과정에서 어떤 요소를 어떻게 대체할 수 있을지 고민해보라.

몇 가지 예를 살펴보자.

- 에어비앤비에서 집을 반려동물로 대체하면 어떨까?
- 스포티파이에서 음악을 ASMR 오디오로 대체하면 어떨까?
- 계산원이 있는 계산대를 터치스크린으로 대체하면 어떨까?
- 체육관 회원권을 가정용 운동기구로 대체하면 어떨까?

이 중에는 이미 실현된 예시도 있다. 펠로톤(Peloton)[9], 토널(Tonal)[10], 미러(Mirror)[11] 같은 기업은 자신의 서비스가 기존 체육관을 대체한다고 광고한다.

이제 사람들에게는 체육관에서 하는 운동을 집에서 하는 운동으로 대체할 수 있는 선택권이 생겼다(그림 4-25).

▼ **그림 4-25** 체육관에 가는 대신 집에서 운동하는 사람(출처: Studio Romantic/Shutterstock)

결합하기

무엇을 결합할 수 있을까? 결합하기란 이미 존재하는 두 가지를 하나로 합치는 것을 의미한다. 기존 요소를 결합해서 산업에 새로운 활력을 불어넣거나 문제를 해결한다고 생각하면 된다. 재료, 공정, 기술, 심지어 전체 제품에 이르기까지 무엇이든 결합 대상이 될 수 있다. 때로 두 가지 기존 요소를 결합하는 것만으로도 새로운 무언가가 탄생하기도 한다.

---

9 역주 기구에 장착된 스크린으로 운동 수업을 제공하는 스마트 피트니스 기구.
10 역주 AI 기반의 맞춤형 트레이닝을 제공하는 스마트 운동 기구.
11 역주 거울 형태의 스마트 디스플레이를 통해 운동 수업을 제공하는 홈 피트니스 기기.

- 스포티파이와 가상 현실을 결합해 디지털 콘서트를 연다면 어떨까?
- 자주 여행하는 사람과 비어 있는 사무실 공간을 결합하면 어떨까?
- 개인적인 네트워킹과 전문적인 네트워킹을 결합하면 어떨까?
- 카풀을 원하는 사람과 택시를 결합하면 어떨까?

승차 공유 서비스가 본격적으로 자리를 잡기 전까지는 낯선 사람과 택시를 타는 것이 그다지 매력적인 선택지가 아니었다. 낯선 사람을 기다려야 하고 목적지와 소요 시간을 모르는 것은 사용자 경험 측면에서 좋게 느껴지지 않았다. 하지만 우버 같은 승차 공유 서비스가 등장하면서(그림 4-26) 목적지까지의 최단 경로 대신, 카풀을 선택해 조금이라도 비용을 절약하는 것이 흔한 일이 되었다. 여러 여정을 묶어 이동함으로써 모든 승객은 시간을 조금 더 들이는 대신에 비용을 절약할 수 있게 되었다.

▼ 그림 4-26 우버 카풀 옵션인 우버X 셰어(UberX Share)는 여러 승객의 여정을 결합해 각 승객이 비용을 절약할 수 있게 해준다.

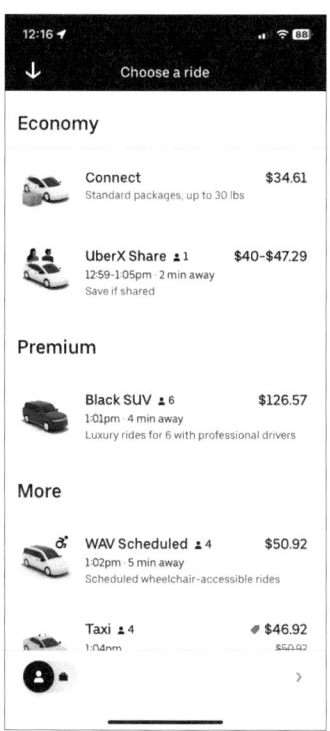

적응하기

무엇을 추가하거나 재활용할 수 있을까? 현재 시스템에서는 어떤 점을 발전시킬 수 있을까? 적응하기란 기존 제품에서 수정하거나 조정할 수 있는 요소를 찾아서 다른 결과를 이끌어 내는 것을 말한다.

- 항공권에 컨시어지 서비스를 추가해 항공사 직원이 하루 동안 여행객에게 도시를 안내하도록 할 수 있다.

- 줌(Zoom)은 대규모 온라인 모임을 위한 저지연 화상 통화를 도입해 가상 콘퍼런스 시장으로 확장할 수 있다.
- 넷플릭스는 독립 영화에 특화된 커뮤니티 섹션을 추가해 콘텐츠 라이브러리를 확장할 수 있다.
- 도어대시는 음식 배달에 철물이나 생활용품을 추가하도록 배달 서비스를 조정할 수 있다.

도어대시를 비롯한 배달 서비스는 처음에 음식 배달 서비스로 시작했다. 이후 이들은 식료품, 주류, 반려동물 용품처럼 더 많은 품목을 추가하는 방향으로 제품을 조정해 나갔다(그림 4-27).

▼ **그림 4-27** 도어대시의 하단 메뉴에는 음식 배달 외에도 식료품, 소매품 같은 다른 카테고리가 포함되어 있다.

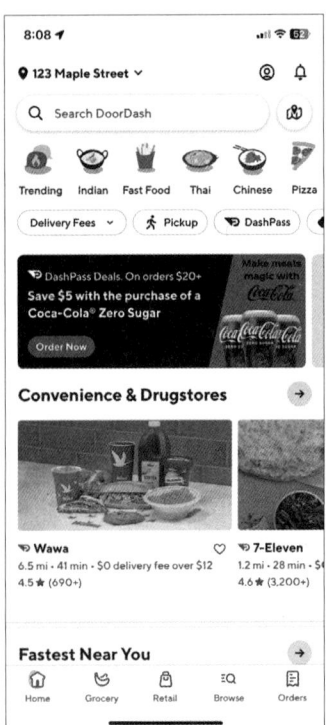

수정하기

무엇을 수정할 수 있을까? 수정하기는 기존 요소를 최소화하거나 최대화하는 등 다양한 방식으로 제품을 발전시켜서 새로운 경험을 만드는 데 집중한다. 어떤 요소의 규모를 줄이거나 키우면 어떤 변화가 일어날까?

- 소규모 영화관은 상영 대관 예약을 받아서 좁은 공간에서도 더 많은 좌석을 활용할 수 있다.
- 우버는 우버이츠를 통해 배달하는 상품 유형을 극대화해서 더 높은 매출을 올릴 수 있다.
- 애플은 하드웨어 부품 개수를 최소화해서 가장 얇은 노트북을 만들 수 있다.

데이유즈(Dayuse, 그림 4-28)는 시간 단위로 호텔을 예약할 수 있게 해주는 서비스다. 이 서비스는 오래 머물지 않는 도시에서 잠시 쉬거나 자고 싶은 여행객에게 안성맞춤이다.

▼ **그림 4-28** 시간 단위로 호텔을 이용할 수 있다고 광고하는 Dayuse.com 홈페이지

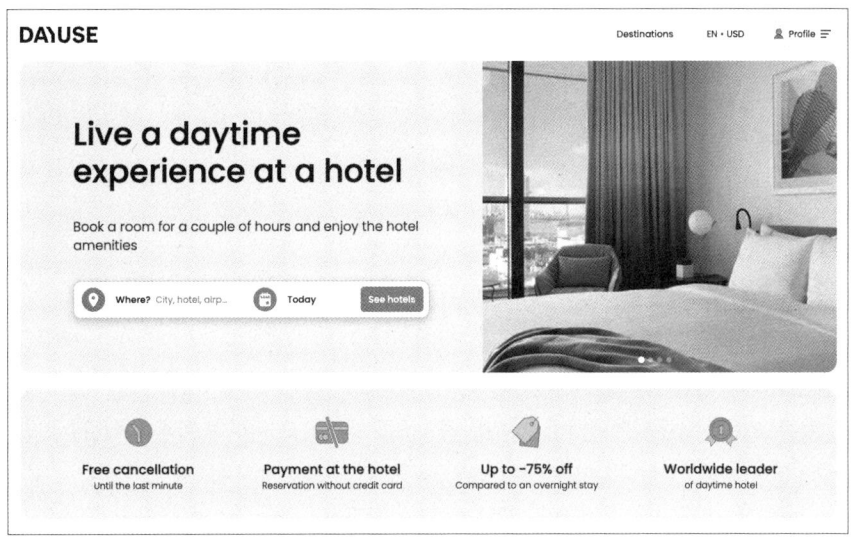

다른 용도로 활용하기

제품을 다른 산업이나 다른 맥락에서 사용할 수 있을까? 제품을 완전히 새로운 고객층에 판매한다면 어떨까? 아니면 기존과는 다른 방식으로 제품을 사용한다면 어떨까?

- 오래된 휴대전화는 활용할 수 있는 용도가 제한적이다. 하지만 여기에 오디오 투어를 녹음해서 여행객에게 제공할 수 있을까?
- 어른이 아닌 아이들을 대상으로 하는 스트리밍 서비스를 만들 수 있을까?
- 오래된 태블릿을 재활용해 아이들에게 나눠줄 수는 없을까?
- 폐기된 기기를 예술 작품으로 재탄생시킬 수 있을까?
- 가상 현실을 활용해 신규 주택 구매자들에게 주택 리모델링 결과를 미리 보여줄 수 있을까?

비디오 게임 회사인 닌텐도는 다양한 창의적인 제품으로 이름을 알린 회사다. 그중 하나인 닌텐도 3DS는 원래 고품질 휴대용 비디오 게임기로 제작된 제품이다. 그런데 루브르 박물관은 이 기술을 비디오 게임이 아닌 전혀 다른 용도로 사용하기 위해 닌텐도와 계약을 체결했다. 이들이 생각한 새로운 용도란 박물관 관람객에게 시청각 가이드를 제공하는 기기로 사용하는 것이었다(그림 4-29).[12] 닌텐도는 이 요청에 응해 콘솔에 새로운 용도를 부여했다.

---

12 www.nintendoworldreport.com/news/29776/nintendo-3ds-audio-guides-available-atlouvre-museum

▼ **그림 4-29** 2012년 루브르는 닌텐도 3DS 비디오 게임기를 활용해서 오디오 투어를 제공했다. 이는 닌텐도가 이 게임기를 만들던 당시에 의도했던 용도와는 거리가 멀다(출처: Trinochka/Shutterstock).

제거하기

제거하거나 단순화할 수 있는 요소가 있을까? 제거하기란 특정 요소를 제거하고 어떤 변화가 일어나는지 살펴보는 것이다. 제한된 자원만 사용할 수 있다거나 과정의 일부를 생략한다면 어떻게 될까?

- 호텔은 객실마다 개별 욕실이 있다. 이를 하나의 공용 욕실로 통합하거나 아예 객실을 공용으로 통합할 수는 없을까?
- 차량을 소유한다는 개념을 없애고 필요할 때마다 차량을 대여해서 쓰도록 하면 어떨까?
- 아마존에서 제품을 살 때 장바구니로 이동하는 단계를 없애고 저장된 정보를 이용해서 바로 구매할 수 있게 한다면 어떨까?
- 슈퍼마켓에서 계산원을 없애고 사람들이 직접 계산을 완료할 수 있게 한다면 어떨까?

이전 장에 언급한 예를 돌이켜보면 프로세스에서 일부 단계를 제거하는 것은 사용자 경험을 개선하는 데 도움이 될 수 있다. 전자상거래 웹 사이트에 '바로 구매' 옵션을 추가하면 사용자가 제품을 구매할 때 장바구니 페이지를 건너뛸 수 있다(그림 4-30).

▼ 그림 4-30 서로 다른 웹 사이트에 표시된 동일한 제품의 세부 정보 페이지

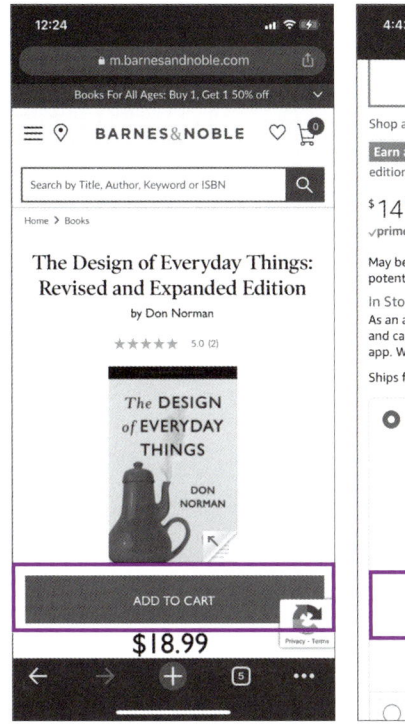
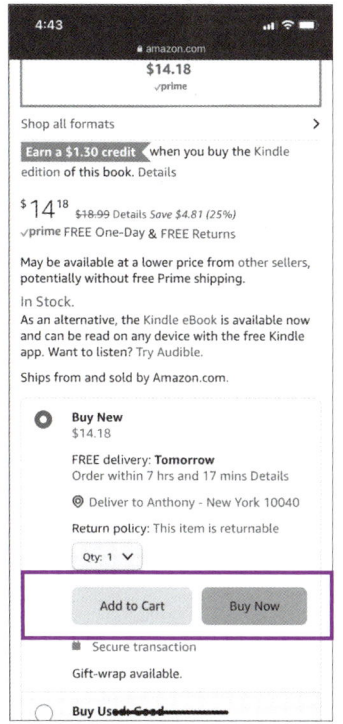

재배열하기

프로세스나 흐름을 거꾸로 만들거나 반전시키면 어떻게 될까? 재배열하기는 기존 프로세스의 단계를 재정렬해 새로운 결과를 만들어내는 것이다.

- 박물관은 입장할 때 입장료를 받는다. 이 순서를 바꿔서 관람객이 관람을 마치고 나가면서 자신이 한 경험의 가치만큼 관람료를 내도록 한다면 어떨까?
- 사용자가 비어 있는 장바구니에 제품을 추가할 필요 없이 업체에서 미리 제품을 장바구니에 담아두고 사용자가 불필요한 항목을 제거해 주문을 확정하도록 하면 어떨까?
- 데이팅 앱에서 프로필을 보기 전에 메시지를 주고받게 해서 여러 번 대화를 나눈 후에 상대방의 외모를 볼 수 있게 하면 어떨까?

러브태스틱(Lovetastic)[13]이라는 데이팅 앱은 프로필, 매칭, 검색 조건 설정 등 다양한 기능을 제공한다(그림 4-31). 그 대신 한 가지 제공하지 않는 것이 바로 사진이다. 이 앱의 데이팅 프로필에는 사진이 포함되지 않으며 사람들이 먼저 연결된 후에야 서로 만나거나 사진을 교환할 수 있게 한다.

---

13 https://play.google.com/store/apps/details?id=com.lovetastic.android

▼ 그림 4-31 사진이 없는 데이팅 앱, 러브태스틱

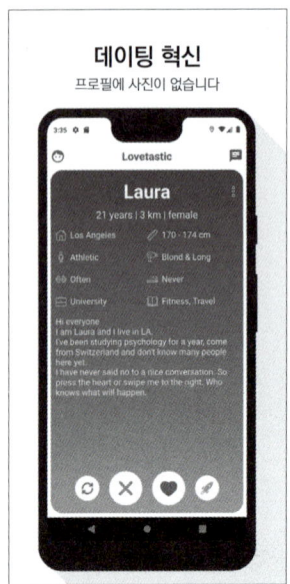

4.5.3 직접 해보자!

혼자 하는 여행 프로젝트를 위해 관계적 아이디어 도출 기법을 시도해보자. 우리가 해결해야 할 문제는 다음과 같았다.

> 우리 사용자는 혼자 여행하는 사람으로서 충분한 정보를 가지고 마음 편히 여행할 수 있기를 바란다. 어떻게 하면 혼자 하는 여행 경험을 최대한 풍부하게 만들어줄 수 있을까?

이 연습을 위해 다음 중 하나를 시도해보라.

- 이 문제와 관련된 마인드맵을 만들어보라. 문제 영역과 관련된 아이디어 30개가 포함된 마인드맵을 작성해보라.
- 이 문제에 스캠퍼 기법을 적용해보라. 스캠퍼의 각 발상 패턴에 대해 문제 영역과 관련된 아이디어를 3~4개씩 떠올려보라.

아이디어 도출이 끝나면 프로젝트에 포함시키고 싶은 아이디어가 있는지 확인해보라.

> 부록 A.3 '마인드맵'을 참고해 여러분이 만든 맵과 비교해보라.

4.6 우선순위 선정

아이디어 도출 과정을 마치고 나면 탐색할 수 있는 아이디어가 많이 쌓여 있을 것이다. 브레인스토밍, 라이트닝 데모, 마인드맵, 스케치, 스캠퍼 등 다양한 아이디어 도출 방법을 사용했을 것이다. 팀원들과 함께 진행했을 수도 있고 혼자 했을 수도 있다. 해결할 문제가 명확히 있었을 수도 있고 폭넓은 디자인 영역을 탐색하기 위해 했을 수도 있다. 어떤 방법을 사용했든 결국에는 실제 무엇을 만들고 싶은지를 파악해야 하는 지점에 도달하게 된다.

무엇을 언제 만들지를 선택하는 과정이 바로 우선순위 선정이다.

4.6.1 우선순위 선정이란 무엇인가?

우선순위 선정은 제품에서 실현할 아이디어를 정하는 과정이다. 디자인 싱킹 프로세스상으로는 아이디어 도출 단계에서 낸 아이디어 중에서 프로토타입으로 제작할 아이디어를 선택하는 데 필요한 단계다.

대개 우선순위 선정은 팀 차원에서 이루어진다. 무엇을 테스트하거나 출시할지 한 사람이 전적으로 결정하는 일은 드물다. 오히려 다른 관점을 참고하기 위해 이 과정에서 여러 사람의 이야기를 듣는 것이 일반적이다. 이해관계자, 멘토, 책임자 등이 이 단계에 참여해 자신의 생각을 공유하고 방향을 설정하는 데 기여한다. 이 경우 의사결정을 위한 프레임워크가 있으면 무척 유용하다.

> 아이디어 우선순위를 혼자 정해야 할 때도 있다. 소규모 조직에서 일하거나 개인 프로젝트를 진행할 때는 특히 그러한 편인데 혼자 정해도 괜찮다. 이때도 우선순위를 정하는 과정을 통해 디자인에서 가장 중요한 것이 무엇인지 파악할 수 있다.

그렇다면 이제 우선순위를 정할 때 활용할 수 있는 몇 가지 프레임워크를 살펴보자.

4.6.2 점 스티커 투표

점 스티커 투표는 무척 간단한 우선순위 선정 방법이다. 모든 참가자에게 투표권을 주고 각자 가장 마음에 드는 아이디어를 선택해서 아이디어별로 점 스티커를 붙이게 한다(그림 4-32). 투표가 끝나면 점의 개수를 합산해 가장 많은 점을 받은 아이디어를 실행한다.

그림 4-32는 다양한 옵션으로 구성된 브레인스토밍 예시다. 이 브레인스토밍의 모든 참가자는 투표를 위해 받은 점 스티커 3개를 모두 사용해서 마음에 드는 아이디어에 투표했다. 가장 많은 표를 받은 아이디어는 4표(왼쪽 상단), 두 번째는 3표(중앙), 세 번째는 2표를 받았다(중앙 상단). 이처럼 가장 많은 표를 받은 세 가지 아이디어를 우선적으로 실행할 것이다.

▼ 그림 4-32 우선적으로 추진하고 싶은 아이디어에 점 스티커로 투표하는 브레인스토밍 연습

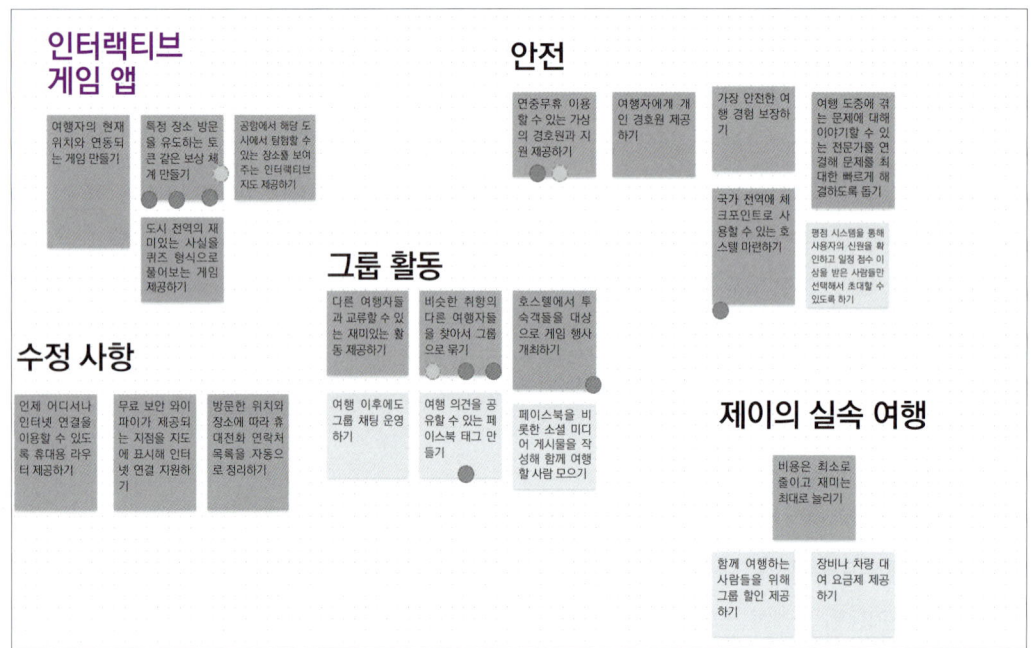

우선순위를 정하는 가장 일반적인 방법 중 하나인 점 스티커 투표에는 여러 장점이 있다.

- 투명하다: 모든 참가자의 투표는 명확하고 직관적인 방식으로 동시에 이루어진다. 어떤 아이디어가 가장 많은 표를 받는지, 누가 어떤 아이디어에 투표했는지 쉽게 확인할 수 있다.
- 민주적이다: 모두가 동등하게 의견을 내며 가장 많은 인원이 동의한 아이디어를 실행한다.
- 빠르다: 투표는 보통 세션을 끝낼 때 동시에 진행하므로 아이디어를 두고 논쟁하거나 무엇을 만들지 이리저리 고민하느라 긴 시간이 들지 않는다.
- 쉽다: 몇 개의 점 스티커를 원하는 선택지에 붙이면 끝이다. 복잡하지도 시간이 많이 들지도 않는 간단한 방법이다.

점 스티커 투표는 아이디어 도출 초기에 어떤 아이디어를 추진할지 정할 때 활용하기 좋은 방법이다. 프로세스가 더 진행된 시점, 예를 들어 특정 아이디어를 위해 어떤 기능을 언제 구현해야 할지 정할 때는 점 스티커 투표의 효과가 떨어진다. 이럴 때는 제품에 어떤 기능까지 포함시킬지 선택하는 데 적합한 다른 우선순위 선정 방식이 필요하다.

4.6.3 MoSCoW 기법

무엇을 만들지에 대한 전체적인 윤곽은 잡았지만 어떤 기능을 얼마나 넣을지 또는 우선순위는 어떻게 정할지 고민된다면 **MoSCoW 기법**을 시도해보자. MoSCoW는 다음 네 항목의 앞글자를 조합한 줄임말이다.

- Must: **반드시 넣어야 하는** 항목
- Should: **넣으면 좋지만** 필수는 아닌 항목
- Could: **넣을 수 있지만** (아직은) 넣고 싶지 않은 항목
- Won't: (아직은) **넣지 않을** 항목

MoSCoW 기법을 사용하면 넣고 싶은 요소뿐 아니라 이에 못지않게 중요한 넣지 않기로 한 요소도 명확히 할 수 있다. 그래야 다양한 가능성에 휘둘리지 않고 중요한 부분에 집중할 수 있다. 이 기법은 'Must', 'Should', 'Could', 'Won't'로 구성된 매트릭스를 만들고(그림 4-33) 아이디어를 그 매트릭스에 매핑해 무엇을 만들지에 대한 합의를 도출하는 방식으로 작동한다.

▼ **그림 4-33** 제품에 기부 관련 기능을 추가하는 프로젝트에 MoSCoW 기법 활용

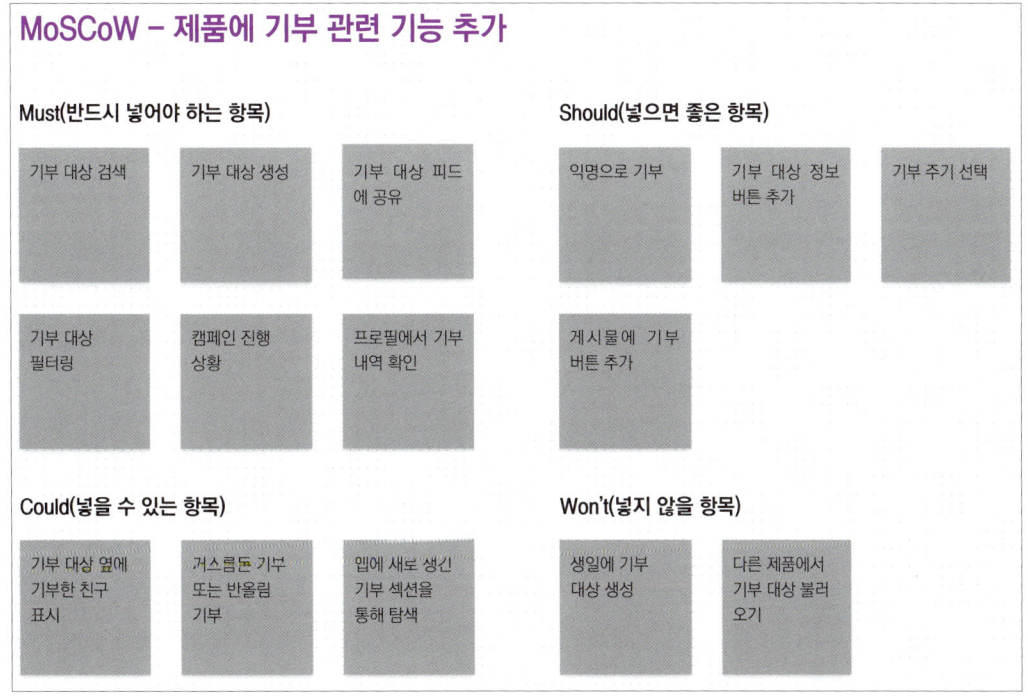

여기에 소개한 MoSCoW 기법 활용 예시에서는 디자인하려는 제품에 넣을 수 있는 기능을 최대한 많이 떠올려보았다. 그룹 브레인스토밍을 통해 수많은 아이디어가 나왔고 그중 어떤 아이디어를 실행할지 추려낼 필요가 있었다. 시간이 더 있었다면 다른 카테고리의 아이디어를 더 가져올 수도 있었겠지만 아이디어를 처음 시각화하는 단계에서는 MoSCoW 우선순위 선정 기법의 'Must' 섹션에 집중하기로 했다.

이번 예시에서는 브레인스토밍에서 스케치 단계로 전환하는 시점에 MoSCoW 기법을 활용했다. 이를 통해 이 프로젝트에 대한 아이디어를 더 명확히 시각화하고 디자인 프로세스의 프로토타입 제작 단계로 나아갈 수 있었다.

MoSCoW 우선순위 선정 기법에는 많은 장점이 있다.

- 협업: 모두가 각 아이디어를 매트릭스의 어디에 배치할지 논의하며 단순히 아이디어를 내는 데 그치지 않고 각 아이디어의 중요도도 함께 가늠해볼 수 있다.
- 조율: 각 아이디어에 대한 열린 대화를 통해 팀 내 합의를 이루고 이해를 일치시키는 데 도움이 된다.
- 배제: 무엇을 만들지를 정하는 것만큼이나 무엇을 만들지 않을지 정하는 것도 중요한데 MoSCoW는 배제할 아이디어를 걸러내는 데에도 유용하다.

MoSCoW 기법은 우선순위를 정할 때 활용하면 좋은 방법이다. 특히 브레인스토밍에서 나온 모든 아이디어를 하나씩 검토할 필요가 있다고 느낄 때 더욱 유용하다. 하지만 MoSCoW 기법이나 점 스티커 투표를 사용한 후에도 우선순위를 정하지 못한다면 우선순위를 가리기보다 대부분 또는 모든 아이디어를 넣는 방향으로 접근해야 할 수 있다.

4.6.4 자동차 기법

팀원 중 누군가 모든 가능성을 적어도 한 번은 검토해야 한다고 생각한다면 자동차 기법이 적절할 수 있다. **자동차 기법**은 내가 업계에서 일하면서 개발한 방법으로 제품 기능의 규모를 산정하고 어떤 기능에 집중할지 팀의 의견을 모으는 데 도움이 된다. 또한 디자인 영역을 폭넓게 탐색할 수 있는 훌륭한 방법이기도 하다.

이 기법은 넣을 만한 기능이나 변형이 많은 아이디어를 다루기에 적합하다. 이는 제품의 버전을 자동차 크기에 비유한 세 그룹으로 나누며 그룹이 올라갈수록 품질과 비용이 함께 증가한다.

- 소형차: 만들 수 있는 가장 작은 버전은 무엇일까?
- 중형차: 문제를 제대로 해결하는 데 꼭 필요한 기능을 모두 넣는다면 어떤 모습일까?
- 대형차: 사용자가 꿈의 제품이라고 느낄 정도로 가장 크고 완벽한 버전은 어떤 모습일까?

이 기법을 실행하려면 아이디어 도출 과정에서 각각의 큰 아이디어에 대해 세 가지 자동차 크기에 맞춘 기능 세트를 만들어보라. 솔루션의 최소 기능 제품, 즉 제공할 수 있는 가장 기본적인 요소는 무엇인가? 그 답이 바로 소형차에 해당한다. 이는 문제 해결을 위해 최소한으로 해야 할 일이다.

다음으로 진정 만족스러운 경험을 만드는 데 무엇이 필요한지 자문하라. 단순한 문제 해결에 그치지 않고 사용자에게 즐거움과 만족감을 선사하는 경험을 만드는 데 필요한 요소를 떠올려보라. 이러한 요소까지 포함한 버전이 바로 중형차다.

마지막으로 아이디어 도출에서 나온 온갖 부가적인 요소까지 고려해보라. 꼭 필요하지는 않지만 넣을 수 있다면 좋을 재미있고 기발한 아이디어까지 추가한다고 생각해보는 것이다. 그것이 대형차다.

우선순위를 정하려면 표 4-1과 같이 각 카테고리의 크기, 기능 세트, 비전을 표로 정리해보라.

예를 들어 이 기법을 스포티파이에 적용한다면 서비스의 초기 버전은 표 4-1과 같을 것이다.

▼ 표 4-1 스포티파이에 자동차 기법을 적용한 예시.

스포티파이 제품 콘셉트		
크기	기능 세트	비전
소형차	• 음악 검색 • 음악 재생 • 곡/앨범 아트	가벼운 버전. 사용자는 소유하지 않은 음악을 들을 수 있다.
중형차	• 음악 검색 • 음악 재생 • 곡/앨범 아트 • 프로필 생성 • 재생목록에 곡 저장 • 재생 이력 • 친구들이 듣는 음악 확인 • 그룹 재생목록	더 풍부한 기능을 갖춘 버전. 계정 생성, 라이브러리 관리, 소셜 기능 같이 부가적인 측면을 고려한 형태다.
대형차	• 음악 검색 • 음악 재생 • 곡/앨범 아트 • 프로필 생성 • 재생목록에 곡 저장 • 재생한 곡 이력 • 친구들이 듣는 음악 확인 • 그룹 재생목록 • 개인 음악을 커뮤니티에 업로드하는 기능 • 사용자 선호도에 따른 데이터 기반 재생목록 • 맞춤 애니메이션 아트워크	가장 강력한 기능을 갖춘 버전. 커뮤니티 업로드, 데이터 추적과 추천, 마이크로인터랙션/애니메이션 등의 부가적인 기능이 추가된다.

첫 번째 스포티파이의 소형차 버전에서는 사람들이 음악을 검색하고 재생할 수 있으나 사용자를 추적하거나 프로필을 저장하는 기능은 없다. 음악을 재생하는 주크박스라고 생각하면 된다. 듣고 싶은 음악을 선택할 수 있지만 자신의 정보나 선호도는 저장할 수 없다. 이는 원하는 음악을 자유롭게 감상하는 경험의 최소 기능 버전으로 사용자가 듣고 싶은 음악을 선택할 수 있게 해준다.

중형차 버전에는 재생목록을 저장하고 플랫폼에서 다른 사람들과 상호작용할 수 있는 기능이 추가된다. 이로써 이 서비스의 경험은 더욱 즐거워진다. 사용자는 좋아하는 곡을 저장하고 이를 바탕으로 재생목록을 만들어서 친구들과 공유할 수 있다. 중형차 버전 정도로도 꽤 매력적인 서비스를 제공할 수 있다.

이를 한층 더 발전시킬 수 있을까? 대형차로 업그레이드하면 데이터 추적, 추천, 업로드, 맞춤형 애니메이션 등의 기능이 추가된다. 이제 서비스는 사용자의 입력에 따라 음악을 추천하고 재생목록을 자동으로 구성해줄 뿐 아니라 심지어 사용자가 만든 음악을 플랫폼에 공유할 수 있게 해준다. 또한 듣고 있는 곡에 따라 달라지는 맞춤형 애니메이션이 제공되는 등 제품의 완성도를 높이는 즐거운 요소가 포함될 것이다.

오늘날 스포티파이는 이 모든 기능을 갖추고 있다. 하지만 처음부터 이런 모습은 아니었다. 오랜 시간에 걸쳐 반복적인 개선과 제품 향상을 통해 지금의 모습에 이르렀다. 처음부터 이런 비전을 세워두었을지 모르지만 그 비전을 실현하기 위해 더 중요한 요소를 우선적으로 실행하며 한 걸음씩 발전해왔을 것이다.

디자인 싱킹 프로세스에서 자동차 기법을 활용하려면 이 과정을 거친 후에 세 가지 옵션을 제안하고 어떤 버전이 구현할 가치가 있는지 다른 팀원들과 함께 논의해야 한다. 최소 기능 제품을 검증하려면 소형차 버전만으로 충분할 수 있다. 반면 팀원이나 이해관계자 중에 대형차 버전을 눈으로 확인하고 싶어 하거나 최소한 사용자 테스트라도 해보고 폐기하자는 사람이 있을 수 있다. 이처럼 자동차 기법은 기능의 우선순위를 정할 때 팀 내 이해를 조율하고 대화를 이끌어가는 데 유용한 도구다.

자동차 기법은 특히 이해관계자들의 반응을 이끌어내기에 좋은 방법이다. 전체 문제 영역과 그에 대한 여러분의 사고 전반을 보여준 뒤 어떤 버전을 추구할지 결정하는 과정에 이들을 직접 참여시키기 때문이다. 제품을 빠르게 출시하고 싶은가? 아니면 얼마나 성공을 거둘지 확신이 없는가? 그렇다면 소형차 버전으로 시작하라. 회사가 모든 역량을 쏟아붓고자 하는 프로젝트인가? 그렇다면 대형차 버전을 선택하라. 이는 우선순위 선정 과정을 일종의 메뉴판처럼 구성해 주요 의사결정권자들이 원하는 기능을 선택할 수 있게 해준다.

4.6.5 결론

아이디어를 발산하는 이 단계는 디자인 싱킹 프로세스에서 가장 재미있는 부분 중 하나다. 탐색할 수 있는 가능성도, 사용자를 위해 할 수 있는 일도, 문제 해결을 위한 아이디어도 넘쳐나기 때문이다.

하지만 수십 개의 아이디어 중에서 어떤 것을 골라서 다음 단계로 나아갈지 정하는 일은 결코 쉽지 않다. 다행히 실행할 가치가 있는 **최고**의 아이디어를 고를 때 활용할 수 있는 다양한 우선순위 설정 기법이 존재한다. 여기서 말하는 최고의 아이디어는 단순히 품질이 뛰어난 것을 뜻하지 않는다. 실행 가능성이나 실용성도 함께 고려해야 한다. 그리고 여기서 소개한 기법들은 제약 조건을 감안해 문제를 가장 효과적으로 해결하고 사용자의 삶을 가장 긍정적으로 변화시키는 최고의 아이디어를 가려내는 데 큰 도움이 될 것이다.

4.6.6 직접 해보자!

아이디어 도출을 마쳤다면 아이디어의 우선순위를 정할 차례다. 이번 연습에서는 이 장 앞부분에서 도출한 아이디어에 우선순위 선정 기법 중 하나를 적용해보자. 아마 브레인스토밍 결과가 우선순위를 정하기 가장 쉬울 것이다. 하지만 여러분이 원하는 것을 선택해도 좋다.

점 스티커 투표, MoSCoW 기법, 자동차 기법 중 어떤 방법을 선택해도 좋다. 다만 점 스티커 투표는 혼자서 실행할 수 없다. 우선순위 선정 세션에 다른 사람들을 초대해서 그들이 가장 흥미롭게 여기는 아이디어가 무엇이고 그 이유는 무엇인지 들어보는 것도 추천한다.

> 부록 A.3 '자동차 기법'을 참고해 여러분의 자동차 기법 실행 결과를 예시와 비교해보라.

4.7 아이디어를 도출한 후에는 프로토타입을 제작한다

이 장은 아이디어 도출이라는 개념을 소개하며 시작했다. 아이디어 도출이란 사용자의 문제를 해결할 수 있는 아이디어를 구상하는 과정을 가리킨다. 이어서 개념적, 시각적, 관계적 아이디어 도출이라는 세 가지 유형을 정의하고 각 유형을 탐색하며 유형별 아이디어 도출에 도움이 되는 다양한 기법도 살펴보았다. 그리고 마지막으로 쉽고 투명하며 협력적인 아이디어 우선순위 선정 기법을 배워서 이렇게 도출한 아이디어를 무엇부터 실행할지 결정할 수 있게 했다.

디자인 싱킹 프로세스의 다음 단계에서는 우선순위를 정한 아이디어의 실현 방법을 구체화하기 시작할 것이다. 아이디어를 시각화하고 사용자에게 전달해 테스트할 준비를 해야 한다. 솔루션에 대한 피드백을 받으려면 사용자 테스트가 필요하기 때문이다. 그러나 테스트에 선행되어야 할 준비 단계가 있다. 사용자가 여러분의 아이디어와 실제로 상호작용해볼 수 있도록 프로토타입을 제작하는 것이다.

5장

솔루션 프로토타입 제작

5.1 디자인 싱킹 프로세스의 어떤 단계에 해당할까?

5.2 프로토타입 제작

5.3 태스크 플로

5.4 와이어프레임

5.5 프로토타입을 제작한 후에는 테스트를 진행한다

디자인 싱킹 프로세스의 네 번째 단계는 솔루션을 구체화하는 단계다. 지금까지는 문제를 해결할 수 있는 다양한 아이디어를 떠올렸고 아이디어 도출 단계를 통해 다음 단계로 가져갈 몇 가지 핵심 아이디어를 선별했다. 솔루션이 어떻게 작동하는지 이해할 수 있도록 사용자 테스트를 진행하기 위해서다.

하지만 테스트를 진행하려면 그 아이디어를 시각화해 다른 사람이 볼 수 있게 해야 한다. 사용자들이 실제로 상호작용할 수 있는 형태로 표현해야 한다. 그래야만 그 아이디어를 유의미하고 확장 가능한 방식으로 구현하는 데 필요한 피드백을 얻을 수 있다. 다시 말해 이제 프로토타입을 만들 차례다.

프로토타입 제작은 일종의 예술이다. 어떻게 하면 그 아이디어를 실제로 제작하지 않고도 충실히 표현할 수 있을까? 제품의 완성된 모습을 엿볼 기회를 제공하면서도 이를 실현하는 데 지나치게 많은 시간과 에너지를 쏟지 않으려면 어떻게 해야 할까? 사용자에게 만들고자 하는 바를 보여주되, 사용자의 피드백을 바탕으로 수정하고 발전시킬 수 있도록 변화의 여지는 남겨야 한다.

프로토타입 제작은 일종의 과학이기도 하다. 사용자가 여러분의 아이디어를 어떻게 경험하게 될까? 이를 테스트하려면 사용자가 아이디어를 따라가며 체험할 수 있도록 실험을 설계해야 한다. 테스트 과정에서 증거를 수집해야 하며 프로토타입을 어떻게 구성하느냐에 따라 그 과정에서 얻게 되는 증거가 달라질 것이다.

예술과 과학은 디자인 싱킹 프로세스에서 또 한번 중요한 역할을 한다. 이 둘을 적절히 활용하면 프로토타입을 통해서 가장 중요한 질문, 즉 '과연 솔루션이 제대로 작동할까?'라는 질문에 대한 답을 얻을 수 있을 것이다.

5.1 디자인 싱킹 프로세스의 어떤 단계에 해당할까?

아이디어 도출 단계를 마무리하며 테스트해보고 싶은 몇 가지 아이디어를 정했다면 디자인 싱킹 프로세스의 다음 단계인 **프로토타입 제작**(그림 5-1) 단계로 넘어갈 수 있다.

디자인 싱킹 프로세스의 프로토타입 제작 단계는 아이디어 도출 단계에서 낸 아이디어를 사용자가 경험해볼 수 있는 프로토타입으로 만드는 단계다. 궁극적인 목표는 사용자의 문제를 해결하는 솔루션을 만드는 것이다. 이를 달성하려면 사용자가 직접 경험하고 피드백을 줄 수 있도록 솔루션을 간결하면서도 구체적으로 표현해야 한다.

▼ **그림 5-1** 닐슨 노먼 그룹의 디자인 싱킹 프로세스

프로토타입 제작 단계에서는 다음 질문에 대한 답을 찾아야 한다.

- 아이디어들이 어떻게 조화를 이루는가?
- 각 아이디어는 어떻게 작동하는가?
- 사용자는 한 단계에서 다음 단계로 어떻게 이동하는가?
- 솔루션이 타당한가?

이러한 질문에 답을 얻으면 지금까지 떠올린 아이디어를 사용자에게 더 현실감 있게 전달하고 최종 제품 제작에 필요한 피드백을 받을 수 있다. 하지만 그러기 위해서는 사용자가 따라갈 수 있는 흐름을 만들고 그 흐름을 시각적으로 설계한 뒤 실제 체험할 수 있는 형태로 구현해야 한다. 그래야 테스트를 진행할 수 있다.

5.2 프로토타입 제작

디자인 싱킹 프로세스의 다음 단계인 테스트 단계로 넘어가려면 사람들이 상호작용할 수 있는 방식으로 디자인을 시각화해야 한다. 이를 프로토타입 제작이라고 한다.

프로토타입은 저충실도, 중충실도, 고충실도 등 여러 충실도(fidelity)로 만들 수 있다. **저충실도**는 아이디어를 간단히 스케치한 초기 단계다. **중충실도**는 더 많은 맥락을 추가하고 구조를 개선한 중간 단계다. **고충실도**는 브랜딩과 최종 시각 디자인을 반영해 실제 제품처럼 느껴지게 만든다. 각 충실도는 고유한 목적이 있으며, 무엇을 알고 싶은지에 따라 적절한 수준의 프로토타입을 제시하고 그에 맞는 피드백을 얻을 수 있다.

테스트하고 싶은 디자인을 완성했다면 디자인의 충실도 수준에 상관없이 디자인 싱킹 프로세스의 다음 단계인 **프로토타입 제작**으로 넘어갈 준비가 된 것이다.

5.2.1 프로토타입이란 무엇인가?

디자인 싱킹 프로세스를 진행하다 보면 다른 사람들에게 아이디어를 보여주고 피드백을 받아야 하는 시점에 도달한다. 대상 사용자들이 해당 아이디어를 사용할 수 있는지, 유용하다고 느끼는지, 이해할 수 있는지를 확인하기 위한 정보가 필요하다. 이때 필요한 것이 바로 프로토타입이다.

프로토타입은 디자인 콘셉트를 상호작용할 수 있는 형태로 구현한 버전이다. 이는 디자인 싱킹 프로세스의 프로토타입 제작 단계에서 만든 와이어프레임을 기반으로 하며, 이 와이어프레임들을 결합하면 테스트할 때 사용할 수 있는 프로토타입이 완성된다.

프로토타입은 일반적으로 다음과 같은 단계를 거쳐서 만들어진다.

1. 태스크 플로(task flow)로 시작한다. 태스크 플로란 사용자가 제품을 어떻게 경험하는지를 전체적으로 보여주는 흐름을 말한다(자세한 내용은 '태스크 플로' 내용에서 확인하라).
2. 해당 태스크 플로의 주요 화면을 보여주는 와이어프레임을 만든다. 저충실도, 중충실도, 고충실도 중 어느 수준이든 상관 없으며 각각에는 고유한 장점이 있다.
3. 이러한 화면을 상호작용할 수 있도록 만든다. 디지털 도구를 사용해서 클릭할 수 있는 요소를 만들 수도 있고 시스템이 구현되었다고 상상하며 손짓과 몸짓으로 UI의 동작을 연출할 수도 있다.

이런 단계를 따르면 그림 5-2와 같은 프로토타입이 완성된다.

▼ 그림 5-2 피그마로 제작한 렌터카 앱 프로토타입의 단계별 흐름. 화살표는 사용자가 클릭하는 위치, 그에 따라 이동하게 될 다음 화면을 나타낸다.

이는 내가 렌터카 앱 콘셉트를 보여주기 위해 만든 간단한 프로토타입이다. 이 프로토타입을 만들기 위해 앞서 설명한 일반적인 단계를 따랐다.

1. **태스크 플로로 시작한다**: 이 경우에는 렌터카 영업점을 검색하고 여행 정보를 입력한 다음 빌릴 수 있는 자동차 목록을 확인한다.

2. **상황에 맞는 수준을 선택해 와이어프레임을 만든다**: 이를 통해 아이디어의 기초, 레이아웃, 시각 디자인을 검토할 수 있다.

3. **상호작용할 수 있게 만든다**: 인터랙션이 가능하기 때문에 이 흐름을 사용자 테스트에 활용하거나 팀에 아이디어의 작동 방식을 보여줄 수 있다.

프로토타입을 활용하면 아이디어가 어떻게 작동하는지 몇 초 만에 정확하게 보여줄 수 있다. 디자인에 인터랙션을 더하면 디자인의 작동 방식을 말로 설명하지 않고 직접 보여줄 수 있다.

원하는 피드백에 따라 프로토타입을 활용하는 방식은 다양하다.

사용자를 대상으로 테스트하기

디자인 싱킹 프로세스에서 프로토타입을 만드는 가장 일반적인 이유는 사용자를 대상으로 테스트하기 위해서다. 아이디어가 사용자의 필요를 충족시킬까? 문제를 제대로 해결할까? 아이디어가 효과적인지 알아보는 최고의 방법은 테스트해보는 것이다! 사용자 테스트를 진행하면 이에 대한 답을 얻을 수 있을 뿐 아니라 애초에 생각하지 못했던 새로운 질문도 발견할 수 있다.

이해관계자 설득하기

멘토, 고객, 이해관계자의 승인을 얻으려 할 때 프로토타입은 아이디어의 작동 방식을 보여줄 수 있어서 매우 유용하다. 사용자들이 제품을 사용할 때 하게 될 경험을 말로 설명하는 대신에 직접 보여줄 수 있기 때문이다. 이 방법은 충실도 수준과 상관없이 무척 효과적이다. 나 역시 시간을 들여서 고충실도 디자인을 만들기 전에 중충실도로 인터랙션 디자인을 구현해 UI 요소가 화면에서 어떻게 동작하는지 이해관계자들에게 보여준 경험이 있다. 프로토타입을 사용해서 임원진을 설득하라.

아이디어 확인하기

프로토타입은 디자인 과정에서 자체적으로 활용하기에도 좋은 도구다. 나는 종종 프로토타입으로 아이디어를 테스트하며 화면 간 이동이 어떻게 이루어지는지 직접 경험해본다. 이런 과정은 마이크로인터랙션, 즉 UI에서 정확히 어떤 애니메이션을 구현할지 정해야 할 때 매우 중요하다. 디자인적으로 만족스러운 수준의 프로토타입이 완성되면 개발자에게 전달해서 기술적으로 구현이 가능한지, 구현 난이도는 어느 정도인지 확인한다.

어떤 피드백을 얻고 싶은지에 따라 프로토타입은 활용 목적뿐 아니라 충실도 수준도 달라질 수 있다.

5.2.2 어떤 유형의 프로토타입이 있을까?

일반적으로 프로토타입은 네 가지 충실도 유형으로 구분할 수 있다. 어떤 유형을 선택할지는 제작에 쓸 수 있는 시간, 디자인 프로세스상 현재 진행 중인 단계, 얻고자 하는 피드백에 따라 달라진다.

저충실도 프로토타입

저충실도 프로토타입 또는 **종이** 프로토타입(그림 5-3)은 여러분의 접근 방식이 문제를 제대로 다루고 있는지 명확히 확인하고 싶을 때 사용한다. 이는 초기 단계의 디자인 콘셉트 검증을 진행하거나 아이디어가 어떻게 작동할지 전체적으로 확인할 때 유용하다. 원래 프로토타입은 제품의 구체적인 사용성을 확인하기보다는 아이디어의 비전을 보여주고 제품이 시장에 적합할지 타진하는 데 더 초점을 둔다.

▼ **그림 5-3** 저충실도 프로토타입. 연구자가 UI의 각 단계를 연출한다. 전체 영상은 다음 링크에서 확인할 수 있다(https://tinyurl.com/asuxd5-3a, 출처: Chaosamran_Studio/Shutterstock).

일반적으로 이러한 프로토타입은 마치 연극처럼 진행된다. 디지털 제품을 통해 상태 전환을 구현하지 않으므로 프로토타입을 테스트하는 동안 사용자가 사용하게 될 컴퓨터의 역할을 누군가 대신해주어야 한다.

중충실도 프로토타입

중충실도 프로토타입(그림 5-4)은 솔루션의 구조를 테스트하는 데 쓰인다. 제품 시장 적합성처럼 중간 단계의 콘셉트 검증에 유용할 뿐 아니라 제품의 사용성 전반을 살펴보기에도 적합하다. 중충실도 프로토타입은 솔루션이 어떻게 작동할지 어느 정도 구체화된 이후에 그 구조를 테스트하고자 할 때 효과적이다.

▼ **그림 5-4** 프로토타입으로 연결할 수 있는 태스크 플로 기반의 중충실도 와이어프레임 세트

 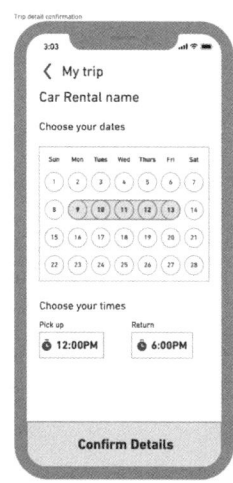 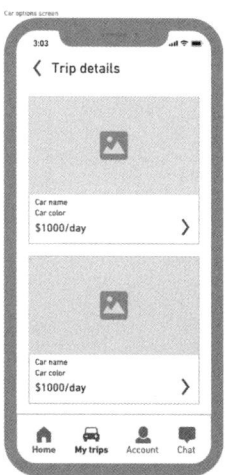

고충실도 프로토타입

고충실도 프로토타입(그림 5-2) 또는 '최종 시각 디자인'이 포함된 프로토타입은 사용자를 대상으로 최종 디자인을 테스트하거나 팀원들에게 최종 콘셉트를 시연하고자 할 때 사용된다. 이는 후반 단계에서의 검증이나 아이디어의 시각적 표현에 대한 팀 내 합의를 이끌어내는 데 적합하다. 일반적으로 고충실도 프로토타입에서는 콘셉트 검증보다는 사용성 테스트가 중심이 되며, 이 시점에는 아이디어 수준의 제품이 시장에 얼마나 적합한지를 명확히 파악하고 있어야 한다.

이러한 유형의 프로토타입은 전환 효과와 애니메이션까지 포함된 경우가 많아서 제품을 실제로 사용하는 것 같은 경험을 효과적으로 전달할 수 있다.

코드화된 프로토타입

프로토타입 충실도의 네 번째 유형은 **코드화**된 프로토타입(그림 5-5)이다. 이러한 프로토타입은 사용성 테스트 중에 실제 데이터를 입력받고 테스트가 진행되는 동안 그 데이터가 유지된다. 실제 제품을 제작하지 않는 방식 중에 실제 제품에 가장 가까운 시뮬레이션을 제공하는 유형이다. 이 단계까지 제작하는 경우는 드물지만 실제 제품과 매우 유사하게 느껴지기 때문에 완성되면 매우 강한 인상을 남긴다. 구글, 아마존, 메타 같은 기업에서는 UX 엔지니어라 불리는 전문가들이 디자이너들과 협업해 실제 작동하는 프로토타입을 제작하기도 한다. 이러한 프로토타입은 '기능성 프로토타입(functional prototype)'이라고도 불리며, 최종 제품에 사용할 코드의 기반이 되기도 한다.

다행히 코드를 작성할 줄 모르는 사람도 코드화된 프로토타입을 제작하도록 도와주는 디지털 도구가 존재한다. 예를 들어 https://tinyurl.com/asuxd5-6 링크에서 그림 5-5의 프로토타입을 체험해볼 수 있다.

▼ **그림 5-5** 사용자가 프로토타입을 사용하는 동안 데이터를 입력받는 형태의 프로토타입. 사용자는 음성 데이터를 녹음할 수 있고 프로토타입은 이를 텍스트로 변환해 메모로 저장한다(Protopie.com으로 제작).

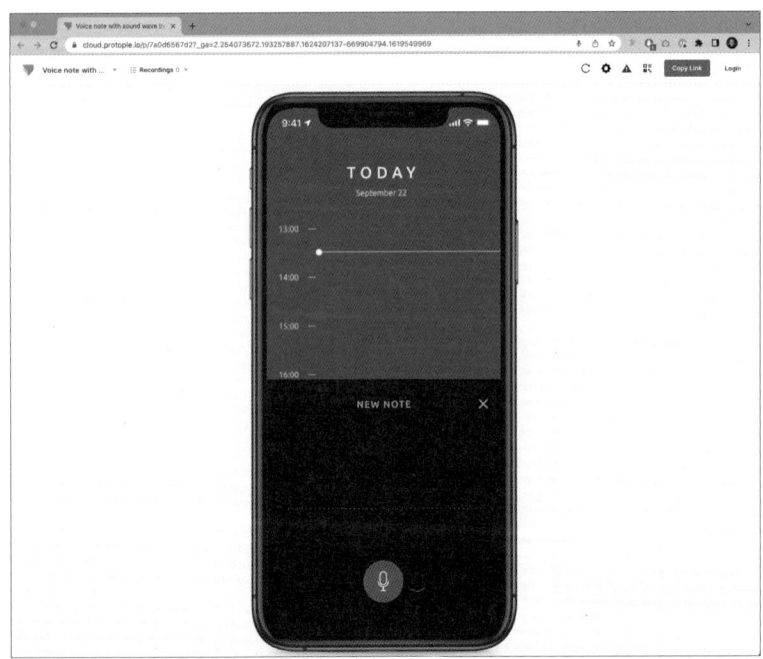

5.2.3 프로토타입 제작에 어떤 도구를 활용할 수 있을까?

대부분의 와이어프레임을 만드는 도구로 프로토타입도 제작할 수 있다(와이어프레임에 대한 자세한 내용은 '와이어프레임이란 무엇인가?'에서 확인하라). 오늘날 업계에서 널리 사용되는 와이어프레임 제작 도구는 피그마, 스케치, 어도비 XD이다. 이들 도구는 프로토타입 제작 기능을 제공하며 해당 도구 내에서 바로 아이디어를 테스트해볼 수 있다.

마이크로인터랙션, 반응형 디자인, 코드화된 프로토타입 같은 고급 기능이 필요하다면 앞서 소개한 도구 외에 다른 도구가 필요할 수 있다. 프린시플(Principle)은 훌륭한 모션 기능을, 웹플로(Webflow)는 우수한 반응형 도구를 제공한다. 프로토파이(Protopie)와 프레이머(Framer)는 강력한 코드 기반 프로토타입 제작 기능을 갖추고 있다. 필요에 따라 적절한 도구를 사용하면 된다. 하지만 일반적인 작업이라면 피그마, 스케치, 어도비 XD만으로도 충분할 것이다.

5.2.4 충실도에 맞는 도구 선택하기

디자인을 연결해 프로토타입으로 만드는 데 적합한 도구는 테스트의 목적에 따라 달라진다.

프로젝트 초반에 아이디어가 제대로 작동할지 확인하고 싶다면 종이로 저충실도 디자인을 만들면 된다.

제품 구조와 아키텍처에 대한 피드백을 받고 싶다면 웜지컬 같은 프로토타입 도구로 만든 중충실도 프로토타입으로 충분하다.

제품의 시각 디자인이나 심미성에 대한 피드백을 원한다면 피그마 같은 와이어프레임 전용 소프트웨어로 고충실도 디자인을 만들어야 할 것이다.

실제 완성된 경험처럼 데이터 입력을 받아야 한다면 프로토파이 같이 특수한 소프트웨어를 사용하거나, 코딩에 능숙한 사람의 도움을 받아야 할 수 있다.

나 역시 다양한 충실도로 디자인을 시험해본 경험이 있으며 한 제품을 위해 여러 수준의 디자인을 만들어본 적도 있다. 방식마다 제각기 장단점이 있다. 어떤 충실도를 선택할지는 무엇을 배우려고 하는지, 제품의 성숙도는 어느 정도 수준인지, 테스트 과정에 투입할 수 있는 자원은 어느 정도인지에 따라 달라진다.

어떤 충실도로 만들든지 제작에 돌입하기 전에 구현하고자 하는 아이디어의 논리적 구조부터 파악해야 한다. 바로 이때 필요한 것이 태스크 플로다.

5.3 태스크 플로

프로토타입을 제작할 때 가장 먼저 고려하면 좋은 사항은 사용자가 제품을 사용하며 거치는 논리적인 단계다. 즉 디자인의 흐름을 생각해야 한다는 의미다. 이를 파악하는 데 도움이 되는 것이 바로 태스크 플로다.

5.3.1 태스크 플로란 무엇인가?

태스크 플로(task flow)란 사용자가 수행하는 하나의 작업을 선형적으로 표현한 것이다. 이는 특정 목표에 도달하기 위해 사용자가 따르는 가장 단순하고 핵심적인 수준의 단계다. 태스크 플로는 본질적으로 프로세스의 시작부터 끝까지 도달하기 위해 사용자가 따라가는 경로를 나타낸다(그림 5-6).

> 사용자가 하나의 작업을 완료하는 경로는 보통 여러 개다. 일반적으로 처음에는 A 지점에서 B 지점으로 가는 가장 쉬운 직선 경로를 상상하는 것이 좋다. 이는 '해피 패스(happy path)'라고도 불리며 대부분의 경우 이러한 경로를 가장 먼저 설계한다.

태스크 플로는 간단한 직선 경로로 솔루션의 전체적인 구조를 보여주기에 좋다. 이는 페르소나의 목표와 요구라는 맥락에서 추상적인 사용자 여정을 표현하는 데 적합하며, 사용자가 작업을 완수할 수 있도록 솔루션에서 고려해야 할 구체적인 논리를 알아내는 데 도움을 준다.

▼ 그림 5-6 태스크 플로 구조. 일반적으로 상자와 화살표로 표현된다. 사용자는 흐름의 각 단계를 따라 진행해 마지막 단계에 도달한다.

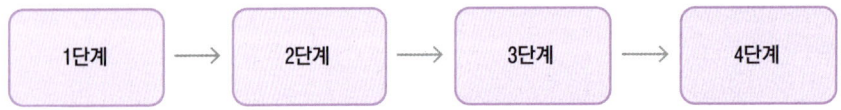

그림 5-7의 작업을 살펴보자. 사용자가 은행 앱에서 신용카드 이용 대금을 결제하려는 상황이다. 사용자가 이 작업을 가장 쉽고 만족스럽게 완료하려면 어떤 흐름으로 주요 단계를 수행해야 할지 생각해보자.

▼ 그림 5-7 사용자가 신용카드 이용 대금을 결제하는 태스크 플로

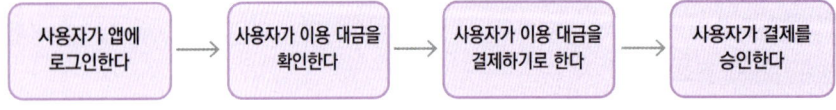

이 흐름을 분석해보자. 모든 태스크 플로에는 시작 지점이 필요하다. 일반적으로 '사용자가 제품을 실행한다', '사용자가 웹 페이지를 연다' 등으로 시작한다. 기본적인 단계지만, 이야기의 방향을 잡아주며 사용자가 특정 진입점에서 제품에 들어왔다는 점을 암시하는 정도의 맥락을 제공한다.

다음으로 사용자는 신용카드 이용 대금을 결제하기에 앞서 제품 내에서 이용 대금을 확인하려고 할 것이다. '사용자가 이용 대금을 확인한다'라는 표현으로 사용자가 결제할 금액을 확인하고 있다는 사실을 나타낼 수 있다. 하지만 사용자가 제품 내 어디에 있는지는 구체적으로 명시하지 않는다. 제품을 어떻게 구성할지 아직 디자인하지 않았기 때문이다. 홈 화면 중앙에 있을까? 신용카드 명세서 화면에 도달했을까? 아직 알 수 없다. 아직은 디자인을 구상하는 단계이므로 그러한 세부 사항은 나중에 채워 넣으면 된다.

그다음 단계에서는 '사용자가 대금을 결제하기로 한다'. 그렇다면 사용자는 지금 어디에 있을까? 더 하위 단계에 있는 화면에 도달했을까? 아니면 모든 작업이 하나의 화면에서 이루어지고 있어서 여전히 홈페이지에 있을까? 여전히 모른다. 아직 디자인이 완성되지 않았기 때문이다. 지금은 여전히 전반적인 논리를 고민하는 단계다.

마지막으로 '사용자가 결제를 승인한다'. 이 과정이 이메일을 통해 이루어질까? 버튼을 누르는 방식일까? 다시 한번 말하지만 아직 모른다. 하지만 곧 알게 될 것이다.

이 흐름은 행동의 수행 방식을 규정하지 않는다. 각 단계가 일어났다는 사실만 보여준다. 사용자가 제품을 실행해 이용 대금을 확인하고 대금을 결제하기로 한 다음에 결제를 승인한다는 흐름만 알 수 있다. 사용자가 제품 내에서 작업을 완료하기 위해 거쳐야 하는 주요 행동을 나타낸 것이다.

이 예시처럼 태스크 플로는 전체적인 그림을 그리는 것으로 시작하기를 추천한다. 이렇게 주요 단계만 만들면 각 단계가 논리적으로 자연스럽게 이어지는지 확인할 수 있다. 작업이 더 복잡해질수록 이런 확인 작업은 더욱 중요해진다.

A 지점에서 B 지점으로 가는 데 필요한 주요 단계를 잘 정리해두면 프로토타입 제작 후반 단계에서 태스크 플로에 더 많은 세부 사항을 추가할 수 있다.

5.3.2 태스크 플로를 사용하는 이유는 무엇인가?

태스크 플로는 아이디어의 실행 방식을 전달함으로써 다음 단계에서 시스템의 작동 방식을 구체화하는 데 도움을 준다. 또한 구체적으로 무엇을 제작할지 팀 내 합의를 형성하는 데에도 도움이 된다. 사용자가 거칠 모든 단계를 떠올리고 이러한 단계를 따라 최종 목표까지 어떻게 움직이는지 보여주면 디자인을 시작하기 전에 그 흐름이 논리적으로 타당한지 팀에서 함께 논의할 수 있다.

그림 5-8은 요리 관련 제품의 태스크 플로를 상세하게 보여준다. 새로운 경험을 설계할 때는 실제 화면을 만들기 전에 경험의 구조를 보여주는 UX 작업을 충분히 거치는 것이 일반적이다. 이 태스크 플로는 사용자가 제품에 처음으로 방문해 어떤 흐름으로 움직이는지 보여준다. 이러한 흐름은 각 단계를 나타내는 실제 화면이 없어도 충분히 표현할 수 있다.

▼ 그림 5-8 신규 콘텐츠를 고객이 발견하고, 이를 시청한 후, 그 콘텐츠를 계기로 해당 상품을 구독하게 되는 과정을 상세히 기술한 태스크 플로

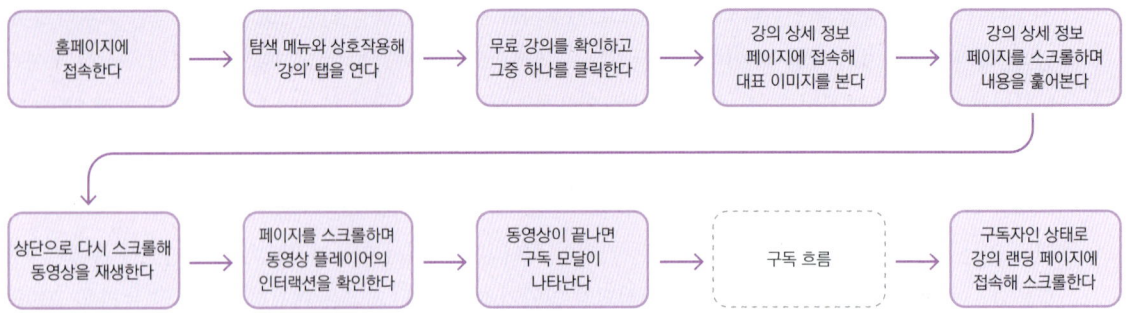

이 태스크 플로는 사용자가 제품에서 거칠 해피 패스만 다룬다. 이를 가장 단순한 형태로 요약하면 네 단계로 정리할 수 있다.

1. 홈페이지에 도착한다.
2. 콘텐츠를 확인한다.
3. 콘텐츠와 (무료로) 상호작용한다.
4. (콘텐츠를 더 정기적으로 이용하기 위해) 제품을 구독한다.

이 태스크 플로는 사용자가 제품 전반에 걸쳐 할 수 있는 다른 일, 즉 무료 콘텐츠 다시 보기, 다른 콘텐츠 찾기, 제품 둘러보기 등으로 분기한 경로를 다루지 않는다. 메뉴 열기, 웹 페이지 스크롤하기, 버튼 클릭하기 등 각 페이지에서 일어나는 인터랙션 디자인이나 다양한 유스 케이스도 다루지 않는다. 사용자가 선택할 수 있는 다른 경로를 보여주기보다 만들고자 하는 제품의 비전을 보여준다. 이 디자인 산출물의 목적은 사용자가 제품 내에서 따라가는 가장 기본적인 이동 경로를 팀에 명확하게 전달하는 것이다.

태스크 플로는 디자인 싱킹 프로세스의 프로토타입 제작 단계에서 특히 유용하다. 본격적인 디자인에 돌입하기에 앞서 이해관계자의 공감을 얻고 생각을 정리하는 데 도움이 되기 때문이다. 사용자가 거칠 태스크 플로를 만들면 실제 디자인에 착수하기 전에 디자인에 필요한 화면을 미리 구상할 수 있다.

5.3.3 태스크 플로는 어떻게 구성하는가?

다음의 지침은 제품을 디자인하기 전에 태스크 플로를 만드는 데 도움이 될 것이다.

사용자의 관점 생각하기

여러분의 제품과 이를 통해 구현하고자 하는 바를 생각할 때는 다른 누군가가 이를 어떻게 경험할지도 고려해야 한다. 사용자는 제품을 어떻게 발견할까? 그 제품이 어떤 제품인지는 어떻게 알게 될까? 어떻게

> 제품 관리팀이 여기에 도움을 줄 수 있다. 일반적으로 제품 관리팀은 사용자가 제품에서 하려고 하는 작업이 무엇인지 정의하고 유저 스토리(user story), 즉 사용자가 제품을 사용해서 달성하려고 하는 목표에 대한 간단한 설명을 작성한다. 태스크 플로는 종종 이러한 유저 스토리에서 출발한다.

사용하기 시작할까? 애초에 이 제품을 찾게 된 이유는 무엇일까? 제품에 익숙한 여러분과는 달리, 제품에 익숙하지 않을 사용자의 입장에서 생각해보아야 한다. 이번이 제품을 처음 사용하는 것일까? 그 웹 사이트의 특성이나 기능에 대해 알고 있을까? 이들이 당면 과제를 완수하기 위해 알아야 하는 것은 무엇일까?

제품의 한 단면에 집중하기

태스크 플로는 하나의 목표에 집중한다. 사용자들이 제품에 어떻게 온보딩할까? 어떻게 계정을 만들고 콘텐츠를 검색하며 서비스 요금은 어떻게 결제할까? 이러한 행위는 각기 다른 작업이다. 전체 시스템을 한꺼번에 고려하기보다 시스템 내 특정 작업 하나에 집중한다. 태스크 플로는 제품 일부분의 사용성을 테스트하기 위한 목적으로 만들어진다는 점을 기억하라. 프로토타입을 만들 때 제품의 모든 요소가 갖춰져 있어야 하는 것은 아니다.

하나의 경로 만들기

제품의 한 단면에 집중하듯이 제품 내 하나의 경로에만 집중하는 것이 좋다. 태스크 플로는 사용자가 내리는 모든 의사결정을 고려하기보다는 하나의 선택에 따라 제품 내에서 순차적으로 진행되는 선형적인 흐름을 다룬다. 여기에는 사용자의 의사결정 지점이나 분기되는 로직을 포함하지 않으며, 각 단계는 작업이 완료될 때까지 자연스럽게 다음 단계로 이어져야 한다.

5.3.4 프로토타입 제작 단계에 태스크 플로 적용하기

태스크 플로를 만들었다면 이를 지원하기 위해 디자인해야 할 주요 화면이 무엇인지 생각해야 한다. 그래야 프로토타입 제작 다음 단계인 테스트용 와이어프레임 제작 과정에서 명확성과 방향성을 확보할 수 있다. 앞서 살펴본 태스크 플로를 다시 살펴보자(그림 5-7).

이 태스크 플로를 기반으로 디자인해야 할 주요 화면을 정리해보자.

사용자가 앱에 로그인한다: 사용자가 로그인 이전, 도중, 이후에 볼 화면이 필요하다. 이때 필요한 것은 로그인 화면의 두 가지 상태(비어 있는 상태, 입력한 상태)와 사용자가 가장 상호작용하고 싶어 하는 항목(이용 대금, 결제 옵션 등)이 포함된 홈 화면이다.

- 로그인 화면(비어 있는 상태)
- 로그인 화면(입력한 상태)
- 홈 화면/대시보드

사용자가 이용 대금을 확인한다: 이 정보는 화면 어디에든 표시해야 한다. 사용자가 자주 확인하고 그에 따라 행동을 취할 가능성이 높은 항목이라고 가정하고 홈 화면에 포함시켜보자. 사용자가 이용 대금의 세부 정보를 별도의 페이지에서 확인하고 싶어 할 수도 있다. 다만 별도의 세부 정보 페이지가 정말로 필요한지는 제품을 시각화하면서 확인해보자.

- 홈 화면/대시보드(이용 대금에 초점)
- 이용 대금 세부 정보 화면(필요 시 사용자가 대시보드에서 클릭해 확인)

사용자가 대금을 결제하기로 한다: 사용자가 곧 결제를 진행하려 한다는 것을 보여주는 화면이 필요하다. 이는 작은 팝업 창으로 띄울 수도 있고 별도의 페이지로 만들 수도 있다. 아니면 앞서 언급한 세부 정보 화면에 포함시킬 수도 있다. 아직 확실하지 않더라도 괜찮다! 디자인 과정에서 정해질 것이다.

- 이용 대금 세부 정보(필요 시 사용자가 대시보드에서 클릭해 확인)
- 이용 대금 결제 화면

사용자가 결제를 승인한다: 사용자가 결제하기로 한 것을 확인할 수 있는 화면이 필요하다. 이 화면은 결제라는 인터랙션의 이전, 도중, 이후 과정을 포함해야 한다. 아마도 결제 방식이 선택되지 않은 상태에서 사용자가 결제 방식을 선택하고 결제 버튼을 클릭해 결제가 승인되는 흐름으로 진행될 것이다. 이 모든 과정은 로그인 화면처럼 한 화면에 머물며 몇 차례에 걸쳐 상태를 변화시키는 방식으로 만들 수도 있고 상태별로 별도의 화면을 만들 수도 있다. 어떤 방식이 적절한지는 디자인하는 과정에서 결정하게 될 것이다.

- 이용 대금 결제 화면(결제 방식 선택 이전)
- 이용 대금 결제 화면(결제 방식 선택 이후)
- 이용 대금 결제 화면(사용자가 결제 버튼 클릭)
- 이용 대금 결제 화면(결제 승인됨)

이제 태스크 플로를 어떻게 구성할지 생각했으니 제품의 원활한 작동을 위해 스케치해야 하는 모든 단계를 알 수 있다.

- 로그인 화면
  - 비어 있는 상태
  - 입력한 상태
- 홈 화면/대시보드
- 이용 대금 세부 정보(필요 시)
- 이용 대금 결제 화면
  - 결제 방식 선택 이전
  - 결제 방식 선택 이후
  - 사용자가 결제 버튼 클릭
  - 결제 승인됨

로그인 화면, 홈 화면, 이용 대금 결제 화면, 이 세 화면은 확실히 필요한 것으로 보인다. 이 중에서 두 화면은 여러 상태를 고려해야 한다.

이처럼 흐름을 미리 고민해두면 다음 단계인 디자인 시각화를 훨씬 더 수월하게 진행할 수 있다. 사용자가 제품에서 어떤 작업을 할지 계획이 명확하면, 그 계획에 따라 프로토타입을 구성하는 각 화면을 제대로 디자인하고 있는지 점검할 수 있다.

5.3.5 태스크 플로가 있으면 프로토타입 제작이 더 쉬워진다

프로토타입 제작 단계 초반에는 디자인을 바로 스케치하고 싶다는 유혹을 느낄 수 있다. 특히 아이디어 도출 단계를 끝낸 직후라면 사용자를 위해 떠올린 모든 가능성에 대한 기대와 에너지로 가득할 테니 더욱 그런 느낌이 들 것이다.

하지만 잠시 멈춰서 시각화하려는 솔루션의 논리를 차분히 정리하는 것이 유익하다. 여러분이 만들려고 하는 솔루션을 사용자가 실제로 어떻게 사용할까? 전체적인 흐름을 간단하게 살펴보는 것만으로도 프로토타입에서 시각화해야 하는 주요 화면을 떠올릴 수 있다.

테스트하려는 작업의 각 단계에서 사용자가 무엇을 해야 하는지 미리 파악해두면 디자인에도 큰 도움이 된다. 태스크 플로 초반에 중요한 정보를 전달해야 한다는 것을 놓쳤다가 이를 뒤늦게 깨달으면 같은 작업을 두 번 하거나 디자인을 수정하려고 앞 단계로 되돌아가야 할 수 있다. 나 역시 작업을 마칠 무렵에야 놓친 사항이 떠올라서 이를 바로잡기 위해 디자인을 손보았던 경험이 있다. 하지만 흐름을 미리 확인해두면 이런 상황을 피할 수 있다.

디자인하기 전에 잠시 시간을 들여서 태스크 플로를 정리하면 사용자가 해야 할 모든 사항을 충분히 고려했는지 점검할 수 있고 더 든든히 준비를 갖춘 상태에서 아이디어 스케치에 들어갈 수 있다.

5.3.6 직접 해보자!

이번에는 혼자 하는 여행 프로젝트를 위한 태스크 플로를 만들어보자. 사용자가 테스트하게 될 제품과 관련된 작업을 하나 생각해보라. 여행의 전체 일정 짜기처럼 너무 복잡한 작업은 피해야 한다. 앱 로그인하기처럼 너무 단순해도 안 된다. 몇 단계 정도 거쳐야 하는 작업, 3~5개 정도의 하위 요소가 포함된 작업 정도면 적당하다.

앞으로 한동안 다룰 것이므로 작업은 신중하게 선택하는 것이 좋다. 이어지는 연습에서는 지금 만드는 태스크 플로에 더 많은 시각적 세부 요소를 추가하고 사용자를 대상으로 테스트하게 될 것이다. 그렇다고 지나치게 부담스러워할 것은 없다. 진행하면서 작업 일부를 조정할 수도 있고 테스트 단계에 다다라서 새로운 작업을 선택해 시각화할 수도 있다.

이 연습에서는 두 가지를 해볼 것을 추천한다. 첫째, 사용자가 작업을 완료하기 위해 거쳐야 하는 주요 단계를 생각해보라. 단계가 너무 많을 필요는 없다. 한 지점에서 다음 지점으로 가는 데 필요한 가장 핵심적인 단계만 포함시켜라.

둘째, 작업을 시각화하는 데 필요한 모든 화면을 떠올려보라. 사용자가 각 단계에서 다음 단계로 이동하려면 어떤 행동을 해야 할까? 각 화면과 화면의 상태를 목록으로 정리해두면 다음 연습에서 정확히 무엇을 시각화해야 하는지 알 수 있다.

혼자 하는 여행 프로젝트를 사용하고 싶지 않다면 다른 제품을 골라서 작업을 완료하기 위해 거쳐야 하는 각 단계를 정리해도 좋다. 우선 선택한 제품을 실행하라. 그리고 하나의 작업을 완료하기 위해 거치는 단계를 따라가보라. 그 과정에서 한 행동과 거쳐온 화면을 기록하라. 그것이 바로 태스크 플로다.

이 기법을 연습해 볼 만한 몇 가지 작업을 소개한다.

- 스포티파이에서 검색 기능을 사용해서 재생할 노래 찾기.
- 아마존에서 계정을 만들어서 가입하기.
- 넷플릭스 프로필 설정의 이름과 사진 변경하기.
- X(구 트위터)에 사진을 업로드하고 게시하기.
- 휴대전화로 사진을 찍어서 친구에게 전송하기.

이 기법을 연습하면서 사용자의 입장에서 사용자처럼 생각하면 향후 태스크 플로를 더 정교하게 만들 수 있다.

> 부록 A.4 '태스크 플로'를 참고해 여러분의 태스크 플로를 예시와 비교해보라.

5.4 / 와이어프레임

디자인 싱킹 프로세스 마지막 단계에서 사용자에게 아이디어를 보여주려면 아이디어 도출 단계에서 정한 모든 기능과 콘셉트를 '실제 제품처럼 느껴질 정도'로 구현해야 한다. 그래야 사람들이 직접 상호작용하고 자신의 생각과 의견을 들려줄 수 있다. 그러려면 실제 제품이 어떤 모습이고 어떤 느낌일지 사용자에게 보여줄 수 있어야 한다. 바로 이때 도움이 되는 것이 와이어프레임이다.

5.4.1 와이어프레임이란 무엇인가?

와이어프레임(wireframe)은 사용자가 추후 완성될 제품을 사용할 때 보게 될 화면과 수행할 행동을 시각적으로 표현한 것이다. 실제로 코드를 작성하거나 완벽하게 작동하는 경험을 만들지 않고도 사용자가 제품을 통해 어떤 경험을 하게 될지 와이어프레임을 통해 전달할 수 있다. 향후 제품이 어떻게 완성될지 간략히 보여주는 요약 버전이라고 볼 수 있다(그림 5-9).

▼ **그림 5-9** 렌터카 앱을 위한 와이어프레임. 와이어프레임을 본 사람은 제품이 어떻게 만들어지고 있는지 파악할 수 있으며 이를 바탕으로 제품의 방향성에 대한 논의에 참여할 수 있다.

프로젝트에서 와이어프레임이 얼마나 중요한지는 집에 비유해 설명할 수 있다. 집을 지을 때 가장 먼저 해야 하는 일이 무엇일까? 페인트 색이나 커튼 종류부터 골라야 할까? 그보다는 집의 기초를 다지고 집의 구조와 레이아웃을 고민해야 할 것이다. 외관에 대한 선택은 그다음 문제다(사실 기초 공사를 하기 전에 그 집에 누가 살게 될지부터 생각해보는 것이 바람직하다!).

- **저충실도**: 집의 기초 다지기
- **중충실도**: 집의 레이아웃 구체화하기
- **고충실도**: 집의 외관 꾸미기

집이 완성될 때까지 충실도의 단계별로 결정을 내리는 과정을 반복한다. 이런 방식으로 디자인하면 각 단계에 맞는 논의에 집중할 수 있다. 우선 기초를 파악하며 아이디어를 튼튼하게 다진다. 그리고 그 위에 구조를 세워 제품 내에서의 이동 흐름을 결정한다. 마지막으로 제품 구조가 완성되면 외관 디자인에 집중한다.

그럼 집의 기초부터 시작해보자. 바로 저충실도 와이어프레임 이야기다.

5.4.2 저충실도 와이어프레임

프로토타입을 안내할 태스크 플로가 준비되었으니 이제 사용자가 작업을 완료하기 위해 거쳐야 하는 플로의 각 단계를 시각화할 수 있다. 이 작업을 시작하는 한 가지 방법은 이러한 각 화면의 최종 형태를 구상해보는 것이다. 즉 사용자를 대상으로 테스트하려는 프로토타입의 최종 버전을 보여주는 일련의 고품질 이미지를 떠올려보는 것이다.

> **와이어프레임과 프로토타입은 다르다**
>
> 와이어프레임은 사용자 경험을 나타내는 하나의 정지된 이미지로 인터랙션이 불가능하다. 반면, 프로토타입은 여러 와이어프레임을 연결해 한 와이어프레임에서 다른 와이어프레임으로 이동할 수 있도록 만든 경험이며, 인터랙션이 가능하다. 와이어프레임이 저충실도, 중충실도, 고충실도로 나뉘듯이 프로토타입에도 저충실도, 중충실도, 고충실도가 있다.
>
> 단, 프로토타입에는 네 번째 유형, 코드화된 프로토타입이 있다. 이 유형은 두 가지 방식으로 만들어진다. 그 첫 번째는 고충실도 와이어프레임을 고급 프로토타입 제작 소프트웨어와 함께 사용하는 방식이다. 이러한 소프트웨어는 사용자 경험을 더욱 정확하게 시뮬레이션하기 위해 필요한 이름, 숫자 등의 중요한 정보를 변수로 저장해 활용한다.
>
> 두 번째는 실제 코드를 사용하는 방식이다. 소프트웨어 엔지니어가 디자인을 기반으로 코드를 작성해 '가짜' 제품을 만든다. 대신 '가짜' 제품에는 확장성은 고려하지 않은 사용자 경험 테스트 전용 코드를 사용한다. 이 방식의 장점은 제품 출시에 필요한 모든 요소를 실제로 만들지 않고도, 사용자 경험을 가장 현실감 있게 시뮬레이션할 수 있다는 것이다. 이렇게 코드화된 프로토타입은 데이터베이스와 연동해 제품에서 실제로 작동하는 콘텐츠를 보여줄 수 있으며, 일반적으로 테스트에 모션 효과나 마이크로인터랙션도 포함된다.

하지만 고충실도를 바로 구현하기보다는 낮은 단계에서 시작하는 것이 좋다. 저충실도에서 작업하면, 각 요소를 어디에 배치할지, 어떤 정보를 포함시킬지, 사용자가 한 섹션에서 다음 섹션으로 어떻게 이동할지 논의할 기회가 생긴다.

이어지는 몇 개의 섹션에서는 와이어프레임 디자인의 다양한 충실도를 살펴보고 각 충실도의 장점을 알아보겠다. 우선 저충실도에서 시작해보자.

저충실도 와이어프레임이란 무엇인가?

저충실도 와이어프레임은 제품에 대한 전반적인 아이디어를 단순하게 표현한 것이다. 이는 디자인 비전을 추상화해 이해관계자, 팀원, 테스트에 참여할 사용자에게 제품의 기본 구조를 전달하는 역할을 한다.

그림 5-10은 인근 지역을 기반으로 대여할 차량을 검색할 수 있는 렌터카 서비스 예시다. 제품에 대한 자세한 설명이 없어도 와이어프레임을 보고 제품이 어떻게 작동하는지, 사용자가 전체 프로세스상 어느 단계에 있는지 대강 파악할 수 있다. 사용자는 지도에서 차량을 대여할 장소를 검색하고 여행 상세 정보를 선택한 다음 이용 가능한 차량을 찾아본다.

▼ **그림 5-10** 렌터카 앱 저충실도 와이어프레임. 이러한 스케치를 활용하면 제품을 더 높은 충실도로 보다 정확하게 시각화하기 전에 제품을 전체적으로 계획할 수 있다.

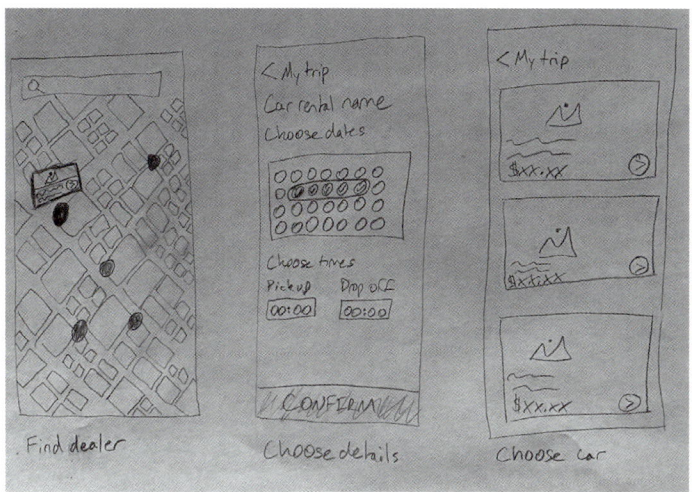

태스크 플로를 활용해 전체적인 비전을 보여주는 데 필요한 주요 화면을 구상하면 저충실도 와이어프레임을 더 쉽게 제작할 수 있다. 이번 렌터카 앱 예시에서는 그림 5-11의 태스크 플로를 활용했다.

▼ **그림 5-11** 렌터카 앱 와이어프레임 제작에 활용한 태스크 플로

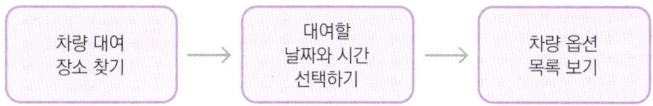

이를 바탕으로 사용자가 이 작업을 완료할 수 있도록 지도, 여행 상세 정보, 차량 옵션 목록, 세 가지 화면을 디자인했다.

저충실도는 언제 사용해야 할까?

제품을 만들 때 저충실도로 시작하는 것이 좋다. 저충실도 와이어프레임은 제품을 본격적으로 제작하기에 앞서 프로젝트에 참여하는 모든 사람이 계획을 함께 구상하는 데 도움이 되기 때문이다. 저충실도 와이어프레임을 통해 프로덕트 매니저는 초기 아이디어를 보고 제품의 작동 방식에 대해 의견을 제시할 수 있고, 개발자는 솔루션을 검토하며 기술적인 관점에서 의견을 낼 수 있다. 디자이너는 사용자의 목표 달성을 위한 인터랙션 패턴이나 기능에 대해 논할 수 있다. 이처럼 저충실도로 시작하면 제품의 방향을 설정하기 전에 제품 제작에 관여하는 모든 부서의 사람들이 피드백을 줄 수 있어, 나중에 되돌아가서 수정할 일을 줄일 수 있다.

저충실도의 추가적인 장점은 불완전해 보인다는 점이다. 즉, 아이디어가 완성되지 않은 것처럼 느껴진다. 아직은 구성 요소의 레이아웃이나 구체적인 문제 해결 방식을 정리해가는 단계다. 이처럼 미완의 아이디어라는 느낌 덕분에 팀원들은 더 편하게 논의를 이어갈 수 있다. 아직 초기 단계에 있으므로 아이디어에 대한 집착도 덜하고 제품 디자인에 대해 더 열린 대화를 할 수 있다. 이 덕분에 팀은 공통된 이해 기반을 갖추고 결과적으로 더 나은 제품을 완성할 수 있다.

저충실도에는 일반적으로 어떤 요소가 포함되는가?

저충실도 와이어프레임은 제품에 대한 구상을 전체적인 수준에서 정리해야 하는 단계다. 이를 위해 다음 몇 가지 정보에 집중하고 세부 사항에 지나치게 얽매이지 않는 것이 좋다.

제품(섹션별 구분): 제품은 어떤 부분으로 나뉘는가? 각 화면은 명확한 계층 구조를 갖추고 있어야 한다. 서로 연관된 요소와 분리된 요소가 명확히 보여야 한다. 선과 도형을 사용해 일반적인 방식에 따라 제품의 구성 요소를 그룹으로 묶거나 분리하면 와이어프레임 내 요소 간의 관계를 명확히 전달할 수 있다. 이 단계에서 정보를 담는 상자, 화면의 섹션을 나누는 구분선, 요소 간 충분한 공간을 확보해주는 여백 같은 요소를 고려해야 UI에 필요한 공간을 마련할 수 있다.

> 저충실도 와이어프레임은 실제 제품을 빠르게 스케치한 것처럼 보여야 한다는 경험칙을 기억해두면 좋다. 경험의 핵심 요소만 추려서 종이에 그려놓은 것 같은 느낌이면 충분하다.

탐색 요소: 사용자가 제품을 어떻게 탐색할까? 여러분은 사용자가 A 지점에서 B 지점으로 이동하는 경로를 알고 있어야 한다. 버튼, 체크박스, 화살표처럼 사용자가 화면 간 이동을 가능하게 해주는 요소들이 포함되어야 한다.

대략적인 콘텐츠: 사용자는 어떤 콘텐츠와 상호작용하게 될까? 이 단계에서 콘텐츠를 완전히 구체화할 필요는 없다. 고해상도 이미지나 완성된 문구는 없어도 되지만 이러한 요소를 배치할 공간은 미리 마련해두는 것이 좋다. 이를 표현할 때는 4장에서 소개한 방법을 활용할 수 있다. 텍스트는 선으로, 이미지는 선 또는 산 모양 그림으로, 인물 사진은 아바타로 나타내는 방식이다.

저충실도 와이어프레임 모범 사례

몇 가지 모범 사례를 따르면 짧은 시간 안에 팀 논의에 활용할 저충실도 와이어프레임을 만들 수 있다.

빠르게 진행하기: 저충실도 와이어프레임은 빠르게 만들어야 한다. 시간을 너무 오래 들이지 말고 큰 그림을 표현하는 데 집중하면 아이디어의 기초를 명확하게 보여주면서도 세부 사항은 최소로 줄일 수 있다.

직접 그리기: 일반적으로 저충실도 와이어프레임은 종이나 화이트보드에 만들며 다른 팀원들과 함께 만들기도 한다. 그러면 빠르게 진행할 수 있고 번거롭게 디지털 도구를 다룰 필요가 없다. 스케치는 아이디어를 종이에 옮기는 가장 쉬운 방법이다. 게다가 디지털 제품을 종이에 그리면 물리적인 매체를 통해 상호작용하게 되므로 더더욱 미완의 아이디어로 느껴진다.

단색으로 그리기: 아직 만들어지는 중이고 불완전하다는 저충실도의 특성을 유지하려면 충실도를 높일 수 있을 때도 자제하는 것이 좋다. 색상도 단색으로 제한하는 것이 낫다는 뜻이다. 그러면 시선이 분산되는 일이나 제품의 미적 측면에 대한 평가가 나오는 것을 막을 수 있다. 모노톤을 사용하는 것이 가장 적절한데, 그러면 오로지 핵심 아이디어를 전달하려고 대충 스케치한 것 같은 느낌이 들어서 시각 디자인에 대한 논의를 피하는 데 도움이 된다.

단순한 형태: 색상을 차분한 단색으로 제한했듯이, 모양과 도형도 최대한 추상적으로 표현하는 것이 좋다. 아이콘, 텍스트, 기타 그래픽 디자인 요소를 포함시키면 대화가 핵심을 벗어나서 문구나 시각적 표현처럼 아직

논의할 준비가 되지 않은 주제로 흐를 수 있다. 실제처럼 보이는 구체적인 텍스트는 가능한 한 피하고 단순한 형태를 사용해서 논의의 초점을 최대한 전체적인 그림에 맞추는 것이 바람직하다.

저충실도에서 시작하라

저충실도 와이어프레임은 간단하게 시작할 수 있다. 펜과 종이만 있으면 된다. 아이디어 도출 과정에서 나온 제품에 대한 전체적인 구상을 바탕으로 태스크 플로를 활용해 프로토타입으로 제작하고자 하는 작업을 완료하기 위해 사용자가 거치는 각 단계를 스케치할 수 있다.

저충실도 와이어프레임은 기초를 먼저 파악해 프로세스의 나머지 단계를 빠르게 진행할 수 있게 해준다. 시간을 들여 제대로 만들어두면 제품 제작에 착수하기 전에 팀의 이해를 더 확실하게 일치시킬 수 있다.

직접 해보자!

혼자 하는 여행 프로젝트의 저충실도 와이어프레임을 만들어보자. 지난 연습에서 만든 태스크 플로를 바탕으로 사용자가 작업의 시작부터 끝까지 진행하는 데 필요한 와이어프레임을 만들어보라.

태스크 플로가 없더라도 저충실도 와이어프레임을 만들어보고 싶다면 앞서 살펴본 태스크 플로(그림 5-11)를 기반으로 만들 수 있다.

또는 태스크 플로와 저충실도 와이어프레임을 동시에 연습해보고 싶다면 다음 프롬프트 중 하나를 시도해보라.

> 부록 A.4 '저충실도 와이어프레임'을 참고해 여러분이 만든 저충실도 와이어프레임을 예시와 비교해보라.

- 스포티파이에서 검색 기능을 사용해 재생할 노래 찾기.
- 아마존에서 계정을 만들어서 가입하기.
- 넷플릭스 프로필 설정의 이름과 사진 변경하기.
- X(구 트위터)에 사진을 업로드하고 게시하기.
- 휴대전화로 사진을 찍어서 친구에게 전송하기.

5.4.3 중충실도 와이어프레임

저충실도 단계에서는 태스크 플로의 레이아웃과 각 요소의 위치를 구상하기 시작한다. 이를 토대로 세부 사항을 점차 추가해 사용자가 제품에서 경험할 여정을 구체화해 나갈 수 있다. 중충실도 단계가 되면 태스크 플로의 모든 측면에서 충실도가 더 높아진다. 화면은 더 깔끔해지고 내러티브가 더 정돈되어 이해하기 쉬워진다. 구성 요소의 형태도 실제 제품에 더욱 가까워진다. 즉 모든 것이 훨씬 더 선명해지기 시작한다.

저충실도 스케치를 마친 후 바로 고충실도로 넘어가고 싶은 마음이 들 수 있다. 하지만 중충실도 단계를 거치면 사용자 경험을 더 탄탄하게 만들 수 있고 고충실도 단계로 훨씬 더 수월하게 전환할 수 있다.

중충실도 와이어프레임이란 무엇인가?

중충실도 와이어프레임은 제품을 더 세부적으로 표현한 것이다. 스케치나 저충실도 와이어프레임의 기본 구조 위에 구체적인 요소를 더 추가한 것이다. 저충실도가 집의 기초라면 중충실도는 그 집의 레이아웃과 동선에 해당한다.

앞서 살펴보았던 인근 지역을 기반으로 대여할 차량을 검색할 수 있게 해주는 렌터카 서비스를 다시 떠올려 보자(그림 5-10). 그림 5-12에서 볼 수 있듯이 중충실도 와이어프레임에는 더 세부적인 UI 요소들이 반영되어 있다.

▼ **그림 5-12** 렌터카 앱 중충실도 와이어프레임. 중충실도는 저충실도 위에 더 많은 세부 요소와 구조를 더해 완성도를 높인 버전이다.

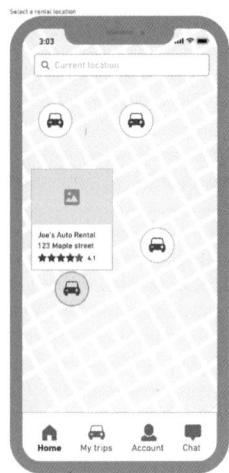
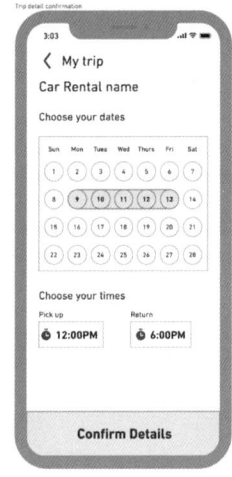

저충실도에서 중충실도로 발전하는 과정을 비교하면 몇 가지 요소가 점차 형태를 갖추는 것을 볼 수 있다. 중충실도 버전은 더욱 디지털 제품에 가까워 보인다. 균형 잡힌 여백 설정, 더 명확한 문구, 앱의 메뉴를 나타내는 아이콘이 깔끔하게 배치된 하단 바 등 익숙한 UI 컴포넌트가 눈에 띈다.

하지만 실제 애플리케이션으로 착각할 정도는 아니다. 여전히 가짜 제품 같다는 '느낌'이 든다. 아이콘은 일반적인 UI 디자인에서 자주 보이는 스타일이 아니다. 색상도 전혀 쓰지 않았다. 인터페이스 요소도 대체로 다소 커 보인다. 지도 섹션도 완성도가 떨어지고 제품 콘텐츠에 이미지도 포함되어 있지 않다.

> 중충실도라는 용어를 사용하지 않는 디자이너도 있다. 이 책에서 **중충실도**라고 부르는 것을 **저충실도**라고 부르고 이 책에서 **저충실도**라고 부르는 것을 **스케치**라고 부르기도 한다. 이처럼 용어 정의에 대한 합의에 이르기 어려운 경우가 많다는 점은 이 분야에서 일반적으로 보이는 경향이므로 알아두면 좋다.

이것이 중충실도 와이어프레임의 강점이다. 약간의 세부 사항을 추가하면 실제 제품이 될 것처럼 느껴진다. 아이디어가 점차 형태를 갖춰가고 있다는 점은 확인할 수 있지만 여전히 형태가 완성되지는 않았다. 이 수준의 충실도를 사용하면 선택한 UI 요소, 애플리케이션의 구조, 포함시키려는 문구 같은 주제로 대화의 초점을 자연스럽게 옮길 수 있다.

또한 중충실도는 팀 외부 사람들에게 비전을 전달하는 데 도움이 된다. 멘토나 이해관계자에게 중충실도 와이어프레임을 보여주면 색상이나 타이포그래피 같은 시각 디자인 요소가 아닌 제품 전반에 대한 핵심적인 피드백을 받을 수 있다. 이렇게 와이어프레임을 제시하면 대화의 초점을 스타일이 아닌 구조에 맞출 수 있다.

중충실도에는 일반적으로 어떤 요소가 포함되는가?

설명용 텍스트: 사용자와 소통하는 데 사용할 문구를 구상하기 시작하라. 완벽할 필요는 없지만 내비게이션 제목, 콜 투 액션(call to action)에 들어갈 표현, 제품 전반에 필요한 문구를 고민하기 시작해야 한다. 아직 문구를 준비하지 못했다면 로렘 입숨(lorem ipsum) 텍스트 같은 자리표시자 텍스트를 사용할 수 있다. 하지만 이 단계에서는 가능하다면 카피라이터나 UX 라이터와 협력해 문구 작성을 시작하는 것이 좋다.

> 로렘 입숨 텍스트는 아직 정확한 문구를 정하지 못했을 때 와이어프레임에 자리표시자 텍스트를 넣는 여러 방법 중 하나이다. 많은 디자이너들이 문구가 완성되지 않은 상태에서 목업 디자인을 만들 때 이 기법을 사용한다.

더 깔끔한 컴포넌트: 디자인 모범 사례를 적용해 디자인의 충실도를 높여라. 구성 요소의 일관성을 강화하라. 버튼처럼 특정 컴포넌트에 스타일을 지정했다면 같은 컴포넌트에는 항상 동일한 스타일을 사용하라. 간격 시스템을 활용해 관련 요소가 서로 일정한 간격을 유지하게 하라. 여백을 적절히 활용해 디자인에 여유를 더하고 화면상 섹션도 자연스럽게 구분하라. 디자인이 깔끔할수록 사용자들이 사용하기가 쉬워진다.

더 많은 스토리텔링: 충실도가 높아지면 태스크 플로의 스토리가 형태를 갖추기 시작한다. 사용자가 다음으로 이동할 화면, 이전에 지나온 화면이 더 명확해진다. 내러티브가 형성되기 시작한다. 사용자가 수행하는 작업의 더 세부적인 맥락은 무엇일까? 중충실도 단계는 디자인에 이러한 내러티브를 추가하기 좋은 시점이며 이를 통해 제품 사용을 더 구체적인 이야기로 풀어낼 수 있다.

중충실도 와이어프레임 모범 사례

중충실도 와이어프레임을 디자인할 때 몇 가지 모범 사례를 따르면 디사인 프로세스의 이 단계에서 논의하고자 하는 바, 즉 구상한 구조와 레이아웃이 이 제품에 적절한지에 초점을 맞출 수 있다.

디지털로 만들기: 중충실도 와이어프레임은 깔끔하고 정밀하며 신중하게 계획된 느낌을 주어야 한다. 이런 느낌을 구현하려면 펜과 종이를 내려놓고 디지털 도구를 활용하라. 와이어프레임 도구를 사용해 깔끔하고 정돈된 레이아웃을 만들어라. 그러면 실제 제품에 더 가깝게 보일 뿐 아니라 고충실도로 전환하기도 더 수월해진다.

레이아웃과 위치에 집중하기: 중충실도 와이어프레임이 제대로 완성되었다면 대화의 초점은 아이디어에 대한 의견 조율에서 아이디어 실행으로 전환된다. 무엇을 만드느냐가 아니라 어떻게 만드느냐에 집중하기 시작하는 것이다. 내비게이션에 어떤 요소를 배치할 것인가? 인터랙티브 요소는 화면의 어디에 둘 것인가? 사용자는 인터페이스에서 어떻게 이동하게 되는가? 아직 이런 부분이 정해지지 않았다면 이제 팀과 함께 논의해 결정을 내려야 하는 시점이다.

가능하다면 색상 사용 피하기: 저충실도 단계와 마찬가지로 가능하다면 색상 사용을 피하는 것이 좋다. 아직은 제품에 사용할 색상 같은 미적인 부분에 대해 논의할 시점이 아니다. 모노톤을 사용해 '아직 미완의 디자인'이라는 사실을 팀원들과 이해관계자들이 인식할 수 있게 하라.

버튼 같은 인터랙티브 요소를 강조하는 등 심미적인 목적이 아닌 이유로 색상을 사용해야 하는 경우도 있다. 이럴 때는 불투명도, 채도, 명도를 조절해 선택된 상태, 또는 비활성화된 상태를 표현함으로써 인터랙션 디자인을 암시하는 방법을 고려하라.

중충실도는 기초 위에 만든다

저충실도는 대충 그린 스케치처럼 느껴져야 한다. 중충실도는 실제 제품에 조금 더 가까워 보여야 한다. 피그마, 스케치 등 자신이 선호하는 와이어프레임 도구를 사용하면 손으로 그렸던 그림을 디지털 환경으로 옮길 수 있다. 내가 개인적으로 좋아하는 와이어프레임 도구는 빠르고 쉽고 사용하기 간편한 윔지컬이다.[1]

중충실도 와이어프레임은 초기의 시각적 탐색과 최종 시각 디자인을 이어주는 훌륭한 중간 단계다. 이는 초기에 구상한 아이디어를 최종 제품으로 연결하는 다리 역할을 한다. 중충실도 와이어프레임을 만들면 제품의 구조와 레이아웃에 대한 논의에 집중할 수 있다. 이 논의가 마무리되면 와이어프레임의 최종 단계인 고충실도로 전환할 시점이다.

직접 해보자!

혼자 하는 여행 프로젝트의 중충실도 와이어프레임을 제작해보자. 지난 연습에서 만들었던 저충실도 와이어프레임을 더 명확하게 만드는 데 필요한 세부 사항을 추가해 중충실도로 발전시켜보자.

> 부록 A.4 '중충실도 와이어프레임'을 참고해 여러분의 중충실도 와이어프레임과 예시를 비교해보라.

저충실도 스케치가 없다고 해도 괜찮다. 지난 연습에서 제공한 스케치를 사용해 중충실도로 발전시키면 된다.

5.4.4 고충실도 와이어프레임

저충실도와 중충실도 와이어프레임에서는 제품의 구조와 레이아웃을 파악하는 데 집중한다. 어떤 특성과 기능을 포함시킬 것인가? 사용자는 어떻게 움직일 것인가? 언어, 인터랙션, 페이지 요소 배치의 일관성은 어떻게 유지할 것인가?

고충실도 단계로 넘어가면 제품의 시각적 표현을 마무리하는 작업에 들어간다. 이제 색상을 추가하고 브랜드 요소를 디자인에 반영한다. 그림자, 모션 등 필요하다고 생각하는 마감 요소를 추가해 최대한 완성도 높은 디자인을 완성한다.

---

1 https://whimsical.com/

제품이 아직 완성된 것은 아니다. 제품을 출시하기 전에 사용자를 대상으로 하는 테스트를 거쳐야 한다. 하지만 고충실도는 제품의 최종적인 형태에 훨씬 더 가깝다.

고충실도 와이어프레임이란 무엇인가?

고충실도 와이어프레임은 제품의 최종 형태를 표현한 것이다. 이는 앞서 다듬어온 작업을 기반으로 제품 테스트, 제품 제작 직전 단계까지 아이디어를 발전시켜서 완성한다. 이 단계에서는 완성된 실제 제품처럼 보이고 느껴져야 한다.

저충실도 와이어프레임이 집의 기초이고 중충실도 버전이 집의 레이아웃과 동선이라면 고충실도 버전은 집의 미학적 요소에 해당한다.

이번에는 그림 5-10의 렌터카 앱을 고충실도 버전으로 살펴보자. 그림 5-12의 중충실도 버전은 이 구조 위에 더 세부적인 UI 요소를 반영하고 있다.

고충실도 버전으로 가면 저충실도와 중충실도 버전에서 설정한 기초와 구조에 색상, 타이포그래피, 이미지, 아이콘 등을 추가해서 그림 5-13에서 볼 수 있듯이 더욱 실제 제품에 가까운 모습으로 완성된다.

고충실도가 되면 실제 제품을 보는 느낌이 든다. 이 단계에는 문구, 인터랙션 상태, 실제 기기 프레임에 구현한 목업 화면 등 실제 디자인에 필요한 모든 세부 요소가 포함되어 있다. 이 디자인을 개발자에게 전달하면 실제 제품으로 구현할 수 있고 사용자에게 보여주면 제품을 사용하는 자신의 모습을 쉽게 상상할 수 있다.

▼ **그림 5-13** 렌터카 앱 고충실도 와이어프레임. 더 많은 세부 요소가 포함되어서 완성된 최종 제품처럼 느껴진다.

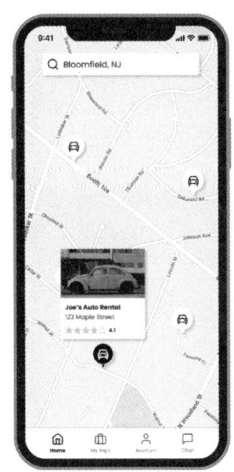  

지금까지 여러 단계를 거쳤기에 이룰 수 있었던 결과다. 여러분은 고충실도에서 시작하지 않았다. 고충실도에서 시작했다면 결정해야 할 사항이 너무 많았을 것이다. 타이포그래피, 색상, 브랜딩 등 시각적 요소를 다듬는 데에도 상당한 시간이 들며 이 단계에 이르기까지 필요한 나머지 모든 의사결정까지 감안하면 그 부담은 훨씬 더 커진다. 와이어프레임을 여러 단계에 걸쳐서 만들어야 하는 이유가 여기에 있다.

중충실도 단계를 거쳐 왔기에 고충실도 단계에서는 최종 시각 디자인에 집중할 수 있게 되었다. 중충실도 단계에서는 팀의 합의를 이루고 제품의 구조를 파악했다. 고충실도로 넘어오기 전에 이러한 구조를 만들어두었기에 이 단계에서는 최종적인 세부 사항을 추가해 완성도 높은 제품을 구현할 수 있게 된 것이다.

고충실도에는 일반적으로 어떤 요소가 포함되는가?

색상: 이 단계에서는 더 이상 모노톤으로 디자인하지 않는다. 이제 원하는 색상을 제품에 적용할 시점이다. 브랜드 색상, 인터랙티브 색상은 물론 그림자, 그러데이션 등 시각적인 마감 요소를 추가한다. 이제는 콘셉트 디자인 수준에 머무르면 안 되고 실제 제품처럼 보여야 한다.

타이포그래피: 어떤 타이포그래피를 사용할지 아직 정하지 않았다면 이제 결정할 시간이다. 최종 제품에 사용할 기본 서체를 명확히 정해두어야 하며 그 서체는 브랜드와 조화를 이루어야 한다. 타이포그래피는 체계적으로 관리해야 한다. 공통 요소에는 동일한 서체 스타일을 적용해야 한다. 모든 버튼에는 같은 서체를 사용하고 각기 다른 페이지의 제목 서체도 크기, 굵기, 스타일이 일관되게 유지되어야 한다. 가능하다면 스타일 가이드를 작성해두거나 제품 전반에 걸쳐 서체 스타일을 추적할 다른 수단을 마련해두는 것이 좋다.

> 하나 이상의 서체를 사용할 수 있지만 단순성을 유지하기 위해 브랜딩처럼 예외를 적용해야 하는 특별한 이유가 없는 한 하나의 폰트 패밀리를 사용할 것을 권장한다.

이미지: 자리표시자로 사용했던 선과 산 그림은 이제 실제 제품의 사용자가 보게 될 이미지로 대체해야 한다. 이때 사용하는 이미지는 고화질이어야 하고 브랜드뿐만 아니라 제품의 전체와도 조화를 이루어야 한다. 이미지를 아직 준비하지 못했다고 하더라도 괜찮다. 프로토타입을 제작할 때는 언스플래시(Unsplash) 같은 스톡 이미지 라이브러리를 활용하거나 필요하다면 AI를 사용해서 이미지를 생성할 수 있다.

아이콘: 제품에 사용할 아이콘도 준비해야 한다. 특히 프로토타입 제작 단계에서는 직접 만들지 않고 활용할 수 있는 무료 아이콘 라이브러리가 많다. 최종 제품을 만들 때는 아이콘 세트를 직접 제작할 수도 있겠지만 지금 단계에서는 사용할 수 있는 자원을 활용해 프로토타입 제작을 더 수월하게 만드는 데 집중하라.

> 나는 페더 아이콘(Feather Icons)을 애용한다. 이 아이콘은 매우 깔끔하고 체계적이어서(아이콘 세트 전반에 똑같은 굵기를 적용한다) 대체로 훌륭한 결과를 낸다 (https://feathericons.com/, 아이콘 출처: © Cole Bemis).

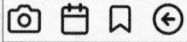

고충실도 와이어프레임 모범 사례

고충실도 와이어프레임으로 넘어오면 어떻게 보이느냐가 가장 중요해진다. 실제 제품처럼 보이는가? 사람들이 실제로 사용하는 모습을 상상할 수 있는가? 디지털 디자인 모범 사례와 관례를 따르고 있는가? 고충실도 단계에서는 아이디어를 실존하는 제품처럼 표현하는 것이 목표이다.

진짜처럼 만들기: 이 단계에서는 디자인을 다듬고 표현하는 것이 가장 중요하므로 최대한 실제 제품처럼 보이게 만들어야 한다. 로고, 색상, 타이포그래피 등 실제처럼 느껴지게 하는 모든 것을 적용하라. 디자인을 발표할 때 사용할 기기에 맞게 와이어프레임을 제작하는 것도 좋은 방법이다. 이렇게 하면 이해관계자와 사용자에게 더 실감 나는 맥락 속에서 디자인을 보여줄 수 있다.

최종 시각 디자인: 이 시점에는 모든 디자인 결정이 완료되어 있어야 한다. 각 컴포넌트가 어떻게 보여야 할지 알고 있어야 한다. 여백과 레이아웃에 대한 결정도 이미 내렸어야 한다. 제품과 브랜드를 잘 나타내는 사진과 아이콘을 사용해야 한다.

최종 문구: 디자인에 들어가는 모든 문구는 승인까지 받은 최종 버전이어야 한다. UX 라이터나 카피라이터가 있다면 디자인을 검토하고 협업해서 문구를 확정했어야 한다. 최종 디자인을 발표할 때도 문구가 최종 버전인지 확인해야 한다. 디자인에 로렘 입숨 등의 자리표시자 텍스트가 있어서는 안 된다. 그런 요소는 테스트에 참여하는 사용자나 발표를 듣는 이해관계자에게 혼란을 줄 수 있기 때문이다.

고충실도 와이어프레임은 어떻게 제작할까?

이 책은 좋은 시각 디자인 원칙을 깊이 다루지는 않는다(이는 별도의 책 한 권으로 다룰 만한 주제다). 하지만 중충실도에서 고충실도로 넘어가는 과정에 도움이 될 몇 가지 팁을 알려주겠다.

60-30-10 규칙

모든 디자인 분야에서 디자인에 색상을 어떻게 적용할지 결정할 때 도움이 되는 고전적인 디자인 규칙은 바로 60-30-10 규칙이다(그림 5-14).

▼ **그림 5-14** 제품에 적용된 색상의 비율을 보여주는 막대 그래프.

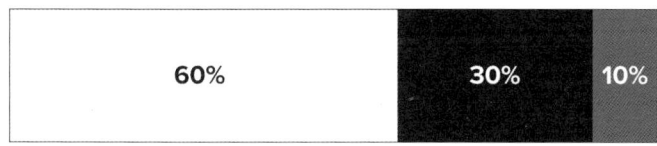

이 규칙은 디자인을 주조색 60%, 보조색 30%, 강조색 10%로 구성하라고 규정한다. 이 원칙은 인테리어 디자인에서 특히 효과적이다. 디자인의 60%는 큰 면적을 차지하는 요소(벽, 바닥, 소파, 카펫 등), 30%는 상대적으로 작은 요소(커튼, 의자, 협탁 등), 10%는 방에 색감을 더해주는 포인트 요소(쿠션, 그림, 조명 등)에 해당한다. 이 규칙은 인테리어 디자인과 마찬가지로 UI 디자인에도 쉽게 적용할 수 있다. UI 디자인에 어떻게 적용되는지는 그림 5-15에서 볼 수 있다.

▼ **그림 5-15** UI 컴포넌트에 60-30-10 규칙 적용하기.

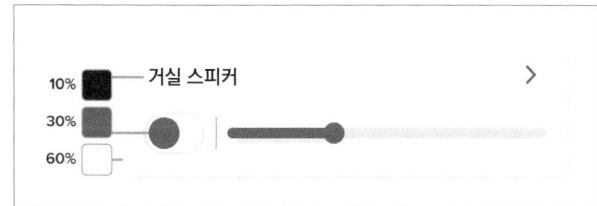

예시 제품의 개별 컴포넌트를 살펴보면 이 카드에 60-30-10 규칙이 잘 적용된 것을 확인할 수 있다. 전체 컴포넌트의 60%는 흰색(카드 배경색), 30%는 파란색(토글, 슬라이더, 화살표 등 인터랙티브 요소), 10%는 검은색(텍스트)으로 구성된다.

이 규칙을 제품 전체에 적용하면 그림 5-16에서 볼 수 있듯이 모든 컴포넌트를 60% 흰색(배경), 30% 파란색(인터랙티브 요소), 10% 검은색(텍스트)으로 디자인할 수 있다.

▼ **그림 5-16** UI 디자인에 60-30-10 규칙 적용하기.

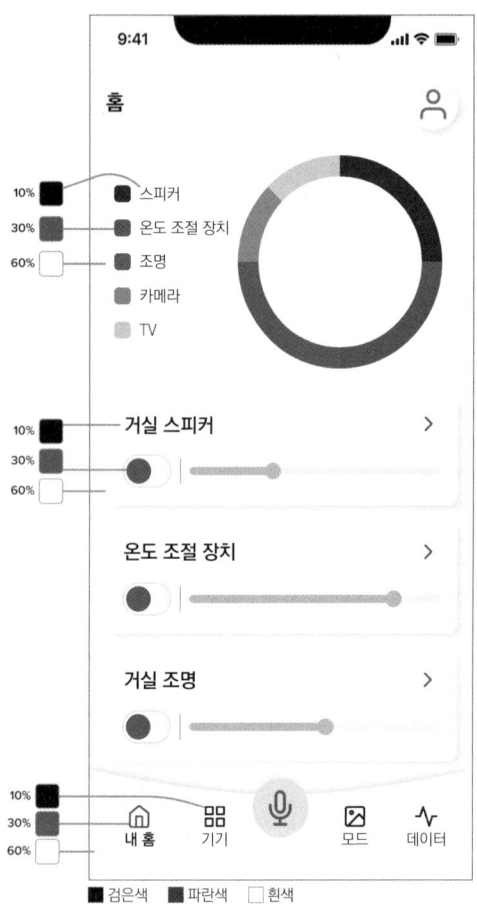

이 규칙이 절대적인 것은 아니며 상황에 따라 다양하게 변형될 수 있다(예를 들어 일부 섹션에는 파란색을 더 밝게, 또는 더 어둡게 적용할 수 있다). 하지만 전반적으로 이 규칙은 명확하고 시각적으로 보기 좋은 디자인을 만드는 일반적인 지침으로 활용하기 좋다.

인터랙티브 요소의 색상을 항상 30%에 맞춰야 하는 것은 아니다. 예를 들어 텍스트 위주의 뉴스 앱이라면 디자인의 30%에 검은색을 적용해 핵심 콘텐츠인 뉴스를 나타내고 10%에 파란색을 적용해 사용자가 뉴스를 읽으며 상호작용할 수 있는 인터랙티브 요소를 나타낼 수 있다.

시각적 요소로 계층 구조와 중요도 표현하기

UI 디자인에서 색상은 보통 인터랙션을 할 수 있다는 가능성을 나타낸다. 인터랙티브 요소에는 배경색과 강하게 대비되는 눈에 띄는 색상을 적용하며, 이는 대개 브랜드의 주조색(primary color)이기도 하다. 이렇게 하는 이유는 인터랙티브 요소가 눈에 띄도록 해 사용자가 해당 요소를 통해 상호작용할 수 있다는 점을 알려 주기 위해서다.

그림 5-17은 인터랙티브 요소라는 것을 한눈에 알 수 있다. 카드 형태일 뿐 아니라(그림자 효과가 인터랙티브 요소임을 암시한다) 카드 안의 문구는 이 카드와 상호작용할 때 어떤 동작이 일어나는지 설명한다. 게다가 카드 하단 텍스트 색상은 해당 텍스트가 인터랙티브 요소임을 암시한다. 그 색상은 카드의 나머지 텍스트(그리고 이 제품의 텍스트 대부분)의 색상과 다르다. 이로써 제품은 파란 텍스트를 인터랙티브 요소로 인식하도록 유도하고 있다(이 기대는 파란색으로 표시된 다른 인터랙티브 요소에 의해 더욱 강화된다).

▼ **그림 5-17** 인터랙션 가능성을 색상과 그림자로 암시하는 카드.

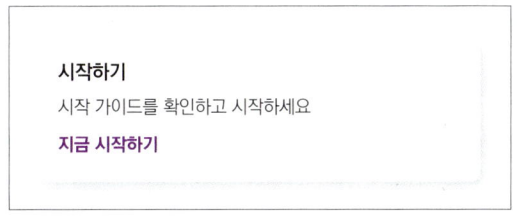

색상은 UI의 계층 구조를 만드는 데도 활용할 수 있다. 인터랙티브 요소의 색상은 나머지 UI 요소에 비해 더 눈에 띄도록 디자인된다. 화면의 특정 요소에 해당 색상을 얼마나 많이 또는 적게 사용할지에 따라 그림 5-18과 같이 계층 구조를 시각적으로 표현할 수 있다.

▼ **그림 5-18** 버튼 색상으로 1차 작업, 2차, 3차 작업을 구분한 UI.

이 화면에서 가장 두드러지는 요소는 하단에 있는 큰 파란색 확인 버튼이다. 이 버튼은 사용자가 이 화면에서 수행해야 하는 주요 작업인 상세 정보 확인을 나타낸다. 하지만 기기를 즐겨찾기에 추가하는 기능 같은 다른 요소도 사용자에게 강조하고 싶을 수 있다. 만약 그 버튼에도 파란색 배경에 흰색 텍스트를 적용한다면 확인 버튼과 똑같은 시각적 계층에서 경쟁하게 된다. 하지만 이렇게 되기를 원하지는 않을 테니 즐겨찾기 추가는 2차 요소로 표시하는 것이 좋다. 따라서 버튼의 전체가 아닌 일부에만 파란색을 적용해 누를 수 있는 버튼이긴 하지만 확인 작업보다는 덜 중요하다는 것을 전달할 수 있다.

중요도는 낮지만 필요할 때 사용자가 접근할 수 있도록 제공해야 하는 인터랙티브 요소에도 중요도에 맞춰 색상을 조절해서 사용할 수 있다. 이 화면에서는 기기 '유형 선택'이 3차 작업에 해당한다. 앱에 기기를 추가할 때 자동으로 감지하도록 설계되었지만 사용자가 이를 직접 변경하고 싶어 하는 경우를 대비해 제공하는 옵션이다.

이름이나 회사 텍스트 필드도 인터랙티브 요소이긴 하지만 색상을 쓸 필요는 없다. 이러한 요소의 디자인(레이블이 붙은 텍스트 상자)은 다른 제품에서도 자주 쓰이는 일반적인 UI 패턴이므로 아마 사용자에게 익숙할 것이다. 사용자는 이전 경험을 기반으로 다른 제품에서 그랬듯이 여기에서도 필드를 클릭해 텍스트를 입력할 수 있을 것이라 자연스럽게 기대할 것이다.

간격 시스템

일반적으로 UI 디자인은 체계적으로 진행된다. 한두 가지 서체를 정해서 디자인 전반에 일관되게 사용한다. 색상 세트를 지정해 제품 전체에 똑같이 사용한다. 아이콘도 미리 정해두고 전체적으로 동일한 시각적 스타일을 유지한다. 이처럼 디자인 규칙과 원칙을 세워두면 디자인에서 리듬감과 일관성을 유지할 수 있어서 좋다.

레이아웃 작업도 마찬가지다. 페이지 내 요소의 간격도 체계적으로 설정해야 한다. UI에는 일종의 패턴이 있어야 하며 제품 전반에 공통된 규칙을 사용해 페이지 요소를 배치해야 한다.

예시(그림 5-19)를 보면 간격 시스템이 UI 디자인을 어떻게 명확하고 일관되며 균형 있게 유지하고 있는지 확인할 수 있다. 전체 디자인의 각 요소는 화면 양쪽으로 일정한 간격을 유지하고 있다. 컴포넌트 내부의 요소도 상단, 하단, 측면에서 일정한 간격을 유지한다. 나아가 각 카드처럼 유사한 요소들 사이에도 동일한 간격이 적용되어 있다.

▼ **그림 5-19** UI에 간격 시스템을 사용해서 요소 간 간격을 유지한 예시.

간격 시스템의 기본 단위를 숫자 4, 8, 10으로 정하는 경우가 많다. 이 수치는 주요 기술 기업의 광범위한 연구와 현업 디자이너들의 오랜 경험을 바탕으로 정립된 것이다. 나는 개인적으로 대부분의 UI 컴포넌트에 8pt 그리드 시스템을 사용하고 텍스트는 조금 더 유연하게 접근하기 위해 4pt 그리드 시스템을 사용한다.

경험상 간격 단위의 기준이 되는 숫자(예를 들어 10)를 정하고 해당 숫자의 배수 단위로 간격을 설정하는 방식을 추천한다. 그렇게 하면 UI를 더 조화롭게 유지할 수 있다.

5.4.5 고충실도 와이어프레임은 최종 제품을 나타낸다

이제 여러분은 테스트할 수 있는 최종 시각적 세부 사항을 갖춘 고충실도 와이어프레임에 도달했다. 저충실도와 중충실도는 이 단계에 오기 위한 초석이었다. 이전 단계 디자인을 기반으로 최종 마감 요소를 추가해 고충실도에 도달할 수 있다. 이는 테스트 이전에 최종 디자인을 대신하는 역할을 한다.

5.4.6 직접 해보자!

혼자 하는 여행 프로젝트의 고충실도 와이어프레임을 만들어보자. 지난 연습에서 만든 중충실도 와이어프레임을 최종적으로 손질해서 고충실도 와이어프레임을 완성하라.

활용할 중충실도 와이어프레임이 없다면 내가 중충실도 연습에서 제공한 예시 디자인을 사용해 고충실도로 발전시켜보자.

부록 A.4 '고충실도 와이어프레임'을 참고해 여러분의 고충실도 와이어프레임과 예시를 비교해보라.

5.4.7 어떤 충실도를 언제 사용할까

각 충실도는 언제 사용해야 할까? 특히 브랜딩과 UI 컴포넌트가 이미 준비되어 있다면 바로 고충실도로 넘어가고 싶을 수 있다. 하지만 완벽하게 구성된 디자인 시스템을 갖추고 있다고 해도 저충실도와 중충실도 와이어프레임을 먼저 디자인하는 것이 유용할 때가 많다. 사람들은 충실도에 따라 디자인을 다르게 받아들이기 때문이다. 그럼 이제 충실도별로 사람들이 보일 수 있는 반응을 다시 한번 정리해보자.

저충실도

저충실도 와이어프레임을 보여주면 사람들은 여러분의 비전을 볼 것이다. 아마 UI나 시각 디자인에 대한 피드백은 나오지 않을 것이다. 그런 요소가 없기 때문이다. 대신 충실도가 낮아서 아이디어를 상상하는 데 어려움을 겪을 수 있다. 프로젝트의 진행 상황을 꾸준히 접하지 못한 사람이라면 중충실도나 고충실도에 비해 저충실도 와이어프레임을 이해하기가 어렵다고 느낄 것이다. 솔루션 제작 과정에 대한 맥락을 잘 알지 못하기 때문이다.

사용자를 대상으로 테스트할 때는 저충실도 와이어프레임이 대개 너무 추상적이어서 양질의 피드백을 기대하기 어렵다. 아이디어의 가치에 대해 유의미한 인사이트를 얻을 수도 있겠지만 사용자에게서 피드백을 제대로 받으려면 더 높은 충실도가 필요하다. 그래야 여러분이 일일이 설명하지 않아도 사람들이 와이어프레임과 상호작용할 수 있기 때문이다.

저충실도는 프로세스 초기에 자신의 머릿속에 있는 아이디어를 팀원들과 공유하고 피드백을 받아서 프로젝트의 방향을 설정하는 데 사용하는 것이 바람직하다. 다만 초기 단계에서 사용자들이 아이디어와 상호작용할 때 어떤 기대를 하는지 더 깊이 이해하고 싶다면 사용자에게도 활용할 수 있다.

중충실도

중충실도 와이어프레임을 보여주면 사람들은 여러분의 아이디어를 볼 것이다. 시각 디자인에 대한 피드백도 일부 있겠지만 대부분은 아이디어의 실행이나 방향성에 대한 피드백을 줄 것이다. 중충실도는 팀 내부는 물론 외부 이해관계자와 합의를 이끌어내는 데에도 도움이 된다. 내부적으로는 모두가 문제를 해결할 계획을 확인하는 데 도움이 되고 외부적으로는 해결하려는 문제와 솔루션을 잘 모르는 사람에게 맥락을 제공하는 데 도움이 된다. 또한 디자인이 '완성'되기 전에 사람들이 디자인에 영향을 미칠 수 있는 기회가 된다.

사용자를 대상으로 할 때는 중충실도를 통해 제품이 제안하는 가치와 사용성에 대해 피드백을 얻을 수 있다. 이 단계는 저충실도에 비해 완성도가 더 높은 버전이므로 아이디어에 익숙하지 않은 사용자라도 내용을 쉽게 이해할 수 있다.

중충실도는 팀의 작업 방향을 맞추고 이해관계자에게 프로젝트 중간 승인을 받는 데 사용할 수 있다. UI 디자인을 완성하기 전에 이 버전을 개발자에게 공유하고 기술 사양을 확인받는 것도 좋다. 또한 사용자에게 이 버전을 보여주면 제품의 특성과 기능에 대해 이들이 어떤 기대를 갖고 있는지 파악하는 데 큰 도움이 된다.

경우에 따라 중충실도는 사용성 테스트에서도 활용할 수 있다. 예를 들어 인터페이스 요소와 콘텐츠를 설명하는 문구가 포함된 중충실도 프로토타입이라면 테스트에 활용하기도 한다.

고충실도

고충실도 와이어프레임을 보여주면 사람들은 이를 최종 실행안이라고 받아들일 것이다(비록 여러분의 의도가 그렇지 않더라도 마찬가지다). 시각 디자인에 대한 피드백이 많을 것이고 눈에 띄게 어색한 부분이 있다면 그 지점에 대한 논의가 주를 이루기 쉽다. 사람들은 구조와 시각 디자인의 여러 측면을 통합적으로 인식할 것이고 이러한 요소가 어우러진 종합적인 인상에 따라 아이디어를 거부할 수도, 승인할 수도 있다. 최종 아이디어에 대한 피드백을 원할 때는 이 단계를 보여주는 것이 적합하다.

고충실도는 사용자를 대상으로 디자인을 테스트할 때 가장 일반적으로 활용되는 버전이다. 사용자는 제품 디자인 프로세스에 익숙하지 않은 경우가 많으므로 모노톤의 이미지나 와이어프레임, 미완의 문구를 보면 제품이 고장 났다고 오해할 수 있다(그래서 니켈로디언에서는 어린이 사용자들이 놀랄까봐 어떤 테스트도 모노톤으로 진행하지 않았다!) 출시하려는 제품에 가능한 한 가깝게 표현해야 제품의 시장 적합성과 사용성, 두 가지 관점에서 더 나은 피드백을 받을 수 있다.

고충실도 와이어프레임은 이해관계자들에게 아이디어의 최종(또는 최종에 가까운) 실행안을 보여주고 싶을 때 사용하라. 이 단계에서는 구조나 레이아웃에 대한 의문이 남아 있으면 안 된다. 그보다는 최종 제품이 어떻게 보이고 작동할지 이해관계자들이 예측할 수 있게 하는 데 초점을 맞춰야 한다. 그리고 사용자를 대상으로 제품의 사용성을 확인하고자 할 때도 고충실도를 활용하라.

적절한 충실도를 사용하라!

한번은 웹 제품의 새로운 기능을 보여주기 위해 고충실도 와이어프레임을 만든 적이 있다. 웹 사이트 콘텐츠를 더 쉽게 인쇄할 수 있도록 지원하는 기능을 제작하려고 했고 이 기능을 어떻게 구현할지 보여주는 태스크 플로를 만들었다. 이때 나는 중충실도 대신에 고충실도를 선택했다.

새로운 아이디어를 위한 태스크 플로를 만들어서 이해관계자에게 보여줬다. 우리는 두 가지 옵션 중 하나를 선택해야 했다. 하나는 인쇄 버튼을 페이지 상단에 배치하는 것이었고 다른 하나는 사용자가 콘텐츠를 어느 정도 둘러보는 도중에 눈에 띄도록 페이지 중간이나 하단에 배치하는 것이었다. 우리는 버튼의 적절한 위치에 대한 답을 얻고 태스크 플로의 디자인 방향에 대한 승인도 받아야 했다.

하지만 안타깝게도 기능을 빨리 만들려고 서두르다가 아이콘을 인쇄 기능에 흔히 사용하지 않는 형태로 선택하고 말았다. 그 결과 회의실에서는 그 아이콘을 두고 의견이 분분했다. 괜찮다는 사람들도 있었지만 불만을 표하는 사람도 있었다. 이해관계자들은 그 시점에서는 중요하지 않은 제품 요소인 아이콘의 시각 디자인에 대한 논의에 무려 20분이나 허비했다. 정작 사용자가 인쇄 기능을 어떻게 접하거나 사용할지에 대한 논의는 이루어지지 않았다.

내가 중충실도 와이어프레임과 더 명확한 자리표시자 아이콘 대신에 고충실도 와이어프레임과 알아보기 어려운 아이콘을 선택한 결과, 사람들은 해야 할 논의와 전혀 상관 없는 데 집중하고 있었다. 결국 나의 잘못된 선택 때문에 모두의 시간을 낭비해버렸다.

5.4.8 직접 해보자!

혼자 하는 여행 프로젝트를 위해 프로토타입을 만들어보자!

이번 연습을 위해 고충실도 와이어프레임을 사용할 것을 추천한다. 디자인의 각 단계나 화면을 연결해서 프로토타입을 만들어보라. 원하는 도구를 사용해도 좋지만 피그마나 여러분이 고충실도 와이어프레임을 만들었던 도구를 활용할 것을 추천한다.

다른 충실도로 테스트하고 싶다면 그렇게 해도 좋다. 결정은 여러분의 몫이다. 아니면 내가 만들어둔 와이어프레임을 테스트에 사용해도 좋다. 다만 그러려면 와이어프레임을 프로토타입 제작 도구로 가져와야 할 것이다.

> 부록 A.4 '프로토타입'을 참고해 여러분의 프로토타입을 예시와 비교해보라.

5.5 SECTION / 프로토타입을 제작한 후에는 테스트를 진행한다

이 장은 디자인 싱킹 프로세스의 프로토타입 제작 단계 초반에서 시작했다. 아이디어를 도출한 직후 사용자를 대상으로 테스트하고 싶은 작업을 정했다. 저충실도, 중충실도, 고충실도의 모든 단계를 거치며 태스크 플로를 시각화하고 사용자가 작업을 진행하며 보거나 경험하는 모든 것을 표현했다. 그리고 마침내 시각화한 결과물을 바탕으로 프로토타입을 제작했고 이제 사용자를 대상으로 테스트하며 디자인이 실제로 어떻게 작동할지 확인할 수 있게 되었다.

이제 여러분이 향하는 디자인 싱킹 프로세스의 다음 단계는 바로 프로토타입으로 사용자 테스트를 수행하는 단계다. 다음 장에서는 이를 위해 사용성 이야기를 많이 하게 될 것이다. 사용성이 무엇인지 정의하고 사용성 테스트를 어떻게 구성할지 살펴볼 것이다. 또한 참가자를 어떻게 모집하고 테스트를 어떻게 진행할지, 테스트 결과는 어떻게 분석할지도 다룰 것이다. 마지막으로 테스트 결과를 팀원들에게 어떻게 전달하고 테스트에서 받은 피드백을 어떻게 공유할지도 설명하겠다.

6장

디자인 테스트하기

6.1 디자인 싱킹 프로세스의 어떤 단계에 해당할까?

6.2 테스트

6.3 사용성 테스트: 계획하고 정의하기

6.4 사용성 테스트: 모집하고 실행하기

6.5 사용성 테스트: 결과 분석하기

6.6 사용성 테스트: 테스트 결과 발표하기

6.7 테스트한 후에 구현한다

디자인 싱킹 프로세스의 다섯 번째 단계에서는 다시 한번 사용자와 이야기를 나눠야 한다. 디자인 솔루션을 표현하는 프로토타입이 준비되었으니 대상 사용자들과 함께 프로토타입이 어떻게 작동하는지 확인할 차례다. 테스트 과정을 통해 솔루션의 사용성을 평가하고 대상 사용자에게 효과가 있는지 알아보아야 한다.

테스트는 하나의 **예술**이다. 다시 한번, 여러분은 사용자의 참여를 유도하고 대화를 이끌어야 하는데 이는 일종의 예술적 행위다. 아이디어를 설명하고 제품에 대한 비전을 설득력 있게 전달하려면 창의력과 스토리텔링이 필요하다. 그래야 사용자가 여러분이 디자인한 제품의 큰 그림을 확인할 수 있다. 여러분이 상상한 바를 사용자에게 공유하고 이들을 여러분이 만들려고 하는 세상으로 이끌어야 한다.

테스트는 동시에 **과학**이기도 하다. 테스트를 진행할 때는 동일한 조건을 설정해 사용자 간 일관성을 유지한다. 사용자들에게 질문할 때 똑같은 표현을 사용해 테스트의 편차를 줄인다. 작업 소요 시간이나 프로토타입 사용 용이성 같은 지표를 추적한다. 수집한 데이터를 분석해 평균을 구하거나 프로토타입의 사용성을 평가하는 결론을 도출한다.

아이디어를 테스트할 때 예술과 과학은 함께 작용하며, 제품 아이디어가 효과가 있을지 알아보려면 두 가지 모두를 잘 활용해야 한다.

6.1 SECTION / 디자인 싱킹 프로세스의 어떤 단계에 해당할까?

디자인 싱킹 프로세스의 프로토타입 제작 단계에 필요한 디자인 작업을 마무리할 즈음에는 사용자를 대상으로 제품의 어떤 부분을 테스트하고 싶은지가 파악되어 있어야 한다. 디자인하려는 태스크 플로를 규정하고, 그 흐름의 주요 화면에 대한 다양한 와이어프레임을 제작해서 이를 바탕으로 기능적인 프로토타입을 제작하는 작업을 이미 완료했어야 한다. 이 모든 작업은 디자인 싱킹 프로세스의 다음 단계인 **테스트**를 준비하는 과정이다(그림 6-1).

프로세스의 테스트 단계는 아이디어가 어떻게 작동하는지 확인하는 단계다. 이전 단계에서 만든 프로토타입을 사용자를 대상으로 테스트한다.

이 단계에서 해야 할 과제는 테스트에 참여할 사용자를 모집하고 테스트를 진행해 결과를 분석하는 것이다. 그 결과를 바탕으로 보완이 필요한 부분을 개선하고 제품의 모든 유스 케이스를 고려해 제품을 다듬은 뒤, 제품 제작 단계로 나아간다.

테스트 단계를 마칠 때 이러한 목표를 달성하려면 테스트에 참여할 사용자를 모집하고 테스트를 수행해 디자인을 더 깊이 이해해야 한다.

그렇다면 우리가 디자인에서 이해하고자 하는 것은 무엇일까? 테스트의 핵심 목표는 디자인의 **사용성**을 확인하는 것이다. 여러분이 만든 디자인의 **사용 가능성**은 어느 정도이겠는가?

▼ **그림 6-1** 닐슨 노먼 그룹의 디자인 싱킹 프로세스. 다섯 번째 단계는 테스트다. 이 단계에서는 마침내 여러분의 디자인을 사용자에게 공유해 피드백을 받고 여러분의 솔루션이 이들의 욕구와 필요를 충족시키는지 확인한다.

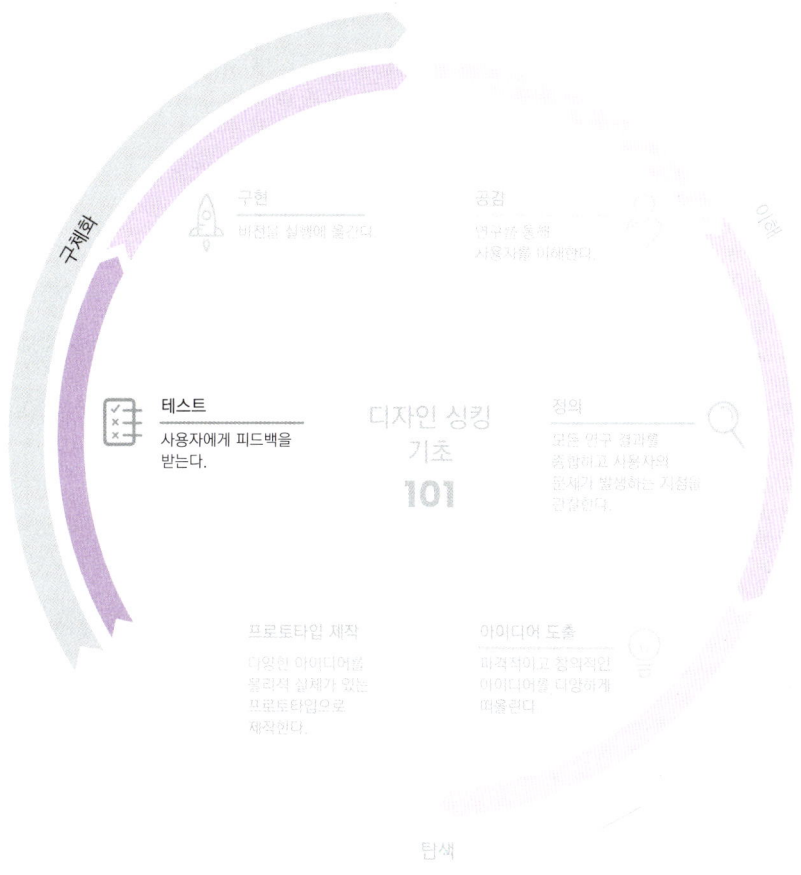

 테스트

테스트하고 싶은 프로토타입을 완성했다고 해서 테스트 준비가 완료된 것은 아니다. 테스트를 진행하려면 테스트를 통해 달성하고자 하는 목표를 정하고, 평가 기준을 정의하며, 테스트에 참여할 사용자를 모집해야 한다. 이러한 준비를 마쳐야만 테스트를 진행하고 결과를 분석해 제품을 출시하기 전에 아이디어의 성공 가능성이 어느 정도인지 가늠할 수 있다.

사용자 테스트의 가장 일반적인 형태 중 하나는 디자인 싱킹 프로세스의 핵심 요소인 사용성 테스트다. 사용성 테스트를 통해 사용자가 제품과 어떻게 상호작용하는지 확인할 수 있으며 이를 바탕으로 여러분의 디자인에서 잘 작동하는 부분과 그렇지 않은 부분을 파악하고 사용자 경험을 개선하기 위해 무엇을 할 수 있을지 판단할 수 있다.

여러분의 디자인은 사용 방법을 익히기 쉬운가? 사용하기 편한가? 만족감을 주는가? 이를 파악하는 확실한 방법은 사용자에게 제품을 직접 사용하게 하고 그 사용 과정을 관찰하는 것이다. 테스트 단계의 핵심 목적은 디자인이 얼마나 높은 사용 가능성을 갖추었는지 파악하는 것, 즉 그 사용성을 평가하는 데 있다.

6.2.1 사용성이란 무엇인가?

사용성은 사용자가 제품이나 서비스를 경험하면서 느끼는 완성도를 가리킨다. Usability.gov[1]에서는 사용성을 이렇게 정의한다.

> 웹 사이트, 소프트웨어, 기기, 애플리케이션 등 제품이나 시스템과 상호작용할 때 사용자가 경험하는 품질. 사용성은 효과성, 효율성, 사용자의 전반적인 만족도와 관련이 있다.

본질적으로 사용성은 제품이 사용하기에 얼마나 직관적인지, 사용 방법을 익히기가 얼마나 쉬운지, 사용자에게 얼마나 만족감을 주는지 등 다양한 요인을 측정한 것이다.

애런 월터의 『감성 디자인』에 소개된 사용자 요구 계층 구조(그림 6-2)를 다시 살펴보면 제품과 서비스에 대한 사용자의 핵심 요구 중 하나가 사용 가능성임을 알 수 있다.

▼ 그림 6-2 사용 가능성은 사용자가 제품에 대해 갖는 세 번째 수준의 요구다.

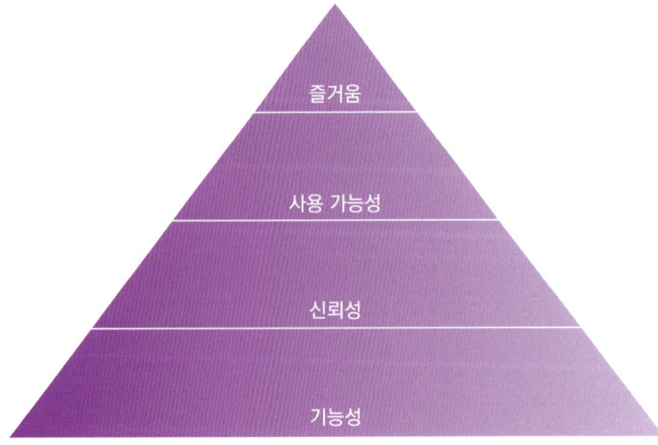

---

1 역주 미국 연방 정부에서 운영하는 웹사이트로, UX/사용성 가이드와 자료를 제공한다.

제품이 사용 가능성을 갖추지 못했다면 사용자의 핵심 요구를 충족시키지 못한다. 제품이 제대로 작동하지 않거나 사용하기 어려울 수도 있고, 학습 곡선이 가팔라서 배우기 어려울 수도 있다. 이유가 무엇이든 제품은 사용할 수 있어야만 사용자들의 요구를 충족시킬 수 있다.

사용성은 관찰과 분석을 통해 측정할 수 있다. 사람들이 제품을 어떻게 작동해야 할지, 제품 내에서 어떻게 목표를 달성할지 이해하는 데 어려움을 겪는다면, 그 제품은 충분한 사용 가능성을 갖추지 못한 것이다. 이럴 때는 제품의 구성 요소나 사용법을 더 명확하게 하거나 정보에 더 쉽게 접근할 수 있게 개선해야 한다. 이런 디자인은 불필요한 단계를 줄이거나 설명이 없어도 직관적으로 이해할 수 있도록 설계하는 것이 바람직하다. 아니면 제품을 사용하는 데 드는 수고를 줄이는 방식으로도 사용성을 개선할 수도 있다.

제품의 사용 가능성을 어떻게 개선할지 더 쉽게 이해할 수 있도록 오랜 시간에 걸쳐 사용성이 나아진 가정용품의 예를 살펴보겠다. 전화기 이야기다.

1876년 알렉산더 그레이엄 벨은 최초의 전화기로 특허를 획득했다(그림 6-3).[2] 이 전화기는 곡선 형태의 본체에 두 개의 별도 구성품으로 이루어져 있었는데 하나는 말할 때 사용하는 송화기이고, 다른 하나는 통화 상대의 목소리를 듣는 수화기였다. 이는 우리가 소통하는 방식을 혁신적으로 변화시켰고 사용자 요구 계층 구조의 모든 핵심 요구를 충족시켰다.

▼ **그림 6-3** 1892년 알렉산더 그레이엄 벨이 뉴욕에서 시카고로 전화를 거는 모습(출처: 의회 도서관).

- 전화를 걸 수 있는 **기능성**을 갖춘 제품이었다.
- 연결 상태와 통화 품질 면에서 **신뢰성**을 확보했다.
- 송화기와 수화기를 통해 통화할 수 있는 **사용 가능성**을 담고 있었다.
- 이전에는 할 수 없던 일을 할 수 있게 해준 혁신적인 기술을 사용하는 **즐거움**을 선사했다.

오랜 시간에 걸쳐 전화기 디자인은 극적으로 발전하며 사용성이 개선되고 사용자의 요구를 더욱 만족시켰다.

1930년대에 전화기 디자인은 크게 진화했다. 송화기와 수화기를 따로 쓸 필요가 없도록 이 두 기능이 전화기 상단에 놓이는 하나의 수화기로 통합되었다(그림 6-4). 수화기를 거치대에서 들어 올리지 않으면 전화기가 작동하지 않았기 때문에 전화 수신이 가능한 상태인지 쉽게 알 수 있었다. 수신자의 전화번호를 입력하는 회전식 다이얼은 제품의 기능성을 향상시켰고 다이얼에서 숫자를 선택할 때마다 나는 소리와 움직임은 만족스러운 촉각 피드백을 제공했다. 전반적으로 이전 제품보다 사용 가능성이 훨씬 더 개선된 제품이었다.

---

2 https://en.wikipedia.org/wiki/Telephone#/media/File:Alexander_Graham_Telephone_in_Newyork.jpg

▼ **그림 6-4** 회전식 다이얼이 달린 전화기. 기존 전화기 디자인을 발전시켜서 사용성 경험을 개선했다(출처: Berthold Werner/Shutterstock).

> 여러분이 디자인하는 디지털 제품에서도 촉각 피드백을 제공할 수 있다. 예를 들어 휴대전화에서 햅틱 기술이 사용자 경험에 어떤 영향을 미치는지 생각해볼 수 있다. 메시지 수신 알림을 소리에만 의존하지 않고 진동으로도 전달하는 방식이 바로 이러한 고민 끝에 나온 결과다.

발전의 여지는 여전히 남아 있었다. 1960년대 전화기 디자인의 사용성은 이전보다 훨씬 더 크게 향상되었다. 키패드가 회전식 다이얼을 대체하면서 사용자가 번호를 입력하는 속도가 훨씬 빨라졌다(그림 6-5). 키패드 덕분에 *(별표) 또는 #(우물정자) 같은 특수 문자도 입력할 수 있게 되면서 기능성이 한층 더 강화되었다.

▼ **그림 6-5** 전화기는 또 한번 진화해 이전보다 속도와 기능성이 개선되었다(출처: Lawrence Roberg/Shutterstock).

기술이 발전하면서 마침내 유선 연결 없이도 전화기를 작동할 수 있게 되었다(그림 6-6). 제품의 사용성은 비약적으로 향상되었고, 이제 사용자는 집이나 직장을 벗어나 어디서든 전화를 사용할 수 있게 되었다. 키패드와 특수 문자 입력 같은 핵심 기능은 남았지만 지상 통신선에 연결하지 않고도 전화 연결이 가능해진 덕에 사용자는 어디서나 소통할 수 있게 되었다.

▼ 그림 6-6 마침내 휴대할 수 있는 전화기가 등장해 어디서든 통화를 할 수 있게 되면서 사용자 경험의 사용성이 획기적으로 개선되었다(출처: W.ScottMcGill/123RF).

전화기는 2000년대 초반에 훨씬 더 강력해졌다. 디지털 다이얼 패드가 물리적인 키패드를 대체했다(그림 6-7). 전화 알림도 변화해 다양한 음향 효과를 선택하거나 진동 같은 촉각 피드백을 적용할 수 있게 되었다. 이제 전화기를 통해 이메일을 주고받거나 게임을 하거나 인터넷에 접속하는 등의 다양한 작업도 할 수 있게 되었다. 오늘날 전화기의 사용성은 알렉산더 그레이엄 벨이 전화기 특허를 획득했을 때 상상했던 수준을 월등히 뛰어넘었다.

▼ 그림 6-7 휴대전화는 '스마트폰'으로 진화했다. 이제 단순히 전화를 주고받는 수준을 넘어 정보 검색, 엔터테인먼트, 건강 관리 기능 등 다양한 애플리케이션을 사용할 수 있다(출처: Lifdiz/Shutterstock).

전화기가 한 단계 발전할 때마다 다양한 요소의 사용성이 개선되었다. 어떤 변화는 전화를 더 쉽게 걸 수 있게 해 기능성을 높이기도 했고 어떤 변화는 통화 경험을 풍부하게 만드는 새로운 기능을 추가해 즐거움을 더하기도 했다.

여러분은 제품 사용성에 다양한 방식으로 영향을 미칠 수 있다. 조정할 수 있는 사용성 요소가 그만큼 다양하기 때문이다.

6.2.2 사용성에는 어떤 요소가 있을까?

제품의 사용성을 살펴볼 때 사용자 경험의 품질을 이해하기 위해 분석할 수 있는 여섯 가지 지표가 있다.

학습 용이성

제품 사용법을 익히기가 얼마나 어려운가? 제품을 처음 접했을 때 학습 곡선이 가파른가? 기본적인 작업을 수행하는 것은 얼마나 복잡한가? 초보자가 제품을 처음 사용할 때의 경험은 어떠한가?

전화기는 사용 방법을 배우기 쉽다. 누군가 전화번호를 알려주면 사용자는 그 번호를 전화기에 입력해서 전화를 건다. 제대로 걸었는지는 바로 알 수 있다. 상대방의 목소리가 들리면 성공한 것이고 오류음이 들리면 실수한 것이다. 번호를 입력한 이후에 기기 작동을 위해 따로 할 일은 없다. 그냥 상대방과 대화를 나누면 된다.

사용 용이성

제품의 사용 방식은 얼마나 직관적인가? 작동 방식이 얼마나 '이치'에 맞는가? 제품은 사용자가 쉽게 이해할 수 있어야 한다.

전화기 디자인은 오랜 세월 직관성을 유지해왔다. 번호를 입력하면 전화기가 작동한다. 그리고 상대방이 받을 때까지 기다린다. 전화는 가볍고 손에 쥐기 편하며 귀에 대고 있기에도 알맞도록 설계되었다. 전화는 그냥 그렇게 쓰는 것이 '당연하게' 느껴진다.

기억 용이성

제품의 사용법은 얼마나 기억하기 쉬운가? 사용해본 적 있는 제품을 시간이 지나 다시 사용할 때 그 작동 방식을 얼마나 잘 기억하겠는가?

일반적으로 전화기의 핵심 기능은 전화를 거는 것이다. 이 과정은 배우기 쉽고 사용법도 간단해서 쉽게 기억할 수 있다. 전화를 쓸 때 필요한 많은 기표는 명확하며 전화기에 내장되어 있다. 설령 사용자가 사용법을 깜빡하더라도 사용성이 여전히 뛰어나다. 배우기에도 쉽고 사용하기에도 쉬운 직관적인 디자인 덕분이다.

오류 방지

제품은 오류를 어떻게 처리하는가? 시스템 사용 중에 오류가 얼마나 자주 발생하는가? 오류의 심각성은 어느 정도이며 복구 난이도는 어느 정도인가?

전화를 걸다가 숫자를 잘못 선택해서 틀린 번호를 입력하는 실수는 쉽고 흔하게 발생한다. 이 문제를 전화를 끊고 다시 걸어서 빠르게 극복할 수 있다. 요즘 전화기는 연락처 저장 기능을 제공하므로 번호를 한 번 입력해두면 나중에 그 번호로 전화를 걸고 싶을 때 저장해둔 번호를 선택하기만 하면 된다. 이 기능 덕분에 애초에 오류의 발생을 방지할 수 있다.

효율성

사용자가 제품을 얼마나 효율적으로 사용할 수 있는가? 목표는 얼마나 빠르게 달성할 수 있는가?

전화기 디자인은 효율성 측면에서 지난 수십 년 간 크게 발전했다. 전화기의 초기 디자인은 회전식 다이얼로 번호를 입력했다. 사용자들은 다이얼을 원하는 숫자까지 돌린 다음에 다이얼이 제자리로 돌아갈 때까지 기다렸다가 다음 숫자를 입력해야 했다. 20세기 중반 기술의 발전과 함께 회전식 다이얼이 키패드로 대체되면서 전화 거는 속도가 크게 빨라졌다. 또한 연락처 저장 기능이 도입되면서 전체 전화번호를 일일이 입력할 필요 없이 저장된 연락처를 한 번 선택하는 것만으로도 전화를 걸 수 있게 되면서 효율성이 한층 더 향상되었다.

만족도

사용하기에 만족스러운가? 사용자가 제품의 사용을 즐기는가? 사람마다 선호가 다르므로 다소 주관적인 요소일 수는 있지만 경험의 전반적인 사용성을 측정할 때 사용할 수 있는 지표다.

전화기는 사용하기에 매우 만족스러울 수 있다. 전화를 통해 사랑하는 사람의 목소리를 듣는 것은 아주 기분 좋은 경험이며 이때 느끼는 감정은 이메일, 편지, 문자 같은 수단으로는 느낄 수 없다. 게다가 요즘은 전화기로 영상 통화를 할 수 있어서 이 경험이 한층 더 풍부해졌다. 이제 전화번호를 입력하면 전 세계 어디서든 소통하고 싶은 상대방의 얼굴을 보고 목소리를 들을 수 있다.

이러한 요소는 어떤 제품이나 서비스에든 존재하며 물리적인 제품이나 서비스에만 국한되지 않는다. 제품의 사용성을 평가할 때는 이 여섯 가지 원칙을 기억하며 사용자 경험을 전반적으로 개선하는 데 활용하라.

6.2.3 사용성은 어떻게 평가할까?

제품이나 서비스의 사용성을 평가하려면 다양한 방법으로 사용자 테스트를 실행해 사용자 경험을 파악한다. 사용자 테스트는 진행하는 형식 또한 다양한데 다음은 그중 일부에 지나지 않는다.

- **카드 소팅**: 제품의 정보 아키텍처를 확인하는 사용자 테스트
- **과업 분석**: 제품 내에서 과제를 완료하는 난이도를 평가하는 사용자 테스트
- **A/B 테스트**: 사용자들이 더 선호하는 버전을 찾는 사용자 테스트

사용성 테스트는 몇 가지 주요 단계로 나눌 수 있다.

1. **대화할 사용자를 모집한다.** 과거의 사용자, 현재의 사용자, 아니면 제품에 관심이 있는 잠재적인 사용자 모두 가능하다.
2. **사용자에게 제품을 사용해 과제를 수행하게 한다.** 제품 온보딩, 제품 내 핵심 목표 달성, 어떤 작업이든 과제로 제시할 수 있다.

3. **사용자가 과제를 수행하는 과정을 관찰한다.** 사용자가 작업 중에 겪는 문제나 혼란, 아니면 만족하는 순간을 살펴보고 이들의 상호작용을 기록하고 질문을 던진다.
4. **모든 사용성 테스트가 완료된 후 결과를 종합한다.** 테스트를 통해 얻은 주요 인사이트를 바탕으로 의견을 정리한다.

사용자를 찾고 이들이 제품을 어떻게 사용하는지 확인한 다음 그 결과를 분석하는 이 과정이 사용성 테스트를 실행하는 핵심 흐름이다. 하지만 실제로 사용성 테스트를 실행할 때는 고려해야 할 세부적인 사항이 많다. 이러한 내용은 이어지는 절에서 자세히 살펴보자.

> 디자인 업계에서는 사용성 테스트를 사용자 테스트라고 부르기도 한다. 사용성 테스트가 사용자 테스트의 가장 일반적인 형태이기 때문이다. 하지만 엄밀히 보면 차이가 있다. '사용자 테스트'는 사용자를 대상으로 하는 모든 테스트를 가리킨다. '사용성 테스트'는 제품의 사용성을 평가하는 테스트를 가리키며 사용자 테스트의 하위 개념이다. 언어란 복잡해질 수 있는 법이다. 사용성 테스트를 지칭할 때는 두 용어 중 어느 것을 사용해도 괜찮다(나도 가끔 두 용어를 혼용하기도 한다).

6.3 사용성 테스트: 계획하고 정의하기

사용성이 무엇인지 이해했으니, 사용자가 프로토타입과 상호작용할 수 있도록 준비할 차례다. 하지만 테스트를 진행하기 전에 실행 계획상 준비해야 할 것이 많다. 성취하려는 목표가 무엇인지, 테스트를 어떻게 실행할지, 테스트에서 무엇을 측정할지 정의해야 한다. 우선 사용성 테스트가 무엇인지부터 조금 더 자세히 살펴보자.

6.3.1 사용성 테스트란 무엇인가?

사용성 테스트는 현재 사용자 또는 잠재적인 사용자를 대상으로 제품이나 서비스를 테스트해 평가하는 것을 가리킨다(그림 6-8). 기존 제품이라면 현재 경험의 사용성을 테스트할 수 있다. 신제품이라면 여러분이 구현하려는 경험의 사용성을 테스트할 수 있다. 아니면 이 둘을 섞어서 현재 제품의 기능 개선안을 테스트할 수도 있다. 다행히 제품이나 목표가 무엇이든 사용성 테스트를 실행하는 기본 흐름은 동일하다.

1. **테스트 계획 세우기:** 먼저 테스트 계획을 정의해야 한다. 테스트 계획은 테스트 범위를 규정한다. 테스트의 목적은 무엇인가? 해당 요소를 테스트하는 이유는 무엇인가? 누구를 대상으로 테스트할 것인가? 테스트는 어떻게 진행할 것인가? 테스트에 참여할 사람은 어떻게 모집할 것인가? 테스트 계획에는 테스트 실행 절차뿐 아니라 테스트를 실행하려는 목적과 관련된 사업적 가치와 사용자 요구 등 테스트에 필요한 모든 요소가 포함된다.

▼ **그림 6-8** 연구자(오른쪽)가 사용자(왼쪽)와 함께 사용성 테스트를 진행하고 있다. 연구자는 질문하고 메모하며 사용자가 테스트를 진행하는 과정을 별도의 카메라로 녹화하고 있다(출처: UX Indonesia/Unsplash).

2. **성공 정의하기**: 테스트를 계획할 때 무엇을 성공으로 볼 것인지 정의해야 한다. 테스트를 평가할 때 사용할 지표를 정해야 한다. 테스트 도중에 관찰하고자 하는 바는 무엇인가? 작업을 완료하는 데 드는 시간이 중요한가? 정보가 명확하게 전달되는지 확인하고 싶은가? 사용자가 해당 기능을 '사용'할 수 있는지 확인해야 하는가? 만족도 같은 정성적인 지표를 볼 수도 있고 작업 소요 시간 같은 정량적인 지표를 볼 수도 있다. 어떤 지표를 선택하든 이를 테스트 전에 정해두어야 그에 맞는 데이터를 기록할 수 있다.

3. **사용자 모집하기**: 그다음으로는 테스트에 참여할 사람을 찾을 차례다. 제품 테스트에 참여하길 바라는 모든 사용자를 모집해야 한다. 현재 사용자를 모집할 것인가? 아니면 신규 사용자를 모집할 것인가? 정확한 데이터를 얻으려면 사용자에게 제품의 맥락을 제공해야 하는가? 아니면 문제의 맥락을 제공해야 하는가? 누구를 테스트 대상으로 삼을지, 이들을 어떻게 찾을지, 테스트 실행 절차를 어떻게 구성할지 파악해야 한다.

4. **테스트 실행하기**: 준비가 완료되면 테스트를 실행할 차례다. 만날 시간과 장소를 조율하고 테스트에 사용할 프로토타입을 만들어야 한다. 테스트 참가자에게 태스크 플로를 거치게 한 뒤 그 과정에서 어떤 경험을 하고 있는지 말해달라고 요청한다. 여러분은 이들의 행동을 관찰하며 제품의 사용자 경험에 대한 질문을 던진다.

5. **결과 분석하기**: 충분한 인원이 프로토타입을 경험했다면 결과를 살펴볼 차례다. 공통된 패턴이 있는지 분석해 초기 가설을 지지하거나 반박하는 결론을 도출해야 한다. 이 결과를 팀에 공유하고 이를 바탕으로 앞으로 제품을 어떻게 발전시킬지를 정리해야 한다.

이것이 사용성 테스트가 진행되는 흐름이다. 제품이 무엇이든 과정, 목표, 결과는 똑같다. 테스트 계획과 지표를 정의하고 테스트 대상을 모집한 뒤 테스트를 수행하고 결과를 분석한다.

나는 카플란에서 SaaS 플랫폼 제품의 사용자 연구를 총괄했다. 이 플랫폼은 대학들이 커리큘럼을 온라인에 업로드해서 강의를 운영할 수 있도록 지원하는 서비스였고 주요 이용자는 학생과 강사였다. 나는 그중에서도 강사 경험의 디자인을 담당했으며 여기에는 학생 명단 관리, 강의 자료 배포, 성적 확인 등의 기능이 포함되었다. 제품의 디자인 결정을 내릴 때마다 결정을 뒷받침하기 위해 사용성 테스트를 계속해서 수행해야 했다. 한 번은 여러 시험과 강의에 걸쳐 학생들의 전반적인 성과를 확인할 수 있는 강사용 기능을 작업한 적도 있다. 이를 위해 강사들을 대상으로 해당 기능에 대한 사용성 테스트를 진행해 새로운 디자인이 이들의 문제를 해결하는 데 도움이 되는지 확인하고자 했다. 예컨대 이들은 모든 시험 결과를 한눈에 보고 최대한 빠르고 효율적으로 학생들의 성과를 파악하고 싶어 했다. 그래서 나는 새 경험을 시각화한 다양한 목업을 제작했고 그림 6-9는 그중 한 예시다.

▼ **그림 6-9** 학생들의 진도를 보여주는 강사용 대시보드 와이어프레임. 이 와이어프레임은 아이디어 테스트에 활용한 프로토타입의 일부였다 (https://tinyurl.com/asuxd6-9).

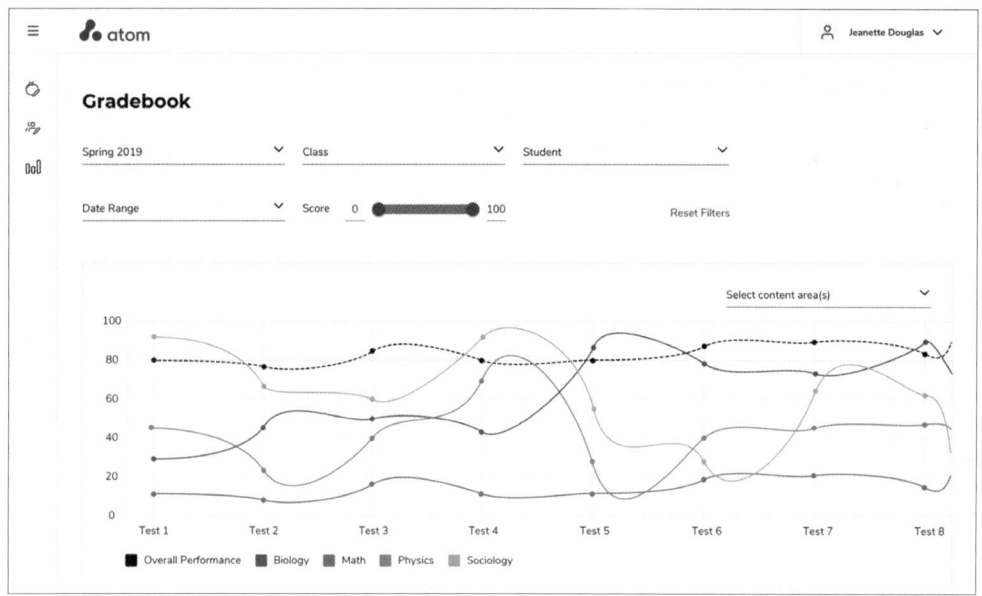

내가 제시한 솔루션이 기존 방법보다 사용성이 더 높다는 가설을 뒷받침하기 위해 사용성 테스트 프로세스에 따라 사용성 테스트 실행을 계획했다. 우선 테스트 계획을 세웠다. 기존 UI에 익숙한 강사 여섯 명을 대상으로 테스트를 진행하기로 했다. 그리고 지표를 정의했다. 이들이 얼마나 빠르게 작업을 완료하는지 관찰하며 이들이 새로운 UI를 기존 UI보다 더 만족하며 사용하는지 기록했다. 이후 기존 UI를 사용한 강사들에게 이메일을 보내서 테스트 참여 의사를 묻고 참가자를 모집했다. 그리고 참여하기로 한 강사들과 화상 통화 일정을 조율해 테스트를 진행하며 테스트 과정을 기록했다. 추후 이 기록을 종합해 테스트 결과 문서를 작성했다. 이를 나머지 팀원들에게 공유해 우리가 설정한 방향이 타당한지 검증했다.

사용성 테스트 프로세스를 따른 덕에 사용성 테스트를 성공적으로 수행하고 대상 사용자를 위해 긍정적인 결과를 이끌어낼 수 있었다.

6.3.2 테스트 계획 세우기

사용성 테스트를 진행할 때 가장 먼저 해야 할 일은 테스트 계획을 세우는 것이다. 앞서 이야기했듯이 테스트 계획은 테스트를 어떻게 진행할지 보여주는 청사진이다. 여기에는 테스트 실행 계획뿐 아니라 테스트가 필요한 이유를 설명하는 비전, 테스트 진행 절차, 테스트 참가자에 대한 계획도 포함된다.

목적이 무엇인가?

우선 테스트의 목적을 정의해야 한다. 이 테스트를 진행하는 이유는 무엇인가? 회사나 사용자가 이 테스트를 통해 얻을 수 있는 이득은 무엇인가? 테스트의 목적은 테스트에 필요한 요소를 구조화하는 데 도움이 될 뿐 아니라 테스트에 시간과 비용을 투자해야 하는 이유를 팀원들에게 납득시키는 데에도 유용하다.

앞서 언급한 카플란 예시에서 나는 테스트 목적을 정의한 덕분에 테스트의 필요성을 팀에 설득할 수 있었다. 당시 내가 설정한 목적은 UI 개선안이 학생들의 전체 성과를 더 잘 이해하는 데 도움이 되는지 확인하는 것이었다. 기존 UI는 그림 6-10과 같았다.

▼ 그림 6-10 재설계 대상이었던 기존 보고 시스템. 개인 정보 보호를 위해 일부 요소를 수정했다.

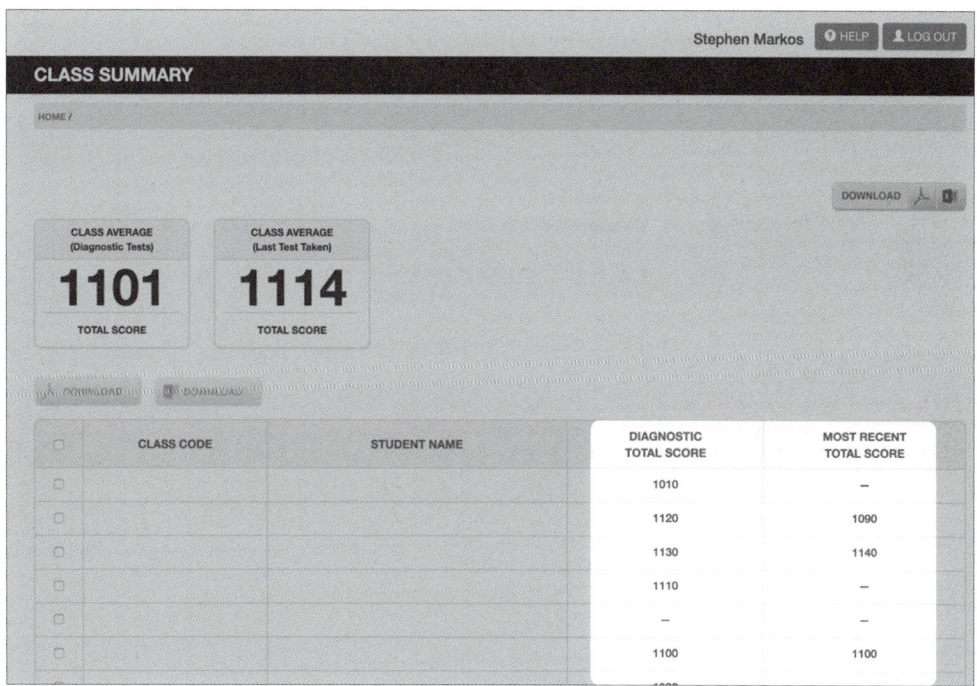

기존 UI도 사용할 수 없는 것은 아니었지만 사용자 경험을 개선할 여지가 있다고 느꼈다. 그래서 재설계를 위한 테스트의 목적을 이렇게 정의했다.

- 탐색하기 더 쉬운가?

- 사용하기 더 즐거운가?

- 사용 가치가 더 높은가(기능이 더 유용하다고 느낀다거나 삶의 질이 향상되었다고 느끼는가)?

이러한 질문을 스스로에게 던지며 테스트에 앞서 그 목적을 정의한 덕분에 이러한 질문에 대한 해답을 얻는 방향으로 테스트를 구성할 수 있었다.

범위는 어떻게 되는가?

테스트의 목적을 정의한 후에는 범위를 설정해야 한다. 무엇을 테스트할 것인가? 더 깊이 알아보고 싶은 특정 흐름이 있는가? 여러분이 원하는 정보를 얻기 위해 테스트에서 사용자가 수행해야 할 작업은 무엇인가?

카플란 예시에서는 강사가 학생 그룹을 검색해 이들의 시험 결과를 확인하는 흐름을 이해해야 했다. 이 목표를 달성하기 위해 학생을 검색하고 그룹을 선택한 다음 시험 결과를 확인하는 태스크 플로를 만들었다. 그리고 이 흐름을 표현하는 일련의 와이어프레임을 만들어서 프로토타입에 적용했다(그림 6-11).

▼ **그림 6-11** 사용자가 학생 그룹을 검색하고 시험 결과를 확인하는 와이어프레임의 초반 섹션

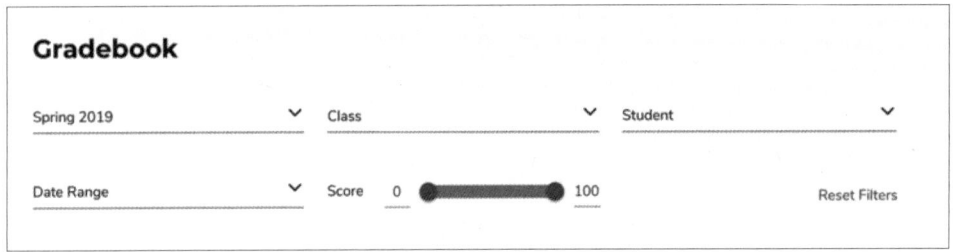

이 흐름의 첫 단계는 사용자가 강의를 선택하는 것이었다. 실제 학생의 시험 결과를 확인할 때와 유사한 상황을 재현하기 위해서였다. 프로토타입 첫 화면에는 강의 선택을 요청하는 와이어프레임을 넣었다. 이를 통해 사용자가 결과를 보기 전에 결과를 검토하는 흐름에 들어가고 있다는 것을 자연스럽게 인식할 수 있게 했다. 이렇게 함으로써 팀원들에게도 프로토타입의 비전을 더 효과적으로 전달할 수 있었다.

사용자는 누구인가?

테스트 범위를 파악했다면 테스트 대상을 정의해야 한다. 대화를 나누고 싶은 사용자 유형을 정의하는 페르소나를 만들었는가? 어떤 유형의 사용자가 제품을 사용할지 알고 있는가? 그렇다면 그 기준에 맞는 사람들을 모집해서 테스트를 진행해야 한다. 만약 현재 사용자가 필요하다면 일부 사용자에게 이메일을 보내서 참가자를 찾을 수 있다. 반대로 제품을 사용해본 적이 없는 사람이 필요하다면 새로운 사용자를 찾아서 온보딩 흐름을 테스트할 수 있다. 이 모든 것은 테스트의 범위에 달려 있다.

카플란 예시에서는 제품의 기존 사용자를 대상으로 테스트를 진행해야 했다. 당시 우리는 기존 UI를 개선하는 중이었고 강사들도 우리의 개선안이 도움이 된다고 느끼는지 확인하고 싶었다. 따라서 이러한 지표를 이

해하려면 반드시 기존 사용자와 대화를 나눠야 했다. 다행히 기존 제품을 재설계하는 중이었기 때문에 제품의 사용자들과 대화를 나누고 이들을 대상으로 테스트를 진행할 수 있었다.

모더레이터 유무

테스트의 전반적인 방향을 설정했다면 이제 실행 방식과 관련된 세부 요소를 결정할 차례다. 테스트는 모더레이터가 있는 방식과 없는 방식 중에서 선택할 수 있다. 모더레이터가 있다는 것은 여러분이 테스트 현장에 직접 가서 사용자들에게 질문하고 상호작용하며 테스트를 진행하는 모더레이터 역할을 맡는다는 뜻이다. 반면 모더레이터 없이 진행한다면 미리 정해둔 질문과 사용자가 완료해야 할 흐름으로 테스트를 구성한 뒤 소프트웨어가 테스트를 대신 진행하게 하는 것이다(모더레이터 없이 진행하는 테스트를 지원하는 온라인 도구가 많다).

모더레이터 없이 진행하는 테스트에는 장점이 있다. 사용자 인터뷰 일정을 일일이 잡고 직접 인터뷰를 진행하는 것보다 더 쉽고 빠르다. 사용자가 제품을 테스트하는 동안 현장에 함께 있지 않아도 되기 때문에 다른 작업을 할 시간적 여유가 생긴다. 또한 사용자가 여러분의 개입 없이 제품과 상호작용하는 것을 관찰할 수 있어서 편향을 줄일 수 있다. 이는 사용자 테스트를 직접 진행할 시간이나 예산 집행을 위한 자원이 부족한 팀이 선택할 수 있는 저렴한 대안이다.

모더레이터가 있는 테스트에도 장점이 있다. 테스트 현장에 사용자와 함께 있으면 후속 질문을 하거나 사용자가 막히는 부분을 명확히 정리해줄 수 있다. 이로 인해 테스트에서 얻는 데이터의 품질이 더 나아질 수 있다. 게다가 사용자와 함께 있으면 애초 계획에 없던 흥미로운 점을 발견할 수도 있다. 나 역시 사용성 테스트를 진행하다가 사용자 인터뷰까지 진행하게 된 적이 여러 번 있었다. 이 과정에서 사용자의 요구를 더 깊이 이해하게 되었고 이는 제품의 다른 부분을 만드는 데에도 도움이 되었다.

모더레이터 유무를 선택하는 데 정답은 없다. 테스트의 목적에 따라 정하면 된다. 만약 테스트하는 흐름이 단순하고 제품의 다른 부분에 더 많은 시간을 들여야 하나면 모더레이터 없이 진행하라. 테스트하려는 흐름의 특정 부분에 대해 후속 질문이 필요하다면 모더레이터가 있는 방식을 선택하라.

카플란 예시에서는 모더레이터가 필요했다. 새로운 UI가 기존 경험보다 얼마나 나은지 확인해야 했고, 그러려면 사용자 반응에 따라 후속 질문을 해야 했다. 그래서 제품을 사용하는 강사들에게 일일이 연락해 만나서 대화를 나눌 일정을 조율했다.

원격 대 대면

디지털 도구를 활용하면 여러분이 테스트를 직접 진행하지 않을 수 있듯이 사용자와 같은 물리적 공간에 있지 않아도 테스트를 진행할 수 있다. 원격 테스트는 화상 회의 소프트웨어를 활용해서 전 세계 사람들과 테스트를 진행할 수 있게 해준다. 또한 대부분의 디지털 프로토타입 제작 도구는 공유할 수 있는 링크를 제공한다. 이 링크를 테스트 참가자들에게 전달하면 실제 제품과 상호작용하듯이 프로토타입과 상호작용할 수 있다. 그 결과 전 세계 어디에 있는 누구와도 테스트를 진행할 수 있다.

하지만 대면으로 진행하는 방식에도 장점이 있다. 예를 들어 저충실도 종이 프로토타입은 원격으로 테스트할 수 없다. 게다가 시선 추적 소프트웨어 같은 일부 도구는 비용이 많이 들 뿐 아니라 사용성 테스트에 적합한 전용 연구실에 설치해야 대규모 인원을 상대로 활용할 수 있기 때문에 테스트 참가자들이 직접 연구실에 와야 한다. 무엇보다 원격 테스트를 어려워하거나 대면 테스트를 선호하는 사용자들도 있다. 예를 들어 아동용 미디어 네트워크인 니켈로디언에서 일할 때는 원격으로 테스트하기가 어려웠다. 어린이들은 숙련된 사용성 전문가가 함께하며 집중하도록 도와주지 않는 한 작업에 집중하지 못하는 경우가 많았기 때문이다.

카플란 예시에서는 사용성 테스트를 원격으로 진행했다. 우리에게는 별도의 사용성 연구실이 없었고 테스트 참여자들은 미국 전역에 흩어져 있었기 때문에 인터넷으로 테스트를 진행하는 것이 가장 합리적이었다.

하드웨어/소프트웨어

테스트를 실제로 진행하는 데 필요한 도구는 무엇인가? 어떤 기기에서 테스트를 진행할 것인가? 시선 추적 기기 같은 하드웨어가 추가로 필요하겠는가? 예를 들어 기록을 남기기 위해서라도 테스트 세션을 녹화해두는 것이 좋다. 그리고 제품을 실제 사용할 기기에서 테스트를 진행하는 것이 좋다. 모바일 앱을 만드는 중이라면 모바일 기기에서 테스트를 진행하는 것이 바람직하다.

테스트를 진행하기 위해 어떤 도구를 사용할 것인가? 원격 테스트라면 필요한 화상 회의 소프트웨어를 갖추고 있는가? 프로토타입을 제작할 때 사용한 도구는 무엇이며 그 도구에서는 프로토타입을 쉽게 공유할 수 있는가? 일부 와이어프레임 제작 도구는 로컬에 설치해야만 작동하기 때문에 원격 테스트에 적합하지 않다. 반면에 다른 사람에게 간편하게 공유할 수 있는 링크를 제공하는 도구도 있다.

> 도구는 끊임없이 변한다. 이 책을 쓰는 현재 시점의 나는 사용자 테스트용 와이어프레임과 프로토타입을 제작할 때 피그마를 주로 사용한다. 하지만 기술은 계속해서 발전하고 있으므로 앞으로는 달라질 수도 있다.

카플란 예시에서는 사용자들이 프로토타입을 직접 조작할 수 있어야 했기 때문에 스케치(Sketch)로 와이어프레임을 제작하고 마블(Marvel)로 프로토타입을 만들었다. 그러면 화면을 공유하지 않아도 사용자들이 자신의 컴퓨터에서 프로토타입에 접근할 수 있었다.

역할 분담

테스트를 원활히 진행하려면 역할을 정해두는 것이 좋다. 사용자와 직접 대화하는 역할은 누가 할 것인가? 메모는 누가 작성할 것인가? 이렇게 사전에 역할을 정해두면 테스트가 훨씬 더 매끄럽게 진행된다. 한 사람이 **주 진행자**를 맡아서 테스트가 진행되는 동안 사용자와 상호작용하며 대화를 이끌고 다른 사람이 **부 진행자**로서 진행 상황을 기록하고 필요할 때만 대화에 참여하는 방식은 매우 효과적이다.

> 제품 팀과 디자인 팀이 사용자 테스트에 모두 참여하는 것은 훌륭한 협업 방식이다. 팀워크에 도움이 될 뿐 아니라 두 팀에서 대상 사용자에 대한 맥락을 공유할 수 있어서 좋다.

카플란에서는 운이 좋게도 사용자 요구를 더 깊이 이해하고 더 나은 제품을 만들기 위해 테스트에 적극적으로 참여해준 프로덕트 매니저와 함께했다. 나는 주 진행자로서 테스트를 이끌며 사용자를 안내했고 프로덕트 매니저는 부 진행자로서 진행 상황을 기록하고 내가 놓친 질문을 던지는 역할을 했다.

테스트 지표 정의하기

테스트 계획을 세운 후에는 테스트를 통해 추적할 사항을 파악해야 한다. 이때 필요한 것이 지표다. 선택한 지표는 여러 사용자를 비교하고 전체적으로 테스트를 평가하는 기준이 된다. 지표의 목적은 가정을 검증하고 테스트 이후 제품의 방향성에 대한 자신감을 높이는 데 있다.

선택한 지표가 무엇이든 여러 사용자의 결과를 비교할 수 있게 하는 것이 중요하다. 대개 목표로 삼는 지표는 **분석 기준점**(analysis anchor)으로 테스트별 결과를 일관된 기준으로 비교할 수 있게 해주는 통계나 관찰값을 의미한다. 테스트가 끝날 때마다 제품에 얼마나 만족했는지 점수를 매기도록 하는 사용자 만족도 점수는 분석 기준점이 될 수 있다. 모든 테스트가 종료된 후 이 점수의 평균을 계산해 프로토타입의 전반적인 만족도 지표로 삼을 수 있다.

일반적으로 지표는 정량적 지표와 정성적 지표, 두 가지로 나뉜다.

정량적 지표

정량적 지표는 테스트에서 얻는 수치적 인사이트를 가리킨다. 사용자가 작업을 완료하는 데 걸리는 시간처럼 시간을 기준으로 할 수도 있고 도움 없이 과제를 성공적으로 완료한 사람의 수처럼 완료율을 기준으로 할 수도 있다. 본질적으로 정량적 지표는 수치를 기준으로 하며 일반적으로 일정한 기준에 따라 평가되므로 사용자 간 결과를 더 쉽게 비교할 수 있다(그림 6-12).

▼ **그림 6-12** 학생들의 진도를 보여주는 강사용 대시보드 와이어프레임. 이 와이어프레임은 아이디어 테스트에 사용한 프로토타입의 일부였다.

Name	Test 1 (80%)	Test 2 (79%)	Test 3 (82%)	Test 4 (80%)	Test 5 (80%)	Test 6 (82%)	Test 7 (85%)	Test 8 (81%)
Room 101 (6)	69	70	70	71	69	76	80	81
Emilee Simchenko	05	06	71	94	71	81	95	92
Evelyn Allen	73	74	85	76	77	92	86	90
Chikelu Obasea	92	85	75	70	65	60	55	50
Santiago Valentín	50	55	62	63	72	84	92	95
Sung Jin-Shil	50	65	62	59	54	54	56	59
Magnus Kekhuis	52	55	62	63	72	84	92	95
Room 102 (7)	77	75	82	75	74	77	79	80
Room 103 (8)	94	93	95	94	96	95	96	92

카플란 예시에서 나는 사용성 테스트와 관련된 다양한 정량적 지표를 관찰했다. 표에 담긴 정보를 이해한 사람이 몇 명인지 이진 지표(예/아니요)로 집계했고 모든 테스트가 끝난 후에 이를 백분율로 환산했다. 사용자가 흐름의 앞부분을 거쳐서 표에 도달하기까지 걸린 시간도 살펴봤다. 이 또한 작업 소요 시간이라는 통계로

변환할 수 있는 또 하나의 수치 지표였다. 이런 지표는 정량적 관점에서 비율과 결과를 비교하고 디자인의 성과를 제대로 이해하는 데 도움이 되었다.

정성적 지표

정성적 지표는 사람들이 무엇을 말했는지, 또는 어떻게 느꼈는지를 살펴보는 지표다. 사용자가 프로토타입을 사용하는 동안 디자인에 대해 남기는 의견을 해석해 테스트 결과에 반영할 수 있다. 어떤 사용자가 '하기 쉬웠다'라고 한다든가 '무슨 화면인지 모르겠다'라고 한다면 여러분은 연구자로서 이러한 발언을 해석하고 때에 따라 그 말에 담긴 속뜻을 더 정확히 파악해야 한다. 정성적 진술은 주관적이거나 모호할 수 있어서 결과를 해석하기가 더 까다롭다. 그럼에도 팀에 결과를 공유하고 다음 단계로 나아가는 데 활용할 수 있는 가장 강력한 데이터 포인트 중 하나이기도 하다.

카플란에서는 테스트를 진행할 때는 사용자가 UI에 대해 하는 말을 관찰하고 필요에 따라 그 말의 의미와 제품에 실제로 바라는 바가 무엇인지 더 잘 이해하기 위해 후속 질문을 던졌다. 예를 들어 표에 표시된 화살표의 의미를 이해하지 못하겠다는 의견이 있었다. 학생의 성과 추이를 보여주기 위해 넣은 화살표였지만 강사들은 그 추이가 언제 시작되고 끝나는지 파악하지 못했다. 이러한 피드백이 반복되자 우리는 사용자의 혼란을 방지하기 위해 그 기능을 제거하기로 했다. 이러한 정성적 피드백은 제품 출시를 준비하면서 제품을 개선하는 데 큰 도움이 되었다.

6.3.3 일반적인 지표 추적하기

다음은 사용성 테스트를 진행할 때 고려할 수 있는 일반적인 정량적, 정성적 지표다.

- **작업 완료 여부:** 사용자가 작업을 완료했는가?
- **오류의 치명도:** 사용자가 복구할 수 없는 치명적인 오류를 범했는가? 아니면 잘못된 데이터를 입력했거나 잘못된 경로로 이동하는 정도의 가벼운 오류를 범했는가?
- **무오류 비율:** 전체 작업 중에서 사용자가 오류 없이 완료한 비율은 얼마인가?
- **작업 소요 시간:** 사용자가 작업을 완료하는 데 든 시간은 얼마인가?
- **주관적 평가:** 사용자 만족도 점수와 사용 편의성 점수는 얼마인가?
- **좋았던 점, 싫었던 점, 제안 사항:** 사용자가 좋다고 느낀 점은 무엇인가? 바꾸거나 추가하고 싶어 한 점은 무엇인가?

이러한 지표는 테스트 중에 무엇을 추적하고 관찰할지 결정하는 데 참고할 수 있는 출발점이 된다.

6.3.4 목표부터 세우기

프로토타입을 완성하면 곧바로 사용성 테스트를 시작하고 싶은 유혹이 들 수 있다. 하지만 잠시 시간을 내어 달성하고자 하는 바가 무엇인지 곰곰이 생각해보아야 한다. 무엇을 테스트할 것인가? 어떻게 테스트할 것인가? 그리고 무엇을 추적할 것인가? 사용자를 대상으로 프로토타입을 테스트하기 전에 이 질문의 답부터 찾아라. 때로 그 답을 찾는 과정에서 프로토타입을 수정하거나 테스트 구조를 조정하는 경우도 있다. 다음 단계로 나아가기 전에 한 걸음 앞을 생각해보는 것은 언제나 도움이 된다.

6.3.5 직접 해보자!

사용자를 대상으로 프로토타입의 사용성 테스트를 준비해보자. 테스트를 시작하기 전에 테스트 구조부터 세워야만 여러분 자신은 물론 테스트에 참여하는 사용자도 테스트를 원활하게 경험할 수 있다.

이번 연습에서는 테스트 계획을 세워보길 바란다. 다음 질문에 답해보자.

> 부록 A.5 '사용성 테스트: 계획하고 정의하기'를 참고해 여러분의 계획을 예시와 비교해보라.

- **목적**: 테스트를 통해 달성하고자 하는 바는 무엇인가?
- **범위**: 제품의 어떤 부분을 테스트할 것이며 그에 해당하는 플로는 무엇인가?
- **대상**: 테스트 대상은 누구인가?
- **모더레이터**: 테스트를 직접 진행할 것인가, 아니면 외부 서비스를 이용해 진행할 것인가?
- **원격**: 사용자를 대면해 진행할 것인가, 아니면 온라인으로 연결해 진행할 것인가?
- **소프트웨어/하드웨어**: 테스트에 필요한 기술은 무엇인가? 사용자가 테스트를 위해 기기를 준비해야 하는가?
- **정량적**: 정량적 결과를 위해 추적할 지표는 무엇인가?
- **정성적**: 정성적 결과를 위해 추적할 지표는 무엇인가?

6.4 사용성 테스트: 모집하고 실행하기

테스트 실행 계획, 즉 무엇을 테스트할지, 누구를 대상으로 할지, 어떤 방식으로 진행할지를 모두 파악했다면 이제 사용자를 모집해서 이들과 함께 제품을 테스트할 차례다.

6.4.1 사용성 테스트의 적정 인원수는 몇 명일까?

테스트 대상의 적정 인원수에 대해서는 의견이 분분하다. 어떤 사람은 수십 명 정도는 되어야 통계적으로 의미가 있다고 생각하고, 또 어떤 사람은 제품을 사용할 다양한 페르소나를 모두 반영하려면 그보다 더 많은 사용자가 필요하다고 본다.

그 답은 어떤 유형의 테스트를 진행하느냐에 따라 달라진다. A/B 테스트처럼 분석 지표를 기반으로 결과를 해석해야 하는 경우에는 많은 사용자가 필요하다. 하지만 사용성 테스트라면 소수의 사용자만으로도 충분할 수 있다.

닐슨 노먼 그룹은 사용성 테스트에 필요한 사용자 수와 관련해 여러 차례 중요한 연구를 수행한 바 있다. 연구 결과에 따르면 단순한 흐름의 사용성만 테스트하는 경우에는 5명만으로도 충분히 진행할 수 있다고 한다.

그림 6-13은 닐슨 노먼 그룹에서 제시한 그래프로 여러 차례 사용성 테스트를 통해 발견한 사용성 문제의 비율을 테스트에 참여한 사용자 수에 비교해 보여준다.[3] 이 그래프는 단 5명의 사용자만으로도 제품의 사용성 문제 중 약 80%를 알아낼 수 있다는 것을 보여준다. 테스트에 참여하는 사용자가 늘어날수록 추가적인 효과는 점차 미미해지며 새롭게 발견하는 사용성 문제도 점차 줄어든다.

▼ 그림 6-13 사용성 테스트에서 동일한 경험을 테스트하는 사용자 수와 발견한 사용성 문제 개수를 비교한 연구

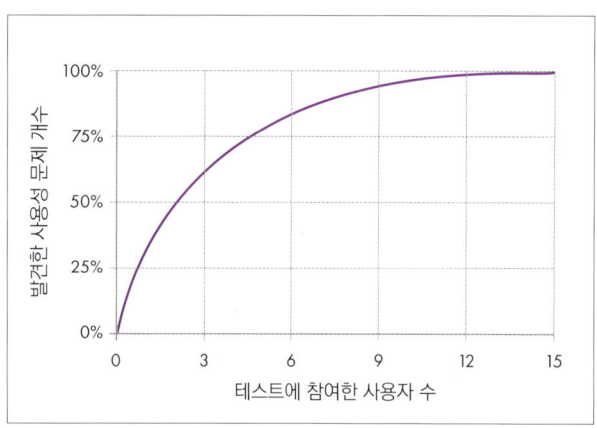

사용성 테스트를 진행할 때는 6~8명의 사용자와 테스트 일정을 잡아두는 것이 좋다. 사용성 테스트를 문제 없이 최소 5회 이상 진행하는 것이 목표이기 때문이다. 참여 의사를 철회하는 사용자, 테스트에 적합하지 않은 사용자, 유의미한 피드백을 제공하지 못하는 사용자가 있을 수 있다. 6~8명 정도라면 무엇을 테스트하든지 대부분의 사용성 문제를 발견할 수 있는 적정 인원수다.

---

3 www.nngroup.com/articles/why-you-only-need-to-test-with-5-users

> **모든 사용성 테스트의 요구에 맞는 하나의 숫자는 없다**
>
> 업계에서는 사용성 테스트에 필요한 적정 인원수를 두고 오랫동안 논쟁이 이어져 왔다. 5명은 너무 적으며 통계적 유의성을 확보할 정도의 인원이 있어야 해당 흐름의 사용성 문제를 모두 발견할 수 있다고 주장하는 이들도 있다. 반면 적정 인원수는 제품의 복잡성에 따라 달라지며 생명을 다루는 소프트웨어처럼 일부 제품의 흐름은 다른 제품에 비해 검토하기 더 까다로워서 더 많은 인원이 필요하다고 말하는 이들도 있다. 사실 모든 테스트 요구를 만족시키는 하나의 숫자는 없다. 여러 흐름을 테스트하거나 하나의 흐름을 다양한 페르소나로 테스트하려고 한다면 상황은 더 복잡해진다. 각 페르소나를 대표하는 사용자가 모두 테스트에 참여해야 한다고 본다면 필요한 테스트 횟수는 크게 늘어난다. 이 주제에 대해 많은 연구가 이루어졌으며 그에 대한 자세한 사항은 'Five, ten, or twenty-five—How many test participants?(5명, 10명, 25명, 테스트 참가자는 몇 명이 적절할까?, www.humanfactors.com/newsletters/how_many_test_participants.asp)'라는 기사에서 확인할 수 있다.
>
> 이 책의 연습에서는 6~8명 정도면 적당할 것이다. 하지만 실무에서는 제약 사항, 제품, 조직의 요구에 따라 테스트 인원을 조절해야 한다. 모든 사용성 테스트에 똑같이 적용되는 정답은 존재하지 않는다.

6.4.2 사용자를 어디에서 모집할 것인가?

테스트에 필요한 인원을 파악했다면 이제 사용자를 모집할 차례다. 사용자 모집에 활용할 수 있는 방법은 다양하다.

내부적 방법

조직 내부에 테스트 참여자를 모집할 수 있는 파이프라인이 이미 마련되어 있을 수 있다. 많은 조직에서는 영업 개발 담당자나 고객 지원 담당자가 실제 사용자와 일상적으로 소통하고 있다. 이들에게 연락해서 친분을 쌓고 테스트에 참여할 사용자를 찾을 수 있는지 물어보는 것은 단기 프로젝트에서든 장기 프로젝트에서든 사용자 테스트 파이프라인을 구축하는 훌륭한 방법이다. 더 나아가 사용자들에게 직접 연락해서 고객들이 제품에 요구하는 사항이 무엇인지 들어보는 것도 좋은 생각이다.

제품 내에서 고객과 소통할 수 있는 기회가 있을 수 있다. 일부 회사는 사용자가 사용 중인 화면에 참여도 관련 설문을 표시하기도 한다. 설문 조사에 자발적으로 참여하는 사용자들은 제품 이야기를 나누기에 매우 적합한 상대일 수 있다. 회사에 피드백을 제공하기로 이미 동의한 사람들이기 때문이다.

이메일 구독자가 있는 제품의 경우, 이들을 대상으로 사용성 테스트 참여 의사를 묻는 것도 좋은 방법이다. 이때 이메일 목록을 그룹별로 세분화할 수도 있다. 이를 활용하면, 인구통계학적 기준으로 대화를 나누고 싶은 사용자를 분류한 뒤, 테스트 목적에 맞는 사용자와 직접 소통할 수 있다.

이 중 어떤 방법이든 테스트 목적에 맞게 효과적으로 활용할 수 있다. 이들은 이미 여러분의 제품을 사용하고 있고 제품에 대한 이해도도 높다. 게다가 이미 사용 중인 제품인 만큼 제품 개선에 시간을 투자할 가능성도 높다. 제품을 사용한다는 것은 이를 통해 문제를 해결하고자 한다는 의미이므로 크게 설득하지 않아도 제품 개선에 동참해줄 수 있다.

외부적 방법

내부적으로 접근할 방법이 없다면 외부에서도 사용자를 모집할 수 있다. 시중에는 다양한 회사의 사용성 테스트에 참여하고 금전적 대가를 받는 가입자들을 보유한 다양한 서비스가 있다. Usertesting.com, 메이즈(Maze), 유저빌리티허브(UsabilityHub) 같은 서비스를 이용하면 다양한 인구통계학적 배경을 가진 사용자를 모집할 수 있다. 일반적으로 이러한 테스트는 모더레이터 없이 비동기적으로 진행된다. 회사가 사용자 테스트를 온라인에 올리면 개인 사용자들이 선착순으로 참여해 테스트를 완료하고 소정의 보상을 받는다. 이는 제품에 대한 사용성 피드백을 빠르게 받는 매우 효과적인 방법이다.

DIY 방법

외부 소프트웨어를 사용해서 사용자를 모집할 자원이 부족하다면 직접 사용자를 모집할 수 있다. 사용성 테스트에 적합한 지원자를 선별하기 위한 스크리너 설문 조사를 커뮤니티 포럼, 소셜 미디어 등 온라인으로 배포하라. 예산이 빠듯한 프로젝트나 개인 프로젝트를 할 때 아주 흔하게 사용하는 방법이다.

이러한 방법의 극단적인 형태가 바로 게릴라 테스트다. 이는 특정 장소에 직접 나가 현장에서 사용자를 찾아 테스트를 진행하는 사용성 테스트 방식이다. 테스트 결과를 빠르게 얻고 싶을 때 카페, 공원, 서점, 사무실 주변 등의 장소에서 진행할 수 있다. 이 방법은 아이콘의 의미가 무엇인지, 문구를 쉽게 이해할 수 있는지 등 제품의 UI 요소를 직관적으로 알아볼 수 있는지 확인할 때 특히 효과적이다.

6.4.3 스크립트 준비하기

어떤 방법으로든 사용자를 모집했다면 테스트 스크립트를 탄탄하게 작성하고 테스트 도중에 사용자에게 어떻게 질문을 던질지도 고민해야 한다. 테스트 스크립트는 테스트 이전, 도중, 이후의 세 단계로 나눌 수 있다.

테스트 이전

사용성 테스트를 시작할 때는 답하기 쉬운 몇 가지 질문을 통해 사용자가 테스트에 편하게 임하도록 돕는 것이 좋다. 긴장을 풀고 몇 가지 배경 정보를 확인하며 본격적인 제품 테스트를 준비하는 단계다. "직업이 무엇인가요?", "저희 제품을 어떻게 사용하시나요?" 같은 질문은 사용자의 마음을 여는 데 도움이 되며 이들이 제품에 어느 정도 익숙한지도 파악할 수 있게 해준다. 이런 질문은 사용자가 앞으로 진행될 테스트에 자연스럽게 몰입하도록 이끌어준다.

테스트하기 전에는 이런 질문을 하면 좋다.

- "직업이 무엇인가요?"
- "저희 제품을 잘 알고 계신가요?"
- "저희 제품을 어떻게 사용하시나요?"

- 테스트하는 기능과 관련된 질문: 검색 기능을 테스트하고 있다면 "평소에 콘텐츠를 어떻게 검색하시나요?"라고 묻는다.
- 테스트 주제와 관련된 질문: 스트리밍 서비스를 테스트하고 있다면 "TV를 얼마나 자주 시청하시나요?"라고 묻는다.

테스트 도중

사용성 테스트가 시작되면 제품에 대해 묻거나 제품이 예상대로 작동하는지, 작동 방식이 이해하기 쉬운지를 확인하는 것이 좋다. 이러한 질문은 아이디어의 타당성을 평가하고 사용자가 이를 잘 이해하고 있는지를 확인하는 데 목적이 있다. 프로세스 초기에 정의했던 지표에 대한 답을 파악하기에 좋은 단계이기도 하다.

테스트 도중에는 이런 질문을 하면 좋다.

- 그 행동을 취한 후에 어떤 일이 일어날 것으로 예상하셨나요?
- 실제 결과가 예상과 일치했나요?
- 그 기능을 어디에서 찾을 수 있을 거라고 생각하셨나요?
- 그 작업을 수행할 수 있을 거라고 예상하셨나요?

테스트 이후

사용성 테스트가 끝나면 해당 세션을 마무리하고 제품에 대한 전반적인 정보를 얻을 수 있는 기회가 있다. 제품에 대한 감상, 전반적인 만족도, 제품에 바라는 추가적인 특성과 기능에 대해 질문하기 가장 적절한 시점이다.

테스트를 마친 후에는 이런 질문을 하면 좋다.

- 1~5점 기준으로 이 제품에 얼마나 만족하셨나요?
- 1~5점 기준으로 이 제품을 얼마나 자신감 있게 사용할 수 있었나요?
- 이 기능을 개선하기 위해 추가되었으면 하는 것이 있다면 무엇인가요?
- 그 외에 더 말씀하고 싶은 사항이 있나요?

테스트 진행하기

모든 준비를 마쳤다면 실제 테스트를 진행할 차례다. 사용자를 대상으로 사용성 테스트를 실시하고 준비한 스크립트를 따라 제품을 안내한다. 여러분과 사용자 모두가 좋은 경험을 할 수 있도록 테스트를 원활히 진행하는 몇 가지 방법을 알아보자.

6.4.4 테스트 세션의 방향 설정하기

우선 테스트 세션의 방향을 잡아야 한다. 여러분과 사용자가 왜 이 자리에 있는지, 달성하고자 하는 목표가 무엇인지 설명하라. 그러면 사용자들이 테스트를 이해하는 데 도움이 된다.

사용자가 편하게 느낄 수 있도록 테스트에 앞서 궁금한 점을 물어볼 기회를 주어라. 물이 필요한지, 시작할 준비가 되었는지를 확인한 다음에 테스트를 시작하라.

테스트의 목적도 설명하라. 해당 세션에서 테스트하는 대상은 사용자가 아니라 제품이라는 점을 알려주어야 한다. 여러분이 알고자 하는 것은 **사용자**가 얼마나 잘하는지가 아니라 제품이 어떻게 작동하는지를 이해하는 것임을 분명히 하라.

테스트 중에 의사결정을 내리고 화면을 탐색하며 어떤 생각을 하는지 소리 내어 말해달라고 요청하라. 이를 통해 이들의 사고 과정을 엿볼 수 있다. 사용자들이 테스트 중에 내리는 결정을 말로 표현하도록 하면 이들이 실제로 제품을 어떻게 탐색하는지에 대한 중요한 데이터를 얻을 수 있다.

테스트를 시작하기 전에 녹화해도 되는지 허락을 구하라. 녹화하면 테스트에 어떤 도움이 되는지 설명하고 녹화한 내용은 팀 내부적으로 기록하고 공유하는 목적으로만 사용한다는 점 알려라.

사용성 테스트를 시작할 때 보통 다음과 같은 구조로 세션의 방향을 설정한다.

> 안녕하세요! 저는 〈회사〉에서 〈제품〉 업무를 담당하고 있는 디자이너입니다. 오늘 저희는 제품의 기능을 개선하기 위해 추가할 옵션을 테스트할 예정이며 그 옵션을 하나씩 함께 살펴보려고 합니다. 지금 하는 테스트는 사용성 테스트이며 테스트의 대상은 오로지 저희 제품과 그 사용자 경험입니다. 여러분이나 여러분의 사고 과정은 평가 대상이 아니니 마음 편히 테스트에 임해주시면 됩니다.
>
> 디자인을 살펴보는 동안 어떤 생각을 하시는지 소리 내어 말씀해주시면 감사하겠습니다. 그러면 여러분이 어떤 이유로 결정을 내리는지 이해하고 저희 제품을 개선할 방법을 파악하는 데 도움이 됩니다.
>
> 시작에 앞서 테스트 과정을 녹화해도 괜찮을지부터 여쭤보고 싶습니다. 녹화한 내용은 저희 팀 내부에서 참고할 목적으로만 사용될 예정입니다.

> 드물지만 녹화를 거부하는 사용자도 있을 수 있다. 그래도 괜찮다. 그들의 의사를 존중하고 테스트 진행 상황을 최대한 꼼꼼히 메모로 기록하라. 가능하다면 여러분이 테스트를 진행하는 동안 메모를 작성해줄 사람이 있으면 좋다.

테스트 진행하기

녹화를 시작하고 스크립트를 진행할 준비를 마쳤다면 원활한 진행을 위해 몇 가지 추가적인 사항을 기억하라.

사용자가 테스트를 주도하게 하라. 질문에 즉시 답하지 말고 이들이 막혔을 때 바로 개입하지 마라. 이들이 실제로 제품을 사용할 때는 여러분이 곁에 있지 않을 것이므로 이들이 혼란스러워할 때 스스로 해결할 수 있는지 관찰하는 것이 중요하다. 이러한 데이터는 개선 사항이 제품에 실제로 도움이 되는지 확인할 때 유용하다.

테스트를 진행하면서 사용자의 의도와 선택을 이해하도록 하라. "왜 거기로 가셨나요?", "방금 한 행동은 어떤 의도로 하신 건가요?"처럼 의도를 명확히 파악하는 데 도움이 되는 질문을 던져서 이들의 사고 과정을 더 깊이 있게 이해하라. 만약 이들이 한 답변을 이해하지 못했다면 더 구체적인 설명을 요청하라.

다음과 같은 질문은 의도를 명확히 파악하는 데 도움이 된다.

- 방금 한 행동은 어떤 의미인가요?
- 조금 더 자세히 설명해주실 수 있나요?
- 예를 들어 설명해주실 수 있나요?
- 왜 그렇게 하셨나요?

테스트를 마칠 때는 전반적인 만족도나 사용 용이성에 대한 추가 질문으로 마무리하라. 몇 분 정도 사용자의 질문을 받는 시간도 제공하라. 그렇게 하면 세션을 정중하게 마무리할 수 있을 뿐 아니라 사용자의 질문이 테스트 이후 제품 개선 방향과 다음으로 할 작업을 구상하는 데에도 도움을 줄 수 있기 때문이다. 그리고 귀한 시간을 내주어서 고맙다는 인사로 세션을 마치고 다음 테스트로 넘어가라!

6.4.5 사용성 테스트는 더 나은 제품을 만든다

사용성 테스트는 부담스러울 수 있다. 사용자가 제품을 좋아할까? 디자인이 이해하기 쉬울까? 사람들이 제품을 실제로 사용할 수 있을까? 나 역시 많은 기대와 약간의 불안감을 가지고 테스트에 들어간다. 때로 조금 걱정스러울 때도 있다. 디자인을 처음으로 사용자 앞에 내놓는 것은 상당히 부담스러운 일이다.

그럼에도 불구하고 보람이 따를 때가 많다. 사람들이 왜 여러분의 제품을 찾는지, 여러분의 디자인을 어떻게 받아들이는지, 실제 무엇이 이들에게 도움이 되는지 많은 것을 배울 수 있기 때문이다. 직관적이고 의미 있는 디자인을 만들어서 다른 사람들에게 긍정적인 영향을 미칠 수 있다면 그만큼 뿌듯한 일도 없다. 혹시 그렇지 못했더라도 무엇을 개선해야 이런 목표를 달성할 수 있는지 배울 수 있다.

게다가 제품이 제대로 작동하는지 테스트를 통해 확인하는 것이 테스트 없이 출시한 후에 문제를 겪는 것보다 훨씬 더 낫다. 장담하건대 상대적으로 영향이 적은 테스트 단계에서 결과를 확인하는 것이 제품 출시 후 현실에서 심각한 문제를 겪는 것보다 훨씬 더 낫다.

6.4.6 직접 해보자!

실제로 사용자를 모집하고 사용성 테스트를 진행해보자! 사용자 모집을 위해 어떤 방법이든 사용해도 괜찮지만 일반적으로 사용하는 방법은 다음과 같다.

- 유저줌(UserZoom), 유저테스팅(UserTesting) 등의 유료 서비스
- 링크드인, 페이스북 등의 소셜 미디어

- 디스코드, 슬랙 등의 온라인 커뮤니티
- 카페나 공원에서 하는 게릴라 테스트
- 친구나 가족에게 문자나 전화로 요청하기

사용자를 어디에서 모집하는지는 크게 중요하지 않다. 중요한 것은 여러분이 디자인할 때 염두에 두었던 사용자 유형을 제대로 모집하는가다. 페르소나에 가까운 사람일수록 더 좋다. 충분한 피드백을 얻으려면 6명을 목표로 하라.

2장 '공감을 디자인 도구로 활용하기'의 스크리너 설문 조사 연습을 완료했다면 이 과정이 훨씬 쉬워질 것이다! 그때 인터뷰했던 참가자에게 연락해서 프로토타입 테스트에 참여할 의향이 있는지 물어볼 수 있다. 아니면 스크리너 설문 조사의 질문을 복사해서 새로운 사용자를 모집하는 데 활용할 수도 있다.

사용자를 찾았다면 그들을 대상으로 테스트를 진행하라! 프로토타입에 맞는 스크립트를 만들고 그에 따라 테스트를 진행하라. 진행하는 도중에는 다음 사항을 기억하라.

> 부록 A.5 '사용성 테스트: 모집하고 실행하기'를 참고해 참가자를 모집하고 테스트를 실행하기 위한 여러분의 계획을 예시와 비교해보라.

- 녹화에 대한 허락을 받고 모든 세션을 녹화하라.
- 추적하고 싶은 지표를 기록하라.
- 반응을 이해하기 어려울 때는 항상 '왜'라는 질문을 던져서 의미를 명확히 파악하라.

행운을 빌며 즐겁게 테스트하길 바란다!

6.5 SECTION 사용성 테스트: 결과 분석하기

사용성 테스트를 모두 완료했다면 어떤 부분이 잘 작동하고 어떤 부분이 그렇지 않은지 어느 정도 파악했을 것이다. 테스트 현장에서 직접 결과를 관찰했을 수도 있고, 모더레이터 없이 진행한 테스트의 결과를 통해 문제가 없었던 지점과 사용자가 어려움을 겪은 지점을 확인했을 수도 있다. 이러한 과정만으로도 무엇을 그대로 유지하고 무엇을 개선할지 알게 되었을 것이다.

하지만 여기서 멈추지 마라. 결과를 바탕으로 제품을 더 발전시킬 방법을 비판적으로 고민해서 제품을 더 깊이 이해하고 그 결과를 팀에 공유할 수 있도록 하라. 다행히 테스트 결과를 이해하기 쉬운 인사이트로 정리하고 제품을 더 나은 방향으로 이끄는 데 도움이 되는 몇 가지 방법이 있다.

내 경험상 이처럼 정리한 인사이트는 사용성 테스트의 핵심적인 부분이었다. 아무 이유나 근거 데이터 없이 제품에 어떤 부분을 넣거나 빼야 한다고 주장하는 것만으로는 팀원들을 설득하기에 충분하지 않을 때가 많앉다. 반대로 다른 팀원들이 사용자의 바람과 반대되는 요소를 제품에 넣고 싶어 할 때도 있었다. 이러한 상황을 피하려면 사용자를 고려해 특정 요소를 추가하거나 제외해야 하는 이유를 설명하는 근거가 필요하다. 만족도 점수, 기능 사용성 분석, 사용자 발언 등은 이러한 주장을 뒷받침할 수 있으며, 이는 여러분의 가장 중요한 업무인 사용자를 대변하는 역할을 하는 데 도움이 된다.

6.5.1 점수 척도

사용성 테스트 초반에 정의했던 지표를 떠올려보면 점수를 기반으로 평가하는 질문을 활용했다. 예를 들어 "1~5점 기준으로 이 제품에 얼마나 만족하셨나요?" 같은 질문을 했다. 이처럼 점수로 평가하는 방식은 일반적으로 점수 척도, 분석 기준점, 또는 **시스템 사용성 척도**(System Usability Scale, SUS)라고 불린다. 이 방식은 사용자 스스로 점수를 매기게 해 여러분이 측정하려는 지표에 대한 주관적인 데이터를 수집할 수 있게 해준다.

그림 6-14는 사용성 테스트 이후에 모더레이터 없이 진행된 설문 조사의 예시를 보여준다.

▼ **그림 6-14** 사용성 테스트 이후 사용자 경험에 대해 묻는 두 가지 질문

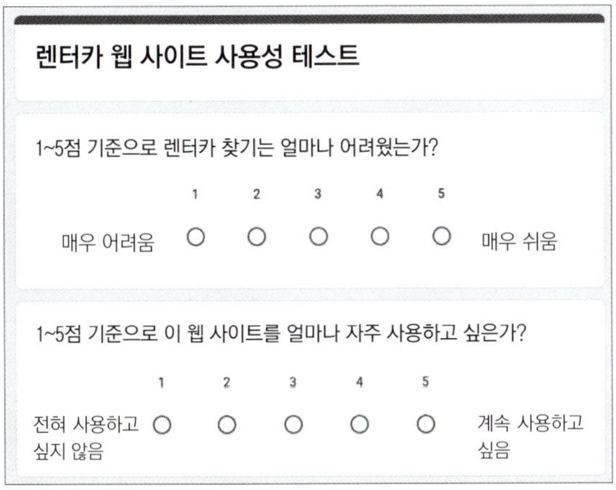

이러한 질문은 사용성 테스트 이후에 할 수 있는 질문 예시다. 두 질문 모두 사용자에게 사용 용이성과 제품 호감도에 점수를 매겨 달라고 요청한다. 이 예시에서는 사용자가 높은 점수를 선택할수록 제품에 대한 테스트 결과가 **긍정적**으로 나타난다. 여러분은 제품이 사용하기 쉽고 매력적이기를 바랄 것이며 결국 이 두 가지가 바로 테스트를 통해 확인하려는 핵심 사항이다.

이렇게 정보를 수집하면 사용자의 의견이라는 정성적 지표를 정량적인 결과로 변환할 수 있어서 좋다. 여러 사용자의 결과를 더 쉽게 비교할 수 있고 제품의 **사용 용이성**과 **호감도**에 대한 평균 점수를 산출할 수 있다.

점수 척도는 개별 기능 평가, 전반적인 만족도 확인, 제품 사용성 관련 의견 수집 등 사용성 테스트의 다양한 측면에 활용할 수 있다.

6.5.2 신호등 차트

점수 척도는 사용성 테스트에서 도출한 다른 분석 산출물에도 적용하기 좋다. 이러한 산출물 중 하나인 신호등 차트(stoplight chart)는 사용성 테스트에서 수집한 주요 인사이트를 시각적으로 표현한 것이다. 신호등 차트는 테스트에서 드러난 제품의 강점과 약점을 한눈에 보여주는 유용한 방법이다.

그림 6-15는 혼자 하는 여행 앱을 위해 진행한 사용성 연구에서 예시로 만든 신호등 차트다.

▼ 그림 6-15 내가 진행한 사용성 테스트 회차별 신호등 차트

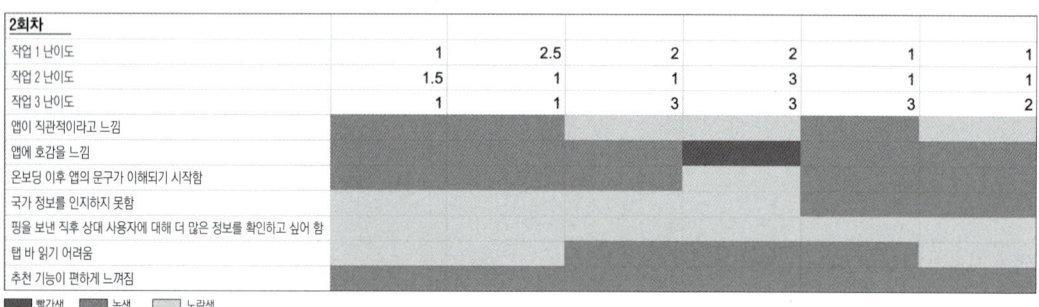

이 차트를 보면 녹색, 노란색, 빨간색 상자가 먼저 눈에 들어온다. 이 상자들은 각 테스트에서 관찰한 결과를 나타내며 테스트의 여러 측면에 대한 전반적인 인상을 표현한다. 녹색은 긍정적인 반응, 노란색은 긍정도 부정도 아닌 중간 수준의 반응, 빨간색은 부정적인 반응을 나타낸다.

이 그래프의 열은 사용자를 나타낸다. 이 예에서는 여섯 사람이 테스트에 참여했다. 행은 테스트한 특정 UI 컴포넌트, 콘텐츠 항목, 기능 등 프로토타입의 여러 측면을 나타낸다.

이런 방식으로 데이터를 정리하면 무엇이 잘 작동했고 무엇을 개선할 수 있을지 쉽게 파악할 수 있다. 예를 들어 대부분의 사용자가 앱에 호감을 느꼈다(다섯 번째 행을 보면 6명 중 5명이 그렇게 느꼈다). 게다가 근처 사용자를 검색하게 해주는 앱의 **핑**(ping) 기능[4]은 개선할 여지가 있다(여덟 번째 행을 보면 모든 사용자는 이에 대해 긍정과 부정이 섞인 의견을 내놓았다)

차트의 열을 보면 일부 사용자가 다른 사용자보다 테스트를 더 쉽게 완료했다는 것을 알 수 있다. 네 번째 사용자는 사용자 그룹의 나머지 사람들에 비해 특히 더 어려움을 겪었다. 이 사용자는 대상 사용자에 속하지 않거나 이 사용자가 테스트를 진행하는 도중에 무언가 혼란을 일으킬 만한 상황이 일어났을 수 있다. 이 사례는 내가 6~8명 규모의 사용자 테스트를 선호하는 이유를 잘 보여준다. 네 번째 사용자가 데이터를 왜곡하고 있을 가능성이 있기 때문이다.

> 접근성 관점에서 볼 때 색상만으로 정보를 전달하는 것이 최선이라고 볼 수 없다. 아이콘을 추가하면 결과를 더 명확히 전달할 수 있다. 확인 표시, 슬래시, 닫기 등 원하는 항목이 포함된 아이콘 세트를 사용하면 녹색, 노란색, 빨간색으로 전달하려는 내용을 더 효과적으로 표현할 수 있다. 원한다면 아이콘과 색상을 함께 사용할 수도 있다.

이 신호등 차트에서 마지막으로 주목할 점은 두 번째부터 네 번째 행이다. 각 행은 사용자에게 각 작업의 완료 난이도를 점수 척도로 평가하도록 요청하는 항목이다. 이 척도는 1점에서 5점까지로 1점은 쉽고 5점은

---

4 역주 다른 사용자에게 알림이나 요청을 보내는 기능.

어렵다는 뜻이다. 점수를 모두 합산하면 두 번째 작업이 가장 쉬웠고 세 번째 작업이 가장 어려웠다는 것을 알 수 있다. 제품을 개선하려면 세 번째 작업에 초점을 맞추고 완료하기 어려웠던 이유가 무엇인지 확인하는 것이 좋다.

6.5.3 인용문

점수 척도와 신호등 차트는 사용자 간 비교, 제품의 여러 측면 간 비교를 통해 중요한 인사이트를 얻는 데 매우 유용하다. 이 데이터는 팀에 동기를 부여하고 앞으로 어디에 집중할지 방향을 제시하는 데 도움이 된다.

이러한 분석 산출물을 보완하고 사용자를 대변하는 주장을 더 강력하게 뒷받침하기 위해 인용문을 활용할 수 있다. **인용문**은 테스트 중에 사용자가 한 발언을 그대로 옮기는 것을 말한다. 사용성 테스트에서는 사용자가 제품과 상호작용하면서 자신의 생각을 소리 내어 표현하게 하는 것이 권장된다. 이들은 테스트 과정에서 자신이 느낀 놀라움, 즐거움, 좌절 등의 감정을 말로 표현할 것이다. 여러분은 연구자로서 이들이 그렇게 느낀 이유를 이해하고 질문해야 한다. 이러한 순간에 사용자가 자신의 정확한 감정을 고유하게 표현한 인용문은 연구에 큰 도움이 된다. 인용문은 강력한 힘을 발휘해 사용자가 느끼는 감정을 여러분에게 생생하게 전달할 뿐 아니라 여러분은 이러한 감정을 다른 팀원들에게 전달해 여러분이 내린 의사결정의 근거로 활용할 수 있다.

한 가지 예를 상상해보자. 여러분은 낯선 나라에서 혼자 여행하는 사람을 위한 앱을 만드는 프로젝트를 진행하는 디자이너다. 사용성 테스트를 한 후에 팀원들에게 "사용자들이 안전을 무척 걱정했어요."라고 말한다면 팀원들은 어떤 반응을 보이겠는가? 여러분이 한 말을 믿겠는가? 여러분은 사용자가 한 말을 전달했다. 이들은 앱 사용과 관련한 맥락에서 안전을 걱정하고 있었다. 하지만 이 말은 그다지 와닿지 않을 수 있고 어쩌면 믿지 않을 수도 있다.

그 대신 사용자가 한 말을 직접 인용한다면 어떨까?

> 저는 되도록 그룹으로 다니는 편이에요. 이미 결성되어 있는 그룹과 함께 다니면 더 안전하게 느껴지니까요. 대체로 낯선 도시에서 혼자 돌아다니면서 술을 마시지 않는 것이 상식이잖아요. 안타깝게도 그게 혼자 여행하는 여성으로서 저의 현실이긴 하지만요. 혼자 다닐 때보다는 그룹으로 다닐 때 확실히 더 자유롭다고 느껴요.

> 안전은 늘 신경 쓰는 문제예요.

사용자들이 안전에 대해 걱정한다는 핵심 인사이트를 여러분의 말로 전달해도 물론 어느 정도 영향은 미칠 수 있다. 하지만 인용문을 포함시키면 그 영향력이 훨씬 더 커진다. 인용문은 공감을 불러일으킨다. 연구자가 인사이트를 전달하는 것도 의미가 있지만 이를 사용자의 실제 목소리로 뒷받침하면 완전히 다른 차원의 설득력을 발휘한다.

사용자가 자신의 고유한 표현으로 감정을 전달하는 것은 훨씬 더 강력하다. 사용자를 대변하는 가장 좋은 방법은 인용문을 통해 이들의 목소리를 팀에 직접 전달하는 것이다. 어차피 사용자를 대변할 생각이라면 이들이 직접 말하는 것을 막을 이유가 무엇이겠는가?

6.5.4 결과를 분석하고 요약하기

이제야 사용자가 제품을 어떻게 느끼는지 알게 되었다. 사용성 테스트를 통해 디자인에서 잘 작동하는 부분과 그렇지 않은 부분은 어디인지, 디자인이 지닌 향후 발전 가능성은 무엇인지에 대해 양질의 피드백을 얻었다. 이제 그 결과를 종합해 디자인의 유용성과 품질에 대한 평가를 내리고 디자인이 얼마나 유용하고 성공적인지 파악할 수 있다.

이렇게 소중한 정보는 여러분 혼자만 알고 있으면 안 된다. 테스트 결과가 나왔다면 이를 널리 공유해야 한다. 제품 팀을 비롯해 조직 내 다른 팀도 디자인이 어떤 성과를 냈는지, 사용자가 제품에 무엇을 원하는지 알아야 한다. 이제 사용성 테스트에서 얻은 모든 사용자 피드백을 정리해서 공유할 시간이다.

6.5.5 직접 해보자!

이제 사용성 테스트를 마쳤으니 결과를 살펴볼 차례다! 각 테스트를 음성과 영상으로 녹화해두었다면 더할 나위없다. 결과를 검토하고 모든 피드백을 신호등 차트로 정리하라. 표를 만들어서 평균을 구하고 제품의 여러 측면에 대한 사용자의 전반적인 감상을 파악하는 것을 목표로 하라.

제품 피드백을 정리한 신호등 차트에 들어가는 항목은 다양하다.

- 점수 척도: NPS(net promoter score, 순고객추천지수, 다른 사람에게 제품을 추천할 의향이 있는지 평가하도록 요청하는 설문조사) 또는 시스템 사용성 척도(제품의 사용성을 측정하는 표준 설문지)
- 완료율(사용자가 작업을 완료한 비율, 완료하기까지 소요 시간)
- 오류율(오류가 얼마나 발생했으며 어느 시점에서 발생했는지)
- 작업별 측정 결과(프로토타입의 특정 부분에 대한 질문)
- 정성적 지표: 사용자가 제품에서 좋아한 점과 싫어한 점, 제품에 추가되기를 바라는 점.

> 부록 A.5 '사용성 테스트: 결과 분석하기'를 참고해 여러분의 분석을 예시와 비교해보라.

신호등 차트를 만드는 연습은 프로세스의 다음 단계인 테스트 결과 발표하기를 준비하는 데 매우 유용하다.

6.6 SECTION 사용성 테스트: 테스트 결과 발표하기

디자인 싱킹 프로세스의 테스트 단계가 거의 마무리되었다. 테스트 계획을 세웠고 테스트에 참여할 사용자를 모집했으며 테스트를 진행해 의미 있는 결과를 얻었다. 결과가 애초에 듣고 싶었던 내용과 다를지 모르지만 이러한 결과는 시장에 출시하기 전에 제품의 품질을 개선하는 데 도움이 되는 소중한 피드백이다.

이제 사용성 테스트 결과를 얻었으니 이를 조직의 다른 사람들에게 공유할 차례다. 문제를 직접 해결할 사람들뿐 아니라 관련 문제를 다루는 사람들에게도 마찬가지다.

> 프로젝트를 혼자 진행하고 있더라도 이 장의 조언을 따르는 것이 좋다. 테스트 결과를 요약해두면 나중에 제품의 변천사와 발전 과정을 더 쉽게 살펴볼 수 있다. 또한 이 장에 정리한 팁은 자신의 작업을 포트폴리오나 사례 연구로 만드는 사람에게도 매우 유용하다.

6.6.1 결과를 공유해야 하는 이유는 무엇인가?

일반적으로 사용성 테스트 과정이 끝나면 테스트 결과를 분석하고 대상 사용자를 고려해 제품에 대한 의사결정을 내린다. 제품 팀은 사용성 테스트에서 얻은 인사이트를 필요한 영역에 적용할 것이다.

하지만 안타깝게도 이렇게 배운 바를 조직 전체에 공유하는 일은 드물다. 개별 팀이 고립된 채로 작업하면 사용성 테스트에서 얻은 인사이트의 영향이 테스트를 진행한 팀 내에만 머무르게 된다. 사실 이런 인사이트는 제품의 여러 측면에도 적용될 수 있는 데 이러한 사실을 간과하기 쉽다.

때로 테스트 결과가 팀 내에도 공유되지 않는 경우가 있다. 프로덕트 매니저와 디자이너가 개발자에게 어떤 기능을 제작해달라고 요청하면서 사용성 테스트를 통해 알게 된 맥락은 전달하지 않는 경우를 여러 프로젝트에서 목격했다. 하지만 이러한 맥락을 제공하면 개발자도 사용자에게 더 깊이 공감하게 될 뿐 아니라 기술적인 관점에서 아이디어를 내고 의견을 보탤 수 있게 된다. 이는 결과적으로 더 나은 제품을 완성하는 데 도움이 된다.

팀 외부에 있는 이해관계자들에게 결과를 공유하면 제품 개발 프로세스를 원활히 진행하는 데도 도움이 된다. 기능이 어떤 영향을 내고 어떻게 작동했는지를 주요 의사결정권자에게 전달하라. 그러면 그 기능에 대한 지속적인 지원을 약속받을 수 있고 제품에 대한 새로운 아이디어가 나올 수도 있다.

연구 결과를 공유하면 다른 팀에도 긍정적인 영향을 미칠 수 있다. 사용자들이 제품을 어떻게 경험하고 평가했는지를 알게 될 뿐 아니라 연구가 어떻게 진행되었는지를 살펴보면서 그들도 직접 사용자 연구를 시도해보고 싶다는 동기를 느낄 수 있다.

나 또한 이러한 상황을 모두 직접 겪어보았다. 사용성 연구를 수행한 후 팀에 결과를 공유하자 제작 중인 제품이 어떤 영향을 내는지 모두가 훨씬 더 깊이 이해하게 되었고 그 덕분에 팀원들이 의지를 새롭게 다지면서 사기도 높아졌다. 이해관계자들에게 연구 결과를 보여줄 때 사용자가 한 말을 그대로 인용해 핵심 인사이트를 강조해서 특정 기능의 가치를 보여주거나 특정 기능을 제거하기로 한 이유를 효과적으로 전달한 경험도 있다. 또한 테스트 결과를 다른 팀에 공유하며 민주화된 연구를 수행하는 최적의 방식에 대해 깊이 있는 대화를 나누기도 했다. 민주화된 연구(democratized research)란 연구 과정은 팀이 주도하되, 개개인에게 사용성 테스트를 수행할 권한을 부여하는 방식을 말하며, 그러면 제삼자나 조직 내 다른 부서에 의존하지 않고도 스스로 연구를 수행할 수 있게 된다. 이처럼 연구 결과를 공유하는 일은 강력한 연구 문화를 조성하는 데 매우 유익할 뿐 아니라 사용자 관점을 더 깊이 있게 이해하는 데에도 크게 기여한다.

6.6.2 테스트 결과를 어떻게 공유할까?

다행히 테스트 결과를 공유하는 과정은 그렇게 복잡하지 않다. 좋은 사용성 테스트 절차를 따랐다면 공유할 때 필요한 자료 대부분이 이미 갖춰져 있을 것이다. 결과를 공유하면 테스트를 통해 추적한 주요 지표와 핵심 인사이트가 큰 영향을 미친다. 다만 문제에 대해 잘 모르는 사람들도 잘 이해할 수 있도록 이 모든 정보를 체계적으로 정리하는 부분이 어려울 수 있다.

요약 시트

테스트 결과를 공유하는 한 가지 좋은 방법은 핵심 내용을 요약한 문서를 작성하는 것이다. 요약 문서는 본질적으로 테스트 완료 후 취할 조치에 대한 계획을 담은 보고서이므로 비공식적으로 간결하게 작성해도 괜찮다. 인사이트를 정리하고 몇 가지 주요 지표가 포함되는 정도면 충분하므로 한 페이지 분량으로도 작성할 수 있다.

그림 6-16은 혼자 하는 여행 앱 프로젝트를 위해 내가 만든 예시다. 여러 차례 테스트를 진행하며 알아낸 정보를 팀원들에게 공유하려고 작성했다. 전체 테스트를 분석하고 테스트 결과와 앞으로 할 일을 상세히 적은 한 페이지 분량의 요약 문서를 만들었다.

▼ 그림 6-16 사용성 테스트 결과 보고서 예시

사용성 테스트 2회차
사용성 테스트 2회차에서 **6명의 사용자**를 대상으로 **3개의 작업**을 테스트했다.

인사이트 요약
- 작업 난이도 평균
  - 작업 1: 5점 만점에 1.58점
  - 작업 2: 5점 만점에 1.42점
  - 작업 3: 5점 만점에 2.17점
- 사용자들은 전반적으로 앱이 만족스럽고 직관적이라고 느꼈다. 앱의 목적을 이해할 수 있고 앱을 자신의 일상에서 자연스럽게 사용할 수 있을 것이라고 생각했다.
- 초반에는 앱의 용어와 문구에 혼란을 느꼈지만 일단 익숙해지면 직관적이라고 느꼈다.
- 초반에는 앱 탐색을 어려워했지만 일단 익숙해지면 직관적이라고 느꼈다.
- 핑 요청을 수락한 후에 어떤 일이 일어나는지 명확히 알 수 없다고 느꼈고 그 흐름에 추가 안내가 필요하다고 보았다.
- 핑을 보낸 후 결과를 더 즉각적으로 보기를 원했다. 사용자 정보를 한눈에 보고 정렬하는 기능을 요구했다.
- 핑을 보낼 수 있는 범위에 대해서도 더 알고 싶어 했다.
- 추천 기능은 편하다고 생각했다.

2회차를 통해 계획한 수정 사항
- 앱 내 문구를 수정해 혼란을 줄이기.
- 핑 결과를 오버레이로 추가해 사용자들이 모든 정보를 한눈에 볼 수 있게 하기.
- 핑 수락 흐름 보강하기.
- 추천 흐름 보강하기.
- 모든 와이어프레임을 고충실도로 제작하기.

우선 진행한 테스트의 구조를 명확히 밝혔다. 현재 어느 단계를 진행 중인지, 테스트 참여 인원은 몇 명인지 알렸다.

그다음으로는 테스트에서 얻은 인사이트를 정리했다. 작업 난이도 같은 주요 지표, 앱의 사용 용이성이나 호감도처럼 사용자가 제품에 보인 전반적인 반응으로 시작했다. 그리고 특정 작업에서 일어난 문제나 앱 사용에 혼란을 일으켰던 부분 등 구체적인 인사이트를 언급했다.

마지막으로 테스트를 바탕으로 계획한 수정 사항을 결론으로 제시했다. 사용성 테스트 도중에 관찰한 바를 바탕으로 어떤 작업을 하고 싶은지를 팀에 전달했다.

요약 문서는 다음과 같은 순서로 정리하면 좋다.

1. 테스트 구조는 어떠한가?
2. 테스트 간 비교해야 할 지표나 분석 기준점은 무엇인가?
3. 테스트에서 얻은 핵심 교훈은 무엇인가?
4. 수정해야 하는 사항은 무엇인가?
5. 다음 단계는 무엇인가?

이 정도면 충분하다. 이렇게 요약하면 연구 결과를 다른 팀에 효과적으로 공유할 수 있다. 간결하게 핵심만 전달하라. 테스트 결과, 그에 따른 계획, 그리고 테스트 구조에 대한 간단한 설명이면 필요한 정보를 다 갖춘 셈이다. 아마 이러한 정보는 어차피 팀 내에서도 활용할 것이므로 시간을 내어 정리하고 다른 사람들에게 공유한다면 조직 내 모든 팀과 구성원에게 사용성 테스트에 대한 이해와 모범 사례를 전파하는 데 큰 도움이 될 것이다.

여기에서 한 걸음 더 나아가서 약간의 정보를 추가한다면 더욱 강력한 연구 결과 공유 자료를 만들 수 있다.

6.6.3 프레젠테이션

요약 문서가 효과적이긴 하지만 사용성 테스트 결과를 공유하는 더 효과적인 방법도 존재한다. 바로 프레젠테이션을 만드는 것이다. 이 방법은 다소 시간이 더 들지만 이해하기 쉽다는 프레젠테이션 특유의 장점 덕분에 프로젝트에 대한 맥락을 잘 알지 못하는 사람도 내용을 훨씬 더 쉽게 이해할 수 있다. 게다가 핵심을 더 효과적으로 전달할 수 있는 방식으로 정보를 정리해 보여줄 여지가 훨씬 더 많다는 것도 프레젠테이션의 큰 장점이다.

프레젠테이션은 보기에 좋을 뿐 아니라(보기 좋게 만드는 것은 디자이너가 해야 할 일 중 하나이기도 하다) 사용성 테스트 결과의 세 가지 핵심 요소를 함께 보여줄 수 있다는 점에서 더욱 유용하다. 여기서 말하는 세 가지 핵심 요소란 인사이트가 도출된 인터페이스의 특정 지점, 도출된 인사이트, 그 인사이트를 뒷받침하는 인용문을 가리킨다.

그림 6-17은 NFT 마켓플레이스를 위해 만든 프레젠테이션이다. 이 마켓플레이스에서 사용자는 실제 e스포츠 선수와 연동된 토큰을 구매할 수 있었는데 이는 드래프트킹즈(DraftKings) 같은 판타지 스포츠 마켓플레이스와 유사한 방식이었다. 우리의 과제는 새로운 기능을 도입하고 시스템을 더 쉽게 사용할 수 있도록 인터페이스를 재설계하는 것이었다. 이를 위해 제품의 여러 버전을 디자인하고 테스트했다.

▼ 그림 6-17 세 가지 핵심 요소(화면, 발견 사항, 사용자의 감정을 포착한 인용문)를 보여주는 프레젠테이션의 한 부분

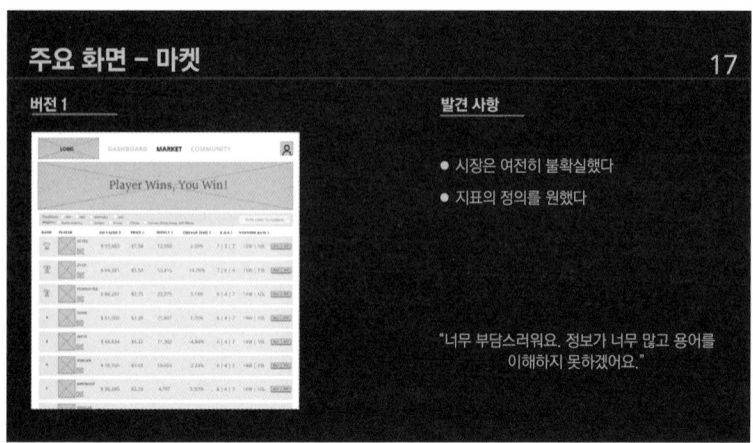

이 프레젠테이션을 통해 이해관계자들에게 우리의 디자인 싱킹 프로세스를 설명하고 싶었다. 이를 위해 UI의 첫 번째 버전(사용성 테스트에 사용한 중충실도 와이어프레임)을 보여주고 이를 테스트 도중에 배운 인사이트와 함께 제시했다. 이러한 인사이트를 뒷받침하기 위해 인사이트가 도출된 지점을 보여주는 인용문을 추가했다.

이처럼 세 가지 핵심 요소를 담는 방법을 사용해서 다음과 같은 효과를 거뒀다.

1. 제품의 어떤 부분을 논하는 중인지 **맥락 제공하기**.
2. 그 부분에서 배운 내용 **설명하기**.
3. 사용자의 발언을 인용해 **공감을 형성**하고 주장 입증하기.

이 방법은 맥락을 제공하고 배운 내용을 알려준 다음에 그로 인해 발생한 영향을 보여준다. 사용성 테스트에서 얻은 인사이트를 전달하는 모든 상황에서 활용할 수 있는 방법이다. 단 애초에 테스트를 설계하고 진행하는 과정을 제대로 기록해두었어야만 이러한 데이터를 얻을 수 있다.

한 걸음 더 나아가 반복적인 개발 주기에서 얻은 인사이트를 전달할 때도 이 방법을 활용할 수 있다(그림 6-18).

▼ 그림 6-18 그림 6-17 예시의 기능에 대한 테스트 다음 회차 결과

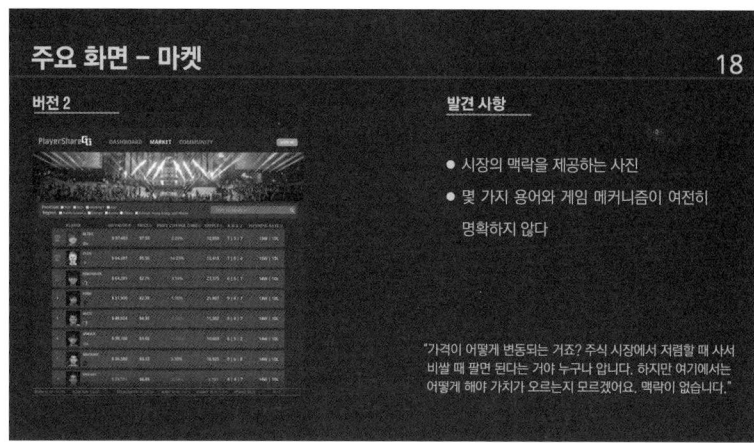

이는 같은 기능의 다음 개발 주기에 대한 결과다. 혼란이 줄긴 했지만 완전히 해소되지는 않았다. 사용자의 상태는 '제품을 이해하지 못한다'에서 '시장을 이해하지 못한다'로 바뀌었다. 개선되긴 했지만 여전히 더 나아질 여지가 있다. 하지만 세 가지 핵심 요소인 그림, 인사이트, 인용문이 포함된 형식은 그대로 적용했다.

프레젠테이션에서 맥락을 보여줄 수 있도록 테스트 방법론을 설명하는 소개 슬라이드를 포함시키는 것도 도움이 된다.

그림 6-19는 제작한 프로토타입 개수, 수행한 테스트 횟수, 하나의 핵심 아이디어를 바탕으로 진행한 개발 주기 반복 횟수를 보여준다. 이는 테스트에 참여하지 않은 사람들에게 사용성 테스트 과정에 대한 맥락을 제공한다.

▼ 그림 6-19 사용성 테스트의 테스트 구조와 참여자에 대한 전체적인 통계

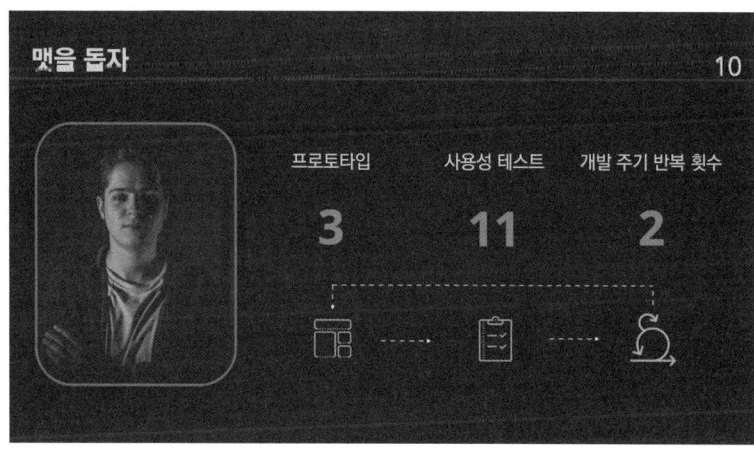

모든 인사이트를 발표한 후에는 그림 6-20처럼 다음 단계를 설명하는 슬라이드도 있어야 한다.

▼ 그림 6-20 제품의 사용성 테스트 이후에 진행될 단계

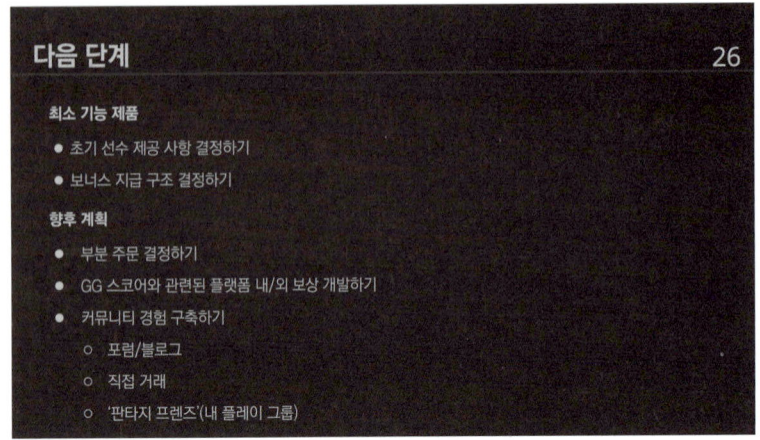

여기에서 우리는 최소 기능 제품을 목표로 디자인을 마치기 전에 몇 가지 추가 기능을 개발 중이라는 점을 설명했다. 또한 몇 가지 요소는 개발 범위에서 제외했으며 고객에게는 제품의 핵심 기능에 우선 집중하고 나머지 부분은 추후 다시 검토하라고 안내했다.

프레젠테이션에 정말 필요한 것은 테스트 과정 소개, 각 발견 사항에 대한 **세 가지 핵심 요소** 진술, 다음 단계를 안내하는 결론뿐이다.

6.6.4 테스트 결과 공유하기

조직 내 다른 사람들에게 결과를 공유하는 일을 최우선 과제로 삼기는 어려울 것이다. 결과 공유가 여러분에게 직접적으로 어떤 이득을 제공하겠는가? 이미 결과는 얻었고 이러한 결과를 제품에 바로 반영하면 그만인데 테스트 결과 요약을 준비하거나 상세한 프레젠테이션을 준비하는 데 굳이 시간을 낭비할 필요가 없다고 느낄 수 있다.

하지만 단언컨대 결과 공유는 테스트에서 정말 중요한 부분이다. 테스트 결과를 문서화해두면 생각보다 여러 면에서 여러분에게 도움이 된다. 동료들은 여러분이 테스트에서 배운 내용을 자신의 프로젝트에 적용해 더 나은 제품을 만들 수 있다. 관리자들은 데이터와 테스트를 기반으로 하고 있다는 점에서 여러분의 결정을 더 신뢰할 것이다. 팀원들은 지식을 추구하고 공유하는 여러분의 모습에 자극을 받을 뿐 아니라 여러분을 해당 분야의 전문가로 여기게 될 것이다. 그리고 궁극적으로 지식을 공유하고 협업하는 문화를 일구는 데 이바지하게 된다. 이는 우리의 디자인을 사용할 사람들의 삶을 더 나아지게 한다는 궁극적인 목표를 향해 함께 나아가는 데 있어 중요한 밑거름이 될 것이다.

6.7 테스트한 후에 구현한다

이 장은 디자인 싱킹 프로세스의 테스트 단계 초입에서 시작했다. 프로토타입을 준비한 상태에서 사용성 테스트의 목적과 범위를 정의해 디자인의 어떤 부분을 점검할지 계획했다. 지표를 설정하고 테스트에 참여할 사용자를 모집한 후 사용성 테스트를 진행해 디자인이 제대로 작동하는지 확인했다. 그 과정에서 솔루션이 효과가 있는지 사용자에게 직접 질문을 던져서 아이디어가 실제로 문제 해결에 도움이 되는지도 확인했다면 금상첨화일 것이다.

이제 디자인 싱킹 프로세스의 한 단계만 남았다. 바로 제품을 현실로 만드는 구현 단계다. 이 단계에서는 디자인을 구현하는 방법을 배울 것이다. 유저 스토리를 기반으로 제품의 모든 유스 케이스를 포착할 것이다. 체계적인 사고를 통해 디자인의 어떤 요소가 여러분이 만든 시스템에 맞는지 결정하게 될 것이다. 마지막으로 여러분의 디자인이 실제로 개발될 수 있도록 다른 사람들과 효과적으로 소통하는 방법을 배울 것이다.

7장

디자인 구현하기

7.1 디자인 싱킹 프로세스의 어떤 단계에 해당할까?

7.2 구현

7.3 유저 스토리

7.4 플로 사트

7.5 스타일 가이드

7.6 디자인 시스템

7.7 디자인 전달하기

7.8 이제 프로세스가 끝나는 것일까?

디자인 싱킹 프로세스의 여섯 번째이자 마지막 단계는 모든 것을 종합해 최종 제품 솔루션을 만드는 것이다. 이쯤이면 여러분은 사용자와 해결할 문제를 깊이 이해하고 그 문제를 해결하기 위해 무엇을 만들지 탐색했으며, 테스트를 통해 솔루션을 구체화하기 시작했을 것이다. 이제 디자인을 구현해야 할 차례다.

구현은 하나의 **예술**이다. 구현하려면 탁월한 소통 능력이 필요하다. 자신의 아이디어를 다른 사람에게 명확히 전달하려면 어떻게 해야 할까? 디자인 구현을 위해 협력해야 하는 사람들의 업무 스타일은 어떻게 파악할 수 있을까? 아이디어를 어떻게 표현해야 이들이 아이디어를 올바르게 구현할까? 명세만 전달하고 이들이 그 디자인을 지지하고 구현해줄 것이라 기대해서는 안 된다. 사람들이 제품 제작에 어떻게 접근할지부터 이해해야 한다.

구현은 일종의 **과학**이기도 하다. 정해진 절차를 따라 구현하면 디자인을 확장 가능한 형태로 만들 수 있다. 이는 지식을 전달하는 과정이라고 볼 수 있다. 여기서 말하는 지식이란 다른 사람이 여러분의 비전을 대규모로 재현할 수 있게 하는 지식을 의미한다. 이 단계에서는 정확성이 요구된다. 즉, 흐름 하나로는 부족하며 제품의 모든 유스 케이스를 아우르는 정확한 명세를 전달해야 한다. 이를 위해 디자인을 공유하는 시스템이 필요하다. 이 시스템은 다양한 유스 케이스를 표현할 뿐만 아니라, 디자인을 구성하는 컴포넌트까지 전달할 수 있어야 한다.

예술과 과학, 두 가지를 함께 활용하면 프로젝트를 통합하고 다른 사람들에게 공유하며 솔루션을 구현할 수 있다.

7.1 디자인 싱킹 프로세스의 어떤 단계에 해당할까?

디자인 싱킹 프로세스의 테스트 단계를 마치는 시점에는 사용자를 대상으로 아이디어를 테스트하며 디자인이 어떻게 작동하는지 확인했다. 지금쯤이면 사용자가 디자인을 문제없이 사용할 수 있는지, 제품이 사용자의 문제를 해결하는지 알고 있어야 한다. 무엇이 효과가 있고 무엇을 수정해야 하며 무엇을 제거해야 원하는 제품을 만들 수 있는지 파악했다면 이상적이다. 이 모든 지식을 갖췄다면 디자인 싱킹 프로세스의 마지막 단계인 **구현**에 돌입할 준비가 된 것이다(그림 7-1).

▼ **그림 7-1** 닐슨 노먼 그룹의 디자인 싱킹 모델. 모델의 여섯 번째 단계는 구현으로 이 모델의 마지막 단계에 해당한다. 이 단계에서는 지금까지 만든 디자인을 사용자에게 공개한다.

프로세스의 구현 단계에서는 디자인을 완성하기 위한 작업을 진행한다. 지금까지 디자인 싱킹 프로세스의 이전 단계에서 문제를 이해하고 이를 해결하는 방법을 탐색했다면 이제는 그 솔루션을 실현해야 한다.

구현 단계에서는 제품을 위한 견고한 기반이 필요하다. 쉽고 일관되게 디자인할 수 있는 시스템을 갖춰야 한다. 여러분의 디자인을 개발자가 구현해줄 방법이 있어야 한다. 마지막으로 향후 개선을 위한 프레임워크도 마련해야 한다. 이러한 시스템이 있으면 제품을 확장 가능한 형태로 만들고 전달할 수 있다. 단지 몇 번의 사용성 테스트를 위한 수준이 아니라 제품을 사용하고 싶어 하는 모든 사람이 사용할 수 있는 수준의 규모로 제작할 수 있게 된다.

제품이 사용자의 모든 요구를 충족시킨다고 어떻게 확신할 수 있을까? 지금까지는 테스트를 위해 하나 혹은 몇 개의 흐름을 제작했겠지만 제품을 확장하려면 제품의 모든 유스 케이스를 고려해야 한다. 디자인을 구조화하고 사용자 요구에 맞는 솔루션을 제공하는 한 가지 방법은 유저 스토리를 통해 모든 유스 케이스를 정리하고 추적하는 것이다.

7.2 구현

지금까지 디자인을 완성하고 검증했으니 이제 제품을 만들어야 한다. 이는 디자인 싱킹 프로세스의 마지막 단계로, 이 단계를 거치면 결승선에 도달한다. 다시 말해 제품 솔루션을 팀에 전달해 실제 구현이 가능해질 것이다.

하지만 디자인을 어떻게 전달해야 할까? 디자인 의도가 제품 전반에 반영되도록 하려면 어떻게 해야 할까? 무엇을 어떻게 전달해야 할까? 구현 단계에서는 사용자의 요구를 담은 진술, 사용자가 제품 내에서 거치는 경로를 전달하는 도표, 제품 제작을 위한 시각적인 가이드라인, 모든 요소가 어떻게 조화를 이루는지 설명하는 문서를 활용한다.

우선 사용자 이야기를 해보자. 이를 위해 **유저 스토리**(user story)라고 부르는 프로세스 산출물을 활용하겠다.

7.3 유저 스토리

여러분은 무엇을 만들고 있는지 안다. 해결하려는 문제가 무엇인지, 그 문제를 해결할 디자인은 어떠한지, 누구를 위해 문제를 해결하려는 것인지를 안다. 그러나 디자인을 구현하려면 훨씬 더 구체적인 내용까지 파악해야 한다.

지금까지의 작업은 대부분 솔루션의 비전과 방향에 초점을 맞췄다. 물론 비전은 중요하며 앞으로도 비전은 솔루션의 북극성으로 남아 있어야 한다. 하지만 그 비전을 실현하려면 거기에 도달하기까지 거치는 단계를 알아야 한다. 바로 이 지점에서 유저 스토리가 등장한다. 유저 스토리는 사용자가 목표를 달성하기 위해 제품 내에서 수행하는 개별 작업을 보여주는 역할을 한다.

7.3.1 유저 스토리란 무엇인가?

사용자가 요구하는 모든 특성과 기능을 제품의 요구 사항에 반영하기 위해 제품 팀은 종종 유저 스토리를 작성한다. 유저 스토리란 최종 사용자의 시각으로 작성한 소프트웨어의 기능에 대한 비공식적이고 포괄적인 설명이다. 이는 본질적으로 사용자의 관점에서 솔루션을 설명한 것이라 볼 수 있다.

은퇴 자산 관리 플랫폼 작업을 하고 있다고 상상해보자. 사용자 목표를 달성하기 위해 그림 7-2와 같은 유저 스토리를 작성해 사용자의 핵심 요구를 표현하고 이러한 요구를 관련 기능과 연결할 수 있다.

▼ **그림 7-2** 자산 관리 서비스 제품을 위한 몇 가지 유저 스토리 예시

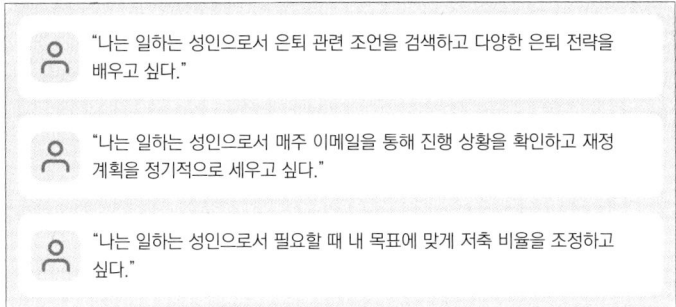

디자인 씽킹 프로세스를 진행하는 동안 사용자들이 은퇴를 계획하기 위해 자산 관리 정보를 검색하고 싶어 한다는 것을 알게 되었다고 가정해보자. 사용자 인터뷰에서 들었을 수도 있고 사용성 테스트 도중에 발견했을 수도 있다. 아니면 다른 제품의 기능을 참고한 것일 수도 있다. 이를 알게 된 경로가 무엇이든 여러분은 이러한 기능을 제품에 넣기로 했다.

사용자의 이러한 요구와 원하는 기능을 전달하기 위해 무엇을 만들려고 하는지, 누구를 위해 만드는지, 만드는 이유는 무엇인지를 담은 진술을 작성할 수 있다. 이 진술은 그림 7-3과 같을 것이다.

▼ **그림 7-3** 제품의 검색 기능을 중심으로 작성한 유저 스토리

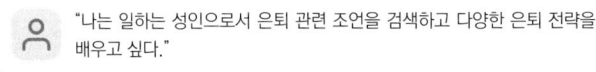

이 진술은 팀 전체가 동일한 비전을 공유하도록 돕는다. 여러분은 누구를 위해 디자인하는지 안다. 즉 대상 사용자가 누구인지를 알고 있다. 이들이 무엇을 원하는지도 안다. 이들은 조언 검색 기능을 원한다. 마지막으로 이 기능을 원하는 이유도 안다. 이들은 은퇴를 더 잘 대비하고 싶어 한다.

이러한 진술을 작성하면 사용자에게 더 깊이 공감할 수 있다. 또한 제품을 만드는 동안 사용자의 관점을 더 정확하게 이해할 수 있다.

유저 스토리를 작성하려면 그림 7-4의 공식을 활용할 수 있다.

▼ **그림 7-4** 유저 스토리 작성 공식

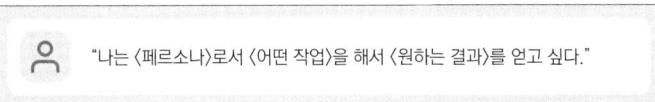

〈페르소나〉로서…

공식의 이 부분은 사용자의 관점에서 출발해 이들의 시선으로 솔루션을 구성한다. 이는 유저 스토리의 핵심적인 부분으로 제품 요구 사항을 사용자의 관점에서 작성한다는 뜻이다. 사용자 연구 결과를 바탕으로 디자인 싱킹 프로세스 초반에 정의한 페르소나 또는 사용자 유형을 참고하면 항상 사용자 요구를 기반으로 하는 사고를 유지할 수 있다. 예를 들어 "페르소나라면 이 기능을 원할까?" 또는 "페르소나라면 여기서 무엇을 하고 싶어 할까?" 같은 질문을 던지는 것이다.

… 〈어떤 작업〉을 해서…

공식의 다음 부분은 전체적인 솔루션을 간략히 설명한다. 이는 페르소나를 위해 집중할 구체적인 요소가 무엇인지 한눈에 보여준다. 일반적으로 이 부분은 해결하려는 문제를 다루기 위해 만들려고 하는 특성이나 기능을 나타낸다.

… 〈원하는 결과〉를 얻고 싶다.

공식의 마지막 부분은 해결할 문제, 즉 연구에서 발견한 이슈를 나타낸다.

이 모든 요소를 하나로 조합하면 간결하고 구체적이며 목표 지향적인 사용자 관점의 진술이 완성된다. 이 진술은 어떤 작업을 해야 할지 명확하고 간결한 방식으로 설명하는 동시에 그 솔루션의 구현에 유연하게 접근할 수 있게 해준다.

7.3.2 유저 스토리를 어떻게 만드는가?

공식을 활용하면 제품에 필요한 어떤 유저 스토리든 만들 수 있다.

먼저 페르소나의 목표를 이해해야 한다. 이들은 무엇을 원하는가? 이들에게 필요한 것은 무엇인가? 디자인 싱킹 프로세스의 공감, 정의 단계에서 이런 사항을 이미 파악했다면 좋을 것이며, 그중 일부는 테스트 단계에서 드러났을 수도 있다.

사용자의 장기적인 목표 중 하나가 은퇴 대비라고 가정해보자(그림 7-5). 이들은 은퇴 자금을 모으기 위해 여러분의 자산 관리 플랫폼에 방문한다. 여러분은 사용자가 이 목표를 이루고자 하는 이유와 방법을 드러낸 다양한 표현을 분석할 수 있다.

> 유저 스토리는 일반적으로 프로덕트 매니저가 작성한다. 디자인, 엔지니어링, 편집 등 제품 제작에 관여하는 모든 분야를 통합해 제품을 구축하기 위해서다. 디자이너가 유저 스토리를 작성하는 일은 흔치 않지만 유저 스토리에 영향을 미치는 것은 분명하다. 사용자를 대변하며 직접적으로 영향을 주기도 하고, 간접적으로는 디자인 싱킹을 통해 조직이 사용자에 대해 더 깊은 이해하도록 이끌면서 간접적으로 영향을 끼치기도 한다.

▼ 그림 7-5 사용자의 목표

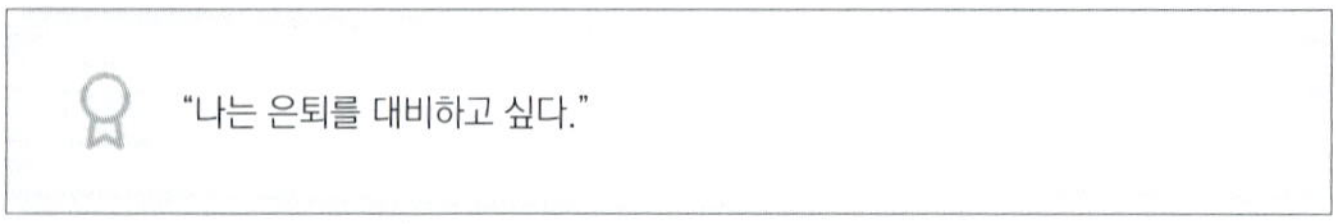

> "나는 은퇴를 대비하고 싶다."

목표는 이니셔티브(initiative)[1]라는 더 큰 단위로 확장될 수 있으며 이는 사용자가 제품을 통해 더 큰 목표를 달성하도록 구체적인 작업을 구성하는 데 도움이 된다. 이니셔티브는 종종 '에픽(epic)'[2]이라고 하는 더 작은 단위로 나뉘며 이를 활용하면 사용자의 더 큰 목표를 지원하기 위해 무엇을 할 수 있는지 조금 더 구체적으로 정의할 수 있다(그림 7-6).

▼ **그림 7-6** 사용자의 목표를 기반으로 하는 유저 스토리 모음인 에픽

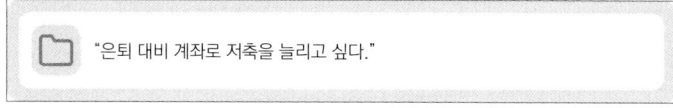

이 금융 상품을 위해 에픽을 만들어서 사용자가 여러분의 서비스를 통해 은퇴 대비 계좌의 저축을 늘리도록 할 수 있다. 이들은 이를 통해 은퇴 대비라는 핵심 목표를 달성할 수 있다.

이 에픽을 달성하기 위해 더 작게 나눌 수도 있다(그림 7-7). 이 야심 찬 에픽은 여러 작은 부분으로 구성되어 있다. 사용자가 저축을 늘릴 수 있도록 하려면 어떻게 해야 할까? 다행히 더 작은 유저 스토리로 이 에픽을 지원할 수 있다.

▼ **그림 7-7** 사용자의 은퇴 목표와 관련된 몇 가지 유저 스토리

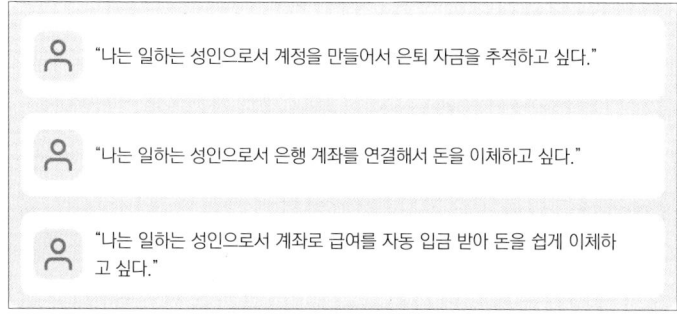

유저 스토리 작성 공식을 활용하면 짧고 구체적이며 실행 가능한 일련의 이니셔티브를 만들어서 에픽을 지원하고 궁극적으로 사용자의 원래 목표, 즉 은퇴 대비를 지원할 수 있다. 이 자산 관리 서비스는 사용자가 계정을 만들고 은행 계좌를 연결해 해당 계좌로 자동 입금이 이루어지도록 해야 한다. 이 모든 작업은 은퇴 대비를 돕기 위한 것이다.

이 모든 내용을 종합하면 그림 7-8과 같은 형태가 된다.

---

1 역주 애자일 방법론에서 사용되는 개념으로, 기업의 목표나 전략적 방향을 나타내는 상위 작업 단위다.
2 역주 이 또한 애자일 방법론에 사용되는 개념으로 이니셔티브의 하위 단위다.

▼ **그림 7-8** 사용자의 목표는 몇 가지 유저 스토리를 기반으로 하는 이니셔티브나 에픽으로 구체화되며, 사용자가 제품을 통해 목표를 달성할 수 있게 한다.

사용자 목표의 각 요소는 다음 단계를 뒷받침한다. 첫 번째 요소인 상위 목표, 즉 **이니셔티브**는 사용자의 핵심적인 요구를 나타낸다. 다음 요소인 제품의 특성, 즉 **에픽**은 사용자 요구의 특정 측면을 나타낸다. 마지막으로 특성을 구성하는 요소, 즉 **유저 스토리**는 에픽을 지원하기 위해 만들어야 하는 세부 사항들을 가리킨다.

제품 팀은 유저 스토리를 이와 같은 방식으로 구성한다. 우선 이니셔티브로 시작한다. 이는 일반적으로 기업이 사용자 연구, 경쟁 분석 등 다양한 방법을 통해 파악한 시장 기회에서 비롯된다. 그리고 그 이니셔티브를 충족시키는 다양한 에픽을 만든다. 각 에픽은 더 작은 구성 요소인 유저 스토리로 구성되며 유저 스토리는 에픽의 목표, 더 나아가 이니셔티브의 목표를 달성하는 데 기여한다. 이는 일반적으로 그림 7-9와 같은 형태로 나타난다.

▼ **그림 7-9** 하나의 목표 또는 이니셔티브는 여러 에픽이 지원하며 각 에픽은 다양한 유저 스토리로 구성된다.

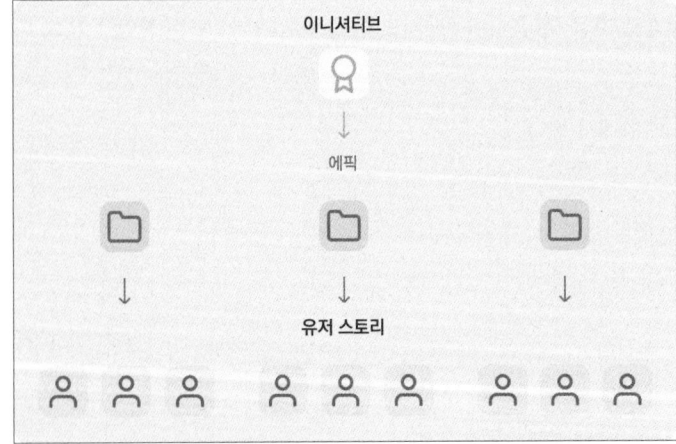

이처럼 제품을 위한 모든 아이디어를 실제 개발로 이어질 수 있는 실행 가능한 계획으로 정리할 수 있다.

7.3.3 유저 스토리의 우선순위는 어떻게 정할까?

유저 스토리를 활용해 제품을 위해 해야 할 모든 작업을 구조화할 수 있다. 이러한 스토리는 에픽으로, 에픽은 이니셔티브로 통합할 수 있다. 하지만 기업의 관점에서 어떤 이니셔티브를 우선적으로 추진해야 할지는 어떻게 알 수 있을까? 어떤 에픽을 따라야 할까? 어떤 유저 스토리가 가장 중요할까?

유저 스토리의 우선순위를 정하는 몇 가지 방법이 있다.

- MoSCoW: **Must**(반드시 넣어야 하는 항목), **Should**(넣으면 좋은 항목), **Could**(넣을 수 있는 항목), **Won't**(넣지 않을 항목)를 의미하는 이 기법을 사용해 각 유저 스토리를 그룹으로 분류할 수 있다.
- 우선순위: **높음**, **중간**, **낮음** 같은 체계를 활용해 각 스토리의 중요도를 가늠하고 우선순위를 매길 수 있다.
- 작업량: 작업량을 티셔츠 크기에 비유한 **XS**, **S**, **M**, **L**, **XL** 같은 단위를 활용해서 각 스토리에 필요한 자원 규모를 추정해 우선순위를 조정할 수 있다.

때로 이런 우선순위 선정 방식을 결합할 수도 있다. 예를 들어 어떤 유저 스토리가 MoSCoW의 'Must(반드시 포함해야 할 것)'이자 작업량의 L 사이즈에 해당할 수 있다. 이 경우 우선순위가 높다고 볼 수 있다. 필수적인 부분인데 자원이 많이 든다면 어차피 언젠가는 해야 할 일이므로 조기에 착수하는 것이 합리적이다.

일반적으로 유저 스토리는 프로젝트 요구 사항의 범위가 결정되는 시점에 작성되고 우선순위가 정해진다. 그래서 유저 스토리는 개발자에게 디자인을 전달하는 단계에서 등장할 때가 많다. 이렇게 진행해야 제품을 효율적으로 제작하고 기능에 필요한 요소를 깜빡하는 사태를 방지할 수 있다.

> **작업 순서**
>
> 모든 프로젝트나 조직에 맞는 하나의 작업 순서는 없다. 유저 스토리는 프로젝트의 디자인 시작 이전에 작성하기도 하고 이후에 작성하기도 한다. 이 책의 경우는 후자였다.
>
> 소규모 개선이 이루어지는 기존 제품의 경우 일반적으로 디자인하기 전에 유저 스토리를 작성한다. 이미 제품이 존재하므로 불확실한 요소가 적다. 그래서 사용자가 제품을 통해 수행하려는 작업이 무엇인지 파악하기 위한 아이디어 도출과 탐색도 더 적게 필요하다.
>
> 새로운 제품이나 기능처럼 완전히 새로운 경험이라면 디자인이 이루어진 이후 솔루션을 구현하는 시점에 유저 스토리를 작성하는 경우가 많다. 이럴 때는 사용자가 무엇을 하고 싶은지, 솔루션이 이들에게 효과가 있는지 등 불확실한 요소가 많다. 이처럼 무엇을 만들어야 할지도 모르는 상황에서 개발자가 작성해야 하는 코드와 관련된 상세한 유저 스토리를 작성해봐야 별 의미가 없다. 그 결과 어떤 솔루션을 만들 것인지 더 명확해진 이후에 유저 스토리가 등장한다.

7.3.4 유저 스토리는 구현 구조를 제공한다

유저 스토리는 사용자에게 맞는 특성과 기능을 제작하는 데 도움이 된다. 유저 스토리가 있으면 사용자의 목표를 설정한 뒤 목표를 지원하는 이니셔티브를 만들고 그 이니셔티브를 실현할 수 있게 하는 제품 내 메커니즘을 파악할 수 있다. 유저 스토리는 모든 유스 케이스를 아우르고 필요한 기능이 제작되도록 유도하며, 디자인을 사용자 중심으로 진행할 수 있게 한다.

유저 스토리를 어떻게 작성할지, 기업에서 어떤 스토리를 우선시할지, 사용자에게 무엇이 가장 중요한지를 판단하기는 쉽지 않다. 다행히 디자이너는 스토리를 만들고 우선순위를 정하는 데 다른 팀원들의 도움을 받을 수 있다. 일반적으로 유저 스토리를 정의하고 어떤 에픽과 이니셔티브에 집중할지 결정하는 일은 제품 팀의 주도 하에 이루어지는 공동 작업이다. 하지만 디자이너로서 이러한 작업이 어떻게 진행되는지 이해하는 것은 중요하다. 그래야 디자이너가 가장 잘하는 일, 즉 사용자의 관점에서 그러한 스토리를 대변하는 역할을 충실히 해낼 수 있다.

7.3.5 직접 해보자!

혼자 하는 여행 프로젝트의 유저 스토리를 만들어보자. 그림 7-10의 공식을 사용해 사고의 틀을 구성해보자.

▼ **그림 7-10** 유저 스토리 작성 공식

 "나는 〈페르소나〉로서 〈어떤 작업〉을 해서 〈원하는 결과〉를 얻고 싶다."

유저 스토리를 시각화하는 방법에 대해 정해진 규칙은 없다. 상황에 맞는 방법을 선택하면 된다. 마이크로소프트 엑셀, 워드, 피그마를 사용하기도 하고 아니면 그냥 종이에 쓰기도 한다. 솔루션에서 사용자가 수행해야 할 각 작업의 로직을 정리하는 데 도움이 된다면 어떤 방법이든 괜찮다.

이 단계에서는 에픽이나 이니셔티브까지 고민할 필요는 없다. 원한다면 한 걸음 더 나아가 에픽이나 이니셔티브를 포함시켜도 된다. 아니면 에픽이나 이니셔티브에서 시작해서 포함시키고자 하는 유저 스토리를 도출하는 방식도 좋은 사고 훈련이 될 수 있다. 이 부분도 여러분의 선택에 맡기겠다.

> 부록 A.6 '유저 스토리'를 참고해 여러분의 유저 스토리를 예시와 비교해보라.

7.4 플로 차트

디자인 싱킹 프로세스의 구현 단계를 거치면서 디자인이 올바르게 만들어질 수 있도록 함께 일하는 이들에게 제품의 로직을 설명해야 한다. 사용자가 제품 안에서 어떻게 이동하는지, 즉 어떤 단계를 거쳐 작업을 완료하는지를 상세히 계획해야 한다. **해피 패스**, 즉 사용자가 가장 쉽고 일반적인 방법으로 목표를 달성하기 위해 거치는 경로뿐만 아니라 **언해피 패스**(unhappy path), 즉 추가적인 로직이 필요한 경로도 고려해야 한다. 사용자가 적절하지 않은 선택을 했을 때 표시하는 오류 양식, 제품에 로그인하지 않은 사용자를 위한 구독 절차 등이 언해피 패스에 해당한다.

5장 '솔루션 프로토타입 제작'에서 다룬 태스크 플로 덕분에 이러한 이야기가 익숙하게 느껴질 수도 있다. 태스크 플로는 지금부터 우리가 살펴볼 더 넓은 범위의 디자인 산출물, 플로 차트(flow chart)의 부분 집합이기 때문이다.

7.4.1 플로 차트란 무엇인가?

사용자 경험을 디자인할 때 사용자가 경험 안에서 이동하는 다양한 경로를 만들어야 한다. 제품에 어떻게 온보딩할지, 특정 기능을 어떻게 탐색할지, 제품에서 하려는 작업을 어떻게 완료할지를 생각해야 한다. 이러한 사고를 돕기 위해 **플로 차트**를 만들어서 사용자가 제품 내에서 이동하는 경로를 시각화할 수 있다.

그림 7-11의 플로 차트를 보면 사용자(왼쪽에 원으로 표시)가 도표의 왼쪽에서 오른쪽으로 이동하는 모습을 상상할 수 있다. 이들은 흐름을 따라 움직이다가 선택 지점(중앙에 다이아몬드로 표시)에 도달하면 어떤 경로로 경험을 이어갈지 정해야 한다. 그리고 종료 지점(오른쪽에 타원으로 표시)에 도달한다. **플로 차트**는 현실 세계에서 디지털 세계에 이르기까지 사용자가 어떤 경로로 이동하는지를 보여준다.

▼ **그림 7-11** 사용자가 경험을 통해 거치는 일련의 단계를 전체적으로 나타내는 플로 차트 예시

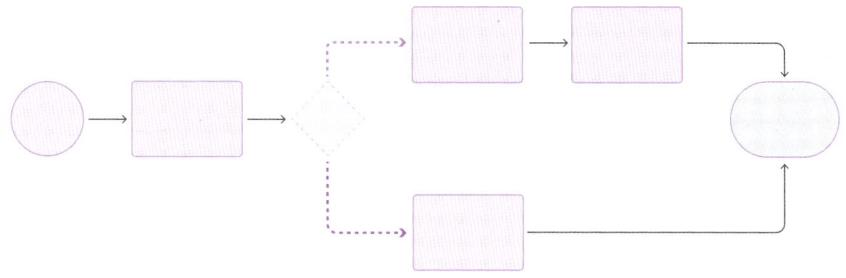

아이디어의 논리를 검토하고 제품이 어떻게 작동하는지 설명할 때 몇 가지 유형의 플로 차트를 활용해서 사용자가 제품 안에서 이동하는 경로를 시각화할 수 있다.

플로 차트는 태스크 플로, 유저 플로(user flow), 와이어플로(wireflow), 플로 다이어그램(flow diagram) 등으로 불리기도 한다. 업계의 다른 많은 개념과 마찬가지로 이 용어는 일반적으로 서로 혼용된다. 간략한 정의를 제시해 각 유형의 미묘한 차이를 설명해보겠다. 어떤 유형은 단순하고 어떤 유형은 꽤 구체적이다.

- **태스크 플로**는 상위 수준에서 전반적인 흐름을 보여준다.
- **유저 플로**는 사용자의 선택에 따라 달라지는 다양한 경로를 탐색한다.
- **와이어플로**는 디자인에 흐름을 연결해 보여준다.

물론 각 유형 내에서도 충실도와 정밀도에는 차이가 있을 수 있다. 산출물의 명칭은 중요하다. 그래야 디자인 싱킹 프로세스가 진행되는 동안 동료들과 공통의 언어를 사용할 수 있기 때문이다. 하지만 산출물의 이름보다 더 중요한 것은 산출물을 통해 어떤 정보를 전달하느냐라는 점을 잊지 말자.

이제 각 플로 차트 유형을 더 자세히 살펴보자.

7.4.2 태스크 플로란 무엇인가?

5장에서 태스크 플로를 소개한 바 있다. 기억을 되살리자면 **태스크 플로**는 여러 유형의 플로 차트 중 가장 추상적인 버전이다. 이는 사용자가 수행하는 하나의 구체적인 작업을 선형적으로 묘사한다(그림 7-12).

▼ **그림 7-12** 단순한 태스크 플로

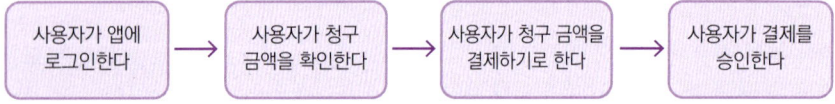

태스크 플로는 본질적으로 사용자가 특정 목표에 도달하기 위해 거치는 주요 단계를 나타낸다. 태스크 플로는 단순하고 순차적이며 분기하지 않는다. 즉 A 지점에서 B 지점으로 이어지는 하나의 흐름이다.

그림 7-13은 사용자가 온라인 요리 강의를 발견하고 탐색하고 가입하는 과정을 보여주는 태스크 플로다. 이는 사용자가 홈페이지에 도착해서 제품에 가입하는 전체적인 과정을 묘사한다. 사용자가 이 목표를 달성하기 위해 거치는 명확하고 선형적인 경로가 있다. 사용자는 홈페이지에 도착해서 무료로 프리미엄 콘텐츠와 상호작용한다. 상호작용이 끝날 무렵 구독을 유도하는 메시지가 표시된다. 구독 절차를 완료하고 콘텐츠 페이지로 돌아온 사용자는 더 많은 콘텐츠를 소비할 준비를 마친 상태다.

▼ **그림 7-13** 더 자세한 태스크 플로

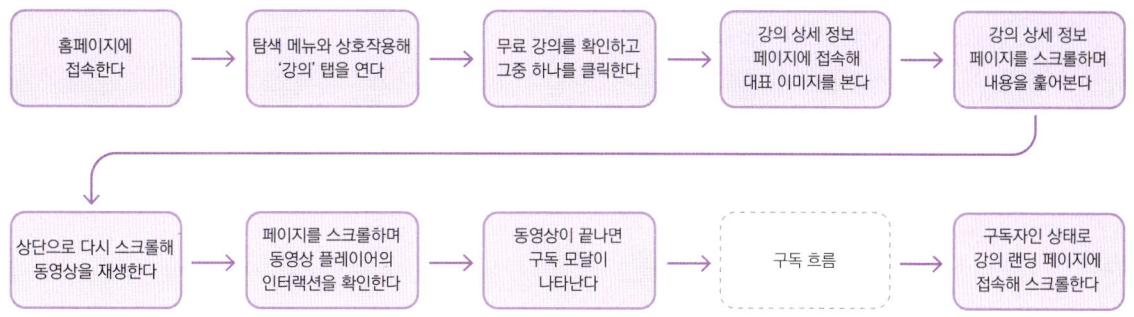

태스크 플로는 제품의 작동 방식을 고민할 때 출발점으로 삼기 좋은 도구다. 생각을 정리하고 사용자가 제품 안에서 이동하며 거치는 전반적인 단계를 알아보는 데 크게 유용하다. 새로운 기능에 대한 아이디어 도출을 시작하거나 디자인의 논리적인 흐름을 파악할 때 몇 가지 태스크 플로를 만들어서 아이디어를 구체화하고 제품 작동 순서를 정리하면 좋다.

또한 태스크 플로는 개발자에게 디자인을 전달할 준비가 되었을 때도 유용하다. 태스크 플로는 개발자들에게 필요한 더 상세한 플로 차트, 즉 유저 플로를 만드는 기초가 되기 때문이다.

7.4.3 유저 플로란 무엇인가?

유저 플로는 태스크 플로보다 더 상세한 흐름을 나타낸다(그림 7-15). 이 플로는 사용자가 하나의 작업을 완료하기 위해 거칠 수 있는 모든 경로를 포함한다. 태스크 플로가 사용자가 A 지점에서 B 지점으로 가기 위해 거치는 과정의 **주요 단계**를 보여준다면 유저 플로는 사용자가 A 지점에서 B 지점으로 가기 위해 거치는 경로의 **모든 단계**를 보여준다.

▼ **그림 7-14** 사용자가 교통카드에 금액을 충전하기 위해 거치는 주요 단계를 묘사하는 태스크

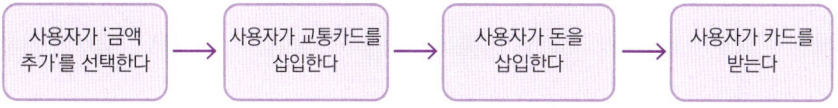

그림 7-15는 뉴욕 지하철 시스템에서 지하철 탑승을 위해 교통카드에 금액을 충전하는 절차를 보여준다. 교통카드를 충전하기 위해 입력해야 할 정보가 많다. 태스크 플로는 사용자가 이를 위해 거치는 **해피 패스**, 즉 이 작업을 완료하는 데 필요한 주요 단계만 보여준다.[3]

---

3   이미지 링크: https://en.wikipedia.org/wiki/Flow_process_chart#/media/File:Subway_Fare_Card_Machine_Flow_Process_Chart.jpg

▼ 그림 7-15 교통카드 금액 충전 유저 플로

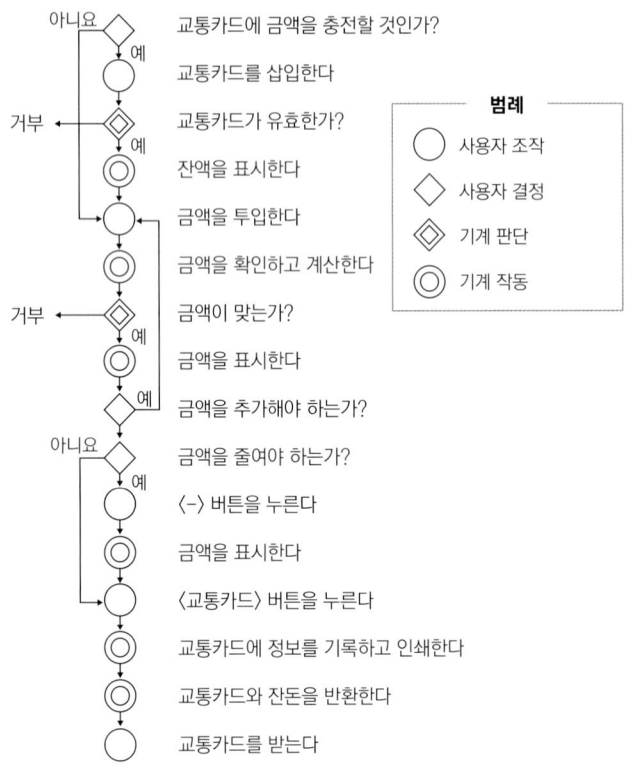

태스크 플로와 달리 유저 플로에서는 다양한 가능성을 고려한다. 사용자의 카드가 유효하지 않다면 어떻게 해야 할까? 금액을 잘못 넣었다면? 투입한 금액이 많아서 잔돈을 반환해야 한다면? 정상 작동하는 견고한 시스템을 디자인하려면 고려해야 할 예외 상황이 무척 많다. 이럴 때 유저 플로는 디자인해야 하는 모든 상태를 빠짐없이 파악하는 데 도움이 된다.

그림 7-16은 이 책에서 계속 예로 들고 있는 혼자 하는 여행 프로젝트를 위해 만든 플로 차트다. 사용자들은 다양한 이유로 주변에 있는 다른 사용자에게 핑(ping)을 보내서 소통하고 만날 수 있다. 내가 고려한 핵심 유스 케이스 중 하나는 택시를 함께 타기 위해 만나도록 하는 기능이었다.

▼ **그림 7-16** 혼자 여행하는 사람을 위한 앱의 유저 플로

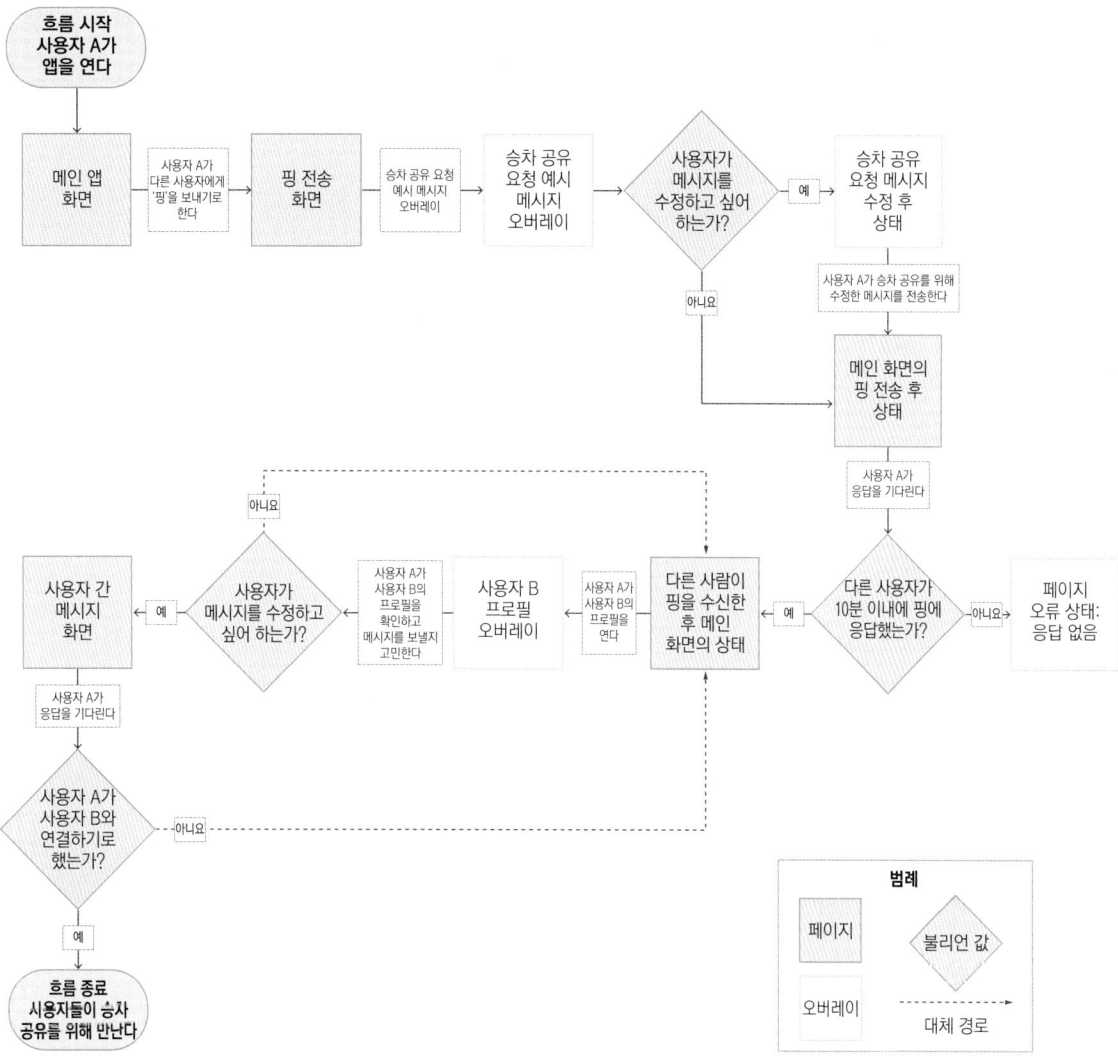

이 유저 플로는 해당 프로세스 내의 모든 로직을 보여주고 그 결과 시스템이 어떻게 반응하는지 나타낸다. 예를 들어 사용자는 만남을 위해 핑을 보낼 수 있고 누군가가 응답할 수 있다. 아니면 근처에 아무도 없어서 핑을 수신하는 사람이 없을 수도 있고 핑을 본 사람이 있지만 아무도 응답하지 않을 수도 있다. 이러한 각 논리적 가능성은 그림 7-16의 유저 플로에 나타난다. 이처럼 시스템의 개별 요소뿐 아니라 전체 시스템의 흐름을 보여주는 것이 유저 플로의 목적이다.

유저 플로를 통해 프로세스의 모든 논리적 가능성을 탐색할 수 있다. 가능한 시나리오를 모두 떠올리고 이를 위해 디자인해야 한다. 그래야 모든 유스 케이스를 다루고 제품 사용 흐름이 중단되는 상황을 방지할 수 있다.

잘 만들어진 유저 플로라면 기호 설명표나 범례(그림 7-17)를 포함해 각 기호가 플로에서 무엇을 나타내는지 설명한다.

▼ **그림 7-17** 유저 플로 구조. 각 기호가 플로에서 어떤 의미인지 설명하는 범례가 포함되어 있다.

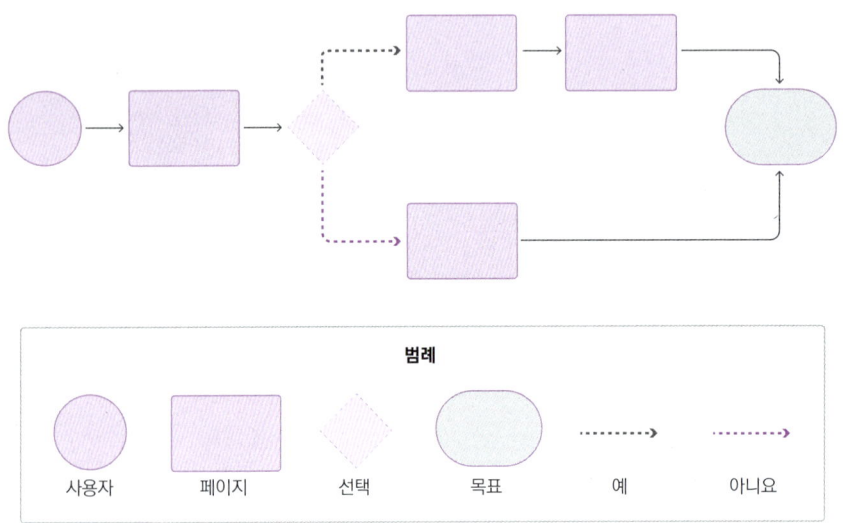

범례는 꼭 필요하다. 범례가 없으면 플로를 따라가기가 훨씬 더 어려워지기 때문이다. 분기하는 로직이 많을수록 프로세스에서 어디쯤 있는지 헷갈리기 쉬운데 기호를 사용하면 흐름을 읽는 사람의 인지 부하를 줄이는 데 도움이 된다.

7.4.4 와이어플로란 무엇인가?

유저 플로의 개념에서 한 걸음 더 나아가고 싶다면 프로세스 각 단계의 목업을 만들어서 사용자가 보게 될 화면을 표현할 수 있다. 이를 **와이어플로**라고 부른다. 와이어플로는 사용자가 작업을 어떻게 완료하는지를 화면 단위로 구체적으로 보여줄 수 있다(그림 7-18).

▼ 그림 7-18 스마트 기기 제어 앱의 와이어플로

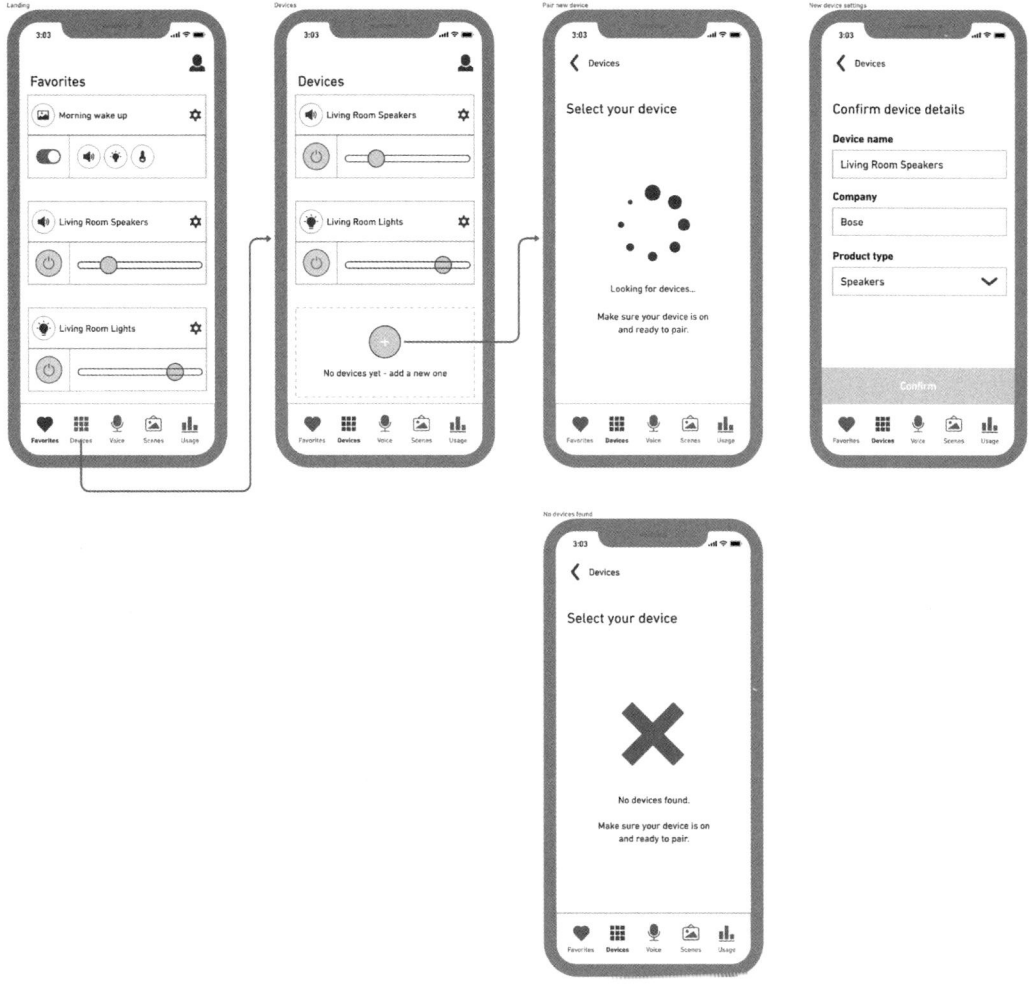

와이어플로는 유저 플로를 기반으로 한다. 유저 플로와 동일한 로직을 바탕으로 하지만 기호 대신에 사용자가 상호작용하는 화면, 화면상 사용자의 인터랙션이 발생하는 위치, 상호작용을 통해 도달하는 위치를 보여준다. 또한 주석을 사용해서 와이어플로상 특정 순간에 어떤 일이 일어나는지 설명해 사용자가 현재 하고 있는 행동에 대한 추가적인 맥락을 제공한다.

그림 7-18에서 스마트 기기 제어 앱의 와이어플로를 볼 수 있다. 이 와이어플로는 기기 페이지로 이동해 새 기기를 추가하고 앱과 페어링 하는 과정을 보여준다. 이 와이어플로는 유저 플로의 일부를 나타내며 앱이 새 기기를 성공적으로 찾는 **해피 패스**와 찾는 데 실패하는 **언해피 패스**를 모두 포함하고 있다.

와이어플로는 다양한 충실도로 만들 수 있다. 아이디어 도출 단계에서는 저충실도나 중충실도로, 아이디어 구현 단계에서는 고충실도로 만들 수 있다.

와이어플로는 작업을 단계별로 따라가며 보여주기에 적합하다. 아이디어를 이런 방식으로 시각화하면 제품이 구현되었을 때 사용자가 각 화면에서 어떤 경험을 하게 될지 확인하고 특정 화면에서의 사용자 여정을 보여주는 데 도움이 된다.

7.4.5 어떤 플로 차트를 사용해야 할까?

프로젝트에서 어떤 플로 차트를 사용해야 할지 잘 모르겠다면 무엇을 시각화해야 생각을 정리하고 팀의 방향을 일치시키는 데 도움이 될지 자문해보라.

프로세스 초반이라면 태스크 플로로 주요 단계를 전체적으로 시각화하라. 사용자가 제품에서 순차적이고 논리적인 흐름을 탐색하도록 구성하는 데 도움이 된다. 계획 단계에서 태스크 플로를 팀과 공유하면 모든 팀원이 같은 비전을 공유하는 데 도움이 된다.

개발 단계에 앞서 제품 내 모든 상태를 빠짐없이 다뤘는지 확인하고 싶을 때는 유저 플로가 적합하다. 유저 플로를 만들면 에지 케이스를 발견하고 오류 상태, 비어 있는 상태처럼 사용자가 제품에서 경험할 수 있는 다양한 상황을 빠뜨리지 않도록 점검할 수 있다. 유저 플로를 팀과 공유해 놓친 상태는 없는지, 개발자가 각 상태를 제대로 이해했는지 확인하라.

아이디어를 완성된 디자인의 형태로 보여주고 싶다면 와이어플로를 사용하라. 그러면 마치 사용자가 된 것처럼 제품을 따라가며 각 화면이 어떻게 보이는지 확인할 수 있고 팀 전체가 사용자 경험을 어떻게 구현할지에 대한 이해를 같이할 수 있다. 와이어플로는 사용성 테스트를 위해 개발 주기를 반복하는 프로젝트 초반에도 만들 수 있고 이해관계자의 승인을 받기 위해 디자인을 발표하는 후반에도 만들 수 있다.

디자인 싱킹 프로세스의 단계에 상관없이, 플로 차트는 생각을 정리하고 팀의 방향을 일치시키며 디자인 구현 과정에서 빠진 부분이 없는지 확인하는 데 유용한 도구다.

7.4.6 플로 차트는 구현을 용이하게 한다

플로 차트는 제품을 끝까지 완성하는 데 도움을 준다. 디자인 싱킹 프로세스 초반 프로토타입 제작 단계에서 사용자 테스트용 플로를 구상하는 데 유용했던 플로 차트는 이후 단계에서 에지 케이스를 빠짐없이 포착해 필요한 로직을 놓치지 않도록 돕는다. 사용자가 로그인하지 않은 상태로 장바구니에 접근하려 할 때는 어떻게 해야 할까? 혹은 승차 공유 제품에서 배차를 요청했는데 아무도 응답하지 않을 때는 어떻게 해야 할까? 이처럼 다양한 유스 케이스를 면밀히 검토해야 사용자 경험을 성공적으로 설계할 수 있으며, 플로 차트를 통해 이처럼 다양한 상황을 시각화하고 표현할 수 있다.

7.4.7 직접 해보자!

혼자 하는 여행 프로젝트의 플로 차트를 만들어보자. 여러분이 고를 수 있는 선택지는 세 가지다.

- 태스크 플로
- 유저 플로
- 와이어플로

어떤 것을 선택해야 할까? 지금까지 연습 문제를 잘 따라왔다면 프로젝트를 위해 그중 두 가지를 이미 만들었을 것이다. 5장의 '태스크 플로'에서는 태스크 플로를 만들어볼 것을 권했고, '프로토타입 제작' 세션에서는 해당 태스크 플로를 시각화하고 연결해볼 것을 권했는데, 이는 본질적으로 와이어플로를 만드는 과정이었다.

이제 유저 플로, 즉 솔루션 구현에 필요한 모든 로직을 만드는 과정을 경험해볼 차례다. 새로운 플로로 시작해도 되고 5장에서 만든 태스크 플로나 와이어플로를 유저 플로의 출발점으로 삼아도 된다. 디자인을 구현하는 데 필요한 모든 단계와 로직을 빠짐없이 고려해야 한다는 점을 기억하라. 오류 상태가 있는가? 기존 플로에 제대로 반영하지 못한 추가 단계가 있는가? 무료 사용자와 프리미엄 사용자의 경로가 달라질 때처럼 조건부 로직이 있는가? 모든 경우의 수를 떠올리고 유저 플로에 시각화하라. 제품을 만들 때는 이 모든 상황이 반영되어야 한다.

> 부록 A.6 '유저 플로'를 참고해 여러분의 유저 플로를 예시와 비교해 보라.

7.5 SECTION 스타일 가이드

테스트가 완료되었고 제품을 구현할 준비가 되었다면, 브랜딩과 시각적 가이드라인도 함께 준비해야 한다. 이미 테스트를 마친 고충실도 디자인이 있을 수도 있고 아직 저충실도 상태에서 제품의 시각 디자인을 완전히 정하지 못한 상태일 수도 있다. 어떤 상황이든 제품이 어떤 모습일지를 전체적으로 정리해두는 것이 좋다.

이를 위해 **스타일 가이드**라고 부르는 간단한 문서를 만들어서 제품의 시각 디자인을 전반적으로 나타낼 수 있다.

7.5.1 스타일 가이드란 무엇인가?

스타일 가이드는 브랜딩, 타이포그래피, 색상, 아이콘, 사진 등 시각 디자인 요소를 보여주는 간단한 문서(그림 7-19)로 제품의 시각적 인상을 파악하도록 돕는다.

▼ **그림 7-19** 렌터카 앱 스타일 가이드

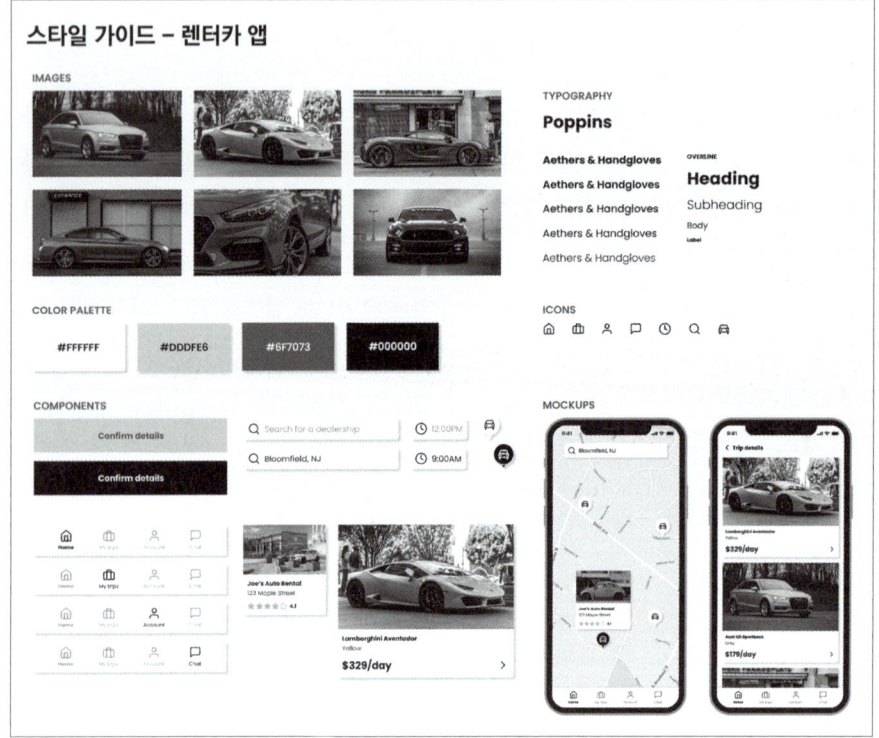

이와 같은 문서는 여러분이 만들고 있는 제품의 비전을 다른 사람들에게 전달한다. 제품의 방향을 제안하거나 이해관계자의 승인을 구할 때는 물론이고 올바른 방향으로 가고 있는지 확인하기 위해 피드백을 받을 때도 활용할 수 있다.

스타일 가이드는 UI 관련 의사결정을 내리는 데에도 도움이 된다. 브랜드 요소를 UI 요소와 결합해 브랜딩이 제품에 어떻게 적용될지 보여주기 때문이다.

완성된 스타일 가이드는 무드 보드와 UI 시트를 섞어놓은 것처럼 보인다. 사진이나 색상처럼 브랜드의 인상을 형성하는 요소도 있고 제품에 사용되는 버튼, 아이콘, 카드 같은 UI 요소도 있기 때문이다.

7.5.2 스타일 가이드에는 어떤 내용이 포함되는가?

스타일 가이드는 작업 중인 제품의 요구 사항에 따라 달라질 수 있다. 하지만 일반적으로 여러 제품에 걸쳐 공통적으로 나타나는 요소들이 있으며, 이러한 요소를 스타일 가이드를 사용해서 큰 틀에서 공유하면 유용하다.

이미지

이미지는 제품의 분위기를 설정하는 데 도움이 된다. 제품에 사용할 이미지, 제품 디자인 초기에 영감을 준 이미지, 또는 제품의 느낌을 전달하는 이미지가 포함될 수 있다. 본질적으로 이러한 이미지는 제품의 인상을 형성하고 어떤 방식으로든 제품과 연결되어 있다(그림 7-20).

▼ 그림 7-20 스타일 가이드에서 이미지는 제품의 분위기를 전달하기 위해 종종 사용된다.

이 렌터카 앱 브랜드의 핵심 가치는 럭셔리, 움직임, 여행이다. 이러한 이미지는 이러한 가치를 전달하고 스타일 가이드의 전체적인 분위기를 형성한다.

타이포그래피

스타일 가이드의 타이포그래피 섹션(그림 7-21)은 제품 내 텍스트의 서체, 글꼴, 크기, 유스 케이스를 전달한다. 이 섹션에서는 서체 이름과 글자 두께 예시를 제시하고 제품에 어떻게 적용할 수 있는지를 보여주면 좋다.

렌터카 앱에서는 기하학적인 산세리프체인 'Poppins'를 사용한다. 자동차처럼 널찍하고 자동차 바퀴처럼 둥근 느낌이 장점이다. 'Poppins'는 디자인 분야에서 널리 쓰이는 인기 있는 글꼴로 이 제품에도 잘 어울린다.

▼ 그림 7-21 타이포그래피는 일반적으로 스타일 가이드에 포함되는 요소로 사용자와 소통할 때 사용하는 텍스트를 보여준다.

색상 팔레트

스타일 가이드에는 제품에 사용할 색상도 포함되어야 한다(그림 7-22). 브랜드 색상뿐만 아니라 활성/비활성 상태 같은 UI 색상, 보통 녹색, 노란색, 빨간색으로 표시하는 성공, 경고, 오류 등 시스템 상태 색상도 포함해야 한다.

▼ **그림 7-22** 스타일 가이드의 색상 값. 스타일 가이드에 색상이 포함되는 이유는 많지만 그중 하나는 다양한 요소에 동일한 색상 값을 적용하기 위해서다.

렌터카 앱의 색상 섹션에는 배경색인 흰색, 비활성 상태나 선택되지 않은 상태 등 UI 상태를 나타내는 여러 단계의 회색, 주조색인 검은색이 있다. 이 앱의 검은색은 럭셔리를 상징한다. 이 앱은 럭셔리 차종을 대여하는 하이엔드 소비자를 겨냥하는 제품이다. 이러한 색상 배색을 사용해 제품 전반에 고급스러운 느낌을 연출한다.

아이콘

아이콘 항목부터는 UI 디자인 요소를 다룬다. 아이콘(그림 7-23)은 제품의 분위기를 전달하며 어떤 아이콘을 선택하느냐에 따라 사용자 경험은 크게 달라질 수 있다.

▼ **그림 7-23** 스타일 가이드의 아이콘 항목. 일반적으로 아이콘 다운로드 링크를 제공해서 누구나 동일한 자원에 접근할 수 있게 한다.

여기에 포함된 아이콘은 간결한 선으로 구성된 'Feather Icons' 아이콘 세트다. 이 세트는 오픈 소스로 제공되며 다양한 유스 케이스와 산업에 맞게 자유롭게 수정하고 활용할 수 있다. 이 아이콘이 이 앱에 잘 어울리는 이유는 타이포그래피가 그랬듯이 둥근 형태가 고급스러운 인상을 주기 때문이다. 이는 사용자가 자동차를 떠올리도록 유도하면서도 고급스러운 분위기를 느끼게 하려는 디자인 의도에 부합한다.

UI 컴포넌트

UI 컴포넌트(그림 7-24)는 스타일 가이드에 정리된 다양한 디자인 요소가 어떻게 결합되어 사용자가 상호작용하는 구성 요소를 형성하는지 보여준다. 사람들에게 UI 컴포넌트를 보여주면 제품을 사용하는 느낌이 어떠할지 쉽게 상상할 수 있다.

▼ 그림 7-24 모든 스타일 가이드에 UI 컴포넌트가 포함되는 것은 아니지만 버튼, 검색 필드, 카드처럼 제품 내에서 반복되는 디자인 요소를 전달하는 데 도움이 된다.

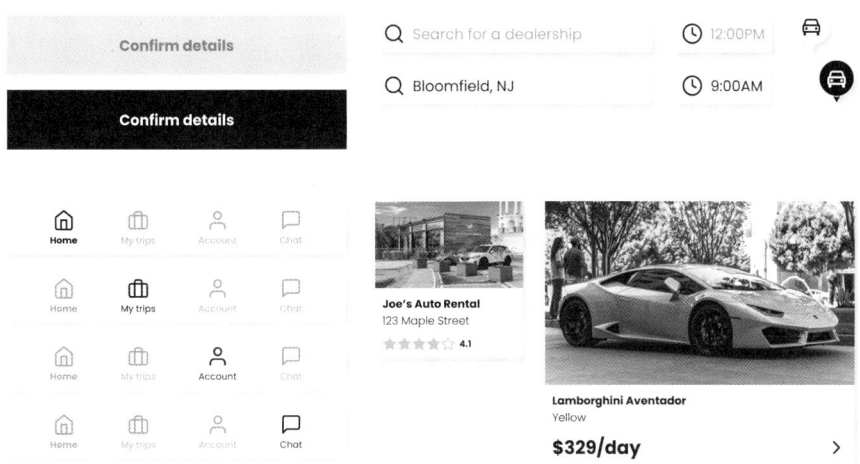

렌터카 앱에는 버튼, 텍스트 필드, 내비게이션 바, 카드 같은 컴포넌트가 있다. 이러한 컴포넌트는 사용자가 제품을 탐색하고 상호작용할 때 가장 자주, 가장 중요하게 사용하는 요소다. 사용자는 텍스트 필드에 많은 정보를 입력하고, 여러 카드를 통해 렌터카 영업소나 대여할 차량을 살펴볼 것이다. 또한 휴대전화 하단에 있는 내비게이션 바를 통해 앱을 둘러볼 것이다.

목업

목업이 있다면 스타일 가이드에 포함시켜도 좋다. 목업은 모든 요소를 하나로 묶고 앞서 제시한 UI 컴포넌트가 실제 화면에서 어떻게 결합되고 작동하는지 보여준다(그림 7-25).

▼ 그림 7-25 스타일 가이드를 위한 목업. 목업을 넣는 경우는 드물지만 넣는다면 제품 안에서 각 요소가 어떻게 조합되는지 익숙하지 않은 이해관계자들이 디자인을 이해하는 데 큰 도움이 된다.

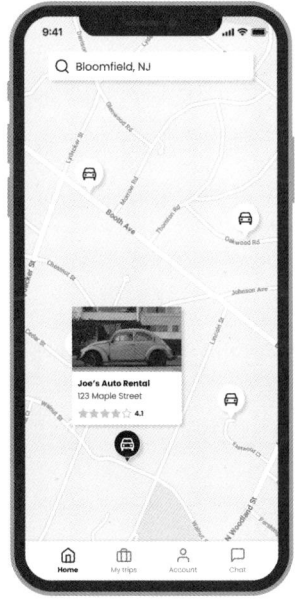
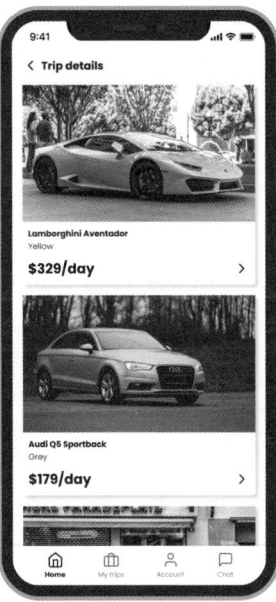

렌터카 앱의 목업은 내비게이션, 카드, 텍스트 필드가 제품의 사용자 경험에 어떻게 어우러지는지 보여준다. 렌터카 영업소의 카드(왼쪽)를 클릭하고 해당 영업소에 있는 렌터카 목록(오른쪽)을 확인한다고 상상해보라.

여기에 소개한 내용은 스타일 가이드를 만드는 다양한 방법 중 하나에 불과하다. 스타일 가이드에 간격이나 그리드 라인과 같은 레이아웃 관련 요소를 추가할 수도 있고 그래프처럼 제품 특성에 맞는 UI 컴포넌트를 넣을 수도 있다. 이 프레임워크를 제품에 맞는 스타일 가이드를 만들 때 참고하는 프레임워크로 활용하라.

7.5.3 스타일 가이드는 브랜드를 표현한다

제품만으로도 시각 디자인 결정을 전달할 수 있다고 생각하기 쉽지만 사실 그것만으로는 한계가 있다. 제품에 특성과 기능을 추가할수록 시각 디자인의 일관성은 흐트러지기 쉽다. 색상, 크기, UI 컴포넌트 형태의 일관성이 떨어지는 현상은 기본적인 디자인 결정에 참고할 스타일 가이드가 없을 때 흔히 나타나는 부작용이다. 제품에 적용할 모든 시각 디자인 로직을 전체적인 관점에서 파악하는 것은 디자인의 확장성을 확보하고 제품을 구현하는 데 필수적이다.

7.5.4 직접 해보자!

혼자 하는 여행 앱을 위한 스타일 가이드를 만들어보자. 제품의 시각 디자인 결정을 전체적으로 보여주는 한 페이지짜리 문서를 작성해보라.

스타일 가이드에는 다음 정보가 포함되어야 한다.

- 색상
- 타이포그래피
- 아이콘
- 이미지(해당되는 경우)

UI 컴포넌트도 스타일 가이드에 포함될 수 있다. 하단 앱 바, 헤더, 카드, 버튼 등 제품에서 일관되고 공통되는 패턴을 보이는 모든 것이 이에 해당한다. 이러한 요소를 실제 사용 맥락에서 보여주고 싶다면 한두 개의 목업을 추가해도 좋다.

> 부록 A.6 '스타일 가이드'를 참조해 여러분의 스타일 가이드와 비교해보라.

7.5.5 연습해보자!

피그마 커뮤니티 섹션에서 스타일 가이드 템플릿을 검색해 다양한 스타일 가이드 레이아웃을 확인해볼 것을 추천한다.

7.6 디자인 시스템

스타일 가이드를 사용하면 제품의 시각적 정체성을 정의할 수 있다. 스타일 가이드는 색상, 타이포그래피, 이미지, 아이콘, 일부 UI 컴포넌트에 이르기까지 여러분이 내린 심미적 결정을 전체적으로 전달한다. 스타일 가이드는 제품뿐 아니라 브랜딩, 마케팅 자료, 소셜 미디어 활동에 이르기까지 다양한 영역에 영향을 미친다.

이렇듯 스타일 가이드의 영향은 제품을 넘어 홍보 채널 전반에 이르기까지 폭넓게 나타난다. 하지만 그렇게 폭이 넓은 반면 깊이는 부족할 수 있다. 스타일 가이드는 제품에 적용되는 모든 시각 디자인을 담아내기에 한계가 있다. 스타일 가이드에 타이포그래피 정보가 명시되어 있기는 하지만 제품에서 그 타이포그래피를 어떻게 사용할지까지는 알기 어렵다. 글자 두께, 크기, 줄 간격은 어떻게 해야 할까? 어떤 색상을 사용하는지는 알지만 각 색상을 언제, 어디에, 어떻게 적용할지는 어떻게 알 수 있을까?

이때 필요한 것이 디자인 시스템이다. 스타일 가이드는 제품의 시각적 정체성을 폭넓게 보여주는 반면 디자인 시스템은 제품을 일관되고 확장 가능한 방식으로 구현할 수 있도록 문서와 구성 요소를 제공한다.

7.6.1 일관성과 확장성을 고려해 디자인하기

디자인을 구현하고 제품을 만드는 동안 시각 디자인은 사용자 경험 전반에 걸쳐 일관되게 유지해야 한다. 이는 좋은 사용자 경험의 핵심 요소다. 여러분은 디자인 결정을 통해 패턴을 만들고 시각적 언어를 확립한다. 색상을 통해 인터랙티브 텍스트나 비활성 상태 같은 기능을 나타낸다. 버튼에 적용한 형태와 그림자는 브랜드가 전달하려는 이미지를 드러내고 제품의 시각적인 스타일을 형성한다. 이러한 결정에 대해 내부적으로 일관성을 유지하는 것이 바람직하다. 예를 들어 제품의 한 부분에서 버튼을 파란색으로 설정했다면 제품의 나머지 부분에서도 파란색을 유지하는 것이 좋다.

이러한 부분은 디자인 싱킹 프로세스의 구현 단계에서 중요하다. 디자인을 구현할 때는 시각 디자인 결정의 근거를 설명하는 지침이 필요하다. 여러분이 만들고 개발자와 공유하는 모든 화면에 이러한 지침이 반영되는 것이 이상적이다. 하지만 때로는 디자인 산출물에서 일관성이 무너지기도 한다.

> 내가 제작했던 제품에서도 디자인 일관성이 무너진 경험이 있다. 각 디자이너가 버튼에 다른 스타일을 적용한 탓에 버튼의 색상, 형태, 크기가 제각기 달라진 것이다. 이 때문에 사용자 경험이 망가지고 사용자의 인지 부하가 가중되었다. 내부적으로 디자인이 들쭉날쭉했기 때문이다. 그리고 그 근본 원인은 디자인을 관리할 수 있는 시스템의 부재에 있었다.

흐름을 만들다 보면 어떤 버튼에 약간 다른 파란색이 적용될 수도 있다. 더 보기 좋게 만들겠다는 의도로 글자 두께를 여기저기 살짝 다르게 설정할 수도 있다. 아니면 텍스트 크기를 조정하다가 한 섹션의 헤딩이 다른 섹션보다 커져버릴 수도 있다. 규모를 키울수록 일관성이 떨어지기 쉽다. 특히 프로젝트 진행 속도가 빠르다거나 여러 팀이 함께 작업하고 있다면 더욱 그러하다.

시스템 없이 디자인을 진행하면 시간이 지날수록 일관성을 유지하기가 점점 더 어려워진다. 디자인에 걸리는 시간도 늘어난다. 어떤 섹션에 어느 정도의 텍스트 크기가 적절한지, 어떤 인터랙티브 컴포넌트에 어떤 색상이 어울리는지 등의 디자인 결정을 매번 다시 내려야 하기 때문이다. 중간중간 이러한 결정을 내리지 않아도 된다면 디자인 진행 속도가 더 빨라지고 일관성이 유지되며 디자인 프로세스의 확장성도 높일 수 있다.

개발 관점에서 보면 엔지니어들 역시 체계적으로 작업하고 싶어 한다. 이들은 코드에서 스타일을 설정한 후 모든 제품 요소 전반에 그 스타일을 일괄적으로 적용하는 방식을 선호한다. 그러면 나중에 디자인을 수정할 때 스타일만 변경하면 변경 사항이 제품 전체에 적용된다. 그러면 개발 속도가 빨라지며 제품의 일부분을 '하드 코딩'[4]했다가 나중에 일일이 업데이트하는 상황을 피할 수 있다(사실 이러한 업데이트는 잘 이루어지지 않는 편이다).

디자인 시스템을 도입하면 이 외에도 여러모로 유익하다. 디자인 시스템은 재사용할 수 있는 컴포넌트의 집합으로 이를 조합해 사용자 경험을 만들 수 있다. 이는 공통된 기준에 따라 관리되며 명확한 문서도 함께 작성된다. 경우에 따라 해당 시스템을 만든 이유와 사용 방법을 담은 디자인 원칙도 만들어진다.

> 제품을 만들 때 변수와 시스템을 활용하는 것은 무척 중요하다. 내가 참여했던 한 제품에서는 개발자들이 앱 하단의 내비게이션을 하드 코딩해 개발했다. 내비게이션 바의 링크를 유연하게 교체할 수 있게 해주는 디자인 시스템을 사용하지 않았던 것이다. 사용자들은 탐색 방식을 개선해달라고 요청했지만 이러한 요청은 1년이 지나서야 반영될 수 있었다.

프로젝트에 디자인 시스템을 사용하려면 이 개념을 이해하는 데 기초가 되는 아토믹 디자인부터 시작해야 한다.

7.6.2 아토믹 디자인이란 무엇인가?

아토믹 디자인(atomic design)은 브래드 프로스트(Brad Frost)가 처음 제안한 개념으로, 디자인 시스템을 만드는 방법론이다. 화학의 개념을 차용해 제품을 '원자' 또는 분자 수준에서 바라보게 한다. 아토믹 디자인은 제품을 가장 작은 구성 요소로 분해한 후 이를 연결해 더 큰 구성 요소를 만들어 나간다.

아토믹 디자인을 이해하는 또 다른 방법은 제품을 장난감 블록 세트(그림 7-26)라고 상상해보는 것이다. 블록을 결합해 사용자 경험을 구성할 수 있다. 각 블록은 서로 조화를 이루며 작은 요소들을 결합해서 더 큰 경험을 만들 수 있다.

---

4 역주 코드에 특정 값을 고정적으로 작성해 코드를 수정해야 할 때마다 코드를 직접 수정해야 하는 코딩 방식으로 유지 보수하기 어렵고 확장성이 떨어진다.

▼ **그림 7-26** 디자인 시스템은 작은 요소로 구성되며 이러한 요소들이 결합되어 더 큰 경험을 형성한다(출처: sukiyaki/Shutterstock).

미리 정의된 블록(또는 컴포넌트) 세트를 활용하면 일관성을 유지하고 제품의 다양한 영역에서 비슷한 수준의 경험을 쉽고 빠르게, 그리고 확장 가능한 방식으로 제공할 수 있다.

또한 아토믹 디자인은 몇 가지 구성 요소로 이루어지며 이는 가장 작은 단위에서 큰 단위까지 다섯 가지 범주로 구분된다.

- 원자(atom)
- 분자(molecule)
- 유기체(organism)
- 템플릿(template)
- 페이지(page)

원자

화학에서 원자는 물질을 구성하는 기본 단위다. 디자인에서 **원자**란 제품을 이루는 가장 작고 독립적인 요소를 가리킨다.

제품을 디자인할 때 디자인의 가장 작은 표현 단위를 원자라고 하며, 이는 단일 속성을 지닌 요소다. UI의 색상, 화면의 텍스트, 제품 내에서 동작을 수행하는 데 쓰이는 아이콘이 여기에 해당한다(그림 7-27).

> 앞서 여러 차례 말했듯이 사람마다 정의는 다를 수 있다. 색상 인스턴스 같은 단일 속성을 원자가 아닌 토큰(token)으로 보고 버튼처럼 몇 가지 토큰을 조합한 것이 원자라고 보는 사람도 있을 수 있다. 브래드 프로스트가 원래 정의한 바에 따르면 색상 같은 단일 속성을 원자로 본다. 이러한 정의는 디자인에 대한 업계의 이해가 깊어지고 그것을 전달하는 방식이 발전함에 따라 변화해 왔다. 어떤 정의를 사용하든 여러분의 결정을 잘 전달할 수 있다면 충분하다.

▼ 그림 7-27 아토믹 디자인에서 원자의 가장 기본적인 형태. 색상, 타이포그래피, 아이콘

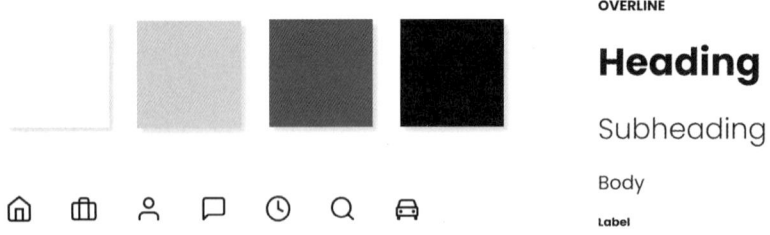

원자는 조금 더 복잡하게 표현될 수도 있다. 단일 컴포넌트에 여러 속성이 결합된 경우가 그렇다. 버튼은 색상, 형태, 텍스트, 아이콘, 높이 값(elevation), 곡률(curvature), 상태(state) 등 다양한 속성을 지니지만 하나의 원자로 간주할 수 있을 만큼 작은 단위다(그림 7-28).

▼ 그림 7-28 색상, 형태, 여백, 타이포그래피, 높이 값 등 여러 속성을 지닌 복잡한 원자의 예시

분자

이러한 원자를 결합해 더 큰 형태로 만들면 **분자**가 된다. 즉, 여러 디자인 결정이 결합해 복합적인 요소를 형성한다.

색상, 타이포그래피, 아이콘 같은 원자를 결합하면 더 많은 기능을 갖춘 UI 요소인 분자가 형성되기 시작한다. 내비게이션 바, 아이콘이 포함된 입력 필드, 인터랙티브 타이머 컴포넌트 등의 예가 여기에 해당한다(그림 7-29). 이때 원자들은 컴포넌트 디자인에 영향을 미치며, 마치 장난감 블록처럼 결합해 더 크고 복잡한 디자인 요소를 형성하게 된다.

▼ 그림 7-29 내비게이션 바, 텍스트, 아이콘이 포함된 검색 필드, 시간 선택기 등 여러 원자가 결합되어 분자를 이룬 예시

유기체

이처럼 시스템에 더 강력한 블록이 생기면 유기체를 만들 수 있다. **유기체**란 여러 분자가 결합해 더 복잡하고 독립적인 인터페이스 섹션을 형성한 것이다.

이 단계에서는 UI 요소들이 결합해 더 복잡한 컴포넌트를 형성한다. 여러 분자를 조합해 만든 유기체는 실제 제품의 맥락에 맞는 제품의 일부처럼 보이기 시작한다. 이 시점부터는 디자인 시스템이 단순한 스타일 가이드처럼 보이지 않고 스타일 가이드가 적용된 실제 제품처럼 느껴진다. 제품의 사용자 경험이 점점 인식할 수 있는 구성 요소로 구체화되는 모습을 볼 수 있을 것이다.

▼ **그림 7-30** 카드, 날짜 선택기 같은 유기체 예시

템플릿

여러 유기체를 모아서 템플릿을 만들면 제품의 전체적인 뼈대를 구성할 수 있다.

템플릿은 레이아웃이 어떻게 작동하는지 보여준다. 원자, 분자, 유기체라는 핵심 요소들을 조합해 사용자 경험의 구조를 형성하며 모든 개별 요소가 어떻게 어우러져서 전체 사용자 경험을 구성하는지 보여준다.

그림 7-31의 템플릿은 각 요소의 위치를 보여줄 뿐 사용자 경험을 작동하는 데 필요한 데이터는 포함하지 않는다. 예를 들어 카드 컴포넌트라면 이미지, 요금, 리뷰 같은 메타데이터 등의 데이터는 제외한 채 그런 데이터가 경험에 어떻게 결합되는지만 보여준다.

▼ **그림 7-31** 제품에 대한 몇 가지 템플릿. 각 요소가 어떻게 결합해 사용자 경험을 형성하는지 보여준다.

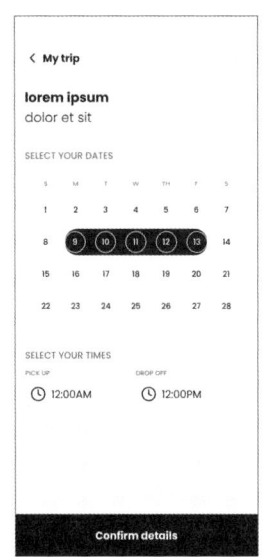

페이지

템플릿이 완성되면 실제 데이터를 추가해 페이지를 만들 수 있다.

페이지는 실제 콘텐츠나 예시 콘텐츠를 표시해 완성된 사용자 경험이 어떤 모습인지 보여준다. 여러분은 페이지를 사용해서 실제 콘텐츠를 테스트하며 실제 데이터를 적용할 때 제품이 어떻게 보일지 확인할 수 있다(그림 7-32). 페이지는 제품이 실제 작동하는 최종 형태를 나타낸다.

▼ **그림 7-32** 최종 사용자 경험을 구현한 페이지 예시

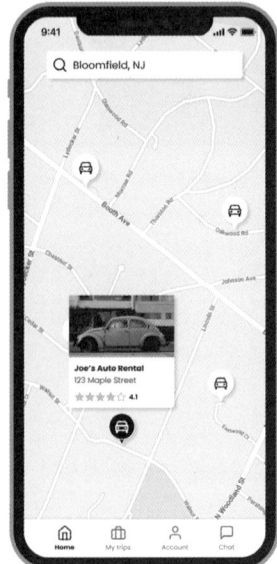  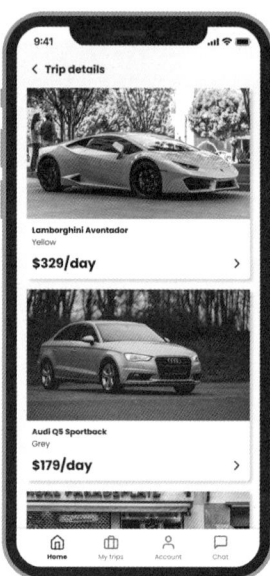

아토믹 디자인 실제 적용

이 모든 개념을 결합하면 제품을 어떻게 만들지 구상하는 체계적인 프로세스가 생긴다(그림 7-33).

▼ 그림 7-33 원자에서 분자, 유기체, 템플릿, 페이지로 이어지는 아토믹 디자인의 단계

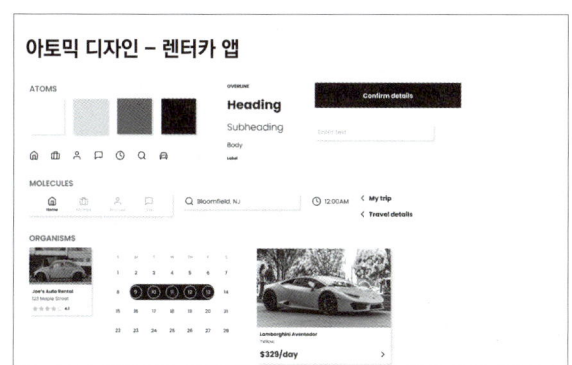
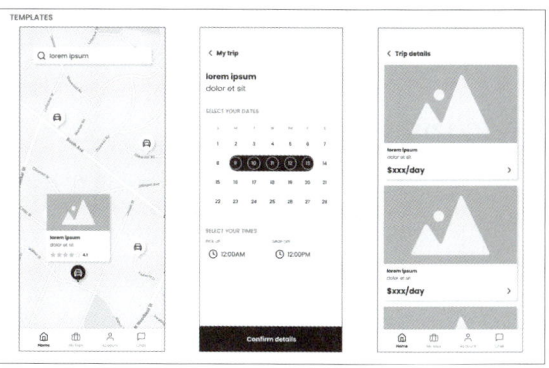
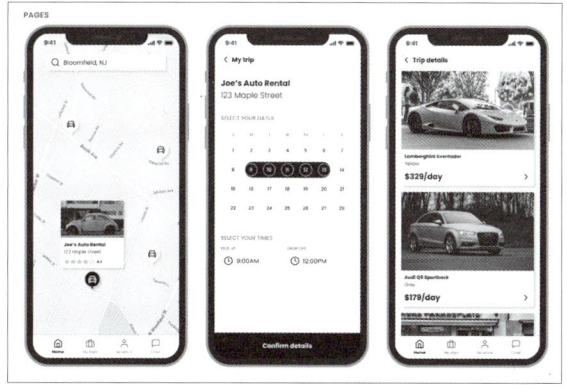

아토믹 디자인의 각 단계를 결합하는 과정을 전체적으로 조망하면 각 단계가 어떻게 이전 단계를 기반으로 발전하는지 알 수 있다. 실제 콘텐츠로 채운 페이지를 만들려면 그 구조를 명확히 보여주는 템플릿이 필요하다. 템플릿을 만들려면 디자인의 레이아웃을 구성하는 유기체가 필요하다. 유기체를 만들려면 인터페이스 요소로 조합될 수 있는 분자가 필요하다. 분자를 만들려면 디자인 시스템의 기본 블록인 원자가 필요하다.

7.6.3 디자인 시스템은 어떻게 만드는가?

제품에 사용할 디자인 시스템이 필요하다면 현재 어떤 요소가 있는지 파악하고 디자인 시스템을 위한 공통의 언어를 만든 다음, 여러 요소들을 조합해 디자인 시스템을 만들면 된다.

현재 제품 점검하기

이미 제품이 있는 경우 디자인 시스템을 만들려면 우선 기존 제품에 무엇이 있는지 알아야 한다. 시각적인 패턴을 점검하고 원자 목록을 만든다. 버튼은 어떻게 생겼는가? 어떤 색상을 사용하고 있는가? 어떤 타이포그래피를 어디에 사용했는가? 그리고 이러한 요소들이 어떻게 적용되고 있는가?

이 작업을 진행하려면 제품의 모든 흐름을 스크린숏으로 기록해두는 것이 좋다. 그러면 지금까지 만든 모든 UI 컴포넌트를 꼼꼼히 살펴보고 각 화면을 체계적으로 검토해 모든 디자인 결정을 명확히 파악할 수 있다.

스타일 가이드를 기반으로 제품을 만들었다면 그 또한 도움이 된다. 스타일 가이드에 담긴 디자인 결정을 제품에 어떻게 적용했는지 확인하고 이를 디자인 시스템에 반영하라.

시각적 언어 확립하기

기존 디자인 결정을 충분히 파악했다면 앞으로 제품에 적용할 기준을 세울 차례다. 일관성 있고 활용하기 쉬운 원자 세트를 만들려면 UI에 대한 디자인 결정을 통합해야 한다. 색상을 예로 든다면 몇 가지 회색이 필요할까? 비슷한 섹션에 서로 다른 타이포그래피를 적용할 필요가 있을까? 간격 시스템에 일관성이 있을까? 이렇게 작고 사소한 결정이 이후 모든 프로세스에 영향을 미치므로 다음 단계로 넘어가기 전에 이 모든 사항에 대해 확고한 기준을 세워두는 것이 중요하다.

컴포넌트 라이브러리 만들기

시각적 언어를 정했다면 피그마 같은 와이어프레임 제작 소프트웨어를 사용해서 제품을 구성할 실제 원자, 분자, 유기체를 만들어야 한다. 작은 것부터 해보자. 색상, 타이포그래피, 아이콘, 간격 설정 같은 원자를 만든다. 그리고 설정해둔 색상, 타이포그래피, 간격을 적용해 버튼을 만들고 색상, 타이포그래피, 간격, 아이콘을 적용해 입력 필드를 만든다. 이렇게 작은 요소들을 결합해 더 큰 요소로 확장해 나가면서 제품 전반에 자주 사용되는 모든 컴포넌트를 하나의 라이브러리로 완성하라.

각 컴포넌트의 모든 상태 만들기

컴포넌트 라이브러리를 만들 때는 상태도 포함시켜야 한다. 버튼에는 활성 상태만 있는 것이 아니고 입력 필드에는 비어 있는 상태만 있는 것이 아니다(그림 7-34). 최종 디자인의 페이지를 만들려면 모든 상태가 필요하므로 아토믹 디자인 원칙에 따라 컴포넌트를 제작할 때부터 각 상태를 빠짐없이 고려해야 한다.

▼ 그림 7-34 버튼, 검색 필드, 내비게이션 바 등 디자인 시스템 내 다양한 컴포넌트의 상태별 예시

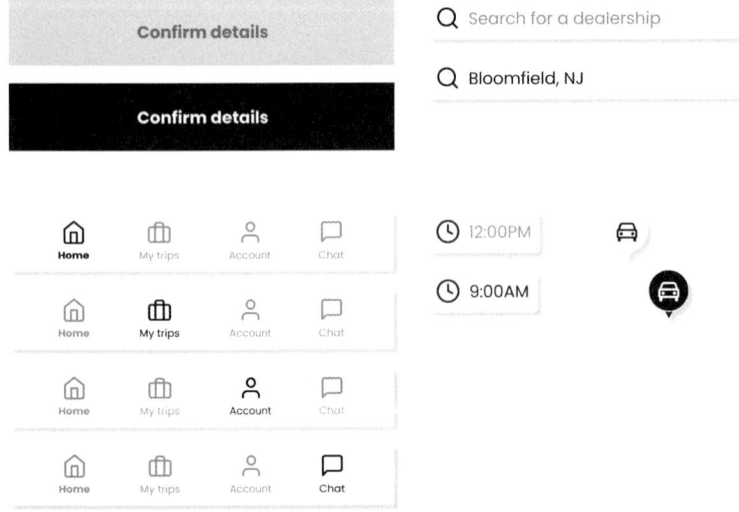

7.6.4 지금 참고하기 좋은 디자인 시스템

많은 조직이 제품을 만들 때 디자인 시스템을 활용한다. 일부 조직은 디자인 시스템 제작을 전담하는 디자이너와 엔지니어를 별도로 두기도 한다. 이러한 시스템이 강력한 이유는 단순히 컴포넌트가 많아서가 아니라 각 디자인 결정에 반영된 깊이 있는 철학 때문이다.

많은 기업이 자신들의 디자인 철학과 컴포넌트를 대중에 공개해 강력한 디자인 역량을 보여줄 뿐 아니라 커뮤니티에 기여하며 디자인 산업의 발전에도 힘을 보태고 있다. 이러한 공개 자료는 매우 가치 있는 자산이며 여러 기업이 어떤 일을 왜 그런 방식으로 하는지 살펴보는 과정에서 많은 것을 배울 수 있다.

이어지는 내용에서 잘 구축된 디자인 시스템 사례를 확인하고 제품 제작에 디자인 시스템을 활용하면 어떤 가능성이 열리는지 탐색해보자.

구글의 머티리얼

구글은 디자인 시스템 문서화와 구조 측면에서 디자인 업계를 선도하는 기업 중 하나다. 이들은 전체 디자인 시스템의 논리와 구조를 대중에게 공개해 누구나 이들의 디자인 결정 과정을 확인하고, 명세를 살펴보며, 이들의 코드를 활용해 디자인 패턴을 구현할 수 있도록 한다(그림 7-35).

▼ **그림 7-35** 구글 디자인 시스템인 머티리얼(Material)의 샘플 페이지(https://m3.material.io/)

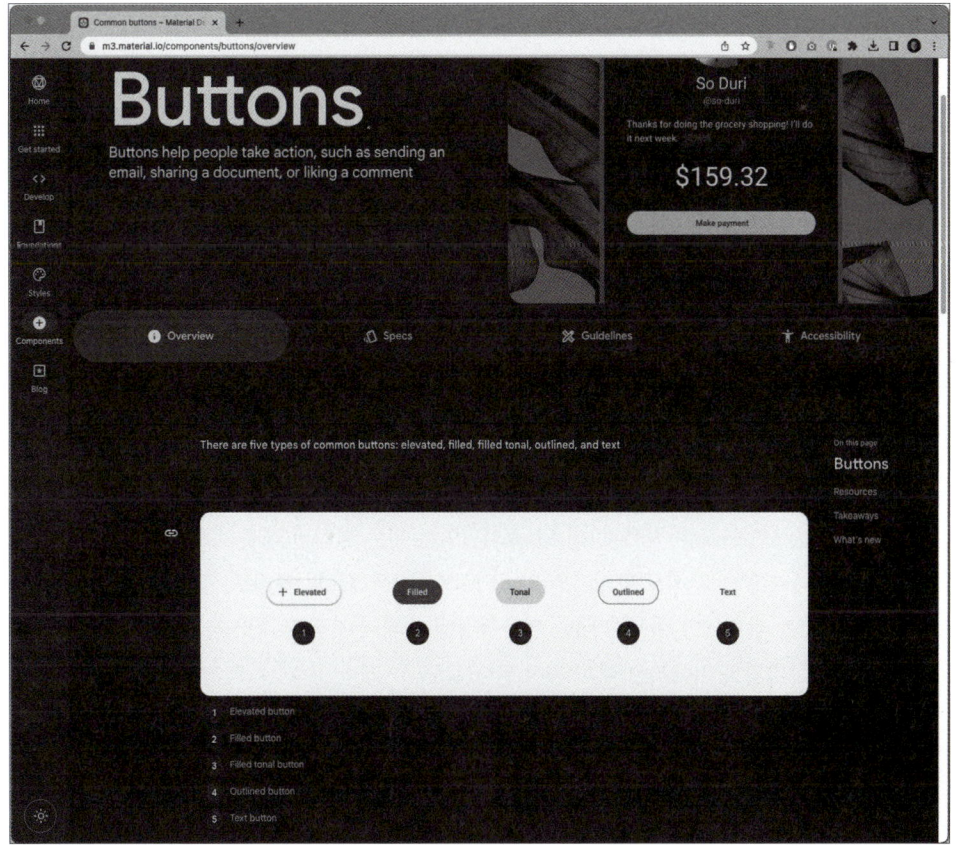

IBM의 카본

구글과 마찬가지로 IBM 역시 디자인 문서와 컴포넌트를 대중에 공개해 누구나 확인하고 사용할 수 있게 한다. 두 회사의 시스템은 가이드라인, 컴포넌트, 커뮤니티 자료, 블로그로 구성된 유사한 페이지 구조를 갖고 있다. 블로그에서는 시스템과 시스템의 구현 패턴에 대한 사례 연구와 최신 소식을 다룬다(그림 7-36).

▼ 그림 7-36 IBM 디자인 시스템인 카본(Carbon)의 샘플 페이지(https://carbondesignsystem.com/)

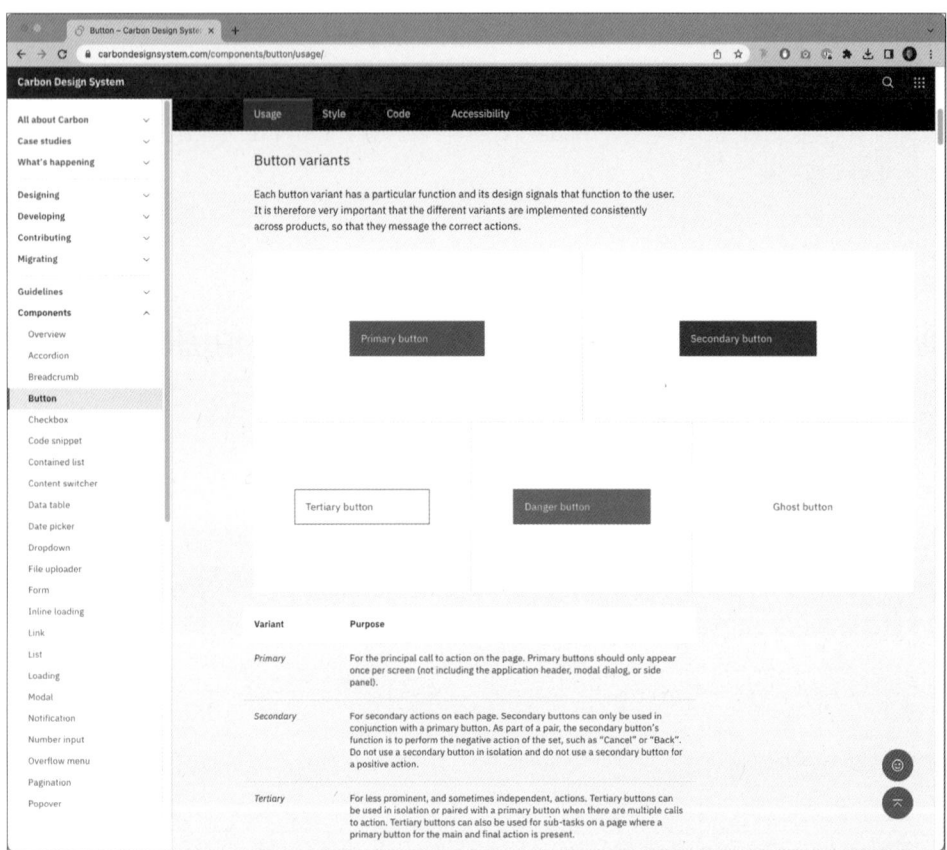

쇼피파이의 폴라리스

구글, IBM처럼 쇼피파이도 디자인 시스템을 대중에 공개하고 있고 이 시스템에도 두 기업과 유사한 콘텐츠가 포함되어 있다(다른 많은 기업들도 마찬가지다). 단 쇼피파이는 기존 디자인(레거시 또는 사용 중단 예정인 컴포넌트로 표시)뿐 아니라 앞으로 선보일 디자인(알파와 베타 컴포넌트의 형태로)까지 제공한다는 점이 흥미롭다. 시스템의 변천사를 살펴보면 회사가 내린 의사결정에 대해 추가적인 맥락을 확인하고 회사가 어떤 길로 왔고 앞으로 어디로 향할지 이해하는 데 도움이 된다(그림 7-37).

▼ 그림 7-37 쇼피파이 디자인 시스템인 폴라리스(Polaris) 샘플 페이지(https://polaris.shopify.com/)

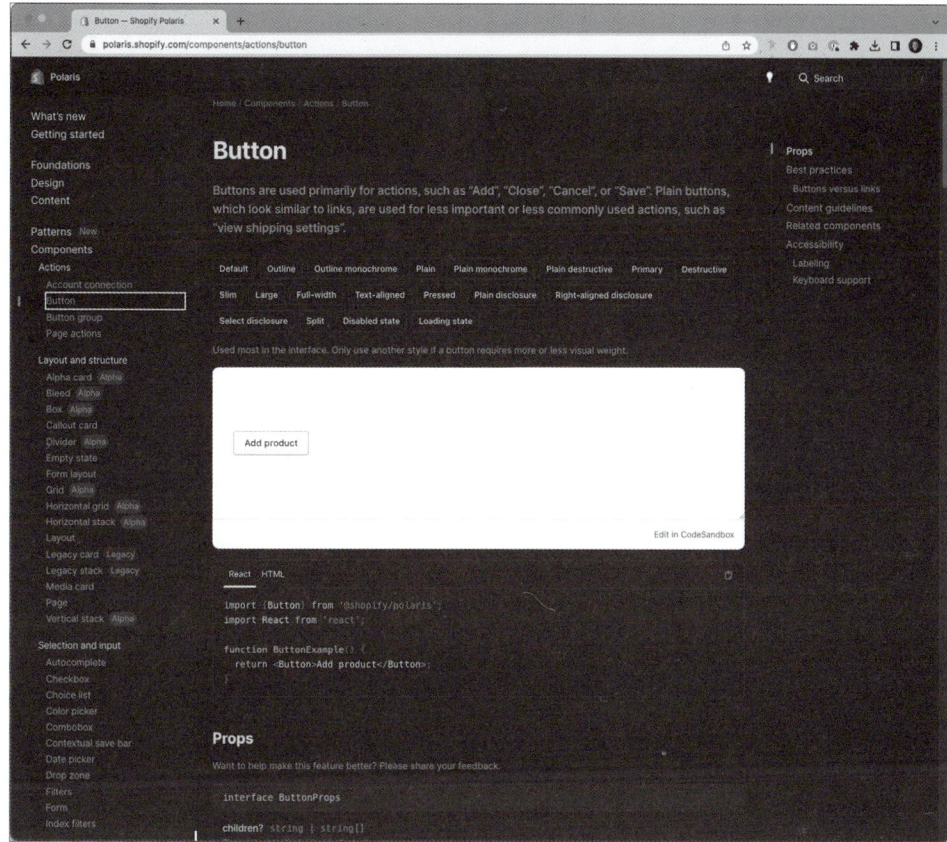

7.6.5 디자인 시스템은 구현을 개선한다

디자인 시스템은 제품의 일관성을 유지하고 확장 가능하게 설계할 수 있도록 돕는다. 제품 전반에 공통적인 시각 스타일을 적용하면 사용자 경험이 더 나아진다. 내부적인 불일치는 줄고 시각적 언어는 더 명확해지며, 제품의 진화에 따라 변화에 더 유연하게 대응할 수 있게 된다. 제품의 규모가 작고 이제 막 시작한 단계라고 하더라도 제품 디자인에 참고할 시스템을 갖추는 것은 중요하다.

7.6.6 직접 해보자!

혼자 하는 여행 앱을 위한 디자인 시스템을 만들어보자. 필요한 모든 요소는 이미 디자인 안에 모두 준비되어 있을 것이다.

1. 솔루션 전반에서 일관되게 사용하는 요소를 찾아라. 스타일, 버튼, 내비게이션 요소, 카드를 비롯해 반복적으로 등장하는 모든 요소를 찾아보라.

2. 이러한 요소를 정리하고 디자인 소프트웨어에서 컴포넌트로 변환하라.

    사용 중인 디자인 소프트웨어에 따라 이러한 컴포넌트를 심볼(symbol)이라고 부르기도 하고 완전히 다른 용어로 표현하기도 한다. 이는 각 디자인 결정의 '마스터' 인스턴스를 만드는 과정이다.

3. 마스터 컴포넌트를 만든 후에 디자인으로 되돌아가서 개별 요소를 마스터 컴포넌트에 연결된 사본으로 교체하라.

    그러면 마스터 컴포넌트를 수정할 때 마치 코드에서 컴포넌트가 자동으로 업데이트되듯이 디자인이 자동으로 업데이트된다.

> 부록 A.6 '디자인 시스템'을 참고해 여러분의 디자인 시스템을 예시와 비교해보라.

7.7 SECTION 디자인 전달하기

디자인 싱킹 프로세스 구현 단계의 마지막 지점에 도달했다. 해결할 문제를 충분히 이해했고 여러분의 디자인이 문제를 잘 해결한다고 느낀다면 이제 디자인 결정을 체계적으로 정리해서 다른 사람들이 쉽게 구현하고 실현할 수 있게 해야 한다.

드디어 디자인을 개발자에게 전달할 차례다.

7.7.1 디자인 전달하기

지금까지 디자인 싱킹 프로세스가 이상적으로 진행되었다면 그동안 개발자와 지속적으로 소통해왔을 것이다. 다양한 솔루션 아이디어를 도출하고 기술적 실현 가능성을 논의하며, 사용자를 대상으로 디자인을 테스트하는 동안 긴밀한 대화를 이어왔을 것이다. 하지만 결국에는 모든 사항이 정의된 완전한 형태의 디자인을 개발자가 확인해야 한다. 그래야만 디자인을 구현할 수 있기 때문이다.

이 과정에 활용할 수 있는 다양한 도구가 있다. 스케치, 어도비 XD, 피그마 등 다양한 와이어프레임 도구를 사용하면 이 작업을 이전보다 훨씬 수월하게 진행할 수 있다. 이러한 도구가 있으면 개발자들이 디자인을 '점검'하고 이에 대한 이해를 바탕으로 코드를 작성할 수 있다.

그림 7-38은 개발자가 피그마에서 디자인 파일을 확인하는 화면의 예시다. 개발자는 디자인 파일에서 원하는 요소를 선택해 이를 구현하는 데 필요한 모든 속성을 확인할 수 있다. 색상, 그림자, 아이콘, 이미지뿐 아니라 애니메이션까지도 제품에 적용할 수 있는 코드 형식으로 가져올 수 있다(이 글을 작성하는 시점을 기준으로 CSS, iOS, 안드로이드 형식을 지원한다).

▼ **그림 7-38** 피그마의 와이어프레임. 개발자가 제품을 만드는 데 필요한 명세를 제공한다.

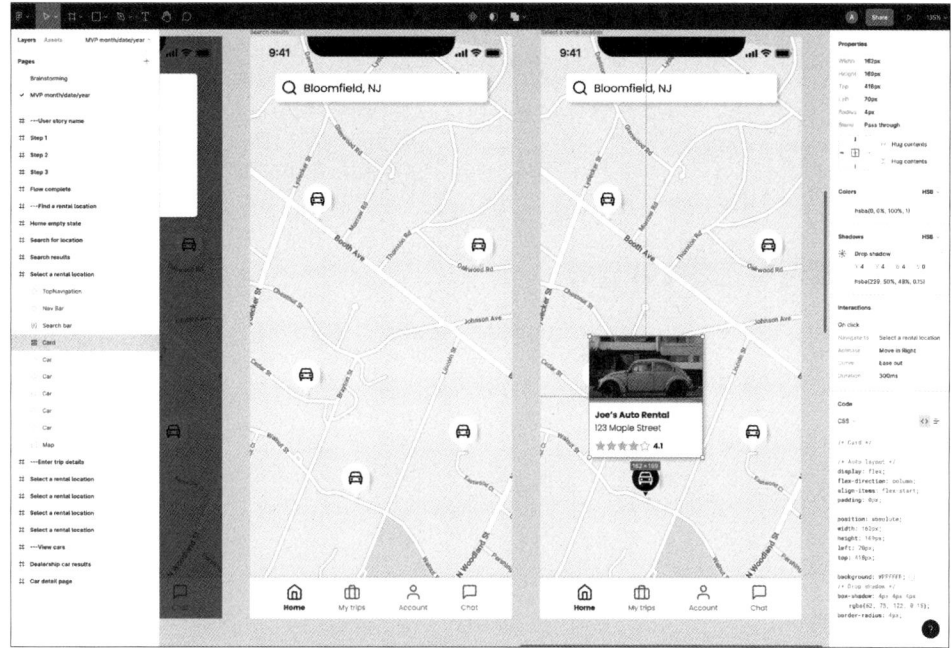

이러한 워크플로는 제품 팀에 크게 유용하다. 과거에는 그림 7-39처럼 화면별로, 컴포넌트별로 명세 문서를 작성해야 했다.

▼ **그림 7-39** 디자인에 포함된 컴포넌트 기능을 설명하는 명세 문서

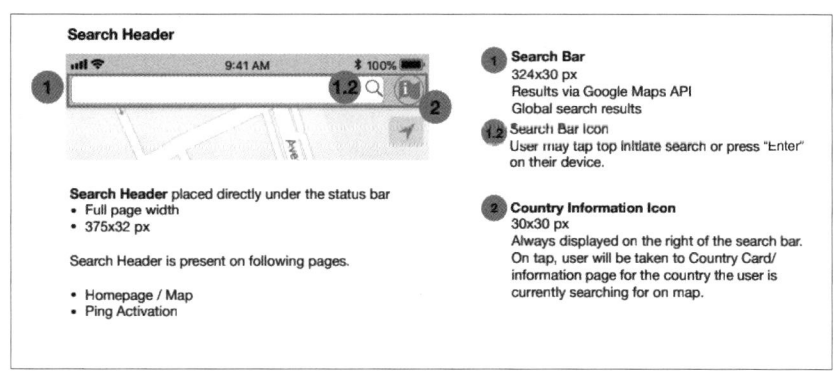

이 예시에서는 개발자가 코드로 구현할 수 있도록 기능뿐 아니라 픽셀 크기까지 명시하는 주석을 달았다. 그림 7-39의 예처럼 상세하게 문서를 작성해야 하는 조직도 여전히 있지만, 많은 회사가 워크플로에서 이 단계를 생략하고 디자이너들이 실제 제품을 디자인하는 데 더 집중할 수 있게 한다. 개발자가 명세를 확인해야 할 때 직접 디자인 파일에서 필요한 정보를 살펴볼 수 있다.

개발자뿐 아니라 나머지 팀원들도 디자인 파일을 직접 확인할 수 있으므로, 관찰자의 입장에서 가장 이해하기 쉬운 방식으로 디자인 파일을 구조화하는 것이 중요하다. 여러분의 작업을 처음 접하는 사람도 있을 수

있고, 해당 디자인이 사용자 여정 중 어디에 해당하는지 맥락을 알지 못하는 사람도 있을 수도 있다. 사실 특정 작업을 몇 주만 들여다보지 않아도 디자이너 본인조차 헷갈릴 수 있다. 그래서 디자인 파일의 구조와 전달 방식은 디자인을 실제로 구현하는 데 매우 중요한 역할을 한다.

> 디자인 시스템도 도움이 된다! 여러 위치에 동일한 버튼을 사용한다면 중앙화된 문서 시스템을 갖출 수 있다. 이러한 시스템이 있으면 관련된 모든 사람의 부담이 줄어든다. 개발자는 디자인 시스템에서 버튼을 가져와 제품에 적용할 수 있다. 그러면 디자이너가 버튼을 만들 때마다 명세를 새로 작성할 필요가 없다. 다른 디자인 시스템 컴포넌트들도 마찬가지다.

7.7.2 콘텐츠는 어떻게 구조화해야 할까?

제품의 규모, 자신이 담당하는 영역에 따라 파일을 구조화하는 방식도 달라질 수 있다. 한 가지 방법은 마일스톤을 기준으로 페이지를 구성하는 것이다.

- 초기 브레인스토밍 연/월/일
- 최소 기능 제품 연/월/일
- 릴리스 1.0 연/월/일
- 릴리스 2.0 연/월/일

이렇게 정리해두면 시간이 지남에 따라 제품이 어떻게 진화했는지를 확인할 수 있으며, 기능이 많지 않은 경우 특히 효과적이다. 초기 단계의 가벼운 제품을 다루고 있고 최소 기능 제품의 릴리스를 서두르고 있다면 이 방법이 적절할 수 있다.

기능별로 파일을 구성하는 방식도 있다.

- 기능 1
- 기능 2
- 기능 3
- 브레인스토밍

이러한 구조로 정리하면 디자인을 이니셔티브별로 정리해두고 이후 기능을 업데이트하거나 새로운 기능을 추가할 때 해당 페이지로 쉽게 돌아갈 수 있다.

사용자 역할에 따라 파일을 구조화하는 방식도 있다.

- 사용자 역할 1
- 사용자 역할 2
- 사용자 역할 3

이러한 구조는 로그인한 사용자에 따라 작동 방식이 조금씩 달라지는 플랫폼에 적합할 수 있다.

이 외에도 파일을 정리하는 방법은 다양하다. 어떤 구조로 정리할지는 여러분에게 달려 있으며, 그 방식은 제품의 특성, 성숙도, 디자인해야 하는 콘텐츠의 양에 따라 크게 달라질 것이다.

7.7.3 화면은 어떻게 정리해야 할까?

구현을 위해 파일을 준비할 때 논리적으로 쉽게 따라갈 수 있는 방식으로 화면을 정리하는 것이 중요하다. 여러 디자인 팀과 협업하며 각 팀의 화면 정리 방식을 눈여겨본 결과, 가장 효율적이고 효과적인 것은 흐름을 기준으로 정리한 후 상태별로 구성하는 방식이었다.

흐름(유저 플로, 유저 스토리 등)을 기준으로 화면을 정리하면 사용자가 작업 수행 중에 거치는 **해피 패스**의 각 단계(그림 7-40)를 보여줄 수 있다. 해피 패스를 벗어나는 경우(오류 상태, 로딩 상태 등)는 해피 패스를 제시한 이후에 보여주면 된다.

▼ **그림 7-40** 디자인 파일에 화면을 정리하는 구조. 유저 스토리로 시작해서 흐름의 다음 단계로 이어진다.

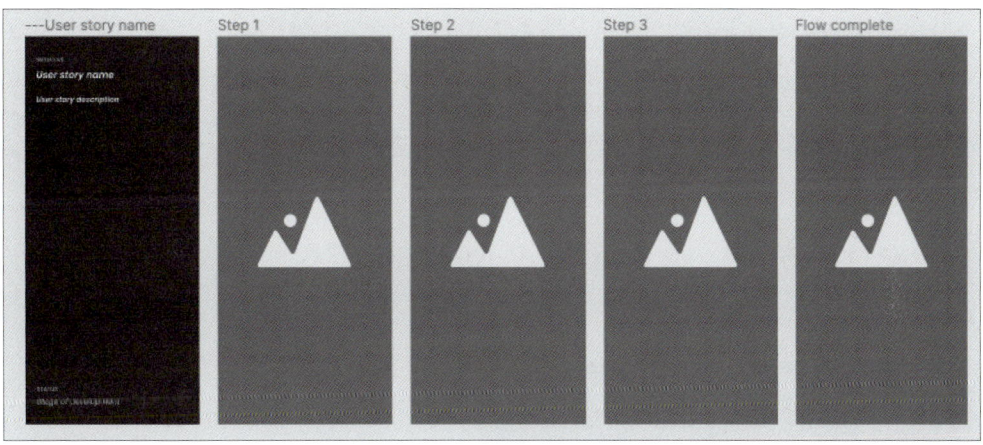

이는 디자인 파일을 쉽게 따라가며 이해할 수 있는 이야기 단위로 나누는 방식을 보여주는 예시다. 유저 스토리를 기준으로 정리하면 흐름을 제품 이니셔티브와 개발자가 해야 할 작업에 직접 연결할 수 있다. 그러면 디자인을 추적하기가 쉬워지고 프로젝트 파일 내부 구조를 잘 몰라도 쉽게 따라갈 수 있다.

우선 그림 7-41처럼 프로젝트의 전반적인 정보를 담은 아트보드를 작성하라.

▼ 그림 7-41 흐름 초반에 해당하는 유저 스토리 상세 정보. 이후 이어지는 화면을 이해하는 데 도움이 되는 명확한 맥락을 제공한다.

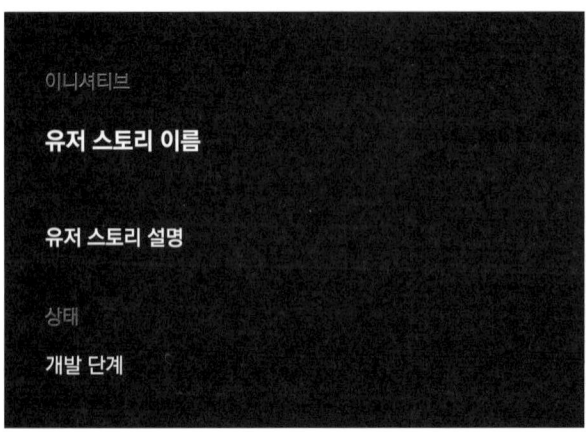

이 요약 문서는 네 가지 정보로 구성된다.

- 이니셔티브: 이 흐름과 관련 있는 기능, 에픽, 프로젝트는 무엇인가?
- 유저 스토리 이름: 이 흐름과 관련 있는 유저 플로, 유저 스토리는 무엇인가?
- 유저 스토리 설명: 실제 유저 스토리는 무엇인가? 사용자가 달성하려는 작업의 세부 사항은 무엇인가?
- 상태/개발 단계: 이 흐름은 디자인 싱킹 프로세스의 어느 단계에 해당하는가? 디자인 중인가? 제작할 준비가 되었는가? 아니면 이미 제품에 반영되었는가?

이러한 정보를 채우면 그림 7-42와 같은 요약 문서가 완성된다.

▼ 그림 7-42 작성 완료된 유저 스토리 요약

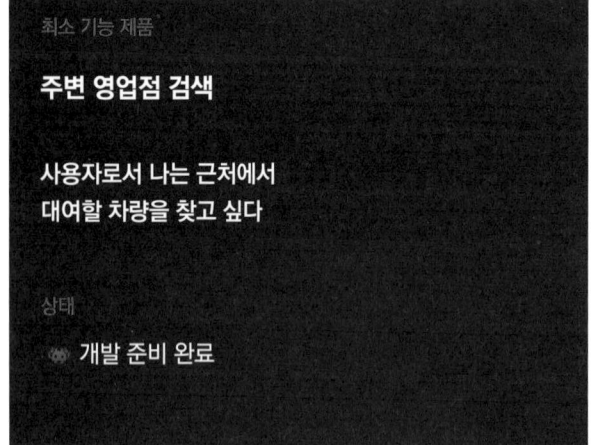

이 흐름은 렌터카 앱의 최소 기능 제품 개발을 목표로 한다. 유저 스토리는 근처 영업소를 검색하는 것이다. 설명에는 프로덕트 매니저가 작성한 유저 스토리가 담겨 있으며, 제품을 제작하는 데 사용한 프로젝트 관리 소프트웨어에 기록된 내용 그대로이다. 현재 상태는 개발자가 이 흐름을 구현할 준비가 완료된 단계이다.

요약 문서에 상세 정보를 정리한 다음에는 실제 제품에서 작업을 완료하기 위해 사용자가 거치는 각 단계를 목록으로 정리한다. 이때는 해피 패스를 따라 정리하고 현재 작업과 무관한 문제나 탐색은 제외해야 한다. 예외적인 상황은 나중에 별도로 정리할 수 있다.

이 유저 스토리에는 해피 패스를 보여주는 네 가지 화면이 있다(그림 7-43). 검색 화면의 초기 상태, 렌터카 영업소 위치를 검색하는 화면, 검색 결과, 사용자가 선택한 영업소를 보여주는 선택 상태 화면이 여기에 해당한다.

▼ **그림 7-43** 그림 7-42의 유저 스토리 흐름을 보여주는 화면

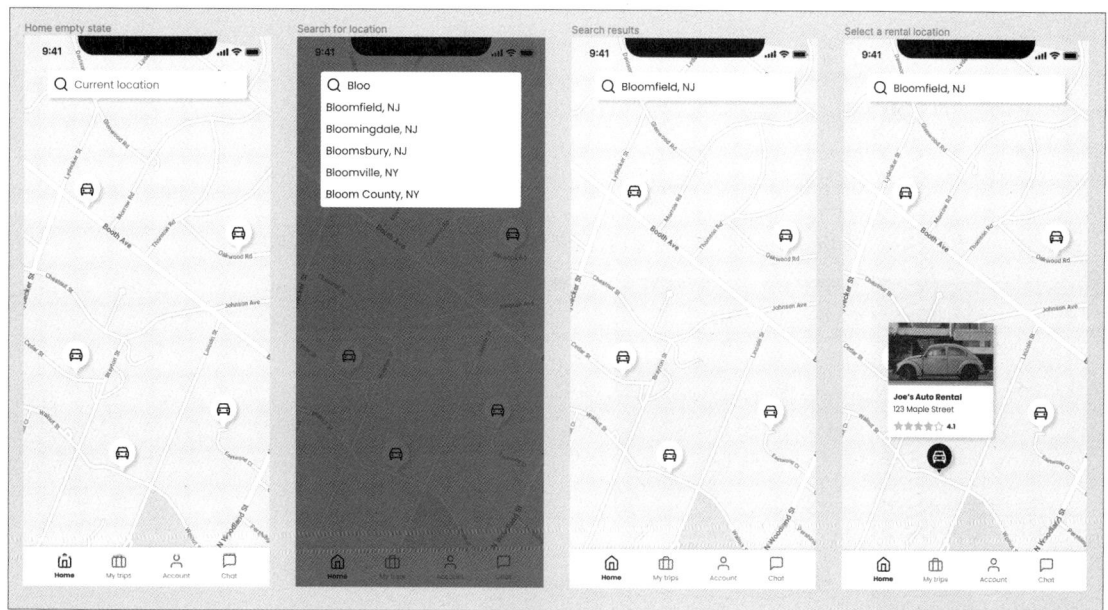

이 흐름의 해피 패스에 필요한 모든 화면이 준비되었으므로 이 흐름은 완성되었다. 이후 파일의 다른 부분에서 언해피 패스(지역 내에서 검색 결과가 없는 경우나 위치를 잘못 입력한 경우 등)를 보여주어야 할 수 있으나 여기에서는 필요하지 않다.

이 모든 내용을 종합하면 그림 7-44가 완성된다.

▼ 그림 7-44 유저 스토리와 흐름을 결합한 모습. 이렇게 전달하면 보는 사람들이 디자인을 훨씬 더 쉽게 이해할 수 있다.

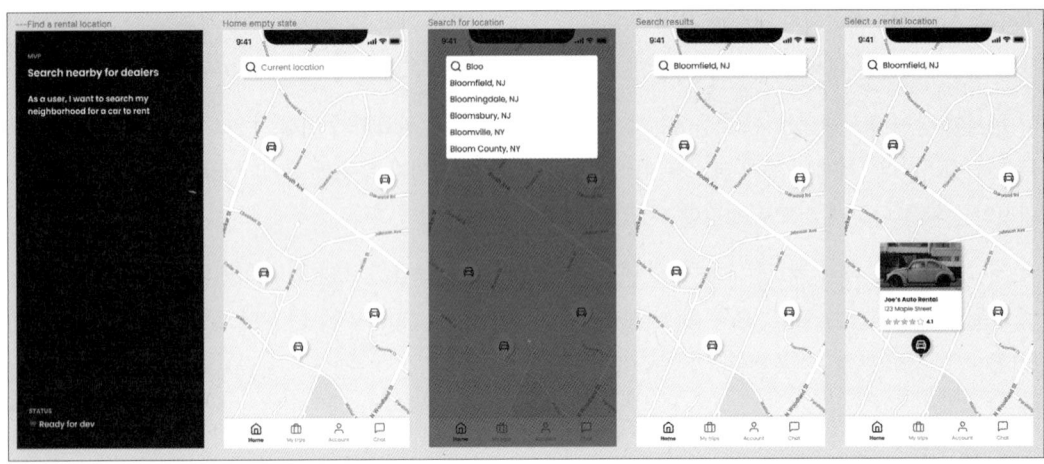

그림 7-44는 유저 스토리를 설명하는 요약 문서와 이 스토리를 완료하기 위한 사용자의 해피 패스를 보여주는 네 가지 화면을 한 줄로 정리한 예시다.

이러한 구성 방식을 모든 유저 스토리에 적용하면 그림 7-45 같은 형태가 될 것이다.

▼ 그림 7-45 프로젝트의 맥락을 모르는 사람도 디자인을 더 쉽게 이해할 수 있도록 구성한 디자인 파일 예시

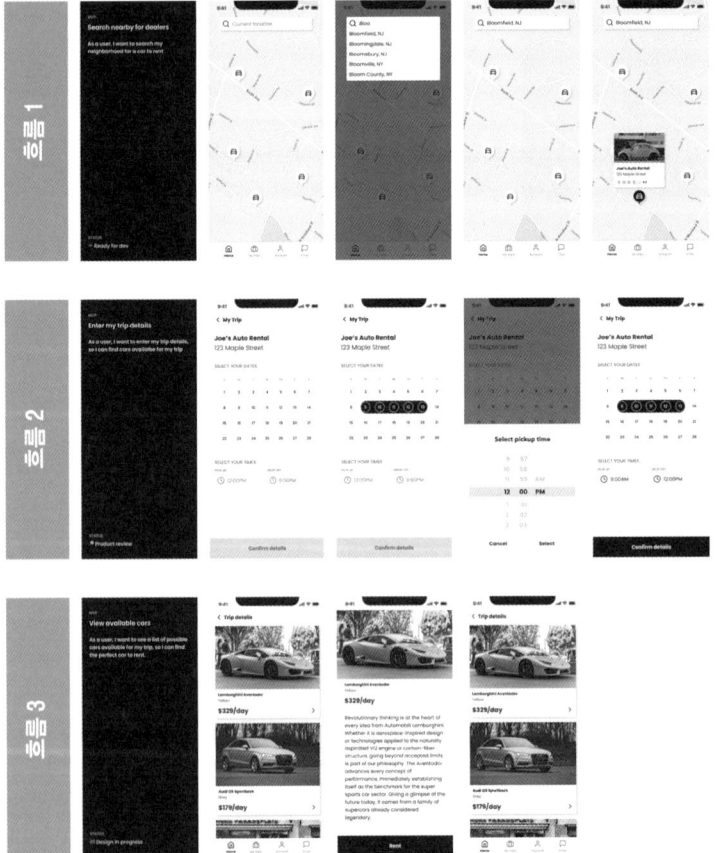

이 이니셔티브는 여러 화면으로 구성된 흐름 여러 개로 이루어져 있으며 각 흐름은 모든 팀원이 쉽게 따라갈 수 있도록 정리되어 있다. 여러분은 맥락(유저 스토리, 설명, 개발 단계)을 설정한 후 사용자가 목표를 달성하기까지의 각 단계를 차례로 제시한다.

누구나 이해할 수 있도록 페이지와 화면의 구조를 체계적이고 명확하게 만들면 관련된 모든 사람이 디자인을 쉽고 일관되며 원활하게 구현할 수 있다.

7.7.4 명세와 맥락을 제공하라

디자인을 전달하려면 명세뿐 아니라 맥락도 제공해야 한다. 여러분이 만든 디자인을 통해 달성하고자 하는 목표를 사람들이 쉽게 이해할 수 있을 거라고 가정해서는 안 된다. 이들은 디자인 씽킹 프로세스의 연구, 아이디어 도출, 테스트 등의 과정에 참여하지 않았을 가능성이 높다. 설령 참여했다고 해도 상황을 여러분과 다르게 볼 수 있다. 여러분은 비전을 문서화하고 무엇을 제작하려고 하는 것인지 사람들에게 설명해야 한다.

그러려면 그 비전을 전달하는 명확하게 정의된 산출물이 필요하다. 디자인이 어떻게 작동하는지 잘 전달하고 싶다면 대상 사용자를 기준으로 설명해야 한다. 유저 스토리를 가지고 흐름을 구성하고 보는 사람이 순차적으로 따라갈 수 있도록 그 흐름을 전개하라. 그러면 보는 이들이 비전을 쉽게 이해하고 디자인을 구현하는 데 필요한 맥락을 파악할 수 있다.

7.7.5 직접 해보자!

이제 디자인을 전달할 차례다! 이전 단계에서 만든 유저 스토리와 디자인을 바탕으로 디자인 파일을 정리해서 여러분이 제품을 위해 만든 각 유저 스토리를 사용자가 어떻게 달성할지 명확히 제시하라.

> 부록 A.6 '디자인 전달하기'를 참고해 여러분의 디자인 전달 방식을 예시와 비교해보라.

필요한 화면이 몇 개 부족해도 괜찮다. 이제 만들면 된다. 이 연습을 하는 이유 중 하나는 빠뜨린 부분이 있는지 확인하기 위해서다. 지금 발견하는 것이 제품 출시 후에 알게 되는 것보다는 훨씬 낫다!

유저 스토리가 5개 이상으로 많다면 모든 스토리에 대한 흐름과 화면을 만들기가 부담스러울 수 있다. 가능하다면 전부 만들어볼 것을 추천한다. 하지만 불가능하다면 적어도 세 가지는 만들어서 연습해보기를 바란다.

7.8 이제 프로세스가 끝나는 것일까?

디자인을 전달하고 제품이 완성되면 디자인 싱킹 프로세스가 공식적으로 마무리된다. 지금까지 여러분은 프로세스의 모든 과정을 거쳤다. 사용자와 공감하고 이들의 요구를 이해하는 것으로 시작했다. 그다음으로 해결할 문제를 정의하고 그 문제를 해결할 아이디어를 도출했다. 아이디어를 프로토타입으로 제작하고 사용자를 대상으로 테스트를 거쳤으며 마지막으로 개발자와 협력해 디자인을 구현했다. 이렇게 제작하고자 하는 제품을 위한 디자인 싱킹 프로세스를 마친 지금, 프로세스의 처음부터 끝까지 고려했던 대상 사용자들의 삶을 개선하는 데 도움이 되는 제품을 완성했다면 목표를 완수한 셈이다.

그렇다면 이제 그 다음은 무엇일까? 닐슨 노먼 그룹의 모델을 다시 한번 살펴보자(그림 7-46).

▼ 그림 7-46 닐슨 노먼 그룹의 디자인 싱킹 프로세스. 이 프로세스는 선형이 아닌 순환 구조로 이루어져 있어서 끊임없이 흐르고 반복되며 지속적으로 이어진다.

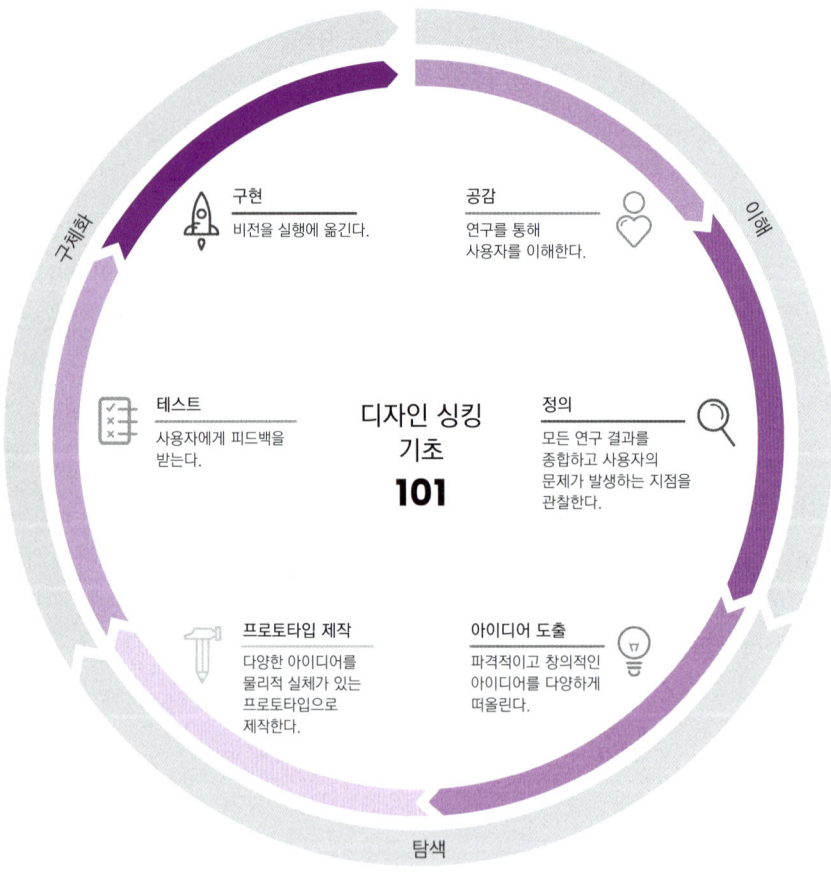

비슷한 과정을 거치는 다양한 디자인 싱킹 모델을 소개할 수도 있었지만 이 모델을 선택한 데에는 구체적인 이유가 있다. 바로 순환한다는 특성 때문이었다. 다른 모델들은 이 과정을 선형으로 표현해 마치 디자인 싱킹이 프로젝트의 시작과 함께 시작해 제품이 완성되면 끝나는 것처럼 보인다.

디자인 싱킹은 그런 방식으로 작동하지 않는다. 적어도 내가 보기에는 그렇다. 언제든지 처음으로 되돌아가서 프로세스를 반복해 사용자 경험을 개선할 수 있다. 현재 제품을 더욱 발전시키고 새로운 특성과 기능으로 사용자 경험을 향상시킬 수 있다. 사용자와 소통을 이어가며 사용자에 대한 이해를 높일 수 있다. 여러분이 만든 제품을 사용자에게 보여주고 어떤 부분이 필요한지 물어보는 인터뷰를 진행할 수도 있다. 해결해야 할 새로운 문제를 찾고 이에 대한 새로운 아이디어를 도출하고 테스트하며, 이를 해결하려는 시도를 이어갈 수 있다.

다른 모델들은 무언가를 구현하면 거기서 끝난다고 가정한다. 그리고 원한다면 거기서 멈춰도 된다! 하지만 닐슨 노먼 그룹의 디자인 싱킹 모델은 계속해서 발전할 가능성, 즉 디자인을 반복적으로 개선하며 디자인을 사용할 사람들의 삶을 꾸준히 더 나은 방향으로 이끌어갈 여지를 남겨두는 것이다. 그리고 개인적으로 나는 그러한 기회를 기꺼이 받아들이고 싶다.

8장

그다음은 무엇인가?

8.1 사례 연구 작성하기

8.2 포트폴리오 만들기

8.3 피드백 주기

8.4 피드백 받기

8.5 다른 분야와 협업하기

8.6 디자인 분야 직무 선택하기

8.7 이제 어디로 가야 할까?

디자인 싱킹 프로세스가 마무리되었으니 사용자의 문제를 해결하기 위한 탐색을 처음부터 끝까지 완수한 셈이다. 사용자를 이해하고 해결할 문제를 정의했으며 디자인 솔루션을 만들고 프로토타입을 제작해서 사용자 테스트를 거친 후 이를 구현하기 위한 명세를 작성했다.

그렇다면 탐색을 마친 이 시점에는 무엇을 해야 할까? 정답은 무엇이 하고 싶은지에 따라 달라진다. 이 프로세스에서 충분히 지식을 얻었다는 생각에 새로운 문제로 넘어갈 준비가 되어 있을 수도 있고, 테스트를 통해 얻은 소중한 정보를 바탕으로 솔루션을 반복적으로 개선해 나가고 싶을 수도 있다. 아니면 지금까지 만든 제품의 다른 측면을 탐구하거나 기능을 더 확장해 나가고 싶을 수도 있다.

하지만 다음 단계로 나아가기 전에 디자인 싱킹 프로세스를 마친 이후에 알아두면 좋은 몇 가지 사항이 있다. 우선 인간의 기억은 불완전하고 쉽게 희미해지므로 지금까지 한 일을 모두 기록으로 남겨야 한다. 좋았던 부분은 물론 부족했던 부분도 기록해야 한다. 또한 여러분의 작업을 다른 사람과 공유하고 싶어질 수 있으니 디자인에 대한 피드백을 주고받는 방법도 익혀두는 것이 좋다. 디자인 업계 지망생이거나 업계 종사자라면 이 분야에서 경력을 쌓고 성장하는 데 유용한 조언도 필요할 수 있다.

따라서 다음 프로젝트로 넘어가기 전에 알아두면 좋은 몇 가지 마지막 포인트를 짚고 넘어가자. 우선 지금까지 해온 훌륭한 작업을 어떻게 기록할 것인지부터 살펴보자.

8.1 사례 연구 작성하기

사용자 경험 디자인 분야에서 일하려면 해당 분야에 대한 전문성을 입증해야 한다. 디자인 작업을 통해 대상 기업이나 사용자에게 긍정적인 결과를 낼 수 있다는 것을 어떤 식으로든 잠재적인 고용주나 고객에게 보여주어야 한다.

이렇게 전문성을 입증할 수 있는 방법은 여러 가지가 있다. 디자인 싱킹 등 사용자 경험 디자인의 다양한 요소를 주제로 강연을 할 수 있다. 온라인에 글을 게시하거나 책을 출간해 디자인 관련 지식을 보여줄 수도 있다. 아니면 디자인 파일에 담긴 완성된 화면이나 흐름을 직접 보여주며 지금껏 한 일을 설명해줄 수도 있다.

이 모든 방법은 도움이 되며 경력이 쌓일수록 더욱 큰 효과를 낼 수 있다. 하지만 자신이 그 자리의 적임자임을 가장 확실하게 납득시키는 방법은 따로 있다. 바로 사례 연구를 작성하는 것이다.

8.1.1 사례 연구란 무엇인가?

사례 연구란 진행 중이거나 완료한 프로젝트를 심층적으로 설명하는 것이다. 사례 연구로 다룰 수 있는 주제는 다양하다. 기능을 중심으로 제품에 새로운 기능을 어떻게 추가했는지를 보여줄 수 있다. 프로세스를 중심으로 팀이 어떤 방식으로 일하고 업무를 진행하는지도 보여주어도 된다. 아니면 시스템을 중심으로 여러분이 직접 만들었거나 수정했거나 관리했던 디자인 시스템을 보여주는 방법도 있다. 이처럼 사례 연구로 다룰 수 있는 프로젝트 주제에는 제한이 없다.

그림 8-1은 교육 기업인 카플란에서 근무할 당시 내가 작성한 사례 연구를 발췌한 내용이다.[1] 나는 데이터 시각화를 통해 시간 경과에 따른 학생들의 학습 진도를 보여주는 강사용 기능을 만드는 팀의 일원이었다. 이 사례 연구에서는 비즈니스 목표, 디자인 프로세스, 결과 등 프로젝트의 다양한 요소를 다뤘다. 좋은 사례 연구라면 잠재적인 고용주나 고객이 궁금해할 만한 모든 요소를 빠짐없이 다뤄야 한다.

> 주제에는 제한이 없지만 공유할 수 있는 내용에는 제한이 있다. 고객이나 고용주의 기밀 정보를 함부로 공개해서는 안 된다. 반드시 사전에 허가를 받아라. 그보다 더 좋은 방법은 회사 블로그에 디자이너로서의 경험에 대한 글을 쓰겠다고 제안하고 그 글을 사례 연구로 발전시키는 것이다. 이때 회사의 공식적인 대변자가 내용을 검토하고 공유 여부를 승인하게 된다. 그러면 해당 연구를 먼저 공개하는 주체가 회사가 되므로 여러분도 공유해도 좋다는 암묵적인 허가를 받은 것이나 다름없다!

▼ 그림 8-1 데이터 시각화 모델의 대안을 논의한 사례 연구의 일부

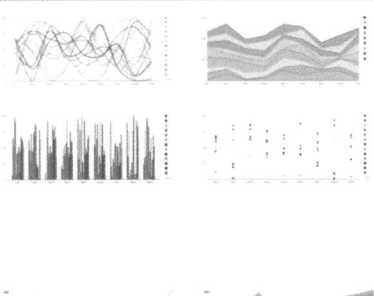

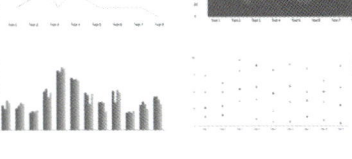

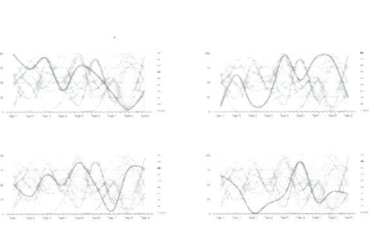

하지만 프로젝트의 모든 요소를 어떻게 연결할 수 있을까? 사례 연구를 어떻게 구성해야 프로젝트에 참여하지 않은 사람들도 프로젝트의 흐름을 쉽게 이해하게 할 수 있을까? 이번에는 사례 연구를 구성하고 작성하는 방법을 조금 더 자세히 살펴보자.

---

1 https://medium.com/atom-platform/designing-gradebook-d94d6bf82295

8.1.2 프로세스를 보여주어라

좋은 사례 연구는 디자이너가 프로젝트를 완수하기 위해 어떤 과정을 거쳤는지 간단히 언급하는 수준에 그친다. 하지만 **훌륭한** 사례 연구는 그 프로세스를 처음부터 끝까지 단계별로 자세히 보여준다. 모든 세부 사항을 빠짐없이 설명할 필요는 없다. 하지만 각 단계를 짚어가며 설명할 때 독자가 지금 읽고 있는 부분이 전체 프로세스의 어느 단계에 해당하는지, 여러분이 어떤 일을 했고 프로젝트에 어떻게 접근했는지 자연스럽게 파악할 수 있어야 한다.

프로세스를 설명하는 것은 중요하다. 표준적인 방식으로 디자인에 접근하고 있다는 것을 보여주면 여러분이 체계적인 계획 하에 디자인을 수행하고 있음을 고용주에게 증명할 수 있다. 그리고 고용주의 문제를 해결할 때도 이처럼 체계적으로 접근할 것이라는 기대감을 줄 수 있다.

프로세스를 공유하면 자신이 어떻게 작업하는지 보여줄 수 있으며 맡은 일을 해낼 역량을 갖춘 인물이라는 신뢰를 얻을 수 있다.

디자인 진행 과정을 잘 전달하기 위해 나는 사례 연구를 작성할 때 두 가지를 실천한다.

- 프로세스를 미리 제시해 해당 사례 연구에서 독자가 어떤 내용을 보게 될지 예상할 수 있게 한다.
- 프로세스를 단계별로 짚어가며 내가 각 단계에서 내린 결정에 대한 세부적인 내용을 함께 전달한다.

그림 8-2는 사례 연구에 담은 디자인 프로세스의 예시로 전반적으로 이 책에서 처음부터 소개한 디자인 프로세스를 따르고 있다.

▼ **그림 8-2** 프로젝트를 완료하기까지의 과정을 보여주는 사례 연구의 일부

닐슨 노먼 그룹의 디자인 싱킹 프로세스 여섯 단계(그림 8-3)는 사례 연구를 구조화하고 프로세스를 명확히 전달하는 효과적인 틀을 제공한다. 이 여섯 단계가 사례 연구 속 스토리와 어떻게 연결될 수 있는지 살펴보자.

1. 공감: 사용자는 누구인가? 이들의 욕구와 필요는 무엇인가?
2. 정의: 해결한 문제는 무엇인가? 여러분이 솔루션을 제시하기 이전에는 사용자가 문제를 어떻게 해결했는가?
3. 아이디어 도출: 어떤 솔루션이 효과적일 것이라 생각했는가? 그중 어떤 솔루션을 추진했는가?
4. 프로토타입 제작: 프로토타입은 어떤 형태였는가? 어떻게 작동했는가?
5. 테스트: 솔루션은 어떻게 작동했는가? 사용자들의 반응은 어떠했는가?
6. 구현: 솔루션은 어떻게 만들어졌는가? 최종 제품은 무엇인가?

▼ 그림 8-3 닐슨 노먼 그룹의 디자인 싱킹 모델. 이 모델은 사례 연구의 구조와 스토리텔링에도 잘 맞아 떨어진다.

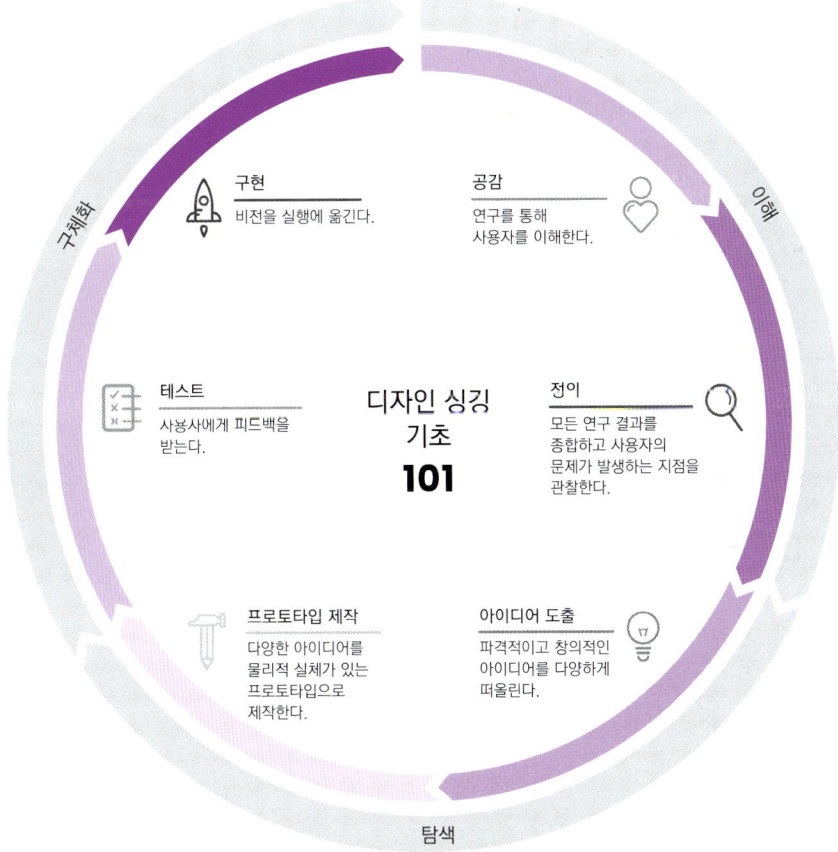

여기에 소개(비즈니스 목표를 포함하는 프로젝트의 전체 개요)와 결론(프로젝트 진행 결과와 향후 단계)을 추가하면 여러분의 작업을 강력하고 설득력 있게 보여주는 사례 연구가 완성된다.

그림 8-2의 사례 연구 예시에서는 디자인 싱킹 여섯 단계에 대한 질문을 탐색, 정의, 사용성, 전달이라는 네 개의 섹션으로 나누어 다뤘다. 앞으로 다룰 내용을 예상할 수 있도록 프로세스를 먼저 제시한 뒤 사례 연구를 이 네 가지 섹션으로 나누고 각 내용을 더 심도 있게 설명했다.

8.1.3 스토리를 전달하라

사례 연구는 독자에게 프로젝트의 핵심 요소를 순차적으로 안내하는 역할을 한다. 이는 시작, 전개, 결말로 구성되며 프로젝트 소개, 프로젝트를 완료하기 위해 수행해야 하는 일련의 작업들, 그리고 프로젝트의 결과를 포함한다. 다시 말해 사례 연구는 하나의 스토리다.

사례 연구를 작성할 때는 프로젝트에 대한 짧은 소설을 쓴다고 생각하라. 주인공은 디자이너인 여러분 자신이다. 악역은 여러분이 해결해야 할 문제다. 여러분의 여정에 스토리텔링의 모든 주요 요소를 담아내라. 어디를 지나왔고 누구를 만났으며 어떤 행동이 그 스토리를 해피 엔딩으로 이끌었는지 보여주어라.

영웅의 여정은 가장 일반적인 스토리텔링 프레임워크 중 하나다.[2] 이 프레임워크에서 주인공, 즉 영웅은 여정을 떠난다. 그 여정에서 도전의 순간과 조력자들을 만나고 깊은 절망 속에서 변화를 겪는다. 결국 영웅은 시련을 극복하고 다음 여정을 위해 집으로 돌아온다.

▼ **그림 8-4** 영웅의 여정. 현대 미디어에서 가장 널리 사용되는 매력적인 서사 구조 중 하나다.

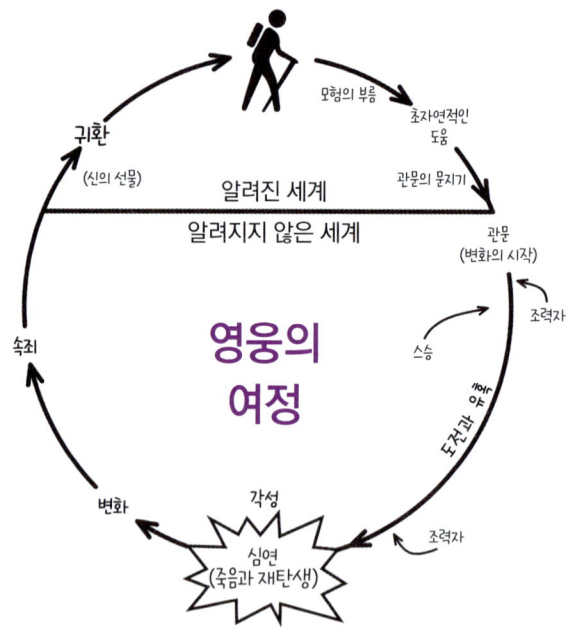

이 프레임워크는 어떤 디자인 사례 연구에든 적용할 수 있다.

---

2 https://ko.wikipedia.org/wiki/영웅의_여정

닐슨 노먼 그룹의 디자인 싱킹 모델과 영웅의 여정 스토리텔링 프레임워크를 결합하면 사례 연구 작성을 위한 완벽한 모델이 만들어진다(그림 8-5). 이 여정은 모험의 부름으로 시작한다. 이는 곧 프로젝트 목표이자 해결할 문제다. 사용자와 공감하고 문제를 정의하며, 방대한 정보를 흡수하고 사용자를 위해 무엇을 할 수 있을지 깊이 고민한다. 즉, 아이디어를 도출하는 것이다. 역경을 딛고 새롭게 태어난 디자이너는 마침내 어떻게 해야 사용자를 도울 수 있을지 깨닫는다. 그래서 프로토타입을 만들고 테스트하며 솔루션을 변신시킨다. 귀환의 시점, 즉 프로젝트를 마무리할 때가 되면 솔루션을 성공적으로 구현하고 승리를 거둔다.

▼ **그림 8-5** 닐슨 노먼 그룹의 디자인 싱킹 프로세스와 영웅의 여정을 겹쳐서 표현한 모델

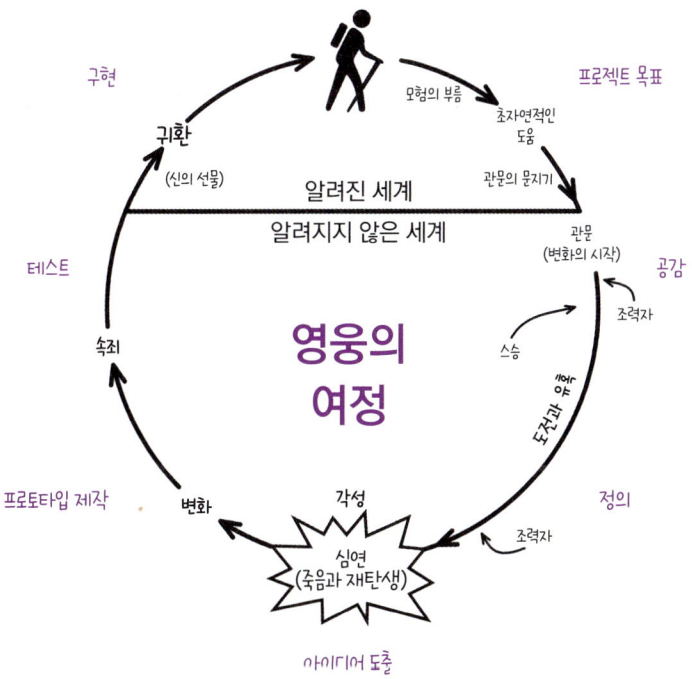

작업 발표는 하나의 여정이다. 여러분이 직접 겪은 여정이자 사용자 또한 함께하도록 이끌어야 하는 여정이다. 사례 연구의 스토리를 작성할 때는 다음 질문에 대한 답을 찾아보라.

- 모험의 부름: 처음에 해결해달라고 요청받은 문제는 무엇이었는가?
- 관문의 문지기: 회사는 무엇을 원했는가?
- 조력자, 스승: 사용자는 누구였는가?
- 도전과 유혹: 사용자는 무엇을 원했는가?
- 심연: 사용자를 돕기 위해 구상한 솔루션은 무엇인가?
- 변화: 솔루션은 어떤 형태였는가?
- 속죄: 사용성 테스트에서 솔루션은 어떻게 작동했는가?
- 귀환: 어떤 솔루션이 효과적이었고 최종적으로 무엇을 전달했는가?

사례 연구를 이러한 관점으로 보면 스토리텔링이 작업 발표에 어떻게 자연스럽게 어우러지는지 알 수 있다.

> 이런 방식으로 작업을 바라보는 데 익숙해지기까지는 시간이 걸릴 수 있다. 그래도 괜찮다! 여러분은 이미 이러한 서사 구조를 여러 차례 경험했을 것이며 미처 깨닫지 못했을 뿐이다. '스타워즈', '오즈의 마법사', '반지의 제왕', '매트릭스'뿐 아니라 마블 시네마틱 유니버스의 많은 영화까지 바로 이러한 서사 구조를 따른다.

8.1.4 읽지 않을 사람을 고려하라

안타까운 사실이지만 아무리 공들여 작성한 사례 연구라 하더라도 제대로 읽지 않는 사람이 많다.

디자인 인재를 채용하고 평가하는 현실은 (그리고 더 나아가 장문의 글을 읽는 일 전반도 마찬가지지만) 사람들에게 주어진 모든 콘텐츠를 꼼꼼히 읽을 여유가 없다는 데 있다. 채용 담당자는 하루에 수십 명의 지원서를 검토한다. 관리자는 일상 업무를 처리하는 동시에 누구를 언제 채용할지 결정해야 한다. 동료들 역시 자기 업무에 집중하느라 디자이너가 사례 연구에 담은 모든 문장을 세세히 읽을 여유가 없다.

사례 연구를 읽는 사람들은 모든 세부 사항을 파악하려 하기보다는 전반적인 결과를 알고 싶어 한다. 현재 함께 일하는 동료들, 앞으로 함께 일하게 될 수도 있는 사람들, 그리고 업계에서 여러분의 작업을 주목하는 업계 사람들까지 저마다 다른 목적을 가지고 사례 연구를 접한다.

함께 일하는 동료라면 여러분의 작업이 어떤 의미를 갖는지 알고 싶어 한다. 이 연구가 회사에 어떤 영향을 미칠까? 프로젝트 결과가 그들의 업무 영역에 어떤 변화를 가져올까? 이 프로젝트에서 배운 바를 그들 자신의 업무에 어떻게 적용할 수 있을까?

여러분을 채용하려고 하는 사람이라면 조직이 풀어야 할 문제를 여러분이 해결할 수 있는지를 알고 싶어 한다. 여러분이 디자인 역량을 갖춘 인재일까? 그들이 원하는 방식으로 디자인할 수 있을까? 그들이 해결하려는 문제를 해결할 수 있을까?

여러분의 작업에 주목하는 업계 사람이라면 업무 성과에 관심을 가진다. 여러분이 현재 어떤 성과를 내고 있는지, 어떤 작업을 하고 있는지, 그 결과는 어떠한지에 주목할 것이다.

사례 연구의 독자들은 이러한 부분을 궁금해하며 사례 연구에서 바로 이런 내용을 찾으려 할 것이다. 사용자 경험 디자이너로서 여러분에게는 대상 사용자가 제대로 이해할 수 있는 방식으로 경험을 디자인해야 할 책임이 있다. 따라서 사례 연구를 작성하는 지금으로서는 대상 사용자인 사례 연구의 독자들과 명확히 소통하는 방법을 반드시 익혀야 한다.

사례 연구를 효과적으로 전달하려면 모든 세부 정보를 알고 싶어 하는 독자들을 위해 자세하고 매력적인 스토리를 작성해야 한다. 꼼꼼히 읽을 독자도 있기 때문이다. 하지만 제대로 읽지 않는 독자들도 있다. 이들에게는 스토리를 어떻게 전달하는 것이 좋을까? 모든 디자인 문제가 그렇듯이 이때도 사용자의 요구를 이해하는 것이 핵심이다. 이들이 사례 연구를 어떻게 활용하고 싶어 하는지를 고려하고 이들의 행동과 목표에 맞게 작성해야 한다.

사람들은 인터넷에서 접하는 콘텐츠를 단어 하나하나 읽지 않는다. 온라인 콘텐츠는 대강 훑어보며 대략적인 내용을 파악하고 원하는 정보를 중심으로 탐색한다. 그러다 관심이 가는 부분이 나오면 제대로 이해할 때까지 그 부분에 집중한다. 이처럼 정보를 소비하는 방식은 빠르게 달리다가 원하는 휴게소에서 멈추는 고속도로 주행 방식과 비슷한 면이 있다. 사례 연구 또한 고속도로 주행과 비슷한 방식으로 읽을 수 있도록 설계해야 한다(그림 8-6).

▼ **그림 8-6** 좋은 사례 연구는 고속도로를 달리듯 읽을 수 있어야 한다. 독자가 빠르게 훑어볼 수 있어야 하며 원한다면 중간중간 멈춰서 중요한 내용을 충분히 살펴볼 수 있어야 한다(출처: Doug Meek/Shutterstock).

사람들은 콘텐츠, 특히 장문의 글을 고속도로를 달리듯 소비한다. 눈 깜짝할 새에 스크롤하며 페이지의 각 섹션을 고속도로 출구처럼 지나친다. 멈출 만한 흥미로운 지점을 발견하면 잠시 멈춰 내용을 살펴본 뒤 콘텐츠가 끝날 때까지 다시 스크롤한다.

사례 연구도 고속도로처럼 설계해야 한다. 알아보기 쉽게 출구 표지판을 배치하고 중간중간 흥미롭고 이해하기 쉬운 휴게소를 마련해 몇 분 정도 머무르면 어떤 정보를 알게 될지 알려주어야 한다.

그림 8-7은 내가 교육 플랫폼 프로젝트에서 작성한 사례 연구의 한 섹션이다. 독자가 모든 내용을 일일이 읽지 않아도 프로젝트의 흐름을 이해할 수 있도록 구성했다.

▼ 그림 8-7 디자인 솔루션을 통해 학생 성적을 시각화하는 다양한 방법을 다룬 사례 연구 일부

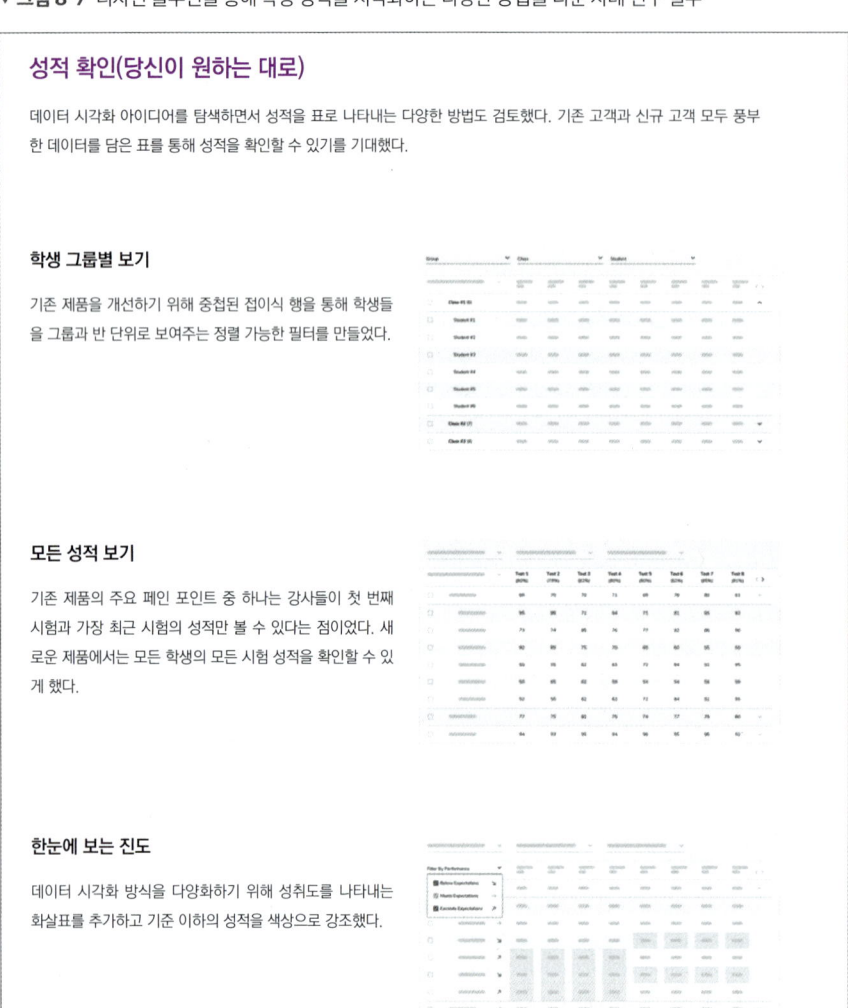

우선 프로세스의 단계를 설명하기 위해 '성적 확인(당신이 원하는 대로)'이라는 흥미로운 제목을 사용한다. 이 섹션의 제목을 이렇게 지은 데에는 몇 가지 이유가 있다.

- 이 제목은 사용자가 이 기능을 통해 다양한 방식으로 점수를 확인할 수 있다는 점을 알려준다.
- '사용자가 원하는 방식대로 점수를 확인할 수 있다'처럼 스토리를 담은 표현은 '성적 확인 방식 설정 옵션'처럼 단순한 표현보다 더 흥미롭다.
- 유명한 록 음악의 제목을 빌려[3] 나만의 개성을 드러내고 사례 연구를 읽는 과정에 가벼운 재미를 더한다.

---

3 역주 1980년에 발매된 록 밴드 저니(Journey)의 'Anyway You Want It(당신이 원하는 대로)'는 많은 사랑을 받은 히트곡으로 이 제목을 본 독자들은 자연스럽게 이 곡을 떠올릴 수 있다.

헤드라인 다음에 세 가지 하위 섹션을 통해 사례 연구의 현재 단계에서 다루는 내용을 더 구체적으로 설명한다. 각 하위 섹션은 제목, 설명 텍스트, 해당 섹션의 내용을 보완하는 이미지로 구성된다.

굳이 읽을 마음이 없는 독자라면 이 모든 내용을 그냥 스크롤하며 지나칠 수 있다. 하지만 사례 연구 고속도로에서 다음 '출구 표지판'이 보일 때까지 페이지를 훑어보는 동안, 각 제목은 자연스럽게 눈에 들어오고 이미지에도 시선이 이끌리게 된다. 그러면 콘텐츠를 전혀 읽지 않더라도 섹션의 전체적인 내용을 파악할 수 있다. 더 깊이 알고 싶다면 본문 설명과 각 이미지에 담긴 세부 정보를 확인하며 추가적인 맥락을 얻을 수 있다.

사례 연구를 꼼꼼히 읽지 않은 독자라도 전반적인 내용을 이해할 수 있도록 제목과 매력적인 이미지를 활용해 핵심적인 스토리를 전달하라.

8.1.5 이미지를 통해 소통하라

사람들은 관심을 느끼지 않는 한 콘텐츠를 아예 읽지 않거나 대충 읽는다. 그렇기 때문에 스토리의 대부분은 제목과 이미지를 통해 전달된다. 매력적인 사례 연구를 완성하려면 이를 뒷받침할 설득력 있는 이미지가 필요하다.

혁신적이고 아름다운 이미지가 필요하다는 의미는 아니다. 명확하고 이해하기 쉬우며 전후를 읽지 않더라도 해당 지점이 어떤 내용을 전달하고 있는지 이해할 수 있을 만큼 충분한 스토리가 담긴 이미지가 있어야 한다.

그림 8-8은 내가 작성한 한 사례 연구의 한 부분으로,[4] 내 작업이 어떤 영향을 미쳤는지 명확히 보여준다. 기존 UI와 새로운 UI를 나란히 제시해 내가 어떤 요소를 어디에 추가했는지, 그것이 제품 어디에 반영되었는지, 해당 요소가 전체 사용자 경험과 어떻게 어우러지는지를 정확히 보여준다.

▼ 그림 8-8 텍스트 대신 제품 스크린숏 이미지를 통해 새로운 기능을 전달한 사례 연구 예시

기존 레이아웃　　　　　　　　　　　　　　　　새로운 레이아웃

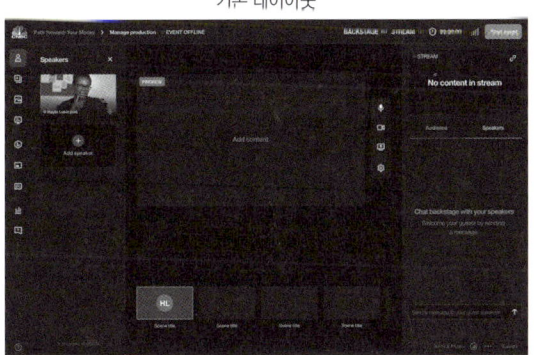
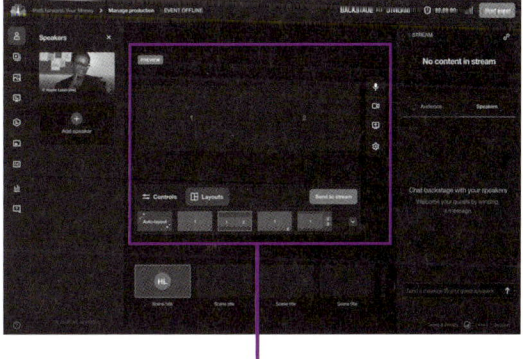

새로 추가한 사항!

이는 스토리의 중요한 순간을 이미지로 어떻게 구조화하는지 보여주는 완벽한 사례다. 맥락을 제공하고 프로세스 내 특정 순간의 진행 상황을 보여주며 명확한 안내를 통해 스토리의 어느 단계에 있는지 설명하라.

4　https://medium.com/vimeo-engineering-blog/enhancing-vimeo-events-withlayouts-7b9611c7b296

8.1.6 사례 연구를 통해 전문성을 입증하라

사례 연구는 작성하기가 무척 어렵다. 프로젝트를 다른 사람에게 설명한다는 것이 얼핏 쉬워 보일 수 있지만 알고 보면 작업을 공유하는 과정에서 가장 까다로운 작업 중 하나다. 전달하려는 스토리를 파악하고 그 스토리를 명확하고 간결하고 흥미롭게 풀어내는 능력을 갖추려면 시간과 노력을 들여야 한다.

하지만 사례 연구는 그만한 노력을 기울여서 작성할 가치가 있다. 자신의 디자인 프로세스와 방식, 그리고 성공적인 제품 디자인 사례를 보여주는 것은 구직 과정에서 자신의 역량을 가장 설득력 있게 보여줄 수 있는 방법이다. 나는 사례 연구 덕분에 주요 기술 기업, 포춘 500대 기업은 물론 제품을 더 발전시킬 수 있는 창립 디자이너를 찾는 스타트업에서 스카우트 제안을 받은 경험이 있다. 구직 면접 과정에서 잘 정리되고 이해하기 쉬운 사례 연구만큼 강력한 무기는 없다.

8.2 포트폴리오 만들기

업계에서 디자이너로서 일하려면 자신의 디자인 역량을 입증해야 한다. 안타깝게도 사람들은 말만으로는 믿지 않는다. 이들은 여러분에게 맡길 업무를 수행할 능력이 있는지 여러분의 작업을 보고 판단하려고 한다.

그 결과 업계에는 디자이너에게 실제 작업을 통해 자신의 **업무 수행 능력**을 증명하도록 요구하는 문화가 자리 잡았다. 이러한 요구 사항이 의미하는 바는 조직마다 달라진다. 엔드 투 엔드 디자인 프로세스[5]를 구체적으로 보여주는 사례 연구를 요구하는 조직도 있는 반면, 작업 파일을 열어서 문제를 해결하는 과정을 보여주는 것만으로도 충분하다고 보는 조직도 있다. 어떤 방법을 사용하든 업무 수행 능력을 보여주어야 한다는 사실에는 변함이 없다.

대부분의 기업은 면접 일정을 잡기 전에 디자이너에게 작업 결과물을 공유해달라고 요구한다. 별도의 설명 없이도 전문성을 보여줄 수 있는 잘 정리된 사례 연구를 준비해두어야 하는 이유가 바로 여기에 있다. 다양한 프로젝트에 걸친 작업을 보여줄 수 있도록 여러 편의 사례 연구를 준비하는 것이 바람직하다. 이렇게 하기가 여의치 않다면 적어도 대표적인 사례 연구 하나는 마련해두는 것이 좋다.

사례 연구를 비롯해 다양한 작업 결과물을 모아둔 것을 흔히 **포트폴리오**라고 부른다. 포트폴리오는 다양한 방식으로 만들고 공유할 수 있으며, 어떤 방식이 가장 적합할지는 본인이 판단해야 한다. 각 방식에는 고유한 장단점이 있다.

---

5 역주 제품의 초기 기획부터 최종 구현까지 디자인의 모든 단계를 아우르는 과정을 가리킨다.

8.2.1 시각적인 요소를 강조한 포트폴리오

뛰어난 시각 디자인 역량을 보여주고 싶은 디자이너라면 이에 특화된 플랫폼을 활용할 수 있다. 기업들은 이러한 플랫폼을 둘러보며 최고의 시각 디자인 사례와 자료에서 영감을 얻고 그 안에서 채용할 인재를 찾는다. 이들 플랫폼은 탁월한 시각 디자인 작업을 돋보이게 보여주는 데 특화되어 있다.

그림 8-9는 대표적인 시각 디자인 전문 플랫폼 드리블(Dribbble)의 예시다.[6] UI 디자인이 현대적이고 깔끔하며 세련되다. 이 예시는 몇 가지 시각 디자인을 간단한 설명과 함께 보여준다. 시각 디자이너를 목표로 하는 사람에게 드리블은 작업을 게시하기 좋은 플랫폼이다.

▼ **그림 8-9** 대표적인 포트폴리오 웹 사이트인 드리블의 제품 스크린숏

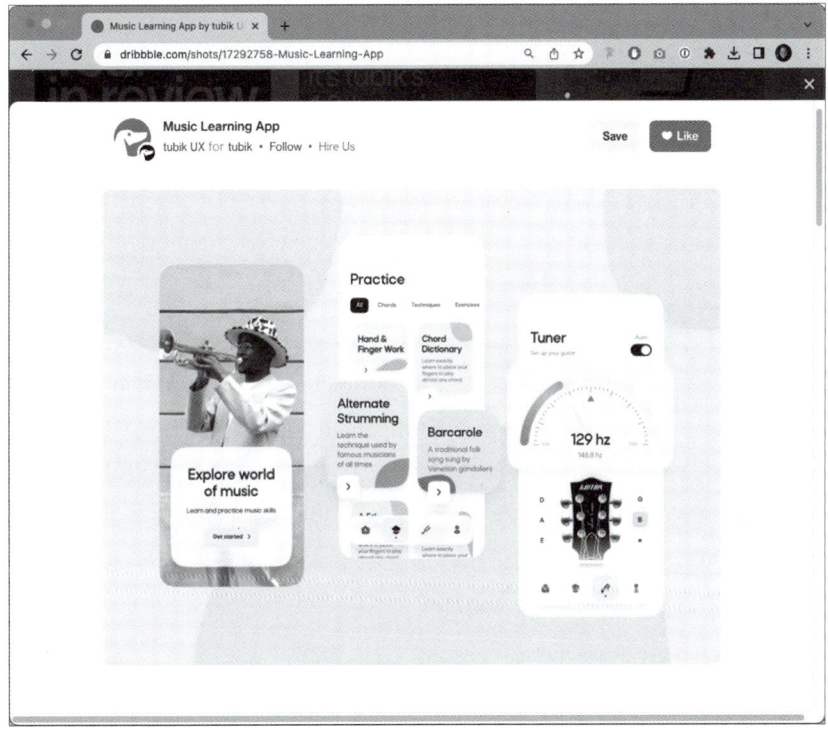

장점

- 사용이 빠르고 간편하다.
- 시각 디자인을 강조할 수 있다.
- 디자인 작업을 찾는 사람들이 모이는 곳에 자신의 작업을 노출할 수 있다.

---

6 https://dribbble.com/shots/17292758-Music-Learning-App

단점

- 시각 디자인에만 적합하다.
- 엔드 투 엔드 디자인 프로세스를 보여주기 어렵다.
- 포트폴리오를 맞춤형 웹 사이트의 형태로 구성할 수 없어서 전문성을 드러내기 어렵다.

대표적인 플랫폼

- 드리블(Dribbble)
- 비핸스(Behance)

UX 디자이너나 제품 디자이너처럼 다양한 영역을 아우르는 디자인 직군을 목표로 한다면 이러한 플랫폼이 포트폴리오를 올리기에 최적의 장소는 아니다. 이러한 직군을 채용할 때는 대부분의 기업이 시각 디자인 이상을 보고 싶어 한다. 스크린숏 몇 장이 아니라 엔드 투 엔드 디자인 프로세스를 확인하고 싶어 할 것이다. 이러한 플랫폼에서는 연구, 반복적 개선, 개발자와의 협업 등을 포괄하는 사례 연구 같은 장문의 콘텐츠를 게시하기 어렵다. 이러한 작업을 보여주기 더 적합한 대안이 존재한다.

8.2.2 최소 기능 디지털 포트폴리오

엔드 투 엔드 디자인 프로세스를 보여주고 싶다면 **최소 기능 포트폴리오**(Minimum Viable Portfolio, MVPort)를 활용해볼 수 있다. 약어가 넘쳐나는 세상이니 최소 기능 제품(Minimum Viable Product, MVP)이나 최소 기능 프로토타입(Minimum Viable Prototype, MVPr)과 혼동하지 않도록 하자! 맞춤형 웹 사이트를 만들 만한 시간도 흥미도 없고 웹 사이트 편집 도구를 전문가 수준으로 다룰 자신이 없거나 코딩할 줄 모르더라도 괜찮다. 디자이너, 특히 업계에 막 입문한 디자이너에게는 이런 기술을 기대하지 않는다. 진짜 중요한 것은 작업의 완성도지 그 작업을 온라인에 어떻게 보여주느냐가 아니다.

특히 주니어 디자이너라면 간단한 웹 사이트 편집 도구를 사용해도 아무 문제가 없다. 클릭 몇 번이면 콘텐츠를 업로드하고 페이지 레이아웃을 구성해 필요한 기능을 갖춘 포트폴리오 웹 사이트를 만들 수 있다.

그림 8-10은 온라인 포트폴리오를 빠르고 쉽게 제작하도록 도와주는 플랫폼 UX 폴리오(UX Folio)의 랜딩 페이지 스크린숏이다. 이러한 온라인 포트폴리오 플랫폼은 템플릿, 목업, 프로토타입 삽입 기능 등 다양한 도구를 제공해 디자이너가 온라인에 작업 결과물을 쉽게 게시할 수 있도록 지원한다.

▼ **그림 8-10** UX 폴리오. 디자이너들이 손쉽게 포트폴리오를 제작하도록 도와주는 기본적인 편집 도구(출처: UXfolio LLC).

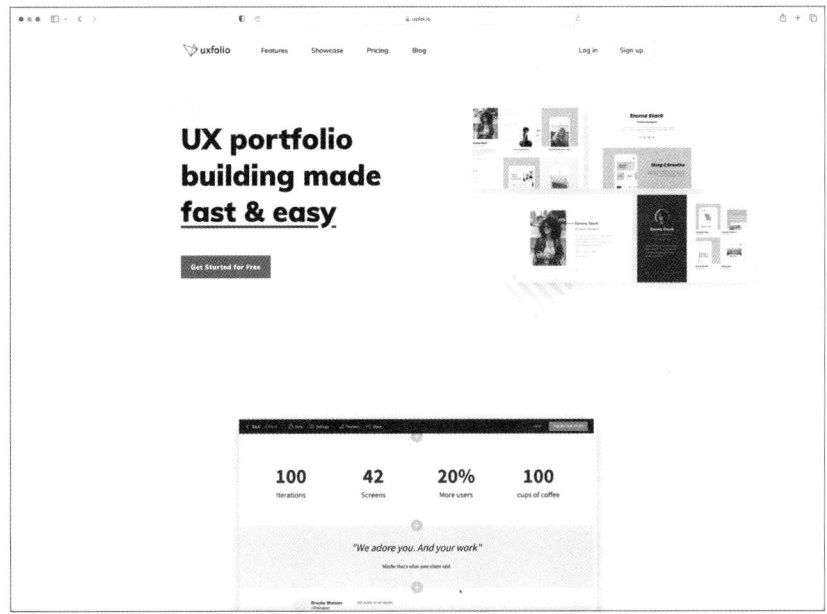

필수적인 기능만 갖춘 편집 도구는 속도와 사용 용이성 면에서 유용하다. 그 대신 맞춤 설정이 어렵다는 것이 단점이다. 포트폴리오 요소를 세밀하게 조절하지 못하면 디자이너들은 웹 사이트 제작에 있어 답답함이나 한계를 느낄 수 있다. 게다가 반드시 템플릿을 사용해야 해서 정보 레이아웃을 자유롭게 조정할 수 없다면 다른 디자이너들과의 차별화도 쉽지 않다.

장점

- 빠르다.
- 쉽다.
- 맞춤형 도메인 이름을 이용할 수 있다.

단점

- 유연성이 부족하다.
- 다른 옵션에 비해 전문성이 부족해 보일 수 있다.
- 템플릿을 사용하면 다른 사람들의 포트폴리오와 비슷해 보여서 독창성을 드러내기 어렵다.

대표적인 플랫폼

- 어도비 포트폴리오(Adobe Portfolio)
- UX 폴리오(UX Folio)

8.2.3 맞춤형 포트폴리오

코딩 없이도 세심하게 구성한 맞춤형 포트폴리오를 만들고 싶다면 웹 사이트 편집 도구를 활용해 더 유연한 방식으로 웹 사이트를 제작할 수 있다. 템플릿으로 시작할 수도 있고 원하는 방식으로 처음부터 페이지 레이아웃을 자유롭게 구성할 수도 있다. 코딩 지식은 없어도 된다.

이러한 웹 사이트 편집 도구는 웹 사이트를 섬세하게 맞춤 설정하고 멋진 웹 사이트를 제작할 수 있도록 지원한다. 이러한 플랫폼이 제공하는 맞춤 설정 기능을 활용하면 레이아웃, 타이포그래피, 애니메이션 등 다양한 디자인 요소를 조정해 포트폴리오의 완성도를 한층 더 끌어올릴 수 있다.

스퀘어스페이스(Squarespace, 그림 8-11)는 대표적인 웹 사이트 편집 도구 서비스다.[7] 수십 개의 템플릿을 제공하며 웹 사이트의 많은 요소를 조정하는 기능도 갖추고 있다. 인터랙티브 요소에 맞춤형 애니메이션을 적용할 수 있고 다양한 서체를 활용해 웹 사이트 타이포그래피를 조정할 수 있다. 다양한 뷰포트에 맞게 웹 사이트 크기가 자동으로 조정되는 것은 물론이고 스퀘어스페이스 기능을 맞춤 코드 블록으로 확장하려는 사용자들을 위한 커뮤니티도 운영되고 있다.

▼ 그림 8-11 대표적인 웹 사이트 편집 도구인 스퀘어스페이스로 제작한 포트폴리오 예시(출처: © Squarespace 2023. https://www.squarespace.com/website-design)

웹 사이트 편집 도구는 이렇게 상당한 유연성을 갖추었음에도 일부 측면에서는 제약이 있을 수 있다. 변경할 수 있는 요소가 많긴 하지만, 모든 요소를 변경할 수 있는 것은 아니다. 예를 들어 타이포그래피 옵션이 제한적이어서 사용할 수 있는 서체가 몇 가지로 한정될 수 있다.

게다가 서비스 사용 방법을 배워야 한다. 학습 곡선이 가파른 것은 아니지만 아예 없는 것은 아니며, 모든 세부 기능까지 파악하려면 시간이 걸린다. 스퀘어스페이스 웹 사이트 제작 전문가가 존재한다는 사실만 봐도 이 플랫폼이 다루기 까다로운 측면이 있다는 것을 알 수 있다.

---

7 https://tepito-fluid-demo.squarespace.com/

그럼에도 맞춤형 웹 사이트는 원하지만 처음부터 제작할 정도의 노력을 기울일 의지가 없다면 웹 사이트 편집 도구가 최선의 선택이다.

장점

- 시작하기 쉽다.
- 맞춤 설정 기능이 풍부하다.
- 매력적인 템플릿과 마이크로 애니메이션을 제공한다.

단점

- 능숙하게 사용하기까지 시간이 걸린다.
- 학습 곡선이 존재한다.
- 콘텐츠를 원하는 대로 조정하거나 원하는 위치에 배치하는 등 시각적인 부분에 제한이 있을 수 있다.

대표적인 플랫폼

- 윅스(Wix)
- 스퀘어스페이스(Squarespace)

8.2.4 최고의 포트폴리오

최대한 노력해서 최고의 포트폴리오를 만들고 싶다면 웹 사이트 편집 도구만으로는 부족하다. 수상작으로 선정되는 포트폴리오는 대부분 맞춤 제작된다. 그래야 디자이너가 자신의 개성을 자유롭게 표현할 수 있기 때문이다.

이러한 포트폴리오는 코딩도 어느 정도 할 줄 알아야 만들 수 있다. 출중한 실력은 아니어노 되고 완전한 제어를 허용하는 서비스에서 제공하는 코드나 템플릿도 활용할 수 있다. 하지만 그래도 어렵다. 맞춤형 사이트를 만들려면 사례 연구를 작성하는 만큼의 노력이 필요하며 어쩌면 그 이상의 노력이 필요할 수도 있다.

이런 노력을 기울이면 최고의 포트폴리오를 완성할 수 있다. 이러한 포트폴리오는 그 안에 담긴 사례 연구만큼이나 강력한 효과를 낸다. 포트폴리오가 하나의 완성도 높은 제품처럼 보이고 작동한다면 보는 사람은 이를 통해 여러분의 디자인 역량을 직접 체험하게 되고 그 자체로 여러분의 능력이 입증된다.

웹플로(Webflow, 그림 8-12)는 이 분야의 선두 주자다.[8] 웹플로에서는 누구나 개발자처럼 애니메이션, 레이아웃 등 다양한 요소를 맞춤으로 만들 수 있다. 가장 진보적이고 인상적인 최고의 포트폴리오는 웹플로, 워드프레스(WordPress), 셈플리체(Semplice) 등 사용자가 직접 코드를 다뤄야 하는 편집 도구를 통해 제작된다.

---

8 www.blaiseposmyouck.com

▼ 그림 8-12 웹플로를 활용해서 제작한 포트폴리오 예시

이러한 포트폴리오를 만들려면 상당한 노력이 필요하다. 이 방식은 여러 도구 중에서도 학습 곡선이 가장 가파르다. 많은 사람이 이러한 플랫폼을 사용하려 시도하다가 어려움을 겪고 결국은 포기한다. 웹플로에서 웹 사이트를 맞춤으로 만드는 것보다 스퀘어스페이스로 간편하게 만드는 것이 더 쉽다. 하지만 결과를 보면 그만큼 노력할 가치가 있다. 제작 과정에 얼마의 유연성을 원하는지, 그리고 얼마나 투자할 수 있는지를 고려해서 결정해야 한다.

절반 정도 정해진 틀 내에서 작업해야 하는 웹 사이트 편집 도구와 달리 맞춤형 편집 도구는 완전한 자유를 제공한다. 그러다 보니 망가진 경험이나 사용할 수 없는 경험이 완성될 위험도 따른다. 이 경로를 선택한다면 웹 사이트의 사용자 경험이 망가질 수 있는 모든 가능성을 고려하고 대비해야 한다.

장점

- 완전한 제어와 유연성을 제공한다.
- 멋진 시각 디자인과 모션을 구현할 수 있다.
- 커뮤니티에서 제공하는 템플릿으로 조금 더 쉽게 구현할 수 있다.

단점

- 높은 유연성만큼 실수할 가능성도 커진다.
- 학습 곡선이 가장 가파르다.
- 일정 수준의 코딩 능력을 갖춰야 한다.

대표적인 플랫폼

- 워드프레스(WordPress)
- 셈플리체(Semplice)
- 웹플로(Webflow)

8.2.5 웹 사이트를 만들고 싶지 않다면

웹 사이트를 통해 작업을 보여주는 여러 방법 중에서 직관에 어긋나는 한 가지 방법은 웹 사이트를 아예 만들지 않는 것이다! 포트폴리오가 반드시 웹 사이트일 필요는 없다. 모든 작업 결과물을 프레젠테이션 자료나 PDF로 만들면 별도의 서비스를 통해 온라인에 호스팅 하지 않고도 충분히 공유할 수 있다. 원한다면 이 결과물을 온라인에 '게시'할 수도 있다. 프레젠테이션을 구글 드라이브나 드롭박스에 저장한 후 소셜 미디어 프로필에 링크로 올려서 사람들이 확인하게 할 수 있다. 사실 대부분의 채용 담당자는 지원자가 공유한 소셜 미디어나 회사로 직접 보낸 링크를 통해 포트폴리오를 확인한다. 내용이 중요하지 온라인상 어디에서 존재하는지가 과연 중요할까?

키노트, 마이크로소프트 파워포인트, 구글 슬라이드, 아니면 심지어 피그마로 사례 연구를 만들고 PDF로 저장해서 바로 회사에 보내는 디자이너들도 있다. 이 방법을 활용하면 자신이 만드는 시각 디자인을 완벽하게 제어할 수 있다. 작업을 배치하고 표시하는 방법에는 제약이 없다. 단 이 방법에는 두 가지 제한이 따른다는 것을 알아두면 좋다.

- 모션을 포함할 수 없다. 정적인 문서이므로 구성 요소가 페이지 안팎으로 움직이는 것을 보여줄 수 없다. GIF나 동영상을 넣을 수 있긴 하지만, 이 방법을 남용하다가는 파일 크기가 점점 커져서 문서를 사용하기가 어려워질 수 있다.

- 독자가 문서를 처음부터 끝까지 스크롤하는 방식으로 보아야 한다. 웹 사이트처럼 흥미로운 요소를 이것저것 클릭하며 자유롭게 탐색할 수 없다. 모든 독자는 여러분이 배치한 방식대로 문서를 경험하게 된다. 이는 장점도 단점도 될 수 있다. 독자가 사례 연구부터 읽고 싶어도 그 부분으로 넘어갈 수 없다는 것은 단점이다. 반면, 한 번에 한 페이지씩 순차적으로 이동하므로 내러티브를 완전히 통제할 수 있다는 것은 장점이다.

그림 8-13은 내가 구직할 때 만들었던 포트폴리오 PDF의 한 예다. 이 방법을 쓰면 작업을 보여주는 방식을 내가 원하는 대로 완전히 통제할 수 있다. 이미지 크기를 자유롭게 정할 수 있었고 쓰고 싶은 글꼴을 쓸 수 있었으며 콘텐츠를 원하는 대로 배치할 수 있었다.

▼ 그림 8-13 웹 사이트가 아닌 프레젠테이션에 묘사된 사례 연구 일부

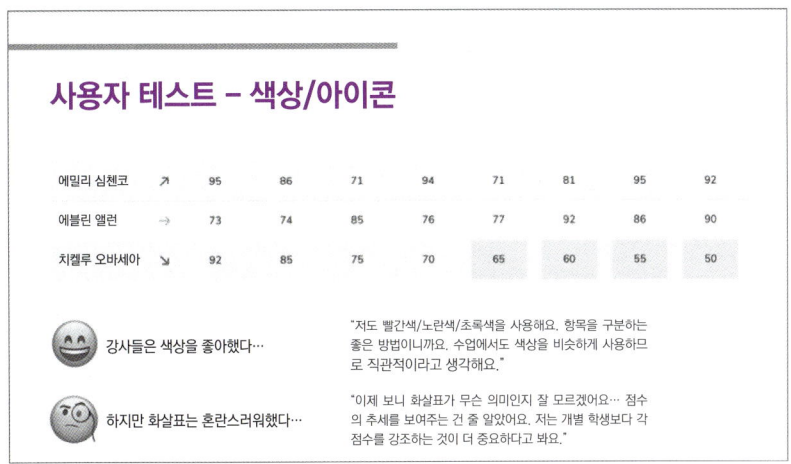

PDF 포트폴리오의 가장 큰 문제는 주니어 디자이너로 보이거나 실력이 부족해 보일 수 있다는 점이다. 업계에서는 일반적으로 디자이너가 온라인에 디지털 포트폴리오를 준비해두었기를 기대한다. 디지털 제품 디자이너라면 디지털 작품을 보여줄 디지털 웹 사이트가 있어야 하지 않겠는가? 웹 사이트가 없다는 점은 이 직군의 특성과 동료 디자이너와의 비교를 고려할 때 부족해 보일 수 있다. 그럼에도 불구하고 작업을 온라인에 게시하고 싶지 않거나 웹 사이트를 제작할 자신이 없는 디자이너에게는 PDF 포트폴리오도 충분히 효과적일 수 있다. PDF 포트폴리오로 원하는 결과를 얻은 동료들도 여럿 보았다. 디지털 공간에 존재감을 드러내고 싶지 않다거나 자신의 작업을 누구나 보도록 공유하고 싶지 않은 사람들도 있고 그래도 괜찮다. 웹 사이트를 원하지 않는다면 만들지 않아도 된다. 자신의 스토리를 설득력 있게 전하고 작업의 완성도를 제대로 전달할 수 있다면 어떤 형식을 사용하든 상관없다.

장점

- 완전한 맞춤 경험을 만들 수 있다.
- 사용자 경험을 완전히 통제할 수 있다.
- 만들기 쉽다(코드나 편집 도구가 필요 없다).

단점

- 인터랙션 디자인(모션, 호버 효과, 동영상 등)에 제한이 있다.
- 다른 디자이너나 다른 방법에 비해 전문성이 떨어져 보일 수 있다.
- 디지털 세상에서 존재감을 드러내기 어렵다.

대표적인 플랫폼

- 키노트 • 구글 슬라이드 • 피그마

> 포트폴리오 웹 사이트를 프로토타입 형태로 만드는 방식이 점점 더 인기를 얻고 있다. 디자이너들이 작업 결과물을 원하는 형태로 빠르게 전달하기 위해 선택하는 방식이다. 물론 이렇게 할 수도 있겠지만 나는 추천하지 않는다. 전문적인 웹 사이트 경험을 제공하지 못할 가능성이 크기 때문이다. 웹 사이트 경험의 프로토타입을 만들 바에야 직접 웹 사이트를 만드는 것이 낫지 않겠는가? 웹 사이트 제작에 활용할 수 있는 온라인 도구가 많으며 디지털 제품의 디자이너라면 이러한 도구가 존재한다는 사실을 알고 있어야 한다.

8.2.6 포트폴리오를 어떻게 보여주는 것이 좋을까?

이렇게 다양한 옵션 중에 가장 좋은 방법은 무엇일까? 여러분의 작업을 보여줄 최적의 방법은 무엇일까?

사실 '최고'의 방법은 없다. 각자 세운 목표와 이용할 수 있는 자원에 따라 그 답은 달라진다. 시간이나 돈이 부족하다면 PDF를 만들어라. 최고의 기술 기업에 입사하고 싶다면 직접 코딩해서 사이트를 만들어라. 작업을 온라인에 게시하는 방법에 있어 모든 상황에 맞는 정답은 없다. 무엇보다 중요한 것은 작업을 제대로 보여주는 것이다. 온라인에 사진 몇 장 올려두고 엔드 투 엔드 디자인 프로세스를 담당하는 자리에 채용될 것이라 기대하는 것은 무리다. 기업들은 디자인 결과물뿐 아니라 디자인 프로세스 전체를 보고 싶어 한다. 프로세스를 어떤 플랫폼으로 보여주느냐는 중요하지 않다. 그보다 중요한 것은 그 안에 담긴 콘텐츠다. 디자인 프로세스의 맥락을 보여주지 못하는 훌륭한 웹 사이트보다는 잘 정리된 사례 연구가 담긴 PDF가 나을 수 있다. 채용 담당자는 지원자가 디자인 역량을 활용해서 자신들이 제시한 문제를 어떻게 해결하는지를 확인해야 한다. 좋은 사례 연구를 통해 자신의 능력을 입증하지 못한다면 포트폴리오가 아무리 근사해도 아무 의미가 없다.

8.3 피드백 주기

다른 디자이너들과 협업을 해야 하는 상황에 놓였다면, 디자인 결정에 대해 팀원들과 소통하는 방법을 알아야 한다. 디자이너들은 작업을 공유하면서, 자신의 아이디어가 팀의 작업 방향과 일치하고 제품을 통해 사용자의 생활을 개선한다는 조직의 비전에 부합하기를 바랄 것이다. 그런 팀의 일원으로서 이들의 작업을 검토할 때, 여러분의 역할은 솔직하고 공정한 피드백을 제공하는 것이다.

말로는 쉽지만 실제 행동으로 옮기기는 어렵다. 디자인 분야에서 일하는 것은 원래 쉽지 않다. 주관적인 부분이 많고, 모든 상황에 통하는 정답이 항상 있는 것도 아니며, 규칙에는 언제나 예외가 존재한다. 게다가 디자이너들이 새로운 경험을 만드는 데 깊게 몰입하다 보면 자신의 작업에 감정적으로 연결될 수 있다. 그러면 피드백을 받아들이기가 어려워질 수 있는데 특히 그 피드백이 비판적이거나 판단이 개입되는 경우라면 더욱 그럴 것이다.

그럼에도 불구하고 다른 디자이너들과 명확하고 친절하게 소통하면서 모두가 원하는 것, 즉 사용자에게 최선의 결과를 이끌어낼 수 있는 방법은 존재한다.

8.3.1 디자이너에게 어떻게 피드백을 제공할까?

다른 디자이너와 함께 프로젝트에 참여하고 있는데 이들이 여러분에게 자신의 최신 작업 결과물을 보여준다고 상상해보자(그림 8-14).

▼ 그림 8-14 렌터카 서비스를 위해 제안한 디자인 솔루션. 여러분이라면 이 디자인을 어떻게 비평하겠는가?

여러분이라면 어떻게 반응하겠는가? 이 결과물을 비평하는 적절한 방법은 무엇이겠는가?

다음과 같이 비평하고 싶다는 마음이 들 수 있다.

- 색상이 정말 안 어울리네요.
- 텍스트가 엉망이에요!
- 균형이 맞지 않아서 어디를 봐야 할지 모르겠어요.
- 도대체 무슨 생각으로 만든 디자인이죠?

이러한 초기 평가는 사실 비교적 정확하다. 이 디자인은 색상, 타이포그래피, 레이아웃 모두 혼란스럽고 시각 디자인의 기본 원칙을 따르고 있지 않다. 전체적으로 디자인의 균형이 깨진 것처럼 보인다. 하지만 그렇게 말한다면 디자이너가 잘 받아들이지 못할 것이며 여러분의 비평을 바탕으로 작업을 개선하기도 어려울 것이다.

이 비평 예시에는 행동에 옮길 수 있는 피드백이 없다. 디자이너가 이러한 디자인 결정을 내린 맥락을 고려하지 못하고 있다. 무엇보다도 평가 방식, 어조, 태도에 공감을 담은 균형 있는 비평이 아니었다.

디자인 비평은 누구에게나 어렵다. 시각 디자인의 기본 원칙을 알아야 할 뿐 아니라 작업에 참여한 모두가 피드백을 잘 받아들이고 디자인을 개선할 수 있도록 하는 좋은 소통 기법을 알아야 한다.

디자인을 어떻게 비평하는 것이 좋을지 조금 더 자세히 들여다보자.

8.3.2 비평이란 무엇인가?

비평이란 이론, 미디어, 디자인 작업 등 다양한 분야에서 이루어진 작업에 대한 상세한 분석과 평가를 의미한다. 무언가를 비평한다는 것은 대상을 면밀하고 분석적인 방식으로 평가하는 것이다.

비평은 긍정적일 수도, 부정적일 수도, 중립적일 수도 있다.

스웨터에 대한 피드백을 준다고 상상해보자(그림 8-15).

- 스웨터가 마음에 들어요!
- 스웨터가 별로예요!
- 평범한 스웨터네요.

▼ **그림 8-15** 눈꽃 패턴이 있는 스웨터(출처: Pakhnyushchy/Shutterstock)

각 진술은 비평처럼 보일 수 있다. 모두 스웨터라는 대상을 분석하고 평가하는 진술이다. 하지만 이 중 어떤 말도 도움이 되지 않는다. 이는 비평이 아니라 의견에 가깝다. 분석한 이유를 설명하지 않으며, 대상을 개선하는 데 도움이 되는 실행 가능한 내용도 담겨 있지 않다.

- 스웨터가 마음에 들어요! 고급스러운 느낌이 나고 겨울에 잘 어울리는 패턴이에요. 연말연시에 따뜻한 난로 옆에서 이 스웨터를 입고 있는 모습을 저절로 떠올릴 수 있어요.
- 스웨터가 별로예요! 패턴이 너무 복잡해서 시선이 사방으로 분산돼요. 패턴이 좀 더 단순하면 좋겠어요.
- 무난한 스웨터네요. 모직 소재에 소매가 있고 다른 옷 위에 덧입어도 될 정도로 넉넉하군요. 따뜻하고 편안해 보여요. 딱 기본 스웨터 같아요.

맥락, 즉 그렇게 말한 이유를 더하면 의견이 비평으로 발전할 수 있다. 그러면 단순한 진술에 그치지 않고 개선 방향을 제시하는 데 도움이 된다. 이제 디자이너는 그런 의견이 나온 이유를 이해할 수 있다.

하지만 훌륭한 비평이 갖춰야 할 몇 가지 특성을 여전히 갖추지 못했다. 좋은 비평을 주고받는 데 활용할 수 있는 몇 가지 원칙을 살펴보자.

좋은 비평에는 질문, 설명, 구체성이 필요하다. 여러분에게 어떤 의견이 있고 그 의견을 강하게 확신할 수도 있다. 하지만 의견만으로는 그 의견을 정당화하거나 다른 사람들에게 그 의견에 따를 동기를 부여할 수 없다. 훌륭한 비평을 하려면 원활한 소통이 이루어지도록 공정하고 균형 잡힌 피드백을 전달해야 한다.

8.3.3 질문을 통해 맥락을 파악하라

다른 사람의 작업을 비평할 때는 이들의 관점을 이해하려 노력하는 것이 좋다. 디자이너들은 우연이나 기분에 따라 결정을 내리는 경우는 거의 없다. 여러 요인을 충분히 고려해 신중하게 내린 결정이 대부분이다. 따라서 이들의 작업을 비평할 때는 이들이 그러한 결정을 내린 맥락을 파악하는 것이 도움이 된다.

그림 8-14의 디자인을 다시 살펴보자.

여러분이 다음과 같은 말로 비평을 시작했다고 상상해보자.

> 질문자: 가격이 보라색으로 표시되어 있던데 그렇게 결정한 이유가 무엇인가요?
>
> 디자이너: 보라색은 강렬한 색이라서요. 가격은 페이지에서 가장 중요한 요소 중 하나니까 강조하고 싶었어요.

이제 여러분은 디자인 결정의 맥락을 안다. 그 맥락을 바탕으로 피드백을 조정하면 디자이너의 선택을 비평하는 수준을 넘어서 디자인 문제를 해결하는 데 도움을 줄 수 있다.

> 사용자가 맥락 없이 한 진술에 '왜'라고 질문하는 것이 중요하듯 디자인을 비평할 때도 디자이너에게 '왜'라는 질문을 던져서 디자인의 의도를 파악하는 것이 좋다.

8.3.4 단순히 의견을 제시하지 말고 맥락을 제공하라

디자이너의 맥락을 이해했다면 여러분도 보답의 의미로 맥락을 제공하라. 서로의 관점을 이해하면 대화의 초점이 특정 디자인 선택에서 디자인의 원래 목적과 그에 따른 결과로 옮겨갈 수 있다.

여러분이 디자이너에게 다음과 같이 답했다고 상상해보자.

> 질문자: 그렇군요. 그 부분을 강조하고 싶어서 그렇게 했다는 건 이해해요. 하지만 우리 UI에서는 인터랙션 요소를 나타낼 때 보라색을 사용하는 경우가 많아요. 사용자가 보라색을 보고 클릭할 수 있는 링크로 오해할 수 있을 것 같아 걱정돼요.

자세히 살펴보면 이 피드백은 몇 가지 중요한 목적을 달성하고 있다.

- 상대의 관점을 인정했다(…를 이해해요).
- 자신의 관점을 설명했다(…인 경우 보라색을 사용하는 경우가 많아요).
- 의견을 제시했다(…가 걱정돼요).

피드백은 이렇게 구성하면 좋다. 이제 디자이너는 새로운 맥락을 접하면서 자신의 디자인 선택이 디자인 원칙과 어떻게 충돌하는지, 사용자에게 어떤 영향을 미치는지 인식하게 되었다. 그리고 그 문제를 어떻게 개선할지 고민할 수 있는 실마리도 얻었다.

8.3.5 질문을 통해 탐색하라

피드백에 질문을 포함하라. 질문을 덧붙이면 일방적인 지시가 아니라 디자이너가 스스로 문제를 해결하도록 돕는 피드백이 된다.

가격을 표시하는 색상에 대한 피드백에 이어 다음과 같은 질문을 한다고 상상해보자.

> 질문자: 색상을 사용하지 않고 그 부분을 강조할 다른 방법이 있을까요?

다른 색상을 사용하지 않고도 페이지의 특정 부분을 강조할 수 있다. 여백, 정렬, 크기, 글자 두께, 다른 서체 등 다른 시각 디자인 원칙을 활용해 해당 요소를 눈에 띄게 만들 수 있다. 하지만 중요한 점은 그 디자인을 만든 사람은 여러분이 아니라 디자이너라는 것이다. 여러분의 역할은 문제를 지적하고 디자이너가 비판적으로 생각해보도록 유도하는 것이다. 그다음에는 이들이 어떤 솔루션을 내놓는지 지켜보아야 한다.

이렇게 피드백을 주면 좋은 몇 가지 이유가 있다.

- 솔루션에 대한 주도권이 디자이너에게 있다. 이들이 문제를 직접 고민하고 해결할 것이다!
- 문제에 대해 가장 많은 정보를 가진 디자이너가 솔루션을 찾는다. 맥락은 디자이너가 가장 잘 안다.
- 문제에 집중하는 방식이다. 문제를 드러내면 문제를 중심으로 솔루션을 생각할 수 있다.

물고기 한 마리를 주면 하루를 먹을 수 있지만 낚시하는 방법을 알려주면 평생을 먹고 살 수 있다.

8.3.6 장점을 이야기하라

비평할 때 디자인의 문제에만 집중하는 경우가 많다. 피드백을 제공하고 문제를 고치는 과정인데 문제가 없는 부분을 굳이 언급할 필요가 있을까?

그렇지만 디자인의 장점을 짚고 넘어가는 것은 정말 중요하다. 디자인의 훌륭한 부분을 언급하면 디자이너의 사기를 북돋을 수 있을 뿐 아니라 디자인의 어떤 부분이 효과적인지 알려줄 수 있다. 이러한 이해를 바탕으로 잘 만들어진 부분에서 배운 점을 문제가 있는 부분에 적용할 수 있다.

디자인을 다시 살펴보며 앞으로 더욱 강화할 긍정적인 요소를 찾아보자.

> 질문자: 이미지 선택이 아주 훌륭해요. 이 차를 보니까 당장 빌리고 싶은 마음이 드네요. 이런 방식으로 이미지를 사용하면 사용자들도 차를 빌리고 싶은 마음이 절로 들 것 같아요.
>
> 질문자: 서체가 브랜드와 정말 잘 어울려요. 'Poppins'는 널찍하고 둥근 형태여서 자동차의 형태와도 잘 맞고 디자인 콘셉트가 제대로 강조되는 느낌입니다.

8.3.7 종합하기

이 비평은 전체적으로 다음 순서로 이루어진다.

- 긍정적인 요소와 그 이유
- 맥락을 파악하는 질문
- 부정적인 요소와 그 이유
- 창의적인 사고를 유도하는 질문
- 다른 긍정적인 요소와 그 이유

이 모든 과정을 종합해보자.

1. 긍정적인 진술로 시작해 편안하고 친근한 분위기를 조성한다.

   질문자: 이미지 선택이 아주 훌륭해요. 이 차를 보니까 당장 빌리고 싶은 마음이 드네요. 이런 방식으로 이미지를 사용하면 사용자들도 차를 빌리고 싶은 마음이 절로 들 것 같아요.

2. 이해하지 못한 부분의 맥락을 파악하는 질문을 던져라.

   질문자: 가격이 보라색으로 표시되어 있던데 그렇게 결정한 이유가 무엇인가요?

   디자이너: 보라색은 강렬한 색이라서요. 가격은 페이지에서 가장 중요한 요소 중 하나니까 강조하고 싶었어요.

3. 디자이너의 답변을 받아들이고 자신의 관점에 대한 맥락을 제공하고 문제를 명확히 설명한다.

   질문자: 그렇군요. 그 부분을 강조하고 싶어서 그렇게 했다는 건 이해해요. 하지만 우리 UI에서는 인터랙션 요소를 나타낼 때 보라색을 사용하는 경우가 많아요. 사용자가 보라색을 보고 클릭할 수 있는 링크로 오해할 수 있을 것 같아 걱정돼요.

4. 직접 대안을 제시하지 말고 디자이너에게 대안을 생각하도록 요청하라.

   질문자: 색상을 사용하지 않고 그 부분을 강조할 다른 방법이 있을까요?

디자인의 다른 긍정적인 측면을 언급하고 그 이유를 설명하며 마무리한다.

   질문자: 제 생각에는 서체가 브랜드와 정말 잘 어울려요. 'Poppins'는 널찍하고 둥근 형태여서 자동차의 형태와도 잘 맞고 디자인 콘셉트가 제대로 강조되는 느낌입니다.

이것이 전체 과정이다!

인정하건대 이 디자인에는 비평할 부분이 훨씬 더 많다. 하지만 지금까지 살펴본 비평의 원칙을 바탕으로 한다면 디자이너와 나머지 대화를 이어가는 좋은 출발점이 될 것이다.

8.4 피드백 받기

비평을 받는 것은 비평하는 것보다 더 어려울 수 있다. 다른 사람이 자신의 디자인을 평가하면 마치 자신을 평가하는 것처럼 느껴질 수 있다. 자신의 결정에 대한 부정적인 의견은 직접적으로 자신을 향하는 말이 아니더라도 상처가 될 수 있다. 게다가 원하는 유형의 피드백을 받지 못할 수도 있다. 비평을 잘 받으려면 어떤 피드백을 기대하는지 명확히 하고 맥락을 제공하며 피드백을 개인적으로 받아들이지 않도록 주의해야 한다.

8.4.1 디자이너로서 어떻게 피드백을 받을 것인가?

다음과 같은 로드맵을 따르면 디자인 비평이 원활하게 이루어질 수 있는 환경을 조성할 수 있다.

- 맥락을 설정하라.
- 구체적인 피드백을 요청하라.
- 피드백을 명확히 이해하라.
- 모든 피드백을 요약하라.

이 로드맵은 디자인에 대한 공통의 이해를 형성하고 받고 싶은 피드백에 집중하며 받은 피드백을 정확히 이해하도록 돕는다. 또한 그 피드백을 기반으로 팀이 한 방향으로 나아갈 수 있다.

8.4.2 상황을 설명하라

비평을 받으려면 디자인의 맥락을 제공하는 것이 중요하다. 작업 결과물을 보는 사람들은 그것이 사용자 여정의 어느 지점인지, 또는 제품의 어떤 부분과 관련된 것인지 명확히 이해하지 못할 수 있다. 설사 맥락을 알고 있다고 해도 상황을 설명하면 사용자가 이러한 디자인을 접하는 구체적인 장면을 상상할 수 있도록 돕는 배경이 된다.

디자이너가 아무 맥락 없이 그림 8-16의 디자인을 여러분에게 보여준다고 상상해보자.

▼ **그림 8-16** 디자이너가 제시한 디자인. 이 디자인에 담긴 결정에 동의하지 않을 수 있다. 하지만 피드백을 주기 전에 디자이너의 설명부터 들어야 한다.

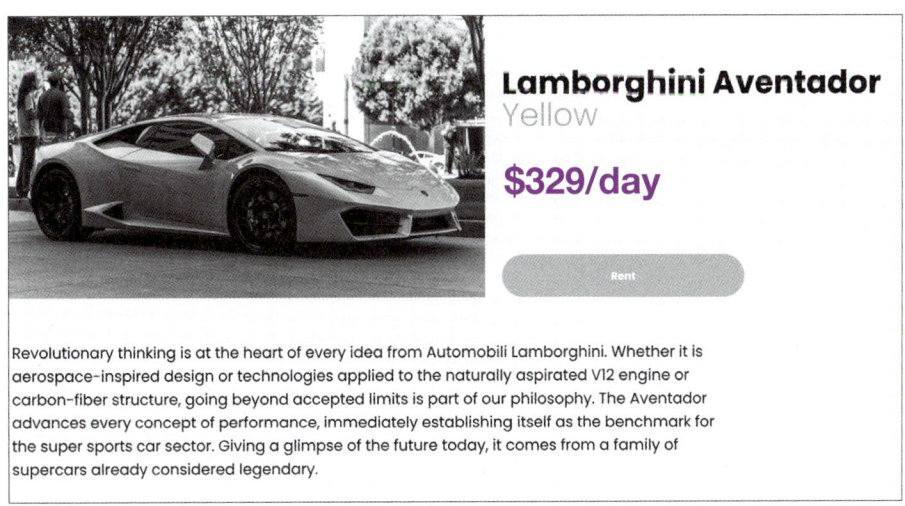

자신이 무엇을 보고 있는지 알고 있는가? 사용자 여정의 어느 단계에 해당하는지 명확한가? 이 제품에 대한 맥락을 알고 있는가?

그 대신 디자이너가 다음과 같이 설명한 후에 디자인을 보여준다면 어떻겠는가?

디자이너: 안녕하세요! 오늘은 저희 렌터카 웹 사이트의 제품 상세 페이지의 새로운 디자인 일부를 보여 드리겠습니다. 사용자 여정상으로는 사용자가 빌리고 싶은 차량을 발견했고 대여를 결정하기 전에 차량의 상세 정보를 살펴보는 단계입니다.

디자인을 보여주기 전에 맥락을 제공하면 현재 사용자 여정의 어느 단계에 해당하는지 알 수 있어서 어떤 관점에서 디자인을 보아야 할지 방향을 잡는 데 도움이 된다.

8.4.3 어떤 피드백을 받고 싶은지 명확히 알려라

사람들이 상황을 충분히 이해했다면 어떤 유형의 피드백을 받고 싶은지 명확히 알리는 것이 중요하다. 먼저 구체적으로 어떤 부분에 대해 피드백을 받고 싶은지를 설명하라. 그러면 작업을 비평하는 사람들이 그 부분에 집중할 수 있고 더 수정할 여지가 있는 요소나 피드백이 필요하지 않은 요소에 대한 불필요한 피드백을 피할 수 있다.

디자이너: 이 페이지의 타이포그래피와 레이아웃 선택에 대한 초기 작업을 보여드리겠습니다. 특히 서체, 텍스트 색상, 그리고 페이지의 전반적인 정보 배치 방식 관련 결정을 중점적으로 살펴보려고 합니다.

구체적으로 피드백을 요청하면 여러분이 집중하는 부분에 도움을 받을 수 있다. 통제할 수 없는 요소, 아직 집중적으로 살펴보지 않은 요소를 제외하고 해결하려는 문제에 대한 피드백을 받을 수 있다.

만약 디자인을 보여주면서 원하는 피드백을 정확히 요청하지 않았다면 이미지나 콘텐츠, 인터랙션에 대한 예상치 못한 피드백이 나올 수 있다. 하지만 현재 어떤 작업을 하는 중이고 어떤 피드백을 받고 싶은지 명확히 밝혔다. 이렇게 밝혀두면, 이미지 내 콘텐츠, 차량 설명 텍스트, 사용자가 페이지에서 취할 수 있는 행동처럼 지금 작업하지 않거나 통제할 수 없는 요소에 대한 논의를 피할 수 있다.

8.4.4 질문을 통해 맥락을 파악하라

디자인에 대한 피드백을 받을 때는 그 피드백이 어떤 맥락에서 나왔는지 이해해야 한다. 그렇지 않다면 어떤 방향으로 수정해야 할지 알 수 없어서 같은 실수를 반복할 수 있다. 렌터카 예시에서 다음과 같은 피드백을 받았다고 해보자.

비평자: 글꼴이 마음에 들지 않습니다. 이 제품에 어울리지 않아요.

이 피드백을 받고 어떻게 대응해야 할지 알겠는가? 서체를 바꿔야 한다는 것은 분명한데 어떻게 바꿔야 할지는 모호하다. 이제 그 답을 알아보자.

디자이너: 글꼴이 제품에 어울리지 않는다고 말씀하신 이유를 자세히 설명해주실 수 있을까요?

비평자: 우아함을 강조하는 브랜드인데 글꼴이 우아하다기보다는 가벼워 보여요.

이제 피드백에 대한 맥락이 명확해졌다. 디자인을 비평한 사람은 조금 더 우아한 서체를 써야 한다고 생각한다. 그렇다면 조금 더 우아한 느낌이 나는 서체를 찾아볼 수 있다(비평한 사람이 생각하는 '우아'한 서체가 어떤 느낌인지 직접 물어보면 더욱 좋다).

8.4.5 요약하라

비평을 마무리하면서 모든 피드백을 요약하는 것도 중요하다. 이렇게 하면 몇 가지 혜택이 따른다.

우선 모든 피드백을 빠짐없이 정리할 수 있다. 실수로 중요한 피드백을 놓치기 쉬운데 요약하면 모든 의견을 확실히 포착할 수 있다.

게다가 피드백을 요약하면 피드백을 준 사람들에게 보충 설명할 기회를 줄 수 있다. 각 피드백을 목록으로 정리하는 과정에서 이들은 피드백의 의도를 밝히거나 새로운 의견을 덧붙일 수 있다. 그러면 비평을 마치고 피드백을 반영하면서 작업 방향을 더 정확하게 설정할 수 있다.

마지막으로 모든 피드백을 요약하면 모든 팀원이 이해를 같이하고 한 방향으로 나아갈 수 있다. 피드백을 목록으로 정리하면서 회의에서 나온 내용을 확인하고 앞으로 작업할 항목을 목록으로 작성할 수 있다. 이를 통해 디자인에서 어떤 부분을 수정할지를 명확히 확인할 수 있다.

8.4.6 비평을 개인적으로 받아들이지 말고 두려워하지 마라

디자인에 대한 피드백을 받을 때 개인적으로 받아들이지 않도록 노력하라. 작업에 대한 감정적 애착을 내려놓는 것이 중요하다. 결국 디자인은 자신을 위해서가 아니라 사용자를 위해서 하는 것이다. 디자이너라면 최선을 다해서 사용자를 위해 옳은 선택을 해야 한다.

사람들이 비평하는 것은 여러분이 아니라 여러분의 디자인이다. 이들 또한 여러분의 디자인과 상호작용하고 경험할 사용자들을 대변하며 사용자를 위해 올바른 방향을 찾으려 노력하고 있는 것이다.

비평은 싸움이 아니다. 자신의 디자인 선택을 두고 방어하거나 언쟁할 필요는 없다. 디자인을 비평하는 사람들은 자신의 관점을 나누는 것뿐이다. 이들의 의견을 경청하고 개인적으로 받아들이지 않도록 노력하며 조언에 감사하라.

> 피드백을 받았다고 해서 반드시 반영해야 하는 것은 아니다. 피드백을 주는 사람들은 자신의 관점을 공유한 것이지 지시를 내린 것이 아니다. 나 또한 관리자나 책임자에게 받은 피드백을 제품에 반영하지 않은 적도 있다. 때로 내가 옳다고 믿는 방향의 예시를 만들어서 이들에게 받은 피드백과 반대되는 내 주장을 관철한 적도 있다. 이들이 피드백을 주는 것은 도움을 주기 위해서이고 침묵을 지키는 것보다는 피드백을 주는 것이 훨씬 낫다.

내 디자인이 곧 나 자신을 의미하지는 않는다.

피드백을 받다 보면 진짜 상처를 받을 수도 있다. 정말 멋진 디자인이라고 생각하며 만든 디자인의 모든 요소가 철저히 해체되고 면밀한 검토를 거쳐 분석된다. 피드백을 받을 때는 받고 싶은 피드백을 명확히 알리고 피드백에 대한 추가 설명을 요청하며 비판을 견디는 강인한 정신력을 갖출 필요가 있다.

이러한 원칙을 따르면 두렵고 고통스러울 수 있는 상황이 생산적이고 의미 있는 대화로 바뀔 수 있다. 그리고 이를 통해 양측 모두 사용자를 위한 최선의 결과를 낼 수 있다.

8.5 다른 분야와 협업하기

제품을 만드는 과정은 팀 스포츠다. 혼자서도 흐름과 UI 컴포넌트를 제작하고 신중하게 완성한 아름다운 사용자 경험을 디자인할 수 있다. 하지만 이러한 경험을 실제로 구축하고 발전시키고 이를 실현할 수 있도록 지원과 자금을 제공하는 사람이 없다면 와이어프레임 이상으로 나아가기는 어렵다. 아이디어를 사용자가 경험할 수 있는 현실로 만들 수 없는 것이다.

다른 사람들을 위해 멋진 경험을 만드는 여정에는 파트너가 필요하다.

이들을 진짜 파트너로 보아야 한다. 다른 사람들과 수평적인 관계에서 나란히 일한다는 마음가짐을 가져야 한다는 뜻이다. 여러분이 누군가를 위해 일하거나 누군가가 나를 위해 일하는 것이 아니다. 파트너들과 효과적으로 소통할 전략을 개발해서 가능한 한 최고의 제품을 완성한다는 목표를 모두가 달성할 수 있도록 해야 한다.

8.5.1 엔지니어링 팀과 협업하기

엔지니어링 팀과 협력하며 개발자들과 상호작용할 때는 세 가지 원칙을 기억하라.

- 끊임없이 소통하라.
- 상대의 언어로 소통하라.
- 모든 것을 제공하라.

이러한 지침을 따르면 엔지니어들과 건강하고 탄탄하며 깊이 있는 관계를 구축할 수 있을 것이다.

끊임없이 소통하라

엔지니어들과 협업할 때는 안정적이고 일관성 있는 업무 관계를 만들어 두는 것이 중요하다. 디자이너와 개발자는 서로와의 소통을 **인수인계**로 여기는 경우가 너무 많다. 디자이너가 디자인을 만들고 개발자에게 '인수인계'하면 개발자가 제작한다고 생각한다는 뜻이다.

사전에 아무 소통이 없다가 디자인을 개발자에게 인수인계하는 방식은 제품을 만드는 아주 좋은 방식이라고 할 수 없다(그림 8-17).

▼ 그림 8-17 한 주자가 배턴을 다음 주자에게 넘겨주는 릴레이 경주. 제품 개발은 릴레이 경주가 아니다(출처: William Perugini/Shutterstock).

엔지니어링 팀은 제품 제작 프로세스의 모든 측면에 관여해야 한다. 이들은 프로젝트를 시작할 때부터 논의에 참여해서 디자인 방향에 영향을 미쳐야 하며 무엇이 가능한지, 다른 솔루션보다 실현 가능성이 더 높은 솔루션이 무엇인지를 알려주어야 한다. 이들은 프로젝트 진행 중에도 계속 참여해야 한다. 디자인 팀은 솔루션을 구상할 때 개발자들에게 아이디어를 공유하고 피드백을 받아야 한다. 하지만 실제로는 솔루션이 확정되어서 제작에 돌입하는 프로세스의 마지막 단계에 이르러서야 이들이 참여하는 경우가 너무 많다.

나는 초기부터 개발자들이 관여하는 프로젝트에 여러 번 참여한 경험이 있다. 니켈로디언에서는 인터랙티브 콘텐츠의 새로운 에피소드를 제작할 때마다 제품 팀, 엔지니어링 팀, 디자인 팀, 애니메이션 팀이 킥오프 미팅을 열고 제품에 담길 인터랙티브 콘텐츠의 주요 순간을 함께 계획했다. 디자인 팀은 만들고 싶은 몇 가지 옵션을 제시했고 다른 모든 팀은 무엇이 가능한지, 다른 옵션보다 실현 가능성이 더 있는 옵션은 무엇인지, 킥오프 이후 조사를 통해 복잡도를 파악해야 할 사항은 무엇인지 의견을 냈다. 이처럼 처음부터 다양한 관점을 담아낸 결과 최종 사용자 경험이 훨씬 더 좋아졌다.

개발자들은 프로세스의 전 단계에 걸쳐 초반부터, 자주, 그리고 지속적으로 관여해야 한다.

상대의 언어로 소통하라

제품 디자인 업계 전반에서 오랫동안 반복되어 온 한 가지 질문이 있다. 디자이너도 코딩할 줄 알아야 할까(그림 8-18)?

▼ **그림 8-18** 제품 경험을 작동시키는 코드(출처: BEST-BACKGROUNDS/Shutterstock)

이 질문에 대한 답변에는 모호한 측면이 있다. 업계에서 이 질문이 반복되는 이유도 거기에 있다고 본다. 코딩할 줄 알면 당연히 도움이 된다. CSS, HTML 같은 언어에 대한 기본 지식만 있어도 무엇이 가능한지, 무엇이 구현하기 쉬운지 디자이너 스스로 파악할 수 있고 개발자들과 솔루션에 대해 소통하는 데에도 도움이 된다.

이것이 디자이너가 코딩을 이해할 때 얻을 수 있는 가장 기본적인 이점이다. 디자이너로서 엔지니어와 '같은 언어로 소통'할 수 있을 정도의 '대화 능력'을 기르는 것을 목표로 삼으면 바람직하다. 직접 코드를 작성해 무언가를 만들 필요는 없다. 이것은 엔지니어의 역할이다. 하지만 코드에 대한 기본적인 이해를 갖추고 엔지니어와 같은 언어로 소통하는 능력을 갖추면 이들과 효과적으로 소통하고 무엇이 가능한지 이해하는 데 큰 도움이 된다. 제품이 코드 관점에서 어떻게 구현되는지 이해하면 디자이너는 더욱 효과적으로 디자인할 수 있다.

모든 것을 제공하라

여러분이 이해관계자나 프로덕트 매니저, 다른 디자이너들에게 아이디어를 제안할 때 이들이 주로 신경 쓰는 것은 대체로 사용자가 제품을 통해 거치는 사용자 여정이나 해피 패스 같은 주요 경로다. 오류 상태, 로딩 상태, 기타 언해피 패스에 해당하는 세부 사항은 일반적이고 핵심적인 사용자 경험만큼 주목받지 못한다.

하지만 기타 상태를 실제로 제작해야 하는 개발자들에게는 이런 부분이 훨씬 더 중요하다.

협업하는 개발자에게 전달하는 디자인에는 모든 시나리오가 담겨 있어야 한다. 예컨대 페이지라면 부분적으로 로딩된 상태, 오류가 발생한 상태, 콘텐츠가 완전히 로딩된 상태 등 모든 상태를 제공해야 한다. 컴포넌트도 마찬가지다. 활성 상태, 비활성 상태, 인터랙션 도중의 상태 등 모든 상태를 포함해야 한다.

개발자가 이해하기 쉬운 방식으로 디자인 결과물에 이름을 붙이고 정리해두어야 한다. 문서를 포괄적으로 명확하게 작성하면 개발자가 훨씬 더 수월하게 제품을 개발할 수 있다.

스타일 가이드, 컴포넌트 시트처럼 디자인 요소나 흐름의 모든 상태를 명확하게 정의한 다양한 형태의 문서는 개발자가 효과적으로 작업하는 데 도움이 된다(그림 8-19). 제품의 다양한 상태를 실제로 구현할 개발자에게 이렇게 도움이 되는 문서를 체계적으로 정리해서 제공하는 것이 중요하다.

▼ 그림 8-19 렌터카 앱 컴포넌트 세트. 이 세트는 버튼의 활성 상태, 비활성 상태, 텍스트 필드가 비어 있는 상태, 채워진 상태 같은 여러 상태를 포함하고 있다.

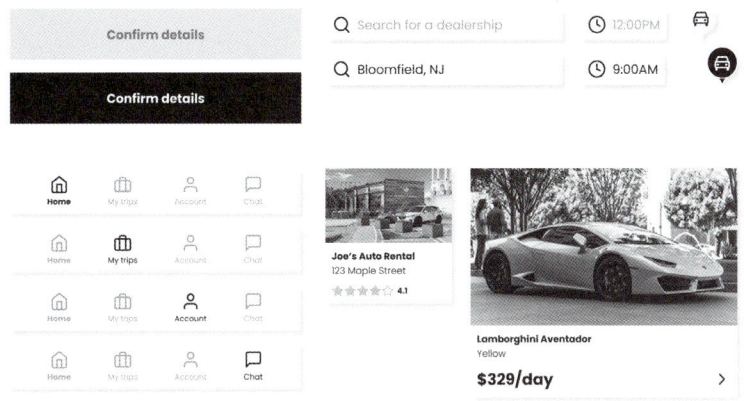

8.5.2 제품 팀과 협업하기

프로덕트 매니저와 협업할 때는 서로가 한 팀이라는 인식이 중요하다. 회사와 사용자를 위해 노력하는 과정에서 양측은 거의 한 몸처럼 연결된 관계이며 각자의 행동은 서로에게 큰 영향을 미친다.

프로덕트 매니저와 좋은 관계를 맺으려면 세 가지 원칙을 기억하라.

- 전략적으로 생각하라.
- 개선 사항을 추적하라.
- 파트너로서 협력하라.

이러한 원칙을 잘 지키면 훌륭한 팀워크, 뛰어난 제품, 제품 팀과 디자인 팀 간의 원활한 협업이 가능해진다.

전략적으로 생각하라

프로덕트 매니저는 제품의 미래를 만들어간다. 이들은 회사, 사용자, 개발자를 비롯한 온갖 출처에서 받은 정보를 종합해 제품 로드맵을 위한 계획을 세운다. 이들은 향후 제품의 발전 방향에 지대한 영향을 미친다.

디자이너로서 여러분은 이러한 발전에 함께해야 한다. 제품을 디자인하는 사람은 제품이 어떻게 만들어지고 어떻게 개선될지를 정의해야 한다. 계획 과정에 어떤 방식으로 영향을 발휘할 수 있을지 고민해보라.

여러분은 경쟁 연구를 수행해 시장을 분석하고 기능상 격차나 제품이 발전할 수 있는 기회 영역을 발견할 수 있다. 사용자 요구를 조사하며 고객의 의견을 직접 듣거나 지표를 살펴볼 수 있다. 또한 조직 내부에 기회 영역이 있는지 관찰하며 다른 부서에서 얻은 인사이트를 자신의 제품에 활용할 수 있다.

개선 사항을 추적하라

제품 작업을 하다 보면 수정하거나 다시 점검해야 할 요소가 눈에 띄기 마련이다. 처음에 구상했던 방식으로 구현되지 않은 부분이 눈에 띌 수도 있고 사용자의 피드백을 듣고 제품을 수정하고 싶다는 생각이 들 수도 있다. 디자인 실력이 향상되고 제품 디자인에 대한 이해가 깊어지면서 과거 자신이 내렸던 결정이나 자신이 참여하기 전에 내려진 결정을 다시 들여다보고 싶어질 수 있다.

제품을 업데이트하고 수정하고 싶어 하는 마음이 드는 것은 당연하며, 오히려 적극적으로 그렇게 하는 것이 바람직하다! 하지만 원하는 변경 사항을 모두 반영하기 어려운 것이 현실이다. 회사에는 투자해야 할 다른 프로젝트들이 있으며, 더 나은 사용자 경험을 위해 원하는 만큼 제품을 손질하고 개선할 여력이 부족할 수 있다.

그렇다면 디자이너로서 어떻게 해야 할까? 개선 항목들을 정리해 제품 백로그를 만들어둘 수 있다(그림 8-20).

▼ **그림 8-20** 재검토하고 개선하고 싶은 사용자 경험 디자인의 모든 요소를 추적하는 UX 백로그

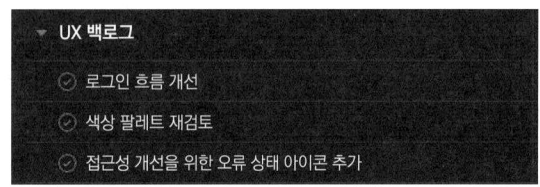

엔지니어링 팀이 제품 개선을 위해 백로그를 작성하듯, 디자이너도 제품에 추가하고 싶은 사용자 경험 개선 사항을 백로그에 정리해둘 수 있다. 이러한 사항을 개선하리라는 보장은 없지만, 엔지니어링 팀에 여유가 생겼을 때 백로그에 있던 사항을 개발자들에게 알리고 시간이 날 때 작업해달라고 요청할 수 있다. 개선 사항을 목록으로 정리해두면 프로젝트 사이에 여유가 생길 때에도 활용하기 좋다.

파트너로서 협력하라

여러분과 프로덕트 매니저는 파트너 관계에 있다. 디자이너의 주된 이해관계자는 사용자다. 프로덕트 매니저의 주된 이해관계자는 회사다.

디자이너와 프로덕트 매니저가 협력하면 제품을 만드는 사람들과 제품을 사용하는 사람들 양측의 이해를 대변할 수 있다. 두 사람은 회사와 사용자의 문제를 함께 해결하는 강력한 듀오다(그림 8-21). 이 목표를 달성하려면 양측은 서로 협력해야 한다!

▼ 그림 8-21 디자이너와 프로덕트 매니저는 파트너 관계를 이루며 대상 사용자와 회사를 위해 협력한다(출처: ASDF_MEDIA/Shutterstock).

프로덕트 매니저와 협력할 기회는 곳곳에 있다. 함께 경쟁 연구를 수행하며 어떤 회사가 업계에 가장 큰 영향을 미치는지, 이들이 경쟁 우위를 갖는 이유는 무엇인지 논의할 수 있다. 사용자 인터뷰를 진행하며 한 사람은 프로토타입을 설명하고 다른 사람은 기록을 남길 수 있다. 경영진 앞에서 함께 프레젠테이션을 진행하며 프로덕트 매니저는 솔루션의 전략적 가치를 설명하는 역할, 디자이너는 그 기능을 설명하는 역할을 맡을 수 있다.

이 외에도 프로덕트 매니저와 협력하며 멋진 사용자 경험을 만들 기회는 무궁무진하다.

8.5.3 경영진과 협력하기

회사 경영진을 위해 일하고 있다고 생각하는 디자이너가 많은데 이는 올바른 관점이 아니다. 디자이너는 사용자를 위해 일하니 대상 사용자에게 훌륭한 사용자 경험을 제공하는 것이 본연의 역할이다. 이러한 디자인 작업은 경영진의 허가, 지도, 승인 하에 사용자를 대신해 수행되는 것이다.

물론 디자이너가 경영진을 **위해** 일하는 경우도 있을 수 있다. 하지만 경영진과 **함께** 일하며 이들이 목표를 달성하도록 돕는다고 생각하는 것이 더 건강하고 생산적인 사고방식이다.

전반적으로 보자면 경영진과의 협업은 컨설턴트와 변호사의 사고방식을 결합해 접근하는 것이 좋다. 우선 변호사가 법정에서 변론하듯이 증거와 데이터를 바탕으로 디자인을 제시해 상대를 설득하라. 그리고 컨설턴트가 어떤 옵션이 가장 좋은지 설명하듯이 디자인을 제시하라. 마지막으로 지금까지 제시한 모든 정보를 바탕으로 무엇이 가장 좋다고 생각하는지 물으며 경영진의 대화 참여를 유도하라.

이러한 사고방식을 갖추려면 다음 지침을 따르는 것이 좋다.

- 컨설턴트처럼 사고하라.
- 사실에 기반하라.
- 의견을 요청하라.

컨설턴트처럼 사고하라

경영진이 디자이너를 고용하는 이유는 디자이너가 그 분야의 전문가이기 때문이다. 디자이너는 사람들이 제품을 통해 하는 경험을 분석하고 이해하며 디자인하는 전문 기술을 갖추고 있다. 다시 말해 여러분은 디자인 분야의 전문가다.

이러한 전문성을 제대로 활용하려면 컨설턴트처럼 사고하라. 컨설턴트라면 고객과 협업하기 위해 고객의 요구를 이해하고 확산적 사고를 통해 문제를 살펴본 후에 문제를 해결할 수 있는 다양한 옵션을 제시할 것이다(그림 8-22). 여러분도 제품을 위해 이러한 작업을 진행하고 그 사고 과정을 컨설턴트처럼 경영진에게 전달하라.

▼ **그림 8-22** 전문성을 갖춘 디자이너라면 컨설턴트처럼 행동하라. 고객을 이해하고 이들의 요구를 파악한 다음에 그에 맞는 솔루션을 제시하라(출처: AboutLife/Shutterstock).

디자인을 제시할 때는 여러분이 떠올린 최선의 옵션을 제시하고 각 옵션이 왜 효과가 있는지 설명하라. 각 후보에는 장단점이 있을 것이다. 경영진은 이러한 장단점을 분석해 회사에 가장 적합하다고 느끼는 경로를 선택할 것이다.

여러분은 컨설턴트로서 경영진에게 이런 선택의 기회를 제시해야 한다. 이러한 옵션에 자신의 관점까지 제시할 때에야 비로소 경영진과 함께 최선의 경로를 찾아가는 진정한 협업이 이루어진다.

사실에 근거하라

증거는 사람들의 마음을 움직인다. 증거가 있으면 반박하기 어렵다. 탄탄하게 짜인 주장은 데이터, 분석 등 진실을 보여주는 다양한 지표를 바탕으로 만들어진다. 단순히 어떤 경로를 택해야 한다고 주장하는 것으로는 충분하지 않으며 이를 뒷받침할 증거가 필요하다.

변호사의 사고 방식을 갖춰라(그림 8-23). 변호사는 증거 없이 법정에 서지 않는다. 증거 없이 나선다면 패소할 것이고 그 대가는 의뢰인이 치르게 된다. 여러분의 의뢰인은 사용자다. 사용자를 대변할 때 증거 없이 법정에 나서지 마라.

▼ 그림 8-23 디자이너로서 의견을 낼 때 변호사처럼 사고하라. 증거를 수집하고 이를 활용해 주장을 펼쳐라(출처: buritora/Shutterstock).

디자인을 제시할 때는 그 디자인이 최선이라고 판단한 근거를 보여주어야 한다. 사람들이 제품에서 가장 많이 상호작용하는 부분을 보여줄 때는 클릭률 데이터를 활용하라. 변경 사항을 제안할 때는 기능 요청을 근거로 하라. 시장에 이미 존재하는 대안이 무엇인지 설명할 때는 경쟁 분석을 제시하라. 각 옵션을 위해 내린 디자인 결정과 그 이유를 설명할 때는 데이터로 뒷받침하라. 그리고 피드백을 요청하라.

의견을 요청하라

경영진에게 디자인을 제시할 때 이들이 의사결정권자라는 점을 명심하라. 제품에 대한 결정은 결국 이들의 비전, 이들의 제품, 이들의 비즈니스에 관한 것이다. 여러분에게는 앞으로 어떤 방향으로 갈지를 결정할 권한이 없다. 그 대신 옵션, 증거, 주장을 통해 그 결정에 영향을 미칠 수 있다.

이러한 관점에서 직업을 제시하라. 연구 결과, 데이터, 디자인 등 지금까지 수집한 모든 정보를 제공한 다음에 이들의 의견을 구하라. 경영진은 앞으로 어떤 방향으로 나아가야 한다고 생각하는가? 이는 여러분이 회사를 위해 준비한 다양한 옵션과 이를 뒷받침하는 데이터를 경영진과 함께 살펴보는 과정이다. 이런 과정을 통해 경영진은 비즈니스가 나아갈 방향을 고려해 충분한 정보를 바탕으로 의사결정을 내릴 수 있게 된다.

추천 경로, 이를 뒷받침하는 데이터, 그리고 경영진이 참여할 기회까지 제시할 때 경영진과 협력해 최고의 사용자 경험을 만들어나갈 수 있다.

8.5.4 다른 사람들과 협업하기

제품을 만드는 과정은 팀 스포츠다. 혼자서 모든 것을 해낼 수는 없다. 제품을 만들려면 다른 부서와 협력해야 한다. 개발자가 있어야 기능적으로 완성된 경험을 만들 수 있다. 프로덕트 매니저가 있어야 경험의 우선순위를 정하고 미래를 그려나갈 수 있다. 경영진이 있어야 필요한 자금과 지원을 제공받고 나아갈 방향을 설정할 수 있다.

다행히 여러분은 이러한 관계를 조율해 나갈 수 있다. 단순히 **각자 할 일**만 하거나 서로를 **수단**처럼 여기지 말고 이들과 **협력**하는 방법을 찾아야 한다. 이러한 협업과 공동 창작의 순간에 집중하면 모두의 역량을 끌어올리는 건강한 협업 패턴을 만들고 그 결과 더 나은 사용자 경험을 완성할 수 있다.

8.6 디자인 분야 직무 선택하기

사용자 경험 디자인 분야는 광범위하다. 하나의 경험을 완성하려면 사람들의 문제를 연구하고 솔루션을 설계하고 그 솔루션을 보기 좋게 만드는 등 무척 다양한 역할이 필요하기 때문이다. 디자이너로서 여러분은 자신이 맡은 제품의 사용자 경험 전반을 책임지는 역할을 맡을 수도 있다. 특히 회사 규모가 작을수록 이런 경우가 많다. 아니면 사용자 경험의 특정 요소에 집중하는 전문적인 역할을 담당할 수도 있다.

다행히도 디자인 분야에는 선택할 수 있는 경로가 많다. 사용자 경험 디자인에 참여하는 방식은 어떤 회사에서 일할지, 어떤 산업에 몸담을지, 어떤 팀과 함께할지를 비롯한 다양한 기준에 따라 정할 수 있다.

그럼 이제 경력을 성장시킬 수 있는 다양한 경로를 살펴보자.

8.6.1 프로덕트 디자이너: 모든 것을 다룬다

프로덕트 디자이너는 제품 디자인의 모든 요소를 다루며 연구, 구조 설계, 시각 디자인까지 제품 경험 전반을 담당한다.

프로덕트 디자이너는 업계에 입문할 때 선택하기 좋은 역할이다. 모든 것을 다루는 만큼 사용자 경험 디자인의 어떤 영역에 가장 큰 흥미를 느끼는지 탐색할 수 있기 때문이다. 이처럼 모든 부분을 다루면 UX 디자인 분야 전반을 제대로 탐색하면서 모션 디자이너나 UX 라이터 같은 전문적인 직종에서는 접하기 어려운 디자인 프로세스의 각 단계를 경험할 기회를 얻는다. 하지만 이는 양날의 검이 될 수도 있다.

일관된 업무를 선호하거나 한 영역에 집중하고 싶거나 사용자 경험 전반을 책임지는 것이 부담스러운 사람에게는 이러한 역할이 맞지 않을 수 있다. 이 역할에는 맥락 전환 능력이 요구된다. 어떤 날은 사용자와 문제에 대한 이야기를 나누다가 또 어떤 날은 개발자에게 디자인 명세를 전달해야 하기 때문이다. 이 직무에는 연구와 디자인 같은 하드 스킬은 물론 회사 내에서 원활하게 소통하기 위한 소프트 스킬이 크게 요구된다.

메타의 프로덕트 디자이너 자격 요건을 보면(그림 8–24) 다양한 분야의 역량이 요구되는 것을 알 수 있다. 메타가 원하는 이상적인 프로덕트 디자이너는 여러 핵심 역량 가운데 특히 인터랙션 디자인, 시각 디자인, 전략적 사고, 엔드 투 엔드 디자인 경험을 갖춘 사람이다. 어찌 보면 당연한 일이다. 프로덕트 디자이너는 자신이 담당한 제품 디자인 전반에 관여하며 디자인 싱킹 프로세스의 모든 단계를 직접 수행해야 하기 때문이다.

▼ 그림 8-24 메타의 프로덕트 디자이너 채용 공고

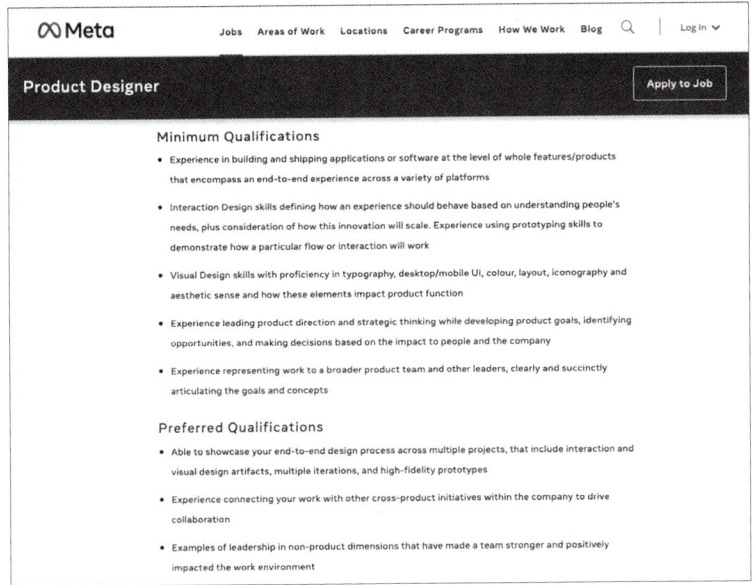

8.6.2 UX 디자이너: 구조에 집중한다

UX 디자이너는 프로덕트 디자이너와 비슷한 역할을 한다. 작업 중인 제품의 엔드 투 엔드 경험을 책임지는 것이다. 사실 업계에서는 이 두 역할이 똑같다는 오해를 받기도 한다. 두 용어를 혼용하며 종종 동일한 직무를 지칭할 때 사용되기도 한다.

두 직무의 차이는 UX 디자이너가 대체로 시각 디자인보다 경험의 구조에 더 집중한다는 점에 있다. UX 디자이너는 시각 디자이너와 한 팀을 이루어 하나의 제품을 제작하기도 한다.

나도 업계에서 비슷한 경험을 한 적이 있다. 푸드 네트워크에서 UX 디자이너로 일할 때 시각 디자이너와 한 팀을 이뤄 사용자 경험을 만들었다. 나는 사용자 연구, 사용자 여정 설계, 중충실도 와이어프레임 제작을 담당했고 시각 디자이너는 브랜딩, 타이포그래피, UI 디자인에 집중했다. 각자의 전문성을 바탕으로 서로 아이디어를 주고받으며 협업한 덕분에 각자의 역량을 온전히 발휘할 수 있었다. 그 결과 따로 작업했을 때보다 훨씬 더 큰 성과를 낼 수 있었다.

이렇게 역할이 구분되는 경우도 있지만 UX 디자이너가 시각 디자인까지 담당하기를 기대하는 경우가 더 많다. 특히 시니어 디자이너가 되고 경력이 쌓일수록 이러한 기대는 더욱 커진다.

아마존은 프로덕트 디자이너 대신 UX 디자이너라는 직함으로 인력을 채용한다(그림 8-25). 하지만 채용 공고의 직무 설명은 연구, 구조 설계, 시각 디자인 등 프로덕트 디자이너와 유사한 자격 요건을 제시한다. 이처럼 UX 디자이너와 프로덕트 디자이너라는 용어가 혼용되면서 두 역할 간의 미묘한 차이를 잘 모르는 사람들에게 혼란을 일으키곤 한다. 그리고 실제로 대부분의 회사에서 이 둘을 명확히 구분하지 않는다.

▼ 그림 8-25 아마존의 UX 디자이너 채용 공고

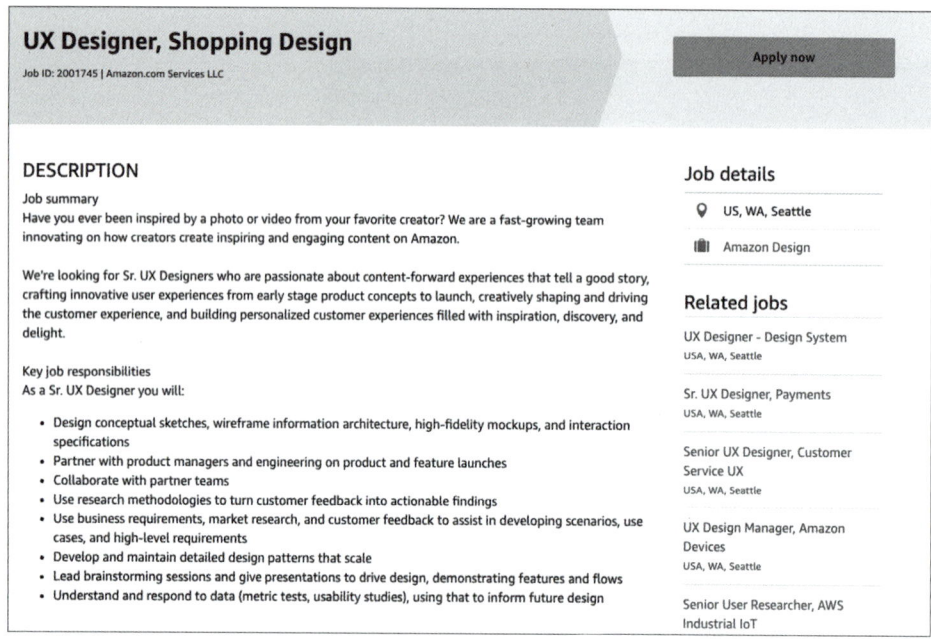

8.6.3 시각 디자이너 또는 UI 디자이너: 보기 좋게 만든다

시각 디자이너의 역할은 비교적 명확하다. 이들은 제품의 시각 디자인을 책임지며 색상, 타이포그래피, 그래픽 디자인, 일러스트레이션 등 시각적으로 매력적인 경험을 만드는 데 필요한 요소를 전문적으로 다룬다. 사용자 경험 디자인을 하고 싶지만 제품 로드맵을 고민하거나 사용자 연구를 수행하고 싶지 않다면 이 역할이 잘 맞을 수 있다.

시각 디자이너와 UI 디자이너의 차이를 살펴본다면 시각 디자이너는 제품의 시각 디자인뿐 아니라 마케팅 자료, 웹 사이트용 일러스트레이션 등 제품 외적인 그래픽 디자인 작업까지 담당할 수 있다. 반면 UI 디자이너는 제품 작업에 더 집중하며 양식화된 아이콘, 로고 등 높은 시각적 완성도가 요구되는 요소를 만드는 역할을 맡는다.

링크드인에 올라온 UI 디자이너 채용 공고를 보면(그림 8-26) 타이포그래피, 색상, 아이콘 같은 시각 디자인 요소에 집중하고 있다는 것을 알 수 있다. 이는 당연한 일이다. UI 디자이너는 일반적으로 제품의 시각적인 측면을 담당하는 전문가이기 때문이다.

▼ 그림 8-26 링크드인 UI 디자이너 채용 공고

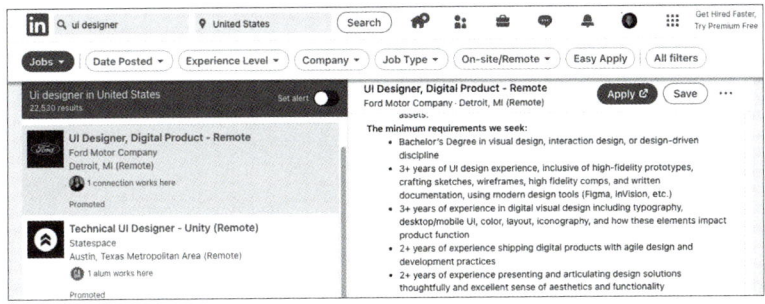

8.6.4 UX 리서처: 사용자 전문가

저충실도의 시각 디자인 작업조차 피하고 싶다면 UX 리서처 역할이 잘 맞을 수 있다. UX 리서처는 제품 수명 주기 전반에 걸쳐 사용자의 요구를 이해하는 데 집중한다. UX 리서처는 연구 방법론에 능숙한 전문가로서 사용자 인터뷰를 진행하고 대상 사용자의 요구와 동기를 깊이 탐구한다.

UX 리서처는 사용자 인터뷰 진행, 페르소나 개발, 사용성 테스트 수행(이때 다른 디자이너의 와이어프레임을 활용하기도 한다) 등 사용자를 이해하는 데 관련된 모든 작업을 담당한다. UX 리서처는 간접적인 방식으로 제품 진화에 심대한 영향을 미친다. 문제 영역을 탐색하며 사용자 경험을 만들 때 조직 차원에서 내리는 결정의 기반이 되는 정보를 발견하기 때문이다.

그림 8-27에서 볼 수 있듯이 구글 같은 기업이 UX 리서처에게 기대하는 최소 자격 요건에는 시각 디자인 업무가 포함되지 않는다. 그보다 강조되는 것은 연구, 사용성, 심리학에 대한 이해다.

▼ 그림 8-27 구글의 UX 리서처 채용 공고

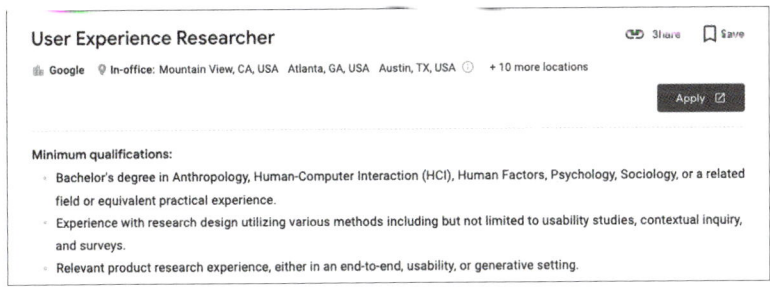

8.6.5 UX 라이터: 텍스트를 작성한다

UX 라이터는 조금 더 전문적인 직종이다. 이들은 버튼, 레이블, 헤드라인 등 제품 내 모든 텍스트를 통해 사용자와 어떻게 소통할지를 고민한다. UX 라이터는 정보 아키텍처에 많은 비중을 둔다. 제품의 분류 체계는 사용자가 제품 요소 간의 관계를 어떻게 이해할지에 영향을 미치기 때문이다. UX 라이터는 제품 내 카피와 관련된 모든 것을 담당한다. 단, 타이포그래피 같은 시각 디자인은 담당하지 않으며 콘텐츠에 집중한다.

스포티파이의 UX 라이터 채용 공고를 보면(그림 8-28) 카피 작성과 관련된 다양한 요구 사항이 명시되어 있다. UX 라이터는 콘텐츠, 이메일, 알림, 브랜드 스토리 등 제품과 관련된 다양한 텍스트를 작성해야 한다. 이들은 제품의 엔드 투 엔드 수명 주기 전반에 걸쳐 관여하지만 프로덕트 디자이너처럼 흐름을 설계하는 대신에 그 흐름의 스토리를 글로 풀어내는 역할을 한다.

▼ **그림 8-28** 스포티파이의 UX 라이터 채용 공고

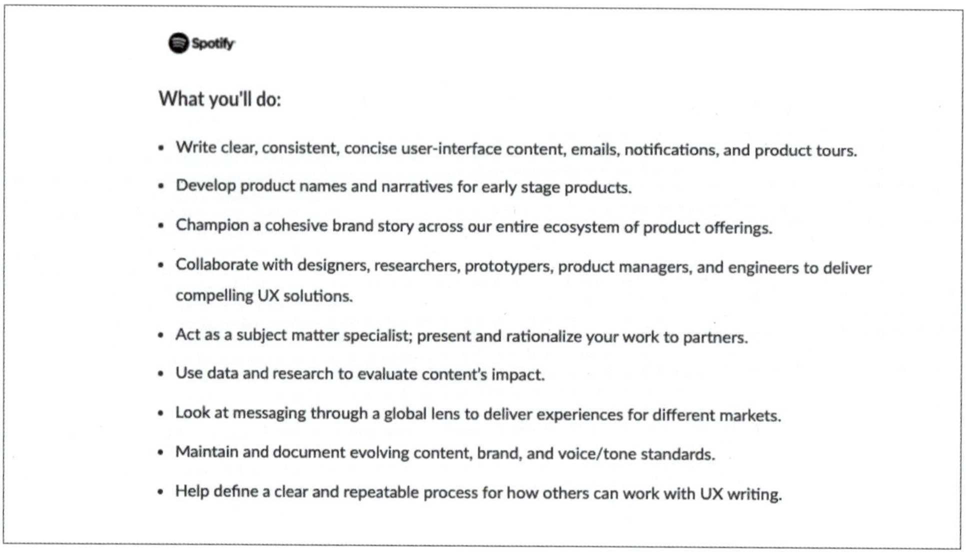

> Spotify
>
> **What you'll do:**
>
> - Write clear, consistent, concise user-interface content, emails, notifications, and product tours.
> - Develop product names and narratives for early stage products.
> - Champion a cohesive brand story across our entire ecosystem of product offerings.
> - Collaborate with designers, researchers, prototypers, product managers, and engineers to deliver compelling UX solutions.
> - Act as a subject matter specialist; present and rationalize your work to partners.
> - Use data and research to evaluate content's impact.
> - Look at messaging through a global lens to deliver experiences for different markets.
> - Maintain and document evolving content, brand, and voice/tone standards.
> - Help define a clear and repeatable process for how others can work with UX writing.

8.6.6 디자인 시스템 디자이너: 제품을 통합하고 확장한다

디자인 시스템 디자이너는 제품 UI에 집중한다는 면에서 UI 디자이너와 비슷하다. 둘 다 사용자 경험을 위해 뛰어난 시각 디자인 표준을 만들고 유지해야 하는 최고의 전문성이 요구된다. 하지만 둘 사이의 차이는 시각 디자인 역량을 어떻게 적용하느냐에서 드러난다.

UI 디자이너는 제품의 특정 부분에 '수직적으로' 접근해 기능 중심으로 작업한다. 디자인 시스템 디자이너는 제품 전반의 다양한 기능에 '수평적으로' 접근해 여러 기능을 아우르는 UI를 통해 각 제품 영역에 영향을 미친다. 디자인 시스템 디자이너는 회사가 사용자 경험을 만들기 위해 사용하는 시스템을 설계하는 데 집중한다. 이들은 여러 팀에서 확장 가능한 방식으로 사용할 수 있는 컴포넌트를 만들고 새로운 문제가 발생했을 때 그 문제를 담당하는 디자이너들이 즉시 이용할 수 있는 자원을 제공한다.

디자인 시스템 디자이너는 확장성, 일관성, 유연성에 중점을 둔다. 이들은 다양한 맥락에서 사용할 수 있는 UI를 만들고 회사 모든 제품 전반에 일관성 있는 UI가 유지되도록 한다. 이러한 역할은 규모가 크고 체계가 잘 잡힌 기업에서 더 흔한 편이다. 이러한 기업은 다양한 제품을 보유하고 있으며 이러한 제품을 사용자에게 일관된 방식을 제공해야 하기 때문이다.

마이크로소프트에서는 디자인 시스템 디자이너가 '크로스 플랫폼 경험'을 지원할 것으로 기대하며, 이는 이 역할이 여러 제품의 영역을 다뤄야 한다는 것을 암시한다. 이들은 컴포넌트 사용 방법에 대한 가이드라인을 작성하고 다양한 제품 영역에서 공통으로 사용할 수 있는 컴포넌트를 제작하며 일관성과 디자인 패턴을 유지하는 데 집중한다.

▼ **그림 8-29** 마이크로소프트의 디자인 시스템 디자이너 채용 공고

Responsibilities

Your responsibilities

- Help our team build a best-in-class design system that supports our cross-platform experiences.
- Collaborate directly with designers and engineers to ensure that the designed components are robust for implementation.
- Write usage guidelines for system components and patterns that set both design and engineering up for success.
- Be a core contributor to our Figma libraries through component creations, updates, and cross-team communications.
- Work closely with product teams on the consistency of user experiences.
- Evangelize the usage of the design system and review UserVoice feedback for constant improvement of the system.

8.6.7 모션 디자이너: 멋진 애니메이션을 만든다

모션 디자이너는 제품에서 애니메이션이 어떻게 움직이는지를 다루는 전문가다. 작게는 버튼 누르기부터 크게는 사용자가 웹 사이트 페이지를 스크롤할 때 적용되는 패럴랙스 효과에 이르기까지 모션에 대한 광범위한 이해가 요구된다. 모션 디자이너는 아이콘 애니메이션, 로딩 상태, 전환 효과를 제작하며 때로 홍보 동영상, 로고 애니메이션 등 조직에 필요한 마케팅 자료도 제작해야 한다.

제품 작업의 관점에서 모션 디자이너는 거의 완성된 제품에 애니메이션 효과를 더해서 제품의 사용자 경험을 최고 수준으로 끌어올리는 역할을 한다. 따라서 이러한 역할은 세계적인 수준의 완성도를 추구할 예산뿐 아니라 제품의 디테일에 높은 관심을 기울일 의지까지 갖춘 기업에서 주로 찾아볼 수 있다.

애플 같은 기업에서 모션 디자이너를 채용한다는 사실은 전혀 놀랍지 않다(그림 8-30). 애플 제품은 수백 가지 마이크로인터랙션을 비롯해 다양한 모션을 적용해 사용자 경험을 강화하고 있다. 애플의 모션 디자이너는 마케팅 자료부터 제품 내 애니메이션, 동영상 제작에 이르기까지 회사 전반에서 필요한 모션 작업을 담당한다.

▼ **그림 8-30** 애플의 모션 디자이너 채용 공고

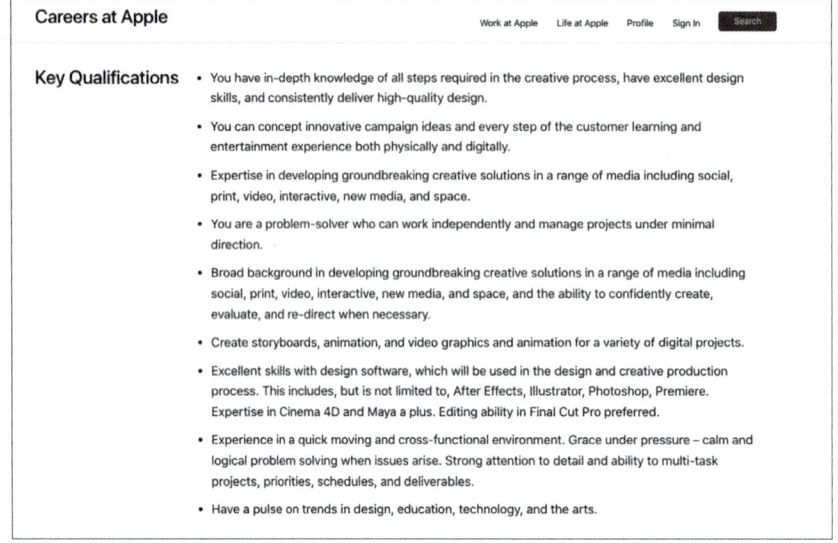

8.6.8 디자인 분야에서 경력 발전시키기

지금까지 살펴본 직무는 사용자 경험 디자인 업계에서 가장 흔히 접할 수 있는 역할이다. 어떤 직무는 폭넓은 시각 디자인 지식을 요구하며 심미적 경험을 디자인하는 탁월한 실무자를 찾는다. 또 어떤 직무는 심층적인 심리학적 전문성을 요구하며 사용자의 심리를 깊게 이해할 수 있는 전문가를 필요로 한다. 또 다른 직무는 사용자 경험 디자인 분야 전반에 걸친 광범위한 역량을 요구하며 한 분야에 국한되지 않고 다양한 영역을 넘나들 수 있는 인재를 찾는다.

어떤 경로가 더 낫다고 말할 수는 없다. 사람마다 디자인 프로세스에서 선호하는 부분이 다를 뿐이다. 어떤 사람은 특정 분야에 집중하고 싶어 하며 어떤 사람은 다양한 분야를 두루 경험하고 싶어 한다. 디자인 분야에 있는 다양한 기회를 탐색하며 자신이 원하는 경력의 방향은 무엇인지 생각해보자.

8.7 이제 어디로 가야 할까?
SECTION

이제 여정이 끝났다고 느낄 수 있다. 여러분은 UX 디자인의 예술과 과학을 직접 체험했다. 디자인 싱킹 프로세스의 전 과정을 처음부터 끝까지 익혔고 이 프로세스를 직접 수행해보기도 했다. 하지만 이것은 시작에 불과하다. 여러분은 지금까지 배운 내용을 어떤 방향으로든 확장할 수 있다.

디자인 싱킹 프로세스를 안다는 것은 이 프로세스를 어떤 문제에든 적용할 수 있다는 뜻이다. 완전히 새로운 제품을 만들 수도 있고 현재 작업 중인 제품에 적용할 수도 있다. 아니면 가장 좋아하는 제품에 적용해서 그 제품을 개선할 수도 있다! 무엇을 선택할지는 여러분에게 달려 있다.

지금까지 배운 기법은 맛보기에 불과하다. 이 책에서 논한 모든 기법은 반복을 통해 더 깊이 학습할 수 있고 스스로 수정해서 발전시킬 수도 있다. 여러분이 배운 도구는 이제 여러분의 것이고 마치 목수가 연장을 다루듯 필요할 때 언제든 꺼내서 갈고닦아 활용할 수 있다.

새로운 기법을 배우며 UX 특정 분야에 집중해 전문성을 키울 수도 있다. 사용자 연구에 대해 더 배워서 사용자 연구 전문가가 되거나 UI를 깊이 파고들어 훌륭한 디지털 디자인을 만드는 원리를 익힐 수도 있다. 코딩을 배워서 경험을 디자인하는 데 그치지 않고 이를 직접 구현할 수도 있다. 자신의 학습 경로는 스스로 선택할 수 있고 그 가능성은 넓고도 깊다.

내가 여러분에게 보여준 것은 디자인으로 들어가는 문이다. 이제 그 문을 열고 들어가서 자신만의 경로를 만들어 나가는 것은 여러분의 몫이다.

업계에서 여러분을 만나게 될 순간이 벌써부터 기다려진다!

    행운을 빈다.

- 앤서니

부록 A

디자인 싱킹 모범 사례

A.1 2장 공감을 디자인 도구로 활용하기

A.2 3장 사용자의 문제 정의하기

A.3 4장 아이디어 도출 기법과 도구 탐색하기

A.4 5장 솔루션 프로토타입 제작

A.5 6장 디자인 테스트하기

A.6 7장 디자인 구현하기

2장부터 7장까지 나온 '직접 해보자!' 코너에 나오는 연습 문제를 수행하면서 각 문제에 대한 모범 사례를 살펴보는 것은 여러분에게 도움이 된다. 부록에서는 각 연습 문제에 대해 내가 취한 접근 방식 예시를 담았다. 여러분의 결과물은 이보다 훨씬 다양하게 표현될 수 있다. 이 예시들은 그 다양한 사례 중 일부에 불과하다.

디자인은 우리가 보고 소비하고 접한 것, 즉 경험의 영향을 받는다. 따라서 문제에 하나의 '정답'은 존재하지 않는다. 좋은 결과인지 판별하는 기준은 여러분의 답이 문제 해결에 도움이 되는지에 달려 있다. 도움이 된다면 훌륭하다! 그렇지 않다면 그 답이 대상 사용자에게 도움이 된다고 확신할 수 있을 때까지 반복적으로 개선해 나가라.

부록에 제시한 예시는 **정답**이 아니다. 이는 내가 각 연습 문제를 수행하며 도달한, 여러 가지 가능한 **답안** 중 하나일 뿐이다. 따라서 이러한 예시는 해답이 아니라 가이드나 참고 자료로 활용하길 바란다.

A.1 2장 공감을 디자인 도구로 활용하기

A.1.1 설문 조사

설문 조사를 마쳤다니 훌륭하다! 여러분이 작성한 설문 조사는 그림 A-1과 비슷하게 시작할 것이다.

▼ 그림 **A-1** 응답자의 여행 빈도를 파악하기 위한 폐쇄형 단일 선택 질문

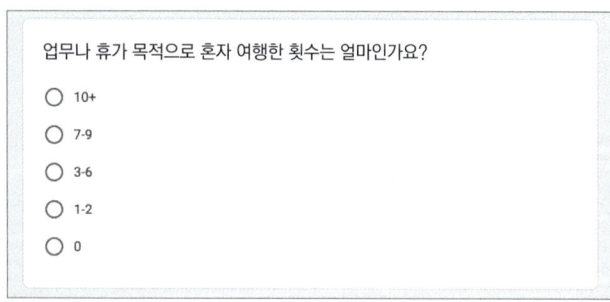

응답자에게 혼자 여행하는 빈도를 묻는 것으로 시작한다. 혼자 자주 여행하지 않는다면 인터뷰 대상자로 적절하지 않기 때문이다.

다음으로는 여행할 때 어떤 제품을 사용하는지 묻는다(그림 A-2). 추후 진행할 경쟁 분석에 필요한 정보를 수집하기 위한 목적도 있고(이 내용은 뒤에서 더 자세히 다룬다) 응답자가 어떤 방식으로 여행하기를 좋아하는지 파악하기 위한 것이기도 하다. 호텔을 선호할까? 사회적 교류를 추구할까? 이들이 어떤 제품을 통해 검색하는지 알면 이들의 여행 취향을 파악하는 데 도움이 된다. 또한 얼마나 많은 이들의 선택을 받았는지를 기준으로 향후 경쟁 분석에서 사용할 분석 대상 제품도 정할 수 있다.

▼ **그림 A-2** 응답자가 사용하는 온라인 제품을 파악하기 위한 폐쇄형 복수 선택 질문

```
Untitled Section

여행할 때 어떤 웹 사이트/앱을 사용하시나요? *
  ☐ 트래블로시티(Travelocity)
  ☐ 카우치서핑(Couchsurfing)
  ☐ 옐프(Yelp)
  ☐ 호스텔월드(Hostelworld)
  ☐ 론리 플래닛(Lonely Planet)
  ☐ 카약(Kayak)
  ☐ 관광청 웹 사이트(Tourism Board Websites)
  ☐ 소셜미디어(페이스북, 트위터, 인스타그램 등)
  ☐ 에어비앤비(Airbnb)
  ☐ 해당 사항 없음
  ☐ 기타:
```

그런 다음 인구통계학적 정보를 수집한다(그림 A-3). 그러면 나중에 다시 질문할 필요가 없고 이후 단계에서 대상 사용자를 대표하는 페르소나를 작성할 때도 참고할 수 있다. 페르소나는 3장에서 더 자세히 다룰 것이다.

▼ **그림 A-3** 응답자의 나이를 파악하기 위한 폐쇄형 단일 선택 질문

```
연령대가 어떻게 되시나요?
  ○ 18~24세
  ○ 25~34세
  ○ 35~44세
  ○ 45~54세
  ○ 55세 이상
  ○ 밝히고 싶지 않음
```

마지막으로 응답자의 이름과 인터뷰 참여 의사를 묻는다(그림 A-4). 이 질문을 미리 해두면 참여 의사가 없는 사람을 미리 걸러낼 수 있어서 시간이 절약된다.

▼ **그림 A-4** 응답자에게 후속 연락을 할 수 있도록 구성된 개방형 질문 세트

```
이름이 무엇인가요? *
답변을 작성하세요


여행 경험에 대한 인터뷰에 참여할 의향이 있으시다면 아래 이메일이나
슬랙 정보를 남겨주세요. 감사합니다!
답변을 작성하세요
```

이제 이 설문 조사를 소셜 미디어를 통해 친구들에게 공유해 인터뷰 참가자를 모집할 것이다. 충분한 인원이 관심을 보이기를 기대해본다!

A.1.2 인터뷰 스크립트

인터뷰 스크립트가 어떻게 진행되는지 살펴보자.

스크리너 설문 조사를 통해 인터뷰에 적합한 사람들, 즉 자주 혼자 여행하는 사람들을 찾아두었다면 더할 나위 없을 것이다. 그렇게 했다는 가정하에 여기에서는 혼자 여행한 경험에 집중해 이러한 여행에서 이들이 무엇을 원하고 필요로 하는지를 집중적으로 알아보겠다.

녹화를 해도 괜찮은지 먼저 허락을 구한 후 처음에 할 수 있는 두 가지 질문이 있다.

> 평소 얼마나 자주 여행하시나요?
>
> 혼자 하는 여행은 얼마나 자주 하시나요?

이런 질문을 하는 이유는 무엇일까? 참가자들이 여행이라는 주제를 자연스럽게 떠올리도록 유도하기 위해서다. "평소 얼마나 자주 여행하시나요?" 같은 단순하고 쉬운 아이스 브레이킹 질문은 대화의 포문을 부드럽게 열어주고 참가자가 여행이라는 문제 영역에 집중할 마음의 준비를 하도록 도울 수 있다.

다음으로 혼자 여행한 경험에 대해 질문할 수 있다. 이러한 질문은 매우 개방적이어서 다양한 답변이 나올 수 있다. 따라서 답변에 기민하게 반응하고 이 질문을 통해 드러나는 흥미로운 내용에 후속 질문을 이어가는 것이 중요하다.

> 가장 최근에 혼자 한 여행은 언제였나요?

이 질문에 대한 참가자의 답변에 반응해 후속 정보를 얻어라. 참가자가 들려주는 이야기는 어디로 흘러갈지 알 수 없고 그 안에 흥미로운 정보가 숨어 있을 수 있다. 나라면 "그 부분에 대해 조금 더 들려주세요.", "계속 말씀해주세요." 같은 말로 반응하며 대화를 이어나갈 것이다.

다음으로는 이런 질문을 던져서 참가자가 혼자 여행할 때 고려하는 요인을 더 파악해보자.

> 혼자 여행할 때 어떤 요인을 고려하시나요?

긍정적이거나 부정적인 뉘앙스가 느껴지지 않도록 중립적으로 질문하는 것이 중요하다. 참가자가 부정적인 뉘앙스로 답한다면 그 이유를 파악하라. 참가자가 긍정적인 뉘앙스로 답하는 경우에도 마찬가지로 이유를 파악하라. "왜 그렇게 생각하시나요?" 같은 후속 질문을 던지면 좋다.

다음으로 혼자 여행할 때 하는 '일반적인' 활동에 대해 물어볼 수 있다. 혼자 여행할 때 어떻게 시간을 보내는지 물어보라

> 혼자 여행할 때 어떻게 시간을 보내시나요?

이 질문은 혼자 여행한 경험에 대해 더 많은 이야기를 이끌어낼 수 있다. 이전 질문에서 그랬듯이 이때 나오는 흥미로운 내용에 대해서도 후속 질문을 던지는 것이 좋다. 나라면 이유를 묻고 더 많은 정보를 파악할 것이다.

앞서 던진 두 가지 질문을 통해 곱씹어볼 만한 많은 정보와 이야기를 얻었을 것이다. 긍정적인 내용도, 부정적인 내용도 있을 수 있지만, 해당 세션에서 어떤 내용이 나올지는 단정할 수는 없다. 혼자 하는 여행의 즐거운 점과 힘든 점을 정확히 파악하려면 직접적으로 물어야 한다. 다음 두 가지 질문을 상황에 따라 유연하게 활용하라. 앞선 질문에서 이미 답을 얻었다면 생략해도 되고, 그렇지 않다면 질문을 던져서 혼자 하는 여행의 긍정적인 요소와 부정적인 요소를 파악하라.

> 혼자 하는 여행의 장점은 무엇인가요?
> 혼자 하는 여행의 단점은 무엇인가요?

다음은 몇 가지 부차적인 질문이다. 핵심 주제와 관련은 있지만 혼자 하는 여행을 둘러싼 다양한 측면을 탐색하는 질문이다. 예컨대 참가자가 혼자 여행하는 도중에 다른 사람들과 어울리는 편인지 물어볼 수 있다. 이를 통해 제품에 넣을 만한 기능에 대한 인사이트를 얻거나, 여행 중 발생할 수 있는 방해 요소를 제거할 방법을 찾을 수 있다.

> 혼자 여행할 때 새로운 사람을 만나려고 하는 편이신가요?

다음으로 혼자 하는 여행을 어떻게 준비하는지 알아본다. 여행지를 어떻게 조사하는지 이야기를 나누면서 솔루션에서 여행 중의 경험만 다뤄야 할지 아니면 여행 준비 과정까지 다뤄야 할지 알아낼 수 있다.

> 여행지에 대한 정보는 어떻게 조사하시나요?

마지막으로 참가자가 하고 싶은 얘기를 자유롭게 할 수 있는 시간을 마련하라. 스크립트에 없는 이야기를 할 기회를 제공하면 예상치 못한 부분을 깨닫는 계기가 될 수도 있다.

> 지금까지 드린 질문과 상관없더라도 혼자 하는 여행과 관련해서 중요하다고 생각하는 이야기가 있다면 말씀해주시겠어요?

이 모든 내용을 종합하면 스크립트가 완성된다.

> 안녕하세요! 저는 혼자 하는 여행과 관련된 개인 프로젝트를 진행 중인 디자이너입니다. 오늘은 혼자 하는 여행에 관한 여러분의 생각과 의견을 듣고자 합니다. 여러분이 혼자 여행했던 경험에 대한 몇 가지 질문을 드리겠습니다. 시간은 전체 약 30분 정도가 소요되는데 그 정도면 괜찮을까요? 그리고 시작에 앞서 궁금한 점이 있다면 말씀해주세요.
>
> 좋습니다. 시작에 앞서 마지막으로 한 가지 여쭙고 싶습니다. 이 세션을 녹화해도 괜찮을까요? 녹화한 내용은 저희 팀 내부에서만 공유될 예정입니다.

1. 평소 얼마나 자주 여행하시나요?
2. 혼자 하는 여행은 얼마나 자주 하시나요?
3. 가장 최근에 혼자 한 여행은 언제였나요?
4. 혼자 여행할 때 어떤 요인을 고려하시나요?
5. 혼자 여행할 때 어떻게 시간을 보내시나요?
6. 혼자 하는 여행의 장점은 무엇인가요?
7. 혼자 하는 여행의 단점은 무엇인가요?
8. 혼자 여행할 때 새로운 사람을 만나려고 하는 편이신가요?
9. 여행지에 대한 정보는 어떻게 조사하시나요?
10. 지금까지 드린 질문과 상관없더라도 혼자 하는 여행과 관련해서 중요하다고 생각하는 이야기가 있다면 말씀해주시겠어요?

A.1.3 데이터 세트

어피니티 매핑을 연습하고 정리되고 구조화된 데이터 세트가 어떤 형태인지 확인할 수 있는 연습 문제를 준비했다. 추가 연습을 하고 싶거나 자체 데이터 세트가 없다면 이 파일(https://tinyurl.com/asuxd-affinity)에서 데이터를 정리해보자. 해당 파일에서 완성된 그룹과 인사이트를 확인하려면 정답(Spoilers)을 가리고 있는 사각형을 제거하면 된다. 재미있게 연습해보길 바란다!

내가 이 연습 문제를 위해 데이터 세트에 있는 모든 정보를 어떻게 그룹화했는지 보여주겠다. 모든 사용자에 대한 관찰 사항을 적은 다음 참가자별로 정리했다(그림 A-5).

▼ **그림 A-5** 다양한 사용자를 대상으로 진행한 인터뷰에서 수집한 모든 데이터 포인트

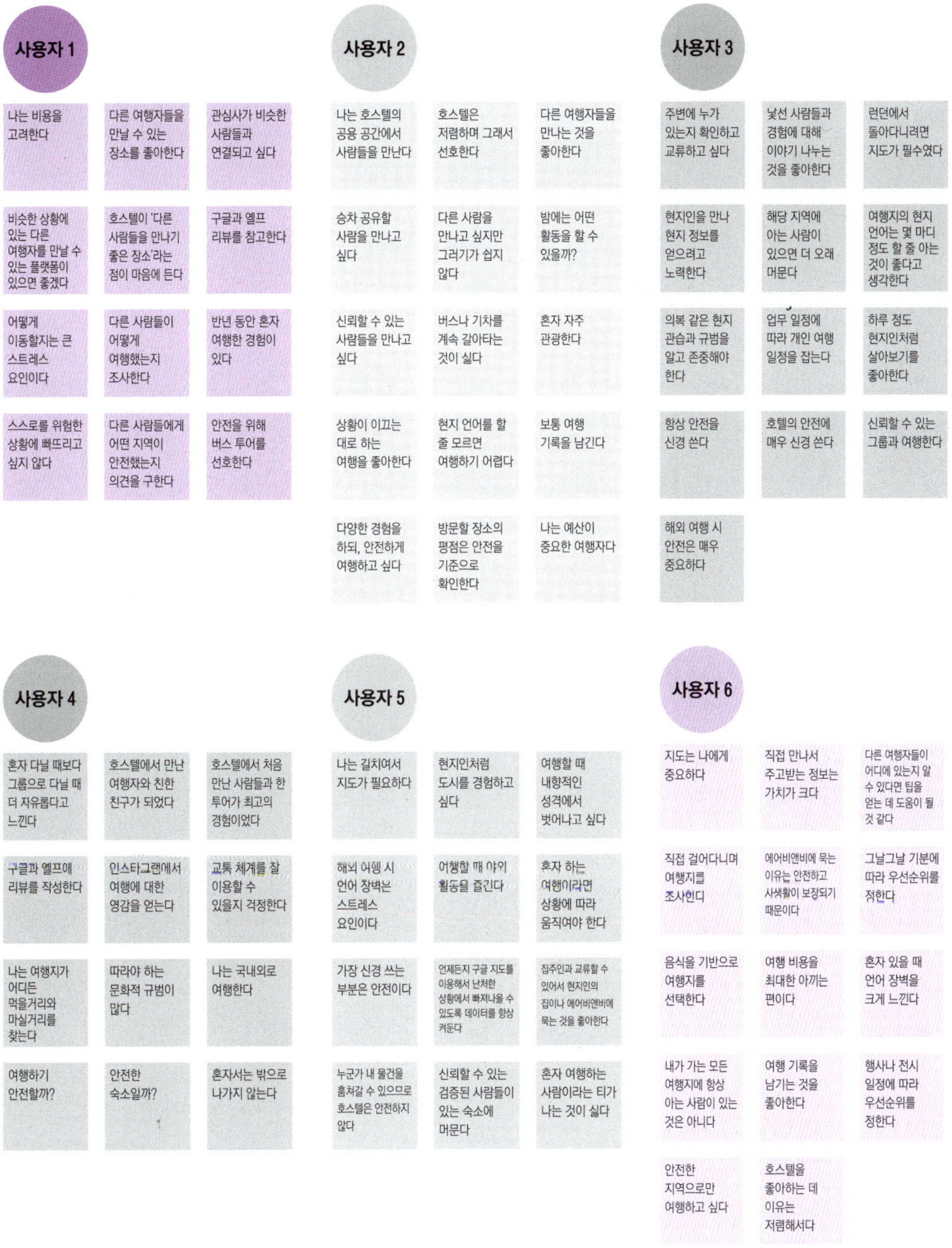

사용자 1

- 나는 비용을 고려한다
- 다른 여행자들을 만날 수 있는 장소를 좋아한다
- 관심사가 비슷한 사람들과 연결되고 싶다
- 비슷한 상황에 있는 다른 여행자를 만날 수 있는 플랫폼이 있으면 좋겠다
- 호스텔이 '다른 사람들을 만나기 좋은 장소'라는 점이 마음에 든다
- 구글과 옐프 리뷰를 참고한다
- 어떻게 이동할지는 큰 스트레스 요인이다
- 다른 사람들이 어떻게 여행했는지 조사한다
- 반년 동안 혼자 여행한 경험이 있다
- 스스로를 위험한 상황에 빠뜨리고 싶지 않다
- 다른 사람들에게 어떤 지역이 안전했는지 의견을 구한다
- 안전을 위해 버스 투어를 선호한다

사용자 2

- 나는 호스텔의 공용 공간에서 사람들을 만난다
- 호스텔은 저렴하며 그래서 선호한다
- 다른 여행자들을 만나는 것을 좋아한다
- 승차 공유할 사람을 만나고 싶다
- 다른 사람을 만나고 싶지만 그러기가 쉽지 않다
- 밤에는 어떤 활동을 할 수 있을까?
- 신뢰할 수 있는 사람들을 만나고 싶다
- 버스나 기차를 계속 갈아타는 것이 싫다
- 혼자 자주 관광한다
- 상황이 이끄는 대로 하는 여행을 좋아한다
- 현지 언어를 할 줄 모르면 여행하기 어렵다
- 보통 여행 기록을 남긴다
- 다양한 경험을 하되, 안전하게 여행하고 싶다
- 방문할 장소의 평점은 안전을 기준으로 확인한다
- 나는 예산이 중요한 여행자다

사용자 3

- 주변에 누가 있는지 확인하고 교류하고 싶다
- 낯선 사람들과 경험에 대해 이야기 나누는 것을 좋아한다
- 런던에서 돌아다니려면 지도가 필수였다
- 현지인을 만나 현지 정보를 얻으려고 노력한다
- 해당 지역에 아는 사람이 있으면 더 오래 머문다
- 여행지의 현지 언어는 몇 마디 정도는 할 줄 아는 것이 좋다고 생각한다
- 의복 같은 현지 관습과 규범을 알고 존중해야 한다
- 업무 일정에 따라 개인 여행 일정을 잡는다
- 하루 정도 현지인처럼 살아보기를 좋아한다
- 항상 안전을 신경 쓴다
- 호텔의 안전에 매우 신경 쓴다
- 신뢰할 수 있는 그룹과 여행한다
- 해외 여행 시 안전은 매우 중요하다

사용자 4

- 혼자 다닐 때보다 그룹으로 다닐 때 더 자유롭다고 느낀다
- 호스텔에서 만난 여행자와 친한 친구가 되었다
- 호스텔에서 처음 만난 사람들과 한 투어가 최고의 경험이었다
- 구글과 옐프에 리뷰를 작성한다
- 인스타그램에서 여행에 대한 영감을 얻는다
- 교통 체계를 잘 이용할 수 있을지 걱정한다
- 나는 여행지가 어디든 먹을거리와 마실거리를 찾는다
- 따라야 하는 문화적 규범이 많다
- 나는 국내외로 여행한다
- 여행하기 안전할까?
- 안전한 숙소일까?
- 혼자서는 밖으로 나가지 않는다

사용자 5

- 나는 길치여서 지도가 필요하다
- 현지인처럼 도시를 경험하고 싶다
- 여행할 때 내향적인 성격에서 벗어나고 싶다
- 해외 여행 시 언어 장벽은 스트레스 요인이다
- 여행할 때 야외 활동들을 즐긴다
- 혼자 하는 여행이라면 상황에 따라 움직여야 한다
- 가장 신경 쓰는 부분은 안전이다
- 언제든지 구글 지도를 이용해서 난처한 상황에서 빠져나올 수 있도록 데이터를 항상 켜둔다
- 집주인과 교류할 수 있어서 현지인의 집이나 에어비앤비에 묵는 것을 좋아한다
- 누군가 내 물건을 훔쳐갈 수 있으므로 호스텔은 안전하지 않다
- 신뢰할 수 있는 검증된 사람들이 있는 숙소에 머문다
- 혼자 여행하는 사람이라는 티가 나는 것이 싫다

사용자 6

- 지도는 나에게 중요하다
- 직접 만나서 주고받는 정보는 가치가 크다
- 다른 여행자들이 어디에 있는지 알 수 있다면 팁을 얻는 데 도움이 될 것 같다
- 직접 걸어다니며 여행지를 조사한다
- 에어비앤비에 묵는 이유는 안전하고 사생활이 보장되기 때문이다
- 그날그날 기분에 따라 우선순위를 정한다
- 음식을 기반으로 여행지를 선택한다
- 여행 비용을 최대한 아끼는 편이다
- 혼자 있을 때 언어 장벽을 크게 느낀다
- 내가 가는 모든 여행지에 항상 아는 사람이 있는 것은 아니다
- 여행 기록을 남기는 것을 좋아한다
- 행사나 전시 일정에 따라 우선순위를 정한다
- 안전한 지역으로만 여행하고 싶다
- 호스텔을 좋아하는 데 이유는 저렴해서다

이 데이터 세트를 바탕으로 서로 다른 인사이트에서 몇 가지 주제를 찾기 시작했다. 관련 있는 데이터 포인트를 찾아서 하나의 그룹으로 만들었다. 이 과정을 반복하면서 데이터 포인트를 그룹 간에 옮겨가며 가장 적절해 보이는 구성으로 그룹을 완성했다.

데이터 포인트가 적더라도 하나의 주제로 보이는 경우에는 작은 그룹으로 만들었다. 이러한 그룹은 A-6에서 확인할 수 있다.

▼ 그림 A-6 사용자 인터뷰를 바탕으로 만든 몇 가지 소규모 주제

여행 이력

반년 동안 혼자 여행한 경험이 있다	혼자 자주 관광한다
나는 국내외로 여행한다	

비용

나는 비용을 고려한다	나는 예산이 중요한 여행자다
호스텔은 저렴하며 그래서 선호한다	호스텔을 좋아하는 데 이유는 저렴해서다

여행 준비 방법

다른 사람들이 어떻게 여행했는지 조사한다	보통 여행 기록을 남긴다
업무 일정에 따라 개인 여행 일정을 잡는다	

유연성

혼자 하는 여행이라면 상황에 따라 움직여야 한다	상황이 이끄는 대로 하는 여행을 좋아한다
그날그날 기분에 따라 우선순위를 정한다	

일반적으로 사람들은 여행 빈도, 여행 준비 방식, 여행 비용에 대해 비슷하게 생각했다. 또한 혼자 여행할 때는 '상황에 따라 움직인다'고 하는 이들도 있었는데, 이들에게는 즉흥적으로 행동할 수 있도록 일정을 유연하게 세우는 것이 중요했다.

이 외에도 이동 방법부터 언어 장벽, 여행을 위해 활용하는 기술에 이르기까지 여행의 구체적인 부분에 대한 몇 가지 인사이트도 드러났다(그림 A-7).

▼ 그림 A-7 어피니티 매핑 연습에서 나타난 추가적인 소규모 주제

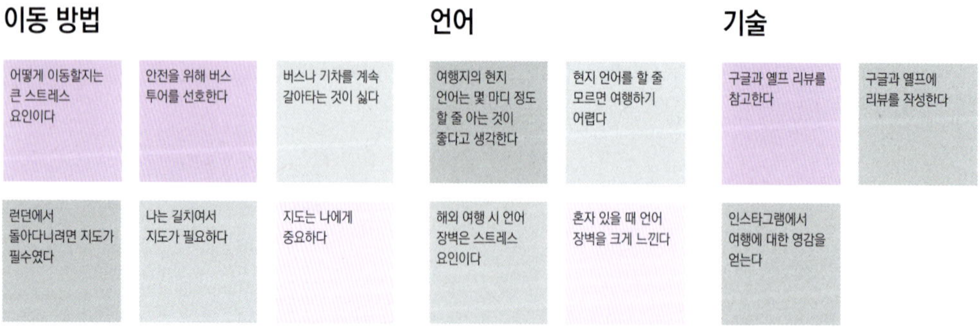

이동 방법

어떻게 이동할지는 큰 스트레스 요인이다	안전을 위해 버스 투어를 선호한다	버스나 기차를 계속 갈아타는 것이 싫다
런던에서 돌아다니려면 지도가 필수였다	나는 길치여서 지도가 필요하다	지도는 나에게 중요하다

언어

여행지의 현지 언어는 몇 마디 정도 할 줄 아는 것이 좋다고 생각한다	현지 언어를 할 줄 모르면 여행하기 어렵다
해외 여행 시 언어 장벽은 스트레스 요인이다	혼자 있을 때 언어 장벽을 크게 느낀다

기술

구글과 옐프 리뷰를 참고한다	구글과 옐프에 리뷰를 작성한다
	인스타그램에서 여행에 대한 영감을 얻는다

연구의 인사이트 대부분은 두 가지 훨씬 더 큰 주제로 모였다. 첫 번째는 그림 A-8에서 볼 수 있듯이 사회적 교류와 관련이 있었다.

▼ 그림 A-8 혼자 여행할 때 사회적 교류에 관한 연구의 모든 인사이트

사회적 교류

비슷한 상황에 있는 다른 여행자를 만날 수 있는 플랫폼이 있으면 좋겠다	호스텔이 '다른 사람들을 만나기 좋은 장소'라는 점이 마음에 든다	관심사가 비슷한 사람들과 연결되고 싶다	다른 여행자들을 만날 수 있는 장소를 좋아한다	나는 호스텔의 공용 공간에서 사람들을 만난다	다른 여행자들을 만나는 것을 좋아한다
승차 공유할 사람을 만나고 싶다	다른 사람을 만나고 싶지만 그러기가 쉽지 않다	의복 같은 현지 관습과 규범을 알고 존중해야 한다	주변에 누가 있는지 확인하고 교류하고 싶다	하루 정도 현지인처럼 살아보기를 좋아한다	낯선 사람들과 경험에 대해 이야기 나누는 것을 좋아한다
해당 지역에 아는 사람이 있으면 더 오래 머문다	현지인을 만나 현지 정보를 얻으려고 노력한다	호스텔에서 만난 여행자와 친한 친구가 되었다	호스텔에서 처음 만난 사람들과 한 투어가 최고의 경험이었다	혼자 다닐 때보다 그룹으로 다닐 때 더 자유롭다고 느낀다	현지인처럼 도시를 경험하고 싶다
집주인과 교류할 수 있어서 현지인의 집이나 에어비앤비에 묵는 것을 좋아한다	여행할 때 내향적인 성격에서 벗어나고 싶다	다른 여행자들이 어디에 있는지 알 수 있다면 팁을 얻는 데 도움이 될 것 같다	내가 가는 모든 여행지에 항상 아는 사람이 있는 것은 아니다	직접 만나서 주고받는 정보는 가치가 크다	

사회적 교류 카테고리에 나타난 바에 따르면 많은 사용자들이 다른 사람과 어울리는 활동에 관심이 있었지만, 이를 실행하는 데에는 몇 가지 어려움이 있었다. 이에 관한 인사이트는 23개였고 이를 조금 더 다듬으면 사회적 교류에 대한 이들의 생각이 어떠한지 조금 더 세분화할 수 있었다. 다만 이 데이터 세트를 처음 검토하는 단계에서는 이 정도로 정리하는 것이 적절하다고 판단했다.

그림 A-9에서 볼 수 있듯이 안전에 대한 인사이트도 많았다.

▼ 그림 A-9 인터뷰에서 나타난 안전에 관한 모든 인사이트

안전

스스로를 위험한 상황에 빠뜨리고 싶지 않다	다른 사람들에게 어떤 지역이 안전했는지 의견을 구한다	다양한 경험을 하되, 안전하게 여행하고 싶다	방문할 장소의 평점은 안전을 기준으로 확인한다	신뢰할 수 있는 사람들을 만나고 싶다
혼자서는 밖으로 나가지 않는다	여행하기 안전할까?	안전한 숙소일까?	교통 체계를 잘 이용할 수 있을지 걱정한다	가장 신경 쓰는 부분은 안전이다
누군가 내 물건을 훔쳐갈 수 있으므로 호스텔은 안전하지 않다	신뢰할 수 있는 검증된 사람들이 있는 숙소에 머문다	언제든지 구글 지도를 이용해서 난처한 상황에서 빠져나올 수 있도록 데이터를 항상 켜둔다	에어비앤비에 묵는 이유는 안전하고 사생활이 보장되기 때문이다	안전한 지역으로만 여행하고 싶다
항상 안전을 신경 쓴다	호텔의 안전에 매우 신경 쓴다	해외 여행 시 안전은 매우 중요하다	신뢰할 수 있는 그룹과 여행한다	

안전은 많은 참가자들이 가장 중요하게 생각했다. 낯선 지역을 혼자 여행하는 것은 두려운 일이므로 사람들은 여행하는 동안 안전하다고 느끼고 싶어 했다. 참가자들은 안전을 걱정하느라 여행을 최대한 즐기지 못할 때가 있다는 생각에 답답해했다.

이 또한 총 19개의 인사이트가 모일 만큼 꽤 큰 주제였다. 다음 검토에서는 이 주제도 여러 하위 주제로 나눌 수 있을 것이다.

이렇게 분류를 마친 후에 어떻게 분류해야 할지 애매한 몇 가지 인사이트가 남았지만 그래도 괜찮다. 그림 A-10처럼 임시 저장 공간을 만들어서 넣어두고 나중에 다시 검토하면 된다.

▼ **그림 A-10** 어떤 주제에도 속하지 않는 몇 가지 인사이트. 나중에 다시 검토할 때 일부는 적절한 카테고리에 포함시킬 수 있을지 모른다.

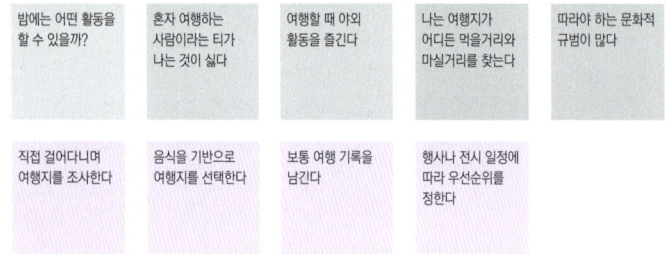

모든 내용을 종합하면 그림 A-11에 있는 어피니티 맵이 완성된다.

▼ **그림 A-11** 사용자 인터뷰를 기반으로 만든 어피니티 맵의 첫 번째 버전

이 정도면 첫 번째 검토치고 괜찮은 편이다. 사회적 교류와 안전 카테고리가 다른 것보다 훨씬 더 커서 아마도 조금 더 작은 하위 주제로 나누는 것이 좋을 것이다. 그다음으로 각 섹션의 '나' 진술을 작성할 수 있다. 예를 들어 유연성 섹션에는 "나는 상황에 따라 여행한다", 비용 섹션에는 "나는 얼마나 소비하는지 신경 쓴다" 처럼 말이다.

내가 만든 어피니티 맵의 최종본이 궁금하다면 이 링크(https://tinyurl.com/asuxd-affinity)에서 확인해보라. 여러분도 직접 해볼 수 있다!

어피니티 매핑은 반복적인 과정이며 그 과정을 통해 정보를 다듬고 정리하면서 여러 방식으로 해석할 수 있다. 이 연습이 직접 수집한 데이터 세트를 검토하고 인터뷰를 통해 얻은 인사이트를 여러 방식으로 매핑하는 데 영감을 주었기를 바란다!

A.2 3장 사용자의 문제 정의하기

A.2.1 페르소나

어피니티 매핑 연습의 데이터 세트를 기반으로 그림 A-12와 같은 페르소나를 만들 수 있다.

▼ **그림 A-12** 혼자 하는 여행 프로젝트를 위한 연구를 기반으로 만든 페르소나

제이는 혼자 하는 여행을 최대한 즐기며 현지인처럼 다양한 경험을 해보고 싶은 여행자다. 이 페르소나의 각 섹션을 살펴보며 제이를 더 깊이 이해해보자.

부록 A 디자인 싱킹 모범 사례 **387**

이름/사진

이 프로젝트의 사용자 인터뷰 참가자는 대부분 여성이었다. 페르소나의 사진은 이들이 낯선 곳을 여행하면서 느끼는 신나고 활기차고 설레는 기분을 표현한다. 이름도 어떤 인터뷰 대상자와 연관성이 없도록 선정했으며, 대상 사용자를 대표하기에 충분히 단순한 이름이다.

개요

제이는 28세의 카피라이터로 사용자 인터뷰 참가자들의 특성을 반영한 설정이다. 참가자 대부분은 25~35세였으므로 제이의 나이도 해당 범위 내에서 정했다. 또한 많은 참가자가 호텔보다 에어비앤비나 호스텔에 머무는 것을 선호했다. 이러한 선택에는 금전적인 이유도 있었기 때문에 제이를 고액 연봉자로 설정하면 대상 사용자의 여행 예산 범위와 맞지 않았을 것이다. 사용자 인터뷰 참가자 중 카피라이터는 없었지만 이 직업은 제이라는 페르소나의 예산 설정과 잘 맞는다.

인용문

필수 항목은 아니지만 인용문이 있으면 페르소나가 해당 경험에서 가장 중요하게 생각하는 요소를 강조할 수 있다. 이 인용문은 제이가 원하는 바, 즉 현지인처럼 그 지역을 경험하고 싶다는 바람을 잘 요약해 보여준다. 이 인용문이 인터뷰에서 실제로 나온 발언이라면 가장 좋다. 하지만 그렇지 않더라도 괜찮다.

배경/프로필

사용자 인터뷰 참가자들은 혼자 하는 여행이 좋은 이유가 자유롭고 유연하게 움직일 수 있기 때문이라고 했다. 이들은 여행 파트너의 제약 없이 하고 싶은 일을, 하고 싶을 때 할 수 있었다. 또한 현지인들이 하는 활동을 경험해보고 싶다고 했다. 이들에게는 이 부분이 여행 경험에서 중요한 요소였다.

여행 도중에 현지인뿐 아니라 다른 여행자를 만나는 것도 좋아했다. 안전한 방식으로 다른 사람과 경험을 공유하는 것은 혼자 하는 여행 경험의 중요한 부분이었다.

좋아하는 것/목표

좋아하는 것/목표 섹션의 대부분은 어피니티 매핑의 '나' 진술에서 비롯된다. "현지인처럼 경험하고 싶다", "다른 사람을 만나고 싶다" 같은 진술이 두드러졌다. 연구 결과, 사용자들이 여행하는 동안 다른 사람과 교류하고 현지 경험을 하고 싶어 한다는 것이 드러났다.

자기가 정한 일정대로 자유롭게 여행하는 것 또한 중요했다.

싫어하는 것/불만

여기에 해당하는 많은 부분도 어피니티 매핑 연습의 '나' 진술에서 비롯된다. "나에게는 안전이 가장 중요하다", "비용은 여행에서 신경 쓰는 요소다" 같은 진술은 제이의 여행을 방해하는 요인이 무엇인지, 여러분이 디자인을 통해 이를 어떻게 해결할 수 있는지 보여준다. 혼자 여행하는 사람들은 종종 주변 환경이 안전하지 않다고 느끼며 대부분의 결정이 안전을 최우선으로 고려해 이루어진다는 것을 연구를 통해 알게 되었다. 하지만 사회적 교류가 있으면 더 안전하게 느끼고 여행을 더욱 온전히 즐길 수 있었다. 여행을 충분히 즐기지 못한 경우 대부분은 다른 사람과 교류하지 못해 심리적인 안정감을 느끼지 못하기 때문이었다.

A.2.2 사용자 여정 지도

혼자 하는 여행 프로젝트의 사용자 인터뷰 데이터와 페르소나를 기반으로 사용자 여정 지도를 만들면 그림 A-13이 만들어진다.

이 사용자 여정 지도는 페르소나가 사용자 경험에서 어떤 여정을 거치는지를 보여주는 하나의 예시다. 페르소나도 진짜 사람이 아니듯이 이 여정도 실제 여정은 아니다. 하지만 실제 사용자 여정을 대표하며 사용자 인터뷰에서 들은 이야기, 어피니티 매핑에서 얻은 인사이트, 실제 참가자들이 가진 목표를 바탕으로 만들었다.

▼ 그림 A-13 제이가 혼자 여행한 경험을 기반으로 만든 사용자 여정 지도

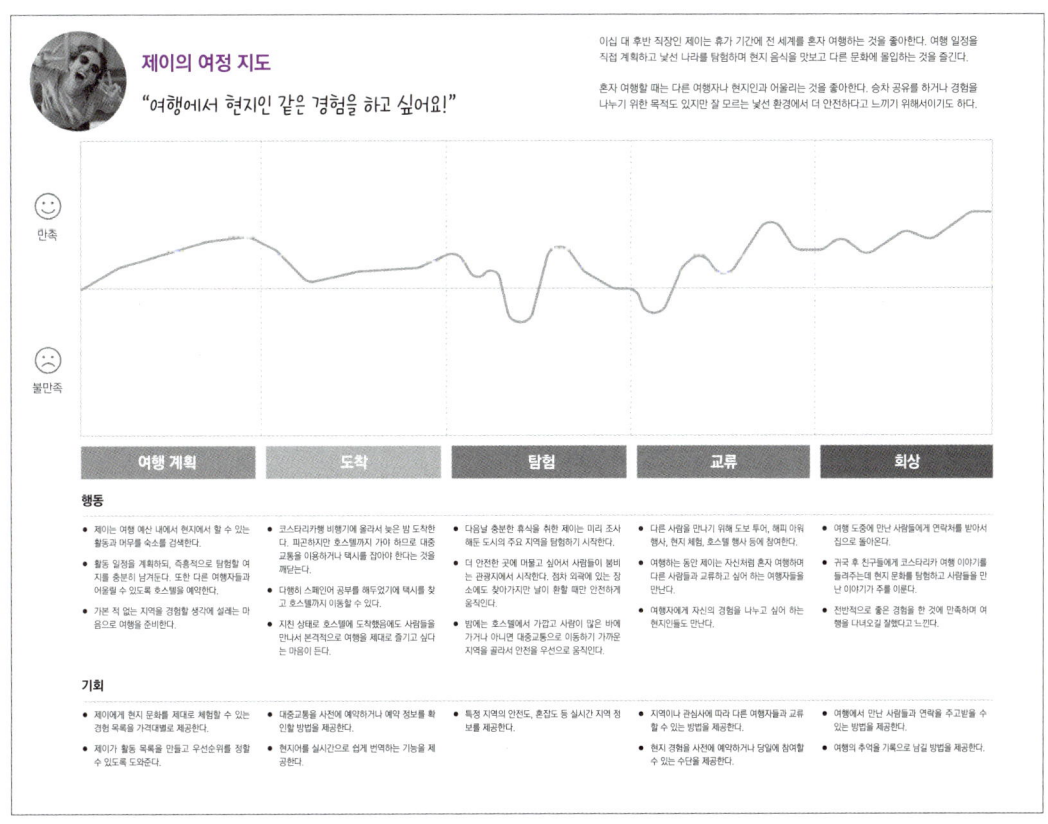

기억하겠지만 제이는 혼자 여행하며 여행을 최대한 즐기고 현지인이 하는 활동을 경험해보고 싶어 하는 사람이다. 혼자 여행하는 것을 좋아하지만 여행 중에 다른 이들과 교류하고 싶어 한다. 자기만의 방식으로 여행하는 것을 좋아하지만 중간중간 다른 사람들과 함께하는 활동에 참여한다. 이러한 정보를 바탕으로 제이의 습관, 욕구, 페인 포인트에 부합하며 제이의 여행 경험 방식을 반영하는 이야기를 만들었다.

> 한 번의 사용자 인터뷰에서 다양한 여정이 나올 수 있으며 하나의 사용자 여정 지도가 다양한 방식으로 해석될 수 있다. 사용자 인터뷰에서 얻은 인사이트는 다양한 방식으로 여러 이야기를 만들어 낼 수 있다. 바로 이러한 점에서 사용자 경험 디자인은 체계적이고 과학에 가까운 방식이 아닌 주관적이고 예술에 가까운 방식으로 이루어진다.

이제 제이의 현재 상태를 살펴보고 여행을 준비하고 실제로 여행을 다니는 과정에서 그녀가 겪는 사용자 여정이 어떠한지 탐색해보자.

페르소나/배경

제이의 여정 지도는 사진, 인용문, 프로필로 시작한다. 이미 페르소나에 포함되어 있는 정보지만 여기에 다시 넣어도 된다. 페르소나를 확인하지 않은 팀원도 있을 수 있으므로 여기에 포함시키면 이들이 따로 찾아볼 필요가 없다. 여정 지도에 제이가 어떤 사람인지 간단한 소개를 넣어서 지도를 보는 사람들이 필요한 배경 정보를 바로 알 수 있게 한다.

단계

제이의 사용자 여정은 계획, 도착, 탐험, 교류, 회상의 다섯 단계로 이루어지며 기본적으로 여행 전, 여행 중, 여행 이후를 따라간다. 제이의 사용자 경험은 실제 여행에만 국한되지 않는다. 여행 이전에는 준비를 해야 하고 여행 이후에는 그 경험을 되새기고 싶어 할 것이다. 전체 여정을 살펴보면 여행 준비를 도와주거나 여행의 추억을 더 쉽게 기록할 수 있게 도와주는 방식으로 여행의 경험을 개선할 다양한 디자인 기회를 발견할 수 있다.

행동

이 섹션에서는 인용문을 남기는 대신 제이의 행동을 하나의 긴 스토리로 전달하기로 했다. 사용자 여정 지도를 비롯한 대부분의 디자인 산출물은 만드는 방식에 한 가지 정답이 있는 것이 아니다. 이번 여정 지도에서는 조금 더 서사적인 형식을 선택하고 싶었다. 제이의 여정에 담아야 할 내용이 많기 때문이었다. 모든 연구 결과와 사용자 인터뷰에서 얻은 인사이트를 전달하려다 보니 어떤 부분은 다른 부분보다 분량이 길어졌다.

제이의 여정은 코스타리카 여행을 계획하는 것으로 시작한다. 참여할 수 있는 현지 활동을 사전에 조사하고 예산에 맞는 호스텔을 예약한다. 모든 행동은 사용자 연구에서 얻은 인사이트를 반영하고 있다.

그리고 비행기에 올라 밤늦게 코스타리카에 도착한다. 지친 상태로 낯선 환경에 놓인 그녀는 호스텔로 가는 택시를 찾는 데 어려움을 겪는다. 호스텔에 도착한 후에는 쉬면서 본격적인 코스타리카 탐험을 준비한다. 이 역시 연구에서 얻은 인사이트를 반영한 부분이다. 참가자들은 이동 방식과 의사소통에 있어 어려움을 겪었다고 언급했다.

제이는 관광 명소 방문으로 코스타리카 탐험을 시작한다. 여행을 준비하며 조사해보니 관광 명소에 대한 정보가 많았고 그런 장소가 비교적 안전하게 느껴졌다. 아직은 코스타리카가 완전히 편하게 느껴지지 않았으므로 이동 반경을 더 넓히기 전에 그런 곳부터 둘러보기로 했다. 이 또한 연구 결과를 반영한다. 참가자들은 혼자 여행할 때 덜 안전하다고 느끼면서도 새로운 곳을 탐험하고 관광하고 싶어 했다.

그다음으로는 사회적인 교류를 시작한다. 호스텔, 활동, 탐험을 통해 사람들을 만난다. 다른 여행자나 현지인과 연결되면서 여행이 훨씬 더 풍성해졌다. 이 또한 사용자 연구에서 확인한 바다. 참가자들은 다른 사람들을 만나서 여행을 더욱 의미 있게 만들고 싶어 했다.

마침내 제이의 여행이 끝난다. 그녀는 여행 중에 만난 이들의 연락처 정보를 저장하고 집으로 돌아간다. 다른 사람들과 여행 얘기를 나누고 사진을 보면서 여행을 회상한다. 즐거웠던 여행의 경험을 다른 사람들에게 들려주고 싶다. 이 부분도 연구에서 나온 결과다. 사람들은 간혹 안전하지 못하다고 느꼈던 몇 번의 순간만 제외하면 여행의 순간을 그리워하며 이야기했다.

실제로 일어난 일을 담은 스토리는 아니다. 적어도 이 사용자 여정에 묘사된 그대로 일어나지는 않았다. 대신 인터뷰에서 들은 다양한 이야기를 대표하며 그 정도면 좋다. 이 이야기를 통해 실제로 일어난 일을 전하려는 것이 아니라 일어났던 이야기를 전반적으로 대표하는 이야기를 통해 페르소나에 공감하고 사람들이 어떻게 여행하는지를 이해하려는 것이다.

생각/감정

제이의 생각과 감정은 그래프의 감정 곡선으로 나타난다. 그녀는 전반적으로 즐겁게 여행하고 있다. 여행뿐 아니라 여행을 준비하는 과정, 여행 이후에 여행 이야기를 나누는 것도 좋아한다. 하지만 여행 도중에 몇 번의 어려움도 겪었다. 간혹 안전하다고 느끼지 못할 때도 있었고 이동하기가 어렵다고 느꼈다. 기대에 미치지 못하는 경험을 하기도 했고 여행의 다른 요소에 비해 만족도가 떨어지는 사회적 교류도 경험했다. 제이의 감정 곡선은 이러한 경험에 따라 오르내린다. 몇몇 지점에서는 만족에서 불만족으로 넘어가지만 전체적으로 즐거운 시간을 보냈고 행복했던 추억으로 기억한다.

인사이트

마지막으로 여정 지도에 담긴 이야기를 바탕으로 떠올릴 수 있는 기회들을 정리하는 섹션이 있다. 예를 들어 제이는 사전 조사를 철저히 하는 편이므로, 조사에 도움이 되는 제품이라면 그녀의 여정에도 도움이 될 수 있다. 그녀는 낯선 지역을 탐험할 때 안전을 걱정하므로 특정 지역의 혼잡도나 안전도를 알려주는 기능이 있다면 보다 안심하고 여행할 수 있을 것이다. 제이는 사회적 교류를 무척 즐기는 편이므로 다른 사람들과 더 쉽게 교류하도록 도와주는 앱이 있다면 그녀의 취향에 잘 맞을 것이다. 이제 제이가 만족하는 부분과 어려움을 겪는 부분을 파악할 수 있는 이야기를 마련했으니 이를 바탕으로 사용자 경험을 개선할 방법에 대한 아이디어를 구체화할 수 있다.

A.2.3 문제 진술

이제 혼자 하는 여행 프로젝트를 위해 문제 진술을 만드는 과정을 자세히 살펴보자. 3장에서 소개한 단계를 그대로 따를 것이다.

혼자 여행하는 사람들을 인터뷰한 결과 여행자들은 혼자 여행할 때 불안감을 느낀다는 사실이 드러났다. 이는 낯선 환경에서 비롯된 감정이므로 주변 지역에 관한 자료가 있다면 더 안전하다고 느낄 수 있을 것이다. 이 문제를 바탕으로 디자인하는 데 도움이 되는 문제 진술을 작성하는 것이 좋다. 우선 이렇게 시작해보자.

> 나는 〈여행자〉로서 〈문제없이 여행하기〉 위해 〈정보〉를 원한다.

이 문제 진술은 사용자 중심의 디자인을 시작하는 데 도움이 될 수 있다. 하지만 구체적이지 않다. 사용자에 대한 맥락이 부족하고, 사용자 요구가 광범위하며, 목표가 너무 모호하다. 조금 더 구체적으로 작성해보자.

> 나는 〈혼자 다니는 여성 여행자〉로서 〈위험한 상황에 처할 걱정 없이 다니기〉 위해 〈안전 관련 정보〉를 원한다.

이렇게 하면 문제를 더 명확하게 겨냥할 수 있어서 솔루션의 초점을 혼자 여행하는 여성에 맞출 수 있다. 여러분은 이들에게 안전 관련 정보를 제공해야 한다. 여러분도 여행자들이 위험한 상황에 처하기를 원치 않을 것이므로 이들의 입장에 공감할 수 있다. 하지만 이 문제 진술은 디자인을 제한할 수 있는 몇 가지 가정을 포함한다. 예를 들어 여행자가 여성일 것이라고 가정했다. 사용자 인터뷰에서 많은 여성 여행자와 대화를 나눠서 생긴 편향이다. 하지만 디자인 솔루션에서는 이렇게 가정하지 않는 것이 바람직하다.

게다가 요구가 너무 구체적이다. 여행자들은 안전 관련 정보 이상을 원할 수 있다. 이러한 부분을 고려해서 문제 진술을 확장할 필요가 있다.

그럼 다시 작성해보자.

> 나는 〈혼자 여행하는 사람〉으로서 〈문제없이 여행하기〉 위해 〈국가별 상세 가이드〉를 원한다.

이번에는 조금 나아지긴 했지만 여전히 솔루션에 대한 가정을 포함하고 있다. 사용자와 목표의 범위는 더 넓어졌지만 사용자의 요구 안에 제품 솔루션이 이미 들어가 있다. 사용자가 원하는 것은 국가별 상세 가이드가 아닐 수 있다. 다시 작성해보자.

> 나는 〈혼자 여행하는 사람〉으로서 〈문제없이 여행하기〉 위해 〈정보를 얻고 안심하기〉를 원한다.

이 진술은 솔루션을 가정하지 않는다. 대신 연구를 통해 파악한 사용자 요구에 집중한다. 사용자 인터뷰 참가자는 혼자 여행할 때 안전하지 않다고 느낀다고 표현했다. 이들은 더 안전하다고 느낄 수 있도록 주변 환경에 대한 정보와 안전하다는 보장을 원한다고 표현했다.

문제 진술을 다시 한번 조정해서 한 단계 더 발전시켜보자.

> 나는 〈혼자 여행하는 사람〉으로서 〈마음 편히 여행하기〉 위해 〈정보와 안전하다는 보장〉을 원한다.

이번에는 목표를 조정했다. 이전 진술은 사용자의 특성과 이들의 요구를 잘 반영했지만 이번 진술은 사용자가 원하는 결과를 더욱 분명하게 강조한다. 사용자가 여행하는 동안 안심할 수 있게 한다면 그것이야말로 훌륭한 디자인 솔루션이 될 것이다.

이제 문제 진술이 적절한 완성도를 갖췄다. 이를 HMW(How Might We, 우리가 어떻게 하면 ~할 수 있을까?) 진술과 결합할 수 있을지 확인해보자.

나는 〈혼자 여행하는 사람〉으로서 〈마음 편히 여행하기〉 위해 〈정보와 안전하다는 보장〉을 원한다.

우리가 어떻게 하면 혼자 여행하는 사용자의 경험을 최대한 풍부하게 만들 방법을 제공할 수 있을까?

여기에서는 문제 진술을 "우리가 어떻게 하면?" 질문으로 변환해 디자인 프롬프트로 활용했다. 이제 프로젝트 팀은 사용자가 마음 편히 여행하고 혼자 하는 여행의 경험을 최대한 풍부하게 만들 솔루션을 디자인할 것이다.

A.2.4 경쟁 연구

앞서 소개한 경쟁 연구 기법 중 어떤 것을 선택해도 되지만 신제품 아이디어를 도출하려는 현재 상황에 맞게 라이트닝 데모를 활용해 영감을 얻고 아이디어를 떠올리는 것이 적절하다.

그럼 혼자 하는 여행 프로젝트를 위해 여행 관련 제품을 살펴보겠다. 내가 좋아하는 여행 제품인 에어비앤비로 시작해보자(그림 A–14).

▼ 그림 A-14 에어비앤비 랜딩 페이지

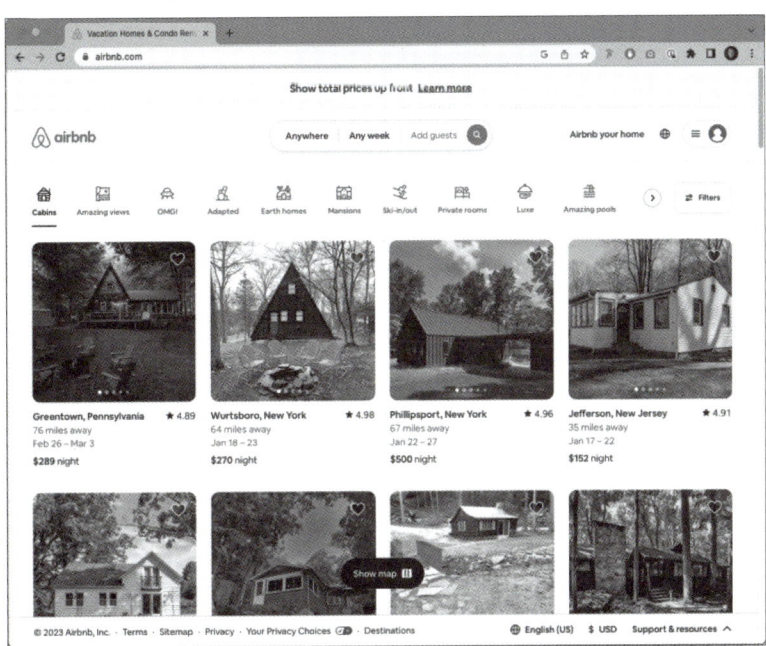

에어비앤비 랜딩 페이지 상단에는 무척 흥미로운 필터가 있다. 'amazing views(멋진 전망)'이나 'OMG(이렇게 멋진 곳이)!'처럼 구체적이고 흥미로운 주제로 정렬하는 기능을 제공하는 서비스는 흔치 않다. 사람들에게 여행에 대한 기대감을 불러일으키는 감각적이고 재치 있는 접근 방식이다. 이 스크린숏을 보드에 추가해 보자.

페르소나와 사용자 연구 결과를 돌이켜보면 인터뷰에 참여한 많은 여행자가 호스텔을 이용한다고 했다. 그렇다면 호스텔 웹 사이트도 살펴보는 것이 좋다.

호스텔월드(Hostelworld.com)에는 'Roamies'[1]라고 불리는 흥미로운 옵션이 있다. 우리의 페르소나 제이와 잘 어울릴 것 같은 이름이다! 이 옵션을 선택하면 소규모 그룹으로 떠나는 모험을 소개하는 페이지로 연결된다. 이는 제이가 원하는 기능과 딱 맞아떨어지며 우리 프로젝트에 완벽한 영감을 준다.

▼ 그림 A-15 소규모 그룹으로 여행하기를 원하는 여행자를 위한 호스텔월드의 'Roamies' 옵션

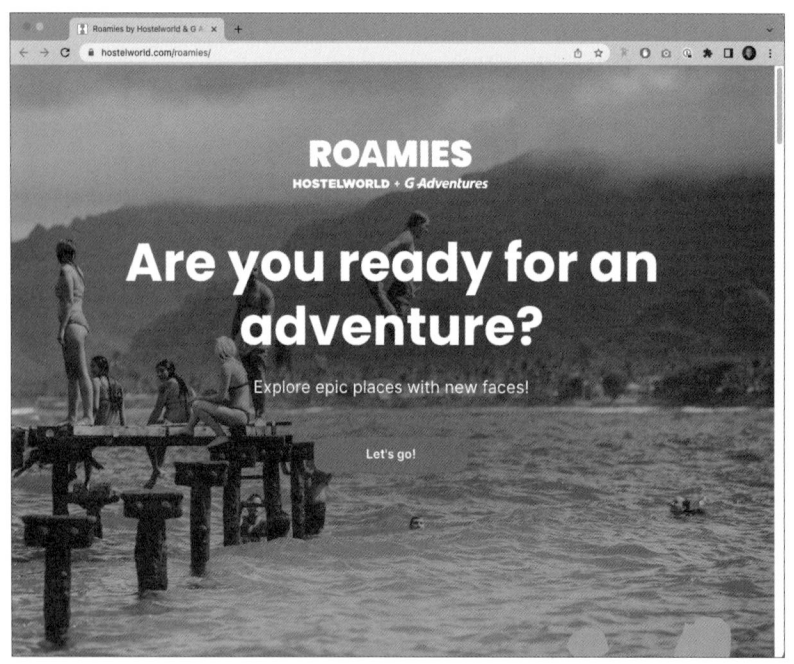

다른 여행 관련 서비스에서도 아이디어를 얻어보자. 나는 트립어드바이저를 무척 좋아한다(그림 A-16). 거기에서도 영감을 얻을 수 있을지 모른다.

---

1 역주 돌아다닌다는 뜻의 'roam'과 친한 친구를 지칭하는 'homies'의 합성어로 여행하며 만난 동료 여행자들을 의미한다.

▼ 그림 A-16 트립어드바이저 홈페이지

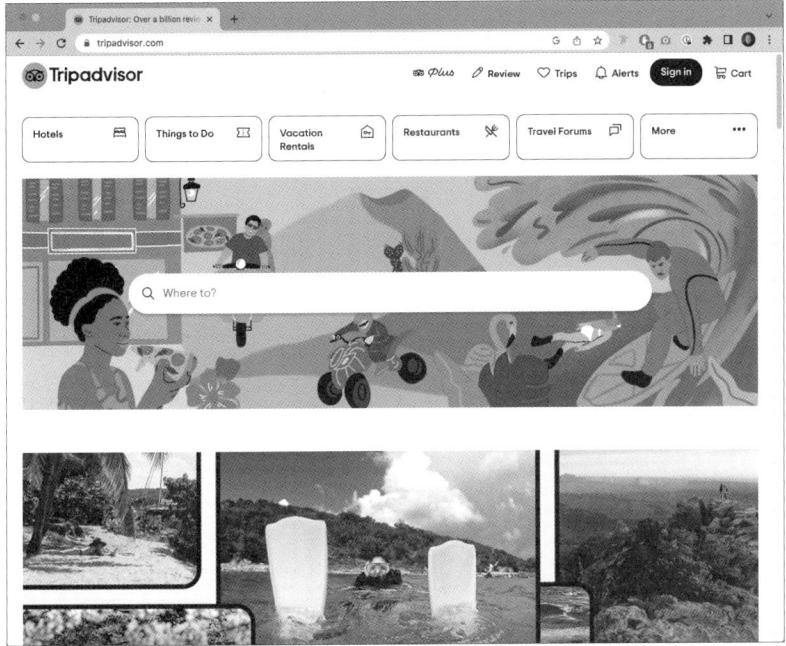

나는 이 홈페이지에 포함된 이미지가 아주 마음에 든다. 사이트에 사용한 일러스트와 실제 사진에서 에너지, 설렘, 탐험의 기운이 강렬하게 느껴져서 당장이라도 여행을 떠나고 싶어진다.

몇 가지 관련 서비스를 살펴보았으니 여행 경험을 제공하는 회사에서 시선을 옮겨 실제 여행 경험 자체에 주목해보자. 세상에는 수많은 여행 블로그가 있으니 우리에게 영감을 줄 만한 블로그를 찾아보자.

여행 블로그를 검색하다가 더 트래블 에피소드(The Travel Episodes)라는 웹 사이트를 발견했다(그림 A-17). 눈길을 사로잡는 사진이 여행 욕구를 자극할 뿐 아니라 자신들의 여정을 묘사한 설득력 있는 텍스트로 이를 뒷받침한다. 이렇게 멋진 콘텐츠를 보니 당장이라도 모험을 떠나고 싶다는 마음이 든다.

▼ 그림 A-17 더 트래블 에피소드는 멋진 사진과 글솜씨로 여행에 대한 기대감을 불러일으킨다.

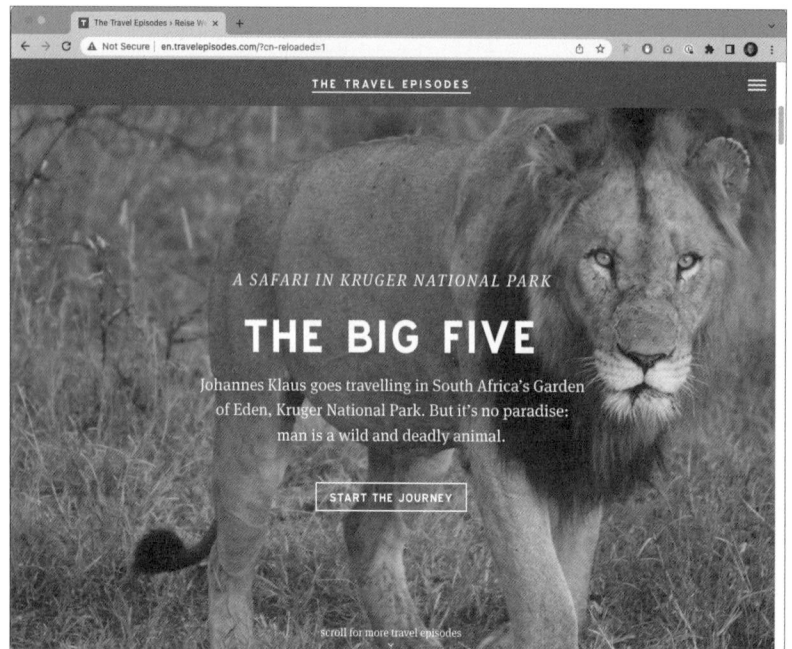

또 무엇을 찾아보면 좋을까? 제이는 현지 문화를 제대로 체험하고 싶다고 했으니 관련 예시도 찾아보자.

위드로컬(Withlocals)이라는 회사는 여행자가 방문한 지역의 현지인과 함께하는 개인 맞춤형 경험을 제공한다(그림 A-18). 이 서비스는 제이가 현지인처럼 하루를 보내기에 알맞을 것이다.

▼ 그림 A-18 위드로컬은 여행자들에게 현지인과 함께하는 경험을 제공한다.

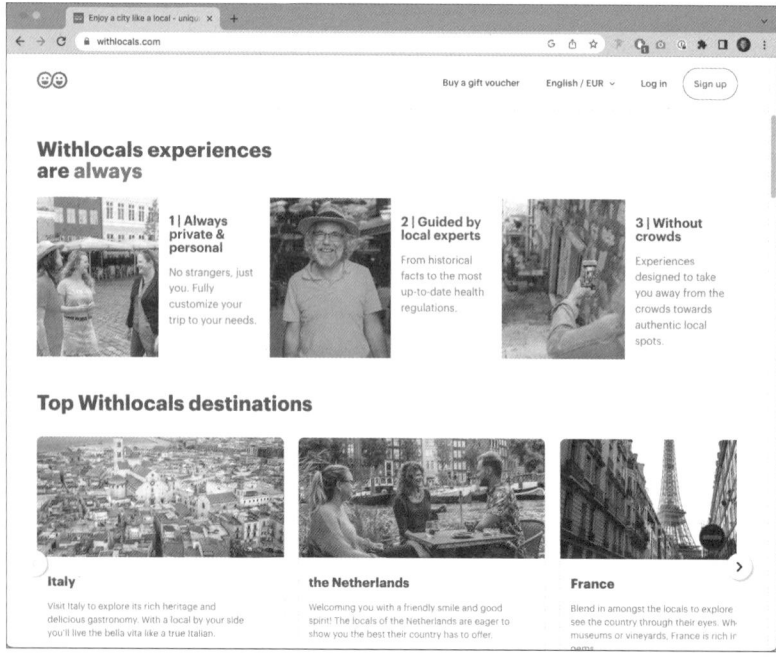

영감을 줄 만한 예시를 하나 더 찾아보자. 내가 좋아하는 또 다른 여행 사이트 론리 플래닛(Lonely Planet)을 검색해보니(그림 A-19) 여기에는 야외 활동, 문화유산 탐방 등 특정 활동을 기준으로 여행 일정을 생성하는 기능이 있다. 여행에 접근하는 참신한 방식으로 느껴졌고 이 또한 내 보드에 추가해야겠다고 생각했다.

▼ **그림 A-19** 론리 플래닛은 여행자에게 활동을 선택하게 한 후 목적지를 추천한다.

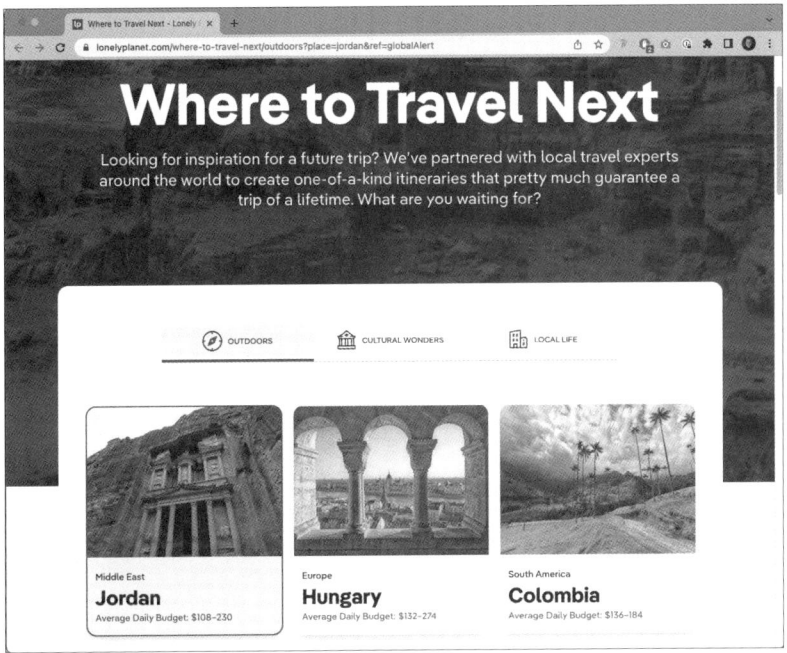

모든 내용을 보드에 정리하면 그림 A-20과 같다.

이제 무드 보드를 완성했으니 아이디어 도출을 위한 영감을 얻을 수 있다. 우리는 흥미로운 필터를 사용한다거나 목적지보다 활동을 먼저 선택하는 등 재미있는 검색 방법을 발견했다. 또한 현지인 가이드 투어, 소규모 그룹 투어 같은 다양한 여행 경험도 알게 되었다. 강렬한 이미지나 설득력 있는 텍스트처럼 제품 디자인을 관찰하는 도중에 얻은 영감도 있었다. 최종 디자인 솔루션이 어떠한 형태가 되든 이 모든 요소를 활용할 수 있을 것이다.

▼ 그림 A-20 라이트닝 데모 무드 보드

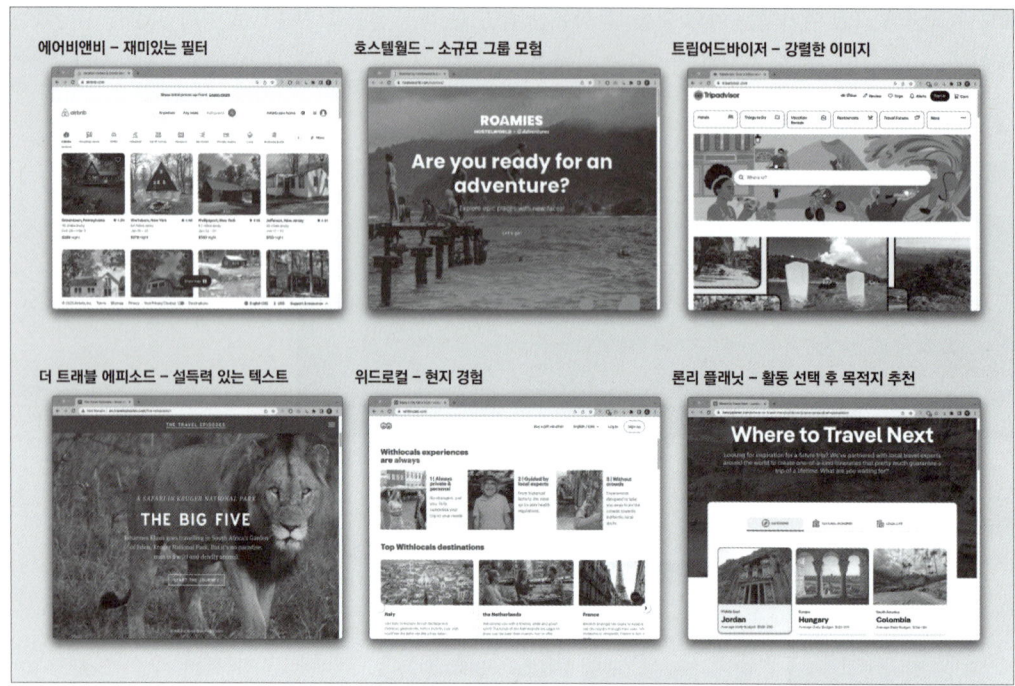

A.3 SECTION / 4장 아이디어 도출 기법과 도구 탐색하기

A.3.1 브레인스토밍

문제 진술을 바탕으로 20분 동안 아이디어를 도출해 그림 A-21과 같은 목록을 완성했다.

▼ 그림 A-21 브레인스토밍에서 나온 아이디어

여행자의 만남을 돕는 앱	여행 전용 메신저 플랫폼	여행 전에 여행자들을 연결해서 서로 더 잘 알 수 있게 한다	무료 보안 와이파이 이용 가능 지역을 지도에 표시해서 인터넷 연결을 유지하게 한다	만났던 위치와 장소를 기반으로 연락처 목록을 자동으로 정리한다	연중무휴 이용할 수 있는 가상의 경호와 지원 서비스를 제공한다
신원 확인과 평가 시스템을 만들자	거점 역할을 하는 자체 호스텔을 전국에 운영한다	상담 서비스를 제공해 문제를 즉시 해결할 수 있도록 한다	인터랙티브 지도를 제공해 도시에서 탐험할 수 있는 장소를 보여준다	게임을 만들어서 특정 여행지를 방문하도록 장려한다	비슷한 취향의 다른 여행자를 찾아서 그룹을 이룬다
호스텔은 투숙객을 대상으로 게임 행사를 개최할 수 있다	여행 중 팁을 공유할 수 있는 그룹 채팅 플랫폼	여행 관련 의견을 공유할 수 있는 소셜 미디어 태그를 만든다	다른 여행자와 연결될 수 있는 재미있는 활동을 제공한다	함께 여행하는 사람들에게 그룹 할인을 제공한다	소셜 미디어 게시물을 올려서 함께 여행할 사람을 모은다

생각해볼 만한 아이디어가 정말 많다! 물론 이 모든 아이디어가 제품으로 이어지는 것은 아니다. 예를 들어 가상의 경호 서비스는 현실적으로 제공하기 어려울 것이다. 하지만 현지인이 몇 시간 정도 여행자를 안내하는 멘토링 경험은 제공할 수 있다. 즉 한 아이디어를 중심으로 새로운 아이디어를 발전시켜 나가면 사용자에게 실제 도움이 되는 새로운 경험을 만들 수 있다.

하지만 아직은 아이디어를 평가할 단계가 아니다. 평가는 나중에 진행할 것이다. 지금은 아이디어를 주제별로 묶고(그림 A-22) 의미 있는 인사이트를 얻을 수 있는지 살펴보자.

▼ 그림 A-22 주제별로 분류한 아이디어

안전

| 신원 확인과 평가 시스템을 만들자 | 무료 보안 와이파이 이용 가능 지역을 지도에 표시해서 인터넷 연결을 유지하게 한다 | 만났던 위치와 장소를 기반으로 연락처 목록을 자동으로 정리한다 | 거점 역할을 하는 자체 호스텔을 전국에 운영한다 |

즐길 거리

| 호스텔은 투숙객을 대상으로 게임 행사를 개최할 수 있다 | 다른 여행자와 연결될 수 있는 재미있는 활동을 제공한다 | 인터랙티브 지도를 제공해 도시에서 탐험할 수 있는 장소를 보여준다 | 게임을 만들어서 특정 여행지를 방문하도록 장려한다 |

사회적 교류(연결)

| 소셜 미디어 게시물을 올려서 함께 여행할 사람을 모은다 | 여행자의 만남을 돕는 앱 | 여행 전에 여행자들을 연결해서 서로 더 잘 알 수 있게 한다 | 비슷한 취향의 다른 여행자를 찾아서 그룹을 이룬다 |

사회적 교류(대화)

| 여행 관련 의견을 공유할 수 있는 소셜 미디어 태그를 만든다 | 여행 전용 메신저 플랫폼 | 여행 중 팁을 공유할 수 있는 그룹 채팅 플랫폼 | 함께 여행하는 사람들에게 그룹 할인을 제공한다 |

멘토링

| 상담 서비스를 제공해 문제를 즉시 해결할 수 있도록 한다 | 연중무휴 이용할 수 있는 가상의 경호와 지원 서비스를 제공한다 | 현지인과 짧은 여행을 한다 |

주제를 정리하다 보니 현지인이 여행자에게 지역을 안내해주는 아이디어가 마음에 들었고 제품에 넣으면 좋을 흥미로운 아이디어로 보였다. 이제 각 주제를 조금 더 자세히 살펴보자.

- **안전**: 제이는 혼자 여행하는 것이 불안하다고 느끼므로 더 안전하다고 느낄 수 있게 하면 여행의 만족도가 높아질 것이다.
- **즐길 거리**: 제이는 여행을 최대한 알차게 즐기고 싶어 하므로 새로운 장소에서 할 수 있는 다양한 활동을 제공하면 여행이 더 풍성해질 것이다.
- **멘토링**: 제이는 다른 사람들, 특히 현지인들과 교류하며 여행지에 대해 더 알고 싶어 한다. 멘토가 있으면 이런 바람이 충족될 뿐 아니라 안전 또한 보장된다.
- **사회적 교류(연결)**: 제이가 혼자 여행하는 것을 좋아하긴 하지만 여전히 다른 사람들을 만나고 싶어 한다. 관련 기능을 제공하면 다른 사람들과 연결될 수 있을 것이다.
- **사회적 교류(대화)**: 제이는 여행 도중에 다른 사람을 만나는 데 그치지 않고 이들과 여행 경험을 나누고 싶어 한다. 이러한 기능은 그런 소통의 장을 마련해준다.

이러한 주제를 바탕으로 다양한 아이디어를 결합하면서 문제에 대한 솔루션을 구체화할 수 있다. 주제를 가이드 삼아서 다시 브레인스토밍을 진행해 아이디어 도출에 집중할 수도 있다. 실현해볼 수 있는 가능성은 무궁무진하다!

A.3.2 스케치

이번 연습은 해결하려는 문제에 대한 브레인스토밍 세션에서 영감을 받았다. 그 과정에서 사회적 교류와 현지인처럼 경험하기와 관련된 아이디어가 많이 나왔으며 이 두 가지는 페르소나인 제이가 정말 중요하게 여기는 요소들이다. 제이는 자신이 원하는 대로 여행하고 흥미를 느끼는 활동에 참여하며 그녀답게 여행하고 싶어 한다. 그와 동시에 다른 사람들, 즉 다른 여행자나 현지인과 교류하고 싶어 한다.

짧고 유연한 맞춤형 방식으로 다른 사람들과 연결될 수 있다면 제이에게 도움이 될 것이다. 이러한 연결은 주로 관광, 투어 예약, 가벼운 술자리 등의 활동을 중심으로 이루어질 것이다. 제이는 자신의 일정에 따라 원하는 만큼만 참여하기를 바란다.

이러한 요구를 충족시키기 위해 제이가 여행지에서 다른 사람들을 만나서 짧은 투어를 함께할 수 있는 제품을 구상해보기로 했다. 제이는 이 제품을 통해 공연 관람, 도보 투어, 현지 음식 체험 등 다양한 활동을 할 수 있을 것이다.

스케치 연습을 위해 크레이지 에이트 기법을 사용해 제품 일부 기능을 시각화했다(그림 A-23). 우선 종이 한 장을 여덟 칸으로 나뉘도록 접고 8분 동안 아이디어를 스케치했다.

▼ 그림 A-23 크레이지 에이트 기법으로 만든 스케치

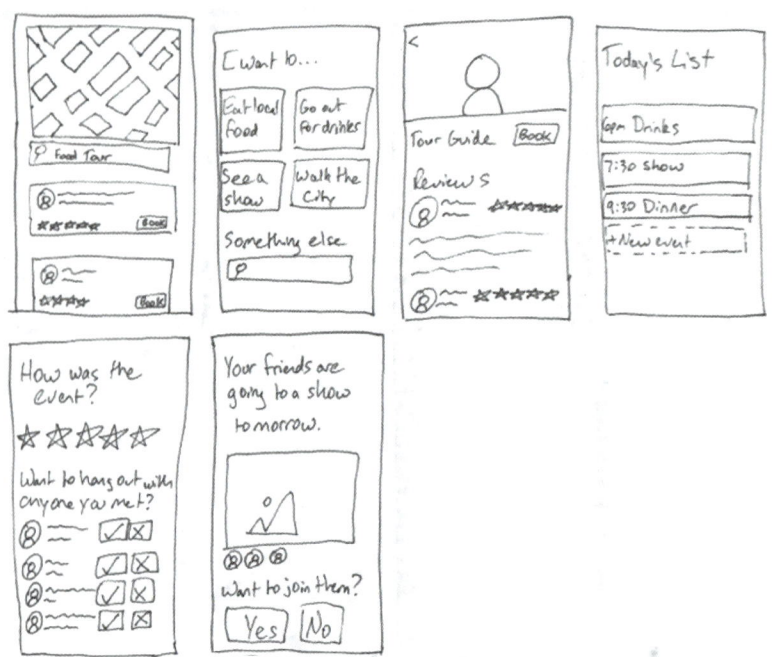

이 연습에서 8분 내에 종이 전체를 채울 수 없었다. 하지만 괜찮다. 종이 전체를 채워야만 아이디어를 탐색할 수 있는 것은 아니다. 아이디어 8개를 꼭 채우고 싶다면 시간을 더 들여도 된다.

왼쪽 상단에서부터 오른쪽으로 진행하면서 제이가 이 서비스를 어떻게 사용할지 고민했다. 가장 먼저 떠오른 것은 지도 화면으로 제이가 음식 투어를 검색하는 상황을 상상했다. 이 화면에는 지도, 검색창, 검색 결과 목록과 각 투어에 대한 리뷰가 표시된다. 마음에 드는 투어가 있다면 바로 예약하는 기능도 포함될 것이다.

다음 스케치는 제이가 카드 형식으로 구성한 화면에서 주제별로 검색하는 상황을 보여준다. 이 화면은 필터일 수도 있고, 첫 스케치의 검색 화면으로 연결되는 진입점일 수도 있다. 아직은 확실하지 않아도 괜찮다. 지금은 탐색하는 과정이기 때문이다. 이 화면은 사용자들이 가장 많이 검색하는 주제로 채워져 있고 검색창을 넣어서 제이가 원하는 내용을 검색할 수 있게 했다.

세 번째 스케치는 이 서비스에서 투어를 제공하는 현지인 가이드의 프로필 화면을 보여준다. 프로필에는 사진, 이름, 리뷰, 활동 예약 기능이 포함된다. 프로필에 이 사용자가 이 서비스를 통해 실제로 인증된 사람임을 나타내는 인증 마크나 레이블을 추가하면 제이가 신경 쓰는 신뢰성과 안전성을 높이는 데 도움이 될 것이다.

네 번째 스케치는 제이의 캘린더 화면을 보여준다. 여기에는 참여하기로 한 활동과 그날의 계획이 표시된다. 기존 캘린더와 크게 다르지 않으며 이 앱에 맞춤형 기능이 필요할 수도, 필요하지 않을 수도 있으므로 특별한 기능은 추가하지 않았다. 제품에 맞춤 캘린더 기능을 구현하지 않고 스마트폰 기본 앱과 연동하는 것도 하나의 방법일 수 있다.

다섯 번째 스케치는 활동을 마친 후에 제이에게 리뷰를 요청하는 화면이다. 이러한 피드백 기능은 나중에 제이에게 적절한 활동을 추천하고 다른 사용자들에게 활동의 품질을 알려주는 데 도움이 된다. 또한 제이가 마음에 들었던 활동에 평점을 남길 수 있게 한다. 활동에 참여한 모두의 프로필을 공유한다면 또 다른 연결을 만드는 좋은 기회일 수 있다. 제이가 연락처 정보를 미처 교환하지 못한 사람들도 이 화면에서 다시 연결되어서 여행을 통해 친구가 될 수 있다. 이렇게 친구를 사귀는 것은 제이의 또 다른 목표이기도 하다.

마지막 스케치는 그녀의 친구들이 참석할 활동을 보여주는 화면이다. 이 기능은 제이가 이들과 다시 연결되어서 다른 이들과 새로운 경험을 이어나갈 수 있게 해준다.

이 모든 스케치는 제이가 선택적으로 참여할 수 있는 활동일 뿐 반드시 해야 하는 것은 아니다. 이 모든 기능은 자기 방식대로 다른 이들과 연결되어 진정한 현지 경험을 해나가고 싶다는 제이의 요구를 충족시키는 역할을 한다.

8분의 아이디어 도출 세션에서 나온 것치고는 전반적으로 꽤 괜찮지 않은가?

A.3.3 마인드맵

이전 두 가지 연습을 바탕으로 추가적인 아이디어 도출을 연습해보기로 했다. 즉 다른 사람들과 연결되어 활동할 수 있게 해주는 여행 앱 아이디어를 계속 발전시키기로 했다. 다만 아직 앱에 담을 활동을 충분히 계획하지 못했다는 사실을 깨달았다. 이 상태로는 사람들이 앱을 통해 실제 어떤 활동을 찾고 참여할지 구체적으로 상상하기가 어렵다. 콘텐츠 없이 제품을 만든다는 것은 어려운 일이므로 제품 사용에 관한 스토리를 전달하고 제품을 만들겠다는 비전을 설득력 있게 보여줄 수 있도록 앱에 포함시킬 몇 가지 활동부터 떠올려보기로 했다.

개념 간의 관계를 바탕으로 많은 아이디어를 내야 했다. 따라서 이 연습에는 마인드맵을 사용하는 것이 적합해보였다. 이번에 사용한 제품은 내가 좋아하는 디지털 아이디어 도출 도구 중 하나인 윔지컬[2]이다.

활동이라는 개념을 중심에 두고 마인드맵을 그려나가기 시작했다. 그다음으로 여행 중에 할 수 있는 활동을 떠올렸다. 박물관 가기, 음식 먹기 등의 몇 가지 활동이 생각났다. 그리고 각 활동을 담을 수 있는 상위 카테고리가 필요하다는 것을 깨달았다. 그래서 이동, 관광, 음식이라는 세 가지 카테고리를 설정하고 떠오르는 아이디어를 각 카테고리로 분류했다(그림 A-24).

▼ **그림 A-24** 마인드맵의 다음 단계는 상위 카테고리 설정이었다.

다음으로 활동을 각 카테고리에 넣었다(그림 A-25). 박물관 가기, 음식 먹기를 비롯해 더 많은 활동을 떠올리기 시작했다.

- 버스 탑승
- 도시 도보 관광
- 공연 관람
- 박물관 방문
- 현지 가정에서 현지식 체험
- 친구들과 술 마시기
- 길거리 음식 먹기

---

2 www.whimsical.com

▼ **그림 A-25** 더 많은 활동으로 채운 마인드맵의 다음 버전

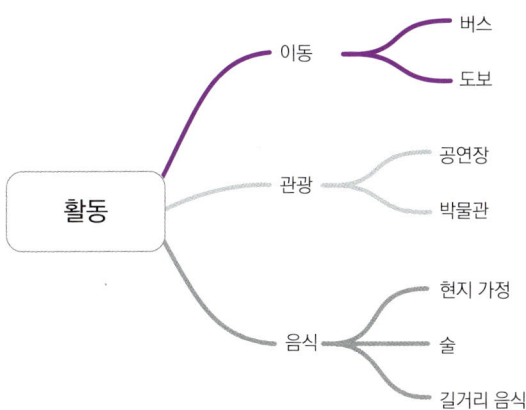

이처럼 활동을 떠올리다 보니 일부 카테고리에 한 단계 하위 수준의 카테고리가 필요하다는 것을 깨달았다. 예를 들어 이동은 도보처럼 스스로 하는 이동과 버스 타기처럼 탈것에 의한 이동으로 나뉜다. 음식 카테고리도 식사 장소나 음식 종류에 따라 다양한 활동 유형이 존재한다. 그래서 이러한 카테고리에 하위 분류를 설정하고 각 분류에 더 많은 아이디어를 추가했다(그림 A-26).

▼ **그림 A-26** 더 세분화하고 더 많은 활동을 추가한 마인드맵

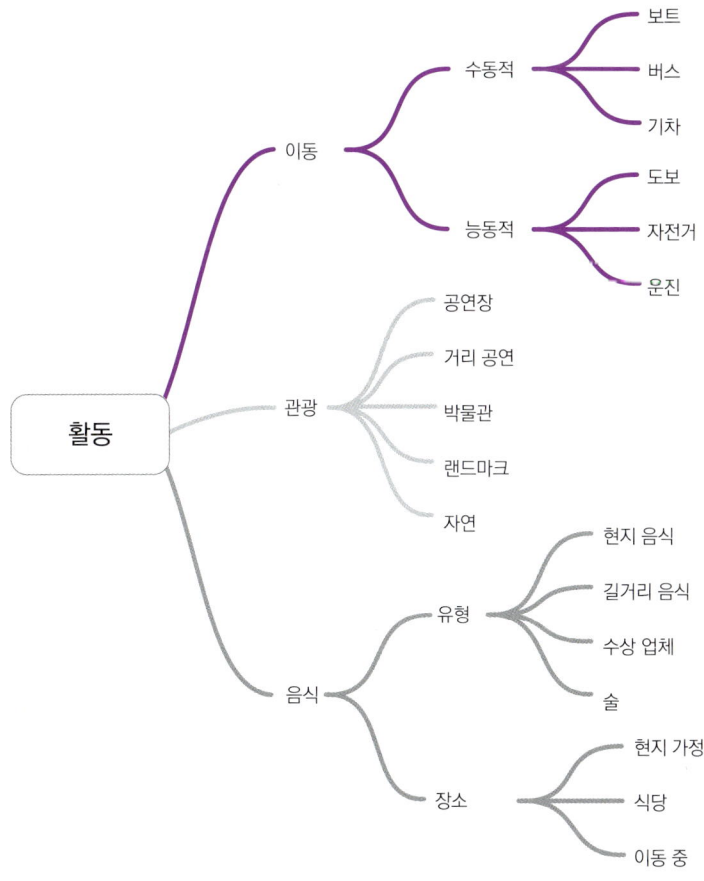

더 많은 카테고리와 아이디어를 계속 떠올릴 수도 있었지만, 이 정도면 제품에 포함시킬 수 있는 콘텐츠를 구상하기에 적절한 출발점으로 보였다. 이 아이디어 도출의 목적은 제이가 여행 중에 선택할 수 있는 활동을 떠올리는 것이었고 세 가지 주요 주제에 걸쳐 총 18개의 아이디어를 떠올렸다. 전체적으로 지금까지 진행한 프로젝트의 나머지 작업과도 잘 연결되는 만족스러운 결과라고 느꼈다.

A.3.4 자동차 기법

이번 연습의 목표는 이 장에서 도출한 제품 아이디어에 추가할 수 있는 모든 옵션을 폭넓게 떠올리는 것이었다. 그래서 자동차 기법을 활용해 가장 작은 옵션, 중간 정도의 옵션, 가장 큰 옵션을 떠올려보기로 했다.

우선 이 제품에 넣을 수 있는 온갖 기능을 상상해보았다.

- 사용자 프로필 생성
- 결제 처리
- 사용자 활동 캘린더 보기
- 투어 가이드 프로필에 인증 마크 표시
- 참여할 수 있는 활동 검색
- 참가자 목록 확인
- 활동 이후 친구 추가 기능
- 친구 기반 활동 추천
- 활동 평가
- 사용자 리뷰 기반 활동 추천
- 회사가 만들고 지원하는 맞춤형 활동

이 목록에서 비슷한 개념의 기능을 그룹으로 묶고 몇 가지 기능의 위치를 조정해서 다음과 같이 카테고리를 정리했다.

사용자 관련 기능

- 사용자 프로필 생성

활동 관련 기능

- 참여할 수 있는 활동 검색
- 투어 가이드 프로필에 인증 마크 표시
- 사용자 활동 캘린더 보기

- 결제 처리
- 회사가 만들고 지원하는 맞춤형 활동

사회적 교류 관련 기능
- 참가자 목록 확인
- 활동 이후 친구 추가 기능

추천 관련 기능
- 활동 평가
- 친구 기반 활동 추천
- 사용자 리뷰 기반 활동 추천

어떤 요소들은 제품이 작동하는 데 다른 기능보다 더 중요하다고 느껴져서 몇 가지 항목의 위치를 조정했다. 개념에 따라 나누었던 섹션을 제품 규모에 따라 소형차, 중형차, 대형차 단계에 맞춘 적절한 기준으로 다시 구분했다.

소형차
- 사용자 프로필 생성
- 참여할 수 있는 활동 검색
- 투어 가이드 프로필에 인증 마크 표시
- 사용자 활동 캘린더 보기
- 결제 처리

중형차
- 활동 평가
- 참가자 목록 확인
- 활동 이후 친구 추가 기능

대형차
- 친구 기반 활동 추천
- 사용자 리뷰 기반 활동 추천
- 회사가 만들고 지원하는 맞춤형 활동

마지막으로 이 모든 아이디어를 하나의 표로 정리해(표 A-1) 투자 규모에 따라 포함할 추천 기능을 명확히 제시했다. 기능이 점진적으로 추가된다는 점을 표현하기 위해 이전 단계에 해당하는 기능은 색상을 흐리게 표시했다.

▼ 표 A-1 이 제품에 제안하는 기능

크기	기능 세트	비전
소형차	• 사용자 프로필 생성 • 참여할 수 있는 활동 검색 • 투어 가이드 프로필에 인증 마크 표시 • 사용자 활동 캘린더 보기 • 결제 처리	가볍고 단순한 버전의 제품으로 사용자가 계정을 만들고 활동에 참여할 수 있게 해준다.
중형차	• 사용자 프로필 생성 • 참여할 수 있는 활동 검색 • 투어 가이드 프로필에 인증 마크 표시 • 사용자 활동 캘린더 보기 • 결제 처리 • 활동 평가 • 참가자 목록 확인 • 활동 이후 친구 추가 기능	소형차보다 발전한 제품으로 사회적 교류 기능을 추가해 사용자들이 더 쉽게 서로 연결될 수 있게 한다.
대형차	• 사용자 프로필 생성 • 참여할 수 있는 활동 검색 • 투어 가이드 프로필에 인증 마크 표시 • 사용자 활동 캘린더 보기 • 결제 처리 • 활동 평가 • 참가자 목록 확인 • 활동 이후 친구 추가 기능 • 친구 기반 활동 추천 • 사용자 리뷰 기반 활동 추천 • 회사가 만들고 지원하는 맞춤형 활동	가장 발전된 제품으로 데이터 기반 추천 기능과 회사가 제작한 콘텐츠를 활용해 사용자가 참여할 수 있는 더 많은 활동을 제공한다.

이는 아이디어 목록에 불과하다는 점을 잊지 말자. 여기에 있는 기능은 반드시 구현해야 하는 기능이 아니다. 아이디어 목록을 작성하는 것은 디자인 싱킹 프로세스에서 활용할 수 있는 하나의 우선순위 선정 방법에 지나지 않는다. 이제 여기에 제시된 제품의 각 버전을 시각화한 후 어떤 버전이 제작 비용 대비 최고의 사용자 경험을 제공하는지 확인해야 한다.

5장 솔루션 프로토타입 제작

A.4.1 태스크 플로

태스크 플로의 연습 문제로는, 혼자 하는 여행 앱의 핵심 측면 중 하나인 경험을 검색하고 예약하는 기능을 다루고 싶다. 아이디어 도출 이후 제품을 디자인하고 우선순위를 정하는 과정에서 내가 세운 목표는 제이가 다양한 경험의 맥락을 통해 다른 사람들과 교류하게 하는 것이었다. 제이가 현지인이나 다른 여행자와 함께 하는 경험을 검색하고 예약할 수 있게 하면 활동을 통해 직접 다른 사람들과 연결될 수 있고, 원한다면 활동을 마친 후 그 인연을 더욱 발전시킬 수도 있을 것이다.

따라서 제품의 핵심 요소 중 하나인 경험을 검색하고 예약하는 흐름을 다루고 싶다. 앞으로 이 책에서 진행할 몇 가지 연습 문제는 이 흐름을 최대한 훌륭하게 만드는 과정이 될 것이며 여기에는 계획, 시각화, 사용자 테스트 단계까지 포함될 것이다.

> 제품은 하나의 태스크 플로로 이루어지지 않는다. 제품의 모든 측면을 테스트하려면 계정 생성, 일정 관리뿐 아니라 활동 이후 다른 사람들과 연결하는 과정까지 제품 내 다양한 요소의 흐름이 필요하다. 하지만 지금은 제품의 한 측면에만 집중해 복잡성을 줄이려 한다(물론 제품의 다른 요소들도 염두에 두어야 한다).

그림 A-27은 제이가 제품을 통해 경험을 예약하는 데 필요한 주요 단계를 보여준다. 제이는 활동을 예약할 때 다음 단계를 거친다.

▼ **그림 A-27** 현재 디자인하고 있는 앱에서 활동을 찾고 예약하는 태스크 플로

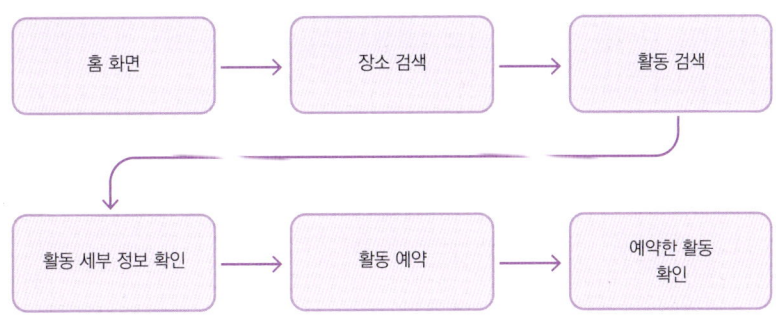

홈 화면: 우선 제이가 제품을 사용하고 있어야 한다. 원래는 홈 화면에서 시작하도록 설계한 앱이지만 만약 제품 내 어디에서든 다음 단계인 장소 검색 단계로 이동할 수 있도록 만든다면(예컨대 앱 하단 내비게이션에 검색 메뉴를 추가할 수 있다) 아무데서나 시작해도 무방하다. 하지만 단순성을 유지하고 최종 프로토타입 테스트를 고려해서 홈 화면에서 시작하도록 했다.

장소 검색: 다음으로 제이는 활동을 검색해야 한다. 그러려면 검색 콜 투 액션(앱 내비게이션의 '검색' 버튼)과 상호작용해야 한다. 하지만 활동 검색에 앞서 장소부터 선택해야 한다. 그래야 제품이 검색 결과의 범위를 좁혀서 제이가 가지 않을 여러 장소를 의미 없이 찾아보지 않게 된다. 그러면 제품은 더 관련도 높은 결과를 표시할 수 있고 제이가 결과를 확인하기도 더 쉬워진다.

활동 검색: 장소를 선택한 다음에는 활동을 선택해 세부 정보를 살펴보고 예약해야 한다. 이 과정에는 활동 카테고리 선택하고 살펴보기, 다른 검색어 입력하고 참석하고 싶은 활동 찾기 등 몇 가지 하위 단계가 포함될 수 있다. 하지만 이 시점에는 과정을 단순화해 제이가 취해야 하는 전체적인 그림만 살펴보겠다.

활동 세부 정보 확인: 제이가 관심을 보이는 활동을 찾은 다음에는 활동의 세부 정보를 확인하고 참여 여부를 결정해야 한다. 이때 제품은 제이의 욕구와 필요를 충족시키기 위해 리뷰, 그 활동에 참여한 다른 친구들, 투어 가이드 정보, 활동 소요 시간 등 결정에 필요한 모든 세부 정보를 보여줄 수 있다.

활동 예약: 제이가 참석할 활동을 결정했다면 제품에서 활동을 예약할 수 있어야 한다. 다시 말하지만 이 과정에도 날짜 선택, 시간 선택, 일정 확인, 최종 예약 등 여러 단계가 포함될 수 있다. 하지만 프로토타입을 제작하는 현재 단계에 맞게 '예약'한다고 하는 정도면 충분하다.

예약한 활동 확인: 마지막으로 제이는 활동이 예약되었는지 확인해야 한다. 이 또한 여러 단계로 이루어질 수 있으며 확인 화면을 제공하거나 캘린더에서 확인할 수 있게 하거나 혹은 단순한 팝업 창이나 알림 메시지로 표시할 수도 있다. 하지만 어떤 방법을 선택할지는 디자인을 시작한 이후에 파악할 것이다.

이제 디자인 싱킹 프로세스 프로토타입 제작 단계 나머지 부분에서 사용할 전반적인 태스크 플로가 완성되었다. 이를 바탕으로 프로토타입 제작을 진행할 수 있다.

A.4.2 저충실도 와이어프레임

저충실도 와이어프레임을 만들려면 사용자가 제품에서 어떤 단계를 거치는지 이해해야 한다. 이전 연습에서는 제이가 경험을 예약하기 위해 거치는 단계를 정리한 태스크 플로를 만들었다(그림 A-27).

이러한 단계를 시각화하기 위해 크레이지 에이트 기법을 활용해서 몇 가지 스케치를 만들었다. 즉 종이를 접은 후 충분한 시간을 들여 프로세스의 각 단계를 그려서 그림 A-28을 완성했다.

▼ **그림 A-28** 제이가 제품 내에서 활동을 예약하는 과정을 나타내는 저충실도 와이어프레임

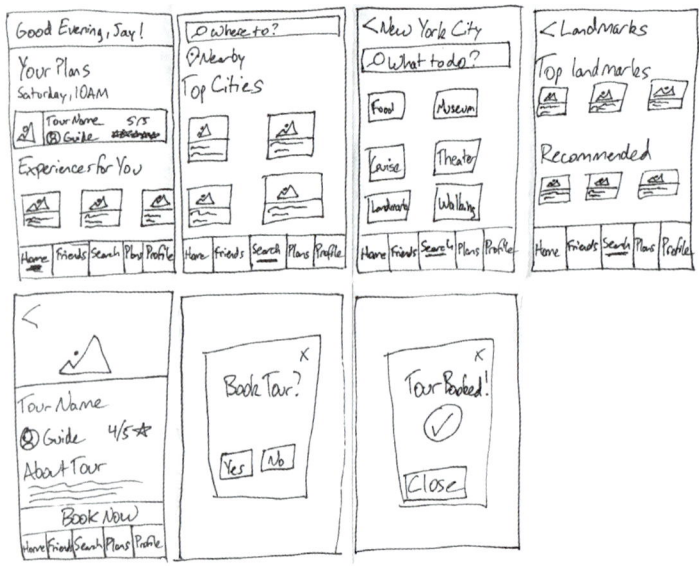

이러한 스케치는 이전 연습에서 만든 태스크 플로를 나타낸다. 하지만 이제 각 화면에 콘텐츠, 인터랙션 요소의 위치를 고려해야 하므로 이와 관련된 세부 사항을 추가했다.

1. **홈 화면**: 홈 화면(그림 A-28의 첫 번째 상자)에서는 제이가 앱을 열 때마다 환영 메시지를 표시하면 좋을 것이라고 생각했다. 다음 활동을 보여주는 일정 미리 보기와 제이가 관심 있을 만한 추천 활동도 표시했다. 화면 하단에 있는 내비게이션을 사용해서 제품을 탐색할 수 있으며, 여기에는 활동에서 만난 사람들을 위한 '친구' 섹션, 검색 옵션, 제이의 '일정표'가 담긴 캘린더, 설정과 앱에서의 활동을 관리하는 프로필 섹션이 포함된다.

   또한 제이가 활동을 검색할 수 있도록 했다. 이 기능을 이용하려면 하단 내비게이션의 검색 옵션을 클릭해야 한다.

2. **장소 검색**: 검색 화면은 결과 범위를 좁히기 위해 장소 입력을 요청하는 것으로 시작한다. 제이는 검색창에 직접 입력하거나 검색창 아래 있는 핀 아이콘을 눌러서 주변을 검색하거나 인기 지역이 표시된 카드 중 하나를 눌러서 선택할 수 있다. 아직 콘텐츠는 구상하지 않았지만 그래도 괜찮다. 차차 완성해나갈 것이다.

   진행하려면 특정 도시를 검색해야 하는데 이 예시에서는 뉴욕을 선택했다.

3. **활동 검색**: 다음 화면에서는 뉴욕을 기준으로 한 검색 옵션을 더 많이 보여준다. 제이는 검색창에 직접 입력하거나 음식, 박물관, 도보 등의 카테고리를 선택할 수 있다. 이 흐름에서 제이는 랜드마크를 선택했다.

4. **활동 선택**: 태스크 플로를 시각화하는 과정에서 최종 프로토타입이 제대로 작동하려면 하위 단계를 스케치해야 한다는 것을 깨달았다. 제이는 카테고리 안에서 참여하고 싶은 활동을 찾아야 한다. 이를 위해 '인기 랜드마크', '추천 랜드마크' 목록을 살펴본다. 이러한 카드 중 하나를 선택하면 흐름의 다음 단계로 넘어간다.

5. **활동 세부 정보 확인**: 활동 하나를 선택하면 제이는 활동 이름, 투어 가이드, 평점 등 해당 활동의 세부 정보를 확인할 수 있다. 참여 여부를 결정하는 데 도움이 되는 많은 정보가 제공된다. 해당 활동이 마음에 들면 화면 하단에 있는 '지금 예약' 버튼을 눌러서 예약할 수 있다.

6. **활동 예약**: 이 와이어프레임에서는 세부적인 사항까지 깊이 들어가지 않고 어떤 방식으로든 '예약이 완료되었다'는 점을 모달로 전달했다. 실제로는 날짜, 시간을 선택하고 자신의 일정과 비교하는 과정이 필요할 것이다. 하지만 개념을 시각화하려면 현재 단계에서는 태스크 플로가 제대로 작동하고 표현되는지를 확인하는 것으로 충분했다.

   제이가 예약을 확정하면 다음 화면에서 예약 확인 정보를 확인할 수 있다.

7. **예약한 활동 확인**: 이전 와이어프레임과 마찬가지로 동일한 모달에 체크 표시를 추가해 예약이 완료되었음을 간단히 표현했다. 제품은 어떤 방식으로든 제이가 활동 예약에 성공했다는 것을 전달해야 한다. 알림, 팝업 등의 인터랙션 패턴을 활용해 예약이 완료되었다는 점을 제이가 명확하게 알 수 있게 해야 한다.

아직 결정해야 할 세부 사항이 많다. 각 화면에 넣을 구체적인 콘텐츠, 등록 관련 세부 정보, 내비게이션을 가장 효과적으로 나타내는 아이콘 등 구성 요소의 시각적 스타일도 정해야 한다. 이러한 결정은 나중에 이루어진다. 지금은 저충실도 와이어프레임에서 해야 하는 작업을 완료했다. 즉, 제품 시각화를 시작했고 플로가 제대로 작동하는지 확인했으며, 다음 단계인 중충실도 프로토타입으로 넘어갈 수 있을 만큼의 정보와 세부 사항을 갖추었다.

A.4.3 중충실도 와이어프레임

그림 작업 중이던 앱, 즉 경험을 예약하고 다른 참가자들과 연결되도록 돕는 여행 앱을 계속해서 살펴보자. 저충실도는 그림 A-28과 같았다.

윔지컬을 사용해서 저충실도를 중충실도로 변환했다. 그림 A-29와 그림 A-30은 그 결과를 보여준다.

▼ **그림 A-29** 여행 앱 중충실도 와이어프레임

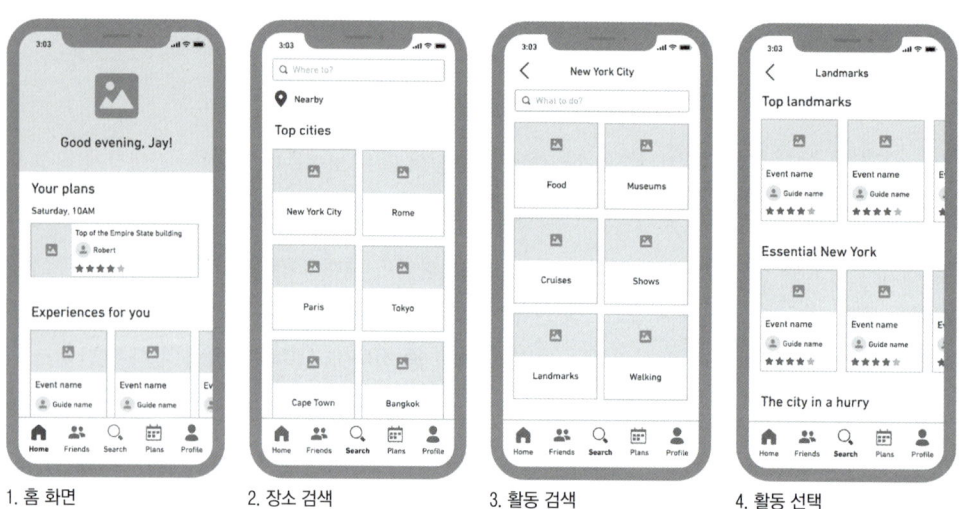

1. 홈 화면　　　　2. 장소 검색　　　　3. 활동 검색　　　　4. 활동 선택

1. **홈 화면**: 홈 화면에 포함된 정보는 저충실도와 똑같지만 간격과 이미지 품질 측면에서 조금 더 세부적인 요소를 반영해서 이전 스케치보다 이해하기 쉬워졌다. 내비게이션의 각 옵션을 나타내는 아이콘도 일부 선택해서 반영했다.

2. **장소 검색**: 검색 페이지에서는 제이가 검색창에 글자를 입력하지 않고도 선택할 수 있는 몇 가지 장소를 미리 채워놓았다. 전 세계에서 가장 인기 있는 도시를 찾아서 프로토타입의 옵션으로 추가했다. 그러면 흐름이 현실성을 조금 더 갖추면서 구체화된다.

3. **활동 검색**: 이전 화면과 마찬가지로 제이가 검색할 만한 항목에 집중해 조금 더 구체적으로 다듬었다. 검색 결과는 여러 개가 표시될 것이므로 모든 항목을 복수형으로 수정했다. 'Theaters(공연장)'보다는 'Shows(공연)'가 더 적절하다고 판단해 그렇게 수정했다.

4. **활동 선택**: 이 화면에서는 제이가 선택할 수 있는 활동 유형을 파악하기 위해 몇 가지 카테고리를 추가했다. 'Top Landmarks(최고의 랜드마크)', 'Essential New York(뉴욕 필수 코스)' 같은 항목은 뉴욕에 방문한 여행자들이 가장 관심을 보일 만한 내용이어서 이런 항목을 포함하는 것이 적절해보였다. 제이가 투어에 모든 시간을 쏟고 싶지 않을 수도 있다고 가정하고 'The city in a hurry(뉴욕 속성 코스)' 카테고리를 추가했다.

▼ **그림 A-30** 여행 앱의 중충실도 와이어프레임

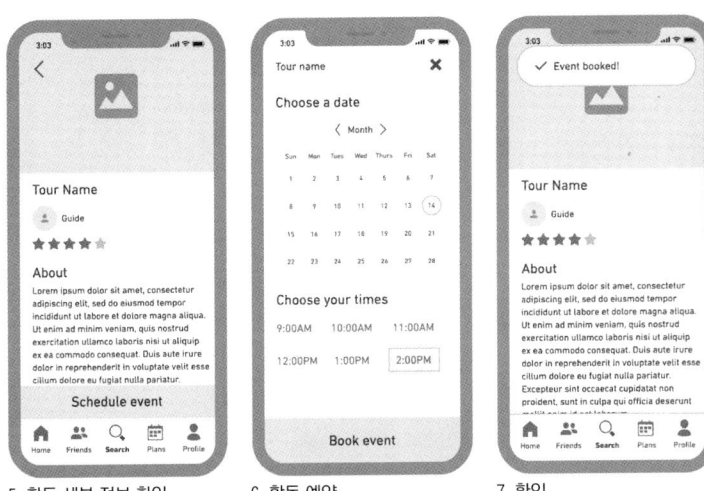

5. 활동 세부 정보 확인   6. 활동 예약   7. 확인

5. **활동 세부 정보 확인**: 이 화면은 저충실도의 내용이 중충실도에서도 대부분 동일하게 유지되었다. 페이지 레이아웃을 보다 명확히 파악할 수 있도록 구조를 추가했고 설명 부분을 로렘 입숨 자리표시자 텍스트로 채웠다.

6. **활동 예약**: 가장 많은 업데이트가 이루어진 것은 이 페이지다. 저충실도에서 사용했던 모달 대신에 날짜와 시간을 확인하는 세부 사항을 더 구체적으로 표현했다. 프로토타입에서는 이 화면에 여러 상태가 포함될 가능성이 높기 때문에 사용자가 흐름을 테스트 도중에 하는 각 선택을 나타내는 여러 화면을 만들어야 할지 모른다. 이러한 작업은 프로토타입 제작 직전 마지막 단계에 할 예정이다.

7. **확인**: 마지막으로 이 화면도 일부 수정했다. 활동 세부 정보 화면과 똑같지만 화면 상단에 제이가 활동을 예약했다는 것을 보여주는 알림이 추가되었다는 점만 다르다. 기존 디자인 요소를 재활용해서 사용자에게 전달하는 것이 적절하다고 판단했으며, 크게 눈에 띌 필요 없이 간단한 배너 알림이면 충분하다고 보았다.

중충실도 와이어프레임을 완성했으니 이제 다음 단계인 고충실도 와이어프레임으로 넘어갈 차례다.

A.4.4 고충실도 와이어프레임

고충실도 와이어프레임은 중충실도 와이어프레임을 기초로 삼아서 제작했다(그림 A-30).

피그마를 활용해서 중충실도 와이어프레임의 각 화면을 고충실도로 만들 수 있었다(그림 A-31, 그림 A-32). 이렇게 할 수 있었던 것은 디자인하려는 콘텐츠, 기능, 섹션에 대한 청사진을 잘 정리해둔 덕분이었다.

▼ **그림 A-31** 여행 앱의 고충실도 와이어프레임

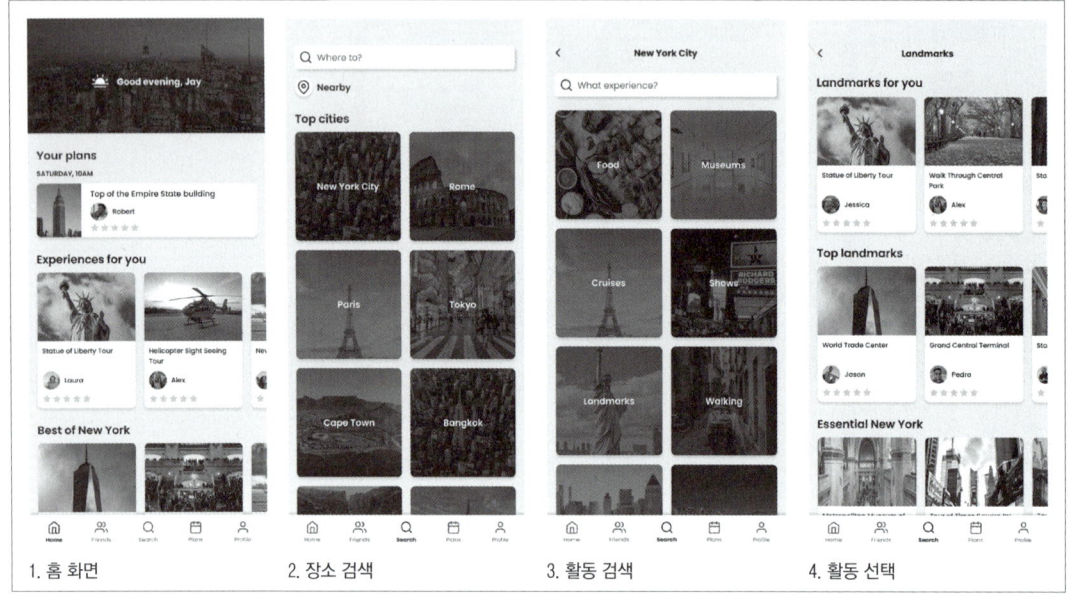

1. 홈 화면　　2. 장소 검색　　3. 활동 검색　　4. 활동 선택

중충실도의 각 화면이 큰 수정 없이 고충실도로 옮겨온 것을 알아보았는가? 이는 저충실도와 중충실도 단계에서 각 화면의 세부 사항을 꼼꼼히 계획했기 때문에 가능했다. 덕분에 고충실도를 만들 때에는 마치 '색을 입히는' 것처럼 제품의 목표를 반영하는 이미지, 콘텐츠, 아이콘을 선택하기만 하면 되는 느낌이었다.

1. **홈 화면**: 제이가 기대할 만한 콘텐츠, 즉 제이가 현재 여행 중인 뉴욕과 관련된 내용을 추가했다. 그녀는 자신의 다음 일정인 엠파이어 스테이트 빌딩 방문을 확인할 수 있다. 또한 추천 경험인 'Experiences for you(당신에게 추천하는 경험)' 카드와 'Best of New York(뉴욕 최고의 경험)' 카드도 확인할 수 있다.

2. **장소 검색**: 제이는 하단 내비게이션 바의 검색 탭에서 검색할 수 있는 장소를 확인할 수 있다. 중충실도 와이어프레임 콘텐츠를 바탕으로 각 장소를 잘 표현하는 이미지를 추가했다. 이러한 이미지는 제이가 다양한 장소를 탐색하고 그곳을 여행할 수 있다는 기대감을 높이는 데 도움이 될 수 있다.

3. **활동 검색**: 이 페이지에서도 제이가 검색한 장소(이 경우 뉴욕)에서 할 수 있는 활동들을 보여주는 이미지를 추가했다. 제이는 이러한 이미지를 통해 어떤 경험을 하게 될지 예상하고 기대감을 이어갈 수 있다.

    제이는 뉴욕의 유명한 장소와 관련된 활동을 찾고 있으므로 '랜드마크'를 선택한다.

4. **활동 선택**: 이 화면은 진짜처럼 느껴지도록 콘텐츠를 대폭 추가했다. 중충실도 와이어프레임에서는 이 화면에 대한 콘텐츠를 충분히 계획하지 않았기 때문이다.

여기에서 제이는 센트럴 파크, 세계 무역 센터, 그랜드 센트럴 역 등 다양한 랜드마크를 확인할 수 있다. 많은 옵션 중에서 자유의 여신상 투어를 확인하기로 한다.

▼ **그림 A-32** 여행 앱의 고충실도 와이어프레임

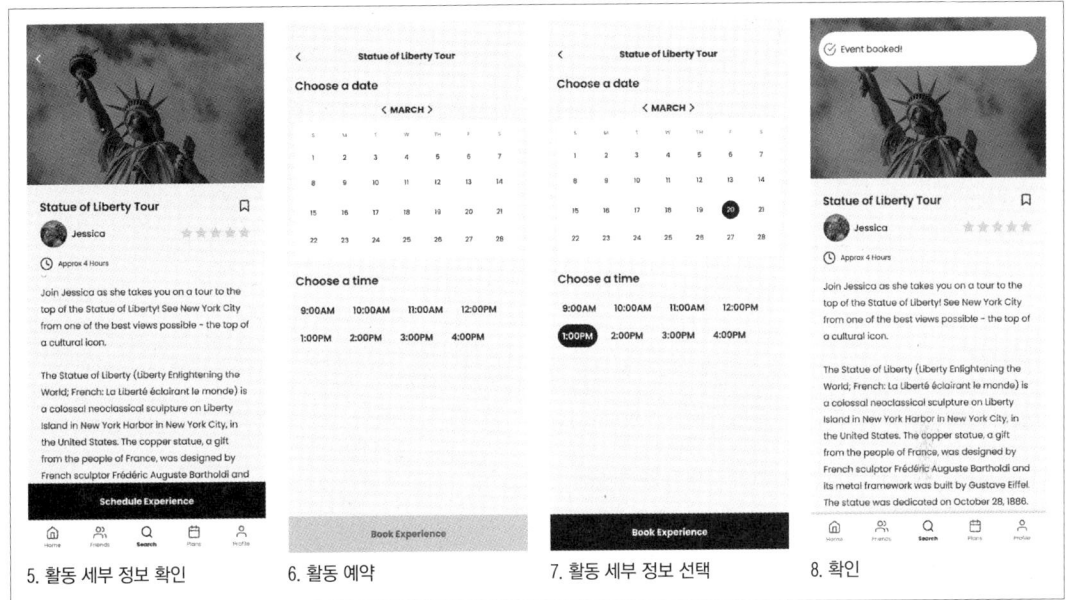

5. 활동 세부 정보 확인　　6. 활동 예약　　7. 활동 세부 정보 선택　　8. 확인

5. **활동 세부 정보 확인**: 이 화면을 디자인하면서 제품에 현실감을 더하고 제이에게도 유용할 몇 가지 세부 요소를 빠뜨렸다는 것을 깨달았다. 그래서 나중에 살펴볼 수 있도록 투어를 저장하는 기능(이미지 아래 북마크 아이콘), 활동 소요 시간(투어 가이드 사진 아래 시계 아이콘)을 추가했다. 이러한 요소는 제이가 여행을 계획하는 데 도움이 된다.

제이는 활동 설명을 읽고 소요 시간을 확인한 뒤 페이지 하단에 있는 버튼을 눌러서 예약한다.

6. **활동 예약**: 이 화면은 프로토타입에서 진행 상황을 전달하는 데 필요한 두 화면 중 첫 번째 화면으로 활동 예약의 초기 상태를 보여준다. 아직 날짜와 시간을 선택하지 않은 상태다. 제이는 먼저 자신에게 맞는 날을 선택한다. 그러면 해당 일자의 예약 가능한 시간이 표시되며 그중에서 원하는 시간을 선택할 것이다.

7. **활동 세부 정보 선택**: 제이는 날짜와 시간을 차례로 선택해 경험을 예약한다. 각 옵션을 선택하면 색상이 없다가 검은색으로 채워진다. 제이는 이를 통해 선택이 제대로 이루어져서 시스템에 등록되었다는 것을 알 수 있다.

옵션을 선택한 후에 제이는 페이지 하단에 'Book Experience(경험 예약)' 버튼을 누른다.

8. **확인**: 확인 페이지에서는 활동이 예약되었다는 알림이 상단에 표시된다. 알림은 슬라이드로 나타났다가 몇 초 후에 사라진다. 제이가 알림을 누르면 '계획(Plans)' 페이지로 이동해 예약한 모든 활동을 확인할 수 있다. 하지만 프로토타입에 포함되어야 하는 필수 요소가 아니므로 이번에는 포함시키지 않았다.

이제 고충실도 와이어프레임이 완성되었다! 이 정도면 경험을 테스트하기에 충분하다. 이제 디자인 싱킹 프로세스의 이번 단계를 마무리하기 전에 단 하나의 단계, 이 모든 화면을 프로토타입에 넣어서 연결하는 작업만 남았다.

A.4.5 프로토타입

이전 연습을 통해 고충실도 화면을 완성했다(그림 A-31, 그림 A-32).

이제 이 화면을 하나의 프로토타입으로 연결하기 위해 피그마의 프로토타입 제작 기능을 활용해 사용자가 클릭할 지점을 설정하고 클릭 시 이동할 화면을 지정했다(그림 A-33).

사용자가 이 프로토타입을 사용하려면 다음 단계를 따라야 한다.

1. **홈 화면**: 하단 검색 아이콘을 클릭한다.
2. **장소 검색**: 'New York City(뉴욕)' 카드를 클릭한다.
3. **활동 검색**: 'Landmarks(랜드마크)' 카드를 클릭한다.
4. **활동 선택**: 'Statue of Liberty Tour(자유의 여신상 투어)' 카드를 클릭한다.
5. **활동 세부 정보 확인**: 하단의 'Schedule Experience(경험 일정 선택)' 버튼을 클릭한다.
6. **활동 예약**: 캘린더를 클릭한다.
7. **활동 세부 정보 선택**: 하단의 'Book Experience(경험 예약)' 버튼을 클릭한다.
8. **확인**: 입력이 필요 없다(프로토타입의 마지막 단계다).

▼ **그림 A-33** 화살표로 연결된 고충실도 와이어프레임. 사용자가 클릭하면 어디로 이동하는지 보여준다.

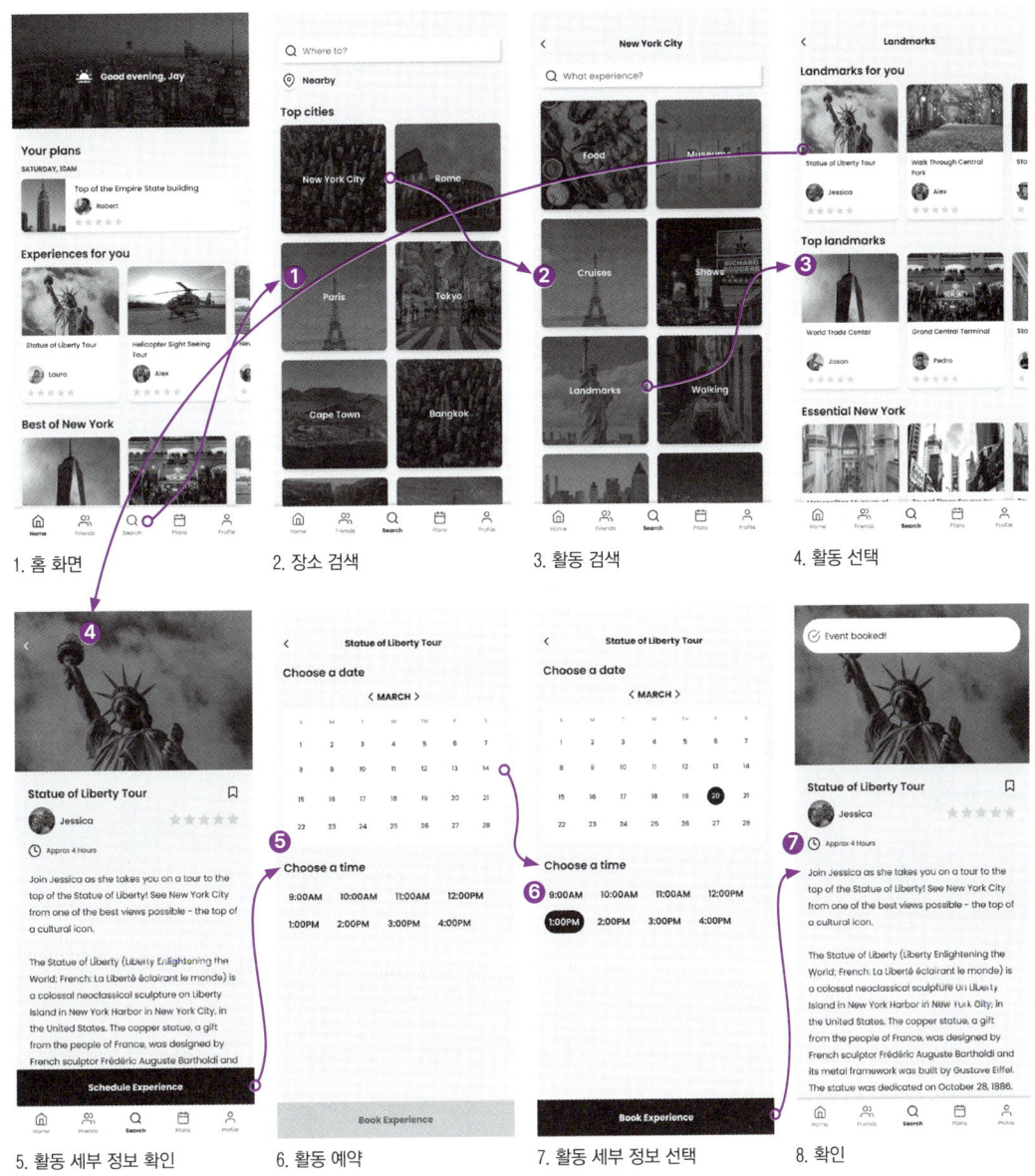

1. 홈 화면
2. 장소 검색
3. 활동 검색
4. 활동 선택
5. 활동 세부 정보 확인
6. 활동 예약
7. 활동 세부 정보 선택
8. 확인

이렇게 하면 끝이다! 이제 사용성 테스트를 위한 프로토타입이 준비되었다.

6장 디자인 테스트하기

A.5.1 사용성 테스트: 계획하고 정의하기

나는 혼자 하는 여행 프로젝트를 위해 그림 A-33의 프로토타입을 만들었다.

이제 테스트의 주요 요소를 정의해보자.

목적

> 테스트를 통해 달성하고자 하는 바는 무엇인가?

테스트의 목적은 제품의 핵심 플로 중 하나인 활동을 검색하고 예약하는 기능의 사용성을 확인하는 것이다. 이번 테스트에서는 사용자가 활동을 찾고 예약할 수 있을지 확인하고 싶다. 그러려면 내가 설계한 흐름이 사람들에게 직관적으로 느껴지는지 검증할 필요가 있다.

아직 프로토타입으로 제작하지 않은 몇 가지 기능의 가치 제안에 대한 사용자의 반응도 확인하고 싶다. 사용자에게 그룹 투어에 참여할 의향이 있는지, 투어 도중에 다른 사람과 교류하고 싶은지, 투어를 마친 후에 이들과 계속 연락을 주고받고 싶은지 등을 물어보려고 한다. 이는 제품을 출시할 때 포함시키려고 하는 '친구' 기능을 설계하는 데 도움이 될 것이다.

범위

> 제품의 어떤 부분을 테스트할 것이며 그에 해당하는 흐름은 무엇인가?

테스트의 범위는 테스트의 목적, 즉 활동을 찾고 예약하는 핵심 흐름과 직접적인 관련이 있다. 해당 흐름 외의 부분은 테스트하지 않을 것이다(무엇이 범위에 포함되지 않는지를 정의하는 것도 중요하다).

향후 친구 기능의 사용성도 테스트해야 하겠지만 이번 테스트의 범위에는 포함되지 않는다.

사용자

> 테스트 대상은 누구인가?

이번 테스트에서는 페르소나인 제이와 비슷한 사람을 테스트 대상으로 삼고 싶다. 여행을 좋아하고 혼자 여행하며 현지인처럼 여행을 경험하고 사람들을 만나고 관광하면서 여행의 경험을 최대한 풍부하게 만들고 싶어 하는 사람들 말이다. 이러한 사용자를 모집하기 위해 개인적인 인맥과 소셜 네트워크를 활용할 것이다.

모더레이터

테스트를 직접 진행할 것인가, 아니면 외부 서비스를 통해 진행할 것인가?

이번 테스트는 직접 진행할 생각이다. 외부 서비스를 이용해 모더레이터 없이 테스트를 진행할 생각은 없다. 사용자가 어떤 사회적 교류 기능을 원하는지, 이러한 기능이 이들에게 가치가 있는지를 묻고 직접 반응을 확인하는 것이 이 테스트의 목적 중 하나이기 때문이다.

원격

사용자를 대면해 진행할 것인가, 아니면 온라인으로 진행할 것인가?

이번 테스트는 원격으로 진행하려고 한다. 그러면 더 다양한 사용자를 만날 수 있고 이 테스트를 더 수월하게 진행할 만한 공간도 마땅치 않기 때문이다.

소프트웨어/하드웨어

테스트에 필요한 기술은 무엇인가? 사용자가 테스트를 위해 기기를 준비해야 하는가?

이 글을 쓰는 현재로서는 피그마를 사용할 예정이다. 디자인과 프로토타입이 이미 피그마에 있으므로 테스트 참가자들에게 공유할 링크를 생성할 수 있다. 화면을 공유할 수 있는 줌(Zoom)이나 구글 미트(Google Meet) 같은 화상 회의 소프트웨어도 필요하다. 또한 사용자들에게 노트북이나 데스크톱에서 프로토타입을 테스트해 달라고 요청할 예정이다. 휴대전화로 테스트할 수 있다면 좋겠지만 프로토타입 테스트의 현실적인 여건상 그렇게 하려면 사용자마다 다른 기종에 맞춘 프로토타입을 제작해야 한다. 이번 테스트에서는 그 정도의 작업이 과도하다고 판단했다.

> 한 번은 사용자를 대상으로 프로토타입을 테스트하는데 사용자들이 노트북이 아닌 휴대전화로 접속한 일이 있었다. 디자인이 너무 작게 보여서 사용자가 상호작용해야 하는 버튼이 제대로 표시되지 않았다. 결국 인터랙티브 요소가 화면에 제대로 표시되도록 즉석에서 프로토타입을 수정해야 했다. 이러한 상황을 미연에 방지하기 위해 나는 프로토타입을 직접 사전에 테스트해보고 테스트 세션 전에 사용자에게 특정 기기를 사용해 달라고 요청하거나, 필요하면 기기를 제공하기도 한다.

마지막으로 대화를 더 쉽게 녹음할 수 있도록 Otter.ai를 사용해서 각 대화의 녹취록을 작성할 것이다. 사용자가 한 말을 찾기 위해 모든 동영상을 일일이 확인하는 것보다는 이렇게 하는 것이 인용문을 포착하기에 더 쉬울 것이다. 만약 줌을 사용한다면 녹화 기능을 활용할 것이다.

정량적

> 정량적 결과를 위해 추적할 지표는 무엇인가?

추적할 정량적 지표는 테스트의 목적, 즉 사용자가 활동 예약 플로를 완료할 수 있는지와 관련이 있어야 한다. 이번 테스트에서 추적하려고 하는 지표는 다음과 같다.

- **작업 완료율**: 도움을 받지 않고 작업을 완료한 사용자의 비율은 얼마인가?
- **오류율**: 작업을 완료하는 과정에서 사용자가 발생시킨 오류는 얼마나 되는가?
- **작업 만족도**: 1~5점 기준으로 사용자는 제품 경험의 만족도를 몇 점으로 평가하는가?
- **안전**: 1~5점 기준으로 사용자는 제품 경험의 안전도를 몇 점으로 평가하는가?

특히 안전에 대한 질문을 통해 사용자가 이 제품으로 활동에 참여할 때 얼마나 자신감과 안정감을 느끼는지를 파악할 수 있는 초기 신호를 얻으면 좋을 것이다.

정성적

> 정성적 결과를 위해 추적할 지표는 무엇인가?

추적할 정성적 지표는 태스크 플로뿐 아니라 제품의 향후 방향성과도 관련이 있어야 한다. 이번 테스트에서는 다음과 같은 항목을 중심으로 추적하려고 한다.

- 이 경험에서 사용자가 좋아한 점은 무엇인가?
- 이 경험에서 사용자가 싫어한 점은 무엇인가?
- 사용자들이 이 경험에 추가되기를 바라는 점은 무엇인가?
- 특히 친구 기능에서 어떤 경험을 기대하는가?

이러한 테스트 구조가 마련되었다면 이제 테스트 참가자 모집 단계로 자신 있게 넘어갈 수 있다.

A.5.2 사용성 테스트: 모집하고 실행하기

이 연습에서는 사용자를 모집하고 테스트를 진행해야 한다. 우선 어떤 방식으로 참가자를 모집할지 결정한 다음에 테스트를 진행할 것이다.

테스트용 스크립트를 준비하는 것으로 시작해보자. 프로토타입의 화면을 하나씩 살펴보며 각 화면에서 사용자에게 던질 질문을 정리할 것이다. 이렇게 하면 사용성 테스트를 준비하는 동시에 테스트 각 단계에서 사용자에게 어떤 행동을 요청할지도 명확히 할 수 있다.

그림 A-34는 프로토타입의 홈페이지로 사용자에게 제품을 소개하는 화면이다. 이번 테스트에서는 사용자들이 이 페이지에 도착했을 때 어떤 생각을 하는지, 그리고 제품이 자신에게 어떤 도움을 줄 수 있을 것이라 기대하는지를 확인하려고 한다.

▼ **그림 A-34** 프로토타입의 첫 화면인 홈페이지

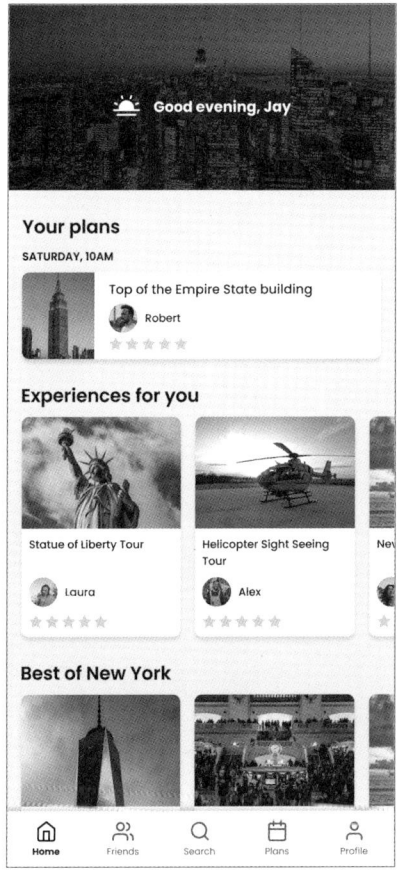

다음과 같은 질문을 할 것이다.

- 이 화면이 어떤 내용을 전달하는 것으로 보이나요?
- 이 제품이 여러분에게 어떤 도움을 줄 수 있을 것이라고 생각하나요?
- 가장 먼저 상호작용해보고 싶은 요소는 무엇인가요?

그리고 이들을 프로토타입의 첫 단계, 즉 활동 검색으로 인도할 것이다. 내가 바라는 것은 하단에 있는 검색 아이콘을 클릭하는 것이지만 그에 앞서 이렇게 물을 것이다.

- 다음 화면에서는 어떤 내용이 나올 것 같나요?

이 질문은 사용자가 다음 단계로 진행하기 전에 어떤 기대를 가지고 있는지를 파악하는 데 도움이 된다.

프로토타입의 두 번째 화면은 사용자가 검색할 때 어떤 화면을 접하게 될지 보여준다. 제품에 포함된 활동이 많다는 점을 고려하면 활동을 검색하기 전에 장소를 기준으로 검색 범위를 좁혀야 한다. 하지만 사용자 입장에서는 이 흐름이 직관적이지 않을 수 있다. 이들은 '어디'에서 해야 할지보다 '무엇'을 해야 할지부터 생각할 수 있기 때문이다. 나는 사용자가 검색 랜딩 화면(그림 A-35)을 확인하는 동안 이들이 이러한 흐름에 대해 어떻게 생각하는지 확인해보려고 한다.

▼ **그림 A-35** 프로토타입의 두 번째 화면인 검색 랜딩 페이지

다음과 같이 물어볼 것이다.

- 이 화면이 어떤 내용을 전달하는 것으로 보이나요?
- 이 화면이 기대했던 바와 일치하나요?

뉴욕에서 할 수 있는 활동을 검색하도록 안내한 다음에 내가 기대하는 바는 화면에 표시된 첫 번째 옵션, 뉴욕이라고 적힌 이미지와 상호작용하는 것이다. 이들이 상호작용하기 전에 다시 한번 물을 것이다.

- 다음 화면에서는 어떤 내용이 나올 것 같나요?

세 번째 화면(그림 A-36)에서는 사용자가 특정 활동 카테고리에 접근할 수 있다.

▼ **그림 A-36** 프로토타입의 세 번째 화면으로 특정 장소에서 할 수 있는 활동을 보여준다.

다음과 같이 물을 것이다.

- 이 화면이 어떤 내용을 전달하는 것으로 보이나요?
- 이러한 카테고리가 흥미롭다고 생각하시나요?
- 빠뜨린 카테고리가 있다고 느끼시나요?
- 도시를 먼저 선택한 다음에 카테고리를 선택하는 흐름을 예상하셨나요? 예상한 이유 또는 예상하지 못한 이유는 무엇인가요?

그리고 뉴욕의 유명한 장소를 기준으로 활동을 찾아보도록 요청할 것이다. 나는 사용자가 '랜드마크'를 선택하기를 기대하지만, 그 단어의 사용은 의도적으로 피할 것이다. 내가 특정 단어를 언급했다는 이유로 그 단어를 찾으려 할 수 있기 때문이다. 그보다는 내가 의도한 바에 맞는 개념을 사용자 스스로 찾기를 바란다.

이들이 아무것도 클릭하기 전에 이렇게 물을 것이다.

- 다음 화면에서는 어떤 내용이 나올 것 같나요?

일반적으로 사용자가 다음 화면으로 넘어가기 전에 묻기 좋은 질문이다. 이를 통해 이들의 기대를 파악해 디자인에 반영할 수 있기 때문이다.

네 번째 화면(그림 A-37)에서는 사용자가 특정 활동을 선택할 수 있다.

▼ **그림 A-37** 프로토타입의 네 번째 화면으로 뉴욕의 랜드마크와 관련된 여러 활동을 보여준다.

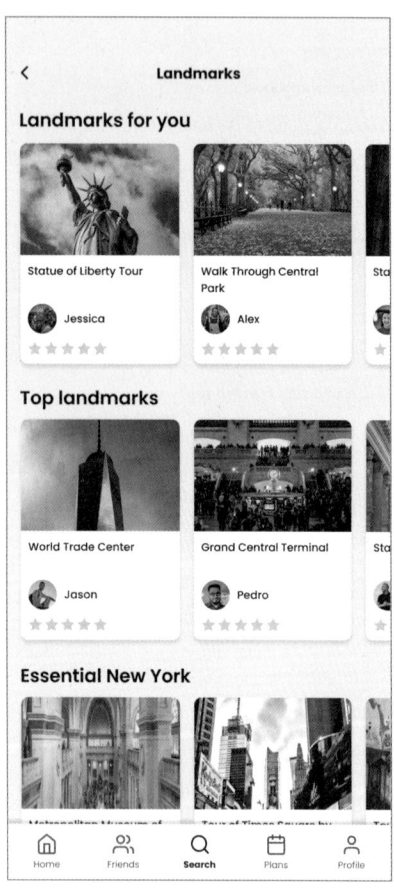

나는 이러한 질문을 던질 것이다.

- 이 화면이 어떤 내용을 전달하는 것으로 보이나요?
- 이 화면이 기대했던 바와 일치하나요?

그리고 사용자에게 자유의 여신상 투어를 찾아보도록 요청할 것이다. 그러면 이들은 프로토타입의 다섯 번째 화면(그림 A-38)으로 이동하게 된다. 그리고 다시 이렇게 물을 것이다.

- 다음 화면에서는 어떤 내용이 나올 것 같나요?

▼ 그림 A-38 프로토타입의 다섯 번째 화면으로 활동의 세부 정보 페이지를 보여준다.

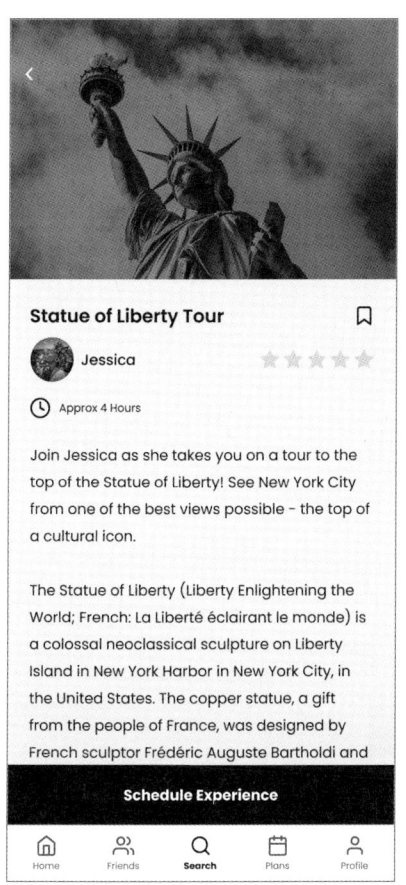

이 화면에서는 다음과 같은 질문을 던지고 싶다.

- 이 화면이 어떤 내용을 전달하는 것으로 보이나요?
- 이 정보가 흥미롭다고 느끼나요? 유용한 정보인가요?
- 이 경험을 예약하고 싶다고 느끼게 만든 요소는 무엇인가요?
- 이 경험을 예약해도 안전할 것이라고 느끼게 만든 요소는 무엇인가요?

안전 관련 질문은 중요하다. 앞서 페르소나를 만들 때 이 프로젝트의 페르소나가 안전을 매우 중시한다는 것을 확인했기 때문이다. 따라서 사용자가 더 안전하다고 느낄 수 있도록 추가적인 검증 요소가 필요할 수 있다.

이 화면에서 필요한 답변을 들은 후 다음 단계인 예약 흐름으로 넘어갈 것이다(그림 A-39).

▼ **그림 A-39** 프로토타입의 여섯 번째, 일곱 번째 화면으로 선택 전후의 예약 옵션 화면을 보여준다.

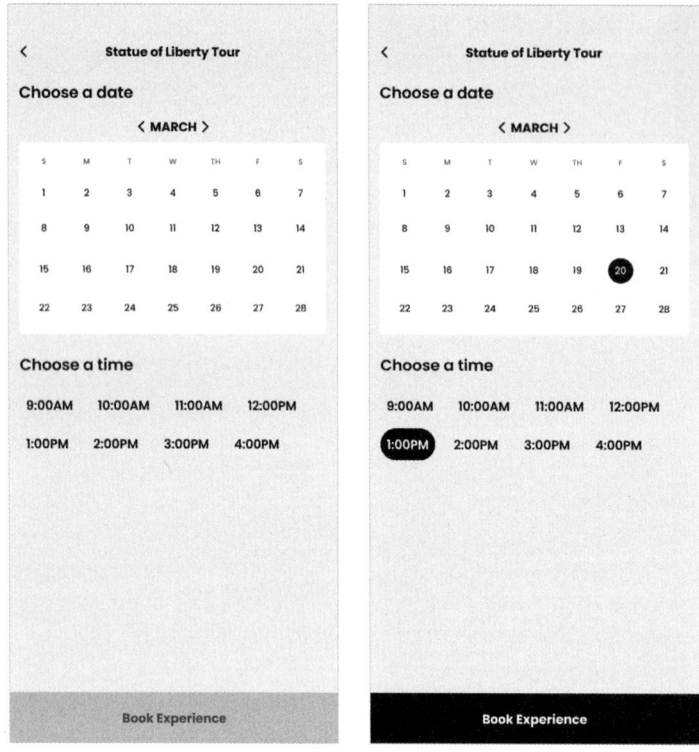

이 두 화면은 같은 화면의 다른 상태일 뿐 서로 매우 비슷하므로 하나로 묶어서 질문할 것이다. 프로토타입에는 두 화면 모두 필요하지만 해야 하는 질문은 동일하다.

- 이 화면이 어떤 내용을 전달하는 것으로 보이나요?
- 추가했으면 좋겠다고 생각하는 예약 옵션이 있나요?
- 모든 선택을 완료한 후 다음 단계에서는 무엇을 하게 되리라 기대하나요?

이러한 질문은 향후 이 화면을 개선하는 데 도움이 될 뿐 아니라 제품을 완성했을 때 고객의 기대를 예측하는 데에도 유용하다.

사용자가 경험 예약을 완료한 다음에는 프로토타입의 마지막 화면(그림 A-40)이 나타난다. '경험 예약' 버튼을 클릭하기 전에 마지막으로 이렇게 물을 것이다.

- 다음 화면에서는 어떤 내용이 나올 것 같나요?

▼ **그림 A-40** 프로토타입의 여덟 번째 화면으로 예약 확인 결과가 나타난다.

이 화면에서는 이러한 질문을 던질 것이다.

- 이 화면이 어떤 내용을 전달하는 것으로 보이나요?
- 어떤 내용을 보게 될 것이라 예상하셨나요?
- 활동이 예약되었다는 사실을 알고 계신가요?

화면 상단 배너가 활동이 예약되었음을 제대로 전달했는지가 궁금하다. 확신할 수 없을 때는 직접 질문해 디자인이 원하는 결과를 내고 있는지 확인하는 것이 중요하다.

이것이 프로토타입의 마지막 화면이므로 전체 경험에 대한 마무리 질문을 던질 것이다.

- 1~5점 기준으로 이 제품에 얼마나 만족하셨나요?
- 1~5점 기준으로 이 제품을 통해 예약한 활동에 참여하는 것이 어느 정도 안전하다고 느끼셨나요?
- 이 경험에서 마음에 들었던 점은 무엇인가요?
- 이 경험에서 마음에 들지 않았던 점은 무엇인가요?

- 이 경험에 추가하고 싶은 요소가 있다면 무엇인가요?
- 이 투어를 통해 다른 사람들과 상호작용하고 친구로 추가할 수 있다고 가정한다면 그 경험에서 기대하는 바는 무엇인가요?
- 그 외에 공유하고 싶은 이야기가 있으신가요?

마무리 질문은 중요하다. 이를 통해 사용자가 이 흐름이 얼마나 성공적이고 의미 있다고 느꼈는지 파악할 수 있다. 또한 사용자의 마음에 든 부분과 그렇지 않은 부분을 파악할 수 있어 디자인을 개선할 때 참고할 수 있다. 마지막으로 이 제품의 핵심 요소인 친구 기능을 정의하고 발전시킬 방법에 대한 실마리도 얻을 수 있다.

사용자에게는 경험 전반에 대해 자유롭게 이야기할 기회를 준다. 모든 사용자가 의견을 내는 것은 아니지만 일부 사용자는 좋은 인사이트가 담긴 의견을 들려주기도 한다.

이제 테스트 계획이 완성되었으니 테스트에 참여할 사람을 모집할 차례다. 2장의 스크리너 설문 조사를 재활용해 테스트 참가자를 모집할 예정이며 목표 인원은 총 6명이다. 링크드인, 페이스북, 슬랙 등 다양한 소셜 미디어와 커뮤니티를 통해 설문 조사를 공유할 것이다. 설문 조사에 응한 사람들 중 테스트 참여 의사가 있다고 밝힌 사람들을 대상으로 테스트에 가장 적합한 후보들을 선정해 후속 연락을 할 것이다. 그다음으로 디자인을 테스트하고 결과를 확인할 것이다!

A.5.3 사용성 테스트: 결과 분석하기

6명의 참가자를 대상으로 사용성 테스트를 수행한 후 표 A-2의 신호등 차트를 완성했다.

▼ 표 A-2 사용성 테스트 결과 신호등 차트

	U1 사용자 1	U2 사용자 2	U3 사용자 3	U4 사용자 4	U5 사용자 5	U6 사용자 6	평균
만족도	5	3	4	4	5	5	4.33
안전성	5	2	4	3	4	3	3.5
완료율	100%	100%	100%	100%	100%	100%	100%
오류	0	2	1	1	0	0	0.67
도시→활동 흐름	✓	/	✓	/	/	✓	/
활동 안전성	✓	x	✓	/	✓	/	/
예약 만족도	✓	/	✓	✓	✓	✓	✓
알림 확인 여부	✓	x	x	x	✓	✓	/

x 빨간색   ✓ 녹색   / 노란색

나는 이 표를 사용성 테스트 각 부분의 결과를 가장 잘 보여줄 수 있도록 구성했다. 각 열은 사용자를 나타내며 마지막 열에는 전체 사용자의 전체적인 감상이나 결과의 평균을 정리했다. 각 행은 사용성 테스트에서 얻은 인사이트를 나타내며 만족도, 오류 등 추적하려고 했던 다양한 측면을 포함하고 있다.

- **만족도**: 사용자가 프로토타입에 매긴 만족도 점수를 나타낸다. 대부분의 사용자는 전체적으로 제품에 만족했다. 이는 제품이 사용자의 요구를 충족시킬 가능성이 높다는 긍정적인 신호다.
- **안전성**: 사용자가 실제 활동에 참여할 때 얼마나 안전하다고 느꼈는지를 나타낸다. 이 항목의 점수는 낮은 편이었는데 그 부분적인 이유는 투어 가이드를 신뢰할 수 있다는 보장이나 정보가 부족했거나 활동 환경이 안전하다고 느끼지 못했기 때문이었다. 아마도 안전에 대한 검증 절차나 신호를 보강하면 도움이 될 것이다.
- **완료율**: 사용자가 작업을 완료한 비율을 나타낸다. 작업을 완료하는 데 문제를 겪은 사용자는 없었지만 표의 뒷부분에서 확인할 수 있듯이 몇 가지 걸림돌이 존재한다.
- **오류**: 발생한 오류를 추적한 항목이다. 이번 테스트에서는 더 명확하거나 눈에 잘 띄어야 할 부분에서 몇 가지 문제가 발생했다. 예를 들어 흐름 마지막에 표시되는 알림이나, 검색할 때 도시부터 선택하는 방식 등이 여기에 해당된다. 도시부터 선택하는 방식은 제품 데이터의 구조적 제약 때문에 당장은 개선하기 어렵지만 알림의 UI는 기능을 출시하기 전에 충분히 개선할 수 있다.
- **도시→활동 흐름**: 이 항목은 사용자가 도시를 먼저 검색하고 다음에 활동 유형을 검색하는 방식이 직관적인지를 추적한다. 결과는 다소 엇갈렸다. 일부 사용자는 이 방식이 괜찮다고 느꼈지만 활동을 먼저 검색하는 방식을 선호하는 사용자도 있었다. 후자의 경우 먼저 활동을 선택하는 것이 여행할 장소를 정하는 데 도움이 된다고 했다.
- **활동 안전성**: 활동에 참여하는 것이 안전하다고 느낀 사용자가 얼마나 되는지 보여주는 항목이다. 이 항목의 결과도 엇갈렸다. 제품을 통해 예약했다는 점은 안전하다고 느끼는 데 도움이 되었지만, 투어 가이드에 대한 검증 절차나 리뷰가 없다는 점이 문제였다. 또한 활동에 참여하는 다른 사람들이 안전할 것이라는 보장이 없다는 점에 대해서도 우려했다. 투어 가이드 프로필에 인증 마크 달기, 다른 참가자들의 프로필을 확인할 수 있게 하기, 앱 온보딩 절차에 사용자 인증 절차 추가하기 등 새로운 인증 방법을 도입한다면 사용자들이 더 안심하고 활동에 참여할 수 있을 것이다.
- **예약 만족도**: 이는 활동 예약 옵션에 대한 만족도를 나타낸다. 대부분의 사용자는 예약 옵션에 부족한 점이 있다고 느끼지 않았다.
- **알림 확인 여부**: 알림 확인 여부를 나타낸다. 사용자 절반은 알림을 놓쳤기 때문에(알림과 배경이 잘 구분되지 않은 것으로 보인다) 알림의 애니메이션 효과, 배경과의 대비를 개선하면 가시성을 높이는 데 도움이 될 것이다.

이러한 결과가 여러분의 프로젝트에서도 사용성 테스트를 통해 무엇을 개선할 수 있는지 파악하는 데 도움이 되기를 바란다!

A.6 SECTION 7장 디자인 구현하기

A.6.1 유저 스토리

그림 A-41의 디자인 솔루션을 다시 한번 살펴보자.

▼ **그림 A-41** 여행 앱의 고충실도 와이어프레임

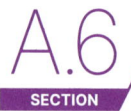

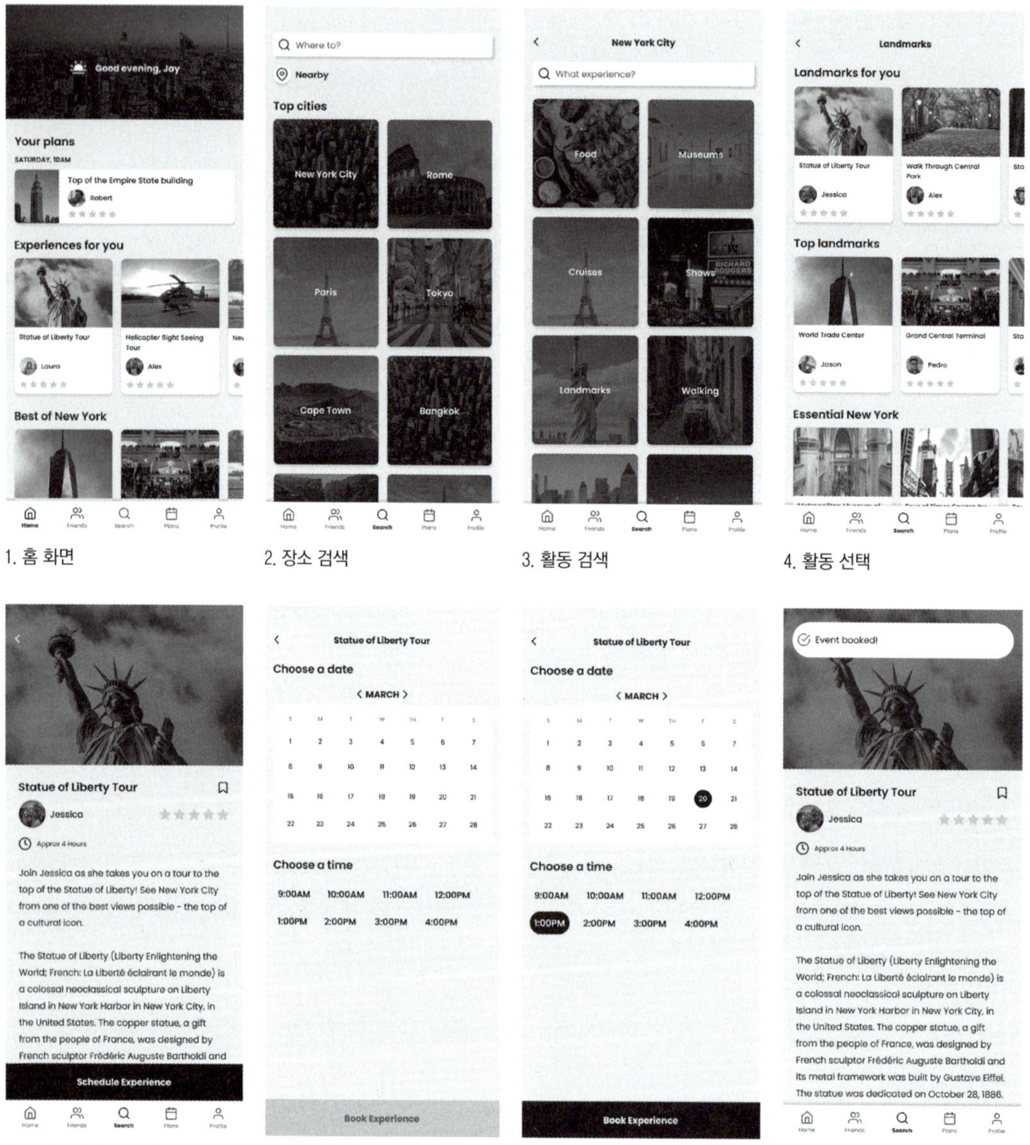

1. 홈 화면
2. 장소 검색
3. 활동 검색
4. 활동 선택
5. 활동 세부 정보 확인
6. 활동 예약
7. 활동 세부 정보 선택
8. 확인

이 솔루션은 여행자들이 현지 투어 가이드가 제공하는 활동을 찾고 투어 가이드뿐 아니라 다른 여행자와 교류할 수 있게 해 혼자 하는 여행의 경험을 더욱 풍성하게 만들어준다. 이 솔루션을 수월하게 구현할 수 있도록 여행자들이 이 제품에서 어떤 작업을 할 수 있어야 하는지를 유저 스토리를 통해 설명할 수 있다. 그림 A-42의 유저 스토리 공식을 다시 살펴보자.

▼ **그림 A-42** 유저 스토리 작성 공식

> "나는 〈페르소나〉로서 〈어떤 작업〉을 해서 〈원하는 결과〉를 얻고 싶다."

이 솔루션에 필요한 유저 스토리를 작성하려면 혼자 여행하는 사람이 하고 싶어 할 만한 모든 작업을 떠올려서 제품에 반영해야 한다.

우선 활동과 관련된 사항을 떠올려보자.

- 혼자 여행하는 사람으로서 나는 여행지의 다양한 활동을 찾아서 현지인처럼 경험해보고 싶다.
- 혼자 여행하는 사람으로서 나는 활동의 세부 정보(리뷰, 투어 가이드 인증 여부, 투어 참가자 정보)를 확인해 안심하고 참여하고 싶다.
- 혼자 여행하는 사람으로서 나는 활동에 대한 피드백을 남겨서 내 경험을 다른 사람들에게 공유하고 해당 경험에 얼마나 만족했는지 기록해두고 싶다.

이 정도면 좋은 출발점으로 보인다. 활동 정보의 기본적인 부분, 즉 어떤 활동이 있는지, 사용자가 느끼기에 활동의 품질은 어떠한지, 사용자가 피드백을 어떻게 제공할 수 있는지 등을 잘 다루고 있다.

이러한 유저 스토리를 작성하면서 스토리에 있는 일부 요소를 현재 디자인이 고려하지 못하고 있다는 것을 알게 되었다. 예를 들어 활동 페이지에서 다른 참여자를 보는 기능이나 활동이 끝난 후에 어떤 일이 일어나는지를 보여주는 화면이 아직 없었다. 이런 상황은 충분히 있을 수 있다. 이를 개발 팀이 작업에 돌입한 후에, 아니면 심지어 제품을 출시한 후에 깨닫는 것보다는 지금 파악하는 것이 훨씬 낫다. 프로젝트 도중에 유저 스토리를 작성하는 이유 중 하나는 가능한 한 다양한 유스 케이스를 고려해 전체적으로 조화롭고 완성도 높은 사용자 경험을 제공하기 위해서다.

여행자들이 활동을 예약하고 자신이 참여한 활동을 추적하는 부분은 어떨까? 이번에는 이 기능에 대한 유저 스토리를 작성해보자.

- 혼자 여행하는 사람으로서 나는 활동을 (즉시 또는 사전에) 예약해서 여행 도중에 활동에 참여할 기회를 확보하고 싶다.
- 혼자 여행하는 사람으로서 나는 향후 활동 일정을 확인해서 여행을 계획하고 참석 여부를 확정하고 싶다.
- 혼자 여행하는 사람으로서 나는 내가 참여한 활동 이력을 되짚어보며 내가 한 경험을 추억하고 싶다.

이러한 유저 스토리는 활동을 예약하고 일정을 조율하고 이력을 확인하는 관리 기능에 해당한다. 여행자들은 이러한 기능을 통해 여행을 계획하고 일정을 정리하며 이전 경험을 되돌아볼 수 있다.

여행자의 프로필은 어떻게 다뤄야 할까? 이들의 프로필은 제품에 어떻게 표시되며 이들은 다른 여행자들과 어떤 방식으로 소통할 수 있을까? 제품을 사용해서 활동을 예약한 사람들의 정보를 회사가 어떻게 저장하고 관리할 수 있을까?

- 혼자 여행하는 사람으로서 나는 계정을 만들고 제품에 로그인해 내 정보에 접근하고 싶다.
- 혼자 여행하는 사람으로서 나는 공개 프로필을 만들어서 활동 이전, 도중, 이후에 활동에 참여한 사람들과 소통하고 싶다.
- 혼자 여행하는 사람으로서 나는 활동에서 만난 사람들을 추적해 대화를 이어가며 더 깊은 관계로 발전시키고 싶다.

이러한 유저 스토리는 사용자가 계정을 만들고 프로필을 관리하며, 실제 활동 외부 영역에서도 다른 사용자들과 연결될 수 있게 하는 기능을 다룬다. 여기에는 제품 내에 프로필을 만들고 이를 다른 사람들과의 연결하는 데 활용하고자 하는 사용자의 요구가 반영되어 있다.

이러한 스토리는 이 프로젝트를 위해 작성할 수 있는 유저 스토리의 일부에 불과하다. 아직 이 솔루션이 원활하게 작동하는 데 필요한 필수 요소, 예컨대 투어 가이드의 사용자 경험(활동 게시, 투어 가이드 프로필 생성, 투어 가이드 프로필에 대한 리뷰 확인 등)은 다루지 않았다. 여행자들의 사용자 경험이 제대로 작동하려면 더 많은 스토리가 필요할 것이다.

사실 새로운 제품을 만들 때는 핵심 문제 외에도 고려해야 할 문제가 많다. 이 예시에서는 혼자 여행하는 사람의 여행 경험을 최대한 풍부하게 만드는 것이 핵심이다. '프로필 생성' 같은 기능은 핵심 문제를 직접적으로 해결하지는 않더라도 정상적으로 작동하는 제품을 완성하는 데 필요한 기능이다. 따라서 유저 스토리를 작성할 때는 핵심 문제를 해결하는 스토리뿐 아니라 제품의 정상 작동에 필요한 기능까지 고려하는 것이 중요하며 이러한 부분 또한 유저 스토리 작성 과정의 일부다.

A.6.2 유저 플로

유저 플로를 만들기 위해 부록에서 다룬 5장의 태스크 플로에서 시작하기로 했다(그림 A-43).

▼ 그림 A-43 활동을 찾고 예약하는 태스크 플로

활동 예약

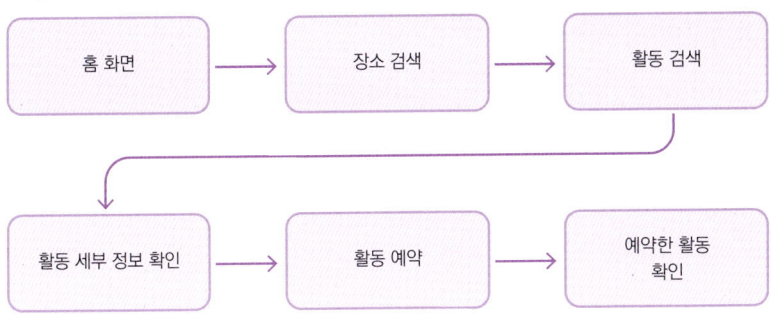

이는 유저 플로, 즉 사용자가 활동을 예약할 때 거치는 여정에 담아야 하는 모든 로직을 구상하는 훌륭한 기반이 된다. 사용자의 위치를 기준으로 검색 결과를 제시하는 기능(해당 위치에 검색 결과가 있든 없든), 사용자가 같은 시간대에 두 개의 활동을 중복으로 예약하려고 할 때 발생할 수 있는 충돌 등 추가적인 요소도 고려했다. 이를 반영한 유저 플로는 그림 A-44와 같다.

▼ 그림 A-44 검색 기능을 사용해 활동을 찾고 예약하는 유저 플로

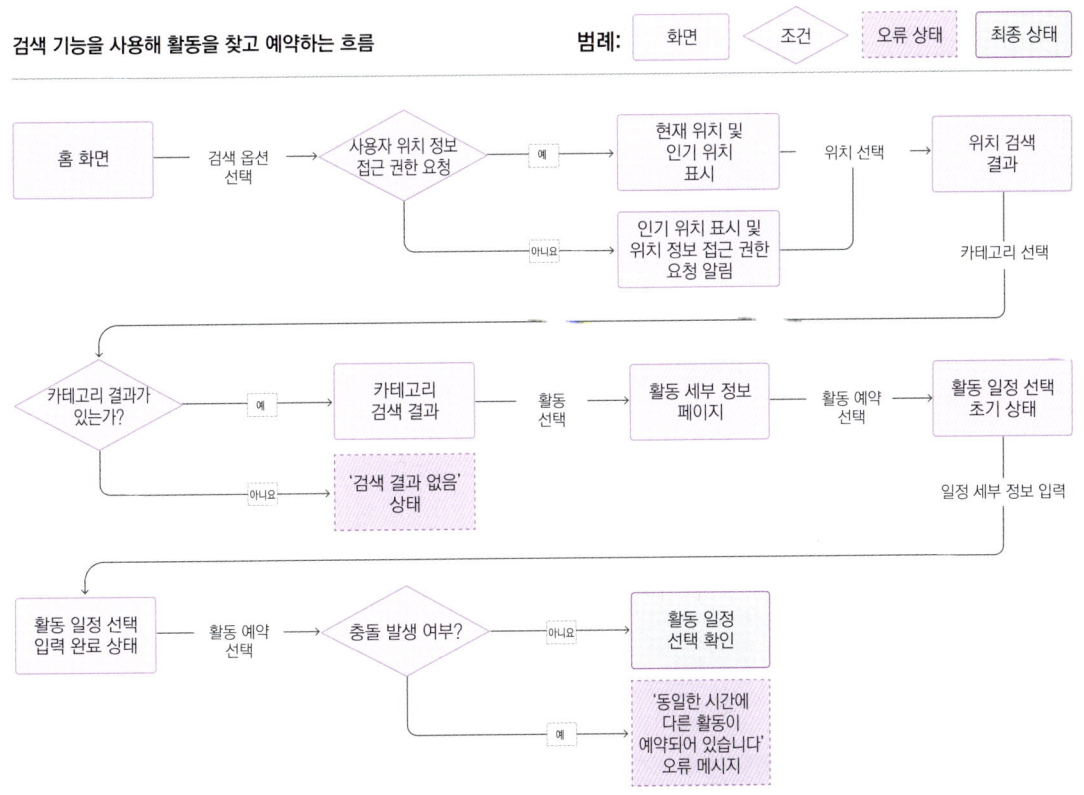

태스크 플로와 비교할 때 많은 부분이 바뀌었다! 전체적으로 볼 때는 간단했던 부분도 구체적인 사항을 검토하고 발생할 수 있는 모든 에지 케이스를 고려할수록 점점 더 복잡해진다. 유저 플로에서는 조건부 로직(다이아몬드 모양), 오류 상태(점선 상자)를 추가해 사용자가 이 흐름을 따라가는 동안 발생할 수 있는 다양한 가능성을 표현했다.

태스크 플로에서 유저 플로로 전환하면서 몇 가지 새로운 요소를 추가했다. 새로운 도형만 추가된 것이 아니고 화면과 상태를 연결하는 화살표 위에 사용자의 행동을 표시했다. 이렇게 사용자의 행동과 시스템이 수행하는 작업을 분리해 이 흐름을 확인하는 사람이 각 행동과 그 결과를 더 명확히 이해할 수 있게 했다. 독자가 이 유저 플로의 각 요소를 자연스럽게 이해할 수 있기를 바라지만 혹시 그렇지 않을 경우를 대비해 오른쪽 상단에 범례를 추가해 각 도형이 의미하는 바를 설명했다.

A.6.3 스타일 가이드

고충실도 디자인을 기반으로 각 화면에서 주요 요소를 추출해 그림 A-45와 같이 시각 디자인 결정에 대한 전체적인 개요를 정리했다.

▼ **그림 A-45** 혼자 하는 여행을 위한 앱 스타일 가이드

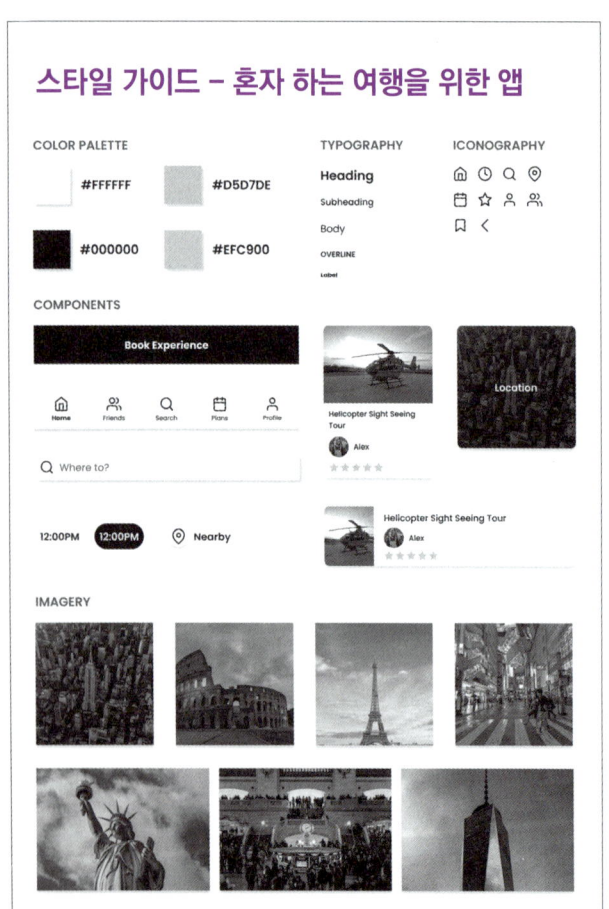

이 스타일 가이드에 디자인의 핵심 요소를 정리했다.

- **색상**: 디자인에 사용한 세 가지 주요 색상은 검은색, 흰색, 회색이다. 카드에 표시되는 리뷰 같은 일부 컴포넌트에는 노란색(#EFC900)을 사용했기 때문에 이 색상도 색상 스타일에 추가했다. 단, 이미지에 포함된 색상은 UI 시스템이 아니라 콘텐츠의 일부이므로 포함시키지 않았다.
- **타이포그래피**: 'Poppins' 폰트 패밀리를 사용했다. 이 폰트 패밀리에서 제목, 부제목, 본문, 오버라인, 레이블 등의 스타일을 활용했으며 각각 디자인의 다양한 부분에 적용되었다.
- **아이콘**: 'Feather Icons'라는 하나의 아이콘 세트를 사용했고 그중 여러 아이콘을 디자인에 적용했다. 모든 아이콘의 두께, 스타일, 분위기를 비슷하게 유지했다.
- **컴포넌트**: 버튼, 앱 바, 검색창, 카드 등 여러 유형의 UI 컴포넌트를 사용했다. 이번 디자인에 가장 많이 활용된 주요 컴포넌트다.
- **이미지**: 이 제품에서는 혼자 여행하는 사람이 방문할 수 있는 장소가 핵심이기 때문에 이미지 역시 중요한 요소다. 그래서 이번 스타일 가이드에는 이미지도 포함시켰다. 장소 이미지(대개 정사각형 카드 형태)와 활동 이미지(대개 넓은 직사각형 카드 형태)를 둘 다 포함시켰다.

이 정도면 이번 프로젝트의 스타일 가이드에 필요한 사항은 모두 포함시켰다고 볼 수 있다. 원자 수준의 시각적 요소(색상, 타이포그래피, 아이콘 등)를 보여주고 이러한 요소가 어떻게 컴포넌트(버튼, 텍스트 필드, 카드 등)를 이루는지 나타냈다. 또한 제품에서 중요한 역할을 하는 멋진 시각적 이미지(장소, 활동)도 포함시켰다. 이 모든 요소가 결합되면 제품이 어떤 느낌으로 완성될지 잘 전달할 수 있을 것이다.

A.6.4 디자인 시스템

가장 자주 반복되는 요소들을 목록으로 정리하고 각각의 스타일과 컴포넌트를 만들어서 그림 A-46을 완성했다.

상단부터 살펴보면 우선 원자를 만들었다. 디자인에 사용한 각 색상의 스타일, 앱 전반에 사용한 타이포그래피, 카드의 그림자 효과가 여기에 해당한다. 이렇게 정리해두면 각 요소가 솔루션의 어디에 등장하든 일관된 스타일을 유지할 수 있다. 예를 들어 주조색을 변경하고 싶을 때 이 마스터 컴포넌트의 값을 수정하면 나머지 모든 요소도 자동으로 업데이트될 것이다.

스타일을 정해두면 디자인이 빨라진다. 카드에 사용한 그림자 값을 일일이 기억하려 애쓸 필요 없이 디자인 시스템에 정의해둔 스타일을 바로 불러와서 적용할 수 있기 때문이다.

다음 줄로 내려오면 점점 더 복잡해지는 것을 볼 수 있다. 이제 디자인 시스템의 분자가 등장한다. 앞서 정의한 색상 스타일이 버튼에 적용되기 시작한다. 텍스트도 다른 디자인 요소와 결합된다. 즉 원자들이 결합해 조금 더 복잡한 요소로 발전하는 것을 확인할 수 있다.

분자에 적용된 원자를 업데이트하면 변경 사항이 자동으로 업데이트되어서 디자인의 나머지 부분에 전체적으로 적용된다. 이를 통해 디자인의 일관성을 유지하면서도 더 빠르고 확장성 있게 작업을 진행할 수 있다.

▼ 그림 A-46 혼자 하는 여행 앱을 위한 디자인 시스템을 구성하는 마스터 컴포넌트

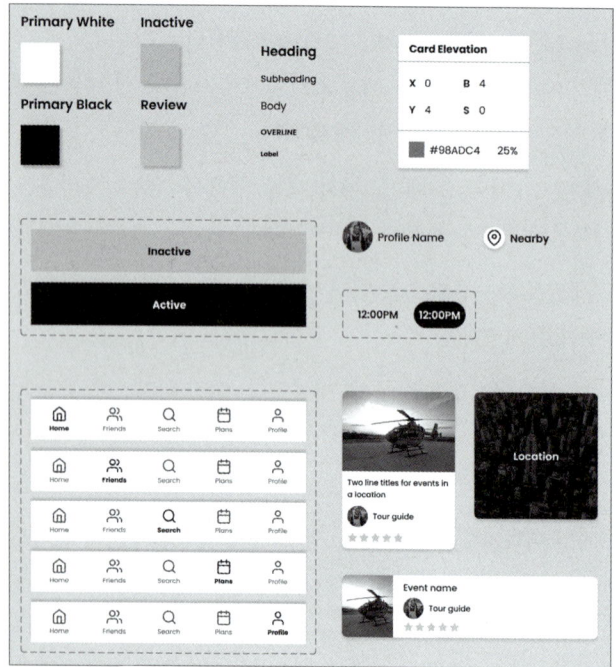

마지막 줄에는 유기체가 있다. 유기체란 원자, 분자가 결합된 더 복잡한 컴포넌트로 앱 바나 카드처럼 제품 전반에서 반복적으로 사용되는 더 큰 구조를 형성한다. 카드처럼 일부 유기체의 메타데이터는 제품 전반에 걸쳐 다양하게 달라질 수 있지만 마스터 컴포넌트가 기본 구조를 제공하므로 일관성을 유지할 수 있다.

디자인 시스템은 제품이 성장하고 확장할수록 더욱 견고해지고 정교해질 수 있다. 사실 규모가 큰 제품에서는 디자인 시스템을 전담하는 디자이너들이 시스템을 만들고 유지 보수하면서 제품 전반에 걸쳐 일관된 사용자 경험을 제공하도록 한다. 이러한 조직, 그리고 이처럼 디자인에 체계적으로 접근하는 방식이 마음에 든다면 앞으로 이를 자신의 전문 분야로 삼는 것도 고려해볼 만하다.

A.6.5 디자인 전달하기

이전 연습을 위해 만든 유저 스토리를 바탕으로 스토리의 각 장면을 전달하는 데 필요한 화면을 시각화할 수 있다. 프로토타입 화면에서 나온 유저 스토리를 예시로 들어 이 과정을 설명하겠다.

> 혼자 여행하는 사람으로서 나는 여행지의 다양한 활동을 찾아서 현지인처럼 경험해보고 싶다.

사용자가 활동을 찾으려면 활동을 검색하고 검색 결과 목록을 확인하는 기능이 필요하다. 그림 A-47은 여기에 필요한 화면을 홈 화면, 장소 검색 화면, 활동 검색 화면, 해당 장소에서 열리는 활동 목록까지 순서대로 보여준다.

▼ 그림 A-47 특정 위치에서 열리는 활동을 찾는 사용자의 해피 패스를 전달하는 데 필요한 화면

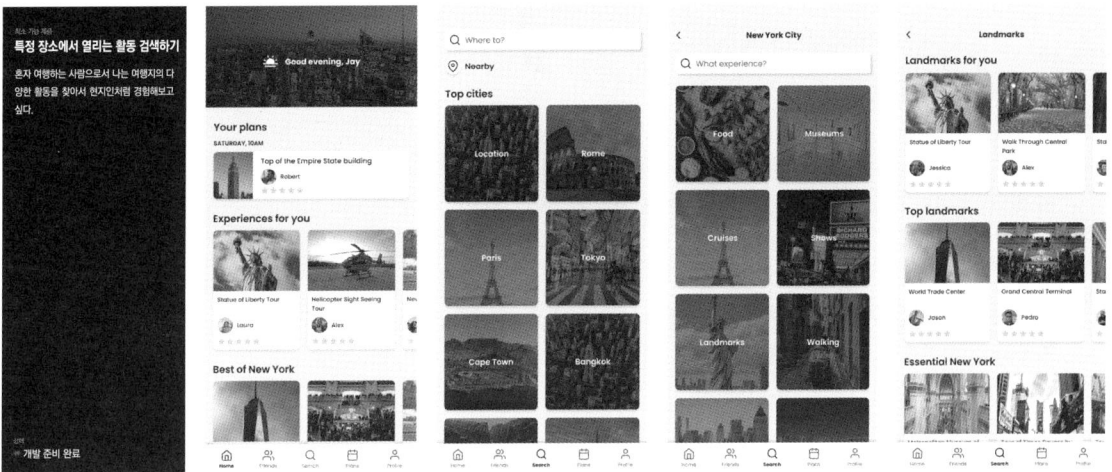

사용자가 활동을 찾기 위해 다른 경로를 선택할 수도 있다. 예를 들어 홈 화면에서 바로 활동을 선택할 수도 있다. 또한 검색 결과가 없는 경우 같은 조건부 로직도 고려해야 한다. 하지만 해피 패스를 달성하고 디자인을 나머지 팀원들에게 전달하는 것이 목적이라면 그림 A-47의 경로만으로도 충분하다.

이번에는 다른 유저 스토리를 살펴보자.

> 혼자 여행하는 사람으로서 나는 활동의 세부 정보(리뷰, 투어 가이드 인증 여부, 투어 참가자 정보)를 확인해 안심하고 참여하고 싶다.

이 스토리는 꽤 단순하다. 활동 목록을 보여주고 각 활동의 정보를 보여주면 된다. 즉 화면 두 개만 있으면 되므로 이 스토리는 훨씬 수월하게 전달할 수 있다(그림 A-48).

▼ 그림 A-48 특정 활동에 대해 더 알아보는 사용자의 해피 패스를 전달하는 데 필요한 화면

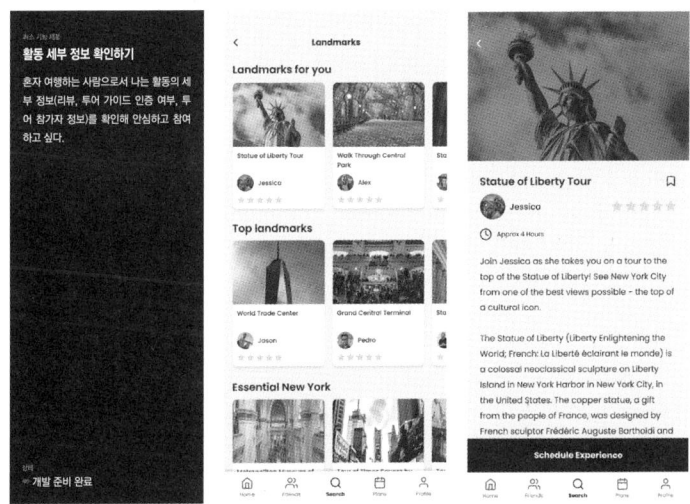

이제 마지막 스토리를 확인해보자.

> 혼자 여행하는 사람으로서 나는 활동을 (즉시 또는 사전에) 예약해서 여행 도중에 활동에 참여할 기회를 확보하고 싶다.

이 스토리는 프로토타입을 바탕으로 비교적 간단하게 구현할 수 있다. 활동을 보여주고 선택 화면으로 이동한 후 활동이 예약되었음을 보여주면 된다(그림 A-49).

▼ **그림 A-49** 활동을 예약하는 사용자의 해피 패스를 전달하는 데 필요한 화면

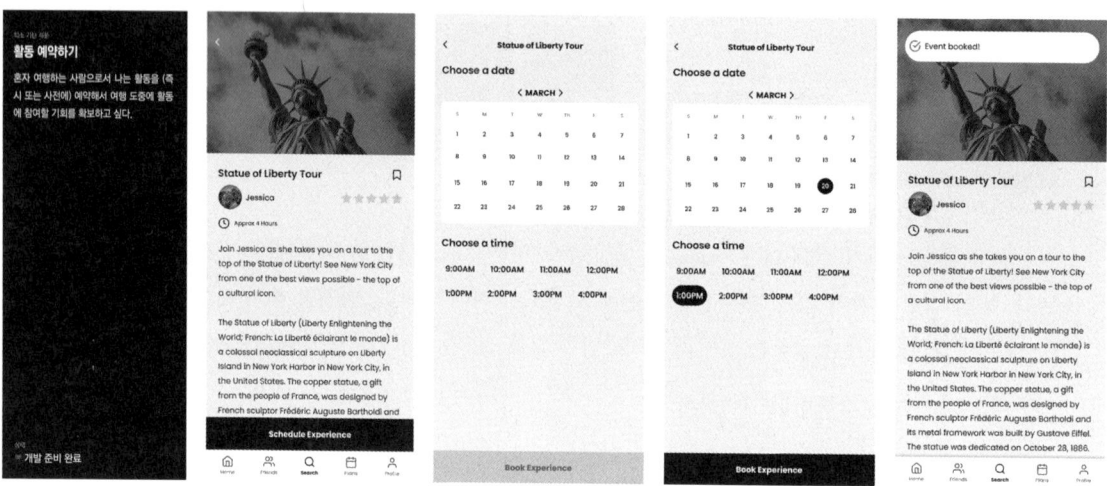

하지만 이 유저 스토리에는 여기에 다 담지 못한 추가 요소들이 존재한다. 특히 선택 과정에 쓰이는 애니메이션이나 상태 변화를 제대로 다루지 못했다. 사용자가 캘린더나 시간 선택 버튼에서 누를 때 애니메이션이 적용될까? 흐름 마지막에 표시되는 배너가 화면에 나타났다가 사라질까?

이러한 방식으로 흐름을 제시할 때 포착되지 않는 세부적인 요소들이 있기 때문에 디자인을 전달할 때 보완적인 형태의 문서가 필요할 수 있다. 실제 프로젝트에서는 모션 가이드라인이 있다면 이를 참고하거나 버튼을 누르거나 알림을 표시할 때처럼 시스템 내 다양한 요소가 화면에 나타나고 사라지는 방식을 설명하는 별도의 문서를 작성하는 것이 좋다.

찾아보기

ㄱ

결합하기 197
경쟁 연구 146
고객 만족도 점수 090
고충실도 216, 220
고충실도 와이어프레임 236
공감 033
과업 분석 255
구현 036, 286
기능성 프로토타입 220
기억 용이성 254
기표 023

ㄴ

'나' 진술 118, 130
내부 요인 148
닐슨 노먼 그룹 030

ㄷ

다른 용도로 활용하기 197
대응 023
대체하기 197
더블 다이아몬드 029, 140
데이터 세트 382
도널드 노먼 025
디자인 분야 직무 368
디자인 시스템 디자이너 372
디자인 싱킹 025
디자인 싱킹 프로세스 032

ㄹ

라이트닝 데모 152
레이아웃 065

ㅁ

마인드맵 194
모더레이터 261
목업 307
무드 보드 152
무응답 097
문제 진술 139
미포함 097

ㅂ

분석 기준점 263
분자 312
브랜딩 369
브레인스토밍 176
비평 352
빠른 후속 조치 044

ㅅ

사례 연구 332
사용성 050, 249
사용성 테스트 256
사용 용이성 050, 254
사용자 여정 지도 132
사용자 요구 계층 구조 026
사용자 인터뷰 110
사용자 인터페이스 056
선호 경로 047
설문 조사 091, 111
수정하기 197
순고객추천지수 276
스캠퍼 173, 197
스케치 184
스타일 가이드 304
시각 디자이너 370
시스템 사용성 척도 273
신호등 차트 274

ㅇ

아이디어 도출 035, 170
아이콘 064, 188, 306, 370
아토믹 디자인 310
애런 월터 026
애자일 방법론 041
어포던스 023
어피니티 매핑 116
언해피 패스 295, 301
에지 케이스 037
에픽 291, 292
연구 방법 지형 매트릭스 082
와이어프레임 228
와이어플로 296
우선순위 선정 205
원자 311
웹플로 221
유기체 312
유도 질문 096
유저 리서치 038
유저 스토리 288
유저 플로 135, 296
이니셔티브 291, 292
이중 질문 096
인간 중심 디자인 022
인용문 275
인지 과부하 068
인지 부하 이론 069
일상 사물 디자인 025

ㅈ

자동차 기법 208
재배열하기 197
저충실도 216, 218
저충실도 와이어프레임 230
적응하기 197
점 스티커 투표 205
정량적 연구 082
정량적 지표 263
정성적 연구 082
정성적 지표 264
정의 034
제거하기 197
제품 내 클릭률 085
중충실도 216, 219
중충실도 와이어프레임 234

ㅊ

총괄적 연구 089
최소 기능 제품 042, 344
최소 기능 포트폴리오 344
최소 기능 프로토타입 344
최소 실행 가능한 기능 042

ㅋ

카드 소팅 255
컨테이너 188
콘텐츠 372
콘텐츠 디자인 053
크레이지 에이트 기법 191

ㅌ

타이포그래피 064, 238
태도적 연구 081
태스크 플로 222, 296
테스트 036, 248
템플릿 313
토큰 311

ㅍ

페르소나 082, 130
페이지 314
페인 포인트 034, 085
평가적 연구 088
폐쇄형 질문 093
포트폴리오 342
폭포수 방법론 038

프로덕트 디자이너 368
프로토타입 제작 035, 214
프로토파이 221
프로토 페르소나 111
프린시플 221
플로 다이어그램 296
플로 차트 295
피드백 351

ㅎ

하이브리드 방식 044
학습 용이성 254
해피 패스 037, 222, 295, 297, 301
행동적 연구 081
형성적 연구 085
힉의 법칙 075

A

A/B 테스트 255
Adapt 197
affinity mapping 116
affordance 023
analysis anchor 263
atomic design 310

C

Click-Through Rate 085
closed-response question 093
Combine 197
Crazy 8s 191
CSAT 090
CTR 085
customer satisfaction scores 090

D

design thinking 025
desire path 047

double-barreled question 096

E

ease of use 050
edge case 037
Eliminate 197
epic 291

F

F 패턴 082
fast follow 044
flow diagram 296
functional prototype 220

H

happy path 037, 222
HMW 진술 144

I

initiative 291
I statements 118

L

lightning demo 152

M

mapping 023
Minimum Viable Feature 042
Minimum Viable Portfolio 344
Minimum Viable Product 042, 344
Minimum Viable Prototype 344
Modify 197
mood board 152
MoSCoW 206

MVF 042
MVP 042, 344
MVPort 344
MVPr 344

N

net promoter score 276
nonresponse 097
NPS 276

P

pain point 034, 085
Principle 221
proto-persona 111
Protopie 221
Put to other use 197

R

Rearrange 197

S

SCAMPER 173, 197
signifier 023
stoplight chart 274
Substitute 197
summative research 089
SUS 273
SWOT 분석 148
System Usability Scale 273

T

task flow 222
token 311

U

UI 056
UI 컴포넌트 306
Undercoverage 097
unhappy path 295
usability 050
user flow 135, 296
User Interface 056
user researcher 038
user story 288
UX 디자이너 369
UX 라이터 371
UX 리서처 371
UX의 3요소 055

W

Webflow 221
wireflow 296
wireframe 228

Z

Z 패턴 082